U0583008

本书由舞阳县贾湖遗址阿岗寺遗址保护中心资助

文明的肇始

——贾湖文化论集

张居中　主编

科 学 出 版 社

北 京

内 容 简 介

本书收入了河南舞阳贾湖遗址发掘四十年以来的代表性论文六十余篇，再现了该遗址发现、发掘、研究的曲折历程，涉及文化性质与年代、环境与生业、墓葬和人骨、技术与工艺、骨笛（龠）、龟甲与符号研究等多个领域，汇集了考古学、历史学、人类学、科技考古、环境考古等十几个学科领域的几十位相关专家的研究结晶，确立了贾湖文化在新石器时代考古和中华礼乐文明起源研究中的地位，对相关领域的深入研究具有重要参考价值。

本书适合从事考古学、历史学、科技考古等方面的专家学者及相关专业本科生和研究生阅读、参考。

图书在版编目（CIP）数据

文明的肇始：贾湖文化论集 / 张居中主编. —北京：科学出版社，2023.10
ISBN 978-7-03-076583-3

Ⅰ. ①文…　Ⅱ. ①张…　Ⅲ. ①考古发掘-发掘报告-舞阳县
Ⅳ. ①K872.614.5

中国国家版本馆CIP数据核字（2023）第190614号

责任编辑：樊　鑫 / 责任校对：张亚丹
责任印制：肖　兴 / 封面设计：金舵手世纪

科 学 出 版 社 出版

北京东黄城根北街 16 号
邮政编码：100717
http://www.sciencep.com

北京中科印刷有限公司 印刷

科学出版社发行　各地新华书店经销

*

2023 年 10 月第　一　版　　开本：787×1092　1/16
2023 年 10 月第一次印刷　　印张：40 3/4
字数：965 000

定价：388.00 元

（如有印装质量问题，我社负责调换）

序

郭大顺

随着中华文明探源课题的深入，距今约七千到近万年间的前仰韶时期的文化遗存受到越来越多的关注。贾湖文化是其中较为突出的一支。

贾湖遗址作为前仰韶时期一处时代延续较长、保存较为完整的史前聚落，由于有规划地连续和全面发掘，及时发表简报和正式发掘报告书，特别是与科技考古的相互渗透和深度融合，取得多方面研究成果。就聚落考古而言，贾湖遗址的发掘和研究者从遗址诸多遗迹的复杂关系中，对聚落的形成和演变过程有较为清晰的梳理。不论是生存的大小环境及住地由近湖向丘上的迁移趋势，成组合的陶器等各类遗物及其各自演变序列，房址、墓葬、窖穴、陶窑甚至公共活动空地（广场）等各类遗迹在各个时期的布局规律，各期以房址为中心的单元组合的历时性，在聚落演变过程中居住区与墓葬区不同程度的区分，以至从墓葬及随葬器物所见渔猎与农耕在各区的社会分工到社会分化的差别等，都有在丰富资料基础上的科学动态分析，连续编辑出版的《舞阳贾湖》、《舞阳贾湖（二）》以及《张居中史前考古论集》和本文集，对此都有很好的展示。

以下就《文明的肇始——贾湖文化论集》中讨论较多的史前区域文化形成和中华文明起源的道路与特点，再谈点不成熟的想法。

关于史前区域文化的形成过程，苏秉琦先生曾将先秦时期六大区系理论归纳为面向欧亚大陆和面向环太平洋的两大块，在论述中华文明起源时也曾提出过起作用较大的北方三大区。我们在苏先生观点的启发下，也曾以新石器时代晚期影响较大的仰韶文化、红山文化、大汶口文化和良渚文化等为主，划分为中原、东北和东南三大区域，这同史学家提出的"三集团"说有相对应处，又有所不同，主要是增加了以筒形罐为主要考古文化特征、以采集、渔猎为主要经济活动的东北文化区，将以"鼎豆壶"为主要考古文化特征、以稻作农业为主要经济活动的东南沿海地带与江汉地区视为一个大的文化区。大区内诸考古文化的发展演变，东北区虽然也有多种文化类型，但发展水平较高较快的辽西区从红山文化上溯到查海——兴隆洼文化，都以饰压印纹夹砂筒形罐为主要考古文化特征，发展脉络较为清晰且相对稳定；东南区因涉及范围广，情况较为复杂。如依高广仁先生和张居中先生分别提出的"淮系文化区"和"淮汉文化区"，在这一文化区系范围内，大汶口文化（包括其前身的北辛文化）以前的前仰韶时期，已发现和确认的有山东后李、苏北顺山集、河南贾湖、裴李岗以及江汉地区的城背溪等诸多文化，显示出多文化多类型的特点。如以大汶口文化最主要的特征即形制及组合已十分规范成熟的"鼎豆壶"序列为标志向前追溯，在当地（海岱区）的后李文化尚不明朗，而同时期西邻的贾湖遗址，陶器器类相对较多，器形分化相对明显，特别是已有成系列的罐形鼎和壶，圈足器也有所显露，已是包括大汶口文化在内的东南广大地区"鼎豆壶"组合的雏形。在《文明的肇始——贾湖文化论集》中，诸多学者都谈到贾湖文化对大汶口文化的影响，俞伟超先生还提到贾湖墓葬有以占卜用龟和獐牙随葬，这同以后的大汶口文化有着相同的葬俗。可见，贾湖文化对大汶口文化的形成，起到十分重要的作用。与此有关的是，《舞阳贾湖》发掘报告和本文集有多篇文章都谈到贾湖遗址所处的淮河上游的地理位置，具有沟通黄河中下游与长江中下游这南北两大文化发达区域和联络淮河流域与江汉流域这东西两个文化带的枢纽地位，如从贾湖文化对大汶口文化影响看，其作用不仅是联络的枢纽，而是在整合被誉为中华古文化"半边天"的东南文化区诸多文化类型中的一块基石。由此想到，东南大区在整个中华古文化的地位和作用以大汶口文化的影响最广最大，该文化向北跨越渤海到达辽东半岛，进而深入到辽宁西部，促成了由红山文化向小河沿文化的过渡，向西影响到仰韶文化，使"鼎豆壶"系列由洛阳盆地向西逐步替代着仰韶文化特有的彩陶和小口尖底瓶，特别是西向的影响，持续时间甚长，直到夏商时期的青铜礼器，大都是以东方的陶礼器为原型的。李济先生晚年在读到1959年出版的《庙底沟与三里桥》时就曾说过，庙底沟二期新出现的三袋足器、豆和黑陶器，无论器形和制法都与较早的仰韶文化有本质不同，是在外部文化影响下产生的，而这外来影响，就来自东方，所以东方才是"中国自己的文化"。早年的东方古文化概念，指龙山文化，从而出现在历史考古界盛兴一时的"东西二元说"，大汶口文化发现后，东西方的比较建立在更加科学的年代基础上，也进一步揭示出在东西文化交流中由西对东影响为主到由东对西影响为主的文化交流导向的转变。最早于20世纪60年代提出东西文化交流导向这一转变的苏秉琦先生，到70年代末更强调：东南地区"在这一期间对我国其余人口密集的广大地区的影响、作用是显而易见的。如流行全国广大地区的以'鼎、豆、壶'组合而成的礼器、祭器就是渊源于这一地区。"如果"礼出东方"主要指大汶口文化（除了陶礼器还有棺椁制度），那么贾湖文化就是东南地区古文化乃至整个中华传统文化形成和发展的一个主要源头。

关于中华文明起源的道路与特点。这是从贾湖遗址发现的多例7孔和5孔为主的骨笛、多例实体成组龟甲、多例龟甲契刻符号以及神秘的骨叉形器等想到的，这些文化因素，是贾湖遗址最为引人关注也是影响最大的部分，也是本文集中讨论较多的内容。这些属于精神领域的文化因素，虽然是在包括稻作在内的农业等物质文明发展基础上产生的，但相互比较，精神文明的诸多先进因素仍具超前性，这必然涉及中国文明起源的道路和特点问题，而中国文明起源的道路和特点正是中华文明起源研究的一个重点。对于这一课题，有共同道路和不同模式的讨论。不同模式说即认为红山文化为神权至上，良渚文化为神权加军权，故而衰落，仰韶文化为王权故而连续。对此，张光直先生提出的以中国为代表的东方走着一条沟通天地神人并取得政治权力的"连续性文明"道路，而同西方以发展技术和贸易改造自然为目的的"破裂性文明"相区别。张先生是从中国考古实践（如商代青铜冶铸技术发达但极少铸造农具等）和东西方文明比较中得出这一观点的，而且他还提到，在世界历史上，西方文明"是个例外"，而以中国为代表的东方文明则可概括出"一般的法则"。张先生这一观点正在不断被史前考古的新发现所证实。不仅红山文化和良渚文化有超越物质文明的十分发达的玉器和祭祀建筑群址等精神文明因素，而且仰韶文化的小口尖底瓶和彩陶所具有的神器功能，也在逐渐被学界所接受。这些都在有力地证明，中华文明起源在全国各主要地区走着一条共同的道路，即对大自然敬畏、尊重、和谐沟通从而精神文明超前发展，往往高于物质文明的"连续性文明"。贾湖文化等前仰韶时期的诸多发现也证明了这一点。

前仰韶时期的有关发现，以东北区兴隆洼—查海文化摆塑和浮雕的类龙形象和玉玦、玉匕形器等玉器，湖南沅江和湘江流域的高庙文化陶器上以戳点纹压印出的神面獠牙、凤鸟等复杂图案，以及上述贾湖文化的系列发现为甚。它们各有特色，自有传承。贾湖文化因有多件多种骨笛（龠）及骨笛与内装石子的龟甲（龟铃）共出，更提出礼乐文化的起源及对数字和音律的掌握问题。尤其是龟甲上刻符的普遍性所显示的与商代卜辞甚至汉字起源有直接关系。贾湖遗址的发掘者判断，这些随葬龟甲、骨笛以及叉形器等特殊器物的墓葬一般规模较大，墓主人多为男性，应具巫师身份是可信的。贾湖遗址还发现了目前所知最早的发酵和造酒迹象，这也应与以酒祭祀有关。所以，贾湖文化可以视为中华文明起源道路与特点最早的代表性考古学文化之一。

20世纪90年代初，苏秉琦先生根据辽宁阜新查海遗址玉器和龙形象的发现，提出"万年文明起步"的观点，此后各地陆续有新的发现，其发达程度特别是反映精神文明的多种文化因素仍出人意料，正如《文明的肇始——贾湖文化论集》所提到的，中华大地古文化的发展，在万年以后发生一次突变，贾湖遗址和贾湖文化是这次突变中的杰出代表，并与邻近各大区诸先进的考古文化，区内区外，相互交融，不断碰撞出文明"火花"，共同为中华五千年前"满天星斗"式的文明起源的出现，准备了条件。

2023年9月22日写成于沈阳御林家园

前　言

张居中

  贾湖遗址发掘与研究40年来，除了出版两部发掘报告，还没出版过论文集或专著，虽然那两部发掘报告本身就有研究专著的性质，总觉得还是缺少点什么。这次发掘四十周年庆典，理应做点阶段性学术总结之类的工作，于是就有了编这本论文集的想法。

  那么，如何编这本论文集呢？40年来，学界与贾湖密切相关的文章，林林总总至少有数百篇，足见贾湖的重要学术地位和学界对它的重视程度。如何选出有限的具有代表性的文章就需要有一个标准。贾湖文化是当时社会的一个缩影，其文化内涵涉及了当时社会的方方面面，但归纳起来主要是以下几个方面：文化性质与年代、环境与生业、人类学研究、技术与工艺研究、骨笛研究、龟甲和符号研究等。我考虑这个标准就应涉及这几个大的方面，具有代表性的研究成果，若在具体某个问题上有不同认识，就选不同观点的代表性文章，力争涵盖贾湖文化的全貌。

  首先是贾湖的文化性质与年代。贾湖遗址发现之初，因与裴李岗有诸多时代共同特点，就像发现之初的裴李岗和磁山一样，归为一个文化，确有其合理之处，我在20世纪90年代之前也认为，尽管贾湖与裴李岗有诸多区别，但应是文化内部的类型差异，"贾湖类型"也是我首先命名的。但随着研究的不断深入，我发现二者具有不同的来龙去脉，不同的文化内涵，不同的分布地域和地貌类型，不同的生业模式和精神文化，应是并列发展的两支亲缘文化，而且贾湖文化至少早于裴李岗文化500年，甚至还有学者认为，裴李岗文化很可能是在贾湖文化一期的影响下发展起来的。二者的共同因素是共同的时代特征和相互影响所致，而且并不比裴李岗与磁山的关系更近。我有两篇文章对这个问题进行了全面分析。虽然目前学界主流观点仍然认为贾湖属于裴李岗文化，但也已有不少学者认为，贾湖文化应另行命名，尤其是先后得到了俞伟超、石兴邦、严文明先生等权威学者的认可。

  本栏目收集的15篇文章，记录了贾湖文化从发现、发掘到研究和步步深入的全过程。尤其是俞伟超先生、严文明先生、石兴邦先生、吴汝祚先生、魏京武先生和朱清时院士的推介和高度评价，至今读起来仍感到十分亲切！其中还选了一篇朱帜先生介绍贾湖遗址发现经过的文章，也算是对这位发现者的纪念吧！

  第二个栏目是环境与生业类，选择了有代表性的14篇文章，涉及环境与生业的综合研究、贾湖植物考古研究、稻作遗存研究、动物遗存研究等方面，尤其是贾湖稻作遗存的研究，占了其中近半数，其中有俞伟超先生的综合分析、严文明先生的推介与评述、王象坤、孔昭宸、赵志军等先生的研究，对贾湖古稻的分类地位、驯化水平、在当时人们经济生活中所占比重等方面都进行了深入细致的研究。罗运兵先生的研究证明贾湖人养的猪是迄今为止中国最早的家猪；叶祥奎先生的研究确认了贾湖出土的龟鳖类最早被赋予了宗教文化意义；日本学者中岛经夫对贾湖出土鲤科鱼类咽齿的研究表明，贾湖先民已经出现有选择性地进行捕捞的行为；杨肇清先生对贾湖出土的生产工具系统研究后认为，贾湖的生产工具是齐全的，制作精良，便于使用，是社会生产力发展到一定程度的结果。总体来讲，贾湖文化的经济结构仍处于以渔猎采集为主的低水平食物生产阶段，稻作农业虽已发展了相当长的时间，从农具成套化现象分析，农耕行为已初步规范化，但所占比重仍然不高，为"似农非农"阶段的代表。

第三个栏目是人类学研究，具体来讲就是墓葬和人骨的研究。关于贾湖人的人种学与体质人类研究，两本考古发掘报告已有详细记述，这里重点选择了两个版块的内容：一是居民健康和体质小变异、墓葬材料反映的社会分工和分化、墓葬习俗中的性别状况的研究，这里需要重点提及的是，河南医科大学对贾湖人骨环椎、枢椎形态学观察所发现的小变异现象，这对研究现代人进入全新世以后，人类体质的进一步演化提供了重要新证据；二是实验室分析的结果，主要有寄生物分析、锶同位素分析、稳定同位素分析和元素分析的成果。我们通过对贾湖遗址墓葬腹土进行古寄生物研究，发现了一些寄生虫卵，不仅是对墓葬研究的一次尝试和新的探索，也为古寄生物的研究提供了一个新的途径，表明寄生物考古具有广阔的发展前景。锶同位素分析结果表明，贾湖中期已开始出现聚落间人口交流现象，而且以女性为主，有逐渐增多的趋势，这对研究当时的婚姻状态和社会人口流动等问题具有重要价值。贾湖人骨稳定同位素和微量元素的分析结果都揭示了贾湖先民生活方式从狩猎、采集逐渐向稻作农业和家畜驯养转变的发展过程。这些现代科学分析方法的成功应用，在当时都具有开拓性的意义。

第四个栏目是关于技术与工艺的研究，主要包括制陶、制石、制骨和酿造工艺几个方面，其中制陶研究方面，运用常量元素和微量加痕量元素的测试分析，结合考古发掘资料和考古学分析，采用聚类分析方法，系统研究了贾湖遗址出土古陶的矿料来源，发现贾湖制陶业基本处于家庭制陶阶段，这在当时也是个有益的尝试。石制品资源域分析结果表明，贾湖人可获取石料的范围，普遍达到距离遗址24千米以外，大部分石料的获取在50千米资源域内，这一研究有利于我们进一步认识贾湖先民对岩矿资源的认知水平和开发策略以及他们认识自然、获取自然资源的能力，对探讨新石器时代中期淮河上游地区的人地关系具有重要价值。

绿松石研究是本栏目的重点。目前研究得到的认识表明，贾湖绿松石饰是全世界人类发现和利用绿松石资源的最早证据，贾湖人除了制作绿松石装饰品之外，还最早运用于埋葬习俗，可能利用绿松石的天青色有助于人们的灵魂升上蓝天吧！关于贾湖绿松石的矿料来源，我一直认为应来自就近的周边地区，贾湖石制品资源域之内，近年来研究发现，整个东汉水流域的南阳盆地，当时都是贾湖文化的分布范围，所以不排除来自东汉水流域的可能性，但考虑到贾湖晚期已很少见到绿松石制品，贾湖人熟悉的绿松石矿源，当时可能已经枯竭或断绝了。

　　贾湖骨制品制作工艺的研究一直是个弱点，鉴于叉形骨器的神秘性，对其进行了尝试性分析。而贾湖酒石酸的发现与研究，受到社会的广泛关注，这里选择的两篇文章详细介绍了贾湖含酒精饮料的发现与研究情况。

　　第五个栏目是关于贾湖骨笛的。因与社会的认知程度有关，贾湖骨笛的发现一经报道，很快就受到社会各界的广泛关注，被认为突破了先秦才有五声音阶的传统观点，改写了中国乃至世界音乐史，对其音乐性能的研究至今仍在继续深入进行之中，但对其命名问题，至今仍有不同认识。贾湖骨笛发现之初，就有学者认为应称为"篪"，因其与现今河南民间的竹篪形状和发音原理相似。黄翔鹏先生一锤定音命名为"笛"之后，又有学者认为应命名为"龠"，因为先秦就有这种乐器，其发音原理相同，而且还考证出了文献依据，虽然汉代之后逐渐失传，但至今的祭孔大典上，主祭手中的主要道具之一仍是被称为"龠"的同类型器具，不仅证明此类乐器传承9000年仍未中断，而且还是中华礼乐文明的重要符号之一！如果这一推论被证实，将具有重要意义。如果音乐史界专家们都认为应改为"贾湖骨龠"，我当然乐观其成！

　　最后一个栏目主要是关于贾湖龟甲与符号的研究。因其可能与汉字起源有关，发现之初受学界关注的程度似乎还高于贾湖骨笛。但因没有新的材料出现，逐渐淡出了人们的视野。回顾早几年的研究，则有几家之言，有认为是最早甲骨文的，有认为是具有原始文字性质符号的，有认为是古彝文的，还有认为是卦象文字的，等等，但基本上都认为与文字起源有或多或少的一定的联系。它比殷墟甲骨文整整早了5000年，它与殷墟甲骨文有没有联系，如果有联系，跨越5000年之久是怎么联系上的，还需要进一步的研究。

　　最后还附上了首次贾湖文化国际学术讨论会上与会专家向社会提出的"加强贾湖遗址保护管理和开发利用的倡议书"。令人欣慰的是，该倡议书中提到的几个目标，在社会各界的努力下已先后实现，新版中小学教科书中已收录贾湖遗址相关研究成果，贾湖遗址博物馆已经落成并向社会开放，贾湖考古遗址公园正在建设之中。期望贾湖文化的研究工作不断有新的成果问世，遗址的保护工作越做越好，贾湖考古遗址公园早日建成开放，更好地服务于当地社会文化建设。

　　贾湖文化处于中华古代礼乐文明的起步阶段，礼乐文明的不少元素首先在这里显现。在习近平总书记把弘扬中国优秀传统文化上升到提升文化自信的高度之后，我国考古事业进入到了一个新阶段，贾湖文化的研究理应乘着这股强劲的东风，深入解读贾湖文化的诸多密码，为建立中国特色、中国风格、中国气派的考古学做出应有的贡献。

目　　录

贾湖文化

淮河的光芒：黄河与长江的联结——《舞阳贾湖·序》…………………………俞伟超（3）

严文明先生在纪念贾湖遗址发掘30周年暨贾湖文化国际研讨会开幕式上的发言………
　………………………………………………………………………………严文明（6）

严文明先生在纪念贾湖遗址发掘30周年暨贾湖文化国际研讨会闭幕式上的总结发言
　………………………………………………………………………………严文明（7）

在纪念贾湖遗址发掘30周年暨贾湖文化国际研讨会闭幕式上的答谢词…………张居中（9）

加强贾湖遗址保护管理和开发利用的倡议书………………………………………（10）

喜读《舞阳贾湖》……………………………………………………………………石兴邦（12）

解读《舞阳贾湖》……………………………………………………………………石兴邦（20）

舞阳贾湖遗址发掘的意义……………………………………………………………吴汝祚（33）

一部多学科考古研究成果——《舞阳贾湖》读后…………………………………魏京武（40）

科技考古的新范例——《舞阳贾湖（二）》序……………………………………朱清时（44）

贾湖遗址的发现经过…………………………………………………………………朱　帜（46）

不懈耕耘三十载　解读中原九千年——"纪念贾湖遗址发掘30周年暨贾湖文化国际
　研讨会"纪要………………………………………………………………张居中 整理（48）

试论贾湖类型的特征及与周围文化的关系…………………………………………张居中（61）

论贾湖一期文化遗存…………………………………………………………………张　弛（66）

河南舞阳贾湖遗址的年代学再研究…………………………………杨晓勇　张居中（76）

环境与生业

以原始农业为基础的中华文明传统的出现………………俞伟超　张居中　王昌燧（85）

我国稻作起源研究的新进展…………………………………………………………严文明（95）

中国栽培稻起源研究的现状与展望…………………………王象坤　孙传清　张居中（102）

河南舞阳县贾湖遗址八千年前水稻遗存的发现及其在环境考古学上的意义…………
　………………………………………………………孔昭宸　刘长江　张居中（114）

舞阳贾湖新石器时代遗址炭化稻米的发现、形态学研究及意义…………………………

　　………………………………陈报章　王象坤　张居中（123）

舞阳贾湖炭化稻米粒型再研究…………………………………………………………

　　………………张居中　蓝万里　陈微微　王　玉　徐　冰　刘　嵘（129）

河南贾湖新石器时代遗址水稻硅酸体的发现及意义………陈报章　张居中　吕厚远（136）

贾湖遗址2001年度浮选结果分析报告…………………………赵志军　张居中（141）

贾湖遗址植物淀粉粒残留物研究…………………………………姚　凌　张居中（154）

河南舞阳县贾湖遗址出土猪骨的再研究…………………………罗运兵　张居中（165）

河南舞阳县贾湖遗址中的龟鳖类…………………………………叶祥奎　张居中（175）

河南省舞阳县贾湖遗址出土的鲤科鱼类咽齿研究……………………………………

　　…………中岛经夫　吕　鹏　张居中　中岛美智代　槙林启介　袁　靖（181）

河南舞阳贾湖遗址生产工具的初步研究…………………………………杨肇清（190）

论贾湖遗址的环境与生业…………………………………………………张居中（197）

人骨考古

中原地区古代居民的健康状况——以贾湖遗址和西坡墓地为例…………………王明辉（217）

河南省舞阳贾湖遗址裴李岗文化期人环椎、枢椎形态学观测…………………………

　　………………谢继辉　李　鸣　郭海旺　王永奎　陈雪梅　王又林（229）

贾湖遗址墓葬初步研究——试析贾湖的社会分工与分化………………………张　震（233）

舞阳贾湖墓葬的统计学初步分析…………………………………段天璟　张　华（262）

墓葬习俗中的性别研究——以贾湖遗址为例……………………王建文　张童心（272）

贾湖遗址墓葬腹土古寄生物的研究……………………………………………………

　　…………张居中　任启坤　翁　屹　蓝万里　薛燕婷　贾　楠（282）

贾湖史前人类迁移行为的初步研究——锶同位素分析技术在考古学中的运用………

　　……………………………………尹若春　张居中　杨晓勇（289）

贾湖遗址人骨的稳定同位素分析…………胡耀武　Stanley H. Ambrose　王昌燧（300）

贾湖遗址人骨的元素分析…………………胡耀武　James H. Burton　王昌燧（312）

技术与工艺

贾湖遗址出土古陶产地的初步研究…………………邱　平　王昌燧　张居中（323）

浙江小黄山与河南贾湖遗址出土新石器时代前期陶器化学组成的WDXRF分析研究

…………………………………………… 陈茜茜　杨玉璋　张居中　崔　炜（332）

河南舞阳贾湖遗址石制品资源域研究以及意义………………………………………

……………………………………… 崔启龙　张居中　杨晓勇　朱振甫（339）

河南舞阳贾湖遗址出土石器的微痕分析……… 崔启龙　张居中　杨玉璋　孙亚男（353）

裴李岗文化绿松石初探——以贾湖为中心 ……………………………… 陈星灿（376）

贾湖遗址绿松石产地初探……………………… 冯　敏　毛振伟　潘伟斌　张仕定（389）

贾湖遗址出土绿松石的无损检测及矿物来源初探………………………………………

…………………………… 毛振伟　冯　敏　张仕定　张居中　王昌燧（395）

贾湖遗址出土绿松石器微孔工艺的实验考古研究………… 崔天兴　付建丽　赵　琪（403）

舞阳贾湖遗址骨制叉形器的制作、使用与传播初探……………… 张居中　赵　嫚（416）

贾湖古酒研究……………………… 麦戈文（Patrick E. McGovern）（428）

中美考古学家对河南贾湖遗址联合研究发现我国9000年前已开始酿制米酒………

………………………………………………………………… 蓝万里（430）

骨笛研究

舞阳贾湖骨笛的测音研究……………………………………………… 黄翔鹏（435）

中国音乐文化文明九千年——试论河南舞阳贾湖骨笛的发掘及其意义……… 萧兴华（438）

贾湖龟铃骨笛与中国音乐文明之源………………………………………… 吴　钊（451）

笛乎　筹乎　龠乎——为贾湖遗址出土的骨质斜吹乐管考名……………… 刘正国（459）

贾湖遗址二批出土的骨龠测音采样吹奏报告……………………………… 刘正国（471）

舞阳贾湖骨笛的音孔设计与宫调特点……………………………………… 童忠良（486）

贾湖骨笛的乐音估算……………………………………………… 陈　通　戴念祖（495）

贾湖骨笛的精确复原研究…… 方晓阳　邵　锜　夏季　王昌燧　潘伟斌　韩庆元（501）

说有容易说无难——对舞阳出土骨笛的再认识…………………………… 王子初（509）

中国最早的骨笛发现始末——贾湖遗址考古回忆录……………………… 张居中（521）

贾湖骨笛的"七声"研究与东亚两河的音乐文明………………………… 王子初（536）

龟甲与符号

申论中国史前的龟甲响器………………………………………… 陈星灿　李润权（551）

公元前第七千纪的龟甲刻划符号………………………………… 李学勤　张居中（585）

贾湖遗址新石器时代甲骨契刻符号的重大考古理论意义⋯⋯⋯⋯⋯⋯⋯唐　建（588）

中华文明的绚丽曙光——论舞阳贾湖发现的卦象文字⋯⋯⋯⋯⋯⋯⋯蔡运章　张居中（607）

论贾湖出土龟甲契刻符号为原始文字⋯⋯⋯⋯⋯⋯⋯⋯⋯⋯⋯郝本性　张居中（616）

龟象与数卜——从贾湖遗址的"龟腹石子"论象数思维的源流⋯⋯宋会群　张居中（623）

河南舞阳贾湖契刻符号研究⋯⋯⋯⋯⋯⋯⋯⋯⋯⋯⋯⋯⋯⋯⋯郝本性　张居中（632）

后记 ⋯⋯⋯⋯⋯⋯⋯⋯⋯⋯⋯⋯⋯⋯⋯⋯⋯⋯⋯⋯⋯⋯⋯⋯⋯⋯⋯⋯⋯⋯（636）

贾湖文化

淮河的光芒：黄河与长江的联结
——《舞阳贾湖·序》

俞伟超

舞阳贾湖遗址的发掘，可称是20世纪80年代以来我国新石器考古中最重要的工作。现在，这批材料经张居中等同志十年以上时间的整理，终于编纂成一部大型报告出版，自然是我国新石器考古事业中的一件大事。

贾湖遗存内涵丰富，价值很大，今后肯定会引起长时间的关注和多角度的研究。就此报告而言，即使仅作概略的观察，至少有以下三大方面是值得重视的。

第一，首次提供了能理解黄河中游至淮河上游和黄河下游至淮河中下游之间新石器文化（主要是早、中期）关系的一个联结点。

关于黄河中、下游的新石器文化，自20世纪80年代以来已经认识到存在着老官台—仰韶（半坡）、垣曲东关—仰韶（庙底沟）、裴李岗—仰韶（大河村）、磁山—仰韶（后岗）和后李—北辛—大汶口等系列。统观这些系列，大汶口和仰韶及其前身诸系列，是差别突出的东西两大片，但相互之间又存在着一定的共同点。所以存在这种共同点，无非出于三种原因：一是不同文化在发展水平相同时，可以出现类似的文化现象或文化面貌；二是可能有共同的族源，尽管当分化成不同的族群以后，不同族群的差异会慢慢扩大，但总会保留一些共同点；三是不同文化在其发展过程中，因相互影响而会形成一些共同点。抽象谈论这些原因，大家很容易取得共识，但在讨论某些考古学文化的具体现象时，如无实际材料作例证，任何推测都不会是能令人心服的解释。

就我国新石器文化的整体而言，其起源阶段至今还处于几乎是空白朦胧状态之中，因而不敢轻易对不同文化系列（特别是其早期阶段）产生异同之处的原因，做出具体推测。但贾湖遗存的发现，则在这方面向前走出了一大步。

贾湖遗存的年代大致在距今9000～7800年，同时包涵着黄河中、下游至淮河流域的东、西两大片文化系统的若干因素。例如其陶器（圆腹壶、罐形鼎、三足钵），同裴李岗文化的相当接近，而以占卜用龟和獐牙随葬之俗，又和时代要晚一些的大汶口乃至安徽薛家岗文化的风俗接近，至于其稻作农业，则更是和江淮流域的新石器文化一致而不见于黄河流域。这种现象提醒我们，不能处处以陶器特征作为判定某一考古学文化属性的主要因素。贾湖遗存如仅从陶器出发，很容易被认定是一种裴李岗式的亚文化；如从随葬占卜用龟和獐牙着眼，又会看到这和山东至苏北的大汶口文化同俗，并且安徽的薛家岗文化中也有随葬占卜所用玉龟之俗（安徽含山凌家滩M4），可是裴李岗、磁山、老官台等黄河中游的早期新石器文化，恰恰都没有这种葬俗；再如其水稻耕作，更是黄河流域及其以北的新石器文化中不存在的。只要综合以上现象，就可认为本报告把贾湖遗存命名为贾湖文化是非常正确的；报告中所作这个文化后来曾向淮河中下游和汉水流域等地区发生过迁徙的推测，至少就部分文化因素而言，也是有根据的。

如果对贾湖文化得到如上认识，就能感到即使在新石器时代早期，其文化的动态状况已是很强的。在建立考古学文化谱系时，为了确定各考古学文化的系列，着重考虑的自然是对各考古学文化的特征进行静态的分类。但一当进而探求各考古学文化的变迁过程，特别是追索其变化原因时，又一定会仔细分析各种文化因素的变动情况，并在广阔的空间范畴内和自然环境同人们生存能力的关系方面来寻找其原因。贾湖农业同江淮流域及其以南地区是一个系统的，贾湖陶器却和黄河中游是一个系统的。这可暗示出，有的地方当农业发生后制陶术是从他处传入的，而有的地方则是从本地发展出来的。这种考虑，如从纯理论思维的角度来设想，似乎早就可以发生。但实践确实是理论的基础，甚至是其前提，所以至少在中国考古学研究的思考中，上面谈到的那些看法，就是因为知道了贾湖等遗存才出现的。我以为，这是贾湖遗存最重要的价值。

第二，本报告提供了一个我国黄河、长江之间新石器时代早期的、居于当时文化发展前列的相当完整的实例。

贾湖发掘对于我国新石器早期遗存来说，得到了一处迄今为止最丰富的材料。就其内涵而言，刻符甲骨、五至七声音阶的骨笛、占卜用的龟甲、陶窑的出现，居住区从早期的与墓区混杂到中晚期的居住区、墓葬区、作坊区的相对集中，农业同狩猎、捕捞、畜养并存的经济形态等等，表明其文化所达到的总体高度，远远超出了过去的想象。

贾湖遗存的最早年代，可达9000年前。这距离我国新石器时代的发生年代，或是农业起源的年代不会太远了。如果同旧石器时代晚期的遗存相比较，判然两种世界。这就清楚地表现出，农业的出现的确是一场大革命，迅速引起了整个社会的巨大进步。

二次大战后，西方学者因西亚等地的新发现，对距今万年左右的文化划出了一个无陶新石器时代的阶段，其标志就是农业或畜养业已经出现而制陶术还没有来到。从文化进步的逻辑过程来说，这应当是一个规律。但不同地区的具体情况究竟怎样，只有依靠发掘材料，才能知道。例如在欧洲的广阔地区内，其农业和制陶业要到距今7000年前才从西亚一带逐步传播过去而发生的。在我国，从地理环境来考虑，农业和制陶业应该是自身发展出来的。贾湖陶器中的泥片贴筑法，就是中国和南西伯利亚至日本一带特有的。贾湖陶器中的泥条圈筑法，在欧洲是最早的制陶术，见于线纹陶文化，但贾湖所见的应当是从自身更早的泥片贴筑法发展而来的。另如贾湖的水稻农业和黄河流域新石器时代的小米种植，也是中国自身出现的。由此可见，在中国新石器文化的发生和发展有一个独立过程，在贾湖遗址一带，或是包括更为广阔的地区，是否存在一个无陶新石器时代；或者说，这个时代发生于何时，时间有多长，农业、畜养业、制陶术是怎样结合在一起的，都已经是当前需要着重探索的问题。

如果从这种看法出发，今后在寻找旧石器时代末期至新石器时代发端期的过渡文化时，贾湖遗存因其时间之早和文化的发达，自然是一个重要的认识基点。我以为，这是贾湖遗存的另一最重要的价值。

第三，本报告除了分类发表原始资料外，又从讨论贾湖文化的总体面貌出发，列出下篇，分章研究其自然环境、居民体质、生产方式、工艺技术、生活状态和精神信仰等内容。

20世纪60年代来国际范围内发生的扩大考古学文化研究范畴的趋向，自20世纪80年代以来日益对我国发生影响，一批年青学者正在努力从各方面作新探索。本报告的主要作者，近十年来就一直为此而不停顿地思考。他在繁重的整理贾湖资料期间，还多次挤出时间，参加渑池县班村遗址的发掘，和一批志同道合者从田野到室内，长时间地反复讨论这方面的问题。本报告体例的确定和内容的叙述，就是他长期思考后的一种表达。

科学研究当然有其国际性，但即使是正确的理论，如果没有和实际结合而实现了本国化、本地化，又难以取得成功的效果。对于人文科学来说，尤其如此。因此，任何合理的探索，不必有固定的模式。这本报告，就是作者根据发掘材料的实际，拟定了自己的模式。这当然会受到现有认识的限制，论述也不一定都妥当，但在当今沿袭着近半个世纪以来的传统体例的多数发掘报告之中，毕竟又提出了一系列应该注意的新的观察角度，扩大了考古学文化的研究范畴，带来了不少新启示。我以为，这就是本报告的第三个重要价值。

有此三点，这当然是一本意义重大的考古发掘报告。

（原载《东南文化》1999年第1期）

严文明先生在纪念贾湖遗址发掘30周年暨贾湖文化国际研讨会开幕式上的发言

（根据录音整理，已经本人审阅）

严文明

各位大家好！感谢东道主邀请我参加这么一个学术的盛会，对学者来讲，也是一个学术上的盛宴。贾湖遗址发掘30周年了，对一个遗址，从发现到研究，到继续工作，能够出现这么多的成果，少见。在国内，少见。原因是贾湖遗址本身学术内涵非常丰富。而主持发掘的各个单位，特别是张居中先生，锲而不舍，30年来研究不断。我记得在发掘的初期，张居中先生很多信息都和我沟通，我们曾经在北京大学的技术楼研究贾湖出土的水稻，当时一般人认为，贾湖遗址在河南嘛，在河南主要是旱作农业，那么贾湖会出水稻吗？结果，张居中先生拿了一些灰坑里面的泥土，拿到北大地质系先用双氧水泡一下，用离心机一转，一把一把的稻谷就出来了。参加我们这次鉴定会的，有中国著名水稻研究专家王象坤先生等，我们是一个小组，大家鉴定，这无疑是栽培稻。然后就把中国栽培水稻的历史，一下子提早了很多年，但是水稻，只是贾湖遗址重要的发现之一。刚才曹市长讲了，贾湖有很多的骨笛，是音乐史上非常重要的发现，是音乐史上非常重要的发现。那么，龟甲上还有很多刻符，这种刻划符号，有点像文字样的刻划符号，在中国来讲也是最早的。那么在植物考古、动物考古、科技考古很多方面，在贾湖这个遗址的研究中间都有非常重要的发现。贾湖这个地方本身就很重要，那么贾湖遗址发现的这些文化遗存，实际上是沟通南北和东西，有北方的因素，比如说裴李岗文化的那种石磨盘、石磨棒，它这也有，跟这几乎是一模一样的，南边的水稻不用说了，它实际上又是淮河流域的上源。过去我们知道黄河流域有非常重要的文化遗址，长江流域有非常重要的文化遗存。中间呢，淮河流域有没有一种带有自己特色的，不但是沟通南北，也还有自己特色的文化呢？现在我们逐步地知道，从贾湖然后一直往东，到安徽，到江苏，淮河流域的文化，也有自己的特色，它既是南北文化交流的一块重要的阵地，同时它也有自己的特色，这个认识，是从贾湖的研究开始的。那么，贾湖这些年，更重要的一个工作呢，就是在科技领域做了很多方面的努力，这在一个遗址来讲，我看还数不出第二个，虽然我刚才就讲了，我们参加这个会，就是一个学者的、学术性的盛宴。现在是个开幕式，那么到会的这么多的中国的国外的学者，一定有很多的精彩的研究报告。所以呢，我只能是开个头吧，下面，我将仔细聆听各位学者精彩的发言。今天我就讲这些，开个头，谢谢大家。

严文明先生在纪念贾湖遗址发掘30周年暨贾湖文化国际研讨会闭幕式上的总结发言

（根据录音整理，已经本人审阅）

严文明

贾湖遗址发掘30周年了，我记得从1983～1986年连续发掘6次，这六次收获非常丰富，认识了贾湖遗址是非常重要、内容非常丰富的一个新石器时代早期遗址，资料非常丰富，所以花了很大力气去整理、去研究、去测试。到1999年，两厚本沉甸甸的《舞阳贾湖》考古报告出版了，但是，发掘者本人，主要是张居中，他没有说报告出版了，事就完了，研究继续进行，调到了中国科技大学，中国科技大学在技术的运用上就有更多的方便。所以，在2001年又有中国科技大学、河南省文物研究所合作，进行了多学科的考古发掘和研究，今年，又进行了第八次发掘。一个遗址，30年锲而不舍，发掘工作没有停，研究没有停，保护工作也做得很好。我们第一天开幕式之后去看遗址，我注意到遗址有房屋、有灰坑、有墓葬，都发掘得很好，地层划得清清楚楚，工作场面干干净净，和有些发掘工地，土堆得乱七八糟的不一样，所以发掘工作做得很好，旁边过去发掘的地方，方块都留着，上面都绿化得整整齐齐，保护得也很好，这样的情况，在全国来讲并不多见，所以给我的印象非常好。两天来，我们进行了4场研讨，我总结了一下。除了开始张居中先生有一个总结性的汇报，下面还有26位学者发言，涉及的面非常广泛。首先是对贾湖遗址文化遗存本身的分析，然后把贾湖放在全国考古学范围以内进行对比，发现贾湖这个遗存对东方新石器时代的影响，在山东最早的遗存是后李和北辛，北辛继承后李的不太明显，而北辛继承贾湖的更多，这也证明，贾湖文化对东方有非常重大的影响，这个影响继续到大汶口文化；蒋乐平在浙江工作的很有成绩，他把上山文化和跨湖桥文化跟贾湖做了一些对比和研究；靳松安对照贾湖在河南西南部南阳地区的文化也有很多影响；戴向明和魏兴涛注意了贾湖文化对北面，对裴李岗文化的关系影响和对仰韶文化的影响也进行了研究，这样就把贾湖文化放在全国范围以内，你就看到它的重要性在哪里。如果就贾湖研究贾湖，这些事你看不清楚，因为贾湖的内容非常丰富，所以有的学者就研究贾湖的植物群落，植物群落涉及环境的研究，当时有些什么植物，反映什么样的环境，也涉及人类食物，产出什么，栽培什么，很自然涉及贾湖出土的一些稻谷，那么早的稻谷遗存。所以，贾湖也是栽培稻起源研究的一个重要内容。有的学者研究动物，首先来说有什么样的动物，动物也反映环境，也有人来驯养动物，所以，贾湖的猪也发现了很多，涉及一个家猪的起源问题。然后有贾湖的一些工艺，如石器怎么制作的，邓聪在石器工艺研究方面的报告也很精彩，那么有些石器，镰刀干什么用的，刘莉有一个研究我觉得分析得很到位，镰刀有宽有窄，不同的镰刀有不同的用途，其中一个用途就是割稻子、割芦苇，这个跟当时生态环境、经济形态都密切相关。那么还有研究，如吴小红研究当时人的食物，这些基本是国内领域的学者。那么外国学者更加把视野放宽，法国的学者维尼亚，从动物的角度，他觉得世界上有两个重要的动物起源地，一个东亚，一个西亚，东亚也就是中国，那么做了一些对比，中国有些重要的家畜，比如羊、黄牛、马，这些都不是在中国驯养的，这都是一些研究的很重要的课题。研究的内容很多。我不可能把大家报告的精彩内容都做一个评价。总之，这次学术研讨会时间不长，提供的报告水平相当高。这个高涉及几个方面：首先是因为贾湖遗址的文化内容本身很丰富、很精彩，这样你才可能展开这么广泛的科学研究；二是我们这次会议的组织者注意了多学科的研究，不像有些地方，考古挖出来了，把器物排一排，写出个报告就完事了，不是，我们是开展了第一项深入的多科学研究，有的研究，如王子初先生对骨笛的研究。我说得不好听一点，他并没有在骨笛本身的研究说什么话，他是说"说有容易说无难"，从考古的角度，想到做一个骨笛应该比作一个竹子的笛子难得多。贾湖总会有竹子，所以理所当然应该有竹笛，竹子本身的笛吹起来音响的效果比骨笛的要好，所以能做骨笛，怎么不能做竹笛呢，这完全是一个逻辑的推理，我觉得推理的有道理，它起两个效果，一个效果是说，不要什么事情就是就事论事，要有些想法，考古学本身发现的东西，我们都不知道的，都是在地下，你完全没有想法就去挖，你挖坏了也不知道怎么回事；那么既然想着有竹笛，那个竹子是容易腐烂的，他跟骨头不一样，所以你在发掘的时候是不是要注意一下这个事，还有没有可能发现一些有机的东西，比如竹子做的笛子，所以他是种畅想，但是这种畅想对考古工作者还是很重要的。总之这次会上提供的很多报告论文我觉得水平很高。今天下午又开了2个会，我没有参加，我听说讨论得很热烈，其中有一项就是倡议贾湖遗址的保护和利用，而且还起草了倡议书，这是个应有之义。这个遗址这么重要，到现在我们只挖掘了很少的一部分，剩下一大部分怎么办，就要考虑保护的问题，怎么保护得有一套方案。这次会上，周双林也讲了一下国内外遗址怎么保护，提了很多方案，对贾湖遗址也提了一些建议，这个报告也很重要。所以总结来讲，我觉得这次会议组织得很好，会议讨论的问题非常重要，讨论的水平也很高，所以我很高兴谈些感想。

在纪念贾湖遗址发掘30周年暨贾湖文化国际研讨会闭幕式上的答谢词

张居中

各位来宾，各位领导，各位师友，女士们，先生们，下午好！

两天的学术盛宴，马上就要结束啦，参会师友不远千里万里，不辞辛苦，拨冗而来，令人感动！尤其是严先生，以年迈之躯，不仅欣然应允如约前来，而且两天来始终坚持听取每场报告，并发表了高屋建瓴的讲话，作了高水平的总结发言，为我们今后的研究工作指明了方向，给我们以鼓舞与鞭策。诸位国内外师友都奉献了高水平的最新研究成果和精彩演讲，发表了真知灼见。因此，请允许我借此机会，代表中国科大科技史与科技考古系、中国科大博物馆，向严先生、贝尔伍德教授、巴尔-约瑟夫教授、刘莉教授等所有嘉宾表示衷心的感谢！

两天的会议，成果丰硕，严先生已作了高度总结，兹不赘述。诸位国内外师友的支持，铭记在心！中国科大的科技考古专业根据自身特点，在分析测试手段上拓展自己的生存空间，如同位素分析、残留物分析、寄生虫分析等方面，做了一些开创性的工作，但都离不开国内外师友的支持与帮助。我们培养学生的教学理念，始终是以培养懂考古的科技工作者为目标。贾湖遗址的发掘实习与研究，就是一个成功的尝试。我们希望今后与各兄弟单位、各位师友加强联系，继续给我们以大力支持与帮助。

最后，祝各位师友旅途愉快，身体健康，万事如意！

谢谢！

加强贾湖遗址保护管理和开发利用的倡议书

贾湖遗址是中国新石器时代前期的重要遗址，其丰富的文化内涵，为中国乃至世界音乐起源、稻作起源、酿酒起源、家畜起源、甲骨契刻及原始崇拜等领域的研究，提供了不可多得的珍贵资料，是距今9000～7500年前人类文化的优秀代表，与西亚两河流域的同期文化相映生辉，在东亚文化复杂化进程初始阶段的研究中具有重要地位，被评为20世纪100项中国考古大发现之一，2001年被国务院公布为全国重点文物保护单位。

我们参加纪念贾湖遗址发掘30周年暨贾湖文化国际研讨会的学者，通过学术研讨和参观考察，取得了丰硕成果，达成了广泛共识。为进一步加大贾湖文化保护力度，传承弘扬这一优秀的人类文化遗产，为经济社会和谐发展创建良好的人文环境，我们谨就贾湖遗址的保护管理和开发利用，郑重提出如下倡议。

一、加大对贾湖遗址的保护管理力度。把贾湖文化保护管理纳入区域经济社会发展计划及城乡总体规划，建立健全遗址保护管理机制，当地政府在保护利用这一珍贵文化财富的同时，要确保贾湖遗址本体受到严格保护，要尽快对遗址上附属构筑物进行清理，以减少现代人们生活等因素对遗址的浸染、破坏，保持贾湖遗址及其周边湿地的原始风貌和原生态景观，最大限度地做好遗址以及周边区域古文化的保护工作，妥善解决遗址保护管理、开发利用与群众生产生活之间的矛盾。

二、加大对贾湖文化开发的政策、资金支持力度。把贾湖文化保护开发工作纳入华夏历史文明传承创新区重大示范项目。人类文化背后蕴含着深刻的历史文化含义，萌发于历史文化传统之上的文化，才更具有根基、底蕴、特色和生命力。贾湖文化是中华文化的重要组成部分，也是世界文化历史的重要组成部分，不但具有深厚的文化价值，同样蕴藏着巨大的财富，当地政府要紧紧抓住中原经济区建设华夏历史文明传承创新区的战略性机遇，加快推进贾湖国家考古遗址公园的建设，打造遗址保护、研究、展示和社会共享的物质平台，发展文化旅游及相关产业，使贾湖遗址的开发利用工作融入地区经济、文化和社会文明建设之中，开创贾湖文化研究和文化遗产保护的新局面，着力将贾湖遗址建设成为展现九千年前中华历史文明的新高地，建设成为华夏历史文明传承创新区的重要文化坐标。

三、加大对贾湖文化的研究和宣传力度。贾湖文化对研究人类文明发展历程有着重要的意义，是中华文化的重要根源所在，炎黄子孙脉之所维、心之所系，社会各界应共同努力，组织专门力量发掘、整合、研究与弘扬贾湖文化，加快研究成果的普及和转化利用，扩大贾湖遗址的社会影响力和关注度，建议在修订新版中小学教科书时适当收录贾湖遗址相关研究成果，对建设中华民族的共同精神家园和丰富人文核心价值观将具有积极而又深远的现实和历史意义。

　　古迹遗址是不可再生的文化遗产和宝贵资源，保护和利用文化遗产就是保护历史、传承文明，是人类共同的历史责任。我们期待社会各界和相关部门，更多地关注和积极参与到贾湖遗址的保护管理和开发利用中来，使贾湖先民的文化生活场景早日展现在世人面前。让我们携起手来，守护和建设人类共同的精神家园，努力为文化遗产的保护、利用和传承、发展做出应有的贡献。

纪念贾湖遗址发掘30周年暨贾湖文化国际研讨会

全体与会学者

2013年11月3日于河南漯河

喜读《舞阳贾湖》

石兴邦

　　《舞阳贾湖》是河南省舞阳县贾湖新石器时代聚落文化遗址发掘研究的报告，是20世纪末考古学界推出的一部重要的学术论著，出版后引起学林的极大关注，读后颇有获益。

　　我们对人类历史的认识总是在辩证的发展过程中逐步地深化，对我国史前文化史的认识也是经过这个过程达到的。数十年来，我们在科学实验的激流中，不断地激荡和回旋，一浪一涡地卷扬起沉积和内涵。在实践、认识、再实践和再认识的体验中，使我们在20世纪50年代以前认识了黄河（不论从传统文化还是考古文化），20世纪60～70年代，我们认识了长江、辽河（包括漠北地区）和珠江流域的文化，80年代以后，我们才认识了淮河。淮河可以说是最后一个被解读的重要文化领域，对淮河的认识，是通过青莲岗、龙虬庄、尉迟寺和贾湖等一些典型遗存的发现、发掘和研究及其资料的公布而取得的。淮河之所以认识较迟，是我们对自然生态在文化发展中的作用认识不足，也是对淮河流域在历史上所起作用的忽视而形成的。这种认识只是在近年来环境考古的深入开展，历史与考古文化的整合研究的过程中，探索人与自然、文化与族系的发展联系中，才得到的。这也是有所发现、有所前进的一个事例。淮河流域的考古发现十分重要，对中国史前和原史的研究有重大意义，本文想通过对《舞阳贾湖》报告的解读和评介，来谈一下有关淮河流域古代文化的一些看法和问题。

一

　　舞阳贾湖遗址，是淮河上游史前文化的一个重要发现，曾以其蕴藏之富，价值之高和意义之重大而被称为"20世纪80年代以来我国新石器考古中最重要的工作"（见《舞阳贾湖》书序）。以张居中同志为首的一批年轻有为的学者，对之做了较大规模的科学发掘，并对其全部资料做了全面系统的整理研究，写成集200万言，辉煌两大巨册的《舞阳贾湖》报告。作者在报告的前言中，开宗明义地将本书的编写主旨、框架结构、分册内涵、重要章节以及取得的成果和存在的问题，简明扼要地做了陈述，读者一看，即可实获于心。张居中同志曾谈到这本报告以多学科的参与研究和全方位的结构模式为特征，从报告本身而言是有所前进和创新。我看了后，认为这是至今为止考古报告中最好的报告之一，我有幸较早获得而喜读了它，并做了解读。

作者将该报告分为两册两大部分。第一部分是考古文化发现的主体部分，聚落形态的各种遗存和各种文化类型品的报道分析；第二部分是与主体部分相关联的生态文化和精神文化方面一些专题和个案问题的论述，我称它为肢体部分。我在较详细地阅读后，初步对该书的轮廓概括了以下的认识。

（1）就书的总体制而言，它是主体和肢体有机结合的，内涵和形式表里相辅而构成一个完整体系的构架和体例。

（2）对全部发掘品、史迹和文化类型品，从类型到功能作了系统详细的论述，并配以精确的图表，完整地保存了历史实体的客观遗存。

（3）对典型的或重要的文化创造物，或与文化相关联的自然物，尽可能地利用现代科学技术成果中可资利用的手段方法，尽可能地做了测试和分析研究，以揭示其性能特征及其社会功能和意义。

（4）理论指导和工作实践相结合，利用个案分析、专题探讨和综合研究诸方法相融合以求历史发展过程的规律性，以达到历史与逻辑的统一。

由上述诸点可概知，这部报告书不论是理论导向，体制的框架和结构，内涵的解析和表述，文化类型的比较研究，这是对族系聚落发展融汇以及淮河流域文化体系与其相邻文化聚落的关系论证，都做了充分的探讨。是作者在总结前人整理报告与研究工作成功经验的基础上，有所前进、有所突破、有所创新而形成的一部严肃的科学论著，是时代特征鲜明的、有里程碑性的一项重要学术工程，颇富学术价值。因此，我想多费些笔墨，简谈一下个人的观感和心得，以求教于考古界的朋友和同志。

二

首先要说的是，本书最突出的特点和优长之处是：从唯物史观的理论出发，将所有发现的史迹和物质文化遗存，当作多元结构的历史整体来考察和研究的，这包括人类本身遗存、文化类型品和人工化了的自然物这三个紧密相系的历史要素。作者将各种文化类型品，分门别类，同位同层，加以考察论述，在分析关系和解剖问题时，都是在理论指导下或在理论思维的构架中，对具体事物加以深刻的剖析和表述的，这里可得而论列的有下列诸端。

（一）生态环境与人类文化发展的联系

不论对古生态还是现在的自然环境，该书都给予相当大的篇幅，予以陈述和研究。特别是文化与环境的交互作用和能动制约的联系。这是唯物史观的一个重要论点。

作者对贾湖人及其相邻族群分布的淮河上游西部平原地区的古环境，包括地质地貌、土壤、水文、气候等自然条件，及同时存在的动植物群落，并结合当时当地的居民生活、生产活动等相关问题，做了多方面全方位的探讨，得出规律性的认识。这里属亚热带向暖温带过渡的大陆性季风气候，温湿多雨。雨量大，河流多，河曲发育，由于河湖水域交汇作用，形成冲积平原、湖积平原和淤积平原，呈现出低缓的、扇形的和坡岗形态的地貌特点。地势低洼浅平，由冲积和湖积而造成的沃土沉积，使浅平洼地沉积了厚度不等的黑色亚黏土和淤泥沉积，土质肥美，为人们的生活提供了生活基地。因此氏族聚落多营建在湖积浅平洼地沃土边缘、河流两岸形成的宽阔的带状平地和地势高亢能防水患的岗上及其周围。这里虽然多雨，河流改道，河水泛滥，常有洪涝灾害，但适于人类居住的区域周围，都有丰富的野生稻资源，有茂密的林木灌丛，水族、鸟兽多易繁殖，是一个丰富的生活资料采集区，给采猎生产提供了优良的场所，野生稻资源丰富，为稻作农业的发生发展创造了优越的条件，这也是贾湖人能利用自然条件、战胜灾害和能创造文化的原因所在。根据作者的分析，动物群落的特征界于河姆渡和仙人洞之间，与磁山和王因基本一致，这说明了这些聚落文化之间，其环境与文化的演变交替有着明显的一致性和规律性。

（二）对工艺技术史方面问题的深入探讨

工艺技术是生产力和生产技术水平的标志，以物质史料研究社会发展史的人，都很重视工艺技术史方面问题的研究。作者从文化物所显示的各种劳动遗迹，巨细无遗地、仔细深刻地做了观察、测试和功能分析，基本掌握了贾湖人时期的生产技术、工艺制作过程及其反映在当时人们社会生活方面的相关问题。

作者先对代表当时生产水平和工艺技术的，具有标尺性的制陶技术做了典型的专题研究，这是至今对原始制陶工艺最细致、较深刻的剖析。

他们在对陶土陶质和掺和料的品类加以分析后，提出这是较特殊的制陶工艺中的多掺和性的陶系，除夹砂外，还有夹炭、夹蚌、夹云母、滑石粉、夹炭夹蚌、夹蚌夹骨，还夹半炭化的植物枝叶和稻粒碎块，说明贾湖人能取得杂物以达到凝合陶土的目的，材料是多样杂汇的，这是其他文化制陶业中很少见的现象，也代表了淮河文化类型品中之独特之处。

为了尽可能发掘出技术中的隐秘，他们从碎片残迹中，发现和耙梳出贾湖人在利用陶土成器过程中根据制品的要求和特点所采用的多种不同制造方法，即除泥条法外还有泥片法，并衍生出七八种不同的其他筑造法。泥片法有正筑圈筑法和倒筑圈筑法；泥条法更多，有正筑、倒筑、盘筑法，正筑、反筑、圈筑法和正筑、倒筑兼用的盘筑法。又因为每种筑法都用在特定的器形和器类上，因而从这些器类中也可看出它们之间的成型方法和各自特点。成型后的修整也经过一系列的手续，不论刮削或拍打，反时针或顺时针方向进行，以其具体筑形与方法不同而异。特别是作者提出的滚压法，这是用圆棍状物滚动压展壶形器的颈部而用的特殊方法，这种方法是首次见于文献记述。这些方法中，多是新的发现和创意，足以证明作者用心之细和观察之精密了。

从生产过程全程进行历史观察，作者认为泥片与泥条两种筑造法是前后两个工艺发展的过程或阶段，从泥片发展到泥条盘筑法大概经过了1000年的时间，贾湖人正处在从泥片到泥条发展的变革阶段。作者并举出仰韶文化的尖底器和贾湖文化的罐形壶用的是同种制法（倒筑、正筑合用法），与其形制之变化是相符合的，这是从制法之异同以判其形制之演变关系，诚科学方法，有得之见。磁山文化、长江流域之皂市下层及大溪文化即遵循这一规律，泥片为泥条制片所代替，可见这一规律在制陶工艺中有其发展演化的普遍性。

贾湖制陶技术之高，除方法之多且精外，火候亦高，最高达1000℃。

在制石工艺中，作者提出两点常为人们所忽视的：其一，石质工具之打磨兼制和通体磨光与石料有关，优硬质石料制品多通过磨光，粗质易损之石材制品多磨及刃柄部分；其二，锯镰之开刃方法用磨砺法，时间在二期以后即距今8000年左右，这说明锯镰的开刃技术是由打制直接过渡到磨砺法的。

在探讨工艺技术史方面的问题时，作者最后提出了朴素的"原始科技"在贾湖人思维中已经萌发的事实，并举了一些具体事例作论证。人类贴近自然并利用自然以求得生存，先要认识自然，特别是规律性的认识，而这只有在长期反复的试误实践中（也是在不断总结经验中）才能得出。人类谋生的物质资料，不论是生活资料的生产和采集，还是生产资料的制作和建造，只有在对对象物和作用物的认识中才能获得。这种规律性的认识和对自然的利用就产生了科技（包括力学、化学和医学，以及种植谷物等），或者说凡是文化的创造活动，都带有科技性的思维活动，这是符合规律的。

（三）对稻作农业文化遗存生态学、硅酸体类型及水稻起源和发展的阐发

作者从一些堆积和红烧土块中选出稻壳印迹、稻残片，采用浮选法选出大量炭化稻籽实，并从标本中发现了扇形和哑铃形硅酸体。通过对这些发现的分析，作者认为：淮河和长江流域是中国稻作文化的发源地；长江与淮河分别是以籼稻和粳稻为特征的稻作文化区。在大溪文化还是小粒稻时，淮河下游龙虬庄文化族群首先完成了优化选育技术。后来只是在北亚热带气候南移后，原来的稻作区才逐渐被粟作农业所代替。这个结论基本上符合事实。既得到正确的结论，也为扩大以后的研究领域提出了新的思路。

（四）人种和族系的人类学研究

从出土人骨中，作者将326个个体遗骸（包括两个完整的头骨）作了种性特征的比较研究和人骨因子的负荷分析，两者得到的结果是一致的，即整个体征特点属华北体征类型，与大汶口和仰韶文化系统的人种系统相同或相似，成一大的族群。其特点是：贾湖人

是个中型人种族群，是带有较多北方蒙古人种特征的东亚蒙古人种，较其他东亚族群有更多的南方人种种性特征。这是一个混杂的人种群组，从体征指数表上看，还是以东亚蒙古人种特征占主导地位。和其他种系比较，有一些北方蒙古人种特征，这种结论和认识是与它的活动地区和族系接触的历史发展有密切关系。

（五）关于贾湖人的族系问题

作者根据贾湖文化的分布地区，传说记载中这一地区人们的鸟神崇拜和太阳崇拜，考古发现中之陶器和龟甲刻符及昊（日）等刻符"文字"的出现等诸多迹象，认为贾湖人可能为东夷部落中太昊氏族之先民。根据古史传说与考古文化特征，并参照民族学史志的材料，这一认识是可信的。

三

（一）用文化因素分析的方法对主要文化类型品的典型研究

报告的主体部分是各种文化类型品的研究，用了三分之二的篇幅作了考古学的规范研究和报道。在这里作者运用"文化因素分析方法"对各类文物作了全面的分析研究。文化因素分析法是考古学研究的基本方法之一。这个方法对文物不仅要分门别类而且要分析研究，较一般排比分类要深刻一层，走前一步。从理论上说，文化内涵有其独特性和其广延过程的包容性，代表了该族群的文化创造及其与其他族群交融而形成的文化丛体。运用这个方法能够挖掘出文化底蕴中的成分和变化，能够获知该文化内涵中本质性的东西，便于掌握其特点和演化规律。从这种理念出发，作者对贾湖文化各种文化因素作定点、定系、定质、定量和定性的解读分析。以其区划、分其类别、揆其异同、依其时序、鉴其功能，然后据其主次层级，严格地按照标型学的规范，进行个案或专题研究，达到全、清、细、实和论的统一。所谓全，指包罗内涵巨细无遗，所有发现，全备于册；清是体例层级、有条不紊、合于逻辑和发展序列；细是观察入微，描写细致；实是真确、朴实地反映客观实际；论是作者对考察后的认识和看法，即思维劳动的成果。这对读者是有启益的。最后达到史论的统一，完成了这个科研活动过程的必然归宿。

（二）用文化融合论的观点和方法研究贾湖文化与其周围诸氏族聚落文化的关系

贾湖文化所在的地区，正是黄淮以及淮汉地区诸文化的交融地区，可以说是中华原始共同体铸型的一个熔炉。这样的比较研究是十分必要的。

作者将贾湖的内涵同与之相应和相当的各文化类型做了详细的对比研究。这些文化包括与之关系密切的裴李岗文化诸族群及淮河中下游族群，远郊的后李文化、大汶口文化族群、磁山文化、老官台文化，南界的大张庄、下王岗诸族群，再远的彭头山文化等。特别对黄河中游的中原地区和黄淮交汇地区前仰韶文化阶段的诸文化类型做了入微探奥地分析解读，将其分作两个层次、六个类型的界定关系，把这些分歧错杂的文化类型及关系做了梳理和排比，使其有了较为清晰的序列和眉目，这是至今对这些文化做出的最切近事实的表述。第一个层级是依文化内涵、特点和发展系列，以及相互之间的联系和融合关系，分为贾湖文化、裴李岗文化和班村文化三个族群，树立了一个好的典型。第二层级是处于主体核心文化族群之外，没有独特的文化因素，而文化融于相邻的第一层级的文化类型，有花窝文化遗存，是磁山文化南来而融入裴李岗文化的一个类型；中山寨类型，是介于贾湖与裴李岗之间的文化类型；瓦窑嘴类型，是向西发展的较晚的一个地方类型（巩义、洛阳东部一带）。

（三）用聚落考古学方法揭示聚落的社会结构和发展规律

作者对贾湖遗址的聚落布局，人口及生活状况等做了解析。根据地层堆积和遗存分布的综合研究，将聚落形成的历史分成两个阶段，早期（一期）居室集中而排列无序，脱离穴居或巢居，而处于新建的原始状态，墓葬与居室交织一处。中、晚期（相当分期的二、三期），分族而居，出现独立的墓地，2～5个居室汇聚一起，有5个小的聚居处，每个聚居处有自己的窑场和墓地，向内聚式的环境聚落发展，提供了前仰韶文化初期聚落形成与发展的演化模式。

四

贾湖报告的内容是充实而精粹的，我在这简短的评介里，不可能全都包括进去。只能就有特点、新意而牵牵大者，加以概述，这里只提阐明的几个重要历史问题。

（1）《舞阳贾湖》解剖了一个聚落文化的典型标本，提供了有关这一文化有机体的全部信息，包括它的整体形象、内部机构和组成机理，以及发展形成的过程和规律。对它在原始文化史上的地位和作用有了历史的、较深刻系统的认识。

（2）确切地认识并论证了淮河流域古代文化在中国文化发展史上的作用及地位。淮河流域是长江流域和黄河流域之间的一条文化运河，也是独具特征的一个文化领域。贾湖等文化聚落的发现和研究，疏通了这一古文化联系带。不论从生态文化还是从地缘关系看，淮河流域都是中国古史研究上的战略要地，它拥有解决不少重要问题的通衢和要隘。

这条运河疏导不通，有些历史问题就说不清楚，现在疏通了，问题就好解决了，譬如，争论不休的青莲岗文化，现在看来就成了自然而然的事了。黄河和长江流域的文化交融是通过淮河的中介而实现的，有着极其重要的历史地位。

（3）文化交融的三个层级的观点和论述，提出了中国原始文化共同体形成的基本模式：以典型聚落文化为中心，其外是派生的近亲部落所围绕，再其外是有接触交融和联系的远亲或其他族群的部落。在不同中心族群所形成的不同文化共同体之间的不断接触融汇中，最后形成一个更大的文化共同体。以中原为中心的华夏原始共同体就是在这种融合方式下完成的，这是我们目前所获得的最科学合理的解释。

考古报告没有固定的形式，以其内容和特点而定其结构和形式，但有要求和规范，就是要全面、真确、系统地反映客观实际，并按约定俗成的条例和方法加以规范和表述。一个好的学术报告，除这个基本要求外，还要有一定的研究深广度，并能解决问题，阐明问题和提出问题，不仅清楚了已经发现的事物，还要萌发未被揭露的问题，开拓继续深入问题的方法和思路。从这些方面说，《舞阳贾湖》是比较全备的。科学界有句名言，"重要的不是解决问题而是提出问题和找到解决问题的方法""科学的发展就是不断地始于问题和终于问题的过程，同时也是科学概念、科学定律和科学理论不断地形成和增长的过程"，不断地提出问题是学术发展的动力和生长点。我在以上各节的解读中，列举了不少事例，阐明了不少历史和考古学上的问题，并提出一些新的创见，在陈述问题过程中，也提出了不少存疑和待考虑的问题。实践创新给我们带来了巨大的成果，但也给我们提出了许许多多的困惑、迷惘和未解之谜，如作者提出社会发展阶段中的母系、父系社会制度问题，贾湖文化的渊源问题，都是值得重视而未获解释的重大问题，作者已提出了不少线索作为进一步探讨的依据。好在我们中华文化原始共同体是孕育型和融合型的，有承传性和发展规律，不论追溯而上或承传而下，都可找到源头。只要我们面对难题勇于攻坚，今后在此遗址的继续发掘研究中，在与其他族群文化的比较研究中，以及在所涉及的有关境域和领域的研究的不断深化和延伸中，这些问题都能得以解决。

人们的认识和实践都有其局限性，只有在时代所能提供和允许的限度内，经过努力来实现自己的愿望和目的，才能达到尽善至美的境地。从这方面说，《舞阳贾湖》报告的编写者已尽到自己的职责。这部报告，不论从内容和形式、内涵的涵盖面、探讨问题的纵深度、编排的逻辑结构和装帧方面都是美好的。可以说，在当前的历史条件下，对大型的史前聚落文化遗存报道中，《舞阳贾湖》算是好的典型，可以作为一个范本供大家参考和借鉴。我也希望考古界的朋友们在自己研究的范畴内，重视这方面的问题。在研究工作不断深入发展，不断总结经验中，学术报告还会有所充实、改进和完善。我相信今后还会有更多、更好的学术报告贡献给学坛。

多少年来，我们在学术课题的研讨、田野实践的检验和考古材料的整理和利用过程中，得出了这样一个基本的认识和看法，即发掘研究报告编写的成功与否，取决于具体实践者田野工作的综合水平，包括他研习的涵盖面和深广度。而田野水平则靠考古者本身的素养，这包括田野工作的理论、实践与经验，对田野工作目的意义的认识理解程度，相关学科的知识层面和对历史图景的可视度等诸多因素。这可以从贾湖报告和其他一些好的报告中得到证实，也为许多有价值的发现与成果所印证。要跻于这样的境界，不仅要靠个人的锻炼和素养，还要靠考古教学体制本身的改革和丰富、充实来实现。

最后还要感谢从事青莲岗、龙虬庄、尉迟寺和贾湖等聚落发掘和研究的同志和朋友的努力和钻研，他们使我们认识了淮河，并使淮河流域原始文化体系得以建立，功莫大焉。

（原载《考古》2001年第6期）

解读《舞阳贾湖》

石兴邦

　　《舞阳贾湖》是河南省舞阳县贾湖新石器时代聚落文化遗址发掘研究的报告书，河南省文物考古研究所编著，由科学出版社于1999年出版发行。本书是20世纪末考古学界推出的一部重要的学术论著，出版后引起学林的极大关注，读后颇有获益，特评如次。

　　大约在30多年前，毛泽东主席发表了关于人类历史发展规律的科学论断。他提出人类的历史和自然界的历史一样，是一个不断前进和发展的历史过程，永远不会停止在一个水平点上，人类在实践中不断地总结经验，才能有所发现、有所发明、有所创造、有所前进。他说停止的论点、悲观的论点和无所作为的论点，都是错误的，因为这是不符合人类，也不符合自然界发展的事实。这个论断可说是对人类历史最宏阔而全面的高度概括和科学总结，对我们当年学习这一指示精神的人来说，都起了导向作用，事实上，我们的工作和事业，遵循着这一规律，也在不断地实践和总结经验中向前发展。

　　转瞬间30年过去了，回顾起来，我们的人事沧桑其变化之巨大，与当年情况相较，简直不可同日而语，特别是改革开放这20多年来，可以说是起了天翻地覆的发展和变化。

　　作为学海涌潮中的一支激流，考古学研究也随着时潮涌动；奔腾向前，不断地深化和开拓领域，特别是在与世界学界的交流、接触碰撞与融汇中，呈现出前所未有的活跃与繁荣。即使是在较少变化的方法论方面，如发展滞后的报告书编写方面，也有了新的创见和变革。闻到一股新鲜的时代气息，这是我们值得庆幸的事。这是我最近读了《舞阳贾湖》和《龙虬庄》等报告书而得到的感受和认识。

　　就如前面所提到的，我们对人类的历史总是在辩证的发展过程中，逐步地深化和认识。对我国史前文化史的认识也是经过这个过程达到的。数十年来，我们在科学实验的激流中，不断地激荡和回旋，一浪一涡地卷扬起沉积和内涵，在实践、认识、再实践和再认识的体验中，使我们在20世纪50年代前认识了黄河（不论从传统文化还是考古文化），20世纪60～70年代，我们认识了长江、辽河（包括漠北地区）和珠江流域的文化，80年代以后，我们才认识了淮河。淮河可以说是最后一位被解读的重要文化领域，淮河的认识，是通过青莲岗、龙虬庄、尉迟寺和贾湖等一些典型遗存的发现、发掘和研究及其资料的公布而取得的。淮河之所以认识较迟，是我们对自然生态在文化发展的作用认识不足，也是对淮河流域在历史上所起作用的忽视而形成的。这个问题只是在近多年来环境考古的深入开展，历史与考古文化的整合研究的过程中，探索人与自然、文化与族系的发展联系中，才得到实现的。这也是有所发现、有所前进的一个事例。淮河的发现十分重要，对中国史前和原史的研究有重大意义，本文想通过对《舞阳贾湖》报告的解读和评介，来谈一下有关淮河流域古代文化的一些看法和问题。

一

舞阳贾湖遗址，是淮河上游史前文化的一个重要发现，曾以其蕴藏之富，价值之高和意义之重大而被称为"80年代以来我国新石器考古中最重要的工作"（见《舞阳贾湖》书序）。以张居中同志为首的一批年轻有为的学者，对之作了较大规模的科学发掘，并对其全部资料作了全面系统的整理研究，写成集200万言，辉煌两大巨册的《舞阳贾湖》报告。作者在报告书的前言中，开宗明义地将本书的编写主旨、框架结构、分册内涵、重要章节以及取得的成果和存在的问题，简明扼要地作了陈述，读者一看，即可实获于心。我曾向张居中同志询及本书的典型性时，他以多学科的参与研究和全方位的结构模式为特征，从报告书本身而言是有所前进和创新，我看了后，认为这是至今为止，是考古报告书中最新最好的报告之一，我有幸较早获得而喜读了它，并作了解读。

当你拿到这部报告，首先映在你眼帘的是它那悦目的墨绿色的封皮，烫金题字，特别是那块金光闪闪饱含灵光的金龟图像，把读者一下子吸引到深邃幽远的文化境界之中。打开书页，展现出负载沉甸甸的文化沉积而揭示出的丰富内涵。作者将它分作两大部分，分装两册。第一部分是，考古文化发现的主体部分，聚落形态的各种遗存和各种文化类型品的报告分析；第二部分是与主体部分相关联的生态文化和精神文化方面一些专题和个案问题的论析，我称它为肢体部分。我在较详细地阅读后，初步对该书的轮廓概观有这样的认识。

（1）就书的总体制而言，它是主体和肢体有机结合的，内涵和形式表里相辅而构成一个完整体系的构架和体例。

（2）对全部发掘品、史迹和文化类型品，从类型到功能作了系统详细的论述，并配以精确的图表，完整地保存了历史实体的客观遗存。

（3）对典型的或重要的文化创造物，或与文化相关联的自然物，尽可能地利用现代科学技术成果中，可资利用的手段方法和还能达到的程度作了测试和分析研究，以揭示其性能特征及其社会功能和意义。

（4）理论指导和工作实践相结合，利用个案分析，专题探讨和综合研究诸方法相融合以求历史发展过程的规律性，以达到历史与逻辑的统一。

由上述诸点可概知，这部报告书不论是理论导向，体制的框架和结构，内涵的解析和表述，文化类型的比较研究，族系聚落发展融汇以及淮河流域文化体系与其相邻文化聚落的关系论证中，都做了充分的探讨，是作者在总结前人整理报告与研究工作成功经验的基础上，有所前进、有所突破、有所创新而形成的一部严肃的科学论著，是时代特征鲜明的有里程碑性的一项重要学术工程，颇富学术价值。是一件很值得称赞的事，因此，我想多费些笔墨，简谈一下个人的观感和心得，以正教于考古界的朋友和同志。

二

首先要说的是，本书最突出的特点和优长之处是：从唯物史观的理论出发，将所有发现的史迹和物质文化遗存，当作多元结构的历史整体来考察和研究的，这包括人类本身遗存，文化类型品和人工化了的自然界物这三个紧密相系的历史要素。从历史唯物主义的观点来说，文化是人与自然的辩证发展和能动结合的产物。自然物和自然界（生态文化）是人类赖以生存并创造文化的依据和舞台，这样处理是全面和细致的，较真切地符合历史真实。在这种思想指导下，作者将各种文化类型品，分门别类，同位同层，加以考察论述，在分析关系和解剖问题时，都是在理论指导下或在现论思维的构架中，对具体事物加以深刻的剖析和表述的，这里可得而论列的，有下列诸端。

（1）本报告内涵的重点之一是把生态环境与人类文化发展的联系，放在相当重要的地位予以考察的。

不论古生态还是现在的自然环境，都给予相当大的篇幅，予以陈述和研究。特别是文化与环境的交互作用和能动制约的联系。这是唯物史观的一个重要组成部分。

人类文化史是人类史和自然史创造性的辩证结合。因为生态环境是影响人们及其群落性分布的自然因素和形成的条件，这些条件，是人类文化赖以生存和发展的物质基础。人类在创造文化的过程中，也不同程度地作用于自然界。自然界影响于人类社会的主要表现在生活方式、生产方式和劳动生产率，即制约着人类物质资料的生活活动的各个方面，它直接影响到社会发展的性质和进程，而且越在文化发展的早期阶段这种特点和影响表现得越强烈。因此，在史前文化的研究中，重视这方面的问题，是历史主义并符合逻辑的，是十分重要而需要的。

因此作者对贾湖人及其相邻族群分布的淮河上游西部平原地区的古环境，包括地质地貌、土壤、水文、气候等自然条件，及同时存在的动植物群落，并结合与遗址所在的居民生活、生产活动等相关问题，作了多方面全方位的探讨，得出规律性的认识：这里属亚热带向温暖带过渡的大陆性季风气候，温湿多雨。雨量大，河流多，河曲发育，由于河湖水域交汇作用，形成冲积平原、湖积平原和淤积平原，呈现出低缓的、扇形的和坡岗形态的地貌特点。地势低洼浅平，由冲积和湖积而造成的沃土沉积，浅平洼地沉积了厚度不等黑色亚黏土和游泥沉积，土质肥美，为人们的生活提供了生活基地。因此氏族聚落多营建在湖积浅平洼地沃土边缘，河流两岸形成的宽阔的带状平地和地势高亢能防水患的岗上及其周围。这里虽然多雨，河流改道，河水泛滥，常有洪涝灾害，但适于人类居住的区域周围，都有丰富的野生稻资料，有茂密的林木灌丛，水族、鸟兽多易繁殖，是一个丰富的生活资料采集区，给采猎生产提供了优良的场所，野生稻资源丰富，为稻作农业的发生发展创造了优越的条件，这也是贾湖人所能利用条件，战胜灾害和能创造文化的原因所在。根据作者的分析，动物群落的特性介于河姆渡和仙人洞之间，与磁山和王因基本一致，这说明了这些聚落文化之间其环境与文化的演变交替有着明显的一致性和规律性。

（2）作者对有关工艺技术史方面的问题作为重点作了深入探讨。

工艺技术是生产力和生产技术水平的标志，对以物质史料研究社会发展史的人来说，都很重视工艺技术史方面问题的研究。因为："工艺发达的研究，会把人类对于自然的能动关系，把人类生活的直接生产过程，由此也把人类社会生活关系及从此流出的精神观念的直接生产过程揭露出来。"（《资本论》1卷448页），这对我们考古工作者来说更是自然要涉及的问题，所以作者从文化物所显示的各种劳动遗迹，巨细无遗地、仔细深刻地作了观察、测试和功能分析，基本掌握了贾湖人时期的生产技术，工艺制作过程及其反映在当时人们社会生活方面的相关问题。

作者先对代表当时生产水平和工艺技术标尺性的制陶技术，作了典型的专题研究，这是至今对原始制陶工艺最细致和深刻的剖析。

他们在对陶土陶质和掺和料的品类分析后，提出这是较特殊的制陶工艺中的多掺和性的陶系，除夹砂外，还有夹炭、夹蚌、夹云母、滑石粉、夹炭夹蚌、夹蚌夹骨，还夹半炭化的植物枝叶和稻粒碎块，说明贾湖人能取得杂物以凝合陶土之用的目的，材料是多样杂汇的，这是其他文化制陶业中很少见的，也代表了淮河文化类型品中之独特之处。

为了尽可能发掘出技术中的隐秘，他们从碎片残迹中，发现和耙梳出贾湖人在利用陶土成器过程中，根据制品的要求和特点采用了多种不同的制造方法，除泥条法外还有泥片法并衍生出七八种不同的筑造法；泥片法有正筑圈筑法和倒筑圈筑法；泥条法更多，有正筑、倒筑、盘筑法和正筑、反筑、圈筑法和正筑、倒筑兼用的盘筑法，而且每种筑法都用在特具的器形和器类上。从这些器类中也可看出，它们之间的成型方法和各自特点。成型后的修整也经过一系列的手续、不论刮削或拍打，反时针或顺时针方向进行，以其具体筑形与方法不同而异。这里特别提出是作者提出的滚压法，这是用圆棍状物滚动压展壶形器的颈部而用的特殊方法。这种方法是首次见于文献记述，这些方法中，多是新的发现和创意，足以证明作者用心之细和观察之精密了。

从生产过程全程历史观察，作者认为，泥片与泥条两种筑造法，是前后两个工艺发展的过程或阶段，从泥片发展到泥条盘筑法大概经过了1000年的时间，贾湖人正处在从泥片到泥条发展的变革阶段，并举出仰韶文化的尖底器和贾湖文化的罐形壶用的是同一种制法（倒筑、正筑合用法），与其形制之变化是相符合的，这是从制法之异同以判其形制之演变关系，诚科学之法，有得之见。磁山文化、长江流域之皂市下层及大溪文化亦遵循这一规律，泥片为泥条制片所代替，可见这一规律在制陶工艺中有其发展演化的普遍性。

贾湖制陶技术之高，除方法之多且精外，火候亦高，最高达1000℃。

在制石工艺中，作者提出两点为人们所忽视的：①石质工具之打磨兼制和通体磨光与石料有关，优质硬质石料制品多通体磨光，粗质易损之石材制物多磨及刃柄部分。②锯镰之开刃方法用磨砺法，时间在二期以后即距今8000年左右，这说明锯镰的开刃技术是由打制直接过渡到磨砺法的。

在探讨工艺技术史方面的问题时，作者最后提出了朴素的"原始科技"在贾湖人思维中已经萌芽的事实，并举了一些具体事例作论证。人类贴近自然并利用自然以求得生存，先要认识自然，特别是规律性的认识，这只有在长期反复的实践中（也是在不断总结经验中），人类谋生的物质资料，不论是生活资料的生产和采集，还是生产资料的制作和建造，只有对对象物和作用物的认识中才能获得，这种规律性的认识和利用就产生了科技（包括力学、化学和医学，以及种植谷物等），或者说凡是文化的创造活动中，都带有科技性的思维活动，是符合规律的。

（3）对稻作农业文化遗存作了生态学和硅酸体类型的比较研究，特别对水稻起源及发展有关的问题作了阐发。

作者从一些堆积中，从红烧土块中选出稻壳印迹，稻残片采用浮选法，选出大量炭化稻籽实，并从硅酸体的标本中发现了扇形和哑铃形硅酸体，从这些发现中可以看出。

从炭化稻粒比较研究，三分之一为偏籼型的稻粒，偏粳型和籼粳中间型各占近四分之一，少数为野生稻粒，有些是人工加工的精米炭化粒。

从扇形硅酸体形态学研究，初步认为它是一种尚处于籼粳分化过程中的，以粳型特征为主的具有原始形态的栽培稻。从这里也发现了稻从野生到栽培稻的演化过程，其迹象是：①稻粒型发生偏籼、偏粳型的突变；②突变型进行异花授粉，天然杂交，出现偏籼偏粳，中间型和普野粒型的分离；③在人类的选择培育下，逐渐脱离野生祖性向人为的社会性的培育型发展而成栽培稻。

在人类的驯化过程中，受环境的制约和影响，最后形成两个亚种（籼稻和粳稻）。

根据以上分析，作者认为淮河和长江流域是中国稻作文化的发源地，长江是以籼稻、淮河是以粳稻为主要特征的稻作传统文化区。在大溪文化还是小粒稻时期，淮河下游龙虬庄文化族群首先完成了优化选育技术。后来只是北亚热带气候南移后，原来的稻作区逐渐被粟作农业所代替。这个结论基本是符合事实的。既得到正确的结论，也提出思路为以后研究扩大领域。

（4）对贾湖文化的创造者的人种和族系作了人类学的研究，说明了人类学上的一个新的重要的问题。

作者将326个个体遗骸（包括两个完整的头骨）作了种性特征的比较研究和人骨因子的负荷分析，两者得到的结果是一致的，整个体征特点属华北体征类型。可与大汶口和仰韶文化系统的人种系统相同或相似，成一大的族群，其特点是：①较多的相似于北方蒙古人种，而与华南人种特征差异较大，与邻近部族体征比较，接近东亚蒙古人种中的亚种；②由种性特征中之颅骨的偏差系数分析，贾湖人既有北方蒙古人种特征，也带有南方蒙古人种特征，这是由于混杂而带来的两者融汇因素。

从上面这个分析看出，严谨一些说，贾湖人是个中型人种族群，是带有较多北方蒙古人种的特征的东亚蒙古人种，较其他东亚族群更多的南方人种种性特征。他是一个混杂的人种群组，从体征指数表上看，还是以东亚蒙古人种特征占主导地位。和其他种系比较，有一些北方蒙古人种特征，这种结论和认识是与它的活动地区和族系接触的历史发展有密切关系。

（5）关于贾湖人的族系问题。

作者根据贾湖文化的分布地区，传说记载中这一地区人们的鸟神崇拜和太阳崇拜，以及考古发现中之陶器和龟甲刻符及昊（日）等刻符"文字"的出现等诸多迹象印证，认为贾湖人可能为东夷部落中之太昊氏族之先民。从古史传说与考古文化特征并参照民族学史志的材料相联系，是较为整合和可信的。

三

（1）用文化因素分析的方法对主要文化类型品作了典型研究。

本报告的主体部分是各种文化类型品的研究，用了三分之二的篇幅作了考古学的规范研究和报道。在这里作者运用"文化因素分析方法"对各类文物作了全面的分析研究。文化因素分析法是考古学研究的基本方法之一。这个方法对文物不仅要分门别类而且要分析研究，较一般排比分类要深刻一层，走前一步。从理论上说，文化内涵有其独特性和其广延过程的包容性，代表了该族群的文化创造及其与他族群交融作用而形成的文化丛体。运用这个方法能够挖掘出文化底蕴中的成分和变化，能够获知该文化内涵中本质性的东西，便于掌握其特点和演化规律。

从这种理念出发，作者对贾湖文化各种文化因素作定点、定系、定质、定量和定性的解读分析。以其区划、分其类别、揆其异同、依其时序、鉴其功能，然后据其主次层级，严格地按照标型学的规范，进行各类或专题研究，达到全、清、细、实和论的统一；所谓全，指包罗内涵、巨细无遗，所有发现，全备于册；清是体例层级、有条不紊、合于逻辑和发展序列；细是观察入微，描写细致，实是真确、朴实地反映客观实际；论是作者对考察后的认识和看法，即思维劳动的成果。这对读者是有启益的。最后达到史论的统一，完成了这个科研活动过程的必然归宿。

作者首先按发掘布方中作了分区：每区选出典型单位，将所有遗存作了整理，选出个性突出，共性显著的，保存完好的典型层位和典型器物群，整合对比。共在五个区中，分10个大组，48个典型层组，394个典型单位，298个器物群，可谓细、全矣。然后作了详细的表格登记，从表列中可以看出，作者所付出的大量的劳动和心力。并以层叠型的办法，将典型单位与器物结合，与同界区的有关单位作比较，对文化类型品的分类，尽可能地突出其演化过程，及动态的变化规律，把器物各体部，作为有机体来看，将器物形态的变化，从渐变到质变，不仅有突变的形态，也有显现微变的迹象。在细微处显功夫，譬如，骨镞一族分作8个大型，35个亚型，55个样式，使人觉得详而有序，细而不繁，层级清晰，可以提供出任何型式和变化等相关问题研究所必要的资料。这样涉及的问题较为全面合宜，得出的认识比较可靠。经过对大量资料的分析，综合归类，将贾湖文化分作四个文化族群。

　　甲群：含有其他文化因素（黄河流域），以贾湖文化为主体；

　　乙群：纯贾湖文化群；

　　丙群：贾湖为主，亦有周边生态文化之因素（长江流域）；

　　丁群：以其他文化为主，贾湖因素占次要地位。

　　从这些文化族群的分析，可以说明以下几个问题：①贾湖文化因素的多元性，说明它与周边族群的融合关系和它的历史地位的中介性；②贾湖文化分布地区在北纬34°以南，属淮河流域，这种生态界区和属性，说明它是前仰韶（青莲岗）时期淮河上游一枝独秀的氏族聚落文化族群；③文化丛体的发展和形成，揭示出文化时空分布的渐变过程和由远及近和由近至远的层次演化规律。

　　从大量文化遗存的时空分布和内涵特征的比较分析中，将贾湖文化的发展序列作了科学的断代分期，分为早、中、晚三个发展阶段，时间跨度在7000BC～5800BC（距今9000～7800年），经历了1200年左右的发展历程，这算是在中原地区至今发现最早最丰富的氏族聚落文化遗存。

　　（2）用文化融合论的观点和方法，对贾湖文化与其周围诸氏族聚落文化的接触、融合而发展的关系，作了历史的宏阔的比较研究。

　　贾湖文化所在的地区，正是黄淮以及淮汉地区诸文化的交融地区，可以说是中华原始共同体铸型的一个熔炉。这样的比较研究是十分必要的。

　　从理论上讲，实际也是这样，在史前时代，文化的产生和发展，都是在交流、融合中采其所宜，依其所利，相互辅成而向前发展的。孤立的"文化岛"，很难繁荣兹长。我们民族是多族群的统一融合体，族群间的血亲认同与他族间的文化融合一直在历史的行程中交融进行，即在统一的主体文化与丰富的地方文化族群间两方面交融发展，在内部始终存在着各文化族群间的融合过程。融合是中华原始共同体保持其生命力量日益发展的重要条件之一。在史前时代，文化的融合是平等的交往，适宜的选择和实际的使用，其标准是朴实的实用价值观。在同样文化模式下，也有不同的文化因素，有些同一文化因素却可为不同的人群所接受，融合具有兼包并蓄的含义。所以，文化融合是一种常态的文化发展模式，从原始时代起，即在人类社会发展起作用的一种选择发展方式。

　　散居在不同生态环境中的人们共同体，都为生存和生活而创制各种文化类型品，各族相较，有其共性也有特性。在不同族群的接触中，不同的文化因素互起作用，这种作用是冲突、认识和选择的过程。各族依其自身的需要，取其异而用其同，或取其同而弃其异，择其所宜，用其所利，或激其活力而创造新的，或模仿而用旧的，这种融合是文化的反刍过程，以优秀的文化成果为原料，经过自己的选择熔炼或改造而成新的更优秀的文化丛体。

从这个论点出发，作者将贾湖的内涵与之相应的和相当的各文化类型作了详细的对比研究，这些文化包括与之关系密切的裴李岗文化诸族群及淮河中下游族群、远郊的后李文化、大汶口文化族群、磁山文化、老官台文化、南界的大张庄、下王岗诸族群，再远的彭头山文化等，他特别对黄河中游的中原地区和黄淮交汇地区前仰韶文化阶段的诸文化类型作了入微探奥地分析解读，将其分作两个层次、六个类型的界定关系，把这些分歧错杂的文化类型及关系作了一个梳理和排比，有了较为清晰的序列和眉目，这是至今对这些文化做出的最切近事实的论述。

第一层次是依文化内涵、特点和发展系列，相互之间的联系和融合关系，分为①贾湖文化②裴李岗文化和③班村文化三个族群，树立了一个好的典型。

第二层次是处于主体核心文化族群之外，没有独特的文化因素，而文化融于相邻的第一层级文化类型中，有④花窝文化遗存，是磁山文化南来而融入裴李岗文化的一个类型，⑤中山寨类型是介于贾湖与裴李岗之间的文化类型，⑥瓦窑嘴类型是向西发展的较晚的一个地方类型（巩义、洛阳东部一带）。

与其他地方文化相比：与长江中游彭头山文化大体同时，并有一定联系；与贾湖关系密切的"亲属文化"或者称"血亲文化"近亲部落。

与淮河流域最接近，有相当多的文化传统，生态相同生活方式和习惯相同，稻作农业与采猎经济，龟甲刻符和太阳纹饰有相同的意识形态，夹蚌夹炭，夹骨的制陶相同的工艺制作技术。淮河下游早期受到北辛—后李文化的影响，小山口的早中期即有贾湖文化影响，石山子、侯家寨诸文化类型，则与贾湖三期相当或稍晚，贾湖三期对淮河下游影响较大，淮河东部接受了贾湖文化，龙虬庄有可能为贾湖文化东向发展的一支所创造的。到后期，氏族部落文化东向是发展走向之一。

大张庄就是贾湖文化向西发展的证迹，它是介于贾湖文化与仰韶文化的中介地位，下王岗文化是贾湖文化向西发展的一支，是贾湖的继承者之一，是属淮河文化的传统，这也是大汶口与下王岗文化有同样因素的原因之一。

与远邻诸族群的关系作者认为：①与后李文化大体处于同一阶段或稍早，有一定的联系和影响，没有贾湖文化发达；②磁山文化与老官台文化都相当于贾湖中期，并有一定的联系和交融；③与长江中游的彭头山文化大体同时，有一定的联系，前者的发展可能要快一些。

这些分析和论述，就把以中原为中心的原始共同体分成以贾湖文化为中心，文化光芒向外四射分三个层级：中心是主体。外层是与之关系密切的近亲部落；再外一层是与之有联系的远邻，这种交融联系的色彩和层级是逐渐深化和演进的，但却向心地倾向中心。这也揭示了中国原始共同体最早形成的一个历史形态和文化模式，建立了一个规律性的最早范例。

（3）用聚落考古学的方法，揭示了这个聚落的社会结构和发展规律。作者将贾湖民族聚落的布局纵横堆积，人口及生活状况等作了解析，根据地层堆积和遗存分布的综合研究，将聚落形成的历史分成两个阶段：早期（一期）居室集中而排列无序，脱离穴居或巢居，而处于新建的原初状态，墓葬与居室交织一处，中、晚期（相当分期的二、三期），分族而居，出现独立的墓地，2～5个居室汇聚一起，有5个小的聚居处，每个有自己的窑场和墓地，向内聚式的环境聚落发展，提供了前仰韶文化初期聚落形成与发展的演化模式。

四

作者对贾湖聚落发现中涉及意识形态和精神文化生活方面的事物，包括内装石子的龟甲及刻划符号、骨笛等文化类型品作个案或专题探讨。

（一）龟腹装石子与卜筮的起源有关

作者认为贾湖人存在着龟灵崇拜，龟灵作为沟通神人之间的媒介，人通过龟灵告知神灵的意旨，进而判断吉凶，以定行止。只有通过占卜才能达到目的。他认为龟腹中的石子，是寓于龟象的数卜，从考古史迹观察，贾湖人时期已有数的存在和抽象的数的概念，由骨笛的钻孔、刻符及所装石子的数量，贾湖人可能有三位数字和奇偶数的概念、阴阳二性的意识，掌握了数的运算法则，所以已有数卜，数卜是占卜的基础。所以龟腹装石子是占卜术的道具或法器。从这里作者创新性地提出，在当时有三种占卜法：即①奇偶占卜法，②奇偶排卦法和③阴阳筮卦法。由数卜而进行占卜。他认为不同形态大小色彩的石子，代表不同性质的事物和概念。如阴阳、光明和黑暗、天地、好和坏、吉和凶等，以其石子通过龟灵的神通而显示出来。作者并举了古今中外、不同民族和时代类同的占卜方法及含义作类比，证明其渊源之久与分布之广，而这种思维方式在中国最早应来源于贾湖文化，并从与贾湖文化最密切的大汶口文化传统到龙山文化时期，数千年来发展演化一脉相承。

作者进一步论证指出中国的象数思维方式，起源于贾湖文化，开始于龟灵崇拜和数卜，并在以后的灼龟标象和筮占中得以发展，最后在周易筮卜中形成象数思维方式。

在这里作者提出象数思维的渊源在于：

（1）把数的奇偶率导入占卜活动之中，奇偶的或然率反映神意，是占卜吉凶的主要根据，是原始思维明显的进步，为以后的数字卦和周易筮法所效法，有深远的影响。

（2）把数卜寓于龟象之中"知天之道"、"查于祸福"之象，是我国数象思维的根源，是把龟灵之象的崇拜与数卜集于一体，对以后的"灼龟求兆"等象占产生了重要影响，因此，它是我国象数之卜和象数思维的导源。

在贾湖聚落文化的墓葬中，发现独特而显著的迹象是在部分墓葬中集中随葬龟甲内装石子的情况，且集群地出现，成组埋葬的13座墓，都是2、4、6、8偶数，有一鳖一龟2座，所葬龟数和内装石子数目、大小不等，多的8龟173个石子，少的2龟8个石子，M327中8龟中均有石子，每个8～30个不等，M253随葬2个小龟，内装粗粒砂石子，另外还有用碎片随葬的9个墓，其中一座中有3个个体，其他各一个个体，这些龟壳多放在人头肩周围和腿脚两侧，二次葬的堆放骨骼上面，有石子散放于死者头部附近。此外在个别的墓下面和窖穴中出土了完整的龟壳，可见都与祭仪有关。

这些龟甲上面有较为规整的契刻符号和浅划的细痕，都是有意而为，当含一定的寓意，背甲的颈盾和腹甲的前叶均有穿孔，有的背、腹甲两侧也有穿孔。

（二）贾湖文化另一重要发现是原始乐器——骨笛

这些骨笛是有形可据的中国最早的乐器，而且是最具传统文化特点的类型品，非同一般可比。在11座墓葬中发现了20多管骨笛，这是一个难得的发现。作者对这些标本作了乐理学和测音试验的专题和个案研究，深掘出不少宝贵的文化蕴蓄。

首先将这批资料作了考古学的研究，其发展序列也分为三期。

早期：5或6孔，四声和五声音阶；

中期：7孔，六声和七声音阶；

晚期：7孔8孔，可出七声音阶和变化音。

到中期，和现在的笛子基本相同，其中有二管笛子最好，七声音阶并有变化音，他推测，这可能是在长期的娱神、通神的舞乐活动中实现的，是在人们精神生活上的特殊愿望以表现其广宽的表现领域而发生了突发性的变化而形成的，作者称为超前式的发展变化，我称它为早熟性的文化现象，埋葬这些文物的墓葬，有着丰富的随葬品（其中一座有60多件，有龟甲、笛子和其他重要物品），多为一个部落中有地位的首领和巫师级的人物。

报告编者从1987年到1994年对这批骨笛作了科学的三次测音研究，取得十分喜人的成果，发现：①音阶的变化，随着孔数的增加而发生变化，音律的变化是为满足人们实践的需要而在增加；②早期五声音阶，中期六声，晚期七至八声音阶，到中期可以奏出完整七声音阶的能力，"4"音最后才出现；③四声音阶就可以构成完美的音调，现在贾湖一带的民歌中还是四声音阶。

从这里提出音乐发展史上几个重要问题。

（1）C6音，从早到晚都有，共同的音高，1000年过程中虽小有变化，但与现有C6公认的音高相距甚微，说明是人听觉能力和视觉器官的构造所能共同接受的音高，人们对音高天然感应的重要性和适应性。

（2）音程的分析，音程是构成音阶的基础，说明贾湖人对音之间的关系及审美过程的变化，从音列、音序、音程和音调和关系和分析，贾湖人当时已达十二平均律的八度，接近五度律增七度的音程，人们可以根据不同的情绪演奏不同的音乐情调。他们已能根据自己对音高的感受程度，将音列中的音与音的关系进行规律的选择和排列，已具有纯律、五度律和十二平均律的因素，那时已确立了乐制的完备的五声体系。一直对历史上中国的音乐生活产生制约作用。

骨笛的音阶已有四声、五声、六声和七声不同的类型，从简到繁一脉相承，中国先民最早认识并掌握这个音律并付诸实践的最早民族和地区，显示中国古代音乐的高文化水平，已有8000年历史，可证中国古代音乐文化在世界文明史上的重要地位。

（三）契刻符号有特殊的含义

在贾湖文化载体的龟甲、陶器、骨器和石器上，散见有契刻的符号，其中以龟甲上的为最多，作者在综合观察分析后，认为是有意识刻划的，形体一般都规整，共三类，16例。分作两种：象形与指事。

（1）为多笔画的组合结构，象形的如日、目等，十分规整。

（2）为戳印的记号。

（3）记数性的符号、数字码。

主要为第一种规整的结构：由横、竖、撇、捺等笔画组成，有几个合在一起，组成一个完整内容的符记，代表一个意思或概念，具有汉字结构书写特点和组合方式，与汉字的基本结构一致，带有原始文字性质。

刻划这种符号文字的人，可能是巫师、酋长一类的人，埋葬龟甲的多有骨笛，他是擅长音乐舞蹈，用以娱神、乐神而通神的人。这些刻符有些因素与甲骨文之特点相似，对汉字的起源研究很有意义，因此作者提出了汉字来源于契刻是有一定的根据，起码这些契刻与甲骨文的发展有内在的历史联系则是可以设想的。

（四）葬俗葬制所代表的各种观念形态

作者对贾湖墓地的葬制葬俗作了类型档案性的分析，这是代表贾湖人精神世界是集中的部分：他把墓地作六个葬区，可能六个家族的归宿之处，依据坑位大小、随葬器物的组合及放置位置方式，分作三个时期，并有从西向东发展的趋势。作者将这些迹象作了分析后，提出在观念形态上的一些特异之外，代表了不同的思想和意识：①采取叠葬与丛葬的方式，坑位密集，上下叠压达五六层之多；②体骨姿势常有变态、缺肢、残肢、移位和扰乱的情况；③葬式多，仰葬、俯葬、一次葬、二次葬、合葬等不同葬式同时并存，不同信念同时存在；④头向以西为主；⑤发现了二次葬的葬式，三个不同的摆放方式；摆放式、堆放式和乱堆式，一般均置于骨堆之上，表示对骨植信念的不同处理；⑥随葬品中独特之处有殉犬和龟甲等最富意识形态的事物。这些葬俗，代表了贾湖人复杂的灵魂不灭信念的存在。这些信念恕我在这里不能一一列举。

从以上种种，作者提出贾湖人当时精神世界及其信念，是多样而复杂的，有灵魂崇拜、太阳崇拜、龟灵崇拜、犬牲习俗、卜筮及其巫术仪式。这种精神世界的种种信念与淮河下游和东方沿海地区族群的观念形态有较多的同一性。作者认为这种迹象可能是从贾湖人向东发展的影响所致。

五

贾湖报告书的内容是充实而精粹的，我在这简短的评介里，不可能全都包括进去。只能就有特点、新意而牵牵大者，作以概述，这里只提阐明的几个重要历史问题。

（1）《舞阳贾湖》解剖了一个聚落文化的典型标本，提供了有关这一文化有机体的全部信息，包括它的整体形象，内部机构和组成机理，以及发展形成的过程和规律。对它在原始文化史上的地位和作用有了历史地较深刻系统的认识。

（2）确切地认识并论证了淮河流域古代文化在中国文化发展史上的作用的地位。淮河流域是长江流域和黄河流域之间的一条文化运河，也是独具特征的一个文化领域。贾湖等文化聚落的发现和研究，疏通了历史性的这一古文化联系带，不论从生态文化或地缘关系，淮河流域是中国古史研究上的战略要地，它拥有不少重要问题解决的通衢和要隘。这条运河疏导不通，有些历史问题就说不清楚，现在疏通了，问题就好解决了，譬如，争论不休的青莲岗文化，现在看来就成了自然而然的事了。黄河和长江流域的文化交融是通过淮河的中介而实现的，有着极其重要的历史地位。

（3）文化交融的三个层级的观点和论述，提出了中国原始文化共同体形成的基本模式：以典型聚落文化为中心，其外是派生的近亲部落所围绕，再其外是有接触交融和联系的远亲或其他族群的部落。在不同中心族群所形成的不同文化共同体之间的不断接触融汇中，最后形成一个更大的文化共同体。以中原为中心的华夏原始共同体就是在这种融合方式下完成的，这是我们目前所获得最科学合理的解释。

考古报告没有固定的形式，以其内容和特点而定其结构和形式，但有要求和规范：就是要全面、真确、系统地反映客观实际，并按约定俗成的条例和方法加以规范和表述。一个好的学术报告，除这个基本要求外，还要有一定的研究深广度，并能解决问题，阐明问题和提出问题，不仅清楚了已经发现的事物，还要萌发未被揭露的问题开拓继续深入问题的方法和思路。从这些方面说，《舞阳贾湖》是比较全备的。科学界有几句名言："重要的不是解决问题而是提出问题和找到解决问题的方法"，"科学的发展就是不断地始于问题和终于问题的过程，同时也是科学概念、科学定律和科学理论不断地形成和增长的过程"，不断地提出问题是学术发展的动力和生长点。我在以上各节的解读中，列举了不少事例，阐明了不少历史和考古学上的问题，并提出一些新的创见，在陈述问题过程中，也提出了不少存疑和待考虑的问题。实践创新使我们取得了巨大的成就，但也给我们提出了许许多多的困惑、迷惘和未解之谜，如作者提出社会发展阶段中的母系、父系社会制度问题、贾湖文化的渊源问题，都是值得重视而未获解释的重大问题，作者已提出了不少线索而作为一步探讨的依据。好在我们中华文化原始共同体是孕育型和融洽型的，有承传性和发展规律，不论追溯而上或承传而下，都可找到源头，只要我们勇于攻坚面对难题，今后在本遗址的继续发掘研究中，在与其他族群文化的比较研究，以及他所涉及的有关境域和领域的研究的不断深化和延伸中加以解决。

人们的认识和实践都有其局限性，只有在时代所能提供和允许的限度内，经过努力来实现自己的愿望和目的，以达到尽善至美的境地。从这方面说，《舞阳贾湖》报告的编写者已尽到自己的职责。这部报告，不论从内容和形式，内涵的涵盖面，探讨问题的纵深度，编排的逻辑结构和装帧方面，都是美好的。可以说，在当前的历史条件下，对大型的史前聚落文化遗存报道中，《舞阳贾湖》报告书算是好的典型，可以作为一个范本供大家参考和借鉴。我也希望考古界的朋友们在自己研究的范畴内，也重视这方面的问题。在工作不断深入发展，不断地总结经验中，还会有所充实、改进和完善。我相信今后还会有更多更好的学术报告贡献给学坛。

多少年来，我们在学术课题的研讨中、田野实践的检验中和考古材料的整理和利用的过程中，得出了这样一个基本一致的认识和看法，即发掘研究报告的编写的成功与否，取决于具体实践者田野工作的综合水平，包括他研习的涵盖面和深广度，而田野水平则靠考古者本身的素养，这包括对田野工作的理论、实践与经验对田野工作目的意义的认识理解程度，相关学科的知识层面和对历史图景的可视度等诸多因素来衡量的。这可以从贾湖报告和其他一些好的报告中得到证实，也为许多有价值的发现与成果所印证。要跻于这样的境界，不仅要靠个人的锻炼和素养，还要靠考古教学体制本身的改革和丰富充实来实现。

最后我还要感谢从事青莲岗、龙虬庄、尉迟寺和贾湖等聚落发掘和研究的同志和朋友的努力和钻研，使我们认识了淮河，并使淮河流域原始文化体系得以建立，功莫大焉。

（原载《文博》2001年第2期）

舞阳贾湖遗址发掘的意义

吴汝祚

中国的史前考古，近年来有着重大的突破，主要的有辽西地区的红山文化发现有50多平方千米、规模巨大的坛、庙、家礼制建筑遗迹，并且还发现了铜器和炼铜遗址。长江下游太湖地区的良渚文化大墓都埋葬在面积有数千平方米的土筑高台上，还可能有一定规律的礼制性建筑和刻划在陶器上的象形符号或原始文字。在西北地区的甘肃秦安大地湾相当于仰韶文化晚期的遗址内，发现了宫殿式的建筑和大型的特殊形式的陶器等。在中原地区的山西襄汾陶寺遗址的墓地中，发掘墓葬870多座，其中大墓9座。这些大墓的随葬器物精致而丰富，如3015、3016号大墓，随葬器物有鼍鼓、特磬、土鼓、彩绘木案、俎和玉石陶器一二百件。这些遗存的年代有的距今5000多年，有的为近5000年，尤其是红山文化的坛、庙、家发现后，经过分析研究，提出中华5000年的文明曙光，这不仅是把中国的文明史提前100年，同时，史前史的研究上也开始进入到一个新的阶段。

在史前史的研究上要进入到一个新阶段的时刻，在河南豫北濮阳西水坡仰韶文化后岗类型的遗址内，发现了用贝壳摆成的龙虎等形象的一组礼制建筑，其年代距今约6000年，是我国现已发现的最早的礼制建筑；在豫南的舞阳贾湖遗址发现了在龟甲、骨、石器上刻有符号或原始文字，其年代距今已有七八千年。是我国现已发现最早的甲、骨上的刻符或原始文字。这两个遗址的发掘，都为研究文明曙光产生的历史背景，提供了重要的资料。本文为此目的，对贾湖遗址发掘的意义，作一些分析阐述，不当之处，请同志们指正。

一

贾湖遗址位于豫南舞阳县城北约22千米的贾湖村东，遗址东北约3千米为淮河支流的沙河与灰河的会合处，是一处面积较大（约55000平方米）、保存较好的遗址。这个遗址在20世纪60年代初已被发现，直到1983～1987年进行了六次发掘，发现了大量的遗迹、遗物，为研究贾湖遗址居民的生产和社会生活等，提供了重要的资料。这批重要资料，目前尚在整理中。本文根据已发表的简报[1]，做初步的分析研究。

这个遗址在豫南地区目前发掘的遗址中，不仅规模较大，在时代上也是属于最早的一处遗址。因此，有必要首先要认识它的文化性质，也就是文化的属性问题。这方面已有同志提出贾湖类型[2]的意见，我认为是必要的，在这里仅是再作一些分析补充。为了要说明这个问题，首先要认识它的文化面貌，从文化面貌中再总结提出文化特点。这个文化特点是贾湖遗址文化属性的代表性遗存。

贾湖遗址发现的居住房基址有30多座，都是呈圆形或椭圆形的半地穴式建筑，有单间的，也有多间的。这种多间的房基址大多是在单间的基础上依次扩建双间、三间或四间。这种多间式的房屋，在这个时期或稍晚的遗址内是不多见的。这种由单间逐渐扩建为多间式的房屋，其原因是什么？是值得我们注意的一个问题。

陶窑址发现10多座，大多遭受破坏，保存较差，有的可以看出是呈横穴式。这种横穴式的陶窑，从以往考古发掘的资料分析，是属较早时期的一种陶窑形式。

墓葬发现300多座，可以分为若干个墓群。墓坑都呈长方形或略呈长方形竖穴，个别的有二层台，头向西或西南，少数为偏西北，葬式以单人仰身直肢葬为主，个别的为侧身直肢葬、仰身屈肢葬和俯身葬等。此外，单人二次葬也占一定比例，如330号墓的墓主人为老年女性，头骨放置在西侧的中部，盆骨、肋骨、四肢骨等，较有规则的堆放在头骨东侧。多人二次葬，也占一定比例，都为2~4人，一般一人为一次葬，1~3人为二次葬。多人一次葬，仅发现253号墓一例，为3人合葬。

多数墓葬有随葬器物，少的一件，多的数十件，有陶、石、骨、牙、龟甲等，其中以骨器的数量最多，龟甲往往是成组出现。

贾湖遗址内发现的石、骨、牙、龟甲和陶器等，分述如下。

石器以磨制为主，少数为打制，器形有斧、铲、镰、磨盘、磨棒、刮削器和柄形饰、绿松石饰等。斧平面有呈长条形或略呈梯形等，器身都较厚重。铲平面略呈长椭圆形，两端均呈弧形刃口。镰的柄部下有缺口，镰身为拱背、凹弧形锯齿状刃口。磨盘有的下部有四矮足的鞋底形、无足的鞋底形和不规则形等。磨棒的横断面有呈圆形、椭圆形、半圆形、三棱形和圆角方形等。柄形饰顶部俯视呈半圆形，有刻符一行，柄部呈竹节形。

骨器大多制作精致，器形有鱼镖、镞、锥、针和笛等。尤其是鱼镖，器体较长，前锋锐利，两翼有倒刺。笛经测试，具有音阶结构，是更为难得的珍品。

陶器有夹砂、炭、云母碎片、滑石末、蚌片和泥质的。有羼和料的陶器，有时有上述的两种或三种同时混合使用。陶器以红陶为主，其次为褐色陶，还有少量灰陶、黑陶。由于烧制陶器的技术关系，在一件陶器上常有几种陶色的现象；有的火候较低，陶质较疏松。还发现有"灰顶"和内壁呈黑褐色的陶器，这种现象的产生，有推测可能是陶器入窑烧制时，有叠放和覆置造成的。在陶器的造型上，有的器壁厚薄不均，器身歪扭，前后左右不相对称，反映了制陶技术还不很熟练。陶器外表以素面磨光的为主，有的施有陶衣。纹饰有绳纹、刻划纹、篦划纹、篦点纹、戳刺纹、堆纹和齿形纹等。器形有盆形、罐形、釜形鼎，直口、侈口、敞口深腹罐，圆腹、扁圆腹、折腹、折肩双耳壶，三足

钵、钵，圈足或假圈足形碗，双角形、独角形、泥墩形支座，还有缸、瓮、杯、盆、勺和
锉形器等。在这些陶器中，哪几种器物是贾湖遗址的代表性陶器呢？要比较明确地回答这
个问题，目前还有一定的困难。现已发表的是大量发掘资料中的一个《简报》，不可能作
较详细的介绍。好在《简报》的作者，经初步整理，把它分为三期，并且说："三期之间
呈现出一脉相承的发展关系"。以第二期为依据，这期的主要代表性陶器，《简报》中
说："有盆形鼎、束颈鼓腹圜底罐、筒形篦纹罐、折肩壶、圆腹壶、折腹壶、直口钵、
敛口钵等"。《简报》中公布的"二期以H18、M65、M106、M344、M282和T23第3C层
为代表"。对照已发表的陶器中明确属第二期的有盆形鼎（M65：1）、束颈鼓腹圜底罐
（M282：2）、折肩壶（M344：1）、圆腹壶（M106：1）等三种器类。

贾湖遗址的年代，经^{14}C测定的有5个数据，（一、二期各两个数据，三期一个数
据），大体是处在距今8500～7500年。《简报》认为贾湖遗址的二、三期和裴李岗文化大
体同时，"处于同一历史发展阶段"。从文化特征上分析，裴李岗文化的代表性陶器为三
足钵，小口、直颈、圆腹壶，圆锥形足鼎，侈口、筒形深腹罐等，与贾湖遗址出土的代表
性陶器相比较，有的器类虽相同，而具体形态上的差别甚大，若从类型学上分析，不是同
属一个型，也就不在同一个谱系之内，有源流上的差别。如三足钵，裴李岗文化的为口微
侈、腹较深、器壁呈弧形内收、三足呈圆锥形（图一，2）；贾湖遗址的三足钵为敛口或
敞口、腹较浅、器壁较斜直、素面、多数附三凿形足（图二，4）。又如壶，裴李岗文化
的为小口、颈较斜直、圆腹、肩腹部附双耳（图一，4），与此相类同的还有三足壶、假
圈足形壶等；而贾湖大量发现的为圆腹壶和折肩壶（图二，1、5），这种圆腹壶在密县莪

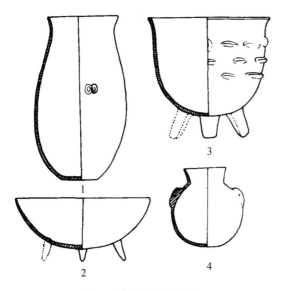

图一　裴李岗遗址陶器

1. 深腹罐（M2：5）　2. 三足钵（M7：3）

3. 盆形鼎（M5：2）　4. 壶（M8：2）

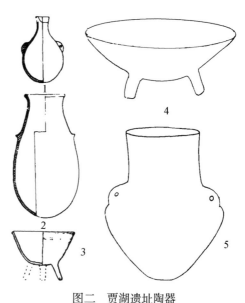

图二　贾湖遗址陶器

1. 圆腹壶（M106：1）　2. 束颈鼓腹圜底罐（M282：2）

3. 盆形鼎（M65：1）　4. 三足钵（H36：1）

5. 折肩壶（M344：1）

沟北岗遗址有少量发现[3]，不能作为代表性陶器。以鼎分析，裴李岗文化的盆形鼎为侈口、腹壁微弧、圜底、附有三长方柱形足、腹部饰扁圆乳钉形纹（图一，3）；贾湖的为口微敞、腹壁较斜直、圜底，附三凿形足，口沿下有一周锯齿形纹、腹上部常有乳钉形纹一周（图二，3）。再以深腹罐分析，裴李岗文化的为侈口、筒形腹、平底（图一，1）；贾湖的为侈口束颈、弧形腹、圜底，有的在颈下有四个两两对称的鸡冠形耳（图二，2）。贾湖遗址发现的独角形、双角形、泥墩形的支座，在裴李岗文化中未见。以此观之，具有文化特征的陶器，裴李岗文化与贾湖遗址差别甚大。

再以陶质分析，贾湖遗址有夹炭陶，在裴李岗文化中还未见。贾湖遗址的这种类炭陶，可能是它所处的地理位置与长江流域比较邻近，受其影响所致，长江流域在这个时期内的史前文化陶器上，相当普遍的有夹炭陶。

在石器方面，引人注目的是磨盘和磨棒这一套粮食加工工具。虽然裴李岗文化和贾湖遗址均是鞋底形下附有四矮足的磨盘，贾湖遗址中鞋底形无足的和不规划形的磨盘，为前者所未见。前者有三角形磨盘，也为后者所未见。这种三角形磨盘，可能是受北辛文化影响所致。贾湖遗址发现的石铲为通体磨光，两端呈弧形刃和锯齿形刃、柄部有缺口的镰，这两种石器的器形，与裴李岗文化的相类似，由于还缺乏数量等必需的资料，因此，它们之间的关系，还有待进一步分析。

在葬俗方面，贾湖遗址的居民，除以仰身直肢葬为主外，还有较多地使用二次葬和多人合葬，这两种葬俗，在裴李岗文化中只见两人合葬一例。在随葬器物上，贾湖遗址的墓葬，以随葬骨器的数量最多，其次是陶器、石器，并且还有成组的龟甲。在裴李岗文化的墓葬中，随葬器物以陶器、石器为主，骨器少见，并且，还未见有用成组龟甲随葬的现象。

基于上述的分析，我们认为贾湖遗址与裴李岗文化的代表性陶器，两者的差距是大的，再结合石器、葬俗等方面的分析，也是有着相当的差距，同时鉴于贾湖遗址的考古资料还未进行全面的整理、系统的分析，先把这种不同作为贾湖类型提出来，是必要的。在考古学中，条件还未成熟的情况下，先作为一个类型提出来，是常有的现象。

二

《简报》进一步提出，贾湖遗址中发现在龟甲、骨器和石器上的契刻符号，"很可能具有原始文字的性质"。不论是符号还是原始文字，凡是观看过实物的人，据我所知都认为是人工刻上去的。那么，为什么要刻在这些遗物上呢？它有怎样的意义呢？

石器上的刻符，已发表的一件是出于330号墓的女性老年近骨盆处。器形"似劈裂的残剑柄，首部俯视呈半圆形，在首部的顶面上刻有符号一行"。这种柄形饰，在墓葬中仅出此一件，从器物的造型结构上分析，不可能是一般性的器物，而是有它的特殊意义。那么，为什么又要在龟甲上刻符呢？由于缺乏这时期的文献资料，我们只能从遗址中的出土现象进行分析研究，一步步地来认识它，了解它。

贾湖遗址的墓葬中，发现的"龟甲往往成组出现，龟甲内往往装有数量不等、大小不均、颜色不一、形状各异的小石子"。这是我国目前发现用龟甲随葬的最早墓葬。此外，在其周围地区内发现的时代稍晚的用龟甲随葬的墓葬，有下王岗的早期文化、大溪文化、大汶口文化。在红山文化、良渚文化和安徽含山凌家滩墓地中，有用玉龟随葬的。红山文化大墓中发现的玉龟，有的握在墓主人的两手内。

值得注意的是，在四川茂汶羌族自治县发现的石棺墓中，常有小白石随葬。1949年前茂汶地区的羌族，还有白石崇拜的传说遗留[4]，把白石认为有神灵的作用。贾湖遗址的居民，对小石子的神灵崇拜，还属于初创阶段，还没有像羌族那样规范化。贾湖遗址龟甲内的小石子"颜色不一"，可能就是这个缘故。

由此观之，龟甲和小石子可能都具有神灵的作用。这种神灵物，有协助觋巫沟通人神之间的力量，所以，不可能史前一般居民都能享有，也就是说。掌握这种灵物的人，在社会上具有特殊地位。贾湖墓葬中已公布的344号墓的随葬器物，除8件龟甲外，还有陶壶、骨笛、叉形骨器、骨鱼镖、骨镞、骨饰、牙器等24件，从随葬器物丰富的一个侧面也说明了这一点。所以，把龟甲上的刻符联系起来分析，其意义就益显得重要了。当时社会上具有特殊地位者是觋巫，是这种刻符的掌握者，又是社会上的富有者，这种人在社会上可能是居有高层次的领导者、统治者。

贾湖遗址龟甲、骨、石器上的刻符，与仰韶、崧泽、大汶口等文化陶器上的刻符，是否属于同一类性质呢？仰韶等文化的刻符，多数是陶器烧制前刻上去的，仅有少数是烧制后刻上去的，并且都是单个符号，据半坡遗址陶器上的刻符分析："我们发现多种类同的符号，出在同一窖穴或同一地区。例如，以数量最多的第一类符号的出土情况来分析，在我们统计的七十二件标本中，大部分集中出在六个地点，基本上是相连接的一个地区，面积也不过一百多平方米。又如在H341中发现同类的标本两个。有五个"乙"形符号都集中出于两个探方内"[5]。根据这些现象，有认为陶器烧制以前刻的符号，是制造者的标志，烧后刻上去的符号是使用者的标志。这类陶器上的刻符，不论其性质怎样，与中国文字的起源，可能有着一定的联系，这"应该就是汉字的原始阶段"[6]。

贾湖遗址发现的刻符，与仰韶等文化陶器上的刻符的一个重大区别是：后者是一件陶器上只有一个符号，而前者除单个刻符外，还有数个刻符连接成一个意义的，这不应是简单的符号，正如简报中说的"很可能具有原始文字的性质"。

贾湖遗址发现的刻在龟甲、骨器上的原始文字，与殷墟的甲骨文，是两者巧合的都刻在甲骨上呢？还是有着一定的联系呢？两者在年代上相距约四五千年，其间尚无可资比较研究的资料。当然，这种文字资料，不可能各遗址中都有发现，只能在有特殊地位的遗址中才有这种可能。就是在这种遗址内，也不可能到处都有，如殷代的甲骨文，只存殷墟遗址的特殊地点内发现。同时殷人的先祖，一般认为不可能起于舞阳一带。再从两者文字的结构上分析，仅有个别的有相似之处。虽然如此，我们至少还可以认为两者都把文字刻在甲骨上，则与思想意识上有相类同之处。

三

贾湖遗址发现房基址30多座。这30多座房基址的布局还未发表，已知有半地穴式的圆形和椭圆形两种，并有单间和多间的不同，值得注意的是有多间房屋的出现。这种多间房屋，有2间、3间和4间的，大多是依次扩建而成，每间的面积不大，约为2～6平方米，每间之间有隔墙或门槛。这种多间式的房屋，在其较晚的仰韶文化的半坡、北首岭、姜寨等遗址中，均未见有多间式的建筑，大河村遗址的第三期仰韶文化中，才有多间式的建筑遗迹发现。一般说来，史前时期村落的布局，尤其是房屋分布状况和房屋的形式，与当时的社会织组有着密切的联系。所以，距今8500～7500年的贾湖遗址有多间房屋的出现，自然要引起我们的重视了。

贾湖遗址还发现墓葬300多座，"大体可分为几个墓群"，墓群的具体数量，每个墓群的墓葬分布状况和墓群间的关系等方面的资料，还未发表。只得暂时搁置不论。

在墓地里再划分为几个墓区（墓群）的现象，在以往有的少数民族中，如云南宁蒗县永宁区的纳西族、澜沧县班利寨的拉祜族等，还有这种残余。贾湖墓地里有若干墓群的出现，可能正是说明了在氏族内已有了家族的产生。若此推测不误，那么，是属那一种性质（母系还是父系）的家族呢？需待资料全部发表后，再作进一步分析。这样，贾湖遗址多间房屋的出现，也可能正是这一方面的一种反映。

四

贾湖遗址的居民，以农业生产为主，兼营渔猎、采集，捕鱼工具中的骨鱼镖，器体长，有长达23.5厘米的，两侧有倒刺。前锋锐利，制作精致，是一种良好的工具。在遗址里有大量的鱼骨、鱼鳞发现，这也说明了捕鱼量是相当大的。还有大量鹿、貉等的骨骼，可见狩猎在生产中也占有一定的比重。采集的遗留有果核、蚌壳、螺蛳等，当然，还可能有一些不易遗留下来的物品，如块茎、块根等。总之，贾湖遗址所处地理条件的优越，从各个方面可以获得较丰富的生活资料。尤其是在不断地总结前人经验的基础上，创造出"具有音阶结构的骨笛"。这种骨笛，"至少是六声音阶，也有可能是七声齐备的古老的下徵调音阶"[7]。可以说在管乐器的发展上，进入了一个新的阶段。

综上所述，贾湖遗址不可能是一般性的村落遗址，在当时具有重要的地位，我们对它要有充分的重视。

注　释

［1］　河南省文物研究所：《舞阳贾湖遗址的试掘》，《华夏考古》1988年第2期；《河南舞阳贾湖新石器时代遗址第二至六次发掘简报》，《文物》1989年第1期（以下简称为《简报》）。

［2］　张居中：《试论贾湖类型的特征及与周围文化的关系》，《文物》1989年第1期。

［3］　河南省博物馆、密县文化馆：《河南密县莪沟北岗新石器时代遗址》，《考古学集刊（1）》，中国社会科学出版社，1981年，图一四，12。

［4］　沈仲常：《从考古资料看羌族的白石崇拜遗俗》，《考古与文物》1982年第6期。

［5］　陕西省考古研究所：《西安半坡》，文物出版社，1963年，第198页。

［6］　郭沫若：《古代文字之辩证的发展》，《考古》1972年第3期。

［7］　黄翔鹏：《舞阳贾湖骨笛的测音研究》，《文物》1989年第1期。

（原载《中原文物》1991年第2期）

一部多学科考古研究成果
——《舞阳贾湖》读后

魏京武

近获河南省文物考古研究所及张居中先生惠赠《舞阳贾湖》一书，初读后颇有感想。

河南省舞阳贾湖遗址的发掘，是我国20世纪80年代发掘的重要新石器时代遗址之一，曾引起国内外考古界，特别是史前考古界的注目。关于舞阳贾湖遗址发掘的意义，俞伟超先生在该书序言中已有论述，这里不再赘议。现就舞阳贾湖遗址发掘和报告编写中的多学科考古研究成果谈一点感想。

首先，从报告的编写人员的组成来看，除主编、执笔张居中先生是考古学家外，特邀撰稿人多达35人。这35位人中有4名考古学家，他们分别擅长环境考古学研究、陶器制作工艺技术研究、冶金考古研究、青铜器和古文字学研究，其他31位都是来自自然科学或其他学科的专家，他们分别在^{14}C测年、古脊椎动物、古生物、古植物、第四纪地质、孢粉分析、植硅石分析、地理学、地貌学、体质人类学、农业考古、环境考古、科技考古、音乐、美术、宗教、古文字、民族学等方面都有较高的造诣。由这么多的自然科学和社会科学学者共同编写一部考古发掘报告，这在我国已出版的考古发掘报告中尚属首次，这就决定了这部考古发掘报告的多学科研究。

张居中先生是一位年轻的考古学家，学术思想活跃，他十分重视考古学的多学科研究工作。我曾有幸几次路过郑州，观看过贾湖遗址出土的考古标本，听到他关于贾湖遗址报告编写过程中如何进行多学科研究的设想。《舞阳贾湖》之所以能形成今天这样一个多学科考古研究报告，与主持发掘和编写这一报告的张居中先生开阔的胸怀是分不开的。愿意把自己主持发掘的考古资料让自然科学界和其他学术界的专家去研究，这是值得我们考古界大力提倡的事情。考古学只有向自然科学和其他学科开放，才能不断地获得新的研究手段和方法，使考古学得以向前发展。

《舞阳贾湖》分上、下两卷。上卷以传统的考古学研究方法全面完整地介绍了贾湖遗址的发掘经过、地层堆积、遗迹、遗物、分期、年代、文化性质以及与周围地区史前文化的关系，但每一章节中都有新意，打破了考古报告传统的模式，注入了许多自然科学研究信息。如第一章中除介绍贾湖遗址的地理位置外，又对贾湖遗址附近的山地、矿产、土壤、水分、气候、生物、周围古代遗址分布等作一介绍，这样使读者对贾湖遗址的自然景观和人文景观有所了解，把贾湖遗址放在一个宏观地理环境下，以更全面地了解贾湖遗址的地理位置。第二章介绍发现和发掘经过，并着重介绍发掘资料的整理方法和过程，这在其他考古报告中少见。我们知道，发掘资料的整理过程就是考古研究过程，其方法运用是否正确决定考古研究成果的科学性。该报告把资料整理的方法介绍出来，有利于读者了解报告研究的科学性。第三章地层堆积。过去我们的考古报告中一般只选择少数典型的地层堆积加以介绍，而《舞阳贾湖》介绍地层堆积的剖面图达10幅，共18个剖面图，涉及40多个探方，包括遗址西区、中区和东区，以及各区内的不同小区。像这样全面地公布遗址地层剖面图在已出版的考古报告中少见。我们知道，一个遗址的面积少则几万平方米，大则几十万平方米甚至上百万平方米，这样大面积的遗址各处的地层堆积不可能完全相同，成因也不可能完全一样，因此，只公布几个典型的地层剖面是不够的。《舞阳贾湖》公布这么多的地层剖面图并就不同小区的地层成因进行探讨，这无疑有助于读者对整个遗址地层堆积情况及成因的了解。作为反映贾湖遗址文化面貌的遗迹和遗物介绍，占了整个报告将近三分之一的篇幅。在第四、五章主要介绍居址灰坑窑址和墓葬。第六章介绍遗物，陶器、石器、骨器、角器、牙器、动植物遗骸等。对贾湖遗址特有的骨笛、龟、鳖、龟内石子、龟甲刻划符号等，该报告都给予详细介绍，并就其原材料及制作工艺进行研究，为读者提供了这些特殊遗物研究的科学资料。关于贾湖遗址文化分期的研究，^{14}C年代学研究、文化性质及与周围文化关系的研究，在该报告的第七、八、九章中分别予以研究。在分期研究中，作者以典型地层关系和典型器物组合相互对照进行分期研究，以大量的图表显示二者之间的关系，并对298个典型单位进行分段讨论，把贾湖遗址文化遗存分为九段三期。同时，结合^{14}C测年学对分期进行验证。在^{14}C测年学研究中，作者把^{14}C测年学与古气候变化相结合，从而得出相符合的结论。在文化性质与周围文化关系一章中，作者先从文化因素分析入手，把贾湖遗址的文化因素分为甲、乙、丙、丁四群，在丁群中又分为6个亚群，在这样详细分析文化因素的基础上提出文化特征与文化性质的讨论。在文化性质讨论中，以贾湖遗址出土的资料为主，结合周围地区同时代的文化遗存，提出中原地区的前仰韶文化有两个层次，每一个层次中有三个类别，从而提出贾湖文化的命名，这为我国新石器时代早期文化增添了新的因素。关于贾湖文化与周围文化的关系，作者把贾湖文化与城背溪、彭头山、小山口一期、小山口二期、后李、磁山、老官台、李家村等文化一一作了对比，在对比研究过程中作者除注重陶器、石器的对比外，还就精神文化、自然环境、经济形态等方面进行对比研究，这样可以比较全面地把贾湖文化与周围地区的文化进行对比研究，从宏观上确立了贾湖文化在中国新石器时代文化的时空位置。

《舞阳贾湖》下卷，是该报告多学科研究成果的结晶。过去的考古发掘报告一般都把自然科学的鉴定研究成果作为附录处理，而《舞阳贾湖》则把这些鉴定研究成果作为正文对待，这无疑是科学的。因为古代遗址不只是物质文化方面的遗存，而是一个全信息的遗存，这些遗存对研究人类历史都是必不可少的，这可以说是《舞阳贾湖》一书的一个突破。下卷第一章是古环境研究。对古环境的研究，在过去的考古发掘报告中都很重视，因为环境对人类文化有着深刻的影响，特别是在史前时期，但一般都是以孢粉分析和动植物遗骸来研究古环境。《舞阳贾湖》除对动植物遗骸进行详细的分类研究外，在对植物遗骸研究除运用孢粉分析外，还大量采用植物硅酸体的分析，同时对遗址周围的土壤进行微形态观察，对遗址出土的岩石和矿石进行电子显微镜扫描观察，从而比较全面地恢复贾湖遗址的古环境，并把古气候、古环境与人类活动联系起来，古人类文化与聚落形态、生产技术、经济发展及人类的思想文化联系起来，达到了环境考古学的研究的目的。第二章是人类学研究。贾湖遗址共发掘墓葬349座，可供鉴定的人骨个体326个。对这326个人骨个体都进行了人骨性别、年龄和特征的鉴定，一并逐个列表公布，这可能是已出版的考古报告中最多的。根据这些人骨个体的鉴定对贾湖人的两性比例分析、人群的年龄结构、人类骨骼的种族特征、人类骨骼所反映的疾病等进行研究，从而对贾湖人类有一个全面的了解。贾湖古稻的发现是贾湖遗址发掘的主要收获之一，发现的1000多粒炭化稻米，是我国长江以北地区新石器时代遗址迄今为止发现最多的古稻米遗骸。这一发现虽是在室内整理资料时发现的，但立即引起张居中先生的重视，他把这一重要发现无私地奉献给农学家去研究，获得了十分重要的科研成果。通过对出土稻壳印痕、炭化稻米、水稻硅酸体等鉴定分析研究，认为贾湖古稻已是栽培稻，并且是籼、粳、籼粳中间型及普通野生稻的混合体，是一种原始栽培稻。同时，结合贾湖遗址的分期对早、中、晚三期中的炭化稻米进行测定，发现早中期偏籼型最多，偏粳与中间型也有相当比例；晚期以偏粳和粳籼中型为主，偏籼者较少，从而证明粳、籼稻确实是同源的，即都源于野生稻，只是在被人类栽培驯化过程中，受到水、热等气候环境因素的制约和人为的优化选育才逐渐向籼、粳两个方向发展，最终形成两个品种。这说明在距今9000～8000年，淮河流域也是我国栽培稻的中心之一，为中国是稻作农业起源中心提供了又一科学论据。《舞阳贾湖》用了较多的篇幅研究当时制造工艺技术，包括陶器、石器、骨器、角器、牙器等的制造工艺，以及这些制造工艺过程中所反映的科学技术。在这一研究过程中显著的特点是对每一类工艺制造技术都进行模拟试验，即所谓实验考古学研究，使其研究成果更富有科学性。如陶制品制造工艺就请中国历史博物馆李文杰先生进行研究，从制陶原料的制备、坯体成型及修整工艺、纹饰的装饰到陶器的烧成工艺都进行了一系列模拟试验，从而得出贾湖文化制陶工艺的特点。看来实验考古学对研究史前人类的生产工艺技术有着重要的作用。第六章是贾湖遗址聚落形态研究。贾湖遗址聚落形态研究的显著特点是与环境考古学研究相结合，把聚落形态放在大环境下去研究，把人类的社会活动与环境有机地结合起来，以达到复原历史的目的。贾湖遗址出土的骨笛、龟甲、龟甲腹内石子、刻划符号等都别具特色，这为研究原始音乐、原始宗教、原始文字等提供了丰富的资料。报告专辟一章对骨笛进行研究。贾湖遗址发现的23支骨笛是我国乃至世界上出土年代最早，出土数量最多、保存最为完整、现在还能演奏的乐器实物。张居中先生与音乐家合作对这批骨笛进行分期、测音、演奏实验、制作艺术等进行研究，证明在距今9000～8000年贾湖人已能演奏出完备的五声音阶、六声音阶和七声音阶，其准确度令人叹服。报告还列举了大量的骨笛测音对照表，这为研究中国音乐史提供了丰富的资料。

　　总之，《舞阳贾湖》为我们提供了一部多学科考古研究报告。我们知道，考古学除自身的规律外，它是随着现代科学技术的发展而发展。作为考古学最基础的研究方法——地层学和类型学是从地质学的地层学和生物学的分类学引进而发展起来的，它奠定了现代考古学方法论的基础。第二次世界大战后，放射性^{14}C测年等学科在考古学上的应用，被称为史前考古学的一次革命。从此，考古学与自然科学相互渗透和结合，把考古学推上了一个多学科研究的新阶段。电子计算机等现代高科技在考古学上的应用，又使考古学进入一个高科技发展新阶段。《舞阳贾湖》顺应这一历史潮流，在报告编写中聘请自然科学和其他学科的专家参加报告的编写和研究，形成《舞阳贾湖》多学科研究的特点。假如我们在发掘一开始时，就邀请自然科学家参加，在发掘过程中不同的自然科学家根据自己学科的需要采集标本进行测试、鉴定和研究，我想这部发掘报告的多学科研究水平会更加提高。在这里我呼吁：考古学要实行对外开放，首先对国内的自然科学开放，同时要在不失原则的条件下对国外开放，这样才能把中国的考古发掘和研究水平不断提高。

　　贾湖遗址经过四年的发掘，十一年的资料整理和报告编写，《舞阳贾湖》终于于1999年2月出版，这里面凝聚着几十位专家学者的心血，真可谓：

　　十五春秋心血汗，

　　《舞阳贾湖》终出版；

　　多科研究结硕果，

　　巨著永存长流传。

（原载《考古与文物》2001年第4期）

科技考古的新范例
——《舞阳贾湖（二）》序

朱清时

我对舞阳贾湖遗址的了解，是在《自然》杂志（Nature）1999年发表贾湖骨笛的研究成果之后，我们东亚地区在八九千年前已经达到如此高水平的音乐成就，确实令我震惊！当时，我们中国科学技术大学科技史与科技考古系刚刚组建不久，为了培养既懂科技又懂考古的专门人才，2000年就把张居中教授引进过来，2001年他成功组织了科大第一次研究生田野考古实习，之后的十几年，科技史与科技考古系的师生们对这批八九千年前的珍贵资料进行了涉及物理、化学、生物等多学科的综合研究，即将出版的这本《舞阳贾湖（二）》就是这一专题研究的总结，我对这本书的出版以及各位作者表示热烈祝贺！

贾湖聚落可以说是一个神奇的聚落。在距今9000～7500年期间，贾湖先民在诸多方面都走在当时世界的最前列。例如，这里发现了世界最早的五声音阶、六声音阶和七声音阶乐器——骨笛，发现了迄今所知世界上最早的人工酿造含酒精饮料，中国最早的家猪，中国最早的殉狗现象，中国最早的用龟现象，中国最早的具有文字性质的甲骨契刻符号，如此等等，构成了一条完整的证据链，诠释了八九千年前东亚大地的辉煌！

当今的考古学，由于思想的开放和科学技术的进步，新的理论和方法不断运用于考古学研究实践，大大拓展了考古学研究的深度和广度，新的具有显示度的成果不断涌现，其中最引人瞩目的当属新的科学技术手段不断地被应用于考古学研究之中。进入新千年之后，中国的科技考古也和其他学科一样，进入了发展的快车道，分子考古、同位素考古、残留物分析、寄生虫分析等新的方法不断涌现，越来越多的自然科学工作者参加到考古学研究的队伍中承担考古学研究课题，而考古工作者也更加自觉地运用自然科学的思路、理论和方法进行考古学研究，大大拓展了考古学研究的深度和广度，《舞阳贾湖（二）》正是这一阶段的产物，可以说是新阶段的新范例！

中国科学技术大学是中国科学院所属的一所以前沿科学和高新技术为主、兼有特色管理和人文学科的综合性全国重点大学。科技史与科技考古系下设科技史与科技考古两个专业，采用现代理化分析与检测手段，对科技史与文明起源和发展中的重大问题开展研究和教学工作，以培养科技史、科技考古及文化遗产保护方面的高级人才。我们培养学生的教学理念，始终是以培养懂考古的科技工作者为目标。贾湖遗址的考古发掘实习与综合研究，就是一个成功的尝试。我们希望今后进一步与国内外学术同行开展合作研究，为我国考古学与文物保护事业培养更多的专门人才。

中国科学技术大学的科技考古专业根据自身特点，在分析测试手段上不断进行着新尝试。我校以张居中教授为代表的研究团队一直致力于贾湖遗址出土材料的分析研究，2001年以来，我校师生共同参与了两次贾湖遗址的发掘与研究，取得了丰硕的成果。有十多名博士、硕士研究生以贾湖遗址出土材料作为学位论文选题，在国内外期刊上发表相关论文数十篇，在学术界产生了广泛的影响。由该书可知，锶同位素分析方法在人口交流与人群迁徙行为研究中的运用，利用墓葬腹土进行寄生虫和残留物的分析，利用稳定同位素进行人和动物的食性研究，在国内都是首次尝试并获得成功，表明张居中教授及其团队具有较强的创新意识和能力。

相信他们定可充分利用科大的科技创新平台优势，使科大的科技考古创出自己的特色，越办越好！

是为序。

［原载《舞阳贾湖（二）》，科学出版社，2015年］

贾湖遗址的发现经过

朱 帜

贾湖遗址是8000年前裴李岗文化时期的原始社会聚落遗址，位于舞阳县城北22千米的北舞渡乡贾湖村。特别是1987年甲骨契刻符号和骨笛的发现，为探索中国文学与音乐的起源，提供了极为重要的实物证据。

1957年我被错划为右派前，在舞阳县文化馆做文物工作，1961年下放到贾湖劳动。由于这里是原始社会人类居住过的废墟，土质不易坍塌。在农业生产中，进行农田水利建设，群众多挖土井进行灌溉。挖井时发现在深3～4米的井壁上，有大量的红色陶片和石锛、石斧等遗物。同时，社员反映这里还存有大量的原始墓葬。1975年，特大洪水冲塌了该村的护庄堤，在修复堤防时又发现了大量遗物。据此可以初步判定，这里是一处原始社会的聚落遗址。然而，是仰韶文化还是其他时期的文化，却激起了我浓厚的研究兴趣。

党的十一届三中全会后，我回到舞阳县文化馆继续做文物考古工作，为深入调查研究贾湖遗址提供了极为方便的条件。我经过多方查找资料和实地考察，终于发现文物库存中有早期的石铲与石磨棒。原来，这批文物是贾湖学校的教师贾殿华、贾建国两位同志在开荒时发现的。1979年送交县里时，文化馆的苗联芳在上面标了一个"尚"字，因为这里原属尚庄乡。这一发现使我意识到，1961年在贾湖的发现就是裴李岗文化的一支。于是，我就协同其他同志对各乡的文化遗址进行一次全面复查。在复查中，贾湖群众又交献了双耳小底红陶壶和上琢下磨造型精致的石斧，制造粗糙的褐色陶纺轮，绿松石耳坠，磨削兼施的骨箭镞、骨针，带有锯齿痕迹的制陶工具，以及具有裴李岗文化特征的锯齿石镰等一批珍贵文物。从其形制及作风鉴定，与有8000年历史的裴李岗文化遗物大同小异，有其一定的地方特色。

这一重大发现，将舞阳县的文明史向前推进了2000年左右（原来在舞阳县的阿岗寺遗址发现的彩陶篓，时代在6000年左右）。这一重要消息被河南省文物部门及中国社会科学院的专家看到了。1980年省博物馆的周到先生来进行调查，1982年10月，中国社会科学院考古研究所安志敏所长从北京来到舞阳调查，都给予较高的评价。他们分别著文在《考古》、《史前文化》等刊物上介绍，《中原文物》也发表了我写的调查报告。这些文章的发表，为贾湖遗址作了宣传，起了鸣锣开道的作用。

省文化部门对这一发现十分重视。1982年6月，省文物局向舞阳县文化局发出保护贾湖遗址的通知，舞阳县人民政府也发了相应的文件。省文物研究所决定报请国家文物局进行试掘。1983年5月，省文物研究所派郭天锁、陈嘉祥等4人来舞阳对贾湖进行试掘。这次试掘共开挖探沟3条，发掘墓葬17座、灰坑11个，地层剖面共分5层，即耕土层、扰土层、黄沙淤土层、贾湖一期、贾湖二期。墓葬骨架头部全部向西，叠压严重。墓穴为长方形竖穴，单人、仰身、直肢。由于地碱腐蚀严重，骨架少有朽蚀。头部随葬有红色半月形双耳小陶壶，足部多随葬野猪门牙，腹部随葬箭镞和骨针。殉龟之风已颇盛行，精致的绿松石耳坠及小珠也有发现。除此之外，还见有陶塑羊头、人物头像，说明当时的贾湖人已有了审美观念。

试掘的重要发现，更引起了省、县领导的重视。1984年，省文物研究所决定正式发掘，向国家文物局进行了申报，得到了批准，并拨了发掘经费。省文物研究所第一研究室副主任张居中领队正式发掘，县博物馆派朱帜、朱振甫等配合发掘，一直持续到1987年春。郑州大学历史系学生15人，由贾州杰教授领队协助发掘。在此期间，河南医科大学[1]的领导与教授也多次前来，做人骨的鉴定工作。他们视8000年的骨架为珍宝，从中揭开人种学、人类学、骨科疾病、古人寿命、性别、葬俗、社会性质等诸多重大科研上的奥秘。

特别值得重视的是，1987年5月在这里发现了我国迄今为止最早乐器——骨笛和甲骨契刻符号、刻符柄形石饰。骨笛被殉在古人墓葬中骨架的下肢两边。骨管乐器大部为七孔，形制固定，制作规范。经中国艺术研究院音乐研究所的测音员吹试，吹奏出了民间乐曲《小白菜》，表明已经具备音阶结构。骨笛是用古代一种鹤的尺骨加工而成，这在世界其他文明古国也是罕见的，说明贾湖先民当时的音乐水平已达到相当的高度。甲骨契刻符号多刻在随葬的甲骨、石饰和骨器上，比过去发现的西安半坡划刻在陶器上的符号、大汶口文化陶器上的文字符号，要早一两千年，甚至4000多年。某些契刻符号的形体与安阳殷墟甲骨文的某些字形近似，为探索我国文字起源提供了重要的线索。

注　释

[1]　2000年河南医科大学与郑州大学、郑州工业大学组建成新的郑州大学。

（原载《河南文史资料》2017年第3期）

不懈耕耘三十载　解读中原九千年
——"纪念贾湖遗址发掘30周年暨贾湖文化国际研讨会"纪要

张居中　整理

河南省舞阳县贾湖遗址是我国新石器时代前期的重要遗址，曾被评为20世纪100项中国考古大发现之一，2001年被国务院公布为全国重点文物保护单位。从1983年至今，先后进行了8次发掘，共揭露面积达3000平方米，其中骨笛、栽培稻、家畜、酒残留物、契刻符号、成组龟甲的发现，均具有重要的学术价值。近年来，贾湖遗址的研究、保护取得了可喜进展。2013年是贾湖遗址首次发掘30周年，为了进一步提升贾湖文化的学术地位和国际影响，促进贾湖文化研究的深入和保护利用工作的交流合作及长效发展，11月1日至3日由中国科学技术大学、中国社会科学院考古研究所、河南省文物局、漯河市人民政府在河南省漯河市联合举办了"纪念贾湖遗址发掘30周年暨贾湖文化国际研讨会"。来自国内外高校和考古研究机构的70多位知名专家学者应邀出席了此次会议。开幕式由漯河市常务副市长杨国志主持，漯河市市长曹存正、著名考古学家严文明、中国社会科学院考古研究所副所长陈星灿、中国科学技术大学人文学院副院长胡化凯、河南省文物局局长陈爱兰先后在开幕式上致辞。

研讨会上，中国科大张居中教授作为贾湖遗址历届发掘的主持人首先做了主题报告。随后，与会专家学者围绕贾湖遗址在史前考古研究中的地位和价值、贾湖骨笛、原始栽培稻、家畜饲养、原始酿造、原始巫术、环境考古、中原地区新石器前期文化综合研究、贾湖同时期文化研究新进展、遗址保护等内容先后进行大会报告和专题讨论。会议不仅展示了很多极具学术价值的研究成果，更提出诸多新颖的学术观点。与会专家学者还参观了贾湖遗址第8次发掘现场并留下了深刻印象。

闭幕式上，严文明教授进行了高度总结，为贾湖遗址今后的深入研究明确了方向。与会学者讨论并签署了《加强贾湖遗址保护管理和开发利用的倡议书》，为今后贾湖遗址的综合研究和保护开发奠定了基础。与会学者纷纷表示，这是一次高水平的国际学术会议。现将这次会议上各位专家的报告和发言整理摘编为一篇纪要，与倡议书一起刊出，以便更多的关注者了解。

一、开 幕 式

严文明（著名考古学家、北京大学资深教授）：

贾湖遗址发掘30周年了，对一个遗址，从发现到研究，到继续工作，能够出现这么多的成果，在国内少见。原因是贾湖遗址本身学术内涵非常丰富。主持发掘的学者，特别是张居中先生，锲而不舍，30年来研究不断。我记得在发掘的初期，张居中先生很多信息都和我沟通，我们曾经在北京大学的技术楼研究贾湖出土的水稻，参加这次鉴定会的还有中国著名水稻研究专家王象坤先生等，大家认为毫无疑问是栽培稻，这就把中国栽培水稻的历史一下子提早了很多年。但水稻只是贾湖遗址重要的发现之一，贾湖有很多骨笛，是音乐史上非常重要的发现，龟甲上还有很多像文字样的刻划符号，在中国来讲也是最早的。贾湖遗址发现的这些文化遗存，实际上是南北方文化沟通的体现，比如说裴李岗文化的那种石磨盘、石磨棒有北方的因素，南边的水稻就更不用说了，它实际上又是淮河流域的上源。过去我们知道黄河流域和长江流域均有非常重要的文化遗存，中间的淮河流域有没有一种不但沟通南北，同时有自己特色的文化呢？现在我们逐步知道，从贾湖一直往东，到安徽、江苏，淮河流域的文化既是南北文化交流的重要阵地，同时也有自己的特色，这个认识是从贾湖的研究开始的。贾湖这些年更重要的一类工作就是在科技领域做了很多方面的努力，这对于单一遗址尚无第二个例子。

陈星灿（中国社会科学院考古研究所副所长、研究员）：

30年前，河南省文物考古研究所的同事们揭开了贾湖遗址的神秘面纱。30年来，通过多次发掘，我们对贾湖遗址和以贾湖遗址命名的"贾湖文化"都有了全面深入的了解。贾湖遗址以其超乎寻常的丰富内涵，在中国史前考古中占有重要的地位。以目前的考古材料而言，贾湖是中国也是世界稻作农业的起源地之一；贾湖人饲养的猪和狗是目前所知中国最早的家养动物；骨笛的历史，在欧洲虽然可以追溯到旧石器时代，但就数量和种类而言，贾湖出土的骨笛，是目前所知世界上同时期遗存中内容最丰富、音乐性能最好的乐器实物；贾湖的陶器碎片上发现了酒石酸，证明贾湖先民可能已经酿造含酒精的饮料，这是目前所知世界上最早的酒；骨针、骨锥、纺轮，还有一些不明用途的骨器，可能与纺织相关，说明早在八九千年前，贾湖先民已经拥有多样的纺织物和身体装饰；内装石子的龟甲、骨笛，反映了贾湖先民丰富的精神世界以及巫术、祭祀在社会生活中发挥着重要作用；龟甲、石器和陶器上的契刻符号，以及截至目前所见中国最早的陶鼎，似乎又能把贾湖文化和我们耳熟能详的商周时代的中国文化联系起来。所以，把中国文化的根源之一追溯到这个时期看来是不成问题的。今天我们在这里纪念贾湖遗址发掘30周年，研究贾湖文化的各个侧面，讨论贾湖遗址的保护问题，解释并试图复原八九千年前淮河上游贾湖先民的物质和精神世界，这是一件非常有意义的事情。

胡化凯（中国科学技术大学人文学院副院长、教授）：

30年以来，中国科学技术大学科技史与科技考古系在贾湖遗址的发掘、保护、研究方面做了大量工作。以张居中教授为代表的研究团队一直致力于贾湖遗址出土材料的分析研究，十多名博士、硕士研究生以贾湖遗址出土材料作为学位论文选题，在国内外期刊发表相关论文数十篇，在学术界产生广泛的影响。我们希望今后进一步与国内外学术同行开展合作研究，有更多的学生参与到贾湖遗址等考古发掘与研究工作中来，为我国考古学与文物保护事业培养更多的专门人才。

陈爱兰（河南省文物局局长）：

河南省以其深厚的文化积淀成为我国乃至世界考古学的重地，很多重大课题都在河南找到了答案。90年前，瑞典学者安特生和中国学者一起在河南渑池发掘仰韶村遗址，发现著名的仰韶文化，从此揭开中国考古学的序幕；80年前，考古学者在安阳发现了著名的甲骨文，印证了我国史书记载的商代信史；30年前，考古工作者对舞阳贾湖遗址进行首次发掘，自此，以贾湖遗址为代表的"贾湖文化"作为河南中原地区的重要名片享誉国内外。舞阳贾湖遗址从发现、发掘，研究和保护已走过30年并取得了卓著的成果。目前，在地方政府的积极努力下，《贾湖遗址保护规划》已得到国家文物局批准，《贾湖遗址考古公园规划》业已完成上报。我相信，未来贾湖遗址的保护和开发工作将会乘此大会更进一步。

二、大 会 报 告

张居中（贾湖遗址第2~8次发掘的主持者，中国科学技术大学科技史与科技考古系教授、中国科学技术大学博物馆馆长）：

贾湖遗址位于中国河南省中部，黄淮海大平原的西部边缘，1983~2001年发掘7次，揭露面积2700多平方米，发现新石器时代前期房址50多座，窖穴400多座，陶窑10多座，墓葬500多座，瓮棺葬30多座，埋狗坑10多座，出土陶、石、骨等各种质料的文物5000余件及大量动植物遗骸，基本上弄清了该遗址的文化内涵。文化面貌与贾湖相同的还有10多处，大体分布于淮河上游的沙河、洪河流域。以贾湖为代表的文化遗存具有一定的分布地域，有独特的文化特征和发展序列，其文化遗存可分为三期，年代为距今9000~7500年，因其独特的文化面貌，已被命名为"贾湖文化"。贾湖文化的创造者不仅是优秀的猎人、渔夫和工匠，中国最早的农民，而且还是优秀的音乐家。贾湖文化的发现，再现了淮河上游八九千年前的辉煌，与同时期西亚两河流域的远古文化相映生辉，是当时东亚地区的优秀代表，为研究当时社会的经济、技术、文化、艺术和社会发展状况提供了不可多得的实物资料。

刘莉（美国斯坦福大学教授，澳大利亚科学院院士）：

目前已知贾湖出土稻米遗存，但是栽培稻还是野生稻曾经有过很多争论。实验证明，使用石镰收割半成熟状态的谷物可能帮助人类选择坚硬的小穗轴、导致谷物驯化。而判断石器是否用于收割谷物，则依靠其刃部是否出现"镰刀光泽"。我们对贾湖前六次出土的石镰进行了分析，发现贾湖的石镰为多功能工具，形制与功能有关，窄面镰主要用于收割谷物、芦苇或香蒲，宽面镰工作于软木质植物。贾湖先民很可能用镰刀收割稻秆下部，这导致栽培稻的进化。石镰的微痕分析结果支持贾湖稻谷处于早期栽培阶段的结论。

赵志军（中国社会科学院考古研究所科技中心研究员）：

贾湖遗址2001年发掘第一阶段的浮选工作相关成果已经发表。目前我们又运用了新的技术和方法，对这批植物遗存进行了分析。首先，我们测量了贾湖稻米粒宽、粒长、粒厚、胚芽这四个数据，并与现代栽培稻进行比较，认为贾湖出土的确实是栽培稻，只是在形态特征和生物特性上还有野性特征。其次，我们发现了大量炭化稻谷基盘，目前尚未分析。再次，贾湖的块根块茎类植物中新发现了荸荠，说明贾湖人对水生植物利用较多。最后，贾湖遗址出土的杂草主要是止血马唐和狗尾草，马唐属是旱作农田中常见的杂草，暗示贾湖稻作可能是旱稻。

王子初（中国艺术研究院音乐研究所原所长、研究员）：

贾湖人在使用骨笛的同时或更早，有可能更广泛地使用竹笛。我对贾湖骨笛的历史意义提出了新的认识：8300年前生活在淮河流域的贾湖人制作的成批七音孔骨笛，为人类在新石器时代前期最进步的乐器。它表明古代中国人在距今万年前后经历了长期的实践和抽象思维，已逐步建立起七声音阶的观念，这是古代中国对人类音乐艺术最伟大的发明与贡献，并改写了音乐史。

吴小红（北京大学考古文博学院教授）：

我们采用稳定同位素的方法来看贾湖出土的猪是否已被驯化。目前判定是否是家猪主要采用形态学方法，但家猪的驯养是一个长期的过程，从形态上难以截然区分，采用稳定同位素检测猪的胶原蛋白，可以在驯化几年之后就发现。从农业生产的角度，C_4指示小米，C_3指示稻米，^{15}N比值与蛋白质摄入量呈正相关。用稳定同位素分析，在北方粟作农业区，可单用^{13}C和^{15}N比值判断猪是否为家养；在C_3为主的农业区，则需要^{13}C和^{15}N综合判断。基于此，我们在新砦、吊桶环和贾湖进行过相关工作，结果显示，贾湖的猪应该是人工驯养的。

王明辉（中国社会科学院考古研究所科技中心副研究员）：

我们试图通过人骨来分析古代人群的健康状况、影响健康的因素以及不同经济模式对人体健康的影响。结果显示，中原地区史前居民从以渔猎—采集经济为主体的贾湖遗址向农业经济的西坡墓地转变过程中的健康状况产生了明显的变化，如骨骼和口腔的健康方面多项指标恶化或退化，两性疾病发生率和身高等差异变大，体现健康状况的一些重要指标有所提高等。同时，由于人群寿命的提高、人口的增长和聚落的密集化，一些慢性疾病和传染性疾病也有机会得到发展。

中岛经夫（日本冈山理科大学生物与地球科学系教授）：

据文献资料，中国鱼类的养殖历史可追溯至公元前12世纪，却没有考古资料可以证实。东亚史前时期鱼类资源丰富，人们广泛捕捞鲫鱼和鲤鱼来补充蛋白质。如果人们只在捕鱼季到河里捕鱼，那么鱼骨大小只有一个峰值。人们有意识地将捕到的将要产卵的鱼放到可以控制的水域里进行养殖，这种捕捞方式被称为原始培育鲤鱼，这时得到的鱼骨大小有两个峰值。我们对贾湖文化三个时期出土的鱼骨均进行了分析，认为在贾湖文化一期即出现了原始培育鲤鱼。

邓聪（香港中文大学历史系教授）：

贾湖遗址环状饰物一般体形硕大，而中孔偏大又内外沿近正圆的，亦占一半以上。新石器时代环状物有两种加工方式，一是中国辽河、黄河、长江流域等文化核心区，在距今7000~6000年逐渐使用了轮轴机械作为穿孔机械的动力；二是通过对向敲打或者用手力旋转穿孔，这在日本地区有较多的发现。贾湖遗址出土的石环所以能制作得如此工整，其背后是否应用了轮轴机械的加工，颇值得讨论。

柯彼得（Peter Kupfer德国美因茨大学教授）：

2004年，考古学家证明在贾湖遗址出现了用山楂或葡萄酿造的酒精饮料。贾湖遗址也出土了中国最早的稻米，中国最古老的乐器——骨笛，中国最早的文字符号，这都表明原始社会的酒文化和其他文明成就的发展关系密不可分。贾湖遗址和中国以及东亚其他的古文明遗址的发现表明，崇拜神灵和祭祀祖先的萨满教和巫术与饮酒礼仪有密切的关系。之后的中国发展出了独具特色的酒文化，包括发酵和酿酒技术、酒釉文化、世界上最古老、最复杂的饮酒、献酒礼仪系统等。

罗运兵（湖北省文物考古研究所副研究员）：

对贾湖遗址出土猪骨的系列研究证实，贾湖遗址第一期即已出现驯化的猪类，年代可早至距今9000年左右。贾湖遗址是目前中国最早出现家猪的遗址。该遗址个案显示中国是世界上最早独立驯化猪类的中心之一，这为中国古代猪类驯化的"本土多中心起源"提供了确凿的动物考古学证据，也为动植物驯化的"东亚选择"提供了关键材料。

凯斯（Keith Dobney英国阿伯丁大学教授）：

我研究的内容是采用新技术来判断家猪和野猪，以及家猪起源地的相关问题。通过在欧亚地区广泛采集古代和现代猪样品，分析其DNA信息和形状，发现家猪驯化随时间的发展由亚洲迁徙到欧洲；贾湖遗址的猪是早期驯化的猪，这也为证明中国家猪驯化中心在中国中部提供例证。我的下一个研究课题是狗的起源问题，因此我对贾湖出土的狗也十分感兴趣。

麦戈文（Patrick E. McGovern美国宾夕法尼亚大学教授）：

贾湖遗址在理解人类的酒精饮料以及陶器对人类的意义等方面扮演着重要的角色。在贾湖遗址的残留物中经过化学分析后发现了来自于葡萄的酒石酸，还发现了大米以及另一种特定的复合物蜂蜡。因此，得到了一种奇怪的饮料，既不是水果酒，也不是啤酒，更不是葡萄酒，而是这几种物质的混合物。我想人们制作酒精饮料的行为有两种原因：一是将社会成员有效的组织起来；二是与中国之后的宗教有关，酒精饮料可能是与祖先沟通、交流的途径。

罗武宏（中国科学技术大学科技史与科技考古系博士生）：

通过对贾湖遗址14件石磨盘残块表面残留淀粉粒的分析，以及对遗址东700米处的古湖泊—河道的钻探土样的植硅石分析，结合大植物遗存信息，我们发现：贾湖文化之前，该地区已经存在水稻；贾湖文化时期先民的生业模式以采集经济为主，利用植物资源具有多样性与广谱性；栽培农业方面，是以稻作农业为主，未发现确切的粟、黍类作物的证据。

贝尔伍德（Peter Bellwood澳大利亚国立大学教授）：

任何寒冷和干燥的气候事件，虽然短，有可能引发人群的迁移。特别是那些高发地区，一般会迁移到有稳定资源的地区。这使水稻的种植范围扩大到中国中部以北地区，像贾湖等遗址位置已经较靠北了。中国新石器时代的"移民时代"大约是在新石器时代中后期。这一时期，食物形态在栽培作物和驯化动物下已基本建立。同样的理由，粮食作物及新石器时代技术在公元前3000～前1500年也发生了从长江流域向南传播的现象，并进入东南亚。

栾丰实（山东大学东方考古中心教授）：

贾湖遗址出土的稻作、家畜、刻划符号、骨笛等，体现出贾湖在物质文化、制作工艺、精神文化等方面在同时期诸文化中处于领先地位。贾湖文化与后李、北辛、大汶口相比，出土器物的器形、风格或陶器组合上，尤其是与大汶口在龟灵和犬牲方面，应有传承关系。贾湖文化的后续发展有两个方向，一是豫西南地区，另一就是东部地区。

巴尔-约瑟夫（Ofer Bar-Yosef美国哈佛大学人类学系教授）：

面对突变的环境气候人们经常不得不调整自己的生存策略，表现在气候寒冷就减少繁殖与移民，一旦气候改善，人口持续迅速增长，这就造成了相对人口压力和定居或半定居生活方式的产生。此时，为确保其食物的供应，人们开始栽培小米。通过对东湖林、南庄头、裴李岗、贾湖等遗址谷物加工工具的分析以及植硅石分析，认为小米开始种植的区域首先是在北方。

王吉怀（中国社会科学院考古研究所研究员）：

贾湖文化的重要之处是多方面的。第一，找到了裴李岗文化的主要源头；第二，展示了淮河流域早期发达的新石器文化；第三，展示了中国新石器文化中的多项之最，如世界上最早的多音阶乐器——骨笛、世界原始宗教与卜筮起源问题、世界上最早的文字起源——契刻符号、世界稻作农业主要发源地、世界上最古老的"酒"等。贾湖遗址中有很多器形与裴李岗文化接近或相同，因此，把贾湖文化说成是裴李岗文化的前身是合理的，且前者发达程度和重要性要远远高于后者。贾湖文化是人类文明史上的一个重要里程碑。

维尼亚（Jean-Denis Vigne法国国家科学院资深研究员）：

动物驯化从末次冰期就已经发生，进入全新世，随着农业的发生与发展，驯化的动物种类增多，范围也不断扩大。就目前材料来看，亚洲家养动物驯化中心有两个，一是西亚地区，一是中国大陆中部地区，最早见于贾湖文化时期。

靳松安（郑州大学历史学院教授）：

从陶器的陶系、纹饰、器物组合，聚落的发展阶段，葬俗及生业模式上看，贾湖遗址史前遗存与以裴李岗、水泉、沙窝李等遗址为代表的裴李岗类型有较大的共性，仍属裴李岗文化范畴；但是由于其所处地理环境的不同，文化面貌、生活方式等方面存在一定的差异。有鉴于此，我们认为将其区分为裴李岗文化贾湖类型较为恰当。贾湖遗址是裴李岗文化先民向南迁徙的重要据点，对裴李岗时代各地区文化的交流与融合以及中华文明多元一体格局的形成具有重要意义。

宫本一夫（日本九州大学人文学院教授）：

贾湖时代海岸线是比较稳定的，这时长江中下游一带和中原地区两个地方都有野生稻，然后独立发展栽培稻。日本的稻米都是温带稻米。中国长江中下游一带都是热带稻米。我认为，温带农业在长江下游开始，向北传播，从黄河沿海地区传播到山东半岛，最后到朝鲜半岛。

周双林（北京大学考古文博学院教授）：

这里对贾湖遗址的保护提供一些建议。我国的遗址主要是土遗址，发掘之后保护方式有：回填、复原展示、原状展示。对贾湖遗址，真实展示十分必要，技术上也是可行的。外部环境控制方面，可以建设遗址博物馆；鉴于遗址水位较高，应设挡水墙、抽水井，结合底部隔断的方法来控制地下水。对出土的陶器，应尽快干燥后化学加固；人骨也可以进行化学加固。

蒋乐平（浙江省文物考古研究所研究员）：

贾湖属于裴李岗文化，但类型比较特殊，很多方面体现了相对"先进"的因素，这些"先进"因素很可能是与长江流域早期文化系统交流作用的产物。贾湖中期的D型罐形壶、高领罐、敛口盆、钵在上山晚期有发现；贾湖和跨湖桥的器物也有很多共同点，特别是一些打制的纺轮也在跨湖桥早期出现；贾湖晚期出现有方格纹，跨湖桥早期也有发现。这表明上山晚期相当于贾湖中期，跨湖桥的早期接上了贾湖晚期，相互之间可能存在互动关系。

李新伟（中国社会科学院考古研究所史前研究室副主任、研究员）：

贾湖遗址出土的龟甲应该与仪式活动有关，是与原始宗教相关的遗物，开启了以淮河流域为中心的"龟灵崇拜"的先河。精致的骨笛常与龟甲共出，很可能也与仪式活动中的音乐演奏有关。宗教遗物对于我们了解宗教在中国史前社会发展中的作用具有重要意义，在由采集和简单栽培农作物向真正的农业生产的转变时期，宗教力量的作用令人深思。

槙林启介（日本爱媛大学东亚古代铁器文明研究中心研究员）：

贾湖遗址的栽培稻是水稻时代的开端。在长江流域、淮河流域和山东地区也发现种植水稻的证据，但限于材料，目前无法比较他们的种植方法和技术。水稻种植业和捕鱼业都是在水陆交界地带进行的，它们之间存在一种复合关系。在早期稻作时代，捕捞工具与人们的生存策略和稻作技术有一定影响。如长江型陶网坠和管状陶网坠可能分别与江苏平原和长江下游太湖平原稻作的出现有关。

魏兴涛（河南省文物考古研究院副院长、研究员）：

"裴李岗文化"实际上包含了"贾湖一期文化"和稍晚的"裴李岗文化"两个时期的遗存。在豫西晋南和关中地区，裴李岗文化与仰韶文化初期诸类型在遗迹、生产工具、生活用具等方面存在内在联系，裴李岗文化迁徙和向西拓展的直接结果是导致豫西晋南和关中地区具有一定相似特征的仰韶初期遗存的形成。此外，富有活力的裴李岗文化不断对同时期的白家文化、磁山文化、北辛文化等产生积极影响。

戴向明（中国国家博物馆综合考古部副主任、研究员）：

关于新石器时代中期的社会与聚落的问题。这一时期有老关台文化、磁山文化、裴李岗文化、贾湖一期文化等，以贾湖—裴李岗文化最为发达。以居址和墓葬作为基础的研究表明，新石器时代中期聚落规模还是较小，分布稀疏，没有形成主从结构的聚落群。居址和墓地主要表现为两级社会组织，多数聚落可能是由几个家族组成的氏族社会，但没有表现出明显的等级分化和特权阶层的存在，有特殊身份的人仍然是生产劳动和军事行为的参与者。此时尚属于较简单的平等社会，此种状况一直持续到仰韶早期。

甘恢元（南京博物院考古研究所）：

与贾湖同时期的顺山集遗存可以分为三期，第一、二期文化遗存在环壕聚落、圆形地面式房址、陶器组合、使用磨盘、磨球等生产工具等方面具有鲜明的文化特色，其中的双系壶在贾湖中能找到同类器，但差异是主要的，此外，还与后李文化、裴李岗文化、彭头山文化存在着持续而广泛的联系。三期遗存具有明显的跨湖桥文化、城背溪文化及皂市下层文化的因素，表现出强烈的本地传统与外来因素融合特征。需要指出的是，顺山集遗址出土的稻谷为研究淮河流域稻作起源与发展问题提供了新证据。

三、考古组座谈会

主持人：马萧林（河南省文物局副局长）

郝本性（河南省文物考古研究院研究员）：

考古是一个系统工作，需要多年不懈的工作，这个过程中会培养人才，如张居中先生；会出成果，如《舞阳贾湖》。《舞阳贾湖》也说明多学科研究的重要性。贾湖文化的研究还有很多问题尚待解决，如与其他考古文化的关系等。最后我想建议一下，遗址公园的建设一定要有考古工作者的参加，要保存一定数量的发掘现场，要保证科学性，其次才是趣味性。

李友谋（郑州大学历史文博学院教授）：

根据夏鼐先生提出的考古学文化命名的原则来看，贾湖出土的陶器、石器、墓葬随葬品特征、墓主头部随葬陶壶现象等都和裴李岗的相同，所以我认为贾湖仍在裴李岗文化范畴之中。贾湖文化的主体从陶器来看是石固遗址第三期文化的特征，也即贾湖文化来自裴李岗文化晚期。二是贾湖文化与裴李岗文化的年代问题，从 ^{14}C 结果来看，贾湖从距今9000年延续至7000年，裴李岗最低近7000年，最高9300年，所以贾湖的年代肯定比裴李岗的要晚一些。

张敏（南京博物院考古研究所研究员）：

贾湖发掘最重要的意义是使大家意识到淮河流域在考古学研究中的重要性。淮河位于黄河和长江之间，水系最为发达，古代环境十分适宜，淮河流域应该是中华文明的起源地，影响着黄河和长江流域，到后期反过来。寻找贾湖文化的来源与去向还是要在同纬度进行考虑。贾湖和龙虬庄相似性非常高，如水环境、经济形态、墓葬殉狗、人骨错位或移位现象、都有发达的水器，等等。我认为贾湖文化后来向淮河中下游发展。

赵朝洪（北京大学考古文博学院教授）：

贾湖文化地位重要，在考古学、音乐、宗教、手工业等领域都有重要意义。对贾湖遗址的研究角度、深度、多学科研究方法等都值得学习。因贾湖遗址的特殊性可以称为贾湖文化，目前类似的遗址还不够多，将来还要进一步进行调查，以期深刻理解贾湖文化内涵。

文德安（Anne Underhill美国耶鲁大学教授）：

贾湖遗址延续了1500年，我想知道在此期间他们的生活有什么变化，他们的经济，他们的社会组织，随着人口的增多他们的房屋、聚落有什么变化，他们制作陶器、石器的技术有什么变化。对贾湖遗址的研究可以帮助我们理解淮河流域的情况。我很期待淮河流域在未来有更多的发现。

裴安平（南京师范大学教授）：

贾湖遗址确实是中国同时期情况最复杂的遗址，如为数不少的"砍头墓"和"卸脚墓"，这个现象很有意思。这里有中国最复杂的埋葬形式，有一男一女，一男两女，两男一女等。贾湖和兴隆洼的居室葬都为我们提供了研究家庭私有制起源的非常好的标本。最后建议贾湖遗址继续发掘。贾湖发现了壕沟，发掘可以搞清贾湖聚落形态。

吉平（内蒙古自治区文物考古研究所副所长、研究员）：

贾湖的人骨保存得很好，这在东北是罕见的，或许跟土壤有关系。我们以后要建博物馆，人骨保护方面还需要专家来合作。建议贾湖继续发掘。

曹兵武（中国文物报报社总编辑、研究员）：

贾湖文化的水平在同期考古学文化中非常高，对这个问题的理解可以放在一个大的背景下看，即从全新世开始，文化互动的格局主要是由南向北，推动因素是气温上升，因此贾湖主要应是南方来的文化。关于贾湖遗址今后的保护和研究，可从文化要素、文化动因、文化过程、文化机制角度切入。我很高兴看到我们将要通过《贾湖遗址保护倡议书》，现在要切忌过度发掘、过度规划、过度保护。

方燕明（《华夏考古》编辑部主任、研究员）：

我有两个感受：一是贾湖遗址的多学科研究。《舞阳贾湖》在1999年发表，当时多学科研究还只是一个提法。多学科研究的开展与张居中先生的支持是分不开的。二是贾湖遗址"一枝独秀"，这些灿烂、丰硕的成果来源是什么？所以还要在淮河流域多开展田野调查，把"面"上的工作铺开。对于遗址的保护问题，我认为还是不要轻易发掘，很高兴将要通过《贾湖遗址保护倡议书》，希望第7次、第8次发掘报告尽早面世！

高德（美国波士顿大学博士）：

贾湖的价值重大，要把研究成果用英语出版，让国际学术界都了解贾湖。关于贾湖的测年问题，很多学者基于分类学讨论裴李岗和贾湖的关系，我希望以后加强测年工作。测年样品很重要，之前测年多使用木炭，木头有的都会使用几百年，所以年代会偏晚，以草、动物骨骼和人骨做样品会更理想一些。

张锴生（《中原文物》编辑部主任、研究员）：

贾湖的意义有两点，一是时代上特别重要，贾湖文化处于新石器时代早期；二是位置重要，贾湖处于淮河流域，在黄河和长江流域中间。《舞阳贾湖》是一个多学科研究的范例，也给大家树了一个榜样。虽然现在贾湖的来龙去脉还有争议，这正好给我们留下了更多很好的课题。这次会议可以作为我们以后研究的一个起点。

马萧林：

谢谢各位专家学者，让我们分享他们的研究成果。请大家看一下桌子上的《贾湖遗址保护倡议书》，有修改意见的可以写在上面，并在上面签字。讨论会到此结束。

四、多学科组座谈会

主持人：袁靖（中国社会科学院考古研究所科技中心主任、研究员）

孔昭宸（中国科学院植物研究所研究员）：

1991年，张居中教授首次发现了贾湖稻壳印痕。2001年，中国科技大学等单位，进行了融入科技考古为主要内容的第七次考古发掘。在赵志军研究员的指导下，采用浮选法，从中获得了丰富的植物遗存，至少说明8000年前，贾湖先民在淮河上游地区已奠定了稻作起源、传播和食物结构上的位置。值得高兴的是，"贾湖遗址考古公园"的兴建，将承载着对遗址的保护，真诚地期待着该园成为我国中原地区开展国际人员和科技手段合作的桥梁，亦成为当地引以为自豪的场所。

袁靖：

我们动物考古研究团队在贾湖遗址研究中是做得比较全面的实例之一，罗运兵博士、Jean-DenisVigne教授、中岛经夫教授、吴小红教授，还有没有到会的一些学者的研究工作都是动物考古研究多角度切入的例证。现在的研究仍可以拓展和深入，如贾湖环境研究、贾湖人骨的全面分析、陶器的制作工艺等。现在考古学已经是一级学科，要不断深化与扩展研究内容，为其他学科提供研究资料。最后要说的是，张居中教授致力于贾湖研究几十年，不断开拓新的研究领域，把贾湖的研究做到新石器时代考古学研究的榜样，这也是我学习的榜样！

董广辉（兰州大学自然地理与环境变化研究所副教授）：

贾湖同时期的其他遗址多见粟、黍，贾湖却是水稻。贾湖的骨笛是用丹顶鹤的尺骨做的，而丹顶鹤对环境的要求是很高的。距今7500～7300年是中原地区最湿润的时期，所以贾湖并不处在气候最适宜的时期，贾湖的局部小环境应该是很好的，研究贾湖的环境背景要注意微地貌。贾湖时期环境较湿热，那么野生动物资料是否支持呢？见到犀牛了吗？

袁靖：

贾湖遗址动物研究有两个阶段：一是第一到第六次发掘，这里面有黄万波教授做得比较全面的种属统计。二是第7次发掘，这是我们做的。这里有全面的种属和数量统计。贾湖没有发现犀牛。

维尼亚：

贾湖延续了1500年，期间气候也是有变化的。在世界其他地区，距今8100年左右发生了气候变化，我们可以重新定义该气候事件对遗址的影响，贾湖是一个很好的例子，可以动态地看贾湖遗址的变化，包括社会、气候的变化。我在研究塞浦路斯的村落遗址时，不仅仅研究物种的变化，还研究人类对动物资源选择的策略变化。在研究这种演进的时候，不仅应看到环境的变化，还应看到哪些资源是可获得的，这样就可以得到大量资料。

莫多闻（中国第四纪研究会环境考古专业委员会理事长、北京大学教授）：

说到8100年气候变暖事件，在中国这个事件也存在，并且十分明显，但这一事件对考古学文化的影响还不清晰。中国距今8000年左右是考古学文化兴起的时期，且长江流域从10000～8000年文化发展的势头一直良好，并未出现断裂的问题，所以这一个问题还需要继续研究。湖南很多遗址年代不晚于贾湖，作为稻作农业起源来说，长江中游和淮河流域还是一个中心区域。整个大中原地区的环境气候很适宜从旧石器时代过渡到新石器时代。现在这一范围发现的遗址不多，比如李家沟遗址，所以这一区域还需要加强工作，可能贾湖文化的来源就在这一地区。

柯彼得：

作为国外学者，我们都同意加大对贾湖文化在世界上的宣传。我想提出两个问题，一个是学术交流语言沟通的问题，二是我认为新石器时代的文明不能说是某一个特定国家的文明。我们不知道贾湖到底是什么民族，有什么语言，有什么风俗习惯，所以不一定就说贾湖文化一定属于中国，一定将中国的历史向前提了多少年，我们应该强调说，贾湖文化是属于全世界的遗产。

董广辉：

对于贾湖文化的来源，现代科学手段多种多样，可以用DNA的方法来研究，我相信，基因的交流肯定是有的，可以找一下各地区人群的相互关系。说到水稻传播的通道问题，可以沿着可能的通道找一下相关证据。

王明辉：

贾湖人的人种从人骨角度看还是纯粹的蒙古亚种，没有欧罗巴特征，贾湖人的形态特征和仰韶人非常相似，但和北方、南方的人骨形态差异较大。与现代人相比，贾湖人更接近华南地区的人，如福建、广东、湖南、广西，这有很多解释，可能是与环境相似有关。古DNA的工作在20世纪80年代没有条件做，现在技术已经成熟了，正在着手进行相关工作。

袁靖：

中国人一直有探讨自己历史的传统和习惯，从《史记》、《汉书》到《二十四史》，我们的历史变迁都是有迹可循的。我们认为，中国文化的发展是没有中断的。比如猪，从距今9000年开始就一直存在，比如小米，也一直都存在。从距今10000年开始，陶器上也可以看到一个比较清楚的演进过程。在这过程中，也不断有新的因素糅合进来。

凯斯：

大家的发言有很多很有意思的观点。我们谈到关于文化的起源和文化认同的问题，但是作为学者我们应该首先关注学术研究的问题，而不是考虑增加社会经济效益。在真实世界里，学术研究和改善人们的生活应该没有直接关系。在英国，我们在做跟社会有关的研究时是十分开放的，研究也是分层次的，不同的研究层次研究不同的内容，这已经是一种十分成熟的制度。

柯彼得：

贾湖文化不仅是中国人的骄傲，也是全世界的骄傲。贾湖文化可以作一个中国文化走出去的项目，因为这是全世界的文化遗产。

吴小红：

贾湖的研究团队是以多学科合作的方式组建的，可以从不同的方面展示贾湖遗址的价值。另外，学者也要有全球视野，把贾湖遗址放在世界框架下进行考量，考察他对人类文明进步的贡献，这样有利于提升贾湖文化的国际地位。

莫多闻：

说贾湖文化走出去，就是让全世界的人都认识、了解贾湖文化。

张静明（合肥亮晶科普文化传播有限公司董事长）：

在讨论建设遗址博物馆时，我们强调要原状展示。希望把贾湖文化等考古学研究成果体现在中小学课本中。我们还制作了3D动漫电影《骨笛神音》，运用这种新媒体的方式，宣传贾湖文化，宣传考古学研究成果。

五、闭 幕 式

严文明：

贾湖从1983年开始发掘到现在已经30年了，这期间，张居中教授发掘、研究锲而不舍，保护工作也做得很好，我很高兴。参观遗址时，我注意到遗址有房屋、有灰坑、有墓葬，地层划得清清楚楚，工作场面干干净净，所以发掘工作做得很好，旁边过去发掘的地方，方块都留着，上面都绿化得整整齐齐，保护得也很好，这样的情况，在全国来讲并不多见，所以给我的印象非常好。两天来，我们进行了4场研讨，除了开始张居中先生有一个总结性的汇报外，还有26位学者发言，涉及的面非常广泛，研究的内容很多，报告的水平相当高。水平高涉及几个方面：首先是因为贾湖遗址的文化内容本身很丰富、很精彩，这样才可能展开这么广泛的科学研究；二是这次会议的组织者注意了多学科的研究。其中有一项就是倡议贾湖遗址的保护和利用，而且还起草了倡议书，这是个应有之义。这个遗址这么重要，到现在只挖掘了很少一部分，剩下一大部分怎么办，就要考虑保护的问题，怎么保护得有一套方案。所以总结来讲，我觉得这次会议组织得很好，会议讨论的问题非常重要，讨论的水平也很高，我很高兴谈这些感想。

张居中：

两天的学术会议即将结束，衷心感谢参会师友，尤其是严文明先生，不顾年事已高，拨冗出席！两天的会议，成果丰硕，严先生已作了高度总结，兹不赘述。中国科大的科技考古专业根据自身特点，在分析测试手段上拓展自己的生存空间，如同位素分析、残留物分析、寄生虫分析等方面，做了一些开创性的工作，但都离不开国内外师友的支持与帮助。我们希望今后与各兄弟单位、各位师友加强联系，继续给我们大力支持与帮助。

吕岩（漯河市委常委、统战部部长、市政府党组成员）：

贾湖文化国际研讨会即将圆满完成，衷心感谢各位的参与！与会专家站在新的历史高度、用发展的眼光，围绕贾湖文化的历史地位、文化内涵以及贾湖遗址的保护开发，对贾湖文化进行了深层次的学术研讨，发表了富有创新意义的真知灼见，标志着贾湖文化的研究、保护和开发达到了新的高度。本次研讨会也为漯河提供了难得的机遇，我们将以本次研讨会为新契机，充分吸纳和转化运用本次研讨会成果，努力把贾湖文化保护好、开发好，进一步提升漯河的城市软实力和影响力。谢谢大家！

（原载《中国文物报》2014年2月14日第6版）

试论贾湖类型的特征及与周围文化的关系

张居中

贾湖类型文化是河南省近年新石器时代考古的重要发现，文化内涵丰富，特色也很鲜明[1]。下面拟就贾湖类型的特征及与周围文化的关系提出初步的讨论意见。

一

贾湖类型的二、三期和裴李岗文化大体同时，在地域上则交错分布，彼此相互影响，具有不少共同因素。这些共同因素，有些带有时代的普遍性，如石器中的舌形刃石铲、柱足石磨盘、石磨棒等，就普遍存在于华北、中原地区这个时期的裴李岗、磁山、北辛文化的遗址中；陶器中的三足器、篦纹陶等，更盛行于上述诸文化及关中的老官台文化、辽河流域的兴隆洼文化和新乐文化等。有些则表现出贾湖类型与裴李岗文化的相互影响，如贾湖的圆桶状台阶式和袋状窖穴，与裴李岗、莪沟的相同或相似；墓葬中都盛行以壶随葬的习俗；陶器造型都有平底器、圜底器、三足器、圈足器和假圈足器；都有盆形鼎、罐形鼎、深腹罐、双耳壶、钵、三足钵、圈足或假圈足碗、勺等。其中有的器形相同或相似，如贾湖陶壶M222：1与裴李岗陶壶（M78：4）[2]，贾湖敞口钵（H19：21）与莪沟Ⅱ式圜底钵（M1：4）[3]，贾湖罐形鼎（H19：21）与莪沟罐形鼎（H34：1）[4]，贾湖侈沿深腹罐（H97：1）与莪沟Ⅰ式罐（M34：3）[5]、裴李岗深腹罐（M73：2）[6]等。器形上的相似，说明几处文化遗址在相对年代上的对应关系。

贾湖类型的个性特征也是十分明显的。

在埋葬习俗上，大量的二次葬与多人合葬现象为裴李岗文化所不见。从墓向看，贾湖类型多向西，而裴李岗文化多向南。从随葬品种类看，裴李岗多陶、石器而少见骨器，贾湖则相反，多骨器而少见陶、石器。随葬成组龟甲和獐牙的现象也不见于裴李岗文化诸遗址。

在生产工具方面，裴李岗所见的大多为农具和加工用具，少见渔猎用具；而贾湖不但有大量的农具和手工加工工具，还有大量的渔猎用具。

在日用陶器方面，贾湖二、三期除了常见的泥质陶和夹砂陶之外，还常见夹炭、夹蚌片、夹云母片和夹滑石粉的陶器，这在裴李岗等遗址是罕见的。从器种看，裴李岗的三足壶、圈足壶等少见或不见于贾湖；贾湖的釜形鼎、折肩壶、陶锉等也不见于裴李岗。同一器种，器形也各具特征。如小口圆腹壶，裴李岗以直口直颈为主，少见喇叭口束颈；贾湖则相反，均为喇叭口束颈，不见直口直颈。裴李岗的三足器均为圆锥状足，不见铆状足，贾湖则多铆状足，较少圆锥状足。乳钉纹盆形鼎在裴李岗多敞口侈沿，在贾湖则为直口方唇，唇外沿饰齿状花边等等。这些可能反映二者在制陶工艺上的区别。

处于贾湖类型和裴李岗文化之间的长葛石固等遗址，既含有大量的类似贾湖的因素，又含有不少裴李岗的因素。前者如墓葬的头向多向西，随葬品中有较多骨器，陶器质地有夹蚌片、夹云母片和滑石粉的红褐陶，陶器中有大量折肩壶、带錾罐、敛口深腹钵、乳钉状錾直口深腹钵及齿状花边盆形鼎等。后者如墓葬皆单人一次葬，不见多人合葬和二次葬；随葬品中有大量的陶、石器，未见随葬龟甲现象；陶器中不见夹炭陶，少见扁凿形足而多见圆锥形足，常见小口双耳短直颈圆腹壶、三足壶、圈足壶等等。另外，石固遗址发现大量的饰之字形篦点纹的筒形深腹罐，这在贾湖是很少见的。这充分表明石固等遗址的过渡性。

贾湖一期的发现，是这几次发掘的主要收获之一。它的特征不见于以往河南境内发现的新石器时代早期遗址，而与湖北彭头山[7]、河北武安磁山下层[8]、陕西老官台文化早期[9]、内蒙古兴隆洼文化[10]等有不同程度的相似之处，尤其与彭头山遗址更为接近，表明它们处于同一历史发展阶段。但从老官台、磁山、兴隆洼的^{14}C年代测定数据分析，上述三处的绝对年代也均晚于贾湖一期。贾湖一期文化的发现，把中原地区新石器时代文化的研究又向前推进了一步，为我们探索更早的新石器时代文化提供了线索。

<h1 style="text-align:center">二</h1>

在贾湖类型晚期地层之上，往往叠压着仰韶时代文化层。如舞阳郭庄遗址和近似贾湖类型的长葛石固遗址，在贾湖三期之七叠压着大河村文化的地层。仔细分析这些遗址不同时代地层的文化因素，发现它们之间具有根本性的区别。以长葛石固为例，四期之前墓葬以头向西和西南为主，而五期之后则变为头向东南为主；四期前大多数墓葬都有随葬品，五期后仅发现个别墓随葬一件陶罐，绝大多数墓则一无所有。陶器器形也有根本的变化。这些现象反映出生活习俗、文化传统观念的差异，似乎为不同的人类群体所创造。

如果把贾湖类型与大河村文化、大汶口文化综合比较，可以看出贾湖类型与大汶口文化的关系似乎超过了与大河村文化的关系，尤其与大汶口文化早期更为接近。例如贾湖二、三期灰坑的坑口以圆形和椭圆形为主，坑体为桶状、袋状、锅底状；大汶口文化早期[11]灰坑以椭圆形圜底状为主，也有圆形桶状坑。二者的墓葬都以单人仰身直肢一次葬为主，也都有多人一次合葬、多人二次合葬和个别俯身葬。随葬品都以陶器和骨器为主，不见或少见石器；都有用獐牙和龟甲随葬的习俗，龟甲腹内都装小石子。就陶器而言，都以夹砂和泥质红陶为主，也有较少的灰陶和黑陶，都有一定数量夹蚌片、云母片陶；主要器种都有鼎、钵、三足钵、双耳壶、支足等，都以鼎为炊器，壶为水器；常见纹饰都有乳钉纹、划纹、戳刺纹、附加堆纹等。当然，贾湖类型和大汶口文化的差异仍是主要的。如贾湖的墓葬以向西和西南为主，大汶口文化墓向以东为主；贾湖的典型器物盆形鼎、折肩壶等均不见于大汶口文化，而大汶口文化的典型器物大口釜形鼎、觚形杯、鬶、背水壶等也不见于贾湖。大汶口文化主要来源于北辛文化，这是学术界所公认的。但是，贾湖与大汶口文化存在上述许多共同的因素，应非偶然的巧合。也许可以认为大汶口文化在形成过程中，曾受到贾湖类型的一定影响。

贾湖类型与分布于南阳盆地的下王岗早期文化[12]，也有较多的近似之处。如都有圆形半地穴式房子；都有圆形桶状、袋状及平面椭圆形和不规则形的灰坑；墓葬都有向西北的；随葬品组合都为鼎、罐、壶、钵等，而且都有随葬龟甲现象。陶器中都有用蚌片、云母片和滑石粉作掺和料现象；陶器中的罐形鼎、小口壶、敞口钵、陶锉，石器中的齿刃石镰、梯形石斧、长条形石铲、圆柱形石磨棒等，都有一定的相同或相似之处。在方城县大张庄还发现了贾湖类型和下王岗早期文化之间的过渡性遗存[13]，进一步反映出两者之间的渊源关系。

综上所述，笔者推测，贾湖类型晚期主要向东、西两个方向发展。向西的一支与当地文化融合，形成了下王岗早期文化；向东的一支沿淮河各支流东下，到皖中地区与北辛文化相遇，从而对北辛—大汶口文化系统产生一定影响。

贾湖以成组龟甲随葬现象的发现，使人们对于这种葬俗的认识提前了2000多年，并且在地域上把大汶口文化和下王岗早期文化联系起来了，为研究龟灵崇拜的渊源和分布提供了新资料。

新石器时代早期，沙河、洪河流域与长江流域的气候条件相似，同属亚热带雨林气候，所以出现一些相似的文化因素。如以草末为掺和料的夹炭陶，在中原地区是罕见的，而在长江流域和东南沿海的湖北城背溪和大溪文化、湖南彭头山和石门皂市遗址、浙江河姆渡文化等则普遍存在。这种制陶技术很可能是受长江流域文化影响所致。

三

从贾湖遗址的发掘材料中可以看到，贾湖类型文化的创造者，以农业为主要谋生手段，同时捕捞业和狩猎业似乎比裴李岗文化要发达得多，畜牧业和采集业也占一定地位。较优越的自然环境，给人们提供了丰富的食物来源，为人们创造精神文化提供了物质基础。原始文字和七声音阶乐器——骨笛的发明，说明在七八千年以前，贾湖类型文化的创造者与同时期的各个部族相比，居于先进的地位。

贾湖遗址埋葬形式，比同时期其他遗址要丰富得多。如一次葬与二次葬，同性合葬与异性合葬，男性厚葬与女性厚葬，随葬品或多或少，或有或无，对缺肢或无头者实行厚葬等现象，在同一墓地均有出现。对研究当时社会婚姻形态和社会发展阶段提出了新问题。

贾湖类型主要分布于淮河中上游支流沙河、洪河流域，最北可达北汝河和颍河流域，最东达大别山北麓的皖中一带。据徐旭生先生考证，这里是东夷集团的势力范围[14]。文献记载，这一带又是传说中的太昊氏活动的地方，传说中的太昊之墟，就在今沙河以北的淮阳一带[15]。唐兰先生考证，大汶口文化为少昊氏部族所创造。太昊和少昊"可能有先后之分，太昊在前，当少昊强盛时期，它已经衰落了"[16]。根据^{14}C测定提供的年代数据，贾湖类型为距今8000～7000年，大汶口文化为距今6000～4000年。这个与大汶口文化有着密切关系、在大汶口文化强盛起来之前早已相当发达而后又衰落了的贾湖类型的族属问题，也是值得认真研究的。

注　释

[1]　河南省文物研究所：《河南舞阳贾湖新石器时代遗址第二至六次发掘简报》，《文物》1989年第1期。

[2]　中国社科院考古所河南一队：《1979年裴李岗遗址发掘报告》，《考古学报》1984年第1期。

[3]　河南省博物馆等：《河南密县莪沟北岗新石器时代遗址》，《考古学集刊（1）》，中国社会科学出版社，1981年。

[4]　河南省博物馆等：《河南密县莪沟北岗新石器时代遗址》，《考古学集刊（1）》，中国社会科学出版社，1981年。

[5]　河南省博物馆等：《河南密县莪沟北岗新石器时代遗址》，《考古学集刊（1）》，中国社会科学出版社，1981年。

[6]　中国社科院考古所河南一队：《1979年裴李岗遗址发掘报告》，《考古学报》1984年第1期。

[7]　曹传松：《澧县彭头山发现新石器时代早期文化》，《中国文物报》1988年5月20日。

[8]　河北省文管处等：《河北武安磁山遗址》，《考古学报》1981年第3期。

[9]　半坡博物馆等：《渭南北刘新石器时代早期遗址调查与试掘简报》，《考古与文物》1982年第4期；中国社科院考古所陕西六队：《陕西临潼白家村新石器时代遗址发掘简报》，《考古》1984年第11期。

[10]　中国社科院考古所内蒙队：《内蒙古敖汉旗兴隆洼遗址发掘简报》，《考古》1985年第10期。

[11]　中国社科院考古所山东队等：《山东兖州王因新石器时代遗址发掘简报》，《考古》1979年第1期；南京博物院：《江苏邳县四户镇大墩子遗址探掘报告》，《考古学报》1964年第2期。

[12]　河南省博物馆等：《河南淅川下王岗遗址的试掘》，《文物》1972年第10期。

[13]　南阳地区文物队等：《河南方城县大张庄新石器时代遗址》，《考古》1983年第5期。

[14]　徐旭生：《中国古史的传说时代》，科学出版社，1960年。

［15］《左传》昭公十七年。

［16］唐兰：《中国有六千年的文明史》，《大公报在港复刊三十周年纪念文集》，1978年。

（原载《文物》1989年第1期）

论贾湖一期文化遗存

张 弛

舞阳贾湖遗址位于河南南部的淮河上游地区，遗址面积为5万多平方米，1983～2001年共发掘7次，揭露面积为2600多平方米[1]。这是当时所知裴李岗文化时期面积最大、发掘面积最大、揭露遗存最丰富的遗址。前6次的发掘报告完整地报道了发掘的内容，将所有遗存分为三期九段，通过与周边其他同时期文化和遗存的对比，认为贾湖这三期遗存具有明显的地方特征，是与裴李岗、磁山等考古学文化同时并存的一支独立的史前文化[2]，命名为"贾湖文化"。但同时报告也认为在贾湖三个时期文化的遗存中，"一、二期之间的变化要大于二、三期之间的变化，一、二期之间有不少器形的变化似较突然"[3]，说明贾湖一期遗存还有较二、三期更独有的特征。近年来，随着发掘的类似贾湖一期遗存的增多和资料的披露，以及相关发现的不断出现，更加深了我们对这类遗存的认识。

一

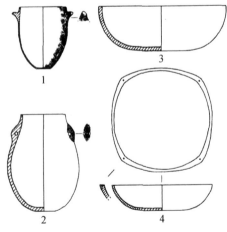

图一　贾湖遗址一期陶器

1. 角把罐（H278：1）　2. 罐形壶（M376：1）

3. 钵（H115：18）　4. 方口盆（H82：2）

贾湖一期遗存在贾湖遗址三期的堆积物中虽然相对较少，但仍然是迄今这类遗存发现数量最多的例子，贾湖遗址前6次的发掘揭露房址、墓葬、灰坑、窑址等遗迹共148处（大多属于第一期第三段）。典型的陶器有绳纹或素面角把罐、素面方口盆、双耳罐、罐形壶、深腹盆、敞口钵等（图一）。这批陶器多数为夹砂陶，多有红衣，特别是罐形壶的红陶衣十分鲜明。仅在二、三段出现少量泥质陶和夹蚌（亦夹砂）陶，但数量不超过3%。而第二期第四段以后，泥质陶的比例占42.9%以上，并出现大量的夹蚌、云母、滑石和夹炭陶。第五段以后的贾湖二、三期，陶器的种类中基本没有第一期的典型器物如角把罐、方口盆、双耳罐、罐形壶等，器类以卷沿罐、鼎、小口壶、三足钵以及各种钵类为主。而第四段的器物种类更接近第一期，只是陶质更接近第二、三期，也有研究者认为第四段应归入第一期更合适[4]。贾湖第一期与第五段以后的二、三期的陶器群完全不是一个系统。如果撇开贾湖一期的文化内容，则贾湖文化的特征与裴李岗文化至少在陶器上就不易区分了。

与贾湖一期遗存基本相同的内容还有在豫西南邓州八里岗新近发掘的最早一期遗存[5]，主要是10多个灰坑或窑穴。陶器均为夹砂、云母的红陶、红褐陶，器类以各种素面角把罐、绳纹罐和四角盆为主，占所有器类的90%以上，其他仅见一些钵类、盖和个别桥形纽的残片。这里的绳纹罐没有复原者，也可能是角把罐。所谓四角盆实际上是在盆沿上附加4个上面有穿孔的尖突，与贾湖遗址的方口盆是一种器物，区别是贾湖遗址的方口盆的圆角近方，在圆角处加厚唇沿并穿孔。而角把罐的形制更与贾湖一期没有区别。

据相关研究披露，在豫西渑池班村遗址也出土了一批类似贾湖一期遗存的陶器（图二），被称为"班村类型"[6]。相关遗存发现房址7座、灰坑56个。出土的陶器以夹砂陶为主，占83%以上，多为红陶或红褐陶，其他还有夹云母陶和泥质陶。陶器的种类主要是角把罐和钵类。其中角把罐多饰有绳纹，角把的位置较贾湖的同类器稍靠下，残片的比例占44.05%。钵类中主要是绳纹钵，占25.3%，另外还有泥质红陶钵和三足钵，分别占17.26%和5.06%。其他的器类还有个别鼎足、瓢、杯、盆等。发掘和研究者认识到班村这类遗存与裴李岗有较大差别，与贾湖一期有更多的相似之处，但倾向于认为是与贾湖文化、裴李岗文化同一级别的考古学文化[7]。由于班村的资料未发表，是否能进一步分期尚不清楚，这里还无法讨论。

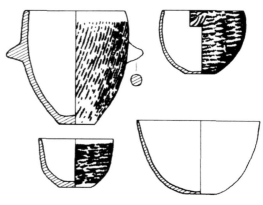

图二　班村遗址出土陶器

豫西地区的其他相关遗址还有新安荒坡遗址和济源长泉遗址。其中在荒坡遗址发掘灰坑3个[8]，出土陶器为素面粗泥红褐陶和夹炭红褐陶，常见的器形为角把罐和钵。其中角把罐的形制与贾湖一期和八里岗的同类器相同，一件"未名器"T20H33：1上有双孔马鞍形横錾，这样的横錾在贾湖一期三段和二期四段的敛口钵上较常见。在长泉遗址发现灰坑4个[9]，其中H65与H49所出角把罐、三足钵均不相同，前者的角把罐有绳纹，角把接近腹中部，具有班村同类遗存的特征，后者的角把罐为素面、折沿，角把在沿下上翘，类似临汝中山寨[10]、郏县水泉[11]和贾湖三期的同类器。

在豫中及周边地区发现的含有贾湖一期遗存的遗址只有长葛石固遗址一处[12]。石固遗址已发掘的面积较大，发掘报告中将这里的裴李岗文化遗存分为四期，有研究者对这个分期进行了分析，认为其中石固Ⅰ、Ⅱ期的大部分遗存与贾湖三期相当，石固Ⅲ、Ⅳ期大致与贾湖二期相当[13]。实际上石固Ⅲ、Ⅳ期中有的角把罐如H101：4、H94：1等近似于贾湖一期的同类器，Ⅳ期Ⅰ式盆（T33②：16）Ⅱ式盆（T6②：9）在沿下有4个穿孔鋬手，不少单位出罐形壶和折肩壶，这些特点与贾湖一期三段和二期四段十分相似。

　　总结上文可以看出，贾湖一期遗存的特征还是十分鲜明的，其陶器以夹砂红陶、红褐陶为主，很少有泥质陶。陶器的类型主要是素面和绳纹直口小平底角把罐和各种钵类，特别是口沿上有4个穿孔突起鋬手的钵最有特色，在东部还有红衣罐形壶等器物。其中分布于豫西南或豫南的贾湖一期和八里岗最早期遗存的年代相当，器物形态也最相近。豫西的班村、荒坡和长泉相关遗存至少相当于贾湖一期三段至二期四段，但器物的形态具有当地特征。豫中的石固相关遗存与贾湖一期三段、二期四段接近。这类遗存与以裴李岗遗址为代表的[14]，以卷沿罐、鼎、小口壶、三足钵等器物为特征的裴李岗文化完全不同。过去也有研究者注意到了它的特色，但或者认为属于贾湖文化的早期，或者认为属于裴李岗文化的早期[15]。为清楚起见，本文暂称这类遗存为"贾湖一期遗存"，但包括贾湖二期四段。定义以裴李岗遗址为代表的遗存为裴李岗文化，在贾湖遗址是二期五段及其以后各段的内容。从贾湖遗址的分期看，裴李岗文化的陶器群显然是在贾湖一期之后才出现的。

<h1 style="text-align:center">二</h1>

　　上文的讨论实际上大多是以贾湖遗址的分期为标尺进行的，对于相关遗存相对年代的确认并没有能够细致到贾湖分期中"段"的级别，只是大致明确了贾湖一期、八里岗这类"贾湖一期遗存"和裴李岗文化的定位，以及大致落在二者之间且陶器面貌更像前者偏晚阶段的石固有关遗存以及豫西班村、荒坡和长泉的相对年代位置。因此下面对于绝对年代的讨论也只能在这个年代级别上进行。为此，可以将已经发表的相关遗存的14C年代数据分成五组来讨论，即贾湖、八里岗、裴李岗文化、石固、班村，以便确定各类遗存的绝对年代。

　　在这五组数据中，目前已有的贾湖的19个样本数据比较散乱[16]，并不完全与陶器分期相吻合。其中比较有规律的是木炭的数据普遍偏早，人骨和草木灰的数据有很大的不确定性，如样本BK95013和BK95017都是人骨，分属一段和五段，但绝对年代近似。贾湖报告在详细讨论了这些数据形成偏差的原因之后，认为第一期的校正年代为7000～6600BC，第二期的校正年代为6600～6200BC，第三期的校正年代为6200～5800BC[17]。其中一个一期二段果核样本的年代为7050～6600BC（BK91007）[18]，应当没有偏差，可以作为贾湖一期的一个年代定点。第三期中较晚的数据应当接近贾湖裴李岗文化时期遗存的年代。

　　在八里岗早期遗存中目前已经测定了15个数据，样本中1个为果核，2个为稻谷，其他均为木炭。这些数据的年代较集中，年代最早的一个BA08129（H1987木炭）为6700～

6480BC，年代最晚的一个BA08122（H1986②木炭）为6390～6080BC。2个稻谷样本的年代分别为6530～6420BC（BA10080）和6600～6440BC（BA10081）。与贾湖一期的年代相互参照，可以认为贾湖一期遗存的年代不晚于6000BC。贾湖果核样本（BK91007）的数据属于一期二段，则一段的年代应当更早。因而整个贾湖一期的年代很可能为7000～6000BC。给出一个有把握的时间定点则应当是八里岗稻谷的年代，即为6500BC前后。

裴李岗文化一组的数据出自裴李岗、中山寨、莪沟、水泉、铁生沟、花窝、马良沟、沙窝李遗址，共18个[19]，均为木炭样本。其中除了裴李岗遗址本身的一个数据即8780～8290BC（ZK-0572）年代过早，一个数据即8000～5700BC（ZK-0434）过于宽泛，一般不为研究者采用外，其他数据中最早的为6700～5850BC（裴李岗ZK-0754），最晚的为5750～4800BC（裴李岗ZK-0751），其余数据均集中6000BC前后，普遍晚于上述贾湖一期的年代。如果考虑到这组样本均来自木炭而所得数据很可能偏早，我们可以估计以裴李岗遗址所见的裴李岗文化遗存的绝对年代应当大致为6000BC及其之后。

石固遗址的3个样本WB79-60（6460～6090BC）、WB80-15（6370～6010BC）、WB80-17（6030～5720BC）也均为木炭，分别出自报告中Ⅰ、Ⅱ、Ⅲ期的H159、H238、H197[20]，查阅报告中的灰坑统计表[21]，其中前一个灰坑出壶，后两个灰坑出折肩壶、三足钵，均为裴李岗文化或接近裴李岗文化时期的器物，3个年代也都在裴李岗文化的年代范围内，前2个年代还偏早。当然这3个数据很可能都不是石固遗址早期接近贾湖一期遗存的年代。

班村遗址的两个年代都很晚，一个木炭样本BA94088（4100～2700BC）的年代已经到了仰韶文化时期，一个果核样本BA94087（6070～5610BC）的年代在上述裴李岗文化偏晚的年代范围内[22]，这两个数据与上节对这批遗存相对年代的分析不符，由于详细的资料尚未发表，其意义无法讨论。由于豫西地区长泉遗址（H49）、孟津寨根遗址[23]、巩义瓦窑嘴遗址[24]均出有裴李岗文化时期的遗存，而且这3个遗址的遗存是前后相接的，其中并没有与班村遗址同时期的迹象，因此推测班村遗存的年代应当早于裴李岗文化时期，否则就没有了班村遗存的年代位置。

由于本文没有检讨贾湖一期和裴李岗文化的详细分期，甚至没能真正确认两者之间的界限，因此无法给出它们各自的年代，只能从上述讨论中得出一个大致的年代定点，即贾湖一期遗存的绝对年代应当为6500BC前后，本文定义的裴李岗文化的绝对年代为6000BC前后。

三

关于贾湖一期遗存取食经济的内容，目前发表的资料最丰富的是贾湖遗址的资料。在前6次发掘的报告中，分析了浮选出来的1000多粒炭化稻米的样本，通过粒型分析并结合9个样本的稻属植物硅酸体研究，认为贾湖水稻是一种籼粳分化尚不明显且含有野生稻特征的原始栽培稻。报告中还对贾湖人骨作了稳定同位素分析，发现贾湖人的食性以C_3型植物为主，未见以粟、黍等植物为主的C_4型食物。此外，还分析了在遗址中发现的野生稻、栎果、野菱、野大豆，认为贾湖时期的稻作农业虽然发达，但这类野生植物性食物的存在说明采集经济仍然是重要的补充。

在贾湖遗址的第7次发掘中，对125份土样进行了定量浮选，其中分别属于一期、二期、三期的土样各有34份、63份、28份[25]，但仅有59份土样出土了炭化植物遗存，共发现4121粒植物种子、228块块茎残块、7872块硬果残块。分析报告按照植物种类的出土概率对这些样本进行了统计，发现与农耕生产活动相关的植物种类的出土概率均不高，其中稻谷的出土概率为15%，两种田间杂草马唐属和稗属的出土概率均不到5%。而在与采集活动相关的植物种类中，硬果壳核（菱角等）和块茎残块（莲藕等）的出土概率达30%以上，野大豆和栎果的出土概率均达20%以上。因此推断当时的取食经济活动以采集和狩猎为主，以农耕生产为辅。

贾湖遗址第7次发掘的植物分析报告还特别指出，这些样本中第三期的样本的数量很少（依所发表的统计表统计，第三期的28份土样中出土的植物遗存合计仅有45粒），没有统计的意义。上述引用的统计结果实际上可以看作是贾湖一、二期的情况。由于报告只分期发表了植物个体的数量，而没有分期的植物出土概率的情况，这里只能粗略地对比一期和二期的个体数量。值得注意的是，二期的土样份数约为一期的两倍，但一期却出土了4倍于二期的稻谷（324∶78），两种田间杂草的数量也是一期多于二期。而采集经济植物中除数量较少的种类外，一期的栎果多于二期（267∶97），但一期的菱角少于二期（116∶7307）。因此给我们的一个印象是贾湖一期农耕活动的比例大于二期。为了回应根据贾湖前6次发掘出土水稻粒型研究，认为贾湖水稻可能是药用野生稻的看法[26]，有关研究还发表了第7次发掘的水稻粒型测量数据，发现贾湖稻粒从一期到三期有一个从大变小的趋势[27]。年代最早的家猪也出现在贾湖一期[28]。

从近年发掘的八里岗遗址贾湖一期遗存11个灰坑土样的浮选中，出土的完整稻粒有22个，稻属穗轴516个，另外还出土稻残片148个，橡子116个。从出土概率看，橡子出土于2个灰坑，而稻见于绝大多数灰坑。此外，还发现了疑似黍和野生大豆的植物遗存，但黍的个体较小，很难判断是未成熟的黍还是野生黍。这两类植物的数量都很少，且仅见于一个灰坑。由于样本量和出土单位的数量都不多，很难据此得出一定的结论[29]。但可以看出，八里岗遗址和贾湖一期的植物性食物的来源是相似的。

对八里岗贾湖一期的每粒稻米的长、宽、厚进行测量，并与贾湖、跨湖桥、龙虬庄、八十垱、田螺山的稻米粒型进行比较，结果显示八里岗稻米的粒型更接近跨湖桥出土的材料[30]。对八里岗这一时期的灰坑H2000出土水稻穗轴（样本数量占所有516个穗轴的84%）的鉴定结果显示，驯化型占71.5%，野生型占10.4%，其余为不成熟稻和未能鉴别的穗轴[31]。目前有两组数据可略作比较，在同样区分为驯化型、野生型、不成熟型的田螺山出土的2461个小穗轴样本中，早、晚两个时期的驯化型小穗轴分别为27.4%和38.8%，演化时间为300年（6900～6600a BP）[32]。在仅区分了粳稻型（驯化型）和野生型的跨湖桥、罗家角、田螺山出土的小穗轴中（样本数量分别为120个、100个、351个），粳稻型的比例分别为41.7%、51.0%、51.0%。研究者按跨湖桥的年代为8000a BP，罗家角、田螺山的年代为7500a BP计算，500年这里水稻的驯化速率为9%[33]。如果同样按照三分法统计，则后一组数据中罗家角、田螺山的数据与前一组田螺山的数据应当是差不多的。从单一地点单一时期的样本数量看，八里岗H2000的小穗轴样本数量少于前一组田螺山的数量，多于后一组的三个地点。而八里岗H2000小穗轴中驯化型的比例要大于这三个地点，时代也早于跨湖桥遗存（关于时代的讨论详见后文），甚至略大于目前仅有的良渚数据[34]。如果小穗轴形态的区分能够说明水稻的驯化程度，那么在距今8500年前后的八里岗贾湖一期遗存中就已经有驯化程度很高的水稻品种了。

其他地点如班村遗址仅有很少的相关资料，已发表的有班村类型的H2033、H1010的浮选结果[35]，出土了大量的朴树内果皮、山茱萸果核、栎属子叶块、紫苏坚果、野大豆，应当属于采集性食物遗存。

<h1 style="text-align:center">四</h1>

贾湖一期遗存在淮河上游和汉水中游地区的出现应当不是一个孤立的事件，但目前在北方地区还没有找到或者没有能够确认与贾湖一期同时的遗存。在南方地区，与贾湖一期遗存明显有相似性的则有钱塘江流域的小黄山早、中期遗存[36]和长江中游的彭头山文化[37]。尽管目前所见这三种文化遗存的分布相隔较远，但它们的陶器群都相对简单，应当具有相同的时代特征。颜色鲜明的红衣罐形壶是这三种遗存均有的器类。贾湖一期的罐形壶与小黄山的壶相似，小黄山也有竖孔横盆，只是手在盆的中部。小黄山早、中期的年代为7000～6000BC（校正后数据）。彭头山文化的陶器主要是釜、钵，贾湖一期的陶器则以角把罐、方口盆（四角盆）为主，这两种器物实际也就是釜、钵一类，在两种遗存的陶器群中均占所有器物的80%～90%。彭头山文化的测年数据主要为6500BC前后。

此外，小黄山晚期是跨湖桥文化一类遗存[38]，而跨湖桥文化与贾湖二期都有时代特征明显的折肩壶，跨湖桥文化的绝对年代比贾湖一期晚而接近贾湖二期[39]。在长江中游地区与跨湖桥文化同时的是皂市下层文化[40]和城背溪文化，在这两种遗存中也有折肩壶，城背溪文化的枝城北、青龙山遗址还出土了裴李岗文化时期的三足钵和折沿角把罐等器物[41]，也应当与裴李岗文化大致同时。因此可以间接确定贾湖一期的年代早于跨湖桥文化、皂市下层文化和城背溪文化。小黄山中期与跨湖桥文化、彭头山文化与皂市下层文化及城背溪文化的传承关系，恰与贾湖一期遗存与贾湖二期及裴李岗文化的传承关系可以对照。

时代在贾湖一期遗存之前，在河南发现的近万年的文化遗存先有舞阳大岗细石器遗存[42]，后有近年新发现的新密李家沟有陶遗存。类似大岗的细石器文化在李家沟被叠压在有陶遗存的下面，3个木炭样本的年代为距今10500～10300年（引文校正数据）。显然是细石器文化传统的李家沟有陶遗存，其陶器很少有绳纹，是滚印竖点纹遍布器身的盂、罐类器物，年代为距今9000～8600年（引文校正数据）[43]。如果这个年代无误的话，正与贾湖一期遗存前后相接甚至有所交错，显然不是贾湖一期遗存的前身。贾湖一期遗存陶器群的主体是角把罐与盆搭配，其中角把罐多饰绳纹，为直口、小平底，也就是釜一类器物，方口盆（四角盆）则是钵一类器物。与北方类似东胡林遗存的万年以来罐和盂作为炊器的陶器群不是一个传统。而釜与钵的陶器群搭配则正好是长江中游地区万年以前自陶器开始出现就一直延续下来的传统[44]。贾湖一期遗存中稻属与橡子并用的生业形态也是长江中下游地区新石器时代在晚期以前的传统。因此贾湖一期文化遗存应当是南方人群向淮汉和黄河中游地区扩张的结果。而大岗一类细石器遗存在距今10000年之后退缩到豫中，约距今8600年后完全退出了华北南部地区。

贾湖一期遗存出现的时代正是全新世大暖期来临之际，随着暖温带和亚热带的持续北迁，在长江中游地区类似彭头山文化的人群逐渐北迁。根据上山等遗址的发现可知，南方地区至少在冰后期就已经出现了利用稻属植物的生业经济[45]。而在大暖期来临之前，无论从现代野生稻的分布还是历史上的发现情况看[46]，淮汉一带应当是没有野生稻的地区或至少是野生稻分布的边缘地区。根据稻作农业起源的边缘起源论[47]，生活在亚热带北缘的人群既缺乏野生稻资源，又有更大的对耐贮存植物性食物的需求以渡过较亚热带南部更漫长和寒冷的冬季，同时也由于野生稻种群的缺乏，隔绝了与栽培稻种的基因交流，使得栽培稻的演化速率在大暖期来临之际的淮汉地区贾湖一期遗存中明显增快。这就解释了上述贾湖一期遗存中有关稻作农业相对发达的现象。实际上，在这个时期以及以后一段时间内（跨湖桥文化和皂市文化时期），长江中游地区的文化同时对长江下游地区的影响甚大，但长江下游小黄山、跨湖桥文化稻种的演化程度却远不及淮汉地区的八里岗，这或是因为长江下游、钱塘江流域与淮汉地区的地理环境不同。这就从另一方面说明了稻作农业边缘地区起源论的合理性。

从现有资料分析，贾湖一期遗存偏早时段主要分布在淮河和汉水中游一带，偏晚时段往北往西分布到了豫中和豫西，已经覆盖了迄今所知裴李岗文化的分布范围。考虑到贾湖一期遗存的陶器、石器以及生业形态均与裴李岗文化有继承关系，甚至贾湖一期墓葬中死者头侧放置陶壶的习俗也是裴李岗文化中常有的现象[48]，因此可以认为裴李岗文化乃至人群应当来自贾湖一期。贾湖一期遗存的文化因子是裴李岗文化的主要源头。目前研究者一致认为，在裴李岗文化时期，农业文化最发达的地区就是裴李岗文化分布的区域，这显然与其前身贾湖一期遗存农业发展的程度相对较高密切相关。此外，分布在豫西地区的贾湖一期遗存——班村类型的主体器物是绳纹角把罐和绳纹钵，与关中地区老官台文化（或白家文化）以绳纹三足罐和绳纹钵为主体的陶器群相似。老官台文化（或白家文化）的年代大致相当于裴李岗文化偏晚的时期，与班村类型的年代相接，在关中地区迄今找不到文化来源，因此很可能是班村类型的后续文化。如果再扩大范围来看，山东地区的后李文化的时代与裴李岗文化相当，陶器群也是以釜、钵类为主，食物遗存中也同样有稻属植物[49]，估计也来自与贾湖一期遗存同一时期类似的南方文化系统。可以想见，黄河中下游地区6000BC以降的新石器时代中期文化的形成主要是长江流域和淮汉一带文化及人群北进的结果。

本文对贾湖遗址一期遗存的认识，看上去似乎是意在揭示一种"贾湖一期文化"遗存的存在，但贾湖一期遗存已发掘和已发表的资料并不多，文化的分布区域和年代也不十分确定，还有很多相关问题需要深入研究。本文根据现有资料，仅从陶器群、绝对年代和经济形态三个方面提炼出这类文化遗存的文化和时代特征。判断这类以角把罐和有錾的钵为特征的遗存，其内涵不同于裴李岗文化，年代早于裴李岗文化，大致与南方地区的彭头山文化和小黄山文化同时。其来源应当是南方的长江流域，在全新世大暖期即将来临之际向北方黄河流域扩展，在与北方新石器文化相遇的过程中发展为黄河中游的裴李岗和老官台等文化。黄河下游的后李文化也应当是由这类遗存同时期的相邻遗存发展而来的。有线索表明，这类遗存中的稻作农业在当时的取食经济中所占比例虽不大，但稻种的驯化程度很高，甚至高于时代晚于这个时期的跨湖桥文化和河姆渡文化所在的地区。种植农业可以应对或补充华北南部寒冷的冬季以及采集经济歉收的年景，这应当是贾湖一期遗存能够迅速向北扩展的主要原因。而在它向北扩展的同时与华北北部同时期旱作农业文化之间的关系则是以后需要关注的课题。总之，贾湖一期遗存在全新世大暖期到来之际中国新石器时代文化飞速发展的过程中占有重要的地位，奠定了此后黄河流域文化发展的基础。

附记： 笔者得到刘莉、郑云飞、秦岭在有关水稻小穗轴研究方面的指教以及王海明在小黄山遗存分期方面的指教，在此致谢。本文获得北京大学人文社会科学学术方向明确的基础性探索研究课题"中国农业起源及早期发展研究（2009）"的资助。

注　　释

[1]　河南省文物考古研究所：《舞阳贾湖》，科学出版社，1999年；中国科学技术大学科技史与科技
　　　　考古系等：《河南舞阳贾湖遗址2001年春发掘简报》，《华夏考古》2002年第2期。

[2]　河南省文物考古研究所：《舞阳贾湖》，科学出版社，1999年，第531页。

[3]　河南省文物考古研究所：《舞阳贾湖》，科学出版社，1999年，第502页。

[4]　韩建业：《裴李岗文化的迁徙影响与早期中国文化圈的雏形》，《中原文物》2009年第2期。

[5]　张弛：《邓州市八里岗新石器时代遗址》，《中国考古学年鉴·2008》，文物出版社，2009年，
　　　　第268～269页。需要说明的是，这篇报道完成于遗址的发掘工作刚结束而陶片尚未经过整理之
　　　　际，因此文中对这个时期器物的说法多有不确之处，当以本文为是。

[6]　张居中：《试论班村遗址前仰韶时期文化遗存》，《俞伟超先生纪念文集·学术卷》，文物出版

社，2009年，第157~163页。

[7] 河南省文物考古研究所：《舞阳贾湖》，科学出版社，1999年，第528~531页。

[8] 河南省文物管理局等：《新安荒坡——黄河小浪底水库考古报告（三）》，中州古籍出版社，2008年，第13~17页。

[9] 河南省文物管理局等：《黄河小浪底水库考古报告（一）》，中州古籍出版社，1999年，第11~16页。

[10] 中国社会科学院考古研究所河南一队：《河南临汝中山寨》，《考古学报》1991年第1期。

[11] 中国社会科学院考古研究所河南一队：《河南郏县水泉裴李岗文化遗址》，《考古学报》1995年第1期。

[12] 河南省文物研究所：《长葛石固遗址发掘报告》，《华夏考古》1987年第1期。

[13] 河南省文物考古研究所：《舞阳贾湖》，科学出版社，1999年，第529~530页。

[14] 开封地区文管会等：《河南新郑裴李岗新石器时代遗址》，《考古》1978年第2期；开封地区文物管理委员会等：《裴李岗遗址一九七八年发掘简报》，《考古》1979年第3期。

[15] 韩建业：《裴李岗文化的迁徙影响与早期中国文化圈的雏形》，《中原文物》2009年第2期。

[16] 河南省文物考古研究所：《舞阳贾湖》，科学出版社，1999年，第515~516页。

[17] 河南省文物考古研究所：《舞阳贾湖》，科学出版社，1999年，第515~519页。

[18] 如无特别说明，本文^{14}C年代数据为利用OxCal3.0版本校正的树轮校正年代，可能性为95%。

[19] 参见中国社会科学院考古研究所：《中国考古学·新石器时代卷》，中国社会科学出版社，2010年，第804~805页。

[20] 河南省文物研究所：《长葛石固遗址发掘报告》，《华夏考古》1987年第1期。

[21] 河南省文物研究所：《长葛石固遗址发掘报告》，《华夏考古》1987年第1期。

[22] 张居中：《试论班村遗址前仰韶时期文化遗存》，《俞伟超先生纪念文集（学术卷）》，文物出版社，2009年，第160页。

[23] 洛阳市文物工作队等：《寨根新石器时代遗存》，中州古籍出版社，2006年。

[24] 巩义市文物管理所：《河南巩义市瓦窑嘴新石器时代遗址试掘简报》，《考古》1996年第7期。

[25] 赵志军、张居中：《贾湖遗址2001年度浮选结果分析报告》，《考古》2009年第8期。

[26] 秦岭等：《河姆渡遗址的生计模式——兼谈稻作农业研究中的若干问题》，《东方考古（第3集）》，科学出版社，2006年。

[27] 刘莉等：《关于中国稻作农业起源证据的讨论与商榷》，《南方文物》2009年第3期。

[28] 罗运兵、张居中：《河南舞阳县贾湖遗址出土猪骨的再研究》，《考古》2008年第1期。

[29] 邓振华：《河南邓州八里岗遗址出土植物遗存分析》，北京大学硕士学位论文，2009年，第9~11页。

[30] 邓振华：《河南邓州八里岗遗址出土植物遗存分析》，北京大学硕士学位论文，2009年，第20页。

[31] 邓振华：《河南邓州八里岗遗址出土植物遗存分析》，北京大学硕士学位论文，2009年，第28页。

[32] Dorian Q Fuller, Ling Qin, Yunfei Zheng, et al. The Domestication Process and Domestication Rate in Rice: Spikelet Bases from the Lower Yangtze. Science, 2009, 323: 1607-1610.

［33］ 郑云飞等：《7000年前考古遗址出土稻谷的小穗轴特征》，《科学通报》2007年第9期。

［34］ Dorian Q Fuller, Ling Qin, Yunfei Zheng, et al. The Domestication Process and Domestication Rate in Rice: Spikelet Bases from the Lower Yangtze. Science, 2009, 323: 1609.

［35］ 孔昭宸等：《渑池班村新石器遗址植物遗存及其在人类环境学上的意义》，《人类学学报》1999年第18卷第4期。

［36］ 王海明等：《浙江嵊州小黄山遗址发掘》，《2005中国重要考古发现》，文物出版社，2006年；王海明：《浙江早期新石器文化遗存的探索与思考》，《宁波文物考古研究文集》，科学出版社，2008年。

［37］ 湖南省文物考古研究所：《彭头山与八十垱》，科学出版社，2006年。

［38］ 浙江省文物考古研究所等：《跨湖桥》，文物出版社，2004年。

［39］ 浙江省文物考古研究所等：《跨湖桥》，文物出版社，2004年，第222～227页。

［40］ 焦天龙：《论跨湖桥文化的来源》，《浙江省文物考古研究所学刊（第八辑）》，文物出版社，2006年。

［41］ 湖北省文物考古研究所：《宜都城背溪》，文物出版社，2001年，第117、139页。

［42］ 张居中、李占扬：《河南舞阳大岗细石器地点发掘报告》，《人类学学报》1996年第15卷第2期。

［43］ 北京大学考古文博学院等：《中原地区旧、新石器时代过渡的重要发现——新密李家沟遗址发掘收获》，《中国文物报》2010年1月22日。

［44］ 张弛：《中国南方的早期陶器》，《古代文明（第5卷）》，文物出版社，2006年。

［45］ 郑云飞、蒋乐平：《上山遗址出土的古稻遗存及其意义》，《考古》2007年第9期。

［46］ 范树国等：《中国野生稻的种类、地理分布及其生物学特征》，《面向21世纪的中国生物多样性保护》，中国林业出版社，1999年。

［47］ 严文明：《再论稻作农业的起源》，《史前考古论集》，科学出版社，1998年。

［48］ 张弛、魏尼：《裴李岗文化墓葬随葬品研究》，《古代文明（第7卷）》，文物出版社，2008年。

［49］ Gary W. Crawford、陈雪香、王建华：《山东济南长清区月庄遗址发现后李文化时期的炭化稻》，《东方考古（第3集）》，科学出版社，2006年。

（原载《文物》2011年第3期）

河南舞阳贾湖遗址的年代学再研究

杨晓勇　　张居中

一、前　　言

　　贾湖遗址是一处规模较大、保存完整、文化积淀极为丰厚的新石器时代前期遗址，其发达的稻作农业、高度的原始宗教和音乐文化曾盛极一时。遗址位于河南省中部偏南，地处黄淮海大平原的西南部边缘，地理坐标为东经113°40′，北纬33°36′。遗址平面呈不规则圆形，最长径（东南—西北）长约280米，最短径（东北—西南）宽约250米，总面积约55000多平方米。遗址是已故舞阳县博物馆馆长朱帜先生于20世纪60年代初发现的，但直到70年代末裴李岗等相关遗址发现后，人们才逐步认识其文化性质和重要价值。该遗址的年代之早，面积之大，文化遗存之丰富引起了学术界的广泛关注，从1983年到2001年，考古工作者对贾湖遗址曾先后进行了 7 次科学发掘，揭露面积2700多平方米，出土了大量的遗迹和遗物。贾湖遗址的文化堆积有三个层次：次生土层，下文化层和上文化层，根据地层关系和文化面貌特征，贾湖遗址可以分为三期九个发展阶段[1]。

　　贾湖遗址的起讫年代和时间跨度是考古学研究的一个重要内容，这对于确定其在我国新石器时代文化时间序列中的坐标位置具有重要的作用。^{14}C测年法在考古学中有着普遍的应用并且积累了丰富的经验，因此许多遗址的年代都选用这种方法进行测定，研究人员首先使用这种方法对贾湖遗址年代进行了研究。释光测年也是一种行之有效的测年方式，和^{14}C方法相比具有显著的优点，测定的年代由样品本身决定，研究中测定的年龄就是考古学地层形成的直接年代。杨晓勇教授在德国的海德堡实验室对贾湖遗址的陶片和地层沉积物进行了释光测年，使人们对贾湖遗址的年代有了进一步的认识。本文首先对两种测年方法进行简单介绍，并对两种方法在贾湖遗址中的测年结果进行了分析，随后结合考古学文化研究的成果，进一步讨论贾湖遗址的年代，并对贾湖遗址三个时期的年代范围进行重新划分。

二、^{14}C测年法及其在贾湖遗址研究中的应用

　　放射性碳（^{14}C）测年方法是利比（Libby W. F.）于20世纪40年代末期创立的，由于

^{14}C测年方法是建立在比较完整的理论和实验技术基础之上，所以自它问世以来就受到了地质学家、考古学家以及古人类学家的重视，并得到了广泛的应用。几十年来，考古学家使用这种方法获取了大量可靠的年代数据，为人们认识旧石器时代人类发展提供完整的时间尺度，为新石器时代考古提供完整的年代序列，为史前考古研究提供新的线索。^{14}C测年的原理是假设在该方法的可测年龄段内宇宙射线的强度保持不变，天然^{14}C的产生速率将是固定的，分布于大气圈、水圈及生物圈中的^{14}C通过自然界中碳的交换及循环作用不断地得到补充，另一方面由于^{14}C的衰变而有一部分蜕变为^{14}N。这两个相反的作用同时存在使得^{14}C在这三个碳储存库中的浓度达到动态平衡。一旦生物体死亡后，碳的交换循环作用就停止了，其机体内保存的^{14}C浓度将由于^{14}C的衰变而随时间的推移逐步减少，因此可以根据其残留的^{14}C浓度推算出有机体死亡后所经历的时间。物质中的^{14}C浓度通过采用放射性比度，即每克碳每分钟内^{14}C的衰变次数来表示。^{14}C的衰变是严格按照指数定律进行的，有机物死亡（t）年后残留的^{14}C比度A（t）为：

$$A（t）=A_0 \cdot e^{-\lambda t}$$

式中：t——生物死亡后经历的时间；A_0——有机物活着时的^{14}C比度；λ——^{14}C的衰变常数。A（t）值可根据样品放射性测量结果求出，λ值可根据^{14}C的半衰期求出，e为常数，根据公式则可以推算出有机体死亡后所经历的时间t[2]。

关于贾湖遗址的年代，首先进行了^{14}C测年研究。北京大学考古学系，中国地震局地壳应力研究所和国家文物局文物研究所三个^{14}C实验室对贾湖遗址出土的19份样品进行测年，样品包括9份木炭样品、5份草木灰样品、4份人骨样品和1份果核样品。由于人骨样品年龄偏晚，草木灰样品的年龄是多种物质的混合年龄，研究人员主要根据9份木炭样品和1份果核样品对贾湖遗址进行了定年和分期。木炭和果核样品的测年结果见表一，根据第一期的3个木炭样品BK94126，BK94173和BK94178和1个果核样品BK91007，研究人员将第一期年代范围确定在7000～6600BC，根据3个木炭样品WB83-60，BK94176和BK94177，将第二期的年代范围确定在6600～6200BC，根据3个木炭样品BK94127，BK94173和BK94175，将第三期的年龄推定在6200～5800BC。贾湖遗址的^{14}C测年数据比较准确地反映了贾湖遗址的年代和分期，为人们了解和研究贾湖遗址的遗存和文化打下了良好的基础。

表一　贾湖遗址木炭和果核样品^{14}C测年数据

实验室编号	样品来源	期段	样品物质	实测^{14}C年龄（距今）	树轮校正年龄	
					最可几值（BC）	年代范围（BC）
WB83-60	H1	Ⅱ5	木炭	7920±150	6460	6620～6360
BK91007	H76	Ⅰ2	果核	7960±60	6490	6530～6430
BK94126	H187	Ⅰ3	木炭	8285±100	7040	7060～6990
BK94127	H174	Ⅲ7	木炭	7450±80	6050	6160～5980
BK94173	H37	Ⅰ2	木炭	8190±75	7000	7040～6650

续表

实验室编号	样品来源	期段	样品物质	实测¹⁴C年龄（距今）	树轮校正年龄	
					最可几值（BC）	年代范围（BC）
BK94173	H105	Ⅲ 8	木炭	7825±80	6410	6460～6350
BK94175	H102	Ⅲ 8	木炭	7510±90	6150，6060	6180～5990
BK94176	H339	Ⅱ 6	木炭	7650±70	6200	6320～6180
BK94177	H229	Ⅱ 4	木炭	8090±110	6620	7000～6500
BK94178	H112	Ⅰ 3	木炭	8225±70	7010	7040～6800

注：实验室编号WB为国家文物局文物研究所¹⁴C实验室，BK是北京大学考古学系¹⁴C实验室。实验数据来源于注释［3］。

三、释光测年法及其在贾湖遗址研究中的应用

热释光测年法是利用绝缘结晶体的热释光现象来进行断代的技术，是20世纪60年代发展起来的一项测年新技术[4]。结晶固体在其形成和自然界存在的过程中，接受了来自周围环境和宇宙中的放射性核辐射，固体晶格受到辐射影响或损伤后，以内部电子转移来贮存核辐射带给晶体的能量，这种能量，遇到处来热刺激（或光照）后，又能通过贮存电子的复原运动而以光子发射的方式再度把能量释放出来，这称为热释光。热释光测年就是利用矿物的热释光强度与接受的总辐射剂量，即与累积热释光能量的时间成正比这一规律，测得矿物累积热释光量和各类辐射每年在晶体中产生的热释光量，来计算出矿物的年龄[5]。光释光测年是从热释光测年的方法学研究中演变来的，用光去激发结晶固体中的陷阱电子，由记录从固体中被释放出来的光子数目而确定晶格中积累的光电子数量，它也就是代表了晶体在遭遇辐射后所贮藏的辐射量[6]。

为了进一步确定贾湖遗址的年代，杨晓勇教授采用释光测年法对贾湖遗址重新进行了测年研究[7]。样品包括6个陶片样品和10份沉积物样品，6个陶片分别取自于遗址的三个时期，10份沉积物样品取自于二个剖面，剖面包含了生土层和三个文化层。所测得的结果与¹⁴C的测年结果基本吻合，热释光测年结果见表二。

表二　贾湖遗址陶片和沉积物样品释光测年数据

样品编号		样品物质	期段	热释光测定年龄（BC）
原始编号	实验室编号			
H105-02B	HCO4	陶片	Ⅲ 8	6220±590
H105-12T	HCO3	陶片	Ⅲ 8	4800±450
H174-04S	HCO5	陶片	Ⅲ 7	5530±520
H174-06S	HCO2	陶片	Ⅲ 7	6200±610
H229-03S	HCO6	陶片	Ⅱ 4	6380±520

续表

样品编号		样品物质	期段	热释光测定年龄（BC）
原始编号	实验室编号			
H76-11S	HCO1	陶片	I 2	6900±640
Jh1-1	HD1097	沉积物	汉和贾湖文化层之间	3850±540
Jh1-2	HD1097	沉积物	II	6390±810
Jh1-3	HD1098	沉积物	II	6410±800
Jh1-4	HD1099	沉积物	生土层	25520±3860
Jh2-6	HD1100	沉积物	III期上的古文化层	2890±530
Jh2-5	HD1102	沉积物	III期上的古文化层	2800±430
Jh2-4	HD1103	沉积物	III	4750±760
Jh2-3	HD1104	沉积物	II	6860±870
Jh2-2	HD1105	沉积物	I	6560±840
Jh2-1	HD1106	沉积物	生土层	11880±1400

注：测定的年代数据取自于注释[8]，文献中的H174-06S和H174-04S应为第三期第七段样品，H10512T样品号应为H105-12T，H105-12T和H105-02B应为第三期八段样品。

四、贾湖遗址的年代及分期

贾湖文化位于考古遗存众多的中原地区，不可避免地与周围同时代文化接触而相互影响，因此相互间会存在一些相同和差异。在研究贾湖遗址的年代范围时，可以根据贾湖文化与其他文化的相对年代关系，进一步确定贾湖遗址的年代和分期。分布于北汝河流域、颖河中游的郏县水泉[9]、汝州中山寨[10]、长葛石固遗址[11]等，具有较浓的贾湖文化作风，如都有夹蚌、夹云母片和滑石粉陶系，陶器组合中的浅腹盆形鼎、折肩壶、喇叭口束颈壶、锛状足三足钵、方唇浅腹钵、敛口钵、喇叭口深腹划纹盆及随葬骨器作风，并且都有多孔骨笛等。通过分析比较可以看出，这些遗址和贾湖遗址都有着密切的关系，是处于同一时期的遗址。关于这类遗存的年代，发表的[14]C数据见表三。

表三　石固、中山寨和水泉遗址木炭样品[14]C测年数据

实验室编号	标本名称	期别	[14]C测定结果（距今）	树轮校正年代（BC）
WB79-60	河南长葛石固遗址A区T41H159	II	7450±90	6170～5988
WB80-15	河南长葛石固遗址A区T56H238	III	7295±85	6077～5837
WB80-17	河南长葛石固遗址A区T52H197	IV	7010±85	5743～5624
ZK1367	汝州中山寨T101④H16	I	7390±100	6110～5970
ZK1368	汝州中山寨T101④H20	I	6955±90	5730～5550
ZK2344	郏县水泉T108H43	III	7100±100	5953～5640
ZK2345	郏县水泉T205AH80	III	7270±120	6077～5760

根据 ^{14}C 测年和释光测年的结果，并结合贾湖遗址考古学文化的研究，我们对贾湖遗址的年代进行了重新研究。首先，根据样品类型和分期对直接测定的贾湖遗址年代数据进行了分类和总结（见表四及图一），确定了贾湖一期和二期的年代范围。接着，根据测定的结果以及贾湖类遗存的测年结果，确定了贾湖遗址三期的年代范围。

表四 贾湖遗址 ^{14}C、释光测定年代数据表

样品物质	分期	样品编号	年代范围（BC）	最可几值（BC）
木炭	Ⅰ 2	BK94173	7040～6650	7000
	Ⅰ 3	BK94126	7060～6990	7040
	Ⅰ 3	BK94178	7040～6800	7010
果核	Ⅰ 2	BK91007	6530～6430	6490
陶片	Ⅰ 2	H76-11S	6900±640	—
土壤	Ⅰ	HD1105	6560±840	—
木炭	Ⅱ 4	BK94177	7000～6500	6620
	Ⅱ 5	WB83-60	6620～6360	6460
	Ⅱ 6	BK94176	6320～6180	6200
陶片	Ⅱ 4	H229-03S	6380±520	—
土壤	Ⅱ	HD1099	6410±800	—
	Ⅱ	HD1098	6390±810	—
	Ⅱ	HD1104	6860±870	—
木炭	Ⅲ 7	BK94127	6160～5980	6050
	Ⅲ 8	BK94173	6460～6350	6410
	Ⅲ 8	BK94175	6180～5990	6150, 6060
陶片	Ⅲ 7	H174-06S	6200±610	—
	Ⅲ 7	H174-04S	5530±520	—
	Ⅲ 8	H105-12T	4800±450	—
	Ⅲ 8	H105-02B	6220±590	—
土壤	Ⅲ	HD1103	4750±760	—

表四与图一中的样品和数据是对应的，图中的方形和三角形分别代表木炭和果核样品 ^{14}C 测定的年龄，星形代表陶片热释光测定的年龄，圆形代表沉积物光释光测定的年龄，木炭样品和果核样品测定的年龄数据范围小些，陶片和沉积物测定的年龄数据范围宽些。通过比较可以看出，从总体上来说，^{14}C 测年结果与释光测年结果还是比较吻合的，只是第三期的差别稍大些。根据表四及图一中所示的测年结果，结合贾湖文化与其他文化的文化关系，我们对贾湖遗址及三个时期年代范围进行了重新划分，即图一所示的四条虚线之间的范围，第一期样品所测定的年代比较一致，根据测定结果，将第一期年代定在7000～6500BC年，第二期的样品所测定的结果中，除了木炭样品BK94177的年龄稍

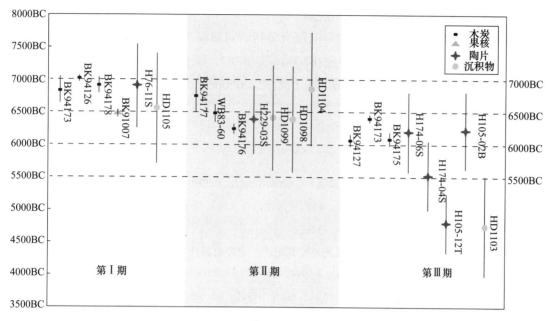

图一　贾湖遗址^{14}C、释光测年数据及分期

微偏大一些，其他两个木炭样品和一个陶片以及三个沉积物样品的数据比较一致，木炭样品BK94177偏大可能是由于较老的树木保存在后期地层里的结果，因此，根据木炭样品（WB83-60，BK94176）、一个陶片和三个沉积物样品的测年结果，将第二期的年代定在6500～6000BC，第三期样品的年代数据差别较大，如图所示，木炭样品BK94173的数据偏高，木炭样品BK94127、BK94175和三个陶片样品H174-06S、H174-04S、H105-02B的数据则比较一致，陶片样品H105-12T和沉积物样品HD1103的数据偏低，因此需要从考古学文化的角度考虑。如表三所示，贾湖类遗存所测定的年代范围大致在7000～5500BC之间，再根据木炭样品BK94127、BK94175和三个陶片样品H174-06S、H174-04S、H105-02B的年代数据，将第三期的年代范围定在6000～5500BC，木炭样品BK94173的数据偏高，可能是早期木炭样品落入到后期地层中引起的，陶片样品H105-12T数据偏低可能与样品保存状况有关，此样品的质地较疏松，有可能受到了污染，而沉积物样品HD1103的数据也偏低，可能是由于此样品的地层偏高，离地表很近，易受上覆扰土层影响，使后期的沉积物混入其中而引起的。从总的测年结果及贾湖遗址与其他遗址的对比的结果综合考虑，贾湖遗址的年代应在7000～5500BC。

五、讨论与结论

在贾湖遗址的年代学研究中，使用了^{14}C测年方法和释光测年方法，从总的测年结果来看，两种独立的测定结果是比较一致的，表明两种测年方法在贾湖遗址的运用中都是可信的，进一步确定了贾湖遗址的年代范围。

通过两种测年方法及贾湖类遗存的综合分析，对贾湖遗址的年代范围和分期进行了重新划分，贾湖遗址的年代跨度大致在7000～5500BC，距今约9000～7500年，第一期的年代范围在7000～6500BC，第二期的年代范围在6500～6000BC，第三期的年代范围在6000～5500BC。

注　释

［1］　河南省文物考古研究所：《舞阳贾湖》，科学出版社，1999年；中国科学技术大学科技史与科技考古系、河南省文物考古研究所、舞阳县博物馆：《河南舞阳贾湖遗址2001年春发掘简报》，《华夏考古》2002年第2期，第14～30页。

［2］　陈文寄、彭贵：《年轻地质体系的年代测定》，地震出版社，1991年；Faure G. Principles of Isotope Geology. New York: John Wiley, 1986.

［3］　河南省文物考古研究所：《舞阳贾湖》，科学出版社，1999年。

［4］　王维达：《中国热释光与电子自旋共振测定年代研究》，中国计量出版社，1997年。

［5］　陈文寄、彭贵：《年轻地质体系的年代测定》，地震出版社，1991年。

［6］　王维达：《中国热释光与电子自旋共振测定年代研究》，中国计量出版社，1997年。

［7］　Yang X Y, Kadereit A, Wagner G A, et al. TL and IRSL Dating of Jiahu Relics and Sediments: Clue of 7th Millennium BC Civilization in Central China. Journal of Archaeological Science, 2005, 32: 1045-1051.

［8］　Yang X Y, Kadereit A, Wagner G A, et al. TL and IRSL Dating of Jiahu Relics and Sediments: Clue of 7th Millennium BC Civilization in Central China. Journal of Archaeological Science, 2005, 32: 1045-1051.

［9］　中国社会科学院考古所河南一队：《河南郏县水泉裴李岗文化遗存》，《考古学报》1995年第1期，第39～77页。

［10］　中国社会科学院考古所河南一队：《河南汝州中山寨遗址》，《考古学报》1991年第1期，第57～89页。

［11］　河南省文物研究所：《长葛石固遗址发掘报告》，《华夏考古》1987年第1期，第3～125页。

环境与生业

以原始农业为基础的中华文明传统的出现

俞伟超　张居中　王昌燧

从2000多年前开始，直至今天，全球先后形成了三大文明圈，以中国为中心的东亚地区是其中之一。

这些文明圈，是因地理形势、生计方式、政治力量、意识形态等多方面的因素，在具体的历史进程中逐步形成的。约在万年以前，西亚的两河流域及中国的长江、黄河流域，开始从狩猎、采集经济逐步转变为农业、畜牧经济，全球明显地出现了不同的文化圈。到了5000年以前，人类开始进入文明时代，相继出现四大文明古国。公元前100年，汉武帝"罢黜百家，独尊儒术"，标志着以儒家思想传统为中心的文明圈的形成。公元前4世纪罗马帝国定基督教为国教。公元7世纪伊斯兰教出现，8世纪以后成为地跨欧、亚、非三洲的世界性宗教。从此，全球就出现了三大文明圈。当今，为了沟通世界现存各文明，建立和平的秩序，寻找各地区的文明进程，促进相互理解，成为科学事业（含人文和自然科学的众多学科）的一项重大任务。

在人类的文明进程中，从10000～5000年以前，是生计方式出现革命性进步、众多族群及其文化开始形成传统的奠基阶段，需要探索清楚。这项探索，在文明最早出现的一些地区，应当以了解其原始农业的发生和发展为中心，同时寻找其原始畜牧业的发生和发展、金属冶铸业的发生、不同族群的分布情况等内容。

根据近30年来的考古发现，中国已是世界公认的农业起源的中心之一，原始农业在中华古文化的形成和发展进程中有巨大的作用。然而，究竟是在何时何地起源，因哪些自然和人文的背景而发展和传播，在当时产生了哪些影响等等问题，目前还需要认真研究。中华文明的形成已有四五千年，在距今10000～5000年间则为这个文明形成的孕育期，而其最主要的基础就是农业的发生及其发展。现在已有许多激动人心的考古发现提供了丰富的线索，浙江、湖南、湖北、陕西、河南、江西、江苏、广东、广西、山东等地都先后发现了史前时期水稻的稻壳或稻粒，其分布地区之广和时代之早，足以表明南中国地区是水稻种植的发生地。其中，河南舞阳贾湖遗址距今9000～7000多年，不仅出土有世界最早的粳稻，而且发现了年代最早的龟甲占卜遗存、最早的七声音阶骨笛等。同时期的北部中国地区，从黄河上游至中下游，则发生了以种植粟类为主的旱作农业与家畜饲养业。数千年期间南北两种耕作方法的扩大面积及技术进步和畜牧业、渔捞业的发展，使人口骤增，出现了很多不同生计方式的族群，形成了最早的文化传统，又彼此发生接触和文化交流，为以后中华文明传统的形成，打下一个广阔的基础。

现在，通过多学科协作，以农业起源和传播的研究为切入点，探明我国两种不同农业起源的主要地区及其传播路线，进而探明相应的畜牧业的发生和发展，制陶术的诞生、金属冶铸业的发生及族群分布的大致情况，寻找意识形态的特点，不仅可明显提高科技考古的水平，还可说明我国古文化的历史地位，提高中华民族的自信心和自豪感。因此，此项研究将兼有深刻的现实意义与重要的基础理论价值。

一、国际农业起源研究的现状

农业的产生，在人类历史上具有划时代的意义，柴尔德称之为"食物生产革命"（Childe，1936），怀特（White，1959）称之为"最初的伟大的文化革命"，布雷伍德（Braidwood，1960）称为"农业革命"。农业起源与发展，同自然资源、地理环境、气候等自然条件和文化传统密切相关。农业产生之后，对人类社会的发展产生了深远的影响。

关于农业起源的原因和具体机制，西方学者提出了许多理论，概括起来说，主要有：鲁姆佩利·罗恩的"天才理论"、柴尔德（Childe）的"绿洲说"（接近论）、布雷伍德（Braidwood）的"核心地带（原生地）说"、宾福德（Binford）的"边缘区域理论"、贝廷杰（R. L. Bettinger）的"最佳觅食模式"论以及海登（B. Hayden）的新气候变化说、博赛洛普（E. Boserllp）的人口压力论等等。关于农业革命的影响，也有不同的认识。积极的评价如布雷伍德（Braidwood）所说："大约公元前4000年，美索不达米亚南部居民的粮食产量猛增，城市文明在此基础上诞生了。""人类的能量一旦解放出来，并且投入到新的工作中去，随之而来的就是专门的非农业的工艺的发展"。贾里德·戴蒙德（Jared Diamond）则从环境、营养、病理、生理等方面论证农业的产生是"人类历史上最大的失误"。史密斯（L. Smith）则从环境、技术、社会组织、政治组织及分工、社会集团间的相互作用、对人类健康及体形体质的影响以及认知体系等诸多领域的正反两个方面，全面论述了农业产生对人类社会的积极的和消极的影响。总之，研究到了相当深入的程度。

对于农业起源地的研究，是一个多世纪以来经久不衰的热门话题，讨论更为热烈。从19世纪中叶达尔文的《物种起源》开始，西方就从栽培植物的遗传变异和地理分布来研究农业的起源，阿尔芳斯·德·康德尔（A. De CANDOLLe）认为中国、西南亚洲、热带亚洲是农业的发源地，主张农业起源多元论。20世纪初叶，苏联著名植物学家瓦维洛夫（Vavilov）在康德尔植物地理学中应用达尔文物种变异概念，追述栽培植物的多样性和变异的幅度与区域性，并对各种栽培植物的原产地进行了探索，发现世界上有8处栽培植物发源中心，进一步发展了农业起源多元论，其中第一个中心便是中国。70年代，美国植物学家哈兰（J. R. Harlan）运用考古学与植物学、孢粉学、古生态学、[14]C等新资料并吸收其他领域的研究成果，对瓦维洛夫的观点进行了修正，将起源地分为近东、华北、中美洲3个中心地和非洲、南亚及南太平洋、南美洲3个拟中心地。1995年，美国考古学家布鲁斯·史密斯（B. Smith）又提出7个农业起源中心：西亚、南亚、中国、非洲、中美、中安第斯山和南美东部。主张农业起源一元论的代表人物是美国地理学者索尔（G. O. Sauer）和卡特（G. F. Carter），认为农耕是从东南亚向全世界扩展的，而中国、印度等都是其传播地区。

上述植物学和地理学家是从植物分类学和植物地理学的研究来寻找结论的。但西方有一些考古学家和历史学家从西方文明中心论和各自发掘成果出发而得出结论。如布雷伍德（Braidwood）在《农业革命》一文中曾说"食物生产的最初的成功实验，发生在西南亚洲'肥沃的新月形地带'的山坡上，后来的农业实验也在中国（可能是独立的）和新大陆（当然是独立的）出现过"。苏联的N.C.瓦西里耶夫则认为，直到公元前4000～前3000年，伊朗农人向中亚强烈渗透，引起当地大量居民东迁，才使中国人"接受并掌握了邻人的最重要成就——农业经验和定居生活方式，栽培的谷物，驯养的动物，磨制石器和制造彩陶，建筑房屋和埋葬仪式"等。美国的费正清断言，中国人使用的铁器、战车、马匹、麦子、家畜和象形文字，全都是从近东经由中亚路线传入的。凯瑟温认为，在所有栽培作物中，只有谷子才是中国人自己发明的。这些意见的出现，除了西方中心主义的偏见外，还因为当时其他几个农业起源中心都做了大量深入的研究，其研究成果被国际学术界所熟知。如西亚Emmer小麦、einkom小麦、大麦和燕麦的起源，非洲稻、珍珠粟、塔夫稷和高粱的起源，美洲玉米、土豆、南瓜、西红柿和花生的起源等，都已被公认。

在史前农业对人类历史进程的影响方面，大多都强调其积极的推动作用，如在西亚巴勒斯坦耶里哥低地，一个公元前8500年的纳图芬文化农业定居点周围，为防御而建立了占地达10公顷的城堡（Kenyon，1961；Mellaart，1975），在安纳托利亚（Anatolia），土耳其南部的萨约诺（Cayuerü），一个公元前7500年的农业村社里，发现了铜质的装饰品；在安纳托利亚的加特尔，胡育克冢土丘是一个公元前6000年占地13公顷的村镇，它因与周围农业村社贸易黑曜石资源而繁荣（Mellaart，1967）。在它的神殿里发现了与繁殖和诞生有关的壁画，雕刻着生育的雕像。费根（B. M. Fagan）在他的《世界史前史导论》中提出："美索不达米亚三角洲是世界上最早的书写文明的故乡。但这一地区没有某种灌溉农业是不能开垦的"。公元前3000年左右，在美索不达米亚三角洲出现了最早的城市，诞生了苏美尔文明，但"城市力量部分依赖于集约农业"。由于复杂商业贸易的需要，公元前3400年，苏美尔发明了楔形文字的前身——带有刻记的陶筹。公元前4000年，铜在伊朗得到充分的利用。公元前3600年以后，埃及人学会了书写；公元前3000年后，灌溉农业的需要促使了统一的埃及国家的诞生。西方学术界对西亚、北非的史前农业在人类历史进程中作用的研究比较深入，耳熟能详。但对中国史前农业的起源与发展及在中国文明起源进程中的作用，尽管近30年来我国早期农业及其背景的考古新发现层出不穷，因各种研究尚未深入，还未被国外同行所充分了解。这与我国的实际地位是极不相称的，系统开展此项研究的必要性和迫切性已经凸现在当前我国人文和自然科学界的面前了。

二、史前农业在中国文明起源进程和世界农业起源研究中的地位

中国自古以来就是一个农业大国，农业在中华文明起源与发展进程中的作用，无论估计多高都不为过。

中国史前农业在世界上有其突出的地位。中国南北地区从一开始就有了不同的粮食生产技术，而且陆续掌握了多种作物的栽培技术，驯养了多种家畜家禽。考古发现史前农作物的出土地点，在世界各国中是最多的。农业的起始年代也位于世界上最早的行列。起源于我国的稻、粟、黍、大豆等都出土有公元前6000年以前的实物资料。

出土年代最早的首推在世界农业史上占有重要地位的水稻，最早的标本现为湖南道县玉蟾岩洞穴遗址出土的公元前12000年的水稻壳，据称属有人工干预痕迹的野生稻。江西万年仙人洞和吊桶环也在公元前12000~前7000年的地层中发现了野生的和栽培的水稻植硅体，也都是世界上最早的。至公元前7000~前5000年的具有明显栽培稻特征的稻米标本，在湖南彭头山、八十垱，河南贾湖，陕西李家村等地都有发现，其中贾湖遗址的标本不仅数量大，而且发现了从收割到脱粒的全套农具，还发现了反映产生稻作农业的人文背景的以七声音阶骨笛为代表的音乐活动遗存，以龟甲契刻为代表的原始文字和以成组龟壳及内装石子为代表的原始占卜文化，贾湖和八十垱都发现了聚落周围的围壕，八十垱周围还有堆筑的城垣，舞阳大岗遗址还发现了水井、彩陶和陶轮。这些现象反映的社会发展水平绝不逊色于西亚早期农业文化的发展水平，这是全人类都感到骄傲的历史遗痕。到了接近公元前5000前时，在河姆渡遗址更发现了大量的栽培稻，还发现了与之相应的农具、水井和干栏式建筑。在公元前4000年时马家浜文化的草鞋山遗址和大溪文化的城头山遗址，还发现了水稻田，表明此时人工灌溉农业已经出现。目前，全国发现史前水稻遗存的地点已有100多处，遍布黄河以南的大半个中国。

此时，黄河、海河、辽河流域的粟作农业与淮河、长江、珠江流域的稻作农业同样在发展，早在公元前6000年时起，黄河流域的居民就已掌握了粟、黍两种作物的栽培技术，如磁山遗址的粟、裴李岗遗址的黍、大地湾遗址的粟和黍等早于西亚、南亚、欧洲、非洲等地发现的同类作物至少千年以上。已有学者根据磁山粟的窖藏堆积体积计算，仅仅此种窖藏就大概储藏了6.9万千克左右，并推测当时亩产已达数十千克，人均年占有粮食100多千克。这些数字也许偏高，但在公元前6000年左右，我国粟产量已达如此水平，黄河流域粟的种植当已经历了一个不短的时间段。联系到长江流域开始种植水稻的时间来考虑，中国北部种植粟的起始期，大概也在距今万年左右。

关于另一重要栽培作物小麦的起源，大多认为自西亚传播而来，中国只是次生起源地。但在陕西武功赵家来和甘肃民乐东灰山发现有公元前3000年左右的炭化小麦，使有的

学者认为六倍体小麦也有在中国独立起源的可能。此外，对人类仍有着重要作用的油料作物大豆的起源，目前也有重要发现，河南舞阳贾湖、渑池班村遗址都发现了公元前6000年前的野大豆种子，表明当时人们至少已开始采食野大豆，并暗示着距离栽培的时间不会太远了。

　　经过数千年的发展，到了公元前5000～前3000年时间，以长江流域的稻作农业和黄河流域的粟作农业为代表的中国史前农业得到了更大的发展，成为这两大流域居民主要的生业模式，农业聚落遍布各地，湖南澧县城头山大溪文化古城、郑州西山仰韶文化古城矗立了起来，以仰韶文化陶器刻符和大汶口文化陶文为代表的原始符号都为文字的出现作了相当的准备，以红山文化坛、庙、冢为代表的宗教礼仪性建筑出现了，姜寨和半坡仰韶文化遗址还出现了我国最早的铜器，此后不久甘青一带马家窑、马厂文化中的小铜刀（镰）更表明早期金属冶铸技术已经出现。这些技术、意识、生活方式的新形态，已为中华文明的诞生准备了条件，著名考古学家苏秉琦先生曾把这些现象称之为"文明的曙光"。长江、黄河这东方的两河流域，恰像两条巨龙，在史前农业经济的驱动下腾飞起来了！

三、系统进行此项研究的重要性和必要性

　　尽管中国史前农业对了解中国文明发生的源头具有如此重要的意义，但目前的研究远远不够深入。如对粟、黍起源的研究，至今仍停留在发现的层面上，尚未从粟作农业的产生机制、自然和人文背景、作物的遗传变异等方面进行深层次的研究。另如小麦的起源，因多数学者认为来自西亚，故其起源和传播路线的研究几乎很少有人考虑。大豆起源的研究几乎还未提到议事日程上来。至于对全世界影响最大、占当今全球一半以上人口主食的亚洲稻的研究，虽然一直是世界农业起源研究的热点，但至今也尚未取得一致意见。20世纪70年代以前，国际学术界在瓦维洛夫作物起源中心是生物多样性中心理论的影响下，一直认为南亚是稻米起源中心，中国稻米被认为自印度传播而来，甚至已使用了1000多年的籼、粳稻之名，也分别被冠上印度稻、日本稻之名。尽管中国学者丁颖、周振禄在40年代已根据当今原生稻的分布情况而提出中国栽培稻起源于本土的理论，但却长期无人理睬。直到70年代初，因浙江河姆渡遗址公元前5000年左右丰富的稻作遗存的发现，以及美国学者哈兰关于作物起源中心不一定是生物多样性中心的作物分布起源论的提出，才把人们关注的焦点逐渐转移到了中国。但栽培稻起源于中国何地，也是众说纷纭。最早是丁颖提出华南说，日本的渡部忠世提出云南说，后来严文明等又提出了长江下游说等。80年代末至90年代初，长江中游的彭头山、八十垱遗址和淮河上游的贾湖遗址等丰富的稻作遗存的出土和研究，以及90年代中期湖南玉蟾岩数粒稻壳和江西吊桶环水稻植硅体的发现，将我国稻作起源研究更是推向了高潮，先后三次在中国浙江河姆渡、江西南昌和湖南株洲召开国际稻作起源研讨会，加之分子生物学、植硅体、稻谷外稃亚微结构分析等许多现代化科技

手段的运用，使我国已成为国际稻作研究中心之一，初步奠定了我国稻作研究大国的地位。特别是一向不被重视的淮河流域，竟发现了世界上最早的（距今9000年）粳稻种子和整地、收割、脱粒等系列农具，表明淮河流域与长江流域在研究稻作农业的发生和发展方面具有同等重要地位。

但是，由于研究者各自所持理论不同，出发点各异，虽然都用了全新世气候环境变迁、环境考古、分子生物学、同工酶等研究成果，但所得结论却相去甚远，如起源地有长江中下游说、长江流域——华南说、长江中游——淮河上游说等。起源地的条件也有三条、四条、五条甚至七条说。关于稻作东传的路线，也有南线、中线和北线之别。对稻作起源的气候环境，有的甚至忽略了曾不断变化这一重要因素，误以现代的自然环境去解释古代；有的则忽略了稻种起源与稻作起源乃是两个虽互有联系，但并不相同的问题。有的混淆了古人对稻种的捡拾、收集利用与驯化栽培的界限。有的则将栽培稻的起源与籼、粳两个亚种的起源混为一谈，等等。这当然是一种学术争鸣的良好气氛，毕竟也反映了综合研究的薄弱和科研手段的使用不足。如果联合更多的学科，增加投入，一定能够尽快弄清这些问题，对真正奠定我国农业起源的研究大国和中心的地位，推进万年农业文化的研究，将有十分重要的意义。

四、研究目标、内容和拟解决的关键问题

（一）研究目标

基本探明我国稻、粟、黍、麦、大豆等主要栽培作物的起源地、起源时间，相互作用、发展历程及传播方式，当时的自然背景和社会背景，即我国史前农业起源的原因和机制，农业起源在诞生中国史前文化与中国文明的基础中的历史作用和地位，中国农业起源在世界农业起源中的地位等。具体目标有以下几点。

（1）创建东亚地区农业起源理论模式。调研驯化的几种主要农作物野生祖本的分布范围及变迁规律，探索驯化的动机、途径和机制，分析现代野生种的分布以及与古代栽培种的关系，稻作、旱作的不同栽培技术、生产工具的产生与发展，农业起源的生态背景和人文背景，农业的诞生对自然环境的影响，对以后社会历史进程的积极和消极的作用、原因及程度，借鉴西亚小麦、美洲玉米的起源机制和历史作用的研究经验，创建中国农业起源的基本理论。

（2）农业的问题，实际上就是人与自然的关系问题。黄河流域及其以北地区是以粟、黍、麦等栽培作物为主的旱作农业起源与发展地区，淮河流域及其以南的长江流域至华南地区是稻作农业的起源与发展地区，了解这两个地区全新世的环境演变规律，探明稻作农业与旱作农业起源的自然背景及其相互关系。

（3）以考古发现为依托，以现代自然科学技术为主要手段，对原产或可能原产我国的稻、粟、麦、菽、稷五谷进行植物学的系统研究，对其古代和现代的野生种与栽培种的同源性进行对比研究。建立万年以来我国主要栽培作物的基因库，为我国成为国际农业起源研究中心之一，奠定基础。

（4）以考古学文化的谱系为主线，结合早期作物生态环境及演变规律和农业发生阶段的人文背景，弄清五谷的主要起源地、起源时间，结合古栽培作物DNA分析和其他考古资料，探索稻、粟、麦的可能传播路线。

（5）以农业生产技术传播路线为线索，探讨古文化的传播路线。例如探讨淮河上游地区贾湖稻作文化的发展与传播路线；也可使用同样方法，探讨澧水流域稻作技术的发展与传播路线。

（6）为探讨农业技术的传播路线，除进一步研究有关考古学文化的相互关系外，尽可能地开展对使用同类农业技术的人类群体的DNA比较，观察农业技术的传播与族群的移动有无关系。

（7）按照不同的农业区及其传播路线，同时寻找家畜、家禽的起源与发展。在这项工作中，也要结合动物的DNA分析、比较。

（8）中国农业技术对周边地区国家也产生过重要影响，如朝鲜半岛、日本列岛的水稻种植，现国内外学术界公认为源于中国，但具体传播路线，目前有南线说、中线说、北线说。以考古发现和古稻本身的研究为依托，探讨稻作东传的路线和机制。

（二）研 究 内 容

（1）稻作农业和粟作农业是中华文化形成的重要前提之一，应以此两种作物的考古发现标本为突破口，利用古DNA、植硅体、亚微结构等分析方法，首先对磁山的粟，贾湖、八十垱、河姆渡的古稻进行综合研究，以寻找粟作、稻作农业的发祥地，探索其传播路线，并建立古稻、古粟基因库，以解决古稻、古粟DNA与现代栽培种的同源性问题，还可能将现代已丢失的某些有利于当代农业的基因（如抗寒、抗病等）开发出来加以利用。

（2）以土壤学研究为主要手段，运用植硅体、pH值、侵入物及炭片等分析方法，寻找早期稻田及可能的灌溉系统，探索早期农耕的方式及规模，以及早期农耕产生的生态环境。

（3）通过人骨的DNA测定，寻找农业技术传播时人类群体的扩大或移动情况。这对探明我国若干古今族群的源头也将有重要意义。

（4）通过人骨的^{13}C、^{15}N稳定同位素比值分析研究古人类食谱。人和动物消化吸收食物时，存在生物钝化现象。利用这一规律，探索古代人类群体食谱中植物类食品和动物类食品的比例，以探明C_3、C_4类植物，陆生、水生类动物在各个不同时期人类经济生活中所占比重，用以研究长江流域、淮河流域和黄河流域原始农业的扩大过程。

（5）生产工具和生活用具，都会留下作用对象的残留物。通过对这些器具表面残留物的提取和利用色质联谱仪、魔角自旋交叉极化^{13}C核磁共振谱仪等技术，分析上述残留物内的脂肪酸、酒石酸等，以探索古代群体的食谱和工具用途。目前，我们和美国宾夕法尼亚大学McGovern博士合作，已从贾湖遗址陶器内发现世界最早的米酒和蜂蜜。利用这一分析方法，可进一步探索我国酿酒、制蜜技术的起源与传播。

（6）工具在使用过程中必然会留下痕迹。不同的作用对象会留下不同的痕迹。从事稻作农业和粟作农业劳动，工具留下的痕迹会有所区别。以此模拟试验和分析手段，并结合上述几种分析方法，可望探明稻作与粟作农业的分界线及其变迁规律。

（7）利用地貌、土壤、沉积物、水文、孢粉、植硅体、炭屑、动植物等分析手段，研究全新世气候演变规律，复原古代人类的生存环境和农业起源的自然背景，研究自然环境对人类社会发展的制约和人类活动对自然环境的影响，为现代环境的保护提供历史的经验教训。

（8）运用^{14}C、释光测年技术，并相互补充，开展古栽培作物和古农业聚落遗址沉积层的年代学研究，完善史前农业起源与发展的年代序列，并与世界上其他几个农业起源中心进行对比研究。

（9）利用古代DNA与古陶器、石器的产地分析成果，探索我国农业聚落遗址中不同地区、不同文化之间的联系和承继关系。

（10）利用音频分析、微痕分析、模拟试验等技术，探索贾湖稻作农业聚落出土的各个不同时期的骨笛、汝州中山寨律管、石固骨哨、河姆渡稻作农业聚落骨哨以及兴隆洼遗址骨笛的音值、制作工艺、发展规律并进行对比研究，以探索农业发生后的最初阶段音乐达到的水平，并寻找我国史前音乐与后世传统音乐的关系。这也是中华文化传统中的一个重要方面。

（11）考古学文化区系类型理论是我国考古学界普遍使用的一项理论。然而这一理论是建立在稳定状态下的陶器类型与年代分析的基础之上的，容易产生静止化的理解。实际上，古代族群的迁徙与文化交流是一个动态的过程，利用古陶器、古铜器、古玉器等矿料来源与产地分析技术，以及古代人骨DNA分析技术，探索不同地区、不同文化之间的交流与承继关系，可望建立距今10000～5000年期间各农业族群之间考古学文化的动态变化理论。古陶产地研究还可为原始农业聚落社会结构与交换情况的研究，开辟新的途径。

（三）拟解决的关键问题和创新点

（1）首先是拟定一个适合我国农业起源研究的基本框架，用以规划我国农业起源的研究工作，并在课题进展过程中逐步概括出我国农业起源问题的基本理论。

（2）建立古稻、古粟DNA的基因库，解决古稻、古粟DNA与现代水稻、粟基因的同源性问题，既是此项研究的基础和关键，又可提高研究水平，使研究成果建立在当今前沿科学的基础上，可把我国农业起源问题的研究提高到国际先进水平。

（3）通过若干不同考古学文化中人类遗骸的DNA测定比较，寻找出不同农业作物区的族群差别，把农业技术的差别同人类文化的关系结合起来进行研究。这同时也是建立我国古代族群基因库的重大科研项目的一部分内容。

（4）通过古代人骨中^{13}C、^{15}N稳定同位素比值分析研究古人类食谱的方法，国外早已开展，但国内尚处于起步阶段。开展此项研究，可与国际接轨，其成果一定会受到国内外学术界的重视。

（5）残留物和微痕分析手段，国外也早已开展，但在国内尚处于讨论阶段，还未见运用于农业起源研究的报道，因之具有国内创新性质。

（6）运用古陶产地分析手段，研究古代农业聚落内部的社会结构、制陶业发展水平和聚落间的贸易情况、考古学文化间的交流与相互关系，进而推动考古学文化区系类型动态理论的建立。这个内容目前尚无他人进行，是本研究的创新点之一。

五、研究基础和研究队伍

（一）研 究 基 础

近30年来，我国考古学界发掘出土了大量古代栽培作物及与史前农业相关的标本，如八十垱、贾湖、河姆渡等遗址大量的栽培稻标本，磁山、班村大量的栽培粟类标本，民乐东灰山的栽培小麦标本等，以及更大数量的生产工具、生活用具等。近十年来，国内有愈来愈多学科更多关注农业起源、文明起源问题的研究，"九五"重大科研项目夏商周断代工程的完成，国家自然科学基金重点项目"中国栽培稻起源与演化"以及面上项目"河南贾湖遗址在稻作起源与古环境研究中的地位"等优秀成果和成功经验，中国科学院交叉学科创新项目"科技考古若干前沿问题研究"的顺利实施，香山科学会议关于科技考古的136次会议的成功召开，都为此研究打下了坚实基础。同时，几十年来，在国家的重视下，国内业已建立了许多较为先进的实验室，有了较为全面的先进试验条件，许多自然科学手段都可在农业考古研究中得以应用，如人类及动物植物DNA的研究，放射性同位素、释光测年技术、稳定同位素食谱分析技术、残留物提取与色质联谱仪分析技术、扫描电镜与微痕分析技术、微量元素分析、结构成分分析与古陶、古铜、古玉产地技术、孢粉与植硅体分析技术以及音频分析技术等，国内都已具备，只要有足够经费支持即可开始运作。这是进一步系统进行农业考古研究的基础和前提。这些研究体现了社会科学与自然科学的交叉，考古学、人类学、音乐学与农学、环境学、植物学、动物学、遗传学、物理学、化学的交叉，必将培植遗传考古学等新兴学科。

（二）研究队伍

目前，国内许多高等院校和科研机构都对农业考古相当重视，在国内各相关学科间建立了较为广泛的长期密切协作关系，发表了一批在国内外学术界有相当影响的科研成果，积累了相当丰富的农业考古经验，且已建立起一个结构合理、所需学科齐全、年龄结构合理的科研队伍。《农业考古》杂志在国内外学术界具有相当大的影响，其他文物考古杂志对农业考古的内容也都相当重视。我们与国外同行如美国、日本、德国、英国、法国、意大利、澳大利亚等国的著名大学和研究机构建立了合作关系。总之，开展此项研究的条件已经成熟。

（原载《农业考古》2001年第3期）

我国稻作起源研究的新进展[*]

严文明

近年来，中国考古学界和农学界在稻作起源的研究中有不少新的成果。其中一些是在与外国同行的合作中取得的，从而大大推动了这一课题的深入发展。

一、贾湖栽培稻的发现

我在这里特别要提出贾湖栽培稻遗存的发现及其鉴定结果对稻作起源研究的重要意义。贾湖遗址位于河南省舞阳县城以北22千米，淮河支流沙河南岸的阶地上。河南省文物考古研究所于1983～1987年在这里进行了大规模的发掘，发现了一个裴李岗文化时期的遗址。它的文化遗存可分三期，每期都有大量稻谷遗存出土[1]。根据^{14}C测定数据并作适当校正，其年代约为公元前6800～前5700年，跟长江中游的彭头山文化年代相近。

贾湖遗址的稻谷遗存主要发现于窖穴中。一些窖穴底部有深黑色灰烬与泥土混杂在一起，其中包含有许多炭化稻米，也有少量稻谷。其次是在倒塌房屋的墙壁残块的涂层中掺杂了许多稻谷壳，还有一些陶器的胎土中也掺杂有稻壳碎屑，表明当时稻谷生产已是人们生活中的重要内容。这里发现的稻米长宽比多为2∶1，用扫描电镜观察稻谷的表面形态与结构，大部分与现代粳稻基本相同，少量则与籼稻相近。1994年初，徐州师范学院进修教师陈报章在北京大学地质系孢粉实验室对贾湖各期的9个标本进行了植硅石分析，发现有大量的扇型、哑铃型和双峰乳突硅酸体[2]。前二者见于水稻叶片，后者见于水稻颖壳。扇型体中有49%为粳型，22%为籼型，29%为过渡型。为了对双峰乳突的属性进行判别，选用了现代栽培稻的籼、粳两个亚种和普通野生稻各两个品种进行测定。发现籼稻的双峰乳突粗大、尖锐，其基部的丘状隆起较薄而不明显；粳稻的双峰乳突细小而丘状隆起肥厚；普通野生稻的这两个部分的特征正好在两者之间。这一结果不但找到了判别稻谷种属的一种新方法，而且支持了近年来一些学者提出的籼稻和粳稻都起源于普通野生稻的假说，从而引起学术界的普遍关注。比照贾湖的双峰乳突形态，多是接近于粳稻的，这同稻谷外形的观察和扇型硅酸体测定的结果是相符的。

* 本文为出席在日本奈良召开的"农耕与文明"国际学术讨论时提交的论文。1996年12月13日发言。

不过陈报章对双峰乳突的观察仅仅是初步的。后来北京农业大学的张文绪教授又多次对稻谷稃面的双峰乳突进行研究，发现它虽然是一种固定结构，但也会受到某些物理或化学因素的损坏，不像是硅酸体那样难以化解的内质。因此对古稻双峰乳突进行观察和测量时，首先要注意其形态是否完整，否则会得出不正确的结论。尽管如此，双峰乳突的研究仍然不失为判别水稻种属的一种有效的方法。为了使判别更加准确，张文绪用双峰距、峰角、垭角、垭深和深距比五个指标将双峰乳突划分为锐型和钝型，每型又分为三个亚型。凡深距比在10以下，峰角在80度以下，垭角小于150度者为锐型；大于以上各指标者则为钝型。籼稻为锐型，粳稻为钝型，普通野生稻则多为锐型略偏钝。这一方法的引进对于探索稻作农业的起源，具有十分重要的意义。

贾湖遗址属于裴李岗文化。这个文化的生业主要是旱作农业，种植粟和黍，有一套规范化的制作精巧的农具。贾湖遗址除出土稻米外，也还有粟；发现有裴李岗文化典型的农具，如舌形石铲、带锯齿的石镰、带乳突状足的石磨盘和石磨棒。只是因为地理位置偏南，离稻作农业的中心区长江中游不远；当地又是沙河、灰河和北汝河交汇之处，泥沼发育，适于种植水稻，所以才出现那种水旱混作的农业形态。贾湖遗址的位置既已达北纬33°36′，稻作农业水平也已越过刚刚起源的那种原始状态，可见长江中游以彭头山文化和城背溪文化为代表的稻作农业水平也不会太低，还应有一个更早的起源阶段。而这个更早阶段的遗址理应在长江中游去寻找，这是参加贾湖稻谷遗存鉴定会议的各位学者的共识。

二、河姆渡野生稻的辨识

当1976年第一次披露浙江北部的河姆渡遗址发现了公元前5000～前4500年左右的稻谷遗存，而且数量巨大，保存状况极佳，还伴出有大量水田农具时，曾经引起学术界的极大关注。一些学者提出长江下游及其附近很可能是稻作农业起源地之一，我也曾撰文加以论述。考虑到河姆渡稻作农业的发展水平已经远离刚刚起源的初始状态，历史上又有不少记载谈到江浙地区有野生稻，那里的气候和生态环境也适于野生稻的生长。当人类文化发展到一定阶段，并且通过采集对野生稻的特性有了一定认识之后，接着便用人工方法来加以培植，应该是顺理成章的事。不过历史记载的野生稻年代并不十分古远，而且究竟是不是栽培稻的直接祖本普通野生稻，也是无法加以证明的。甚至也不能排除那些所谓野生稻竟是栽培稻野性化的产物。因而长江下游起源说的证据还不能说是十分有力的。1993年，中国水稻研究所的汤圣祥和日本国立遗传所的佐藤洋一郎等在浙江农业大学用扫描电镜对出自河姆渡的81粒稻谷进行了观察，发现除70粒可断定为栽培稻外，还有4粒（一说5粒）普通野生稻[3]。后者外形瘦长，有长芒，芒上的小刚毛又长又密，小穗轴脱落的斑痕甚小而且光滑，显然是自行脱落而非人工脱粒所致。这些都是普通野生稻的典型特征。由此可知在公元前5000～前4500年左右的河姆渡文化时期，在浙江北部不但有比较发达的栽培稻，也还有普通野生稻生长着。这种野生稻当然是更早时期就存在的野生稻的自然延续而不大可能是从外地引进的。这就是说，在河姆渡文化以前的江浙地区，只要人类文化发展到一定水平，完全有条件在当地直接驯化野生稻，从而开始稻作农业的过程。考虑到河姆渡文化本身具有鲜明的特色，不像是从长江中游传播到下游的产物。所以当前在长江中游已然发现更早的稻谷遗存而且极有可能是稻作农业的起源地的情况下，也不宜把长江下游及其附近排除在稻作起源地区之外。

三、玉蟾岩与仙人洞——更早栽培稻的探索

1993年和1995年，湖南省文物考古研究所在该省道县玉蟾岩进行了两次发掘，前后发现了四粒稻谷壳。^{14}C测定的年代在公元前10000年以前，是目前所知世界上最早的稻谷遗存。

玉蟾岩遗址处在一座石灰岩残丘下部的洞穴中，相对高程约5米。周围地势平坦开阔，水源充足，宜于水稻生长。洞中出土遗物主要是打制石器和骨、角、牙、蚌器等。有的骨器是磨制的，蚌器穿孔，还有少量的尖圜底陶器，表现出新石器时代最早时期的文化面貌。与文化遗物伴出的动物遗骸以鹿类和鸟类为最多，还有其他哺乳类、鱼类、龟鳖类和螺、蚌等软体动物。通过浮选和筛选还发现有几十种植物种子和果核。这表明当时人们的经济生活是以采集和渔猎为主的，水稻的种植仅仅占很小的比重。所出稻谷粒长同于野生稻而粒幅稍宽，稃毛和稃肩特征近于籼稻，双峰乳突则近于粳稻。张文绪认为这是栽培未久，尚保留部分野生稻特征而籼粳尚未完全分化的古稻。

与玉蟾岩的发掘同时，由中国和美国学者合组的农业考古队也分别于1993年和1995年发掘了江西万年仙人洞和吊桶环两个遗址。吊桶环下部（F层至P层）属于旧石器时代晚期，上部（C～E层）为新石器时代早期。在旧石器时代之末的F至H层出土了大量野生稻植硅石，新石器时代各层都有一些接近栽培稻的植硅石。特别是C层的几个活动面上发现有大量栽培稻的植硅石。仙人洞下部也有旧石器时代晚期之末的地层，存在野生稻植硅石；上部属新石器时代早期，有近栽培稻的植硅石，只是数量比吊桶环少。两处遗址孢粉的分析也倾向于同一结论。

仙人洞和吊桶环都处于大源盆地的边缘，二者相距仅有800米，旁边有小溪流过，环境条件十分优越。这两个遗址的新石器时代层的文化面貌十分相似，都以打制石器为主，只有少数石器局部磨光。同出的有大量骨、角、牙、蚌器，骨针和骨鱼叉都磨制得很好，蚌器穿孔。陶片不多，器形多为直口和圜底，上面有用草筋擦划的痕迹和少量绳纹。其文化总体发展水平接近于玉蟾岩而延续的时间较长。所测^{14}C年代数据比较分散，若经适当的调整，可能在公元前七八千年至1000年以前。由于这两个遗址的出土遗物十分相似，推测它们属于同一人们的群体。仙人洞较大，紧靠小溪，所以螺蚌堆积较多。洞内有不少烧

火的地方，应是住人的主要场所。吊桶环有成千上万的动物骨骼的碎片，又有较多的水稻植硅石，当是狩猎后的屠宰场和收割后的打谷场。那时的经济应是以采集和渔猎为主，兼有少量的水稻种植，和玉蟾岩的情况基本相同。正是由于这三处遗址的发现，把水稻栽培的起始年代一下子又提前了几千年。

四、长江流域起源论的确立

1982年，我曾根据在中国发现的30多处史前栽培稻遗存的年代、分布及其与野生稻的关系等，提出长江下游及其附近应该是稻作农业起源的一个中心。鉴于当时的资料还不很充分，未知的因素还有不少，所以我在提出这一论点后接着就说："当然，人们不应仅仅根据这一事实，就反过来认为河姆渡是一切水稻的起源中心。因为考古发现常常要受到遗址保存情况和工作开展的程度的制约，不能因为某地现时尚未发现较早的遗存，就断定那里本来就不曾有过早期的东西"[4]。至1989年中国史前栽培稻遗存已发现近70处，野生稻的调查研究也有了较大的进展。于是我进一步提出应把长江中下游都作为稻作农业的起源区，也不排除华南在起源中的某种作用[5]。到1993年底，中国史前稻作遗存已发现达140多处，更早的遗存也已露出端倪，起源中心和逐步扩大分布的情况已比以前看得更加清楚[6]。加上前文谈到的情况，我们已经有相当大的把握把长江流域特别是它的中下游作为稻作农业起源的一个十分重要的中心。其所以这样说，是考虑到印度和东南亚也可能有另外的起源中心。如果真是那样，长江流域自然就不是唯一的起源中心。不过这些地方的稻作农业究竟是如何起源的问题至今还很不清楚，即使日后通过考古发现而得到证实，若就其对后来稻作农业影响的深度和广度来说，也是远远比不上长江流域的。

根据各地稻作遗存的年代及其发达程度，有必要对过去因资料限制而得出的分布图作适当调整。

公元前10000年以前至公元前7000年的新石器时代早期，可视为稻作农业的萌芽期或发轫期。现知属于这一时期的遗址还只有玉蟾岩、仙人洞和吊桶环三处。但可以预期以后还会有新的发现，特别是长江下游还会有新的突破。可以根据这一设想来勾画出稻作起源区域的大致范围。

新石器时代中期（7000～5000BC）稻作农业得到初步发展，已成为人们食物资源的重要组成部分。不少地方还用稻壳和稻草作涂抹墙壁的泥土的掺和料，用稻壳碎屑作制造陶器的掺和料。这时期稻作农业的中心区当在长江中游的彭头山文化和城背溪文化范围内，现在已有十几处遗址发现了稻作遗存。其中湖南澧县八十垱发现有大批稻谷，并且似有水田埂的遗迹。这时期稻作农业的分布区域已扩大到北纬33度左右，本来是以旱作农业为主的裴李岗文化和老官台文化的南部边缘也开始种稻。据此可以把这一时期作为稻作农业的确立期。

新石器时代晚期（5000～3000BC）是稻作农业发展的重要时期，发现有稻谷遗存的地点约有60处之多，其中长江中下游约有50处，其余在黄、淮河流域。早年发现的河姆渡遗址稻谷遗存之丰富已是大家所熟知的。最近在湖南澧县城头山和湖北江陵阴湘城的大溪文化的围壕里也发现了大量保存甚好的稻谷和稻米，同出的还有粟、薏苡、大麻、葫芦和豆角等。江苏吴县草鞋山更发现了公元前4000多年前的稻田，田块尽管很小，但是有许多块连成一片，并有水沟和储水坑等灌溉设施。澧县城头山大溪文化遗存中也有类似稻田的遗迹。各种迹象表明，这时稻米已成为人们的主要食粮，至少在长江中下游地区已是如此。我们可以把这一时期称为稻作农业的发展期。

进入铜石并用时代（3000～2000BC）后稻作农业又有显著的发展，至今发现有稻谷遗存的遗址达70多处。其中长江下游约60处，其余分布在黄、淮流域、四川和广东北部。在长江下游的良渚文化中已率先使用石犁，并且有破土器、耘田器、镰和爪镰等一整套农具。一个以稻作农业为主的农业体系到这时应已基本确立。这时在长江中下游乃至四川盆地都出现了一系列环壕土城等大规模土建工程，如果没有发达的农业，是无法为这些工程的建设者提供大量粮食的。据此可以把这一时期称为史前稻作业的兴盛期。

中国稻作农业向东南、西南和东北的传播都是进入历史时期才发生的。现在一些文献中关于福建、台湾和云南等地所谓史前稻谷遗存的统计，其年代都属于公元前第2千纪的青铜时代。而且那些遗址很小，文化不甚发达，稻作农业仅仅处在很低的水平上。

上面的叙述很清楚地表明长江流域，特别是它的中下游一带，不但是稻作农业的起源地，而且一直是最发达的地区。至于稻作农业的扩展方向首先是向北到达黄、淮河流域，并与当地原有的旱作农业混杂在一起。直到很晚的时期才传播到东南、西南和东北，进而传入朝鲜和日本的。为什么稻作农业首先发生在长江流域，并且首先往北传播而不是往南呢？我想不外乎有以下几个原因。

第一，长江流域文化比较发达，食物需求量比较大。特别是那里四季分明，在漫长的冬季里食物比较缺乏。这就需要寻找一种可以长期储藏，整个冬季都可以享用的食物。稻谷正好符合这种需求。

第二，长江流域是普通野生稻分布的北部边缘地区，自然状态下生长的数量不多。正是因为如此，才有必要加以人工培植。也只有经过人工培植，稻种才能安全过冬而得以继续大量繁殖。这种在野生祖本分布范围的边缘首先被栽培的事实，如果同下面第四条的分析结合起来，从理论上加以概括，可以称之为边缘起源论。

第三，黄、淮流域同样有较发达的史前文化，对食物的需求量大。那里有比长江流域更长的冬季。尽管早已种植粟、黍等旱地作物，但当了解到水稻也是一种可以长期储藏的粮食作物，并且因为人工培植解决了安全过冬的问题以后，在水源比较充足的地方就会积极引种。但毕竟那里雨量较少，主要适于旱作农业。所以水稻传入虽早，在整个农业中的比重却始终只占次要的位置。

第四，中国的华南、东南与西南由于纬度较低，气候炎热多雨，冬季很短也不大冷，有些地方甚至长夏无冬。植物生长茂盛，禽兽和可食的水生动物也很多。加上史前文化并不发达，人口不多，通过采集和渔猎完全可以解决人们对食物的需求，不一定要用人工的方法增加食物生产。这就是为什么那里长期没有发生农业的缘故。只有当文化发展到一定程度，并且在外来农业文化的影响下，才会逐步发展以稻作为主的农业，这已经是很晚时期的事了。

我们看到一些早期的稻作农业遗址多数分布在沼泽或平原与低矮丘陵的交接地带，原因是那里有各种生态系统的食物资源，适于早期人类生活。同时又是普通野生稻生长的地区，易于进行水稻的培植。可见稻作农业的沼泽起源说是有道理的，而山地起源说则不符合考古发现的实际情况。一个时期以来，一些学者力主从印度阿萨姆到中国云南的高山地带是稻作农业起源地，其论据主要是那里有多种野生稻，现代栽培稻的品系又特别发达，许多大江大河都从那里发源，可以把不同的稻种传播到印度、中国和东南亚各地。但需知稻作农业是一种文化现象，必须在人类文化发展到一定高度，产生了培植谷类作物的社会需要，才会变成社会的行动。阿萨姆—云南山地史前文化很不发达，食物资源又较丰富，不大会产生种植稻谷的迫切需要。即使偶尔种植也不会很快发展起来，更没有力量向距离很远的文化发展水平很高的地区传播。所以山地起源说是不能成立的。

五、问题和讨论

在关于稻作农业起源问题的讨论中，种属的鉴定是一个十分重要的环节。可惜过去发现的稻谷遗存绝大多数没有经过正式鉴定；已经鉴定的少数标本中，又因方法不同而常有不同的结论，例如河姆渡遗址的稻谷，游修龄根据外形分析认为是典型的籼稻，周继维同样根据外形认为是籼粳并存，以籼为主。张文绪和汤圣祥选择外形似籼的三粒稻谷测定其双峰乳突，认为粳型特征显著，是处在籼粳分化十字路口的古稻。又如过去根据外形判断草鞋山的稻谷，认为籼稻与粳稻数量为三与二之比。但汤陵华和佐藤洋一郎等对同一遗址出土的炭化稻米，包括细长和短圆的两种都进行DNA分析，认为全部属于粳稻。过去对长江中游一些遗址稻谷的形态鉴定，也都说属于粳稻。有些学者根据这种情况，认为过去根据外形鉴定属于籼稻的，也都有可能属于粳稻。现在讨论稻作农业的长江起源，仅仅是解决了粳稻的起源问题，而籼稻起源于印度，与长江起源没有关系。不过最近张文绪对湖南澧阳平原几处遗址稻谷的鉴定又提出了新的问题。他对彭头山和汤家岗稻谷双峰乳突的测定表明都属于锐型，粒形细长，认为应属似籼型品种[7]。顾海滨对湖南澧县城头山大溪文化的稻谷、稻米进行形态分析，认为可能为籼稻的远多于可能为粳稻的。双峰乳突的分析也大致反映了这一结果。因此不能简单地认为长江只是粳稻的起源地而与籼稻无关。这里还涉及野生稻的研究，王象坤和森岛启子等人认为普通野生稻有偏籼和偏粳的差别，江西东乡的野生稻即是偏粳的一种。因此籼稻和粳稻很可能是分别由两种野生稻演化而来的[8]。佐藤洋一郎则把普通野生稻中的一年生者分离出来，学名叫O.nivara，认为它是印度稻的祖本；而一般普通野生稻的学名是O. rufipogon，是中国稻的祖本[9]。看来要弄清楚何种野生稻才是栽培稻的直接祖本也还有待于进一步的努力。在目前栽培稻标本的鉴定资料较少，鉴定方法不大一致，而野生稻的研究又还存在诸多问题的情况下，是很难做出明确的结论的。

注　释

[1]　张居中：《舞阳史前稻作遗存与黄淮地区史前农业》，《农业考古》1994年第1期。

[2]　陈报章等：《河南贾湖新石器时代遗址水稻硅酸体的发现及意义》，《科学通报》1995年第4期。

[3]　汤圣祥等：《中国粳稻起源的探讨》，《中国水稻科学》1993年第3期。

[4]　严文明：《中国稻作农业的起源》，《农业考古》1982年第1期，第30页。

[5]　严文明：《再论中国稻作农业的起源》，《农业考古》1989年第2期。

[6]　严文明：《中国史前的稻作农业》，《东亚稻作起源与古代稻作文化》（日文），日本佐贺，1995年。

[7]　张文绪、裴安平：《澧阳平原几处遗址出土陶片中稻谷稃面印痕和稃壳残片的研究》，《中国栽培稻起源与演化文集》，1996年。

[8]　才宏伟、王象坤等：《中国普通野生稻是否存在籼粳分化的同工酶研究》，《中国农业科学集刊（第1集）》，农业出版社，1993年；H. Morishima et al. Are the Asian Common Wild-Rices Differentiated into the Indica and Japanica Types? 1987.

[9]　佐藤洋一郎：《DNAが语る稻作文明》，日本放送出版协会，1996年。

（原载《考古》1997年第9期）

中国栽培稻起源研究的现状与展望[*]

王象坤　孙传清　张居中

稻种起源是研究了半个多世纪迄今未解决的重要理论问题，中国是种稻最早的国家之一[1]，悠久且丰富的种稻历史记载，广泛分布的野生稻[2]，大量出土的新石器时代稻作遗存，尤其是20世纪70年代浙江河姆渡遗址发掘出距今7000~6000年的古稻谷及稻作生产工具以及长江中下游其他众多6000~4000年前稻作遗址的发展与研究[3]，才在80年代中后期在国际上初步确立了中国是亚洲栽培稻起源地之一的地位[4]。然而起源于中国何处？则众说纷纭：丁颖主张华南说[5]，渡部忠世认为在云南[6]，严文明提出长江中下游说[7]，迄今未统一。

多数学者已认定，栽培稻的祖先种是普通野生稻（*Oryza rufipogon* Griff. 简称普野，下同），然而，普野广泛分布于我国8个省（区），目前已收集并正式编目了近6000份[8]，数量居各国首位。在众多的形态、生态类型中，谁是原生的？谁是衍生的？它们是怎样由一种或几种原始型普野衍生而来？迄今未定论。

亚洲栽培稻具有籼粳两大亚种，中国是世界上籼粳面积都大，又有南籼北粳，低纬上粳下籼垂直分布的国家[9]，籼粳是怎样由普野演化而来？也存在着普野→籼→粳[10]，普野引上出演化为粳、引向洼地演化为籼[11]，粳型普野→粳，籼型普野→籼[12]等不同假说。

本文是在上述背景下开始中国栽培稻的起源地、栽培稻的祖先种及栽培稻籼粳亚种如何起源与分化三个问题研究的，经过1994~1998年本项目组在国家自然科学基金委员会资助下全体同志及合作者共同努力下取得的主要进展。

一、关于起源地的确定

1994年以来我国农业考古界取得了3项突破性进展引起我们的关注：①1994年淮河下游江苏高邮龙虬庄遗址出土了距今7000~5000年的约5000粒炭化稻；②1994年淮河上游河南舞阳贾湖遗址发现了大量8000~7000年前的炭化稻米；③1995~1997年长江中游湖南澧

---
* 国家自然科学基金重点项目资助。

县八十垱遗址发掘出上万粒8000～7000年前的炭化古稻。我们及时地投入了合作研究，特别是当我们认识到云南虽是稻种遗传资源上的多样化中心，但不是我国稻作的起源中心[13]，解决起源地主要应靠去寻找和研究中国最古老的稻作遗存，就将起源地研究的主要注意力集中到与考古工作者的合作研究。

（一）稻作起源地鉴别标准的确定

中国稻作起源于何处迄今未统一的重要原因之一是尚无一个统一的鉴别标准。在总结前人工作的基础上我们提出了起源地必须同时具备以下四项条件：

（1）发现中国最古老的栽培稻（或遗骸）；

（2）发现与古栽培稻共存的野生祖先稻种（或遗骸）；

（3）发现与驯化栽培稻的古人类群体及稻作生产工具；

（4）该地当时不仅具备野生稻生存、繁衍的气候与环境条件并且具有驯化野生稻的强烈生存压力。

有了上述标准才便于对各种稻作起源说进行比较研究。

（二）提出长江中游—淮河上游是中国稻作发祥地的新观点

云南出土的炭化稻距今不到4000年，不具备起源地的第1、2条，因而在1993年（日本佐贺）和1994年（中国浙江余姚）两次国际会议上云南说被多数学者否定。华南不仅不具备第1、2条，而且迄今仍具有稳定的热带与亚热带气候，从起源地的边缘理论[14]来看，华南古人类缺乏将普野驯化为栽培稻的生存压力，河姆渡与龙虬庄两遗址都只有7000年的稻作历史。目前在我国出土的100多处新石器时代的稻作遗址中，同时具备上述四项条件的只有彭头山和贾湖两遗址。这两地地域相连（相距只有4个纬度约400千米），气候虽有差别但比较相近，新石器时代文化又有诸多相似之处，通过初步比较研究之后，我们认为长江中游与淮河上游可能是同一历史阶段发生并列发展的中国栽培稻的最初发祥地。

（1）两地都出土了迄今国内最古老而年代又相近的原始栽培稻[15]，而且其中皆含有少量的野生稻（图一、图二、表一）均为以稻作为主的农业经济形态，且采集和渔猎都占有较大的比重，表明其稻作农业的原始性与过渡性。

（2）出土的大量古人类群体都已进入定居生活和相似的聚落布局、居住方式、墓葬习俗（二次葬占一定比例）、陶器制作工艺。

（3）贾湖与彭头山两遗址距今8000～7000年前后的古气候与环境虽有某些差别，但其共同特点是两遗址的初始年限大体都处于全新世大暖期的初始年限（距今8500年左右[16]），当时的气候能满足野生稻生长与繁衍的条件，同时由于采集和渔猎资源减少（远不如华南地区丰富），从而严峻地感受到寒冷冬季食物应不足的生存压力，迫使两

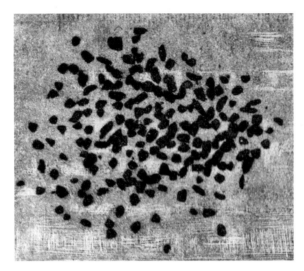

图一　河南省舞阳县贾湖遗址出土的炭化稻　　　　图二　贾湖遗址出土的炭化稻米

地古人最终发现并首先走上将野生稻驯化为栽培稻的道路，从而成为中国栽培稻的最初发祥地。

表一　贾湖遗址各期炭化稻米粒形分布

分期	年代	炭化稻米长/宽比²⁾ L/W				共计
		<2.3	2.31~2.5	2.51~3.5	>3.5	
	（BP）	a¹⁾ b	ab	ab	ab	
Ⅲ	7825~7450	40 36.0	35 31.5	21 18.9	15 13.5	111
Ⅱ	8090~7825	5 7.1	11 15.7	44 52.9	10 13.5	70
Ⅰ	8285~8090	1 6.3	3 18.6	8 50.0	4 25.0	16
总计		46 23.4	49 24.9	73 37.0	29 14.7	197

注：1）a. 粒数；b. 占比（%）。
　　2）<2.3为粳型（japonica）；2.31~2.5为籼粳中间型（j-i intermediate）；2.51~3.5为籼型（indica）［3.0~3.5中含部分不典型的野生稻型（part of them untypical wild rice type）］；>3.5为典型的野生稻型（typical wild rice type）。

（三）原始栽培稻及其驯化的强化时期

彭头山古稻和贾湖古稻与其野生祖先——普野相比都发生了显著变异，根据其粒型的长、宽、长宽比、硅酸体及谷粒稃面双峰乳突的综合研究可以肯定它们基本上已近似现代栽培稻，但又具有与现代栽培稻明显不同的一些特点，如它们不仅谷（米）粒明显比现代栽培稻小（图三），而且籼粳分化不太明显或不彻底并带有某些野生稻特征，它们是人类驯化野生稻并使之发生了显著倾向于现代栽培稻变异的初期栽培稻，故称之为"原始栽培稻"，它们有些类似于古猿演化为现代人之间的中间类型——猿人，因此应该像"北京猿人"、"爪哇猿人"那样命名为"彭头山古稻"、"贾湖古稻"、"河姆渡古稻"。如贾湖古稻的炭化米,其长宽比主要偏籼,其硅酸体主要偏粳[17],八十垱古稻多数粒长偏粳,谷粒稃面双峰乳突偏粳[18](图四)。

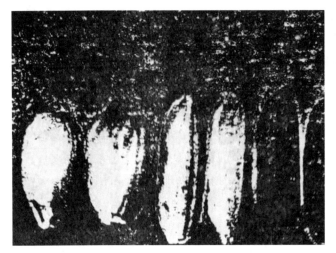

图三　贾湖炭化稻米与现代稻米比较

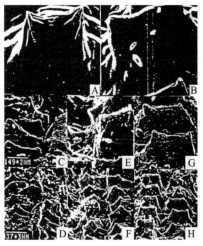

图四　河姆渡出土稻谷外稃的双峰乳突

A. 马尾籼(Maweixian),籼稻(indica)

B. 白壳稻(Baikedao),粳稻(japonica)

C、D. 河姆渡出土稻谷1号　E、F. 河姆渡出土

稻谷2号　G、H. 河姆渡出土稻谷3号

根据彭头山、贾湖、河姆渡、龙虬庄几处遗址不同文化层古稻粒形的比较研究以及100多处新石器时代稻谷遗存分析,中国栽培稻在距今8000年前首先在长江中游与淮河上游被人类驯化成功,在距今7000～6000年扩展到长江下游与淮河中下游,但在最初2000多年期间原始栽培稻谷粒的长宽变化不明显,而在距今6000～5000年期间,谷粒较前显著变长、变宽、变厚而大粒化[19](表二),说明这一时期人类的选择压力明显加大。

表二　各文化层中炭化稻米的粒形特征值

层位		4	6	7	8
检测数		118	48	65	14
粒长	平均数X(mm)	5.08	4.58	4.72	4.84
	标准差S.D	0.69	0.51	0.56	0.47
	变异系数C.V.%	11.87	11.13	11.90	9.65
粒宽	平均数X(mm)	2.57	2.28	2.32	2.24
	标准差S.D	0.45	0.30	0.31	0.23
	变异系数C.V.%	17.86	13.09	13.61	10.17
粒厚	平均数X(mm)	1.78	1.65	1.69	1.65
	标准差S.D	0.41	0.29	0.23	0.21
	变异系数C.V.%	23.03	17.64	13.67	12.74

（四）中国栽培稻的遗传多样化中心

根据700份国内不同地区地方稻种的9个多态性同工酶基因位点的遗传多样性分析，云南、长江——淮河流域及华南为我国稻种资源的3个遗传多样化中心[20]，而起源中心位于长江中游与淮河上游表明，遗传多样化中心并不一定是起源中心。

（五）中国与南亚为亚洲栽培稻两个独立的起源与演化系统

在研究西南亚与东南亚地方稻种之间的亲缘关系时我们发现两地稻种的杂交亲和力普遍偏低，有些组合F_1，结实率甚至低于20%[21]，随后对Est、Cat、Amp、Mal、Pox、Pgi等同工酶[22]和核DNA[23]以及Kc10$_3$抗性[24]等研究表明，中国与南亚稻种之间，不论野生稻还是栽培稻都存在显著差异。显然，这是由于喜马拉雅山的长期隔离而形成的两个独立的原始起源与演化中心。

二、关于祖先种的认定

普野作为亚洲栽培稻的野生祖先种已属公认，我们研究的主要内容是对广泛分布于国内8个省（区）近6000份中国普野进行分类整理，从而确认谁是中国栽培稻的原始祖先类型，谁是其直接祖先类型或称近缘祖先类型，中国是否也存在一年生普野类型。

（一）中国普野的形态分类

根据能较好区分栽培稻与野生稻的10个形态性状：生长习性、茎基部鞘色、剑叶长宽、花药长、柱头颜色、芒性、落粒性、颖色、谷粒长／宽比和米色对中国7省（区）的普野材料571份及国外普野27份，总计598份进行了聚类分析表明，中国普野可分为多年生与一年生两个普野群及群下7个普野型[25]（图五）。

（二）原始型普野的认定

经形态性状聚类[26]、生态学考察、同工酶[27]与DNA[28]分析等综合研究，原始型普野具有以下特点。

（1）形态上是栽培稻性状极少的典型普野：植株呈匍匐状、紫色叶鞘、剑叶较细短、花药长（大于5mm）、紫色柱头外露、红长芒、极易落粒、谷粒细长（长／宽大于

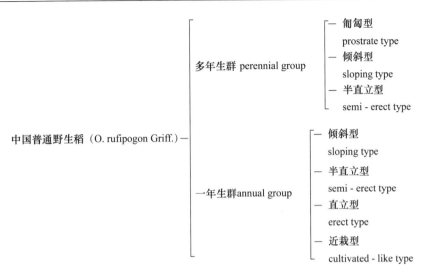

图五　中国普通野生稻的形态分类示意图

3.5）、黑或褐色颖壳、红米。

（2）栖生地与栽培稻隔离好（地理隔离或抽穗开花期隔离），自然群体一般较大，但形态比较单一，同工酶[29]、核DNA[30]、线粒体DNA[31]具有特异的指纹图谱及套袋自交后代不分离表明，它们是纯合的典型普野。

（3）栖生地为常年积水的沼泽地、山塘、小溪两岸等水分条件比较稳定的生境，它们以匍匐茎或宿根越冬并以无性繁殖方式繁衍群体为主，异花授粉率高，可以种子繁殖，但单株种子生产力低，是典型的多年生普野。桂林、元江及东乡普野是原始型普野的代表。

（三）近缘祖先型普野的研究[32]

直接演化为栽培稻的普野型称为近缘祖先普野，它们是原始祖先型演化而来，与原始型基本相似，但又发生了一些变异，主要表现为植株呈倾斜型，剑叶较细长，穗部较大，并有一定数量的二次枝梗，其栖生地多为终年水层较深（大于0.5m）山塘或沼泽。采用^{60}Co-Y射线处理各种类型普野，倾斜型普野M_1出现了7株株高变矮，穗形由松散变稍紧凑，比较倾向于栽培稻的直立型植株，倾斜型普野对照（未进行^{60}Co-Y处理）及匍匐型普野未出现直立株，其M_2亦出现较多的直立型植株，似乎表明倾斜型普野直接演变为栽培稻的可能性大些。

（四）中国是否存在一年生普野？

丁颖[33]和中国其他稻作学者[34]及近期全国野生稻资源考察协作组报告中都认定中

国普野为多年生，宿根越冬，皆未提及中国存在一年生普野类型。我们的研究[35]表明，在为数众多的中国普野编号中确实存在一定数量具有从种子到种子繁殖方式的一年生普野。中国一年生普野是怎样产生的？根据几年来野外考察结果迄今未发现一年生普野的天然群体，而它们的种子后代多出现一些倾向栽培稻的多样性分离，同工酶分析表明，一年生直立型普野多数为杂合体，可以认为多数中国南方的一年生普野可能是多年生普野与栽培稻天然渗交衍生的杂草稻。

三、栽培稻籼粳亚种的起源与分化

栽培稻主要分化为籼粳两大亚种，因此，栽培稻的起源也就是籼粳亚种是怎样由普野演化而来的，现代存在三种主要假说。

（1）普野先演化为籼稻，然后再由籼稻演化为粳稻[36]。

（2）普野引上山演化为粳稻，普野引向洼地演化为籼稻[37]。

（3）粳型普野演化为粳稻，籼型普野演化为籼稻[38]。

当前争论的焦点在于普野在演化为栽培稻之前是否已发生了籼粳分化。我们的研究[39]表明，除少数原始型普野外，大多数国内外的普野都已发生了籼粳分化，但与栽培稻的籼粳分化相比普野的籼粳分化是十分微小和初步的。中国普野的核DNA多数偏粳，线粒体DNA多数偏籼，叶绿体的籼粳比例约占一半[40]，绝大多数中国普野的DNA重复序列偏籼，中国普野及南亚与东南亚普野的籼粳分化都是十分复杂多样的。孙传清对34份中国普野的DNA、mtDNA及cpDNA的分类图示如下（图六）。

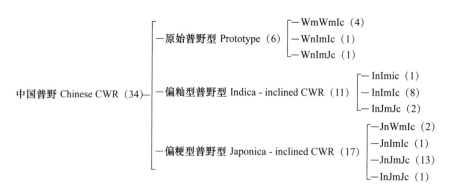

图六　中国普野的DAN综合分类

n: 核 DNA，m: 线粒体 DNA，c: 叶绿体 DNA，w: 普野；i: 籼；j: 粳（括号内数字为份数）

由图六可见，栽培稻的籼粳分化是多途径的，根据对贾湖、彭头山、河姆渡等古稻以及对中国普野和栽培稻的形态、同工酶及DNA的综合分析，可以对中国籼粳稻的起源与分化设想如图七所示。

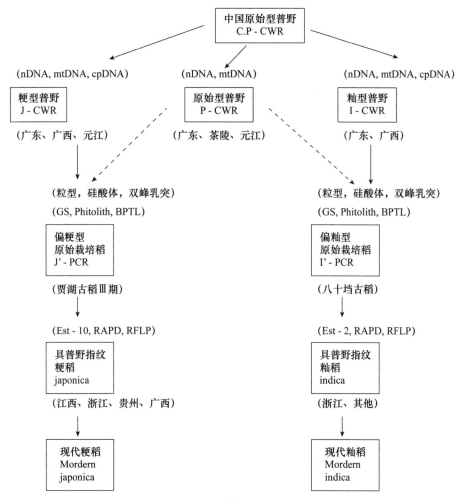

图七　中国栽培稻籼粳亚种起源示意图

四、展　望

本研究对中国栽培稻的起源与演化中的三个主要问题：栽培稻的起源地、祖先种及籼粳稻的起源与分化进行了比较系统的研究，在前人的工作基础上取得了一些明显进展，然而要彻底弄清楚上述问题还有大量工作要做。

（1）彭头山与贾湖作为当前中国最古老的两个稻作遗址之间是什么关系？是同一个中心还是独立的两个中心？比它们年代更古老的湖南道县玉蟾岩亦出土了少量稻谷遗存，是否有可能成为中国更早的稻作起源地？这都有待更多的考古发掘与多学科系统的比较研究，也涉及稻作起源地的概念与标准的讨论。

（2）"原始栽培稻"概念能否确立？如何界定？彭头山、贾湖、河姆渡、龙虬庄等一系列原始栽培稻之间需要比较研究以明确它们之间的关系。此外，还要阐明它们与其野生祖先—普野及其后裔—现代栽培稻之间的系统演化关系。

（3）普通野生稻大约是在距今7000万年前的第三纪禾本科分化初期分化出来的，它们经历了漫长的第三纪与第四纪的历史，我们所提出的原始型与近缘型只是根据现存的普野研究分析而来，带有很大的推测性质，对于这一命题的研究首先需要解决研究方法的科学性，除考古学手段的现代化外更重要的是古DNA的分析手段甚至古稻的复原技术研究。

（4）籼粳稻起源与分化的途径与过程还有大量的缺环需要填补，已出土的大量原始栽培稻的分析，野栽与籼粳的鉴别都需要解决方法的科学化与现代化。

相信中国稻作起源的农业考古与多学科的合作研究，必将为弘扬中华古文化在亚洲及世界文化中的地位发挥愈来愈大的作用。

注　释

［1］　丁颖：《中国古代籼粳稻种之栽培及分布与现在稻种分类法预报》，《中山大学农艺专刊》1949年第6期，第1～12页；丁颖：《中国栽培稻种的起源及其演变》，《稻作科学论文选集》，农业出版社，1959年，第5～27页。

［2］　全国野生稻资源考察协作组：《我国野生稻资源普查与考察》，《中国农业科学》1984年第6期，第1～8页。

［3］　严文明：《中国稻作农业的起源》，《农业考古》1982年第1期；严文明：《再论中国稻作农业的起源》，《农业考古》1989年第2期，第72～83页。

［4］　冈彦一：《水稻进化遗传学》，中国水稻研究所，1985年；Oka H.I Origin of Cultivated Rice. Japan Scientific Societies Press. Tokyo, 1988.

［5］　丁颖：《中国栽培稻种的起源及其演变》，《稻作科学论文选集》，农业出版社，1959年，第5～27页。

［6］　渡部忠世：《稻米之路》，日本广播出版协会，1975年。

［7］　严文明：《中国稻作农业的起源》，《农业考古》1982年第1期；严文明：《再论中国稻作农业的起源》，《农业考古》1989年第2期，第72～83页。

［8］　中国农业科学院作物品种资源研究所：《中国稻种资源目录（野生稻种）》，中国农业出版社，1996年；中国农业科学院作物品种资源所：《中国稻种资源（1988～1993）》，中国农业出版社，1996年。

［9］　王象坤：《中国栽培稻的起源、演化与分类》，《中国稻种资源》，中国农业科技出版社，1993年，第1～16页。

［10］　丁颖：《中国栽培稻种的起源及其演变》，《稻作科学论文选集》，农业出版社，1959年，第5～27页。

［11］　王象坤、程侃声、陈一午等：《云南的光壳稻》，《北京农业大学学报》1984年第10卷第4期，

第333～343页。

[12] 周拾禄：《中国是稻之原产地》，《中国稻作》1948年第7卷第5期，第1～3页；Second G. Origin of the Genic Diversity of Cultivated Rice (*Orgza* spp): Study of the Polymorphism Scored at 40 isozyme loci. The Japanese Journal of Genetics, 1982, 57(1): 25-57.

[13] 王象坤：《中国稻作起源研究中几个主要问题的研究新进展》，《中国栽培稻起源与演化研究专集》中国农业大学出版社，1996年，第2～7页；黄燕红、孙新立、王象坤：《中国栽培稻遗传多样化中心的同工酶研究》，《中国栽培稻起源与演化研究专集》，中国农业大学出版社，1996年，第85～91页。

[14] Binford L R. Post-Pleistocene Adaptations. New Perspectives in Archeology. 1968: 313-341.

[15] 王象坤：《中国稻作起源研究中几个主要问题的研究新进展》，《中国栽培稻起源与演化研究专集》中国农业大学出版社，1996年，第2～7页；王象坤、张居中、陈报章等：《中国稻作起源研究上的新发现》，《中国栽培稻起源演化研究专集》，中国农业大学出版社，1996，第8～13页。

[16] 施雅风、孔昭宸等：《中国全新世大暖期气候与环境》，海洋出版社，1992年，第1～18页。

[17] 王象坤、张居中、陈报章等：《中国稻作起源研究上的新发现》，《中国栽培稻起源演化研究专集》，中国农业大学出版社，1996年，第8～13页。

[18] 张文绪、汤圣祥：《河姆渡出土稻谷外稃表面双峰乳突的研究》，《中国栽培稻起源与演化研究专集》，中国农业大学出版社，1996年，第42～46页。

[19] 汤陵华、张敏、李民昌、孙加祥：《高邮龙虬庄遗址的原始稻作》，《中国栽培稻起源与演化研究专集》，中国农业大学出版社，1996年，第61～67页。

[20] 黄燕红、孙新立、王象坤：《中国栽培稻遗传多样化中心的同工酶研究》，《中国栽培稻起源与演化研究专集》，中国农业大学出版社，1996年，第85～91页。

[21] 王象坤、才宏伟、李自超等：《论水稻广亲和基因的地理分布与系统发生》，《植物优异种质资源及其开拓利用》，中国科学技术出版社，1992年，第69～73页。

[22] Cai H W, Wang X K, Morishima H. Isozyme Variation in Asian Common Wild Rice, *Oryza Rufipogon*. Rice Genetics Newsletter, 1996, 12: 178-180；黄燕红、才宏伟、王象坤：《亚洲栽培稻分散起源的研究》，《中国栽培稻起源与演化研究专集》，中国农业大学出版社，1996年，第92～100页。

[23] 孙传清、王象坤、吉村淳等：《普通野生稻和亚洲栽培稻核基因组的RELP分析》，《中国农业科学》1997年第30卷第4期，第37～44页。

[24] 黄乃威、程侃声、王象坤：《西、南亚稻种的光温反应特性》，《西南农学学报》1988年第1卷第2期，第1～6页。

[25] 王象坤、才宏伟、孙传清等：《中国普通野生稻的原始型及其是否存在籼粳分化的初探》，《中国农业科学》1994年第8卷第4期，第205～210页；庞汉华、才宏伟、王象坤：《中国普通野生稻（*Oryza rufipogon* Griff.）的形态分类研究》，《作物学报》1995年第21卷第1期，第17～24页。

[26] 黄乃威、程侃声、王象坤：《西、南亚稻种的光温反应特性》，《西南农学学报》1988年第1卷第2期，第1～6页；王象坤、才宏伟、孙传清等：《中国普通野生稻的原始型及其是否存在籼粳分化的初探》，《中国农业科学》1994年第8卷第4期，第205～210页。

［27］　庞汉华、才宏伟、王象坤：《中国普通野生稻（*Oryza rufipogon* Griff.）的形态分类研究》，
　　　　《作物学报》1995年第21卷第1期，第17～24页；才宏伟、王象坤、庞汉华：《中国普通野生稻
　　　　是否发生籼粳分化的同工酶研究》，《农业科学集刊（第1集）》，农业出版社，1993年，第
　　　　106～110页。

［28］　孙传清、王象坤、吉村淳等：《普通野生稻和亚洲栽培稻核基因组的RELP分析》，《中国农业
　　　　科学》1997年第30卷第4期，第37～44页；孙传清、王象坤、吉村淳等：《普通野生稻和亚洲栽
　　　　培稻核基因组的遗传分化》，《农业科学集刊（第1集）》，农业出版社，1993年，第120～133
　　　　页；孙传清、王象坤、吉村淳等：《普通野生稻和亚洲栽培稻线粒体DNA的遗传分化》，《中国
　　　　栽培稻起源与演化研究专集》，中国农业大学出版社，1996年，第134～139页。

［29］　黄燕红、王象坤：《中国普通野生稻（*Oryza rufipogon* Grif.）自然群体分化的同工酶研究》，
　　　　《中国栽培稻起源与演化研究专集》，中国农业大学出版社，1996年，第157～165页；才宏伟、
　　　　王象坤、庞汉华：《中国普通野生稻是否发生籼粳分化的同工酶研究》，《农业科学集刊（第1
　　　　集）》，农业出版社，1993年，第106～110页。

［30］　孙传清、王象坤、吉村淳等：《普通野生稻和亚洲栽培稻核基因组的RELP分析》，《中国农业
　　　　科学》1997年第30卷第4期，第37～44页；孙传清、王象坤、吉村淳等：《普通野生稻和亚洲栽
　　　　培稻核基因组的遗传分化》，《农业科学集刊（第1集）》，农业出版社，1993年，第120～133页。

［31］　孙传清、王象坤、吉村淳等：《普通野生稻和亚洲栽培稻线粒体DNA的遗传分化》，《中国栽培
　　　　稻起源与演化研究专集》，中国农业大学出版社，1996年，第134～139页。

［32］　李道远：《中国普通野生稻形态分类学研究》，《中国栽培稻起源与演化研究专集》，中国农业
　　　　大学出版社，1996年，第115～119页；陈成斌、赖解珍、李道选等：《普通野生稻扫描后Mi代数
　　　　量性状变异探讨》，《广西农学报》1996年第2卷第1期，第1～7页。

［33］　丁颖：《中国古代籼粳稻种之栽培及分布与现在稻种分类法预报》，《中山大学农艺专刊》1949
　　　　年第6期，第1～12页；丁颖：《中国栽培稻种的起源及其演变》，《稻作科学论文选集》，农业
　　　　出版社，1959年，第5～27页。

［34］　孙传清、吉村淳等：《中国普通野生稻和亚洲栽培稻绿叶体基因组的遗传分化》，《中国栽培稻
　　　　起源与演化研究专集》，中国农业大学出版社，1996年，第140～146页。

［35］　庞汉华、王象坤：《中国普通野生稻资源一年生类型的研究》，《作物品种资源》1996年第3
　　　　期，第8～11页。

［36］　丁颖：《中国栽培稻种的起源及其演变》，《稻作科学论文选集》，农业出版社，1959年，第
　　　　5～27页。

［37］　王象坤、程侃声、陈一午等：《云南的光壳稻》，《北京农业大学学报》1984年第10卷第4期，
　　　　第333～343页。

［38］　周拾禄：《中国是稻之原产地》，《中国稻作》1948年第7卷第5期，第1～3页；Second G. Origin
　　　　of the Genic Diversity of Cultivated Rice (*Orgza* spp): Study of the Polymorphism Scored at 40 isozyme
　　　　loci. The Japanese Journal of Genetics, 1982, 57: 25-57.

［39］　孙传清、王象坤、吉村淳等：《普通野生稻和亚洲栽培稻核基因组的RELP分析》，《中国农业

科学》1997年第30卷第4期，第37~44页；才宏伟、王象坤、庞汉华：《中国普通野生稻是否发生籼粳分化的同工酶研究》，《农业科学集刊（第1集）》，农业出版社，1993年，第106~110页；孙传清、王象坤、吉村淳等：《普通野生稻和亚洲栽培稻核基因组的遗传分化》，《农业科学集刊（第1集）》，农业出版社，1993年，第120~133页；孙传清、王象坤、吉村淳等：《普通野生稻和亚洲栽培稻线粒体DNA的遗传分化》，《中国栽培稻起源与演化研究专集》，中国农业大学出版社，1996年，第134~139页。

［40］孙传清、吉村淳等：《中国普通野生稻和亚洲栽培稻绿叶体基因组的遗传分化》，《中国栽培稻起源与演化研究专集》，中国农业大学出版社，1996年，第140~146页。

河南舞阳县贾湖遗址八千年前水稻遗存的发现及其在环境考古学上的意义[*]

孔昭宸　刘长江　张居中

　　舞阳县贾湖遗址位居东经113°40′、北纬33°36′，海拔68米。1983年至1987年，河南省文物考古研究所在此进行6次大规模发掘。遗址内的聚落形态、经济结构以及伴生的石器、陶器、骨器和生物遗存，使其一方面具有中原地区裴李岗文化的主要特征，但又因存在不少差异，故目前被称为贾湖类型。该遗址内木炭测出的6个¹⁴C年代数据，表明遗址的年龄范围在8.5ka～7.5ka BP[1]。无疑这是中原地区迄今发现的年代最早的新石器文化遗址，也是中国较早期的新石器文化遗址之一。近年，张居中在对该遗址丰富的文化遗存进行发掘、整理和研究过程中，不仅从文化层的房基或窖穴的烧土碎块中，找到了数十枚轻度炭化栎（*Quercus*）的果核，菱角（*Trapa*）果实，而且1991年春还在红烧土块中发现了保存甚好、具有鉴定特征的10枚稻（*Oryza sativa*）壳印痕。无疑，这些稻壳印痕首次发现在淮河流域的上游，对其正确的鉴定将会对中国乃至亚洲稻的起源、分化、传播及环境变迁等重要基础理论问题增加了实物证据[2]。

一、材料和方法

　　由于掺和在红烧土中的稻壳排列无序，极少呈水平层理，即使从烧土碎块的裂隙或空洞中，可窥见稻壳印痕，但却难以通过光学显微镜（LM）观察到稻壳印痕表面上的细微形态结构。因此，借助于扫描电子显微镜（SEM）进行观察，并和现代栽培稻进行形态学上的比较，有可能获得一组清晰度高、立体感强的扫描电镜照片，这将更有助于对红烧土印痕进行准确鉴定。因此笔者首先将保存稻壳的红烧土，先行切割成小块，然后磨片、去尘、制备成符合扫描电子显微镜（机型为HITACHI-450选用电压15kV）的样品，然后用双面透明胶纸将其标本固定在工作台上，置入离子溅身仪（EIKO型）抽成真空（10⁻¹）喷涂上一层厚400～500Å的铂钯薄膜后，再移入扫描电镜进行观察照相，鉴于样品体积大、

　　* 国家自然科学基金项目（39570440和39470132）。

整体仅放大12倍，而将其外稃（Lemma）背腹面的纹饰放大30和60倍。从而取得了一组与现代稻壳形态可资比较的稻壳印痕照片（图一、图二）。

二、稻壳印痕一形态描述和对比[3]

（一）现代稻（*Oryza sativa*）谷粒的形态结构

稻俗称谷或稻谷。在植物学上是特指外包稃片的颖果（Caryopsis）、带稃的颖果，呈长圆形，两侧常压偏（图一，1），长6～8毫米，宽2.5～4毫米，厚1.5～2.5毫米。稃片的外稃，均呈船底形，硬纸质，外表面上多硅质。外稃（Lemma）大（图一，1.a），其顶端具长达7厘米的芒，基部粗310～390微米，梢部粗107～191微米，或无芒。内稃（Palea）小（图一，1.b）。从侧面观看，稃在边缘处相互钩合。谷粒的每一侧面均有二条隆起的纵脉棱（图一，1.c）。稃的表面被有稃毛（图一，1.d），长520～1300微米，粗26～39微米。在光学显微镜下可见到在内、外稃的表面上由方形小突起紧密排列的若干纵列。而在扫描电镜下观察，小突起的基部呈方形，约65微米，而上部为乳头状，且顶端稍塌（图一，4），带稃的颖果基部紧贴着2片退化外稃（或称不孕外稃），俗称护颖（图一，1.e），呈披针形或锥刺状，约为外稃长的1/4～1/5，表面突起与外稃相同。剥除内外稃片后，见到里面的颖果（俗称糙米、米粒，植物学上的术语则称籽实）。颖果一般为扁椭圆形，外包一薄层籽实皮（果皮与种皮的合称），其表面平滑，并有光泽，每个侧面都有二条纵棱及其旁的2～3条浅沟，颖果下部朝向外稃的一侧有凹入的胚区（图一，2.f），倾斜，约占颖果长的1/5。颖果基端有椭圆形疤痕（图一，2.g）。

（二）舞阳贾湖遗址稻壳印痕和残片及与现代稻谷粒的形态比较

在贾湖遗址的红烧土中，找到了10个具有稻壳印痕和少数稃的残片标本。在光学显微镜下可观察到二个较完整的稃片和印痕4个。其中具宽侧面印痕3个，谷粒边缘插入红烧土深部的印痕2个。通过对以上标本进行了光学显微镜（LM）和扫描电镜（SEM）的观察、比较，其结果如表一所示。

（1）从表一中可以看出，舞阳贾湖遗址稻壳印痕和稃残片形状与现代栽培稻（*Qryza sativa*）的谷粒，均为长圆形，其长度接近。

（2）印痕上可见到2条明显的纵沟（图二，5）或1条纵沟，另一条不明显（图二，5），这些纵沟是由稻谷粒稃片上2条隆起的纵脉棱在红烧土上保留下的压痕。纵沟宽140～350微米（图一，3），与现代稻谷粒稃上纵脉棱宽（140～280微米）大致吻合。

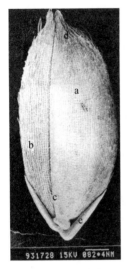

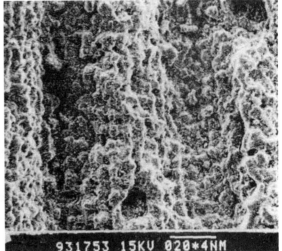

1. 现代粳稻　a. 外稃
   b. 内稃　c. 纵脉棱
   d. 稃毛　e. 护颖

2. 稻籽实　f. 胚　g. 疤痕

3. 稻稃纹饰（红烧土-3）

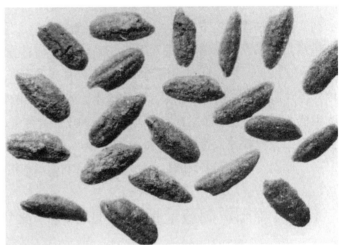

4. 外稃纹饰

5. 炭化米粒（T104H174，约×3.5）

图一　河南舞阳贾湖遗址水稻遗存

表一　贾湖遗址稻壳印痕和现代稻壳的形态比较

图号	样片号	观察部位	形状	长、宽、厚（毫米）	长/宽比值（倍）
一，1	现代粳稻带稃的颖果	稃片宽侧面	长圆形	7.00 3.7 2.30	1.89
一，2	现代粳稻	籽实			
	红烧土-1	稃宽侧面残片	长圆形	6.38 2.44	2.60
二，2	红烧土-4	稃宽侧面压痕	长圆形	6.30 2.80	2.25

续表

图号	样片号	观察部位	形状	长、宽、厚（毫米）	长/宽比值（倍）
一，3；二，5	红烧土-3	稃宽侧面压痕	长圆形	6.91 2.28	3.04
二，3	红烧土-2	边缘插入红烧土深印痕	长圆形	6.66 1.84	
二，1、4、6	红烧土-6	边缘插入红烧土深印痕及大量细碎稃片	长圆形	4.81 1.30	

（3）印痕表面有程度不同的圆形或乳头状突起，或由不明显突起所连成的纵棱。印痕上的突起是由稃外表面突起间隙，在红烧土表面形成的负相（图一，3），又由于稃外表面与未烧前的土面相互挤压程度的不同，使得贾湖遗址稻壳印痕上的突起的明显程度也不尽相同，甚至连成棱状（图二，4）。

（4）红烧土中稻外稃残片，其外表面和内表面形态特征与现代稻壳相似。图二，1、4是稃残片外表面的乳头状突起，但突起顶端的塌陷不明显，残片的厚度（约为60微

1. 红烧土稻壳纹饰（红烧土-6）

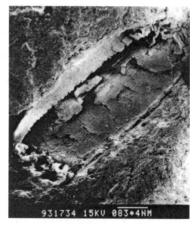
2. 稻壳印痕（红烧土-1）

3. 稻壳印痕（红烧土-2）

4. 红烧土稻壳纹饰（红烧土-6）

5. 稻稃宽侧面压痕（红烧土-3）

6. 稻壳（红烧土-6）

图二　河南舞阳贾湖遗址水稻遗存

米），也较现代稻片（厚约91微米）为薄。图二，1、4则是稃片遗存的内表面，呈横向细条纹状，也与现代稻相似。

因此，上述五点形态学的特征，使笔者们认为，红烧土中的印痕及残片无疑属栽培稻（Oryza sativa）的稃片印痕及残片。另外，从野生稻的形态学特征，也可排除这些印痕及残存属野生稻。目前，我国已发现野生稻3种[4]，即普通野生稻（Oryza ruf: pogon Grift.）、药用野生稻（O.officinalis Wall.）及疣粒野生稻 [O. meyetiana（Zall & Mor.）Baill]。贾湖稻壳印痕及残片均无芒或芒的断痕。而普通野生稻及药用野生稻则有芒，基部粗，在390微米左右，远大于稃面突起，假如稃尖上有芒则肯定会留下芒印痕，另外稃印痕及残片长在6.3～6.91毫米间，不如普通野生稻长（长7～9毫米）。但却长于药用野生稻（4～5毫米），至于疣粒野生稻、其稃表面常有不规则的疣状突起，明显不同于普通野生稻，在其稃片上有规则排列的乳头状突起。

值得提及的是，红烧土上保存的稻壳印痕及残片的长宽之比（L/W）均在2.25以上（表一），为细长型，尽管仅从印痕的长宽之比，判定印痕属籼稻、粳稻，甚至是野生稻还有许多实际困难。但从烧土块中不仅分析出具有典型特征的不规则扇型硅酸体或称之植物蛋白石（Plant opal）而且在大块的红烧土上还见到疑为稻的茎秆印痕。更令人欣慰的是，1993年底陈报章先生在从张居中为他提供的贾湖遗址用做硅酸体分析的9个标本中，发现了大量水稻的扇型和哑铃型硅酸体，进而又从标本中浮选出许多炭化的稻米[5]。经王象坤先生从外部形态学鉴定（主要依靠米粒的长宽之比），主要为粳稻（O. sativa subsp. keng Ting），其次是籼稻（O. sativa subsp. hesien Ting）个别长宽之比超过3.5的籽实也许是普通野生稻（Oryza rufipogon Griff）[6]。嗣后，本文笔者们又从WBJT 104 H174标本样中，称取500克样。经水浮选得到315粒炭化米粒（籽实）。通过对其中保存十分完整的75粒进行长宽之比的测量和外部形态学的观察（图一，5），其比率在2.3以下的共44粒，占米粒总数的58.7%；2.3～2.5的有9粒，占25.3%；2.5以上的则有12粒，占16%。在这些标本中，大致可分出短粒和长宽粒两种类型。长宽比值最小的为1.81，最大比值为3.20。

总之，通过贾湖遗址稻壳印痕、炭化米粒和水稻硅酸体的发现和与现代稻所做的形态学对比研究，无疑以确切的证据表明8000年前栽培稻已出现在淮河上游，位居北纬33°40′的贾湖地区，并且在种植规模和物种多样性上已具有相当高的水平。从而奠定了贾湖遗址在水稻起源演化和传播研究中的位置。

三、贾湖稻作遗存及其在环境考古学上的意义

由于稻（Oryza sativa）是世界上最主要的农作物之一，因此对其起源、分化和传播路线一直为学术界所注目，著述甚多[7]。随着中国新石器考古遗址水稻遗存的发现，中

国现存野生稻分布区的调查记录[8]，从而向传统上认为的亚洲稻起源印度的观点提出质疑。特别是20世纪70年代初，随着浙江余姚河姆渡和罗家角遗址中先后发现了丰富的半炭化的稻谷和花粉，则更以确凿的证据，将中国水稻种植历史提到7000年前。至80年代末，从湖南澧县彭头山遗址文化层的陶片中发现了稻壳及其印痕，从而又将中国水稻种植历史提前到8000年前。因此亚洲稻起源于中国长江中下游，进而向黄河流域乃至日本和朝鲜半岛进行的传播说，已为多数学者所共识。

迄今为止，多认为杭州湾两岸及太湖平原是我国最早期的渔猎、稻作农耕文化的起源地，其根据是因为在7000年前，长江和太湖流域具有湿润的地理环境，温暖多雨的季风气候和适于水稻生长的沼泽。从而提出长江以南是我国栽培稻的发祥地。而只是到了仰韶文化中期，稻作农业方从长江流域传入中原，但未得到推广。然而地处淮河上游和黄河流域的中原地区，却多被认为是旱作农业的传统区，亦是中华民族文化的发祥地。因不仅在丰富的前仰韶、仰韶和龙山文化遗址中，曾出土过用作原始农业生产和加工的大量石器，如石铲、石镰、石刀、陶刀、石臼、石杵、石斧、石磨盘和石磨棒等。并在聚落的房基、窖穴、陶窑和墓葬中保存有大量陶器、骨器，以及狩猎和饲养动物的遗骸和植物遗存（木材、果实、植物硅酸体和孢粉）。值得注意的是，地处黄河中游的河南郑州大河村、渑池仰韶和洛西高崖等仰韶时代文化期的陶片和红烧土上也曾发现过稻壳印痕，但遗憾的是均未经细致的研究，因此对仰韶文化期稻作遗存是否在河南省存在，曾存有异议。近年吴耀利等通过水洗浮选法已从淮河上游的汝州李楼村文化遗址中取得100多粒半炭化水稻的籽实[9]，郑州大学历史系贾洲杰先生也从禹县严砦遗址的窖藏中发现了粳稻的半炭化籽实。近来，笔者们又从舞阳县阿岗寺仰韶文化遗址中找到大量粳稻稻壳印痕。此外，中国社会科学院考古研究所山东队等通过水选法亦从山东日照市尧王城龙山文化层中发现了10余粒炭化的粳稻籽实[10]，从而成为山东龙山文化遗存中人工栽培稻的唯一籽实证据。无疑对研究水稻东传路线具有重要的意义。从其文化特征和测年，可以得知李楼、严砦和尧王城的粳稻籽实均出自4.5ka～4.2ka BP的龙山文化中期偏晚阶段。然而舞阳贾湖遗址稻作遗存的发现，以及黄淮地区前仰韶、仰韶和龙山文化一系列史前稻作资料的发表，使之对中国稻作农业的起源、分化和传播途径等重要问题很有重新认识的必要[11]。

值得提及的是，王在德先生在"论中国农业的起源与传播"一文中[12]，曾引证美国著名的植物地理学家Couser C.O.的论述，提出农业起源的生态环境应具有极其丰富的各种多样的动植物、林地、丘陵和淡水河流等生态条件，当时先民应聚居在温暖季风气候带的淡水河流沿岸。而位居长江和黄河流域之间的淮河支流沙河傍的贾湖遗址，其稻壳印痕和稃残片的发现，炭化稻米及颖壳硅酸体的研究，无疑将中原地区水稻种植提到了8.0ka BP前。至少从目前资料看，其出现较长江流域的河姆渡和罗家角遗址提前了1000多年，与彭头山文化大体同时。更何况在当时生产力还很落后的情况下，原始农作物的选择和种植，深刻地受到自然条件的制约。因此亦能更好地反映古代自然环境状况[13]。在贾湖遗址中，既发现用以砍伐林木的石斧，又有种植作物的有肩石铲、骨耜和用于收割作物的锯齿石镰和谷物加工用的石磨盘、石磨棒。特别值得提及的是，贾湖遗址文化层中不仅出现了在温暖水体才得以生长的扬子鳄（*Alligator sinensis*）和大量黄缘闭壳龟（*Cuoraflav-ormarginata*）、菱角（*Trapa*）等生物遗存，而且在该遗址的孢粉组合中，出现了现生亚热带组成常绿和落叶阔叶林的主要乔木树种的枫香（*Liquidambar*）、山毛榉（*Fagus*）以及水蕨（*Ceratopteris*），通过对上述动物植物水热因子的分析，表明距今8000年前，淮河上游支流的贾湖地区应属亚热带和暖温带的过渡区，当时温暖湿润的季风气候、湖沼发育，促进了贾湖聚落扩大，人口增多，动物的饲养和原始农业的发展。

　　由于中国普通野生稻现今主要分布在北纬28°以南的亚热带地区，然而在8000～7000年前，正处在全新世大暖期，较今温暖潮湿的气候，野生稻可较今向北部扩展，以至于有可能分布到接近北纬34°的淮河上游地区。至于当时的贾湖先民是否已从野生稻选育出了粳稻和籼稻或因自然选择结果产生种的分异，尚不得而知，但嗣后黄淮地区仰韶和龙山文化层中仅出现粳稻的遗存或稻、粟的共存却是令人深思的。值得注意的是，河南裴李岗、仰韶、龙山文化遗存集中分布在北纬33°～35°、东经110°～114°的地理范围。而在裴李岗、仰韶文化遗址的红烧土中找到的水稻多为稻壳印痕，而龙山文化的遗址中，出现的却是栽培粳稻的大量半炭化的籽实（米粒）。这是否因为裴李岗和仰韶文化期，先民们的经济活动主要是狩猎、捕捞和采集植物为主，而由野生稻选出的栽培稻或从其他地区传入的栽培稻仅作为先民生活的重要补充。鉴于舞阳贾湖地区在8000年前具有温暖湿润适于稻类作物生长的自然环境，并有野生稻的资源，快速发展的人类群体从而引发食物需求量的增加，进而使位居淮河上游的贾湖地区成为中国乃至亚洲水稻起源地之一，亦有可能沿淮河而下，同时向黄河流域传播。使之在仰韶和龙山文化期间有了更为广泛的分布。且稻和粟—黍为代表的原始农作的边界线随着6.0ka～5.0ka BP气候波动而摆动[14]。

　　总之，舞阳贾湖遗址稻壳印痕、稃残片以及伴生的大量炭化稻和典型水稻硅酸体的分析鉴定，以可靠的事实，将淮河流域上游水稻种植提到8000年前的裴李岗文化期，因此，如同长江中游彭头山文化中稻作遗存一样，有可能同为亚洲稻的起源地，鉴于稻作遗存中已出现了粳稻和籼稻的分化，估计其栽培形成了一定的规模，故很有可能在中国更早的史前文化遗址中，会发现野生稻和栽培稻的遗存。由于裴李岗文化贾湖类型，正处于中全新世温暖期，其温暖湿润的季风气候，不仅促进了中原裴李岗文化的发展，而且在遗址中出现了以涉禽腿骨制造的七孔骨笛和龟甲契刻符号，同时先民们已摆脱了单纯的向自然索取，更促进了原始稻作农业的发展，进而出现了粳稻和籼稻的分异。鉴于现有的资料还不足以对亚洲稻的起源、分化和传播等理论性问题做出肯定的结论，但就现有资料看，笔者们倾向栽培稻起源地应是多源的，最有可能在长江中游和淮河上游。然后传播到长江下游、淮河和黄河中下游，进而东进山东和辽东半岛、韩国、日本。值得提出的是，贾湖稻作遗存的记录、生物群的资料，可以帮助我们解释栽培稻的起源、传播和种的分异，如从古地理、古气候角度出发，我们初步得知淮河流域如同长江中下游一样也可能成为亚洲稻最早期中心之一。

遗憾的是，涉及稻起源、分化和传播，仅依靠现有考古遗址和野生稻分布的记录并不能做出确切的回答；同样仅仅依靠稻籽实长宽之比区分粳稻、籼稻，乃至野生稻，更显得扑朔迷离，因此尚待更丰富的稻作遗存发现和研究去补偏救弊。

附记：承蒙中国科学院植物研究所高德禄、张和民先生电镜扫描，于彭涛先生对红烧土进行硅酸体分析，中国社会科学院考古研究所赵慧民先生应用计算机对稻作遗址进行了制图。鉴定和写作中还承北京农业大学王象坤教授、朱为庆研究员给予许多启示，在此一并致谢。

注　释

[1] 张居中：《试论贾湖类型的特征及与周围文化的关系》，《文物》1989年第1期；《环境与裴李岗文化》，《环境考古研究（第一辑）》，科学出版社，1991年，第122～129页。

[2] 张居中等：《舞阳史前稻作遗存与黄淮地区史前农业》，《农业考古》1994年第1期；张居中：《舞阳贾湖遗址发现栽培水稻，将中原地区种稻的历史提到八千年前》，《中国文物报》1993年10月31日第一版；谷文雨等：《我国种植水稻史已达8000年——河南舞阳贾湖遗址发现栽培水稻遗存》，《光明日报》1993年11月8日第2版。

[3] 李扬汉：《禾本科作物的形态与解剖》，上海科学技术出版社，1979年，第108～115页；南京大学生物系等：《中国主要植物图说——禾本科》科学出版社，1959年；丁颖：《中国水稻栽培学》，农业出版社，1991年。

[4] 广东农林学院农学系：《我国野生稻的种类及其地理分布》，《遗传学报》1975年第2卷第1期，第31～36页；全国野生稻资源考察协作组：《我国野生稻资源的普查与考察》，《中国农业科学》1984年第6期，第27～33页。

[5] 陈报章等：《河南贾湖新石器时代遗址水稻硅酸体的发现及意义》，《科学通报》1995年第40卷第4期，第339～342页。

[6] 王象坤：《河南贾湖稻作遗存发现（距今8000年）学术讨论会纪要》，1994年7月。

[7] 陈报章等：《河南贾湖新石器时代遗址水稻硅酸体的发现及意义》，《科学通报》1995年第40卷第4期，第339～342页；安志敏：《中国的史前农业》，《考古学报》1988年第4期，第369～381页；游修龄：《稻作史论集》，中国农业科技出版社，1993年；李璠：《栽培植物的起源和演变》，科学出版社，1979年；王在德：《论中国农业的起源与传播》，《农业考古》1986年第2期，第25～32页；严文明：《中国稻作农业的起源与传播》，《农业考古》1982年第2期，第25～32页；吴维棠：《中国稻作农业的起源和传播》，《地理学报》1985年第40卷第1期，第29～36页；黎兴国：《^{14}C测年与我国水稻起源研究的进展》，《第四纪冰川与第四纪论文集（4）》，地质出版社，1988年，第222～228页；王象坤等：《中国栽培稻的起源演化与分类》，《中国稻种资源》，中国农业出版社，1992年；李江浙：《大费育稻考》，《农业考古》1986年第2期，第232～247页；裴安平：《彭头山文化的稻作遗存与中国史前稻作农业》，

《农业考古》1989年第2期；游修龄等：《河姆渡稻谷研究进展及展望》，《农业考古》1995年第1期，第66~70页；任式楠：《公元前五千年关于中国新石器文化的几项主要成就》，《考古》1995年第1期；吴耀利：《水选法在我国考古发掘中的应用》，《考古》1994年第4期，第363~366页。

［8］　广东农林学院农学系：《我国野生稻的种类及其地理分布》，《遗传学报》1975年第2卷第1期，第31~36页；全国野生稻资源考察协作组：《我国野生稻资源的普查与考察》，《中国农业科学》1984年第6期，第27~33页。

［9］　吴耀利：《水选法在我国考古发掘中的应用》，《考古》1994年第4期，第363~366页。

［10］　《尧王城遗址第二次发掘有重要发现》，《中国文物报》1994年1月23日。

［11］　张居中等：《舞阳史前稻作遗存与黄淮地区史前农业》，《农业考古》1994年第1期。

［12］　王在德：《论中国农业的起源与传播》，《农业考古》1986年第2期，第25~32页。

［13］　叶笃正：《中国的全球变化预研究》，气象出版社，1992年。

［14］　施雅风：《中国全新世大暖期气候与环境》，海洋出版社，1992年。

（原载《考古》1996年第12期）

舞阳贾湖新石器时代遗址炭化稻米的发现、形态学研究及意义

陈报章　王象坤　张居中

一、引　　言

水稻与人类文明的发展有着极其重要的关系，关于稻作起源的研究，一直受到国内外学术界的重视[1]。中国的稻作起源问题，亦即是世界稻作起源问题，是中国农业考古学所要解决的极为重大的课题。

舞阳贾湖遗址位于中原大地河南省的中部，是新石器时代考古的重要发现，其文化内涵丰富，特色也很明显。自1983年春起，先后进行过6次发掘[2]。以出土石、骨等各种质料的生产工具等发掘材料分析，贾湖类型文化遗存的创造者，以农业为主要谋生手段，同时，狩猎、畜牧业和采集业也占有一定比例[3]，但通过多种田野考古方法都未能发现农作物遗存，仅于1991年春之后在室内整理发掘资料时，陆续在红烧土块上找到了少量稻壳印痕。为了进一步深入研究其稻作农业的性质及在当时经济生活中所占比重，研究贾湖聚落周围的稻田位置和耕作圈的范围，1993年春，在周昆叔先生引荐下，我们试图通过定性与定量分析相结合的方法研究贾湖标本中的植物硅石（Phytolith，又译植物硅酸体），以期解决上述问题。

二、遗址概况与样品采集

贾湖新石器时代遗址位于黄淮平原西南部，西侧为伏牛山，地理坐标为33°37′N，113°40′E。淮河上游支流沙河、北汝河、澧河、洪河流经该遗址临近地区。

据张居中发掘和研究，贾湖新石器时代遗址分布范围大体近圆形，总面积约55000平方米。文化层厚20～30厘米至200厘米不等，自上而下划分为4层。据出土材料可将其文化遗存划分3期，分别相当于第4层、3C层、3B层。第4层的3个^{14}C测年值分别为7960±150、7920±150和7561±125a BP，树轮校正[4]最可信插入值范围为8942～8338a BP，3C的2个^{14}C测年值分别为7137±128和7105±122a BP，树轮校正最可信插入值范围为7919～7907a BP；

3B层[14]C测年值为7017±131a BP，树轮校正最可信插入值为7868a BP。这些测年数据与该遗址的文化面貌基本一致[5]。贾湖二、三期和裴李岗文化大体同时，贾湖一期与湖南彭头山文化尤为相似，表明它们处于同一历史发展阶段。我们从分属贾湖遗址三个文化期的8个遗迹单位中，选取三类共9块样品进行分析，这9块样品分别取自探方T104、T103、T34和T9（表一）。

表一　取样层位与样品岩性描述

样品名	文化分期	位置	样品类型	岩性描述
Jh9	Ⅲ	T103/H102	房内红烧土	橘黄—砖红色，粉砂质黏土，多孔状，见多种植物叶、茎印模，见稻壳印模
Jh8	Ⅲ	T34/3B	陶器内土	灰褐色黏土质砂—粉砂质黏土，坚硬，壶底类似红烧土
Jh7	Ⅲ	T104/H174	陶器内填土	褐黄色黏土质粉砂，含姜黄色较硬土粒
Jh6	Ⅲ	T104/H174	灰坑土	深灰色灰烬层、见炭屑、具壳等
Jh5	Ⅱ	T104/H228	灰坑土	褐黄色粉砂质黏土
Jh4	Ⅱ	T104/3C	活动面土	褐黄色黏土质粉砂，含姜黄色较硬土粒，见小碎骨
Jh3	Ⅱ	T104/H229	地层中壶内土	深黑色灰烬与褐黄色粉砂质黏土混杂，见炭屑、果核，见一个1/4粒炭化花生核（？）
Jh2	Ⅰ	T9/H82	灰坑土	黑色粉砂质黏土，含较多炭屑
Jh1	Ⅰ	T9/H84	灰坑土	灰黑色黏土质粉砂［黑色灰烬与褐黄色黏土质粉砂（块）混杂］

注：除Jh1与Jh2、Jh6与Jh7属同一层段外，余Jh1→Jh9依次由老而年轻。

三、炭化稻米的发现与形态学研究

通过植硅石分析，发现取自该遗址的9块样品中存在大量水稻硅石。对水稻硅石（扇型和颖壳表皮硅石）的形态学研究表明，贾湖以粳型栽培稻为主[6]。水稻硅石和稻壳印痕的发现与研究，启示我们思索这样一个问题，即该遗址是否尚存炭化稻米？

对所分析的样品进行仔细观察，又在Jh9号红烧土样品中发现含有稻壳印痕：为进一步验证我们的推测，对全部9块样品，取1000g加入1000mL烧杯中，加满蒸馏水并加入适量NaHCO₃（控制浑浊液pH<8），搅拌、扩散36~48h，用30目孔径筛过筛。从Jh2、Jh3、Jh6号灰坑样品中筛选出炭化稻米（图一，A、B、C），特别是Jh6号样品，筛选出古稻碎末约200粒（图一，C）及比较完整的稻米近50粒。

经对43粒比较完整的古稻米仔细观察研究，发现籽粒表面多有1~2条明显隆起的脊（维管束），长、宽比（L/W）的平均值为2.38，变幅为1.88~3.53，除1粒（图一，D）L/W为3.53与野生稻的L/W有重合，有待进一步明确外，绝大多数稻米可以认定为栽培

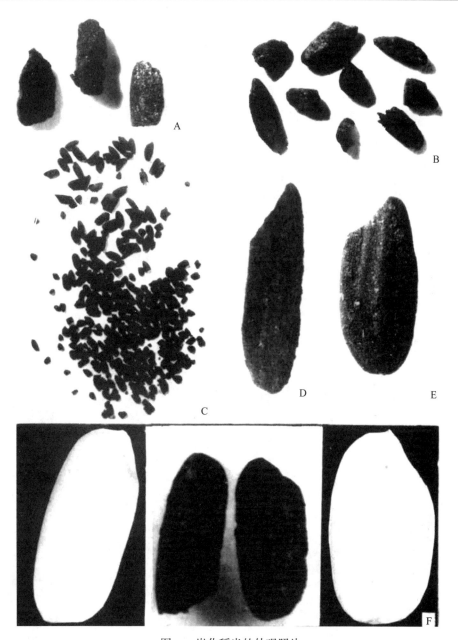

图一　炭化稻米的外观照片

A. Jh2炭化稻米；B. Jh3炭化稻米；C. Jh6炭化稻米；D. Jh6中一粒炭化野生稻米（？）；E. 表面具纹饰的炭化稻米（Jh6，放大）；F. 左：现代粳型栽培稻，中2粒：Jh6炭化稻米，右：现代籼型栽培稻

稻。其中32粒可能为粳与偏粳稻（L/W为1.88～2.48），占总数的74.4%；有10粒为籼与偏籼稻（L/W为2.50～3.00），占总数的23.3%。这与水稻硅石的研究结果基本一致[7]。

　　贾湖古稻米较现代稻米明显小些（图一，F），并且稻米群体内（图一，C）及稻米群体间（Jh2、Jh3与Jh6）的L/W值的变异幅度不大（分布于Jh2、Jh3与Jh6的3个文化期的43粒稻米的变异系数为13.13%，同一文化期标本内则小于10%），这似乎说明，贾湖古稻米比较原始。

　　所发现的贾湖古稻皆为稻米，有的稻米表面还有裂痕或烧过的痕迹，没有发现带有稻壳（内、外稃）稻谷。但有的稻米表面尚保存有稻壳脱落后而留下来的印痕遗迹（图一，E），经扫描电镜观察。见有条纹状纹饰（图二，A、C）或网状凹坑痕迹（图二，B、D），这些凹坑很可能是硅化的水稻颖壳表皮脱落成为所谓的颖壳phytolith后而留下的痕迹（图二，D）。

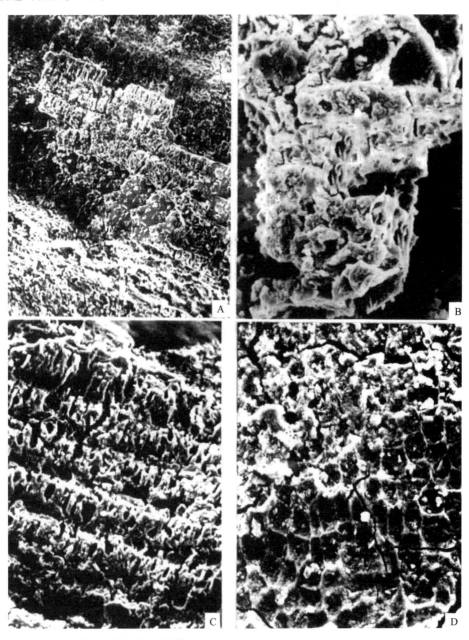

图二　Jh6炭化稻米的扫描电镜照片（A，×100；B，×1000；C，×300；D，×500）

四、讨　论

新石器时代稻作遗存对于稻作起源的研究具有特别重要的价值。迄今，我国已发现的新石器时代稻作遗存达百余处。其中80%及时代较早的浙江河姆渡（7ka BP）[8]、罗家角（7ka BP）及湖南彭头山（7.5ka～9ka BP）[9]皆分布于长江流域。

贾湖稻作遗存的发现，是黄淮平原迄今为止最早的稻作遗存，也是我国至今最早的炭化稻米（与其时代相当或稍早的彭头山仅发现稻壳印痕），比著名的河姆渡炭化稻米早一千年左右。这一发现，对于我国乃至世界稻作起源的研究，无疑具有重大意义。而且，该遗址位于一向被认为以旱作农业为主的黄淮流域，因而，对于我国早期农耕类型和农业起源的研究亦具有重要的价值。关于水稻起源，目前有"阿萨姆·云南说"[10]、"华南说"[11]、"长江下游说"[12]等。这些学说各有其立论依据，但都还不够充分。作者认为，考察水稻起源如同探讨其他农作物起源一样，应充分考虑到环境变迁的因素，并从文化生态学和农业起源机制等方面分析研究，当然同时也应重视考古资料，因为它是最有力的实证，虽然考古发现带有一定的偶然性，并且常常受到遗址保存状况和工作开展程度的制约，但它至今仍然是发现早期稻作遗存证据的主要手段。

从植硅石和孢粉分析可知，贾湖先民生活时期的淮河流域为温热多雨的北亚热带气候，完全满足了水稻生长所需的水、温、热和日照等条件（详见陈报章、张居中《河南贾湖新石器时代遗址（8ka BP）稻作遗存的发现及古文化生态学研究》）。灰河、沙河、北汝河在贾湖新石器时代遗址附近交汇，遗址文化层中含有较多水生和沼生植物硅石与孢粉，推测当时贾湖周围沼泽湖塘遍布，为水稻生长提供了得天独厚的地理环境，现今主要分布于28°N以南的多年生普通野生稻（*Oryza rufipogon* Griff.），在贾湖先民生活时期的分布北界很可能已扩展到淮河流域以北（33°N）。从文化生态学角度看，贾湖先民生活区域的自然环境十分有利于水稻栽培。

从稻作起源机制来看，同所有谷物农业起源一样，发展稻作首先是为了解决食物储存问题，以便在非收获季节仍能维持最低限度的食物供应。8.8ka～7.8ka BP时，黄淮流域水产与陆地植物资源远远不如华南和长江流域丰富。生活于长江流域以南的先民终年都可以获取足够的食物，虽然黄淮流域当时相当于北亚热带气候，夏季温热多雨，但冬季仍然较寒冷、干燥，因而在冬季难以找到充足的食物，仅靠采集和渔猎显然不能满足食物需求，且这类食物不易储存。因此，人们一旦发现了野生稻的食用价值和耐藏的优点。必定会有意识地加以培育繁殖。

由以上分析可知，也许处于古气候过渡边缘地带的淮河流域，或许应是中国稻作文化起源地的主要组成部分。当然，由于中国地域辽阔，自然条件千差万别，如同史前文化是多中心的一样，水稻起源也应是多元的、多中心的，但无论从文化生态学角度分析，还是从考古发现推测，具有鲜明过渡性的淮河流域至少应是水稻发源中心之一。

　　总之，中国水稻起源是很有意义且很复杂的问题，因为它涉及诸如考古学、生物学、古气候学、古生态学、古环境学以及人类学、民族学、历史地理学等多个学科，要解决这一问题，需要多学科密切协作，更需要有更多突破性的考古发现来证明。

注　　释

［1］　丁颖：《中国栽培稻种的起源及其演变》，《农业学报》1957年第8卷第3期，第243～260页；
　　　　严文明：《论中国稻作农业的起源》，《农业考古》1982年第1期，第19～30页；严文明：《论
　　　　中国稻作农业的起源》，《农业考古》1982年第2期，第50～54页；严文明：《再论中国稻作农
　　　　业的起源》，《农业考古》1989年第2期，第72～82页；柳子明：《中国栽培稻种的起源及其发
　　　　展》，《遗传学报》1975年第2卷第1期，第21～29页；河南省文物研究所：《河南舞阳贾湖新石
　　　　器时代遗址第二至第六次发掘简报》，《文物》1989年第1期，第1～14页。

［2］　张居中：《试论贾湖类型的特征及其与周围文化的关系》，《文物》1989年第1期，第18～20页。

［3］　游修龄：《从河姆渡遗址出土稻谷试论我国栽培稻的起源分化与传播》，《作物学报》1979年第
　　　　5卷第3期，第1～10页。

［4］　采用美国华盛顿大学第四纪中心同位素实验室提供的最新^{14}C年龄校正程序（Stuiver and Peatson,
　　　　1993）进行校正。

［5］　张居中：《试论贾湖类型的特征及其与周围文化的关系》，《文物》1989年第1期，第18～20页。

［6］　陈报章、张居中、吕厚远：《河南贾湖新石器时代遗址水稻硅酸体的发现及意义》，《科学通
　　　　报》1995年第4期。

［7］　陈报章、张居中、吕厚远：《河南贾湖新石器时代遗址水稻硅酸体的发现及意义》，《科学通
　　　　报》1995年第4期。

［8］　浙江省博物馆自然组：《河姆渡稻作遗存的鉴定研究》，《考古学报》1978年第1期，第95～107页。

［9］　湖南省文物研究所：《湖南彭头山新石器时代早期遗址发掘简报》，《文物》1990年第8期，第
　　　　17～29页；谢崇安：《彭头山史前稻作遗存的发现及其意义》，《农业考古》1991年第1期；
　　　　裴安平：《彭头山文化的稻作遗存与中国史前稻作农业》，《农业考古》1989年第2期，第
　　　　102～108页。

［10］　柳子明：《中国栽培稻种的起源及其发展》，《遗传学报》1975年第2卷第1期，第21～29页；
　　　　Oka Hl. Origin of Cultivated Rice. Tokyo: Japan Scientific Societies Press, 1988.

［11］　丁颖：《中国栽培稻种的起源及其演变》，《农业学报》1957年第8卷第3期，第243～260页。

［12］　严文明：《论中国稻作农业的起源》，《农业考古》1982年第1期，第19～30页；严文明：《论
　　　　中国稻作农业的起源》，《农业考古》1982年第2期，第50～54页；严文明：《再论中国稻作农
　　　　业的起源》，《农业考古》1989年第2期，第72～82页。

（原载《中国水稻科学》1995年第9卷第3期）

舞阳贾湖炭化稻米粒型再研究

张居中　蓝万里　陈微微　王　玉　徐　冰　刘　嵘

一、引　　言

舞阳贾湖遗址是我国新石器时代前期的重要遗址，地理坐标为东经113°40′，北纬33°36′，海拔67.5米，位于河南省中部偏南，地处黄淮海大平原的西南部边缘，经年代学研究，其年代跨度为9000~7500a BP。遗址中大量炭化稻米的发现，对稻作文化的起源与发展的研究具有重要价值[1]。

此前，王象坤等对贾湖炭化稻进行粒型研究后认为：贾湖稻米不仅比较原始，且在粳籼分化的程度方面也是较低的。偏籼型所占的百分比例大（37.3%），其次是中间型和偏粳型（各占23.4%）。从不同期别来看，<2.3的偏粳型稻米有逐渐增多的趋势（一期只占6.2%，二期占7.1%，三期则占36.0%）[2]；而陈报章对贾湖炭化稻进行粒型分析后认为，偏粳稻占总数的74.4%，偏籼稻占总数的23.3%[3]，如此迥异的结果很可能因为当时浮选的材料有限，偶然性较大，致使有人对其粒型的解释产生歧义[4]。鉴于此，有必要对此进行进一步的研究，理清贾湖古稻的粒型特点，以利于淮河流域乃至全国稻作起源研究。

二、材料和方法

2006年至2007年，我们选取了贾湖遗址12个单位的14份土样进行小规模的浮选。

14份土样分别取自：T160AF50、T40F51、T113H112、T104H174、T104H229、T107BH465②、T110AH466①、T41H472、T115AH478、T110AH479、T43H483、T41H494。其中T106AF50、T40F51、T107BH465②、T110AH466①、T41H472、T115AH478、T110AH479、T43H483、T41H494土样出自2001年的第7次发掘。为与原结果进行对比研究，还选取了80年代发掘T113H112、T104H229和T104H174时收集的3份土样，分别属于贾湖遗址的一、二、三期（表一）。

每个抽样单位抽取500克土样进行浮选，浮选后选出完整的稻米逐粒测量其长、宽、厚度，计算出长宽比、长宽厚乘积的立方根，用以估计粒型指数、粒重指数并进行统计分析。

表一　贾湖炭化稻米数量统计表

单位	期别	浮选出完整稻米粒数
T104H174	三	209
T41H472	二	5
T40F51	二	20
T104H229	二	6
T110AH466①	一	1
T113H112	一	5
T115AH478	一	302
合计		548

三、结果及分析

浮选得到的所有水稻遗骸均为炭化稻米，未见稻谷及稻壳。少数稻米上带有稻壳残片。部分稻米上有因局部受到高温而膨胀起泡的现象，推测可能系在烹饪中落入火堆或其他原因所致。测量数据统计如表二。

表二　贾湖遗址炭化稻米的长、宽和长宽比　　　　　　　（按单位分类）

单位	分期	粒数	平均值					
			平均长（mm）	范围（mm）	平均宽（mm）	范围（mm）	厚（mm）	长/宽
T104H174	三	209	4.77	5.78～3.86	2.07	2.39～1.59	1.49	2.32
T41H472	二	5	4.66	5.22～4.0	2.05	2.3～1.65	1.65	2.28
T40F51	二	20	4.97	5.88～4.42	2.41	2.86～1.88	1.73	2.09
T104H229	二	6	4.91	5.32～4.28	1.92	2.27～1.42	1.62	2.62
T110AH466①	一	1	4.59		1.89		1.51	2.43
T113H112	一	5	4.93	5.13～4.46	1.93	2.12～1.64	1.42	2.57
T115AH478	一	302	5.17	6.40～4.22	2.28	2.85～1.56	1.65	2.29

本次测量古稻长的范围为3.86～6.4毫米，宽的范围为1.42～2.86毫米，厚度范围为1.07～2.3毫米。长宽比变幅为1.68～3.38，绝大部分分布在1.9～2.7，大于3.0的只有2粒。

本次实验选择的样本覆盖贾湖遗址早中晚三期，希望能得到完整详尽的粒型数据，但结果显示，浮选获得的古稻的分布不均匀，H174和H478两个单位的稻米占了总数的93%（表一），其他各单位相比之下数量太少，偶然性过大，从表二中也可看出，这些单位的平均长宽比与所在分期的总平均值相差太大，不能代表该分期的稻米形态，这也说明了为何王象坤、陈报章二位先生会得出不同的结论。此次浮选中，H478、H174两个单位出土稻米丰富，而第二期单位浮选中得到的炭化稻米数量较少，不足以说明问题，因此，本文着重以H478、H174作为一、三期的代表进行分析。

从表三可以看出，与贾湖一期相比，三期的炭化稻米无论长、宽、厚还是粒重指数，都有明显的下降。稻米形态各项指标的下降性变化，不可能是人工选择的结果，因为人们在选种时只会挑选粒大而饱满的个体。在人们主要信赖自然资源和条件获取生活必需品的贾湖人生活时期，其他诸如气温、降雨量等环境因素的变化更有可能影响水稻的生长。

表三 贾湖遗址炭化稻米的长、宽、厚和粒重指数 （按分期分类）

分期	长（mm）		宽（mm）		厚（mm）		粒重指数	
	平均值	标准差	平均值	标准差	平均值	标准差	平均值	标准差
三	4.77	0.346	2.07	0.188	1.49	0.115	2.45	0.158
二	4.90	0.428	2.26	0.338	1.70	0.208	2.71	0.247
一	5.16	0.403	2.28	0.253	1.65	0.157	2.68	0.192

经反复测量的数量显示，贾湖古稻的长宽比具有多样性，广泛分布在1.9～2.7之间。<2.3的所占比例最大，为50%，且从一期到三期，此区间的分布变化不大（表四），而相对于一期，三期处于2.5～3.5区间的百分比减少，2.3～2.5区间的百分比增加，总体看来，长宽比有变小的趋势。

表四 贾湖遗址炭化稻米的长宽比分布

分期	长宽比分布						长宽比		
	<2.3		2.3～2.5		2.5～3.5				
	粒数	百分比（%）	粒数	百分比（%）	粒数	百分比（%）	平均值	标准差	CV（%）
三	103	49.3	65	31.1	41	19.6	2.32	0.219	9.44
二	19	61.4	6	19.3	6	19.3	2.22	0.383	—
一	156	50.6	82	26.6	70	22.7	2.29	0.276	12.05

注：CV为变异系数。

四、几点认识

1. 粒型多样性——早期人工栽培的特征

尽管用炭化稻米的长宽比指数来定性其分类属性，具有很大的不确定性，但因材料的特点决定，目前还没有其他更为行之有效的方法，人们对出土的古代炭化稻米定性的常用方法仍然是其长宽比。现在栽培稻中的两个亚种以及栽培稻与野生稻之间在长宽比方面确实存在一定区别，按照目前主要的判别指标，一般长/宽<2.3为粳型稻，长/宽为2.31～2.5为籼粳中间型，长/宽为2.51～3.5为籼型，其中3.0～3.5的部分可能含有不典型的

野生稻型，长/宽>3.51的为典型普通野生稻[5]。本次实验所得贾湖古稻长宽比变幅为1.68~3.38，平均值2.3，大于3的只有两粒，没有发现典型的野生粒型，再次验证了贾湖古稻的栽培稻属性。

近年来新石器时代稻作遗存及现代野生稻的研究表明，长宽比在其变幅内普遍存在多样性分布，这在贾湖古稻中也是一个明显现象。曾经有人因此而怀疑古稻的人工栽培属性，认为这是粳籼未分化的野生稻特性。根据近年来新石器时代稻作遗存及现代野生稻的研究，认为恰恰相反，粒型上的多样性是古稻进入人工栽培阶段的重要标志，是稻作农业早期阶段的重要特点，同时也说明了贾湖古稻作为栽培稻的原始性。

直接演化成原始栽培稻的近缘祖先型野生稻，应该是多年生普野，以植株或宿根越冬并以无性繁殖方式为主，单株种子生产力低[6]，因此遗传性状稳定，长宽比分布较单一，这在现存野生稻中也表现明显。例如近年来由汤凌华收集的广西野生稻的粒型资料，100粒野生稻，长宽比范围2.62~3.57，平均值3.08，标准差0.17，变异系数5.5%，远小于贾湖古稻。野生稻经由人类驯化后，转变为一年生草本，以两性繁殖方式为主，通过种子产生后代，变异分化速度大大加快，而变异是没有方向性的，在没有人工选择压力存在的情况下，必然会形成长宽分布多样化的现象。目前发现的大部分新石器时代早期稻作遗存都存在着这种现象，从早期的彭头山、八十垱到稍晚的河姆渡、龙虬庄等莫不如此[7]。在环境变化的情况下，环境压力和人工选择会使水稻种群向适应环境和人类需要的方面发展，这样就产生了粳籼的分化——抗寒的粳稻与耐热的籼稻，粳稻与籼稻彻底分化，长宽比分布再度变得单一，但这已经是相当晚的事情。至少，至今仍未发现新石器时代前期的稻作遗存出现明显分化的现象。因此，长宽比分布的多样性是栽培稻驯化早期的特点之一，或者可以进一步说，是新石器时代前期稻作农业的特点之一。多样性越强，说明选择压力越小。从已发现的稻作遗存来看，在新石器时代，至少到河姆渡文化时期，普遍存在着水稻粒型多样化现象，说明人类尚未对水稻的粒型进行有意识的选择，水稻的粳籼分化，只是在外界环境的影响下，缓慢地进行着。

关于小粒稻问题，郑云飞等已进行过深入研究[8]，此外，我们还需分清两个不同的概念，即不能把不成熟的稻粒和小粒品种混为一谈！稻粒的成熟与不成熟的判别标谁，不是粒型的大小，而应是粒型的发育程度，即是否饱满；小粒稻的特征是成熟后粒型仍然较小，而不成熟的稻粒虽然较短，但形体稍宽，应是顶端发育未完成所致；这是两者外形上的区别，两者的根本区别，前者是稻种在驯化过程中形成的变异品种，后者则是在稻种尚未完全成熟时收获导致发育停滞所致，而这正是稻种由落粒到不落粒在驯化过程中人工干预的直接证据。

2. 稻米粒型的演——目前稻作农业考古中的一些问题

长宽厚是直接衡量稻米粒型的参数，本文还使用了一个粒重指数，即长宽厚乘积的立方根，作为衡量稻米的重量指标[9]。从测量到的数据看来，贾湖三期比起一期，稻米的长宽厚及粒重指数都有了明显的下降。这些参数的变化，说明着稻米的变小，粒重降低，在稻种的驯化史上呈现出一种倒退现象。出现这一现象的原因何在呢？稻米粒型变小，意味着收获同等重量的粮食要付出更多的劳动，显然非人类所愿，因此不可能是人工选择的结果。那么就只能是在自然因素影响下出现的现象。

贾湖遗址的分期年代范围为：一期9000～8500a BP，二期8500～8000a BP，三期8000～7500a BP[10]。据施雅风等研究，进入全新世后，9ka BP温度已稍高于现代，8.7ka～8.5ka BP间，温度急升至4.5℃，降水也有所增加，适合稻作农业的发展。8.5ka BP前的急剧升温所示的气候突变会导致严重灾害，不利于生物繁衍和人类发展[11]。贾湖人类也受到了这一变化的影响，引起社会生产生活上的一系列改革，导致一期文化向二期的转变，表现在陶器、墓葬等文化遗存特征的变化上[12]。8.5ka～7.2ka BP，以不稳定的由暖变冷的温度波动为特征。江苏建湖剖面孢粉资料显示8.5ka～8ka BP平均气温较今高1.4～1.7℃，以后气温逐渐下降，至7.6ka BP比今低0.1℃[13]。植被类型一时之间可能不会产生剧烈变化，但气温和降水的变化应是迅速的，稻作农业也必然会受到冲击，稻种的驯化进程也必然会受到影响，表现为前述的三期稻米粒型指数变小的现象。

长宽比是粒型研究的一个重要参数，测量数据显示，从贾湖一期到三期，总体平均没有显著差异。但2.3～2.5区间的稻米比例增加，>2.5的比例减少，变异系数亦变小，存在着细长粒向短圆粒发展的缓慢趋势，说明了粒型多样性的逐渐减少和选择压力的增加。总体平均值的相似，说明当时人类对稻米的人工选择压力小，而向短圆粒发展的趋势，则是环境选择压力的结果。粳稻喜寒而籼稻喜暖，虽然表现型与基因型不能等同，迄今尚未曾通过分子生物学手段来分析古稻与粳籼亚种的亲缘关系，但仍可猜想长宽比与水稻的抗寒性可能存在着联系，在逐渐降温的气候条件下，环境压力使得抗寒力强，长宽比小的稻米所占比例增加。从而表现出三期稻米短圆化的趋势。

以上是结合古环境研究，对本次实验数据反映的现象做出的分析与解释。但是，这样的数据却让我们感到困惑，在以前对贾湖稻米的研究中，得到的数据表示，从一期到三期，稻米粒型变大，当时解释是随着农业的发展，耕作技术进步，稻米向大粒化发展。而此次实验却得出了完全不同的结果，这给我们提出一个新的启示，也是目前考古研究中普遍存在的问题——如何对待考古样品的偶然性问题？

考古学是一门存在缺憾的科学。考古发掘获得的遗物再丰富，也只是遗留下来的当时物品的一部分，通过对遗物研究复原古代历史，得到的结果与真实的历史的接近程度，是我们难以估计的。古人不可能把宝贵的食物随意丢弃，考古发掘出土的稻作遗存，大多是在废弃的房基、灰坑等遗迹的堆积物中发现的已炭化的稻谷、稻米、稻草、谷糠及其植硅石等，为古人偶尔洒落的结果，不仅量少，且分布不均。本次实验的样品，93%集中在H478和H174两个灰坑中的，一、三期的对比，相当于这两个灰坑的对比，其他灰坑的样品数量太少，对结果几乎无影响。那么这两个灰坑真能代表两个文化上千年的时间内稻作农业的发展状况吗？灰坑的使用时间不长，里面的稻米遗存也就反映该灰坑对应的某年或几年的信息，那么这几年的气候，包括降水、气温等对稻米的影响非常大，使用不同灰坑的样品，有可能得到完全不同的结果。譬如代表第三期的H174，出土炭化稻米的测量数据与原报告发表的数据虽稍有差异但变化不大，应在重复测量的误差范围之内，而造成相反结果的主要是代表第一期的H478，其中出土炭化稻米的测量数据比原报告发表的代表第一期的H187出土炭化稻米的测量数据明显大出许多。当然，原发表的H187数据仅是16粒炭化稻米所测，其代表性远非H478所测302粒得出的数据可比。但也不能排除H187所出炭化稻米群体确实本来就较小的可能性。考古样品的限制，使我们不可能考察整个期别时间跨度内的情况，只能根据现有数据进行分析。因此，要求我们谨慎地对待实验数据，切不可犯以偏概全的错误。历史真实应是非常复杂的，不是简单的几次实验，几条规律能够描述的了的。如何进一步地贴近真实，是对我们的一大挑战。

3. 贾湖与八十垱——多元起源

农业起源初期，发展农业的目的首先是为了解决食物储存的问题，使得在非收获季节能够保证提供生存所需的食物。贾湖遗址代表的是一个处于"似农非农"阶段，以采集渔猎为主、稻作农业和家畜饲养为辅的社会，稻作农业作为一种次要的生业形式，还处在非常原始的发展阶段。对于贾湖这样一个原以采集渔猎为主的人群，需要一个外部环境的剧烈变化，才会促使贾湖古人通过栽培农作物来扩大食物来源。8.9ka～8.7ka BP的强低温事件，使得当时生活在亚热带的与暖温带气候过渡带的贾湖先民在冬春季获取食物变得困难，产生生存压力，紧接而来的8.7ka～8.5ka BP的急剧持续升温，为人类解决食物储存问题提供一良机，为贾湖稻作农业的产生与发展提供了内在动力和外部条件。

与贾湖大体同时的彭头山文化的稻作农业遗存研究也显示，"8000年前的古栽培稻是一群从普通野稻中刚演化出来不久的近野原始性信息"[14]八十垱古稻带有部分的野生稻特征，粒型特征总体偏籼，与贾湖古稻大不相同。又如前所述，在新石器早期的原始栽培环境下，古稻定向进化的速度非常慢，这两个历史不长的稻作系统之间，不可能存在承继关系。贾湖古稻与八十垱古稻应有着不同的演化轨迹，说明它们可能有着不同的起源与发展路线。八十垱古稻也极有可能起源于这段时间。

通过以上的分析可以认为，贾湖遗址所在的淮河流域可以满足稻作农业起源的内在和外在的条件，至少是与长江流域并列发展的稻作农业起源地的组成部分之一。

注　释

［1］河南省文物考古研究所：《舞阳贾湖》，科学出版社，1999年。

［2］王象坤、张居中等：《中国稻作起源研究上的新发现》，《中国栽培稻起源与演化研究专集》，中国农业大学出版社，1996年。

［3］陈报章、王象坤、张居中：《舞阳贾湖新石器时代遗址炭化稻米的发现、形态学研究及意义》，《中国水稻科学》1995年第9卷第3期，第129～134页。

［4］ 秦岭、傅稻谦、Harvey E：《河姆渡遗址的生计模式——兼谈稻作农业研究中的若干问题》，《东方考古（第3集）》科学出版社，2006年，第307～350页。

［5］ 王象坤、孙传清：《中国栽培稻起源与演化研究专集》，中国农业大学出版社，1996年。

［6］ 王象坤：《中国稻作起源研究中几个主要问题的研究新进展》，《中国栽培稻起源与演化研究专集》，中国农业大学出版社，1996年。

［7］ 张文绪、裴安平：《澧县梦溪八十垱出土稻谷的研究》，《文物》1997年第1期；汤圣祥、佐藤洋一郎、俞为洁：《河姆渡炭化稻中普通野生稻谷粒的发现》，《农业考古》1994年第3期；汤陵华、张敏等：《高邮龙虬庄遗址的原始稻作》，《作物学报》1996年第5期。

［8］ 游修龄、郑云飞：《从历史文献看考古出土的小粒炭化稻米》，《中国农史》2006年第1期。

［9］ 汤陵华、张敏等：《高邮龙虬庄遗址的原始稻作》，《作物学报》1996年第5期。

［10］ Yang X Y, Kadereit A, Wagner G A, et al. TL and IRSL Dating of Jiahu Relics and Sediments: Clue of 7th Millennium BC Civilization in Central China. Journal of Archaeological Science, 2005, 32: 1045-1051.

［11］ 施雅风、孔昭宸等：《中国全新世大暖期气候与环境》，海洋出版社，1992年。

［12］ 河南省文物考古研究所：《舞阳贾湖》，科学出版社，1999年。

［13］ 唐领余等：《江苏建湖庆丰剖面1万年来的植被与气候》，《中国科学（B辑）》1993年第23卷第6期，第637～643页。

［14］ 湖南省文物考古研究所：《彭头山与八十垱》，科学出版社，2006年。

（原载《农业考古》2009年第4期）

河南贾湖新石器时代遗址水稻硅酸体的发现及意义*

陈报章　　张居中　　吕厚远

　　本文分析了取自贾湖遗址新石器时代早期文化层的9块样品,皆发现了大量水稻硅酸体。通过其形态特征研究,可判断出以栽培稻粳亚种为主。

一、材料与方法

　　贾湖遗址位于舞阳县县城北22千米的贾湖村东,文化层厚几十厘米至两米不等,以探方T23东壁剖面为例,可分为7层(图一)。其文化遗存可划分为3期,分别相当于第4层、3C层和3B层。第4层的3个^{14}C测年值分别为(7960±150)、(7920±150)和(7561±125)a BP,树轮校正[1]最可信插入值范围为8942～8338a BP,3C层的2个^{14}C测年值分别为(7137±128)和(7105±122)a BP,树轮校正最可信插入值范围为7919～7907a BP,3B层^{14}C测年值为(7017±131)a BP,树轮校正最可信插入值为7870、7868和7801a BP。

　　本文所研究的9块样品分别取自以上3期文化层(图一)。

　　称取10g,碎样→加入适量H_2O_2,沸腾后加适量5%～10%稀盐酸沸煮10min→蒸馏水洗清酸液→2.35g重液浮选→制片、鉴定。

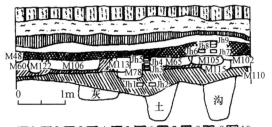

图一　探方T23东壁文化堆积剖面及取样层位

1.第4层,深黄色粉砂质黏土　2.3C层,绿灰色粉砂质黏土　3.3B层,黑灰色粉砂质黏土　4.3A层,灰褐色黏土　5.2B层,浅黄色黏土　6.2A层,浅黄色粉砂质黏土　7.农耕土　8.取样层位　9.样品编号　10.墓葬坑

* 国家自然科学基金资助项目。

二、分 析 结 果

可鉴定为稻属（*Oryza*）的硅酸体有三种类型，即特征扇型[2]、平行排列状哑铃型[3]（其长轴与叶片长轴垂直）和颖壳硅酸体[4]。该遗址全部9块样品皆发现了大量起因于水稻叶片表皮机动细胞的特征扇型硅酸体[5]和呈特殊排列状的哑铃型短细胞硅酸体（图二），Jh2、Jh3、Jh6、Jh9号样发现有较多特征的水稻颖壳硅酸体（图二）。

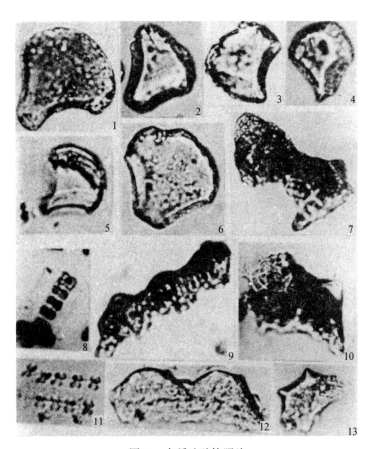

图二　水稻硅酸体照片

1. Jh6扇型硅酸体，×600　2、4. Jh6扇型硅酸体，×480　3. Jh9扇型硅酸体，×480　5. 普通野生稻（产地：江西东乡）扇型硅酸体，×480　6. Jh2扇型硅酸体，×480　7、9. Jh2颖壳硅酸体，×240　8. Jh2哑铃型硅酸体（平行排列状），×240　10. Jh6颖壳硅酸体，×240　11. 普通野生稻哑铃型硅酸体（平行排列状），×240　12、13. 栽培稻粳亚种（品种名：巴利拉）颖壳硅酸体，×240

水稻颖壳表皮细胞几乎全部被硅化，其硅酸体形态是一种特征的表皮细胞被硅化的聚合体。Watanabe将其描述为中空隆起，边缘具有很特别的乳头状突起[6]。Pearsall认为经驯化的栽培稻的乳头状突起较野生稻明显（1993，私人通信）。本文通过现代稻壳样品的分析后发现，稻壳硅酸体的形态可描述为：泡-网纹状丘形隆起，具光滑波状的外壁边缘（图二-12），在隆起部位往往具双乳头状突起。栽培稻粳亚种（*O. sativa* L. subsp. *Keng* Ting）的乳头状突起小且钝（图二-13），而籼亚种（*O. s.* L. subsp. *hesien* Ting）的乳头状突起大且尖，普通野生稻（*O. rufipogon* Grift）的特征介于籼、粳之间[7]。本遗址所见的稻壳硅酸体（图二）多近于粳稻的特征。

加藤茂苞等将现代栽培稻（*O. sativa*）划分为印度亚种（*O. s. indica*）和日本亚种（*O. s. japonica*）[8]，约分别相当于中国的籼、粳。藤原宏志等研究了大量各种类型水稻扇型硅酸体后发现，印度亚种多为"薄而圆的小型"（α型，图三b），日本亚种多为"厚而尖的大型"（β型，图三c）[9]。佐藤（1990）研究了96个水稻品种，测量了大量水稻扇型硅酸体 a，b，c，d 形态参数（图三a），采用判别式 $Z=0.049(a+b)-0.019c+0.197d-4.792(b/a)-2.614$ 判别发现，印度亚种多属 $Z<-0.5$ 的α型，误差<8%，日本亚种多属 $Z>0.5$ 的β型，误差<6%；$Z=-0.5\sim0.5$ 的α、β过渡型占25%，且无法区别其亚种[10]。

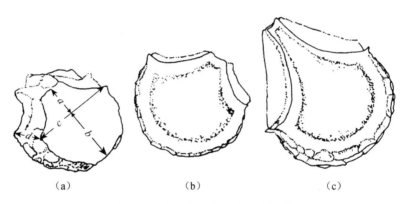

（a）　　　　　　　　　（b）　　　　　　　　　（c）

图三　水稻扇型硅酸体度量和类型

（a）测量参数；（b）α型；（c）β型

为了判别贾湖遗址水稻亚种类型，对Jh2、Jh3、Jh6、Jh9号样品第二次取30g分析，不做固定薄片，直接在载玻片上观察，以便于测量 a、b、c、d 形态参数。每块样品都统计出30粒以上特征的水稻扇型硅酸体，利用佐藤判别式判别发现，籼稻（α型）占22%，粳稻（β型）占49%，过渡型占29%。

从水稻扇型和颖壳硅酸体的形态学研究推测，贾湖先民可能以种植粳稻为主。

受硅酸体研究的启发，通过扩散筛选法从Jh2、Jh3、Jh6号样品中筛选出大量炭化稻米（图四），经王象坤教授鉴定，多为粳与偏粳稻[11]。此外，Jh9号样品中发现有稻壳印痕，通过扫描电镜观察、研究，发现多数印模形态与栽培粳稻相似[12]。这就进一步验证了水稻硅酸体的研究结果，即贾湖以粳与偏粳型栽培稻为主。

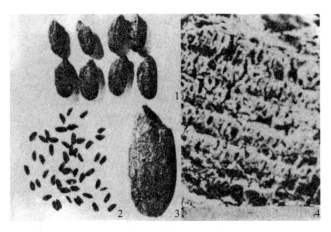

图四　贾湖Jh6号样炭化稻米照片

1. 约×2.1；2. 约×0.6；3. 约×6；4. SEM电子版，×180

三、讨论与意义

采自3个文化层的9块样品皆发现大量水稻硅酸体，并发现了炭化稻米和稻壳印痕，该遗址所发现的水稻遗存当属栽培稻无疑。另外，该遗址出土有大量石斧、石铲、骨耜、齿刃状石镰、石磨盘和石磨棒等原始农具，具备了从砍伐树木、铲地、收割稻穗到研磨稻谷的一整套功能。由此不难看出，贾湖先民已创造了具有相当规模和相当发育程度的稻耕文化。

贾湖稻耕文化的发现将黄淮地区水稻栽培史至少上推了两千多年，而且对长江下游、华南、云贵高原为中国栽培稻起源地之说提出了疑问。它不仅是黄淮流域稻耕农业的最早证据，也是现阶段世界上最早的稻耕资料之一，具有特别重大的意义。贾湖一期与迄今我国所发现的最早稻耕遗存的彭头山文化处于同一历史发展阶段[13]。从原始文字和七声音阶乐器——骨笛的发明来看，贾湖先民与同时期的各个部族相比，居于先进的地位[14]。同时考虑贾湖先民生活区域古气候过渡的边缘效应[15]，可以推论贾湖先民开始稻耕农业的时间应略早于彭头山先民，淮河流域很可能是我国稻耕农业发源地或发源中心之一。

致谢： 文中[14]C测年由北京大学、国家文物局和国家地震局完成；北京大学薛佳、周春元先生协助拍摄照片；北京农业大学王象坤教授提供现代水稻样品、鉴定炭化稻米并给予热情指导；写作过程中曾与北京大学姜钦华、中国科学院地质研究所吴乃琴、中国科学院古脊椎动物与古人类研究所同号文博士进行过有益的讨论，中国科学院古脊椎动物与古人类研究所贾兰坡、北京大学严文明、安泰痒、任明达教授、王宪曾副教授，中国科学院地质研究所周昆叔，中国科学院植物研究所孔昭宸研究员给予了热情指导与帮助，谨此致谢。

注　释

［1］　采用美国华盛顿大学第四纪中心同位素实验室提供的最新[14]C年龄校正程序（Stuiver and Pearson，1993）进行校正。

［2］　藤原宏志、佐佐木章：《づうこト一オバ-IV分析法の基础研究（2）一イネ（Oryza）属植物にあけ为机动细胞硅酸体の形态》，《考古学て自然科学》1978年第11期，第9～19頁。

［3］　Metcalfe C R. Anatomy of the Monocotyledons I. Gramineae. London: Oxford University Press, 1960.

［4］　Watanabe N. Spodographic Evidence of Rice from Prehistoric Japan. Journal of the Faculty of Science of Tokyo, 1968, 5(3): 217～235；陈报章、王象坤：《水稻颖壳硅石的初步研究及其意义》，《中国水稻科学》1995年第4期。

［5］　除水稻外，能够产生扇型硅酸体的植物数以千种，绝大多数植物种的扇型硅酸体与水稻扇型硅酸体形态很容易区别，但据吕厚远等（1994）研究发现，芦竹亚科的芦竹扇型硅酸体形态与水稻扇型硅酸体极为相似（通过形态参数差别而被误判为水稻），因而，鉴定时应注意观察其细小纹饰与弧度特征，水稻扇型硅酸体以半圆面上具浅浅的鱼鳞状纹饰、整个半圆的弧度较圆滑而区别于芦竹扇型硅酸体。另外，虽然黍亚科个别种的扇型硅酸体也有鱼鳞状纹饰，但它的形态（a、b、c、d参数）与水稻扇型差别很大，易于区分。

［6］　加藤茂苞、小坂博、原史六：《亲种植物の结实度まつ见た为稻品种の类缘に就て》，九州帝国大学农学部作物学教室，1928年，第32～41頁。

［7］　陈报章、王象坤：《水稻颖壳硅酸体的初步研究及其意义》，《中国水稻科学》1995年第4期。

［8］　加藤茂苞、小坂博、原史六：《亲种植物の结实度まつ见た为稻品种の类缘に就て》，九州帝国大学农学部作物学教室，1928年，第32～41頁。

［9］　藤原宏志、佐佐木章：《づうこト一オバ-IV分析法の基础研究（2）一イネ（Oryza）属植物にあけ为机动细胞硅酸体の形态》，《考古学て自然科学》1978年第11期，第9～19頁。

［10］　安泰痒：《植硅石及其应用》，1993年。

［11］　陈报章、王象坤、张居中：《贾湖新石器时代遗址炭化稻米的发现、形态学研究及其意义》，《中国水稻科学》1995年第3期。

［12］　张居中、孔昭宸、刘长江：《舞阳史前稻作遗存与黄淮地区史前农业》，《农业考古》1994年第1期，第68～77页。

［13］　张居中、孔昭宸、刘长江：《舞阳史前稻作遗存与黄淮地区史前农业》，《农业考古》1994年第1期，第68～77页。

［14］　张居中：《试论贾湖类型的特征及其与周围文化的关系》，《文物》1989年第1期，第18～20页。

［15］　陈报章、张居中：《河南舞阳贾湖新石器时代遗址稻作遗存的发现及古文化生态学研究（研究报告）》，1994年。

（原载《科学通报》1995年第40卷第4期）

贾湖遗址2001年度浮选结果分析报告[*]

赵志军　张居中

前　言

　　贾湖遗址位于淮河上游地区的河南舞阳县境内，遗址范围达5万平方米以上，^{14}C测定年代在距今9000～7800年。20世纪80年代，河南省文物考古研究所曾对贾湖遗址进行了6次发掘，从中清理出了房址、灰坑、墓葬、窑址等重要遗迹现象，出土了大量的各种珍贵文物[1]。

　　值得关注的是，在贾湖遗址出土的石器中包括有石镰、石刀和石铲等可能用于农耕生产的石制工具，另外，出土的一件用猪肩胛骨修整而成的骨耜，其形状和使用痕迹与河姆渡遗址出土的用牛肩胛骨制成的骨耜十分相似，功能也应该相同。更为重要的是，通过几次发掘先后出土了数千粒炭化稻米，经初步鉴定大部分属栽培稻。综合以上因素分析，距今9000～7800年间的贾湖人应该掌握了初步的农耕生产技术，稻谷种植有可能已经成为贾湖先民经济生产活动中的一部分。

　　但是，开始农耕生产并不代表人类社会已经发展到了农业经济阶段。作为人类社会发展史中经济形式的演变，农业经济是由采集狩猎经济转化而成的，这是一个漫长的渐变过程，不是一场非此即彼的变革[2]。那么，距今9000～7800年间的贾湖社会经济形式到底处在一种什么样的发展阶段呢？具体地讲，稻作农业是否已经成为了贾湖人经济生活的主体？为了回答这一问题，我们于2001年再次对贾湖遗址进行了发掘，同时开展了系统的浮选工作，以获取可供开展多科学分析研究的植物遗存资料。

　　由于在20世纪80年代的发掘中已经出土了包括稻米在内的多种植物遗存，因此发现植物遗存不再是2001年度浮选工作的主要目的。此次浮选工作的目的是，通过科学地采集样品和开展系统地量化分析，认识出土植物遗存与贾湖先民生活之间的关系，即不同植物遗存种类在贾湖人生活中的地位和作用，并据此探讨贾湖人的经济生产活动和生活方式。

　　* 中国国家自然科学基金资助项目（资助号：40472087）。

一、采样和浮选

浮选样品的采集方法与研究的目的是紧密相关的。此次浮选工作的研究目的是认识各种植物遗存与贾湖先民生活之间的关系，因此，采集到的浮选样品首先要达到一定的数量，以便从中能够获取数量和品种都比较充足的植物遗存，而后进行科学的量化分析和比较；其次是这些浮选土样的来源必须具备很强的普遍性和代表性，因为科学的量化分析所依据的不仅仅是植物遗存出土的绝对数量，而更重要的是其在遗址中的埋藏规律和分布范围。

根据前几次发掘的经验，贾湖遗址埋藏的各种遗迹现象比较丰富，因此，我们决定采用针对性采样方法进行浮选样品的采集[3]。具体做法是，伴随发掘过程，对所发现的所有遗迹单位，包括房址、灰坑、墓葬等，都进行浮选土样的采集；如果遇到较大的遗迹单位，其堆积可再细分层的话，则逐层分别取样。在发掘结束前，我们还有选择性地在一些探方的剖面上采取了系列的地层土样。最后累计采集到了浮选土样125份，总土量达4800余升，平均每份样品的土量约为38升。

浮选土样的采集背景以灰坑的数量最多，共计81个单位，地层和墓葬土样相对较少，分别为23个和18个，另外还有三个房址的土样。这125个遗迹单位或采样点分布在10余个探方内，几乎涉及了此次发掘的所有区域，所以，这批浮选土样基本可以代表此次发掘范围内植物遗存的埋藏状况。

浮选工作是在发掘现场进行的，采用的是小水桶浮选方法。具体做法是，将一个容积为20升的塑料水桶盛水至三分之二处，加入适量的小苏打搅匀，然后将土样撒入桶内，用木棍轻轻搅动，待炭化物质浮出水面后将上浮液通过一个规格为80目（0.2毫米孔径）的分样筛倒入另一个水桶内，如此反复几遍，收入分样筛内的炭化物质即为浮选结果。

小水桶浮选方法虽然简易，但效率不高，浮选速度较慢。然而此次在贾湖采集到的浮选样品的土量却比较丰富。因此，为了提高效率，按时完成田野工作，我们决定将每份土样的浮选土量控制在5升，对剩余的土则采用了水洗的方法继续提取植物遗存。

浮选和水洗的结果在当地经过阴干后被运回中国社会科学院考古研究所的植物考古实验室进行分类和植物种属鉴定工作。

二、浮选结果的鉴定与分析

通过实验室的整理和分类，在贾湖遗址浮选样品中所发现的炭化植物遗存可分为炭化木屑、块茎残块、硬果壳核和植物种子四大类（表一）。

表一　贾湖遗址浮选结果统计表

	一期（34）	二期（63）	三期（28）	合计（125份浮选土样）
植物种子				
稻谷（*Oryza sativa*）	324	78		402
野大豆（*Glycine soja*）	548	32	1	581
马唐属（*Digitaria* sp.）	1247	958		2205
稗属（*Echinochloa* sp.）	53			53
早熟禾亚科（Pooideae）	1	1		2
黍亚科（Panicoideae）	6	2		8
葡萄属（*Vitis* spp）	92	10	8	110
构树（*Broussonetia payrifera*）	23	2	1	26
苘麻（*Abutilon theophrasti*）	1			1
蓼属（*Polygonum*）	13	14		27
藜属（*Amaranthus*）	129			129
莲属（*Nelumbo* spp）		1	1	2
榉属（*Zelkova* spp）	2			2
豆科（Leguminosae）	89	11		100
菊科（Compositae）	306	1		307
莎草科（Cyperaceae）	2			2
未知植物种子	156	8		164
块茎残块				
莲藕（*Nelumbonucifern*）	75	1		76
其他块茎	43	82	27	152
硬果壳核残块				
栎果（*Quercus* spp）	267	97	1	365
菱角（*Trapa* spp）	116	7307	6	7429
山核桃（*Carya cathayensis*）		59		59
其他硬果壳	6	23		29

（一）炭 化 木 屑

炭化木屑是指经过燃烧的木头的残存，其主要来源应该是未燃尽的燃料或遭到焚烧的建筑木材和其他用途的木料等。由于燃料、木材和木料等都是人类生活中不可缺少的物质，与人类日常生活关系十分密切，因此在考古遗址的浮选结果中一般都包含有一定量的炭化木屑遗存。

贾湖遗址出土的炭化木屑大多比较细碎，仅凭肉眼已经很难识别，但通过显微镜观察，这些木屑的细胞结构如导管、筛管和纤维等清晰可见，其中有些残留尺寸较大的木屑还可以送交专家做进一步的植物种属鉴定。我们所做的是对大于1毫米的炭化木屑进行称重计量，结果显示，贾湖遗址浮选出土的炭化木屑总重约160克，平均每升土样所含炭化木屑的重量仅为0.03克，根据我们以往的经验，这一含量并不算高。

（二）块 茎 残 块

块茎是指某些植物特有的变态地下茎，例如马铃薯就是一种典型的块茎，我国传统的栽培块茎类植物主要有山药、芋、莲藕等。块茎的主要组成部分是富含淀粉的薄壁细胞，在显微镜下很容易将其与主要以导管、筛管和纤维组成的炭化木屑区分开。

贾湖遗址文化堆积中所埋藏的炭化块茎遗存比较丰富，在125份浮选样品中有30余份样品出土了炭化块茎残块，总计清理出大小不等的块茎残块200余块。考古遗址中浮选出的炭化块茎一般都是一些不规则形的残块，除了个别的还保留有部分特征部位者外，大多数很难做进一步的植物种属鉴定。贾湖遗址的情况也基本如此，大部分出土的块茎残块已经很难进行植物种属鉴定，可鉴定的仅有莲藕一种。

莲藕　莲（*Nelumbo nucifern*）是一种水生植物，生有根状地下茎，地下茎分节，节与节之间的部分在成熟时膨胀变粗，成为块茎，称之为藕。每节藕的长度和粗细都不均等，横径一般为1～10厘米，从横切面上可见8～10个气孔。

贾湖遗址浮选出土的莲藕遗存均为炭化的残块，其中保存较好的尚可见到完整的横切面，横径在1～1.5厘米，上面均匀地分布着8～10个气孔（图一，5）。根据横切面观察，贾湖出土的藕与现代栽培藕在形态特征上是完全一致的，但横径相对较细。现今仍广泛分布于我国南北各地的红莲是一种原始类型的野生莲，其藕就很细，藕与藕节的粗细相差无几，很难区分[4]。据此判断，贾湖浮选出土的莲藕遗存应该属于某种野生莲。

另外，还出土了一粒莲属植物的种子（图一，6）。

（三）硬 果 壳 核

硬果壳核是指坚果（nut）的果壳和核果（drupe）的果核，前者如板栗、榛子、栎果、菱角等，后者如桃、杏、胡桃、核桃等。硬果壳核十分坚硬，容易保存，因此在考古遗址的发掘过程中经常可以发现未炭化的硬果壳核遗存。硬果壳核有许多种类的外部特征比较明显，仅用肉眼就可以识别鉴定。

在贾湖遗址的浮选结果中发现了大量的炭化硬果壳核，经鉴定，其中的绝大多数属于菱角的残壳。其他可鉴定的还有栎果和山核桃。

（1）菱角　菱（*Trapa* spp）是一种水生植物，果实的形态特征十分明显，外有三角形的硬壳，顶部有一个发芽孔，底部有果柄残存，硬壳上突出有两个角（两角菱 *T.*

1. 炭化稻米

2. 炭化菱角残块

3. 葡萄属植物种子

4. 炭化野大豆

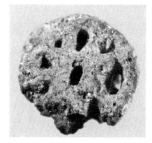

5. 炭化莲藕残块

6. 炭化莲属植物种子

7. 炭化栎果

8. 炭化稻谷

图一　贾湖遗址浮选出土植物遗存

bispinosa Roxb）或四个角（四角菱*T. quadrispinosa Roxb*），所以被称之为菱角[5]。

　　贾湖遗址浮选出土的菱角遗存在数量的统计上十分惊人，多达7000余块，但实际都是一些大小不等的残壳和残角，从中没有发现一例完整的或基本完整的菱角（图一，2）。因为没有发现完整的菱角，无法进一步确定其究竟应该属于两角菱还是四角菱，或二者都有。根据果壳的厚度和残角的大小判断，贾湖菱角的个体很小，壳很厚，与现生的野生菱角十分相似。

　　（2）栎果　栎果也被称之为橡子，是壳斗科（Fagaceae）栎属（*Quercus*）树种的果实的统称，一般呈圆形或长圆形，壳薄而光滑，顶部有小尖，底部托有壳斗。我国比较常见的栎属树种有蒙古栎、麻栎、栓皮栎、青冈栎等。

　　不同栎属树种所产的栎果在形态上十分接近，区别主要表现在壳斗的形状和表面特征。遗憾的是，贾湖遗址浮选出土的栎果遗存虽然数量较多，但都是完全炭化的果仁的残块，未见壳斗，所以无法进一步确定品种（图一，7）。

栎属包含有数百个不同的树种，有常绿的也有落叶的，分布非常广泛。其中许多树种的栎果产量很高，果实富含淀粉，还含有油脂和蛋白质等，因此在农耕经济出现之前，栎果是世界各地采集狩猎群体的主要食物来源之一。例如，日本著名的绳文时代的三内丸山遗址就出土有大量的栎果遗存[6]，栎果的采集很有可能就是维持这个农耕经济出现之前的大型村落定居生活的主要经济支柱。但栎果含有鞣酸（单宁），味道苦涩，不利于消化，必须经过加工方可食用，而且不可多食，因此在农耕经济出现之后，栎果逐渐不再成为人类的食物选择。

（3）山核桃　山核桃（*Carya cathayensis*）属于胡桃科（Juglandaceae）的山核桃属（*Carya*），果肉富含油脂，可食用。

在贾湖遗址浮选结果中发现的都是山核桃的果核的残块，而且集中出土在H453这一份样品中。

（四）植 物 种 子

在贾湖遗址125份浮选土样中共发现了4121粒各种炭化植物种子，从中鉴定出了稻谷（*Oryza sativa*）和野大豆（*Glycine soja*）两种十分重要的植物种子，其他可鉴定的还有禾本科（Poaceae）、豆科（Leguminosae）、蓼科（Polygonaceae）、藜科（Amaranthaceae）、菊科（Compositae）、莎草科（Cyperaceae），以及野葡萄（*Vitis* sp.）、苘麻（*Abutilon theophrasti*）、构树（*Broussonetia payrifera*）、榉属（*Zelkova* sp.）等植物科属的种子。另外，还有少量特征不很明显，或由于炭化过甚失去特征部位的无法准确鉴定种属的未知植物种子。

（1）稻谷　贾湖遗址出土的炭化稻谷遗存共计402粒，约占出土植物种子总数的10%，其中以裸露的炭化稻米为主（图一，1），但也发现了极少数带壳的炭化稻谷（图一，8）。由于在埋藏和提取过程中遭到磨损，这些出土的炭化稻谷遗存绝大部分已经残破，完整无缺的仅有25粒（其中稻米24粒，带壳稻谷1粒）。经过测量，24粒完整炭化稻米的粒长的平均值是4.39毫米，粒宽的平均值为2毫米，粒厚的平均值为1.51毫米，长宽比的平均值为2.23。唯一的一粒完整带壳稻谷的粒长5.47、宽2.31、厚是1.56毫米，长宽比值为2.37。

现代籼稻的长宽比值一般在2.3以上，粳稻的在1.6～2.3，贾湖遗址出土的稻谷如果按照平均值考虑，似乎应该归属于粳稻。但是，利用稻粒形态特征判别稻谷的品种是相对的，因为判别的界限是根据一般的规律人为设定。再则，贾湖遗址浮选出土的都是炭化的稻米，一般而言，植物籽粒经过烧烤多少都会有些变形，而稻米在炭化后的形态变化规律目前还不清楚。因此，根据形态和测量数据判断考古出土稻谷的品种是不可靠的，仅具参考价值。

事实上，如果分别考虑贾湖出土的每一粒完整炭化稻米的长宽比值就会发现，其中有些确实是落在了粳稻数值内，但也有些是等同于籼稻数值的，还有几例的长宽比值甚至超过了2.5，已经接近了现代野生稻的数值范围。这说明，贾湖浮选出土的炭化稻米在形态特征上实际上是很不统一的。

从总体上讲，贾湖出土炭化稻米的个体普遍偏小，形态特征各自不同，群体内部存在着很强的变异性。所有这些特征反映的应该都是早期栽培稻的不稳定性，考虑到贾湖遗址的古老年代，贾湖稻谷在形态上表现出的这些原始特征是不难理解的。

（2）野大豆　贾湖遗址浮选出土的炭化野大豆数量较多，总计581粒，约占出土植物种子总数的14%。这些炭化野大豆在形态上相对比较一致，豆粒均呈长椭圆形，背部圆鼓，腹部微凹，豆脐呈窄长形，位于腹部偏上部（图一，4）。在出土野大豆中随机抽取了200粒进行了测量，结果显示，贾湖野大豆的粒长的平均值是3.28毫米，粒宽的平均值为2.33毫米，粒厚的平均值为1.98毫米。

我们曾先后在不同地点采集过几组现代野生大豆，并对豆粒进行过测量。其中采自安徽黄山地区的野大豆测量数据为，豆粒长度的平均值是3.81毫米，宽度的平均值为2.77毫米。采自俄罗斯远东地区的野大豆测量数据为，豆粒长度的平均值是3.49毫米，宽度的平均值为2.6毫米。相比较而言，贾湖遗址出土炭化野大豆的测量数据低于这两组现生野大豆的平均尺寸。

但是，豆类作物的种子在被炭化后形态上会发生缩变，国外有学者对豆类作物种子被炭化后的缩变情况进行过试验，结果发现，被炭化后的豆粒在长度上一般会缩小10%～20%，宽度的缩小变率稍小些，但也在10%以上[7]。依据国外的这一试验结果，我们对贾湖遗址出土的炭化野大豆的测量数据按照补偿15%的方法进行了计算，然后将计算结果与现生野生大豆的测量数据重新进行了比较，结果发现，贾湖遗址出土炭化野大豆的实际尺寸略高于俄罗斯远东地区的现生野大豆的数据，但仍然低于安徽南部的现生野大豆的数据（表二）。

表二　野大豆测量数据比较

	粒数	豆粒长度		豆粒宽度	
		平均值（mm）	标准偏差	平均值（mm）	标准偏差
安徽南部现生野大豆	20	3.81	0.49	2.77	0.33
俄罗斯远东现生野大豆	20	3.49	0.30	2.60	0.25
贾湖出土炭化野大豆	200	3.28	0.47	2.33	0.35
贾湖野大豆校正数据	200	3.78	—	2.68	—

如果仅根据尺寸大小判断，贾湖遗址出土的大豆类遗存应该归属于野生大豆品种。但需要指出的是，与稻谷、小麦、玉米等谷物不同，豆类作物与其野生祖本之间的最大区别

并不在豆粒的形态特征和尺寸大小上，而是在于成熟后豆荚的爆裂时间和程度上。由于此次浮选没有发现完整的炭化豆荚遗存，我们无法判断贾湖大豆的真实身份，但考虑到贾湖遗址出土野大豆的数量，不能完全排除贾湖人已经开始种植大豆的可能，姑且不论其种植的究竟属于野生的还是已经演变成为栽培的。

（3）禾本科植物种子　在贾湖遗址出土的各种植物种子中，以禾本科植物种子数量为大宗，共计多达2268粒，占到了所有出土植物种子总数的55%。通过形态细部特征观察，可以将这些禾本科植物种子进一步鉴定到亚科，如黍亚科（Panicoideae）和早熟禾亚科（Pooideae），甚至到属，如马唐属（*Digitaria*）和稗属（*Echinochloa*）。

贾湖出土禾本科植物种子中的绝大部分应该属于黍亚科的马唐属，共计2205粒。马唐属植物种子的个体一般较小，略显细长，长度多在1毫米以下，宽度在0.6毫米左右，胚部较短小，胚长约占颖果总长的三分之一。

贾湖出土禾本科植物种子中被鉴定为稗属植物的有53粒。稗属也属于黍亚科，种子个体稍大，呈扁圆形，长度在1毫米以上，宽度在8毫米左右，胚区宽大，胚长约占颖果的三分之二甚至四分之三。

黍亚科植物中有许多品种是常见的田间杂草，例如马唐（*Digitaria sanguinalis*）、毛马唐（*D. ciliaris*）、光头稗（*Echinochloa colonum*）等[8]。杂草是伴随着人类的出现而形成的、依附于人类的生产和生活而存在于某种人工生态环境的一类特殊植物。其中的田间杂草被人类视为危害，这主要是因为田间杂草的生长环境十分特殊，属于人类耕种的农田，与人类所种植的农作物伴生。所以，在考古遗址的浮选结果中所发现的田间杂草植物种子，如果出土数量十分显著，其所反映的应该是农耕生产活动状况。值得指出的是，在贾湖遗址浮选结果中，马唐属和稗属植物种子的数量虽然惊人，但却非常集中，仅发现于少数几份样品中。例如马唐属植物种子就是集中出土于H466⑦（403粒）、H466⑧（844粒）、H486（956粒）和H497①（2粒）这四份样品中，而且在这四份样品中同时都发现有稻谷遗存。稗属植物种子的出土情况大体相同，集中出土在三份样品中（H466⑥、H466⑦、H466⑧），而在这三份样品中也都发现有稻谷遗存。由此推论，贾湖遗址浮选出土的马唐属和稗属这两类黍亚科植物种子应该与当时的农耕生产活动有关，很有可能属于田间杂草，是伴随着农作物如稻谷的收获被带入并埋藏在贾湖遗址中。

（4）葡萄属植物种子　葡萄属（*Vitis*）是落叶藤本植物，有60余个种，我国约有近30个种，多数分布在长江以南地区。葡萄属植物的种子形态很有特点，背面的中部有一个内凹的合点，腹面有两条并列的深槽，因此很容易鉴定，但在种与种之间的区分就比较困难。

贾湖遗址出土的葡萄属植物种子形态特征十分典型，平均长约5、宽约3.5毫米（图一，3）。共发现了110粒炭化葡萄籽，一处考古遗址出土有如此丰富的葡萄籽，在其他遗址的浮选结果中是不常见的，这说明葡萄属植物与贾湖人的日常生活关系比较密切。不论是栽培的还是野生的，葡萄属植物中的绝大多数品种的果实都可食用或酿酒。有学者曾以贾湖出土的葡萄籽为例证之一，试图将中国酿酒的历史追溯到距今8000年前[9]，从我们的浮选结果来看，这一讨论还是有一定的依据的。

（5）其他植物种子　在贾湖遗址浮选结果中发现了少量的构树（*Broussonetia payrifera*）的种子，呈卵形，尺寸很小，长约1.7、宽约1.5毫米。构树属于桑科（Moraceae）构属（*Broussonetia*），是东亚地区特有的树种，在我国主要分布于黄河以南的广大地区。构树对环境的适应性非常强，生长速度很快，但材质不够优良，现今主要用其树皮造纸。贾湖人对构树的利用尚不可得知，有可能用于薪炭。

在贾湖遗址浮选结果中还发现了一粒苘麻（*Abutilon theophrasti*）的种子，呈三角肾形，两侧压扁，长约3.1、宽约2.5毫米。苘麻属于锦葵科（Malvaceae）苘麻属（*Abutilon*），现今广泛分布在我国南北各地，生长在农田内外、村舍附近、路旁荒野，主要是野生，但在东北地区有栽培品种。苘麻种子含油，入药又称"冬葵子"，有利尿、通乳之效，茎皮纤维可织麻袋、制绳索等。

另外，在贾湖遗址浮选结果中还有一些可鉴定的植物种子，如蓼科、藜科、菊科、莎草科等，但这些都是比较常见的植物种子，而且出土的数量很少，对我们的分析帮助不大，因此不再细述。

三、讨　论

经过了对浮选结果的整理、分类和鉴定，下一步开始分析这些出土植物遗存与贾湖先民生活之间的关系。采用的方法是对出土各种植物遗存进行科学的量化分析和比较，以便了解不同植物种类在贾湖人日常生活和生产活动中的地位和价值，判断当时人们获取植物类食物的主要途径和方式，进而复原当时人们的经济生产活动方式。

贾湖遗址浮选样品在年代上可分为三期，但各期样品出土植物遗存的数量不尽相同。从表一可以看出，一期和二期浮选样品包含的炭化植物遗存比较丰富，而三期样品出土的炭化植物遗存非常稀少。如果按期分别进行分析，不具备有意义的可比性，因此将三期合在一起进行分析，其结果反映的是贾湖遗址的整体情况。

贾湖遗址浮选样品出土植物遗存的比例并不高，在125份土样中仅有59份出土了炭化植物遗存，所占样品的比例还不到50%。但通过仔细分析发现，在不同采样背景的土样之间，出土炭化植物遗存的比例明显有所不同，其中以灰坑样品出土炭化植物遗存的比例最高，房址和地层的较低，而在墓葬样品中几乎没有发现任何炭化植物遗存。人类的生活习惯与植物遗存在遗址中的分布规律存在着很密切的关系，考古遗址中的所谓灰坑有许多应该是垃圾坑，或在其原始功能（如储存或居室）丧失后，被再次利用堆放垃圾。所以不难理解，作为古代人类遗弃物的集中堆放地点，从灰坑中采集到的土样一般都包含有比较丰富的炭化植物遗存。与灰坑的情况截然相反，墓葬是洁净之地，即便是出于某种观念随葬了一些植物，这些植物也很难有机会被炭化，经过长期埋藏早已腐朽消失，因此在墓葬土样中浮选出土炭化植物遗存的概率一般都是微乎其微。

墓葬样品对贾湖遗址浮选结果的影响还表现在植物遗存出土数量的不均匀分布上。例如，在18份墓葬样品中总共仅发现了一粒炭化植物种子，而在81份灰坑样品中出土的植物种子多达3000余粒，平均每份样品出土植物种子近40粒，二者之间的差异非常显著。因此，为了使贾湖浮选结果的统计数据更具有科学合理的可比性，我们在量化分析中决定舍弃所有的墓葬样品，这样，量化分析的基数将仅包括灰坑、地层和房址样品，总数为107份。

贾湖遗址浮选出土的炭化植物遗存按照人类可利用价值分为两大类：一类是可食用植物的遗存，如稻谷、野大豆、葡萄、莲藕、菱角，以及其他块茎残块和硬果壳核；另一类属于不可食用或不被食用的植物的遗存，如禾本科、蓼科、藜科、菊科、莎草科等植物科属的种子，以及苘麻籽、构树籽等。

贾湖遗址浮选出土的炭化植物遗存按照与人类经济生活的关系也可分为两大类。一类是与农耕生产活动直接或间接相关的，如稻谷以及马唐属和稗属植物种子，稻谷是栽培作物，属于农耕生产的收获物，马唐属和稗属植物种子属于田间杂草，是伴随着收获农作物被人无意识带回的遗址的。另一类是与采集活动有关的，例如以菱角为代表的硬果类和以莲藕为代表的块茎类。这些植物在当时应该都是野生的，属于采集活动的收获物。野大豆的情况相对比较特殊，虽然我们不能绝对地排除贾湖出土野大豆曾被种植的可能性，但从形态特征上判断，属于野生的可能性较大，因此在我们的分析中仍将野大豆归类于采集活动的收获物。

由于我们的目的是判断贾湖先民获取植物类食物的途径和方式，因此在量化分析中主要考虑那些可食用植物的遗存，我们的最终目的是要认识贾湖人的经济生产活动方式，因此与农耕生产活动间接相关的杂草类植物种子也在我们的考虑之中。

在对考古遗址浮选出土植物遗存进行量化分析前，还有一个问题需注意，那就是不同类别植物遗存的计量单位之间的可比性问题。例如，贾湖遗址浮选出土的炭化稻谷和野大豆是种子，而莲藕和其他块茎类遗存是大小不等的碎块，在它们之间直接进行绝对数量的对比是没有什么意义的，说明不了任何问题。而出土的菱角遗存是人类食用果仁后遗弃的果壳，与以上几类植物遗存之间进行数量比较则更没意义。所以，对于贾湖遗址出土植物遗存开展量化分析，将绝对数量作为计量单位是不可取的。我们应该采取出土概率的统计方法来进行量化分析。

植物遗存的出土概率是指在遗址中发现某种植物种类的可能性，是根据出土有该植物种类的样品在采集到的样品总数中所占的比例计算得出的，这种统计方法的特点是不考虑每份浮选样品中所出土的各种植物遗存的绝对数量，仅以"有"和"无"二分法作为计量标准，其结果反映的是植物遗存在遗址内的分布范围。考古遗址中所埋藏的植物遗存绝大多数应该属于文化堆积，即人类通过劳动主动地（如农作物）或被动地（如杂草）获取到的、而后又被人类有意识地遗弃或无意识地遗漏在遗址中的植物的遗存。从理论上讲，与人类生活关系越为密切的植物种类被带回居住地的可能性越大、频率越高，因而被遗弃或遗漏在遗址中的概率就越高，散布在遗址中的范围就越广，由此反映在样品中的出土概率也就越高。据此，我们就可以根据不同植物遗存的出土概率推断出它们在当时人类生活中的地位。另外，由于出土概率的统计标准仅是"有"与"无"，因此，被统计的植物遗存其计量单位究竟应该是"块"还是"粒"都无关紧要了。由此可见，采取出土概率的统计方法对浮选出土植物遗存进行量化分析，不仅可以最大限度地减少误差，而且还可以对原本不可比的植物遗存种类进行相互比较和分析。

从贾湖遗址浮选出土的10类植物遗存的出土概率统计表可知，其中有三类与农耕生产活动直接或间接有关，即稻谷、马唐属和稗属，其余7类应该与采集活动有关（图二）。从统计结果中可以看出，与农耕生产活动相关的植物种类的出土概率都不高，稻谷的出土概率只是15%，而两种杂草类植物种子的出土概率都还不到5%。与采集活动相关的植物种类的出土概率却普遍相对较高，其中硬果壳核和块茎残块的出土概率高达30%以上，野大豆和栎果都在20%以上。

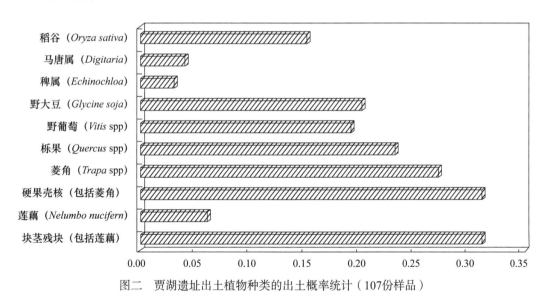

图二　贾湖遗址出土植物种类的出土概率统计（107份样品）

需要说明的是，包括莲藕在内的块茎类植物富含淀粉，是人类重要的植物类食物来源之一，但由于块茎类食物大多从皮到瓤全部都可以食用，因此被遗弃在遗址文化堆积中的概率相对较小，所以在浮选出土的植物遗存群体中，炭化块茎类植物遗存所占的比例一般都比实际情况低，往往不能充分表现其在人类生活中的重要性。硬果的果仁营养丰富，但果壳十分坚硬无法食用，被遗弃在堆积中的可能性最大，因此在浮选出土的植物遗存群体中，硬果壳核的比例有时会表现得过于突出，可能比实际情况高。籽粒类食物的个体一般很小，需要大量食用方可充饥，这种在量上的优势增加了籽粒被遗弃在堆积中的可能性。另外，包括稻谷在内的谷物在食用前必须经过脱粒和去壳等加工程序，如果这些加工行为是在遗址内进行的，出土植物遗存中谷粒的比例势必占有一定的优势。由此推测，在所列的10类植物遗存中，与其他植物类别相比，以莲藕为代表的炭化块茎类遗存的比例比实际情况可能偏低。

但是，即便不考虑块茎类植物遗存的偏差，我们的统计结果也清楚地显示出，与人类通过采集活动获取的野生食物资源相比，代表着农耕生产活动的农作物稻谷和田间杂草在出土概率上不具备明显的优势，这说明稻谷在贾湖人的植物类食物资源中并没有占据主导地位。根据量化分析结果，贾湖先民在日常生活中食用的植物类食物主要是那些依靠采集活动获取到的野生植物资源，例如以莲藕为代表的各种块茎类植物和以菱角和栎果为代表的各种坚果类植物。

在2001年的发掘过程中，除了浮选，还对土样进行了水筛，结果发现了大量的鱼骨和软体动物甲壳，其中的鱼骨不仅数量惊人，而且出土概率也很高，这说明渔捞业在贾湖人经济生活中具有相当重要的地位。考虑到在浮选结果中占有相当比例的莲藕和菱角也是生长在水中的，贾湖人的食物来源在总体上应该主要是依靠野生的水生动、植物资源。这可能就是贾湖先民在农耕生产技术尚不发达、农业在经济生产活动中所占比重很低的情况下，仍然能够维持村落规模的定居生活的最主要原因之一。

四、结　　论

经过科学地采样和系统地浮选，在贾湖遗址获得了比较丰富的炭化植物遗存。其中包括有早期栽培作物的稻谷遗存，可能被种植的野大豆遗存，采集获得的栎果、菱角、莲藕等可食用野生植物遗存，马唐属和稗属等田间杂草类植物遗存，以及构树和苘麻等其他植物遗存。通过对这些浮选出土植物遗存进行量化分析，我们认为贾湖先民在距今9000~7800年间虽然已经开始种植稻谷，但其经济生产活动的主体却仍然是采集渔猎，属于农业的稻谷种植在当时仅是辅助性的次要的生产活动。

农业经济是由采集狩猎经济转化而成的，在这个转化过程中，采集狩猎在人类生活中的地位日渐衰落，而农业生产的地位日渐增强，最终农业生产取代采集狩猎成为人类经济生活的主体。这是一个漫长、渐变的过程，在转化的早期阶段，人类社会的经济生产形式应该表现为以采集狩猎（或采集渔猎）为主、以农耕生产为辅的特点。贾湖遗址的浮选结果所反映出的经济生产特点证实了这一点，贾湖遗址应该就是中国稻作农业形成过程中早期阶段的一个代表。

注　　释

［1］　河南省文物考古研究所：《舞阳贾湖》，科学出版社，1999年。

［2］　赵志军：《探寻中国北方旱作农业起源的新线索》，《中国文物报》2004年10月11日第六版。

[3] 赵志军：《植物考古学的田野工作方法——浮选法》，《考古》2004年第3期。

[4] 赵有为：《中国水生蔬菜》，中国农业出版社，1999年。

[5] 赵有为：《中国水生蔬菜》，中国农业出版社，1999年。

[6] 迁圭子等：《青森县三内丸山遗址的绳纹时代前期至中期的植物种子遗存及植物利用》，《植生史研究》特别第2号，2006年。

[7] Dorian Q Fuller, Emma L Harvey. The Archaeobotany of Indian Pules: Identification, Processing and Evidence for Cultivation. Environmental Arcaheology, 2006, 11(2).

[8] 中国农田杂草原色图谱编委会：《中国农田杂草原色图谱》，农业出版社，1990年。

[9] McGovern P E, et al. Fermented Beverages of Pre-and Proto-historic China. Proceedings of the National Academy of Sciences, 2004, 101(51).

（原载《考古》2009年第8期）

贾湖遗址植物淀粉粒残留物研究

姚　凌　张居中

一、研究背景和目的

贾湖遗址位于中国河南漯河市舞阳县北舞渡镇西南1.5千米的贾湖村，是一处新石器时代早期遗址，遗址面积约55000平方米，^{14}C测定年代距今9000～7800年。从20世纪80年代至2001年，河南省文物考古研究所与中国科学技术大学共对其进行过7次发掘，揭露面积共2700多平方米，发现新石器时代前期房址50多座，窖穴400多座，陶窑10多座，墓葬400多座，瓮棺葬30多座，埋狗坑10多座，出土陶器、石器、骨器等各类文物5000多件。根据遗址的出土材料，特定的分布区域及其独特的文化特征和发展序列，考古学家将以贾湖遗址为代表的文化遗存称之为贾湖文化。

经过对贾湖遗址的浮选工作，发现有稻谷、菱角、莲藕、野大豆、栎果等植物遗存[1]以及大量水生和陆生动物的骨骼，同时根据出土的石铲、石镰、石磨盘、石磨棒等农业工具，认为贾湖先民已掌握了初步的农耕技术，但仍以渔猎采集经济为主要的生业模式，贾湖遗址应处在一个"似农非农"的早期农业形成阶段。

随着20世纪末21世纪初考古残留物研究技术的兴起，世界各地考古学家借助于高倍镜下的显微观察技术，在考古遗址出土的陶器、石器、牙齿表面甚至是土壤中都发现了以植物淀粉粒为代表的植物微遗存颗粒，为植物遗存的研究工作开辟了更为宽广的微观领域。结合新的研究手段，为进一步了解贾湖先民对于植物资源的利用状况以及各种石质工具在生产生活中的加工对象和使用方式，从2009年开始，我们对遗址发掘出土的石磨盘工具表面进行了植物淀粉粒残留物相关的提取及检测工作，希望寻找到更多的与贾湖先民日常生活直接相关的植物微遗存证据，为贾湖遗址的考古研究工作提供了显微尺度下的微观实验材料和依据。

二、样品的采集

贾湖遗址植物淀粉粒的研究工作主要包括三方面内容：古代样品的采集、植物淀粉粒的提取与植物淀粉粒的显微形态学鉴定。其中，样品的选取方面，考虑到贾湖遗址植物淀粉粒的研究工作主要在遗址发掘后开展进行，因此以出土的器物标本为主要研究对象，先期工作在器物类型的选择上以遗址出土的石磨盘及石磨盘残块为主。

目前，植物淀粉粒的分析方法对于中国考古研究领域仍是一项新兴的实验技术，为了减少客观实验条件对研究结果的影响，在对贾湖遗址出土器物表面植物淀粉粒的取样分析过程中，前后共经历了试验性、探索性以及应用性三个阶段。截至目前，对于贾湖遗址出土石磨盘及其残块表面残留物的植物淀粉粒提取分别进行了三次取样，分别是2009年3月对贾湖遗址出土的石磨盘残块标本T109③c进行的试验性取样；2010年6月对贾湖遗址出土的四件石磨盘馆藏文物标本WJT9M119：2、WJT3H18：1、WJH91：3、WJM371：1进行的现场取样（图一，a）；2011年11月对T17：12、T12③B、T22H69：4、WBJT28③B等10件石磨盘残块标本进行的系统性实验室内取样（图一，b）。

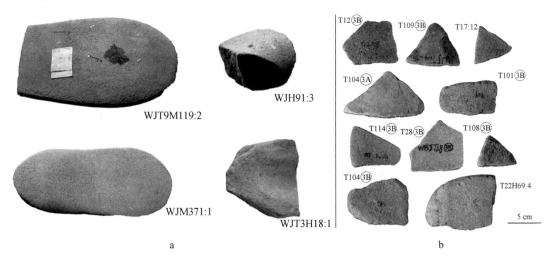

图一　植物淀粉粒分析取样石磨盘及残块照片

三次取样工作涉及石磨盘及其残块标本共15件，其中根据器物大小和实际采样条件所采取的取样方法有所不同：对于石磨盘残块的取样，由于器物尺寸较小，因此均采用超声清洗仪对其使用面及非使用面进行表面清洗取样；对于较为完整的石磨盘标本，因其器物尺寸较大，故采用表面滴加反渗透水，借助超声波牙刷对其使用面和非使用面进行清洗并回收取样。在取样过程中，将磨盘的底面或磨盘残块的断面作为非使用面取样，主要是为了设立实验的阴性对照，以便排除检测样品中所观察到的残留物颗粒可能来源于后期污染的可能性。

三、样品中植物淀粉粒的提取

古代样品中植物淀粉粒的提取原理，主要依据于植物淀粉粒与其他残留物组分之间的比重差异，其具体操作方法如下：

（1）除去比重小于1轻浮杂质：3000rpm离心15min，倒出上清。

（2）除去有机杂质：加入6%H_2O_2震荡反应后，3000rpm离心15min除去上清并清洗。

（3）除去矿物杂质：加入10%HCl震荡反应后，3000rpm离心15min除去上清并清洗。

（4）除去黏土杂质：加入5%（$NaPO_3$）$_6$震荡反应后，3000rpm离心15min除去上清并清洗。

（5）重液提取：加入比重2.0的$CsCl_3$mL，1000rpm离心10min，吸取上清。

（6）清洗重液：H_2O稀释至15mL，3000rpm离心15min，倒出上清，重复2～3次。

提取完毕后，用25%的甘油溶液重悬样品，取10μL滴于载玻片上制片，用中性树胶封片后即可直接于显微镜下观察。

四、显微观察与鉴定结果

在偏光显微镜下观察发现，贾湖遗址出土石磨盘及其残块表面所提取的残留物样品中包含有较为丰富的植物淀粉颗粒，依据其形状特征，脐点位置，消光臂类型，粒径尺寸，层纹样式，刻痕裂隙，单、复粒形式等淀粉粒的显微形态学特征，将所观察到的植物淀粉颗粒进行形态学分类并统计其数量（如表一所示）。

表一　贾湖各样品中不同形态特征植物淀粉颗粒数量统计

形态类型 / 样品编号	卵圆形（脐点居中）	卵圆形（脐点偏心）	扁卵圆形（中部纵深裂隙）	近圆形（脐点居中有裂隙）	钟形（偏心并多见2，3复粒结构）	多面体形（脐点居中开放）	多面体形（脐点居中闭合）	合计
T109③c	16	3			2	3	1	25
T9M119：2	13	3			1	10		27
T3H18：1	12				1	3	7	23
H91：3	6					5		11
M371：1	7	1	3		3	5	1	20
T17：12	43	8		4	7	14	1	77
T12③B	86	34	3	24	27	104	4	282
T22H69：4	277	20	8	11	14	39	1	370
T104③：1	124	18	1	7	21	57		228
T104③：2	496	30	8	18	46	122	8	728
T108③B	139	14	4	6	24	14	1	202
T28③B	12	1		2	4	2	32	53
T101③B	232	19	5	8	35	48	4	351
T109③B	44	5	1	5	15	38	3	111
T114③B	320	45	8	18	97	102	5	595
合计	1827	201	41	103	297	566	68	3103

　　按照古代样品中植物淀粉粒的显微形态学分类，并与现代植物淀粉粒的显微照片及形态学数据进行对比分析，认为其来源可能包含有以下几种植物种属：小麦族、菱属、薯蓣属、豇豆属、睡莲科、薏苡属以及稻族植物，同时还有一些淀粉颗粒因缺乏现代样品数据尚无法给出较为准确的种属鉴定。

（一）小麦族植物

　　如图二所示，样品中该类型淀粉颗粒形状普遍表现为卵圆形或近圆形，使颗粒旋转，其侧面形状呈现梭形；脐点居中闭合，部分可见层纹；颗粒分布状态为单粒；正交偏光下十字消光臂呈"X"型交叉；其粒径包含大小两种类型，粒径较小者多集中于10μm左右，粒径较大者分布在15～35μm区间。经与现代植物淀粉粒形态学特征进行比较，与小麦及小麦族淀粉粒的显微形态学较为吻合[2]，故推测其来源可能为小麦族植物。

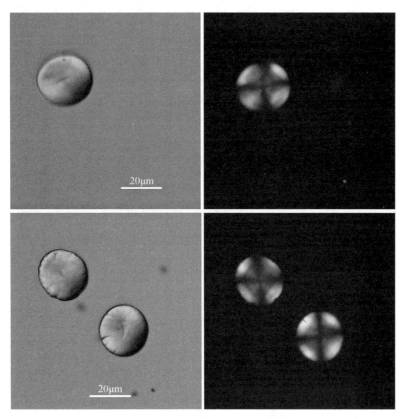

图二　样品中的小麦族植物淀粉颗粒

（二）菱属植物

　　如图三所示，样品中该类型淀粉颗粒形状为椭圆形或肾形，其长短轴比例较小麦族类型植物淀粉偏高；脐点居中可见层纹；颗粒分布状态为单粒；正交偏光下十字消光臂呈"X"型交叉；其粒径一般在25μm左右，较小麦族淀粉最大粒径要小；观察其形态特征与现代植物中的菱角淀粉粒较为相似[3]，表现为长短轴比值较高，并以椭圆形为主。结合贾湖遗址出土植物遗存中含有较多炭化菱角这一实际情况[4]，推测其植物来源应为菱角。

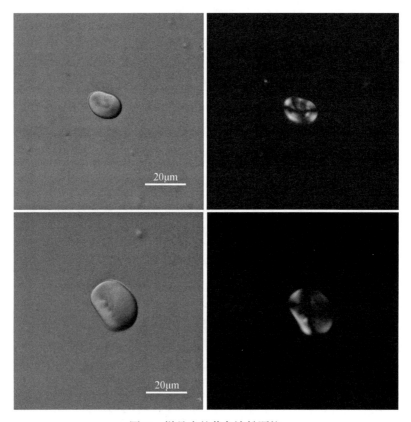

图三　样品中的菱角淀粉颗粒

（三）薯蓣属植物

如图四所示，该类型淀粉颗粒均为偏心，即脐点位置偏向颗粒一端；样品中颗粒形状包括有椭圆形或矩圆形；借助微分干涉光学模块进行观察，可见其层纹由脐点处向远端逐层扩散，间距逐渐扩大；正交偏光下其消光臂交汇与颗粒一端，呈"X"型，长短臂分明。对比现代植物淀粉粒，与山药等薯蓣属植物的淀粉粒形态具有较大相似性，所见颗粒亦在其粒径分布范围内[5]。故鉴定其种属来源应为薯蓣属植物，并推测其来源于山药的可能性较大。

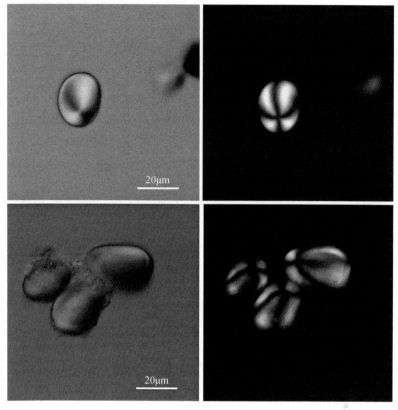

图四　样品中的薯蓣属植物淀粉颗粒

（四）豇豆属植物

如图五所示，样品中该类型淀粉颗粒外形上多为扁卵圆形；颗粒表面贯穿有开放型长裂隙；正交偏光下消光臂呈现长"X"型；此类型淀粉颗粒特征显著，在现代植物淀粉中，与绿豆等豇豆属植物的淀粉颗粒形态相互吻合，样品中所观察到的颗粒粒径亦分布在豇豆属植物绿豆的淀粉粒粒径7.09～35.01μm区间内。因此鉴定该类淀粉颗粒为豇豆属植物来源，可能为绿豆淀粉。

（五）睡莲科植物

如图六所示，样品中观察到数量较多的钟形淀粉颗粒，脐点部位常伴有一字型短裂隙，颗粒分布状态多见二粒复粒及三粒复粒结构；在对各样品的显微观察过程中还发现了部分偏心的长椭圆形淀粉颗粒，即同时具备了符合现代植物莲藕两个不同营养部位即莲子和藕的两种不同形态特征的淀粉粒类型[6]，故推测其中钟形的淀粉颗粒应来源于莲藕的莲子，而样品中的长椭圆形偏心淀粉则应该是来源于莲藕的根茎部位。

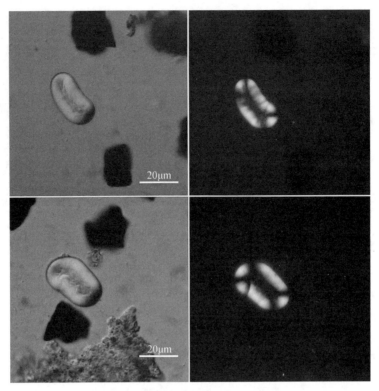

图五　样品中的豇豆属植物淀粉颗粒

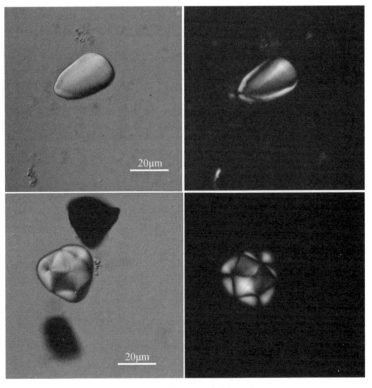

图六　样品中的莲藕淀粉颗粒

（六）薏苡属植物

如图七所示，该类型颗粒呈现多面体形或接近圆形；颗粒起点居中开放，部分颗粒表面包含短一字形或T字形裂隙；颗粒分布状态多见单粒，也有部分颗粒松散的聚集在一起；正交偏光下，其十字消光臂均表现为垂直交叉形态，颗粒边缘处多见弯折；粒径分布范围多在25μm，少数颗粒粒径略微偏大。经与现代植物淀粉粒进行对比发现，与薏苡植物淀粉粒的形态特征最为接近[7]，故而鉴定其植物来源为薏苡的可能性较大。

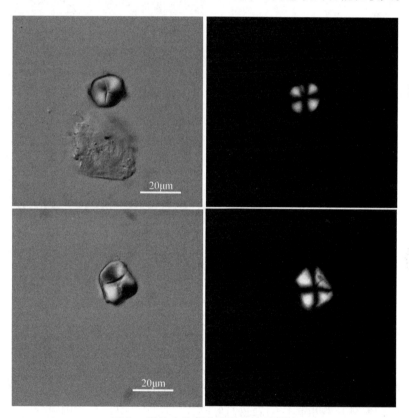

图七　样品中的薏苡属植物淀粉颗粒

（七）稻族植物

如图八所示，在T114③B与T28③B两件石磨盘采集样品中，观察到具有多粒淀粉颗粒紧密结合的复粒淀粉体形态，单颗颗粒形状呈现边缘锐利的多面体形，脐点闭合。颗粒粒径均小于10μm。对比现代植物标本，因水稻胚乳中的淀粉均以复粒形式生长，淀粉体各颗粒间结合致密，淀粉体成熟后虽然淀粉体被膜解体，但其淀粉体形态仍可能得以维持。这与样品中所观察到的此类型淀粉颗粒的聚集状态极为相似，再结合贾湖遗址发掘中发现

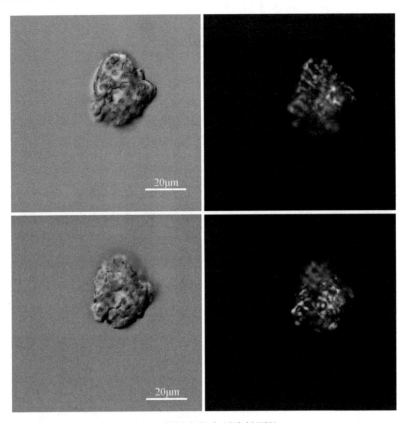

图八　样品中的水稻淀粉颗粒

有大量的炭化稻米遗存[8]，故认为其种属来源应为稻族植物中的水稻。

五、关于植物淀粉粒分析结果的讨论

根据显微观察及鉴定的结果，首先从所提取到的淀粉粒绝对数量而言，贾湖遗址出土石磨盘表面的淀粉颗粒数量相比同处新石器时代早期的上山、小黄山等长江下游地区遗址还是较为丰富的，可以认为，贾湖遗址所处的土壤埋藏环境是比较适合器物表面植物淀粉粒的保存的，这也为今后对于贾湖遗址出土的其他类型器物开展植物淀粉粒相关的提取和研究工作提供了实验依据。

通过对样品中不同形态特征植物淀粉粒的种属鉴定，认为可能较大的，应包含有小麦族、菱角、山药、莲藕、薏苡、豇豆属以及水稻这几种植物来源的淀粉。但是在贾湖遗址古代植物淀粉粒的鉴定过程中，对于一些种属植物淀粉粒显微形态学鉴定还是存在着一些疑问，如小麦族与菱角，两者在15～25μm粒径范围内，存在着形态上较大程度的交叉与相似，形状上都包含有卵圆形、椭圆形和肾形几个形状类型，其消光臂样式也几乎没有差别，只是在对现代植物淀粉的观察统计中，菱角的淀粉粒形状更多地偏向于椭圆形或是不规则的椭圆形，而小麦族淀粉粒的长短轴比值则相对较小，因此在这两种植物淀粉粒的形态学比较研究上或许还需要对现代样品进行更加细致的观察和统计，以期能够寻找到更便于进行区分的形态学特征。还有就是关于薏苡的植物淀粉粒，尽管在样品中观察到了一定数量的具有薏苡形态特征的植物淀粉颗粒，但是在贾湖遗址的大植物遗存浮选中并没有关于薏苡的报道，也没有与之淀粉粒形态存在交叉的粟或高粱等大植物遗存被发现，那么会不会是其他一些与薏苡亲缘关系较近的禾本科植物的淀粉粒，如马唐属植物？在后期的工作中还需要对大植物遗存中所涉及的相关植物淀粉粒进行广泛的观察，才能最终判断薏苡淀粉粒的来源可靠性。

在对贾湖遗址水稻淀粉粒进行鉴定的同时，我们注意到水稻淀粉粒所具有的淀粉体结构，即使在古代残留物样品中也能够较为完整地得以保存，这样便可以将水稻植物淀粉粒的鉴定与其形成机理联系在一起，从一定程度上解决了水稻淀粉由于颗粒粒径较小，显微镜下难以就单颗淀粉进行形态学特征观察和鉴定的难题，淀粉体形状及保存状态的观察，也为这一类较小粒径植物淀粉粒的形态学鉴定提供了新的思路。

在贾湖遗址的样品中，我们同时观察到了莲藕两个不同的食用部位，即藕和莲子的植物淀粉粒类型，使得在对莲藕植物淀粉的来源鉴定上更加确切。但是，值得注意的是，虽然都是来源于同种植物，不同营养部位的淀粉颗粒在显微形态上却有着很大的分别，那么其他的植物会不会也有同样的状况呢？在对古代植物淀粉粒鉴定过程中这是值得思考的问题，尤其是现代植物淀粉粒的数据积累过程中，需要去考虑同种植物不同部位的淀粉粒形态差异，以免出现错误的判断。

对贾湖遗址中植物淀粉粒的形态观察过程中，我们还注意到，部分植物淀粉颗粒的边缘和表面都具有齿状的磨损痕迹，在对现代植物淀粉粒的显微观察中，并未发现过这一特征，国内有学者研究认为，淀粉粒表面的磨损痕迹能够反映出植物在器物表面的加工过程等信息，齿状的磨损可能与植物的研磨加工方式具有相关的联系[9]。

六、结　　论

经过对15件贾湖遗址出土石磨盘及残块表面植物淀粉粒残留物的提取与鉴定，在所有样品中我们共观察到并鉴定出了七种不同的植物种属来源，包括小麦族、菱角、山药、莲藕、薏苡、豇豆属以及水稻，这些植物可能是贾湖先民使用石磨盘工具所加工的植物对象。其中山药、菱角、莲藕的植物淀粉粒在样品中的出现频率及绝对数量都占有较大的比重，这也反映出了这一时期贾湖人的经济生活中采集和渔猎仍然是一个重要的组成部分；同时小麦族及水稻淀粉的发现，也从微观层面上印证了植物大遗存浮选的研究结果，表明在距今8000年前，贾湖先民很可能已经开始了对小麦族植物和水稻种子的食用性加工，这也为贾湖农业种植的起源研究提供了新的线索。

注　释

［1］ 赵志军、张居中：《贾湖遗址2001年度浮选结果分析报告》，《考古》2009年第8期，第84～93页。

［2］ 葛威、刘莉、金正耀：《几种禾本科植物淀粉粒形态比较及其考古学意义》，《第四纪研究》
2010年第30卷第2期，第377～384页。

［3］ Wan Z, Yang X, Ge Q, et al. Morphological Characteristics of Starch Grains of Root and Tuber Plants in
South China. Quaternary Sciences, 2011, 31: 736-744.

［4］ 赵志军、张居中：《贾湖遗址2001年度浮选结果分析报告》，《考古》2009年第8期，第84～93页。

［5］ Wan Z, Yang X, Ge Q, et al. Morphological Characteristics of Starch Grains of Root and Tuber Plants in
South China. Quaternary Sciences, 2011, 31: 736-744.

［6］ Wan Z, Yang X, Ge Q, et al. Morphological Characteristics of Starch Grains of Root and Tuber Plants in
South China. Quaternary Sciences, 2011, 31: 736-744.

［7］ 葛威、刘莉、金正耀：《几种禾本科植物淀粉粒形态比较及其考古学意义》，《第四纪研究》
2010年第30卷第2期，第377～384页；杨晓燕、孔昭宸、刘长江等：《中国北方现代粟、黍及野
生近缘种的淀粉粒形态数据分析》，《第四纪研究》2010年第30卷第2期，第364～371页。

［8］ 赵志军、张居中：《贾湖遗址2001年度浮选结果分析报告》，《考古》2009年第8期，第84～
93页。

［9］ 葛威、刘莉等：《食物加工过程中淀粉粒损伤的实验研究及在考古学中的应用》，《考古》2010
年第7期，第77～86页。

河南舞阳县贾湖遗址出土猪骨的再研究[*]

罗运兵　　张居中

前　　言

河南舞阳贾湖遗址是我国中原地区极为重要的新石器时代前期遗址。该遗址历经7次发掘，已获得大量珍贵的考古资料[1]。其中丰富的动植物遗存，是探讨我国北方地区动、植物驯化过程的重要材料。《舞阳贾湖》详细报道了该遗址前6次发掘的材料。报告中提出了存在家猪的观点，但并没有指出具体的期段，而且其判定存在家猪的依据仅仅是年龄结构。由于证据过于单薄，对这一结论曾有不同认识[2]。为了解决这些问题，我们结合贾湖遗址第7次发掘的新材料，对前6次发掘的猪骨材料进行了重新整理。并在此基础上，将它们与年代较为接近的南方地区的浙江萧山跨湖桥遗址出土猪骨进行比较，为探讨我国家猪起源路线提供线索。

这次重新整理的贾湖遗址前6次发掘所获猪骨材料，主要是颌骨标本（包括少量游离齿），全部出自地层、灰坑和房址中，共81件，其中第一期6件，第二期25件，第三期41件，未能分期的9件。从原报告发表的猪下颌骨统计数据（41件）来看，下颌标本基本未遗失（据我们统计有40件，其中未包括3件游离齿标本），基本上代表了原有的面貌。而第7次发掘的猪骨标本共有259件，包括了各个部位的骨骼。

一

我们运用家猪的序列判断标准对贾湖遗址的这批猪骨材料进行了检测，这些标准除传统的形态、尺寸、年龄结构、性别比例、数量比例和文化现象外，还包括新兴的线性牙釉质发育不全病理观察。检测后主要发现了如下几个方面的线索。

＊　本课题得到国家自然科学基金（项目编号40472087）和国家文物局文物保护科学和技术研究项目的资助。

（一）形　态　学

主要表现为齿列扭曲，我们发现了3例标本。一期T109H152：6，为右下颌，存有M_1和M_2，DP_4前端向内扭转明显（图一）。二期T26③C：57，为左下颌，存有M_1和M_2，M_2前端向内突。三期T108③B：55，为右下颌，存有M_1和M_2，M_2前端外突。虽然这几例标本保存状况不是很好——齿列太短，但通过与完整标本的比较，基本上可以肯定齿列已有明显变形。

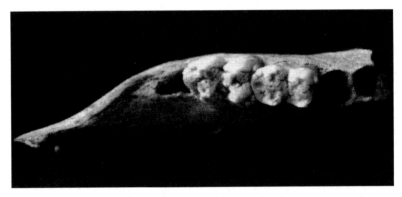

图一　贾湖遗址出土的齿列扭曲的猪骨标本（一期T109H152：6）

由于猪在最初的驯化过程中，颌骨和牙齿缩小的过程并不一致（牙齿保留的遗传特征相对稳固，变化较慢），齿列由笔直变为扭曲。齿列扭曲是鉴定为家猪的一个重要指标，目前尚未在野猪颌骨上发现同类情况。

（二）年　龄　结　构

前6次发掘所获可鉴定年龄的颌骨标本（包括几件游离臼齿）共60件，其中下颌骨43件。第7次发掘又出土了可鉴定年龄的下颌骨标本15件（由于标本数量较少，暂未分期统计）。这里以下颌骨标本为代表，统计它们在各年龄段的分布（表一，图二、图三）。

表一　贾湖遗址出土猪下颌骨各年龄段的标本统计表

	0～0.5岁 M_1（　-U）	0.5～1岁 M_2（V-U）	1～1.5岁 M_2（a-c）	1.5～2岁 M_3（V-a）	2～2.5岁 M_3（b-c）	3岁以上 M_3（f-k）	小计
一期*		1件 （25%）	1件 （25%）	1件 （25%）	1件 （25%）		4件（100%）
二期*	1件 （6.67%）	3件 （20%）	2件 （13.33%）	6件 （40%）	3件 （20%）		15件 （100%）

续表

	0~0.5岁 M₁（ -U）	0.5~1岁 M₂（V-U）	1~1.5岁 M₂（a-c）	1.5~2岁 M₃（V-a）	2~2.5岁 M₃（b-c）	3岁以上 M₃（f-k）	小计
三期*	5件 （20.83%）	2件 （8.33%）	7件 （29.17%）	6件 （25%）	2件 （8.33%）	2件 （8.33%）	24件 （99.99%）
小计*	6件 （13.95%）	6件 （13.95%）	10件 （23.26%）	13件 （30.23%）	6件 （13.95%）	2件 （4.65%）	43件 （99.99%）
第7次 发掘	4件 （26.67%）	4件 （26.67%）	4件 （26.67%）	3件 （20%）			15件 （100.01%）

注：带*号者指前6次发掘的数据。

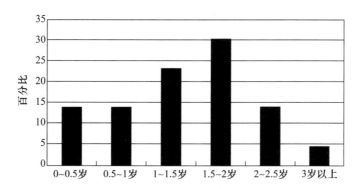

图二　贾湖遗址前6次发掘出土猪下颌骨的年龄百分比结构图

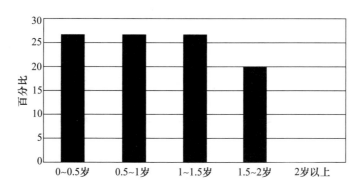

图三　贾湖遗址第7次发掘出土猪下颌骨的年龄百分比结构图

　　若简单地将贾湖遗址的猪骨标本分成未成年个体与成年个体（2岁以上，包括老年），那么前6次发掘的标本中未成年个体的比例占81.4%。而第7次发掘的标本中则没有发现成年个体，这应与标本数太少有关，但至少可以肯定当时猪群中成年个体是相当少的，这也证明我们重新整理前6次发掘标本的结果是可靠的。未成年猪的比例高达81.4%，这明显有异于狩猎经济中野猪的死亡年龄结构，由于标本量较大，这个统计数据应该是比较可靠的。所以，我们认为这种年龄结构应代表了某种人为的干涉，即家猪驯养的可能性比较大。

（三）数　量　比　例

这里使用的数据来自贾湖遗址第7次发掘的材料。主要哺乳动物的可鉴定标本数（NISP）有2418件，其中猪为259件；最小个体数（MNI）为130，其中猪为12头。在两种统计方法中，猪所占的比例均在10%左右。鉴于这两种统计方法自身的缺陷，一般使用提供的纯肉量（MW）比例进行一些校正，这一比例能更好地显示当时人们对某种或某几种动物的依赖程度。为进一步说明问题，我们选取河北徐水南庄头[3]、浙江萧山跨湖桥[4]、广西桂林甑皮岩[5]、云南保山蒲缥塘子沟[6]等遗址的材料来进行对比（表二）。

表二　贾湖遗址猪骨所占各项比例及与其他遗址的比较

遗址	文化年代	NISP（%）	MNI（%）	MW（%）	主要哺乳动物（NISP/MNI）
徐水南庄头	距今10000～9000年	7.49	11.54	15.45	猪29/3，斑鹿160/7，小型鹿科140/9，牛26/2，兔1，狼4/1，狗4/1，犬科22/1，小型食肉动物1；总计387/26
舞阳贾湖	距今9000～7800年	10.71	9.23	27.33	猪259/12，狗121/3，麋鹿4/1，斑鹿182/6，小型鹿科1498/81，黄牛45/3，大型食肉动物1，小型食肉动物289/18，猫科2/1，狗獾4/2，兔11/2；总计2418/130
萧山跨湖桥	距今8200～7000年	13.03	18.75	11.53	猪242/18，水牛765/17，麋鹿43/9，斑鹿627/27，小鹿16/3，苏门羚2/2，狗162/20；总计1857/96
桂林甑皮岩	距今12000～7000年	4.13	5.26	6.96	猪237/11，水牛129/7，大鹿57/8，中鹿2983/75，小鹿2322/108；总计5738/209
蒲缥塘子沟	距今8000～7000年	3	3.04	1	猪59/6，鹿科860/85，牛379/52，熊52/6，犀39/6；总计1991/197

注：贾湖遗址第一次鉴定的小型食肉动物有紫貂、狗獾、豹猫等，它们体重为2.5～5千克，平均肉量以2千克计算。小型鹿科有獐和小鹿相似种，它们的体重都在12～15千克左右，平均肉量以7.5千克计算。大型食肉动物的平均肉量暂按棕熊为60千克计算，其他动物平均肉量按猪50千克、狼15千克、狗10千克、麋鹿80千克、斑鹿60千克、黄牛150千克、水牛250千克、獾3千克、兔1千克等计算。纯肉量（MW）的计算方法是以最小个体数乘以平均肉量。

按提供的纯肉量比例来看，贾湖遗址中猪已占27%，明显大于南庄头遗址的同类数据，也远远大于年代比较接近的西南地区塘子沟遗址（狩猎采集经济的代表）和华南地区甑皮岩遗址的同类数据。即便考虑到中原地区野生动物资源远没有华南、西南地区丰富，但贾湖遗址猪的纯肉量比例数值还是偏大，这一比例提示贾湖遗址可能出现了家猪饲养。

（四）文　化　现　象

贾湖遗址前6次发掘共发现墓葬349座（不包括瓮棺葬），随葬动物下颌骨的有8座，但种属明确的仅有5座（表三）。而这5座墓葬中，有3座随葬猪下颌骨，占了60%，可以认为用猪下颌骨随葬在当时是较为典型的。

表三　贾湖遗址随葬动物下颌骨的墓葬统计表

墓号	期段	年龄及性别	随葬器物	动物骨骼	放置位置
M94	二期（6段）	45～50岁，男性	陶器2，骨器4（镞、叉、针、匕）	貉下颌骨7	下肢部
M109	一期（2段）	成年男女合葬	陶器1，骨器4（镖2、镞、针）	黄牛下颌骨	男性足端
M113	二期（6段）	成年女性	陶器1，石器1（砺石），牙器4，骨器7（锥3、针2、镖、板）	半边猪下颌骨	足端
M119	二期（6段）	8～10岁，性别不明	陶器1，石器5（斧3、磨盘、环）	猪下颌骨	不明
M278	三期（7段）	成年男性	陶器1，骨器2（针、板）	猪下颌骨	腹部

注：《舞阳贾湖》的正文与附表内容有些出入，正文未提及M119。本表的内容均采自原报告的附表。

墓葬中猪下颌骨的来源有两种可能。一是来自于狩猎。由于墓地的大部分墓葬都随葬有狩猎工具，如骨镞、骨镖、骨针等，可能这些动物下颌骨更多地与狩猎经济有关。但M119这座墓出有石磨盘、石斧等，并无狩猎工具。可见，猪下颌骨随葬的情况比较复杂。二是来自于驯养。因为在墓葬中随葬猪下颌骨这种习俗在随后的仰韶时代、龙山时代的考古遗址中非常流行，贾湖遗址很可能是反映了这种习俗的源头。另外，在贾湖遗址的墓地内和房址周围发现了10个单独埋狗的坑，这些狗已被确认为家畜[7]，表明当时居民早在该遗址第一期就已存在对家畜进行特殊埋葬的习俗（埋狗坑SK9属遗址的一期3段）。从这种文化现象来看，我们认为贾湖墓葬中出现的猪是家猪的可能性更大。

（五）病理学观察（这里指线性牙釉质发育不全分析，简称LEH）

研究表明，野猪的LEH发病率较低，而家猪的发病率较高[8]。我们对贾湖遗址出土猪牙的观察表明，其LEH发病率相当高，明显高于野猪种群的发病率[9]，这暗示该遗址已存在家猪驯养（图四）。

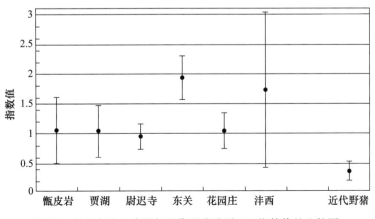

图四　各考古遗址猪群与近代野猪种群LEH指数值的比较图

　　上面的多重线索为我们肯定贾湖遗址存在家猪提供了证据，而且通过运用家猪的序列判断标准进行的检测，使我们的结论具有较牢靠的基础。其中，来自骨骼形态方面的齿列扭曲的证据最为确凿。同时需要强调的是，上面列举的多个方面的证据，它们之间其实是可以相互补充、相互印证的。

　　上述线索不但表明贾湖遗址存在家猪，而且其年代可早至贾湖遗址第一期。主要证据是贾湖遗址第一期即已出现齿列扭曲的骨骼标本；另外，年龄结构和LEH观察也有这方面的线索。无论从测年数据还是文化面貌来看，贾湖遗址第一期遗存应早于裴李岗文化和磁山文化遗存，这是可以肯定的。由于贾湖遗址一期2段已出现齿列变形的家猪骨骼标本，根据一期2段的H76所出果核标本（BK91007）的测年数据（公元前6530～前6430年，经校正），我们认为贾湖遗址出现家猪的年代早至公元前6500年左右。以前一般认为磁山遗址出现的家猪在我国北方地区是最早的，年代可早至公元前6100年[10]。现在依据我们对贾湖遗址的猪骨材料的进一步研究，可将这一年代向前推进400年；若按《舞阳贾湖》报告中所作的年代推测[11]，则可推前800～900年。

二

　　浙江萧山跨湖桥遗址（距今8200～7000年）是目前所知我国南方地区最早出现家猪的遗址[12]。下面将从形态与尺寸、年龄结构、性别比例、数量比例四个方面来比较贾湖与跨湖桥两个遗址猪群特征的异同。

（一）形态与尺寸

　　这里仅以第三臼齿为例（其他骨骼材料数量太少，缺乏统计意义），统计的数据（表四）显示，贾湖遗址猪骨的M_3平均值较大，甚至大于云南塘子沟遗址野猪标本[13]的同类数值。另外，表四的数据还显示，贾湖遗址猪骨的第三臼齿长度平均值均明显大于跨湖桥遗址的同类数据，而与同处北方地区的磁山遗址[14]的同类数据接近（图五）。

　　贾湖遗址与跨湖桥遗址所出猪牙测量尺寸的这种差异，也可以从这两个遗址各自发现的齿列出现扭曲、明显可以定为家猪的几件标本（跨湖桥遗址和贾湖遗址各有3件）得到印证。跨湖桥T0512⑧-1，为下颌骨，M_3长度的测量数据为34.96毫米，这个尺寸已小于贾湖遗址M_3长度的最小值。跨湖桥T0412⑤-1，为左下颌骨，M_2长24.38毫米。而属贾湖遗址的T26③C：57，为左下颌骨，M_2刚出一半，但露出部分的长度已达25.69毫米，这个数值远大于跨湖桥遗址同类数值（跨湖桥遗址M_2长度最大值为24.9毫米，平均值为21毫米左右）。M_1的长度值则更为明显，跨湖桥遗址的两个数据分别为13.63和18.22毫米，而贾湖遗址的3个数据分别为18.36、18.66和20.17毫米，后者很明显要大于前者。这些有限的数

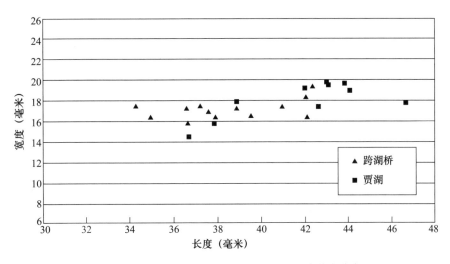

图五　贾湖遗址、跨湖桥遗址出土猪骨M₃尺寸散点分布图

据表明，贾湖遗址家猪的测量数据要大于跨湖桥遗址家猪的测量数据。

表四　各遗址出土猪骨第三臼齿长度值统计表　　　　　　（长度单位：毫米）

遗址	数量	M₃长度数值离差区间	平均值	标准偏差	数量	M₃长度数值离差区间	平均值	标准偏差
贾湖	12	36.39～46.66	42.24	3.074	5	35.8～44.68	39.39	3.969
磁山	3	39.2～45	41.4	2.4	2	35～37	36	1
跨湖桥	13	34.29～42.37	38.54	2.942	6	32.78～37.54	35.07	2.27
塘子沟	4	35.8～47	41.48	3.578				

表五　各遗址猪群年龄结构统计表

遗址	0～0.5岁M₁（V-a）	0.5～1岁M₂（V-U）	1～1.5岁M₂（a-c）	1.5～2岁M₃（V-a）	2岁以上M₃（b-　）	小计
贾湖	6件（13.95%）	6件（13.95%）	10件（23.26%）	13件（30.23%）	8件（18.6%）	43件
跨湖桥	2件（7.69%）	4件（15.39%）	2件（7.69%）	5件（19.23%）	13件（50%）	26件

（二）年 龄 结 构

　　根据统计的猪骨标本的数据（表五）来看，贾湖遗址2岁以上个体的比例较小，不足20%；年龄段主要集中在1～2岁，占50%以上。磁山遗址没有具体数据，仅指出"主要是未成年的幼小个体"，估计与贾湖遗址的情况相似。而跨湖桥遗址则相反，2岁以上的个体比例极大，占50%；而在1～2岁年龄段的猪的比例不足30%。

　　从上面讨论的猪群年龄结构来看，贾湖遗址与跨湖桥遗址差异明显。将这两个遗址发现的齿列扭曲、明显可以定为家猪的几件标本加以比较，也可证明这一点。跨湖桥遗址3

件家猪标本平均年龄偏大，如属遗址早期的T0512G1-1，为右上颌骨，雄性，M_1的磨损程度为L级，死亡年龄在3岁以上；中期T0512⑧-1，为一副下颌骨，基本完整，雌性，M_3的磨损程度为f级，死亡年龄至少在3岁以上；晚期T0412⑤-1，为左下颌骨，M_3萌出一半，死亡年龄在1.5～2岁。从这些有限的数据来看，当时家猪的屠宰年龄相当大，平均年龄在2.5岁以上。而贾湖遗址的3件标本则相反，屠宰年龄相当小，平均不足1.5岁。例如一期T109H152：6，M_3刚见齿孔，年龄在1.5岁左右；二期T26③C：57，M_2刚出一半，年龄在0.5～1岁；三期T108③B：55，M_1、M_2的磨损程度分别为e、b级，其年龄约在1～1.5岁。

（三）性 别 比 例

能够鉴定性别的猪颌骨标本，贾湖遗址为8件，雄雌比例为3：5；跨湖桥遗址仅有2件，雌雄比例为1：1。由于可供比较的标本数量太少，两处遗址猪群性别比例的差异程度并不明显。

（四）数 量 比 例

相关数据可参见表二。从纯肉量（MW）比例来看，贾湖遗址较高，占27%；而跨湖桥遗址这个比例较低，仅占11%左右。这表明，相对于跨湖桥遗址而言，猪在贾湖遗址居民的肉食资源中占有更重要的地位。

根据上述四个方面的分析，贾湖遗址猪群的特征可归纳为骨骼测量尺寸较大，与野猪的同类数据难以区分；年龄偏小，未成年个体比例非常高；性别比例优势不明显；猪在主要哺乳动物提供的纯肉量中比例较大，当时人们对猪肉的依赖程度较明显。跨湖桥遗址猪群的特征则表现为测量尺寸较小；年龄偏大，成年个体比例非常高；猪所提供的纯肉量所占比例较小，当时人们对猪肉的依赖程度并不明显。除性别比例外，在其他三个方面均与贾湖遗址猪群形成鲜明的对比。

上述分析表明，贾湖遗址与跨湖桥遗址的猪群在群体特征上存在明显区别。尽管可能造成这种区别的因素有很多，但结合磁山遗址的相关数据，我们认为这种区别基本上代表了一种地域差异。而贾湖遗址与跨湖桥遗址中可确认为家猪的骨骼标本在测量尺寸上的差异应与不同的野生祖先相关，因为这两处遗址中有限的家猪骨骼标本之间的差异正好与现生野猪的南北差异相吻合。现生种群中，华北野猪体形较大，吻部较长；华南野猪体形较小，吻部短阔[15]。这种吻合或可归结为贾湖遗址的家猪可能起源于华北野猪，跨湖桥遗址的家猪则可能起源于华南野猪，这就为我国家猪多中心起源论提供了动物考古学方面的证据。

考古学研究表明，我国几个大的地区的考古学文化都是单独起源的，在其早期阶段跨地区之间的文化交流并不频繁，基本上是独立发展的。具体到贾湖和跨湖桥这两处遗址，目前还没有在它们所代表的考古学文化中发现确凿的相互交流的考古学证据。另外，前者位于中原地区，后者位于长江下游地区，相隔数千里，中间又没有发现同时期存在家猪的遗址（当然不能排除以后发现或识别出这种遗址的可能性），当时人们携带生猪长途跋涉也是相当困难的。从考古学文化发展的角度可以推断，贾湖遗址与跨湖桥遗址的家猪各自源于本地野猪的驯化。结合传统考古学与动物考古学两方面的证据，我们初步认为中原地区与长江下游地区的家猪是各自独立起源的。

需要再次说明的是，本文所指的多中心起源主要是强调先民就地驯化野猪，而不是从外地直接引进家猪品种。至于驯化技术的传播本文暂未考虑，因为这种技术传播目前还无法从考古记录中明确识别，分子生物技术也爱莫能助[16]。我们无法排除这样的可能性，即分散在不同区域的人群受益于野猪驯化技术的传播，然后就地驯化各自所在区域的野猪。

结　　语

通过运用家猪的序列判断标准进行的检测可知，贾湖遗址存在家猪驯养，而且出现的年代可早至贾湖遗址第一期，绝对年代可达公元前6500年左右，这明显早于以往被确认的磁山遗址家猪的年代，可将我国家猪最早出现的年代至少向前推进400年。本文的研究也进一步证实新兴的LEH病理观察可以为判断早期遗址是否存在家猪提供极有价值的线索。对贾湖、跨湖桥这两处遗址猪群的比较研究表明，它们存在明显的地域差异，这为我国家猪多中心起源论提供了动物考古学方面的证据。

最后，需要指出的是，本文对贾湖、跨湖桥这两处遗址所代表的地域差异的归纳，还有待其他遗址材料的补充和检验。另外，家猪起源是一个漫长的过程，贾湖遗址也许只是处于我国北方地区家猪起源过程中的一个阶段，真正的源头尚有待追溯，贾湖遗址第一期出土的齿列扭曲的家猪标本似乎也暗示了这一点。

附记：本文的完成得到了袁靖先生的悉心指导。另外，本课题的研究还包括猪骨的稳定同位素分析，这种食性分析也为贾湖遗址存在家猪提供了重要线索。由于这一部分研究是与北京大学考古文博学院合作进行的，其研究成果将另文发表。

注　　释

［1］　河南省文物考古研究所：《舞阳贾湖》，科学出版社，1999年；中国科学技术大学科技史与科技
　　　　考古系等：《河南舞阳贾湖遗址2001年春发掘简报》，《华夏考古》2002年第2期。

［2］　袁靖：《中国新石器时代家畜起源的问题》，《文物》2001年第5期。

［3］　根据中国社会科学院考古研究所考古科技实验研究中心提供的鉴定数据。

［4］　袁靖、杨梦菲：《动物研究》，《跨湖桥》，文物出版社，2004年。

［5］　袁靖、杨梦菲：《水陆生动物遗存研究》，《桂林甑皮岩》，文物出版社，2003年。

［6］　张兴永等：《塘子沟早全新世哺乳动物群》，《保山史前考古》，云南科技出版社，1992年。

［7］　袁靖：《中国新石器时代家畜起源的问题》，《文物》2001年第5期。

［8］　Dobney K, Ervynck A, La Ferla B. Assessment and Further Development of the Recording and Interpretation of Linear Enamel Hypoplasia in Archaeological Pig Populations. Environmental Archaeology, 2002, 7: 35-46.

［9］　凯斯·道伯涅、袁靖等：《家猪起源研究的新视角》，《考古》2006年第11期。

［10］　袁靖：《中国新石器时代家畜起源的问题》，《文物》2001年第5期。

［11］　《舞阳贾湖》报告中，根据19个^{14}C测年数据中的9个木炭数据对各期年代进行了推断，第一期（1、2、3段）为公元前7000～前6700年，第二期（4、5、6段）为公元前6600～前6200年，第三期（7、8、9段）为公元前6200～前5800年，不过，这种年代的推断尚有待检验。该报告也指出，贾湖遗址第二、三期遗存在相对年代上与裴李岗文化早、中期及磁山文化早、晚期相当，在文化面貌上与裴李岗文化早、中期非常接近。但裴李岗文化、磁山文化的相关测年数据均集中在公元前6200～前5500年，与贾湖遗址第二、三期遗存相比，均相差近400年。

［12］　袁靖、杨梦菲：《动物研究》，《跨湖桥》，文物出版社，2004年。

［13］　其中的3个数据来自张兴永等：《塘子沟早全新世哺乳动物群》，见《保山史前考古》，云南科技出版社，1992年。另1个数据来自宗冠福等：《云南保山蒲缥全新世早期文化遗物及哺乳动物的遗存》，《史前研究》1985年第4期。两者涉及的是同一遗址的材料，但前者公布的材料中未包括后者已发表的猪骨数据。

［14］　周本雄：《河北武安磁山遗址的动物骨骸》，《考古学报》1981年第3期。

［15］　郭郛、李约瑟、成庆泰：《中国古代动物学史》，科学出版社，1999年。

［16］　Greger Larson, et al. Worldwide Phylogeography of Wild Boar Reveals Multiple Centers of Pig Domestication. Science, 2005, 307: 1618-1621. 此文是目前通过线粒体DNA技术研究家猪起源方面最具影响的成果，作者提出了世界范围内家猪起源的七个独立驯化中心，但他们强调该研究并不能否认部分中心可能最初得益于中东地区驯化技术的传播。

（原载《考古》2008年第1期）

河南舞阳县贾湖遗址中的龟鳖类

叶祥奎　　张居中

　　贾湖村位于河南省漯河市舞阳县北约22千米。贾湖遗址最早是1962年发现的。自1979年以来，中央、省、县文物考古工作者分别在此做过多次调查，确认该遗址属新石器时代裴李岗文化期，距今约8500～7500年。河南省文物研究所自1983年对它进行试掘后，于1984～1987年连续进行了5次发掘，获得大量人骨、陶器、石器、骨器、牙器、骨笛，以及许多猪、鹿、狗、牛、鸡、野猪、野兔、鳄、鱼、螺、蚌和龟、鳖的骨骼、甲壳等考古资料。本文仅就遗址中的龟鳖类甲壳作一记述。

　　龟鳖类材料就出土和保存情况看，大致可分两类，一是从墓葬里发现的，大多为完整或部分完整的背、腹甲，或完整腹甲。前两者的背、腹甲虽已相互分离而不缝连一起，但仍一一上下匹配，表示原为一个个体。这样的标本共有20多件。后者主要以完整或基本完整的腹甲为代表，背甲缺如，或其破损而不能复原。这样的标本共有30多件。另一类是从灰坑或废弃的房基中出土的，材料也很多，特别是鳖类，但全是碎片，似为先民啖食后的废弃品。其中有一件从房基里发现的标本，似为"奠基龟"，不完整。

　　上述贾湖遗址中的这些龟鳖类甲壳，经研究，代表龟科的两个不同属和一龟科未定属，以及鳖科的一属，今分述如下。

一、标　本　记　述

（一）龟科（Emydidae）

1. 闭壳龟属（*Cuora*）

黄缘闭壳龟（*Cuora flavomarginata*）（图一、图二）。

　　可归入该种龟类的标本有50多件，即上述20多件基本完整的背腹甲和30多件基本完整的腹甲。它们有以下几方面的同一待征。

　　①个体大小中等，最大的背甲长158毫米，最大宽122毫米；②背甲隆起；③无骨桥（bony bridge），背、腹甲分离；④腹甲前、后叶之间不以骨缝相连，死后各自断开；

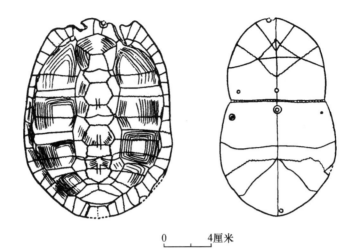

0 ⌞　4厘米

图一　黄缘闭壳龟（*Cuora flavomarginata*）

M363：13标本背（左）、腹（右）甲素描×1/2

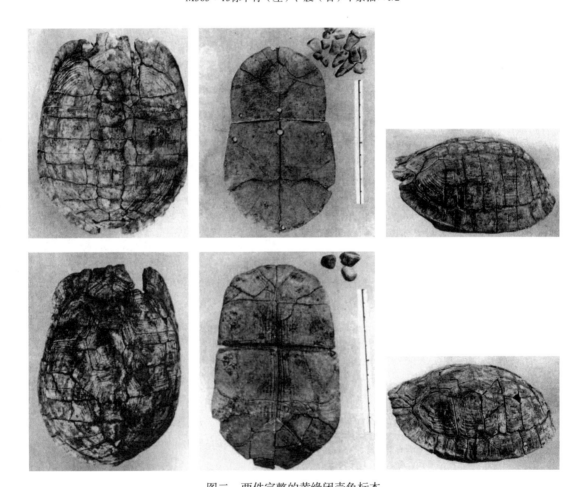

图二　两件完整的黄缘闭壳龟标本

上.M363：13；下.M233：16；左.背甲背视；中.腹甲腹视；右.背腹甲左侧视

⑤椎板（neural plate）7块，大多六角形，短侧边朝后，第8块退化，致使第8对肋板在中线处左右相遇；⑥腹甲后端钝圆；⑦内腹甲（entoplastron）后缘钝平或钝圆，不尖锐；⑧喉肱沟（gulo-humeral sulcus）割入内腹甲前部；⑨肱胸沟（humero-pectoral sulcus）贯穿内腹甲中部；⑩股肛沟（femoro-anal sulcus）"人"字形，向前突起，中部挨近下剑缝（hypo-xiphiplastral suturc）；⑪椎板上有断续的、不同程度的嵴突（keel）；⑫背甲盾片（scute）上有回纹，尤以肋盾（costal scute）上的为明显。今以保存完整的M363∶13标本为例，记述如下。

背甲基本完整，长150毫米，宽117毫米，高56毫米，颈盾小，瓮形。第一椎盾五角形，第二、三、四椎盾均六角形，前沟正中均稍突出，其中以第四椎盾最为宽扁。第五椎盾呈前狭后宽的梯形，前沟平直。肋盾左右各四，第一肋盾前锐后宽，第二、三、四皆矩形，第四盾最小。缘盾、缘板均近小矩形。颈板宽大，菱形。第一、二、三、四椎板均为六角形，短侧边朝后，这是闭壳龟属的主要特征之一。第五椎板近矩形，第六椎板反而成短侧边朝前的六角形。第七椎板，即最后椎板，呈七角形，第五椎盾的前沟平直地从其后通过，左右第八肋板在第七椎板之后的中线处相接。上臀板一，宽大，臀板缺失，留下矩形空隙。嵴突（keel）以第五椎板上的为最显，第七椎板上的次之，第二、三椎板交界处的最不显。迴纹以肋盾下缘和缘盾上部为明显。肋板8对，构造一般。

腹甲完整，中部长148毫米，前叶宽（肱胸沟处）77毫米，后叶最宽（下剑缝处）91毫米。内腹甲近斜置的正方形，前端角较锐，后端角较钝。喉肱沟割入内腹甲的前端，肱胸沟横贯内腹甲中部。股肛沟"人"字形，前中部与下剑缝紧接，并稍超出。这是所有同类标本中最为前伸的一件，其他的至多只与下剑缝接触，甚至有的还稍许后离。因无骨桥相连，腹甲已与背甲分开，但可能由于先民在背、腹甲上钻孔穿"线"相连，"线"烂后，两者仍还扣在一起。有意思的是，在相扣的背腹甲中，还装有15颗白色石子。石子不大，长径约5～10毫米，形状不一，未经加工。

根据上述的描述，特别是根据无骨桥、腹甲前、后叶可以活动，以及椎板六角形，短侧边朝后等特征，我们似有理由可把上述的标本归入闭壳龟属。

闭壳龟属是1855年Gray创建的，是龟科一现生属，地理分布只限于东亚和东南亚，可谓"亚洲特产"。它在甲壳构造上的最大特点是无骨桥，生活时，背甲直接扣在腹甲上，以韧带相连，甚像一只平底凸盖的盒子，故有"盒龟——亚洲盒龟（Asian box tortoises）"之称。死亡后，韧带腐烂，背、腹甲自然分离。闭壳龟的另一个特征是腹甲前、后叶不以骨缝相连，而连以铰键。生活时，腹甲前、后叶可分别活动。死亡后，铰键失效，则腹甲前、后叶断开。所以我国有些地方的群众叫它们为"断板龟"。闭壳龟的上述两大甲壳构造上的特点，与北美地平龟属（Terrapene，龟科）的完全一致。地平龟属不论现生种或化石种均只限于北美，故有"美洲盒龟（American box tortoises）"之称。它和亚洲盒龟——闭壳龟的最大区别，表现在短侧边朝前的椎板上。此外，龟科中另一现生属——摄龟属（Cyclemys）的甲壳构造也和闭壳龟属的有近似之处，它的椎板也呈短侧边朝后的六角形，且也生活于亚洲。但摄龟仍还有骨桥，只是不甚发达而已。再是它的腹甲前、后叶间的铰键不是很显著，特别是幼年时期。即使成年后，也只有腹甲前叶能活动，后叶不能。还有，它的后部缘盾的游离缘呈凹凸不平的锯齿状，也与闭壳龟属的呈平齐状者不同[1]。

按目前资料，闭壳龟属共有13种，其中两个化石种，11个现生种。在11个现生种中，我国有10种，主要都分布于我国东南各省，其中以黄缘闭壳龟最为常见，分布也最广，除我国外，东南亚、日本也产。它是河南省内唯一现生的一种闭壳龟[2]。据此，更重要的是据甲壳构造上的一致性，我们把贾湖遗址中的闭壳龟归入黄缘种。

2. 花龟属（*Ocadia*）

? 中国花龟（*Ocadia sinensis*）

可能归入中国花龟的标本有两件，均破碎。一是被称为奠基龟，是在T114F17房基中出土的，器号F17：16，包括第1～6块椎板，以及左侧第1～6块肋板，还有两块腹甲碎片。另一出自灰坑H107，包括左侧肋板第1～8块，外端与缘板相连，内端连第3～7块椎板。这两件标本的椎板都宽扁，六角形，短侧边朝前，与现生花龟属的一致。该属仅一现生种——中国花龟，分布于我国东南各省和东南亚，化石代表曾在山西发现。河南安阳殷墟曾出产过该种龟类的甲壳。在此，我们把上述贾湖的两件不完整标本暂且也归入该种。

如果上述贾湖遗址中的龟确系奠基龟的话，则表明这一宗教活动由来已久！

3. 龟科属、种未定（**Emydidae indet.**）

在贾湖遗址中，属于龟类的标本，除上述完整和部分完整的外，还有许多破碎的甲片。它们大多出自灰坑或残房基，这些甲片，就其一般构造看，可归龟科，但究竟为闭壳龟属、花龟属或乌龟属（*Chinemys*），则因太破碎而不易确定。

（二）鳖科（Trionychidae）

鳖属（*Trionyx* spp.）

大量鳖类甲片都产自灰坑或残房基，且全部破碎，估计系先民食肉后的废弃物。根据甲片表面无盾沟，且具蠕虫状的纹饰等主要特征，我们可以把这些标本归入鳖科、鳖属。再从纹饰的不同构造看，很可能不止一种鳖类，但具体鉴别有困难。不过，我国目前最为常见、具全国性分布的中华鳖（*Trionyx sinensis*）应为其中的主要成员。

二、问题讨论

从上述可以看出，贾湖遗址出土的龟甲和鳖甲数量都较大。在一个遗址中，出土如此众多龟鳖类甲壳实属罕见，特别是出土50多件完整或部分完整的闭壳龟甲壳，更是首次记录。虽然，河南境内现在仍还生活着闭壳龟和中华鳖，但就其数量来说，远不及贾湖时期那样繁盛。龟鳖类是变温动物，嗜温、潮环境。也许贾湖一带当时的气候比现在更加温暖，很适宜龟鳖类生息、繁衍。

如果说鳖类的甲片系先民食肉后所弃，那么墓葬中放了这么多完整的闭壳龟甲壳是做什么用的呢？可能被用作随葬品，以示吉祥。

贾湖的闭壳龟标本数量虽然较多，但在甲壳的主要特征上表现出很大的同一性，这是我们把它归于同种的根本依据。但标本一多，就难免在某些细节构造上出现差异。如个体大小，背甲最长的可达158毫米（M344：29），最短的仅110毫米（M327：15，M327：18）；腹甲最长的为157毫米（M344：29），最短的110毫米（M327：16）。背甲高度差异也较大，最高的84毫米（M363：15）；最低的49毫米（M327：17）。不过，几件背甲成狭长高凸型者（M363：7，M363：15），部分原因系挤压或人工粘补时失实所致。再是内腹甲的形状不一致，其前角有的尖而突出（M363：9），有的仅稍尖（M363：6），有的甚至钝平（M344：29）。还有第二椎盾的前沟中部，有的向前做较大的突起（M344：29），有的稍突（M363：6），有的平直（M363：9），更有甚者，第五椎盾的前沟，有的贯穿第七椎板（如M363：6），有的则从第七椎板之后通过（如M363：13）[3]。所有这些差异，我们均把它理解为个体变异、性别变异或阶段发育不同来处理，而没视为不同种的特征。

在18件背、腹甲完整或基本完整扣合在一起的甲壳中，仅只5件没石子，其余13件均装有石子，多者24粒，少者3粒。石子未经加工，大小不一，长径一般在5～10毫米之间。石子颜色常深、浅混杂，仅一件标本均浅色者。甲壳中有、无石子，石子的多少，一色或两色等，均无规律，但可肯定，石子是先人有意装进去的。至于装石子何用？可能是计数、记事或卜卦的。由于在墓葬中发现有20多支骨笛，系涉禽腿骨所制，上凿七孔，有七个音阶。经鉴定，为我国最早的骨笛。为此，有人认为，装石子的龟甲，也有可能是用作音乐演奏时击拍用的乐器[4]。

更值得一提的，在个别龟甲上，还见有不同的契刻符号，可能代表原始文字。由于贾湖契刻符号与安阳甲骨文的所用材料、契刻技法均有很大相似性，因之有理由推测它们之间可能有某种内在联系。

长期以来，闭壳龟属仅只以现生种为代表，直至1981年，本文前一作者发表了云南禄丰石灰坝中新世晚期的古猿闭壳龟（*Cuora pitheca*）后，首开了该属龟类的化石记录，并把闭壳龟属的历史上溯到800万年前[5]。无独有偶，同年冬，日本学者长谷川善和Y. Hasegawa发表了更新世中期的宫田闭壳龟（*Cuora miyatai*）[6]。往后，1983年，叶又记述了浙江建德更新世晚期和余姚河姆渡文化期的黄缘闭壳龟，写下了黄缘种的首次化石和亚化石的记录[7]。本文则记述了裴李岗文化期的黄缘闭壳龟。至此，我们可以把闭壳龟的历史系统为：中新世晚期—更新世中期—更新世晚期—裴李岗期—河姆渡期—大汶口期[8]—现生种。

　　最后，笔者对河南省文物研究所的领导和历次参与贾湖遗址发掘的同志们，并对为本文摄像、绘图的祝贺和张建华二位同志，表示衷心的感谢！

注　释

［1］　叶祥奎：《中国龟鳖类化石》，《中国古生物志》，科学出版社，1963年，第18～26页；叶祥奎：《古猿闭壳龟的新材料及该属的地史分布》，《人类学学报》1985年第4卷第2期，第113～117页。

［2］　赵尔宓：《我国龟鳖目校正名录及其地理分布》，《两栖爬行动物学报》1986年第5卷第2期，第145～148页。

［3］　此龟在《华夏考古》1991年第2期，106页文中名为Cyclemys trifasciata，现与其他同产标本一起，同归黄缘闭壳龟。

［4］　张居中：《舞阳贾湖遗址出土的龟甲与骨笛》，《华夏考古》1991年第2期，第106、107页。

［5］　叶祥奎：《化石闭壳龟的新发现》，《古脊椎动物与古人类》1981年第19卷第3期，第239～245页。

［6］　叶祥奎：《中日闭壳化石的发现和研究》，《两栖爬行动物学报》1985年第4卷第2期，第81～87页。

［7］　叶祥奎：《浙江的闭壳龟化石》，《古脊椎动物与古人类》1983年第21卷第1期，第49～51页。

［8］　原名文化地平龟（Terrapene culturalia），后改为黄缘闭壳龟。详见叶祥奎：《古猿闭壳龟的新材料及该属的地史分布》，《人类学学报》1985年第4卷第2期，第113～117页。

（原载《人类学学报》1994年第13卷第1期）

河南省舞阳县贾湖遗址出土的鲤科鱼类咽齿研究

中岛经夫　吕　鹏　张居中　中岛美智代　槙林启介　袁　靖

前　言

自20世纪80年代中期开始，河南省文物考古研究所先后6次发掘了河南省舞阳县贾湖遗址。该遗址分为三期，其年代分别为：第一期距今9000～8500年，第二期距今8500～8000年，第三期距今8000～7500年[1]。遗址出土了丰富的生物遗存，为探讨古代居民的饮食健康状况[2]、迁移行为[3]、社会分工[4]以及对动物资源的获取和利用[5]等诸多方面的研究提供了研究材料。具体到动物遗存的鉴定和研究而言，由于当时并未对土样进行抽样浮选，因此，其关于动物群的种群特征和量化统计的认识是不够全面的，特别是基本上未对鱼类遗存进行探讨。在2001年对贾湖遗址所进行的第7次发掘中，考古工作者对所有遗迹内的土样进行了抽样浮选，发现了大量的小型动植物遗存，其中包括大量鲤科鱼类遗存。

迄今为止，有关中国各个地区考古遗址出土动物遗存的鉴定和研究报告已经有200余篇，其中大部分都涉及对鱼类的鉴定。但是，真正围绕考古发掘出土的鱼骨开展专题性动物考古学研究的成果屈指可数[6]，研究的匮乏与众多遗址出土大量鱼骨的局面形成鲜明对照，这种状况亟待改变。本文通过对贾湖遗址中浮选出的鲤科鱼类咽齿进行鉴定、量化和深入研究，以期了解距今9000～7500年前贾湖先民对鱼类资源的开发和利用，为研究当时的生业状况提供新的资料，同时也希望能够促进中国鱼类遗存的动物考古学研究。

一、材料与方法

1. 材料

提取贾湖遗址中灰坑、房址等遗迹内的土壤，用0.2mm以下的筛网进行浮选，其中，浮选出鲤科鱼类咽骨（齿）标本共1128件。

2. 鲤鱼A2齿的拍照和测量方法

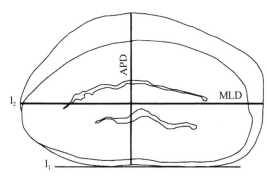

图一　鲤鱼*Cyprinus carpio*的A2齿的测量方法

先用实体显微镜（Leica MZ APO）和数码相机（Nikon Dxm 1200C）制作鲤属鱼类（*Cyprinus*）A2齿的数码图像，再用Nikon Imaging Software测量A2齿的内外径（Mesio-Lateral Diameter，简称MLD）和前后径（Antero-Posterior Diameter，简称APD）。内外径与齿后缘（l_1）平行，测量从内侧端到外侧缘（l_2）。前后径则是测量l_2垂直方向的最大径（图一）。测量数据可用于鱼类种属鉴定和体长推定[7]。

3. 鲤科鱼类咽骨及咽齿部位简介

鲤科鱼类有200属2500种，是种群最大的淡水鱼科[8]。对于鲤科鱼类而言，咽齿是重要的分类器官[9]：咽齿的形状、大小、排列和数量是区分种属的关键[10]。

鲤科鱼类的咽骨通常有1～3列咽齿不等。从内侧起分别称为"A列""B列"和"C列"，每列齿从前往后按顺序编号。譬如A2齿是指A列前边的第二个齿，B1齿是指B列前边的第1个齿（图二）。

齿的机能面称为"咀嚼面"（Grinding surface）。鲫属鱼类咽齿的咀嚼面磨耗掉之后，又会形成新的咀嚼面，称之为"二次性咀嚼面"（Secondary grinding surface）（图三）。有的咀嚼面有沟，叫作"咀嚼面沟"（Groove of grinding surface）（图二）。鲤鱼的A2齿有1～5条咀嚼面沟，沟数随其生长而增多。稚鱼（Juvenile）和幼鱼（Young）只有1～2条咀嚼面沟，成鱼（Adult）一般有2～5条。

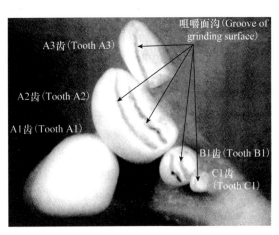

图二　鲤鱼*Cyprinus carpio*左侧咽齿齿列，表示咀嚼面（Grinding surface）及其咀嚼面沟（Groove of grinding surface）

排列顺序为A列、B列、C列三列齿，每列从前往后按顺序编号

咽骨有3个面：一个是"有孔面"（Pitted surface），又称为"前背侧面"（Antero-dorso-lateral surface）；另外两个面分别是"后腹中面"（Postero-ventro-mesial surface）和"生齿面"（Dentigerous surface）。生齿面朝着背侧，咽骨在生齿面附近向背侧弯曲，

因此，咽骨的两个顶端又分别叫作"前端"（Anterior tip）和"背端"（Dorsal tip）。弯曲部前边称作"前支"（Anterior limb），后边称作"后支"（Posterior limb）。咽骨有"前角"（Anterior angle）和"后角"（Posterior angle）两个隅角。前支和后支在前角处会合。后腹中面为肌肉附着部，前支构成咽骨腹面（Ventral surface），后支构成咽骨后面（Posterior surface）（图四）。

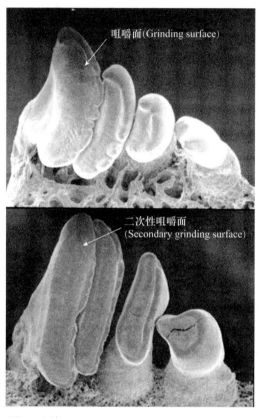

图三　黑鲫*Carassius carassius*（上）和日本银鲫*Carassius auratus langsdorfi*（下）的左侧咽齿齿列
黑鲫各齿的咀嚼面（Grinding surface）没有磨耗，而日本银鲫因磨耗形成二次性咀嚼面（Secondary grinding surface）

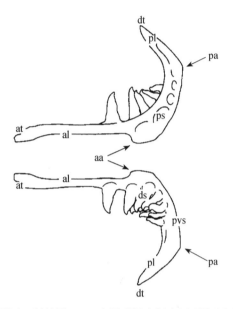

图四　以鲌属*Culter*左侧咽骨为例介绍咽骨术语
上. 前背侧面（Antero-dorso-lateral surface）；
下. 后腹中面（Postero-ventro-mesial surface）和生齿面（Dentigerous surface）；表示前角（aa: Anterior angle），前支（al: Anterior limb），前端（at: Anterior tip），生齿面（ds: Dentigerous surface），背端（dt: Dorsal tip），后角（pa: Posterior angle），后支（pl: Poterior limb），有孔面（ps: Pitted surface），腹侧面（pvs: Postero-ventral surface）

二、鉴 定 结 果

1. 种属鉴定和统计

鲤科　Family Cyprinidae

　鲃亚科　Subfamily Barbinae

　　鲃　Barbinae, gen. et sp. indet.（图五，1）

发现6件咽骨（齿）标本。根据标本WJ0415号上保存的两齿（A1和A2）、标本WJ0412和WJ0414号等上保存的一齿（A1）及齿的根部推定，咽齿为3列，齿式约为5.3.1，A1齿较小。

雅罗鱼亚科 Subfamily Leuciscinae

草鱼属 Genus *Ctenopharyngon* Steindachner

草鱼 *Ctenopharyngodon idellus*（Cuvier *et* Valenciennes）（图五，2、3）

发现107件咽骨（齿）标本。A列齿的咀嚼面较窄，齿冠侧面呈梳状。根据标本WJ0055、WJ0064和WJ0907号标本保存的咽齿和齿的根部可见，齿列为2列，A列为5颗或4颗齿，B列为2颗齿。咽骨腹侧面从A5齿基部附近到后角处有条褶皱状隆线（图五，3）。前角和后角突出。

青鱼属 Genus *Mylopharyngodon* Peters

青鱼 *Mylopharyngodon piceus*（Richaidson）（图五，4）

发现63件咽骨（齿）标本。咽齿呈圆形块状。齿列为1列，5颗或4颗齿。咽骨粗壮。

鳡属 Genus *Elopichthys* Bleeker

鳡 cf. *Elopichthys bambusa*（Richardson）（图五，5）

发现1件咽骨标本（WJ0612），其上保存了一行咽齿，估计为A列。A1、A2和A3齿具有较窄的咀嚼面和尖状齿。根据保存的齿和齿的根部推定齿列为2列。

鲌亚科 Subfamily Cultrinae

鲌 Cultrinae, gen. et sp. indet.（图五，6）

发现10件咽骨（齿）标本。根据标本WJ0753和WJ1102号等保存的咽齿和齿的根部可见，齿列推定为3列。咽骨较狭长，前支长，咽骨生齿面的大部分在咽骨前角的后方。

鲂属 Genus *Megalobrama* Dybowsky

鲂 *Megalobrama* sp.（图五，7、8、9）

发现41件咽骨（齿）标本。齿冠后面齿沟基部有钩沟（图五，9），钩沟细长。有孔面和生齿面较宽。A1齿的前后径比内外径大。齿列为3列，A列为5颗或4颗齿，B列为4颗齿，C列为2颗齿。齿式应为5.4.2。

鲌属 Genus *Culter* Basilewsky

鲌属 *Culter* sp.（图五，10）

发现3件咽骨（齿）标本。齿冠没有钩沟。根据标本WJ1081和WJ1127号等保存的咽齿和齿的根部可见，齿列为3列，A列为5颗或者4颗齿，B列为4颗齿，C列为2颗齿。齿稍尖且细长，带有极其窄的线状咀嚼面。咽骨虽破损，但可以推定其前部很长。咽骨宽度较小。

原鲌属 Genus Cultrichthys Smith

原鲌属 cf. *Cultrichthys* sp.（图五，11）

发现1件咽骨的标本（WJ0069）。齿列为3列，A列为5颗或4颗齿，B列为4颗齿，C列

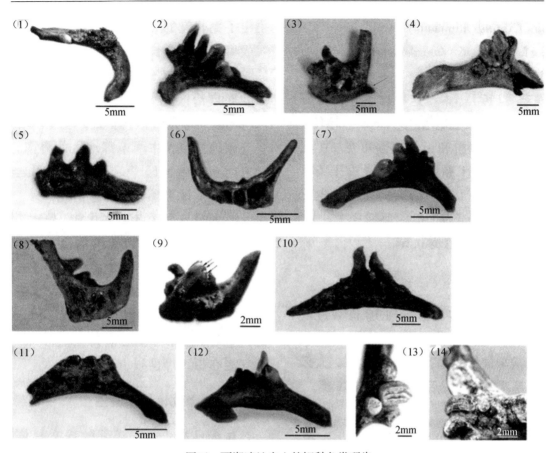

图五 贾湖遗址出土的鲤科鱼类咽齿

（1）鲃Barbinae，gen. et sp. Indet.（标本号WJ0412）左侧咽骨及咽齿的背侧面观（从咽骨及咽齿的背侧面看）；

（2）草鱼属*Ctenopharyngodon idellus*左侧咽骨及咽齿（标本号WJ0907）的外侧面观，A1齿至A4齿之间的4颗齿存在；

（3）草鱼属*Ctenopharyngodon idellus*咽骨的背侧面观（标本号WJ0853），箭头表示草鱼特有的褶皱状隆线；（4）青鱼*Mylopharyngodon piceus*左侧咽骨及咽齿（标本号WJ0051）的外侧面观，A2齿和A3齿存在；（5）鳡cf. *Elopichthys bambusa*右侧咽骨及咽齿（标本号WJ0612）的外侧面观，A1齿和A2齿存在，A3齿齿冠破损；（6）鲌Cultrinae, gen. et sp. indet. 右侧咽骨（标本号WJ0615）的有孔面观；（7）鲂*Megalobrama* sp. 左侧咽骨及咽齿（标本号WJ0067）的外侧面观，A1齿至A3齿之间的3颗齿存在；（8）鲂*Megalobrama* sp. 咽骨（标本号WJ0851）的有孔面观，有孔面可见鲂等特有的皱纹状花纹；（9）从鲂*Megalobrama* sp. 咽骨及咽齿（标本号WJ0410）的后方面（后侧）观，A5齿、B4齿和B3齿的齿冠后侧面可见鲂特有的钩沟（箭形所示）；（10）鲌属*Culter* sp.左侧咽骨及咽齿（标准号WJ1081）的外侧面观，A4齿、A3齿、B4齿和B3齿存在；（11）原鲌cf. *Cultrichthys* sp.左侧咽骨（标本号WJ0069）的背侧面观，可见A列5齿、B列4齿以及C列2齿的印痕；（12）鲫*Carassius auratus*右侧咽骨及咽齿（标本号WJ0058）的外侧面观，A1齿和A2齿存在；（13）鲤鱼*Cyprinus carpio*左侧咽骨及咽齿（标本号WJ0077）的背侧面观，A1齿、A2齿和B1齿存在，A2齿的咀嚼面沟为3条；（14）龙州鲤cf. *Cyprinus longzhouensis*右侧咽骨及咽齿（标本号WJ0102）的背侧面观，A2齿、A3齿和B1齿存在。A2齿的咀嚼面沟为1条

为2颗齿。咽骨前角射近的宽度较大。

鲤亚科　Subfamily Cyprininae

　鲫属　Genus *Carassius* Jarocki

　　鲫　*Carassius auratus*（Linnaeus）（图五，12）

发现28件咽骨（齿）标本。根据标本WJ0058、WJ0449和WJ0450号等保存的咽齿和齿的根部可见，齿列为1列4齿。虽只保存了A1齿和A2齿，A3、A4留有齿的根部。A1齿呈圆锥形，A2齿前后侧扁。各齿的咀嚼面均已经磨蚀。

　鲤属　Cenus *Cyprinus* Linnaeus

　　鲤鱼　*Cyprinus carpio* Linnaeus（图五，13）

发现848件咽骨（齿）标本。根据标本WJ0070、WJ0077和WJ0083号等保存的咽齿和齿的根部可见，齿列为3列，A列为3颗齿，B列和C列为1颗齿，齿式为3.1.1。A2齿有2条至3条咀嚼面沟。A2齿的前后径/内外径比为0.66左右，齿冠前方侧面鼓起。

　鲤属　Genus *Cyprinus* Linnaeus

　　龙州鲤　cf. *Cyprinus longzhouensis* Yang *et* Hwang（图五，14）

发现20件咽骨（齿）标本。这些标本均出自贾湖遗址第二期文化层。根据标本WJ0042、WJ0102和WJ0729号等保存的咽齿和齿的根部可见，A列为3颗齿，B列和C列为1颗齿。A2齿上有1条咀嚼面沟（即使成体也只有1条咀嚼面沟）。A2齿比A1齿大，A2齿的内外径比A1齿的前后径大。A2齿的前后径/内外径的平均值为0.64。

2. 出土各类咽齿的比率

除了因破损而无法鉴定到亚科的10件咽齿以外，1128件咽骨（齿）标本的鉴定结果见表一，有11种可以确定到属或种的鲤科鱼类。从数量看，大部分是鲤属，其次是草鱼属，然后是鲂属和青鱼属。

表一　贾湖遗址出土鲤科鱼类咽骨（齿）的数量和比例

种属	数量		比例	
Barbinae	6		0.5	
Barbinae，gen. et sp. indet.		6		0.5
Leuciscinae	171		15.2	
Ctenopharyngodon		107		9.5
Mylopharyngodon		63		5.6
Elopichthys		1		0.1
Cultrinae	55		4.9	
Cultrinae, gen. et sp. indet.		10		0.9
Megalobrama		41		3.6
Culter		3		0.3
Cultrichthys		1		0.1

续表

种属	数量		比例	
Cyprininae	896		79.4	
Carassius		28		2.5
Cyprinus		868		77.0
合计	1128	1128	100.0	100.0

三、讨　论

1. 贾湖遗址的古气候推测

日本列岛现今只有鲤鱼，但是在上新世的温暖期却存在多种鲤属鱼类[11]。300万年前处在亚热带气候下的日本古琵琶湖内分布着几种鲤属鱼类[12]。上新世末至更新世，气候趋寒，日本列岛除鲤鱼之外的其他鲤属鱼类消失。

贾湖遗址当时的气候温暖湿润[13]，气温与现今的长江流域相似[14]。此次，我们依据贾湖遗址出土了龙州鲤的咽齿，推测当时贾湖遗址所在地的气候可能比现今长江流域[15]更加温暖，因为，现在的龙州鲤分布的冬季最低气温在摄氏零度以上的广西壮族自治区龙州及上思等地[16]；另外，除鲤鱼（*Cyprinus carpio*）之外的现生鲤属（*Cyprinus*）鱼类，其分布地局限于中国南部地区的海南、广东、广西和云南至越南地区[17]，这也是证明当时的气候可能比长江流域更加温暖的理由之一。

贾湖遗址分为3个文化期，第二期的气候最为温暖[18]。龙州鲤的咽齿标本均出土于第二期文化层，这就为上述认识提供了更为科学的实证。同时，我们可以进一步推测：龙州鲤的分布范围很可能在这个时期向北扩展至贾湖遗址的所在地。由此，贾湖遗址第二期可能为亚热带气候，冬季的最低气温在摄氏零度以上。

2. 有选择性地捕捞鲤鱼

位于日本列岛西半部的绳文时代的鸟浜贝冢（公元前4000年～前3500年）[19]、粟津湖底遗址第3贝丘（公元前3000年～前2500年）[20]和弥生时代的朝日遗址（公元前370年～前90年）[21]都发现鲤鱼和鲫鱼遗存共存的现象。中国长江三角洲地区新石器时代的田螺山遗址（距今约7000年～5500年）[22]也发现同样的现象。通过对这些遗址出土的鲤科咽齿进行定性定量研究，发现每一处遗址中鲤鱼和鲫鱼都占据整体的60%以上（图六）。在湖泊等淡水环境中，鲫鱼的产量很高，加之它们集体靠岸产卵，所以便成为极易捕获的食物资源。在日本列岛的西半部和中国的东南部，在特定的时间段里，都存在大量捕捞鲫鱼和鲤鱼、将这些鱼类作为蛋白资源利用的行为。对自然条件下的鲤鱼和鲫鱼进行对比，鲫鱼的数量较多，在遗址中大量出土鲫鱼应属正常现象；可是在贾湖遗址与朝

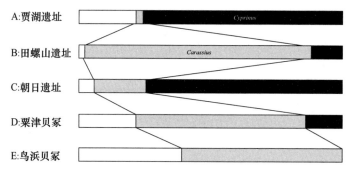

A:贾湖遗址
B:田螺山遗址
C:朝日遗址
D:粟津贝冢
E:鸟浜贝冢

图六　中国新石器时代、日本绳文·弥生时代的遗址中出土鲤科鱼类遗存的组成

日遗址中，鲤鱼却占有最大比例。因此，形成这种现象的原因并非是由于这两处遗址周围的水系中鲫鱼较少，而是在于古代先民有选择性地主要捕捞鲤鱼。这个观点有待于我们今后对更多遗址出土的鱼类遗存和相关考古现象（例如捕捞工具、鱼类加工地点和方法）进行研究。

四、结　语

本文对贾湖遗址出土的鲤科鱼类进行了研究，发现有11种可以确定到属或种的鲤科鱼类。现在生存在中国南方的鲤科鱼类在贾湖遗址的出土，证明当时这个地区的气候比现在要温暖；特别是龙州鲤的出土，证明贾湖文化第二期的气候更为温暖湿润。当时居住在贾湖遗址的先民有选择性地大量捕捞鲤鱼，这种有意识的行为是后来开始人工养鱼的基础。本研究为探讨古代先民获取水产资源的行为提供了有益的信息，有助于我们全面认识古代先民获取肉食资源的行为及探讨当时的自然环境状况。今后，在考古发掘中采用浮选法、全面提取鱼类遗存，并开展科学的鉴定和研究，这是我们应该努力的方向。

致谢： 感谢审稿专家和编辑部老师富有建设性的修改意见。

注　释

［1］　河南省文物考古研究所：《舞阳贾湖》，科学出版社，1999年，第785～805页。

［2］　王明辉：《中原地区古代居民的健康状况——以贾湖遗址和西坡遗址为例》，《第四纪研究》2014年第34卷第1期，第51～59页。

［3］　胡耀武、Ambrose Stanley H、王昌燧：《贾湖遗址人骨的稳定同位素分析》，《中国科学（D辑）》2007年第37卷第1期，第94～101页。

[4] 尹若春、张居中、杨晓勇：《贾湖史前人类迁移行为的初步研究——锶同位素分析技术在考古学中的运用》，《第四纪研究》2008年第28卷第1期，第50～57页。

[5] 张震：《贾湖遗址墓葬初步研究——试析贾湖的社会分工与分化》，《华夏考古》2009年第2期，第42～62页。

[6] 罗运兵、张居中：《河南舞阳县贾湖遗址出土猪骨的再研究》，《考古》2008年第1期，第90～96页。

[7] 伍献文：《记殷墟出土之鱼骨》，《中国考古学报》1949年第4期，第139～143页。

[8] 成庆泰：《三里河遗址出土的鱼骨、鱼鳞鉴定报告》，《胶县三里河》，文物出版社，1988年，第186～189页。

[9] 余文斌、罗静文、刘晓娜：《天星观二号墓8号铜鼎出土鱼骨鉴定》，《荆州天星观二号楚墓》，文物出版社，2003年，第230、231页。

[10] 苏瑞凤：《鱼类专题研究》，《巴东楠木园》，科学出版社，2006年，第158～166页。

[11] 中岛经夫、中岛美智代、孙国平等：《田螺山遗址K3鱼骨坑内的鲤科鱼类咽齿》，《田螺山遗址自然遗存综合研究》，文物出版社，2011年，第206～236页。

[12] Nelson Jpseph S. Fishes of the World. New York: John Wiley & Sons, 2006: 624.

[13] Berg L S. Faune de la Russie et des pays limitropes. Poissons, Marsipobranchii et Pisces. Vol. Ⅲ. Ostariophysi, Part 2//Blochii M E. Systema Ichthyologiae. Sant Petersburg. 1914. 337-704.

[14] Chu Yuanting. Comparative Studies on the Scales and on the Pharyngeal and Their Teeth in Chinese Cyprinids, with Particular Reference to Taxonomy and Evolution. Biological Bulletin of St. John's University, 1935(2): 225.

[15] 琵琶湖自然史研究会：《琵琶湖の自然史》，東京：八坂書房，1994年，第340页。

[16] 张居中：《论贾湖遗迹的环境与生业》，《论裴李岗文化——纪念裴李岗文化发现30周年暨学术研讨会》，科学出版社，2010年，第115～135页。

[17] 姜彤、苏布达、王艳君等：《四十年来长江流域气温、降水与径流变化趋势》，《气候变化研究进展》2005年第1卷第2期，第65～68页。

[18] 乐佩琦等：《中国动物志：硬骨鱼纲塚鲤形目（下卷）》，科学出版社，2000年，第391～434页。

[19] 中岛经夫、甲斐朋子、辻美穗等：《島浜貝塚貝層の定量分析についての予察的報告》，《島浜貝塚研究》2005年第（4/5）期，第1～8頁。

[20] 中島経夫：《粟津遺跡のコイ科魚類遺体と古琵琶湖層群》，《化石研究会会誌》1997年第30卷第1期，第13～15頁。

[21] Nakajima Tsuneo, Nakajima Michiyo, Yamazaki Takeshi. Evidence for Fish Cultivation during the Yayoi Period in Western Japan. International Journal of Osteoarchaeology, 2010(20): 127-134.

[22] 中島経夫：《自然環境と文化のかかわり縄文かち現代へ》，《縄文人の世界 日本人の原像を求めて》，東京：角川書店，2004年，第354～377頁。

（原载《第四纪研究》2015年第35卷第1期）

河南舞阳贾湖遗址生产工具的初步研究[*]

杨肇清

　　贾湖遗址位于河南省舞阳县城北22千米、北舞渡镇西南2千米的贾湖村东。遗址发现于20世纪60年代初，当时仅当作一般的新石器时代遗址对待。1983年春经过试掘才知是一处单纯的裴李岗文化遗址[1]。1984年至1987年为配合村民修建房屋又进行5次考古发掘，揭露面积2355平方米，发现裴李岗文化的房屋、灰坑、窑等遗迹和墓葬，还出土数千件文物，除大量的陶质生活用具外，还有用石、骨制作的生产工具[2]。本文仅对这些生产工具进行初步研究，推论当时生产状况，如有不妥，敬请方家指正。

　　贾湖出土的生产工具较多，经初步统计，有磨制石器生产工具440余件，打制石器工具数十件，骨制生产工具700余件[3]。按用途分有农业生产工具、粮食加工、渔猎、纺织、缝纫和制作生产工具等类。其中有些工具既用于农业，也用于制作生产工具等，如石斧。有的工具既用于收割，也用于采集等。现分述如下。

　　农业生产工具　　共计260余件，其中有砍伐树木的石斧，翻地用的石铲、骨耜，中耕、松土用的钩形角器，播种用的角锥，收割用的石镰、石刀和粮食加工用的石磨盘、磨棒、石杵等。

　　石斧　　近100件，大部分完整，通体磨光，多弧形双面刃，也有直刃，平面形状有长条形、长方形、梯形等。横剖面为椭圆形或偏椭圆形。长4.8～15、宽2.1～8.7、厚1.5～4.7厘米。一般长多在10～15、宽5、厚2.5厘米左右。经观察斧的上部有的光滑，有的有捆绑磨损的痕迹，下部使用时留下的磨损痕迹，纹路细而平行与刃垂直，有的刃口处还有砍时留有的崩疤。故推测斧中为上窄下宽横剖面为椭圆形，长10厘米左右的石斧，上部光滑，是用手握斧的上部直接砍伐的手斧；有的则是按柄使用，柄与斧身垂直，相交处用绳将柄与斧牢牢捆实。在考古学上出土有木柄石斧的例子，如在江苏吴县澄湖和溧阳县沙河洋良渚文化遗址中出土的两件带木柄的石斧[4]，在河南汝州阎村仰韶文化遗址中出土的一件陶缸腹上有一幅鹳鱼石斧图[5]，画中的石斧与柄垂直相交，石斧与柄相交处画有几根交叉的线条表示用绳捆，真实反映斧与柄安装的情况。有的斧最宽和最厚在中部，双面刃，顶微弧，顶侧上有打击的崩疤，这种斧除砍伐外，也用于劈开木头，即楔子。那种长约5、宽1～2、厚1厘米的微形石斧与砍伐无缘，看来是手拿着使用的加工工具。

　　* 本文为国家自然科学基金资助项目（资助号：39570440）。

石铲　共观察90件，其中最完整的9件，按平面形状分为长条形、梯形、长条有肩形等。石铲为扁平体，弧形双面刃。长条形石铲有的一端有刃，有的则两端有刃，如M17：2，长23、宽9厘米。两端为弧形刃，刃口斜度较大的一面上留有与刃部垂直而平行的磨损痕，从刃口起磨痕最清晰，逐渐消失成为光滑面，另一面虽没有使用磨损的纹路，然而确有从刃口向上非常光亮，这是使用过程中摩擦形成的；另一件（T31㉟：6），长21、宽11.5厘米，顶端无刃，微弧且厚，另一端为弧形刃，刃锋锐利，一面留有使用时的磨损痕，其磨痕纹路平行与刃口垂直由清晰到不清，磨痕长约3厘米，这种长条石铲中部两侧平滑，看来使用时，是人握石铲的两侧中部用力向下，使刃部进入土中，再向上起土以达到翻土的目的。

有肩石铲是由长条形宽刃石铲打出毛坯后，在其两侧上部打去一部分，使之成为肩部，为长条形石柄，只稍加磨制，留有打制的疤痕，下部为宽弧形刃经过精心磨制。铲面光亮，刃口锐利。经观察柄上有绑的磨损痕，木柄与石铲纵向结合，并用绳捆绑牢固，使用时人站立手握木柄，向下用力，使石铲进入土中，再用力起动，从而达到翻土的目的。还有窄长的梯形石铲，中部加厚或稍弯曲，略作拱背状。其上有捆绑磨损痕迹，刃部也有使用过程中留下的磨损痕，看来这是用鹤嘴弯曲木棍，将鹤嘴部分与铲的上部紧密重合，并用绳捆绑严实，木柄与铲成曲尺形，人站立，手握木柄，先举起后用力向下，铲刃进入土中，再起土，以达到翻土的目的。其用法与锄的使用一样。如其中一件（T70④：1）长14.02、宽6.62、厚1.5厘米。另一件（H291：4）长13.92、宽5.65、厚1.7厘米。这两件上部捆绑磨痕明显，刃部的使用磨损痕迹也很清楚。后两种石铲是安柄使用，既减轻劳动的强度，又提高翻土的效率，是社会生产力发展的具体表现。由于翻土，改变了土壤的团粒结构，提高土地的肥力，减少杂草滋生，无疑是农业生产的一大进步。宋兆麟先生曾经提出，"考古学发现的大量石铲都体形较大，有挖土磨损痕迹，还有安柄的地方，应该不是铲，而是一种耜冠"[6]。甚确。故可将有肩石铲称之为耜，那么贾湖的农业已渡过刀耕火种的时期，进入耜耕农业阶段。耜的出现和使用是农业生产进步发展的标尺。

在贾湖遗址还发现一件用猪肩胛骨做的骨耜，将肩胛骨上端两侧的轮廓磨去，使之为骨耜的柄，下部修磨成两齿，由于长期使用，刃部磨去很多，经过多次修磨，还继续使用，耜齿仍然锋利，整个刃部留有使用时磨损痕迹，耜长9.5、宽4.8厘米。这种骨耜在河姆渡遗址出现数十件，是种植水稻翻松土地使用的耕耘器具，贾湖也是种水稻，这种器具不多而是用有肩石铲当作耜使用有一定关系。

在贾湖中还发现有几件勾形角器，利用鹿角的发杈处修磨而成，发杈处留短的一端磨成刃部，长的一方为柄，手握柄部，利用杈勾来松土。由于使用勾尖光滑而锐利。

角锥　锥尖周围光滑，有使用时留的磨损痕，这可能是一种点播工具，即利用尖锥向土中戳一洞，点穴播种。我国的独龙族、苦聪人都有以短的尖木棍、尖竹棒点穴播种的例子[7]。文献也有记载独龙族播种用具"农具亦无犁锄，所种之地，唯以刀伐木，纵火焚烧，用竹锥地成眼，点种苞谷"[8]。

石镰和石刀　是一种收割工具，共计70余件，石镰分两类，有齿镰和无齿镰。在有齿镰中有拱背直刃和拱背弧刃，尾部上翘，其下有缺口，是为束柄而设的。从绑痕和上下缺口分析柄与镰体约成直角，手握柄，镰刃向收割物，联割带锯，迅速达到收割的目的。这种锯齿镰有多种用途，除用于收割外，也可用于采集和制陶压篦点纹的工具。笔者曾在《试析锯齿形石镰》中已进行分析[9]。无齿石镰的形制与有齿镰相同，只是刃部无齿，可刃口锐利，这种镰除收割外，也可作其他用途。

粮食加工用具共计170余件。其中有石杵20余件，磨盘50余件（按每四个足计算一磨盘），磨棒99件。

石磨盘与磨棒　配套使用，最低有58套粮食加工工具。在贾湖遗址中发现较多的稻米，可见这里当时是稻作区。可稻谷颗粒小，壳较硬，不易用手剥落，只有借助一定的工具进行加工使稻壳剥落，才成为可食用的大米。贾湖人借助了磨盘和磨棒。磨盘、磨棒均用砂石打制、琢磨而成。这种石质硬度不太高，便于制作，石质砂粒较粗，增加摩擦力，有利于加工粮食。在使用时，将磨盘放在平坦的地面上或放在兽皮的光面上，宽的一端向前，窄的一端在后，把晒干的稻谷放在磨盘上，双手握磨棒的两端，用力在磨面上由后向前来回滚压，使稻谷脱落，成为可食用的大米。磨盘大小有别，根据完整的测量，长52～74厘米，宽21～31厘米，由于长期使用磨盘中部往下凹，如其中一件（M371：1）为长椭圆形，长52、宽26.5厘米，中部向下凹0.9厘米；另一件（M114：2）为前端圆弧，后端平直的无足石磨盘，长74、宽21～31厘米，中部凹0.4厘米，这是贾湖最大的磨盘，用它加工粮食，就可提高加工能力。

根据盘棒的形制看，有圆柱形、扁圆柱形等种，这可与压的方法不同有关，圆柱体磨棒，是用它在磨盘上来回滚压，扁圆柱体磨棒，是人握两端，一前一后推压。

石杵　是借杵的冲压力使稻脱壳，一般是与臼联合使用的，可在贾湖未发现臼。已发掘的所有裴李岗文化遗址均未发现。可能这与当时臼的质地有关。根据《易·系辞》记载："黄帝作杵臼"，又说："断木为杵，掘地为臼"。在裴李岗文化遗址中也未发现地臼。可借助民族学资料来说明，云南苦聪人地区就在屋内地上挖一坑，内垫一张兽皮，然后用一根木棒在其中舂米。也许贾湖人也利用这种方法，在贾湖发掘的房基中至今未发现一点臼的痕迹，看来贾湖的先民不是利用这种方法。又据民族学的资料说，一般用石杵者多用木臼，如四川凉山彝族和普米族都使用石杵和木臼加工粮食，可能贾湖裴李岗时期的先民用木臼加工粮食，由于木臼早已腐烂不存，故难以发现。

从上述可知，从贾湖先民砍伐树木、翻松土地、播种、中耕、薅草到收割、粮食加工等一整套的农业工具齐全，而且工具加工精细，形制多样，富于变化，有的安柄使用，改变用力的方法，减轻劳动强度，提高功效，充分证明当时农业是比较发达的。同时有的学者对贾湖"出土的约500粒及其中的197粒较完善的炭化稻米的形态学分析表明，80%以上的炭化米已与野生稻发生显著的变化而与现代栽培稻近似，因此可以肯定贾湖古稻已驯化为栽培稻。"同时还指出，贾湖古稻粒长/宽比却有逐渐变小、容积逐渐加大而接近现在栽培稻的趋势可解释为普通野生稻曾发生粒形偏粳或偏籼的突变，然后这些突变型与异花授粉为主的普野发生天然杂交，从而出现了从偏粳、偏籼、中间型到普野型的分离，人类的选择压力虽然很弱但已朝着稻米容积加大（粒形短、宽、厚）的增产方向逐渐累积，最终形成与其野生祖先普野显著不同的栽培稻。按硅酸体分析结果贾湖古稻以偏粳型为主[10]。由此证明贾湖古稻是经过多年人工栽培而成，充分反映出农业已发展到一定的水平。

贾湖渔猎工具也是丰富多彩，共计400余件。其中有骨镞、骨镖、石矛和骨矛、石球、陶弹丸等。在所有的裴岗文化遗址中，唯独只有贾湖渔猎工具最多。这可能与贾湖的自然环境是有关的。贾湖至今地势低洼、是泥河湾滞洪区，村西南有一湖，想必七八千年前湖面更大，水域广阔，周围又是平原地带，在当时一定是辽阔的草原，常有野兽出没，为贾湖先民提供丰富的渔猎资源，捕鱼猎兽以补充他们的肉食来源。

骨镞　数量最多，计260余件。制作精良、刃锋锐利，富于变化。如镞的平面形状有柳叶形、棱形、等腰三角形等，横剖面有圆形、半圆形、棱形等，有的镞身的有血槽，铤横剖面有圆形、扁圆形、扁长方形等等，有的铤从镞身下削去一半，保留一半，有的上面还有划纹。镞身多数有对称的双翼，有的无翼。据镞铤制作和有横划纹分析，镞与镞杆结合，有的是将镞铤直接插入镞杆捆成一体使用，如铤削去一半的骨镞，这种镞与杆联成一体，利用弓弦发射出去，定有较强的杀伤力。镞头长短不同，最长的一件（M275∶11）13.3厘米，最短一件（M11∶1）长5.2厘米。

镖　贾湖最富特征的器物，共计有130余件。多数出于墓葬人骨下肢傍，往往是数件，甚至十余件在一起出现，镖的平面呈长条形和圆柱锥形，特别是长条形镖富于变化，中部脊有半圆形、弧形、凸棱形，横剖面有圆角方形、菱形、圆形、椭圆形，两侧扁薄，并加工成二对至十一对倒刺，有的两侧倒刺对称，有的则是有规律的错位，铤有圆铤和扁圆铤，长短差别较大，最长的一件（M248∶3）达29厘米，最短的一件（M11∶1）仅有5.1厘米。

圆柱锥形镖　利用兽的肢骨加工磨制而成，通体磨光，镖前为细长的尖锋，后有圆铤，有个别的锋头为三角形、尖锋、侧刃锐利，长短不等，最长的一件（M29∶1）长27.9厘米，最短的一件（H60∶1）长仅4.9厘米。一般长10余厘米。从铤的型制看镖头插在镖杆或绑在镖杆上使用，狩猎者手握镖枪，见猎取目标时，用力投射出去，以达到猎兽、渔的目的。至今在美国华盛顿印第安人保护领地的马它部落还利用这种镖作为渔猎工具[11]。

石球　是比较原始的捕猎工具，远在旧石器中期出现，晚期更多，如山西许家窑、辽宁营口仙人洞等遗址就出土数以千计的石球，到新石器时代还继续使用。有的直接利用石球投出去打伤野兽，有的还可用绳子的两头各拴一个石球，做成飞石索，见目标，用手迅速旋转飞石索，旋转到一定程度时，再向目标投射出去，使飞石索借用旋转的力量，套着野兽的头、足使之倒下，以捕野兽。

陶、石弹丸　是用弹弓发射出去，打击野兽和飞鸟以达猎取的目的。

在贾湖遗址中遗留的兽骨较多，主要是鹿类、獾、狍、狸、野猪等数十种，还有鱼骨、龟、鳖、蚌、螺等骨或壳，可见贾湖人的菜单是丰富多彩，这是渔猎比较发达的实物证据，又是农业经济的重要补充。

纺织工具　有石纺轮和陶片改制的纺轮，圆饼形，中心穿孔，孔内穿一圆杆为纺锭，用手搓动纺锭，使纺轮旋转，就能纺线，纺出的线缠绕锭上，这样反复使用，就能纺出更多的线来。虽纺轮的数量不多，仍可证明贾湖人已能纺线，用线织布。

在遗址中还发现有长条形骨板，最长26.3、最短7.29厘米，一般在10～15厘米。分两大型，一是两头修磨呈杈形，凹内平滑显然是绕线用，这种骨板可能是当梭用的；另一是两端平直，两腰内凹，可能缠线备用的。

缝纫工具　发现220余件，其中主要是骨针，其次是骨锥。

骨针　170余件，多用骨角加工磨制而成，通身光滑，针锋尖锐，尾有针鼻。例如M113：8，横剖面呈圆形，尾部针鼻孔经仅0.1厘米，尖锋虽残，长仍有10.06厘米，另有尾部平齐无孔，却在近尾部周围刻槽一周，在槽内将线拴牢，当缝针使用，如M115：2尖锋锐利，尾部平齐无穿孔，仅有一周勾槽，长5.1厘米。

骨锥　计50余件，这是一种钻孔用的工具与较大的骨针配合使用。可能与缝皮衣有关。

由于贾湖出土纺织工具较少，织布也有限，然而缝纫工具较多，这就证明当时人们穿的衣服除用布之外，相当一部分还是用兽皮作衣，是冬天防寒的主要用品。

在贾湖还发现有栎、野大豆和普野稻米粒，证明采集也是不可缺少的一项活动，只是作为生活补充而已，退居极其次要的地位。

在贾湖出土的制作生产工具的工具也是较多的，主要是石凿、石斧、石锛、砺石、钻、敲砸器、刮削器等。利用它们，制造农业、渔猎、纺织、缝纫等各种工具。利用石头、骨头作原材料，进行加工制作，先是选料，设计，敲砸截裁，打成毛坯，琢成型，经过钻、磨成器。从制作出的石器骨器种类多，富于变化，打磨光亮，刃锋锐利看，当时制石、制骨的水平是较高的。证明当时有一批有经验的制作能手。由于他们的努力才制造出来，这样多种多样的生产工具和生活用具，为当时社会的发展起了推动作用。

从上所知，贾湖的生产工具是丰富多彩，数量多，种类齐全，而且用于各个生产领域。众所周知，生产工具是衡量社会发展水平的主要依据，是当时社会生产水平的指示器，可以这样说有什么样的生产工具就有什么样的社会经济。特别是史前社会的生产工具对人们社会经济、人们的生活起着特别重要的作用。正如马克思所说："要认识已经灭亡的动物的身体组织，必须研究遗骨的结构；要判别已经灭亡的社会经济形态、研究劳动手段的遗物，有着相同的重要性"[12]。贾湖出土的生产工具，制作精致，通体磨光，锋刃锐利便于使用，对一些工具的安柄、捆杆，处处考虑周全，对各种用途不同的工具在制作时也有周密的考虑。如砍伐的石斧体厚重，对射出的镞头、投出的镖，均体扁薄，前锋尖锐，后有双翼，在前进中减少阻力，有翼可向预定的方向前进，以命中目标。骨锥、针周身光滑、尖锋锐利，便于提高缝的效率，反映当时制石、制骨的水平较高，技术熟练。因为他们既是工具的生产者，也是工具的使用者，不断在使用中总结经验，克服不足，改进生产技术，更便于生产使用，进而提高各行业的生产水平。

贾湖农业生工具齐全，从砍伐、翻土松土、播种、中耕、薅草收割到粮食加工可以说是应有尽有，而且翻土工具的铲有的安柄当锄、耙使用，既减轻劳动强度，也提高工效，从而使农业进入耜耕时代，大大提了农业生产水平，农业已是贾湖先民最主要的经济生产部门，是人们生活的主要来源。贾湖的先民把野生稻培育成为栽培稻，并以偏粳为主促进了农业的稳定发展，同进改进了生产工具，提高生产技术，促使农业的产量不断增加，故贾湖人能在此定居达七八百年之久。

由于贾湖周围有丰富的渔猎资源，贾湖人充分利用这些资源，在农业之余，进行广泛的渔猎活动。贾湖渔猎工具数量多，镞的种类也全，鱼镖更具有特色，前有尖锋，身有倒刺，利用这些工具，从事渔猎，在有经验的人操作下，命中率是很高的，猎获物也是很可观的。从贾湖遗址出土的大量兽骨、鱼骨和蚌、螺壳等就是有力的证明，渔猎经济是仅次于农业经济，是比较重要的生产部门，大大丰富了贾湖先民的生活内容。

贾湖的纺织、缝纫也是不可缺少的生产部门，缝纫业比较发达，能够基本满足贾湖人的穿衣、保暖的需要。

贾湖人不仅在各种生产经济部门有一定的水平，而且在文化生活也有长足的进步。在贾湖遗址出土有十余支骨笛，经测试基本是七音俱全[13]，至今仍能演奏乐曲，在制笛经过选材，根据骨腔的大小，进行分格、钻孔，制出基本七音俱全的骨笛，当时有些人对发音原理有一定的了解，才能制出这样的音律准确的骨笛。这绝不能只看到这些骨笛，而应当看到当时的文化水平也有一定的高度，是经济的发展，带动了文化的发展，以满足人们的文化生活的需要。在贾湖发现还有契刻符号，有的符号与殷墟甲骨文相似，这也是人们文化需要的反映。

总之，贾湖的生产工具是齐全的，制作精良，便于使用，是社会生产力发展到一定程度的结果。贾湖的社会经济是以稻作农业生产为主，贾湖的先民将野生稻驯化为栽培稻，使贾湖成为我国栽培稻的最初发祥地[14]，为中国农业做出卓越的贡献。他们还以渔猎经济为辅，配以纺织、缝纫、制骨、制石等生产部门协调发展，保证贾湖人的基本生活需要，推动社会发展。他们过着共同劳动，共同享受，平等而比较充裕的原始社会生活。随着生产的进步，人们生活得以保障，人们产生了对文化生活的需要，促使文化的发展，并有一定的水平。发现有契刻符号至今还能演奏乐曲的并是基本七音俱全的骨笛就是有力的证明。贾湖的原始村民比我们想象的更为进步，生产更为发展，为后来的原始社会发展打下坚实的基础。

注　释

[1]　河南省文物研究所：《舞阳贾湖遗址的试掘》，《华夏考古》1983年第2期。

[2]　河南省文物研究所：《河南舞阳新石器时代遗址第二至六次发掘简报》，《文物》1989年第1期。

[3]　河南省文物考古研究所：《舞阳贾湖》，科学出版社，待刊。

[4]　肖梦龙：《试论石斧石锛的安柄》，《农业考古》1982年第2期；殷志强：《中国古代石斧初论》，《农业考古》1986年第1期。

[5]　临汝文化馆：《临汝阎村新石器时代遗址调查》，《中原文物》1981年第1期。

[6]　宋兆麟：《我国的原始农具》，《农业考古》1986年第1期。

[7]　宋兆麟：《我国的原始农具》，《农业考古》1986年第1期。

[8]　（清）夏瑚：《云南北界勘察记》（附录二）。

[9]　杨肇清：《试析锯齿形石镰》，《中原文物》1981年第2期。

[10]　王象坤、张居中等：《中国稻作起源研究上的新发现》，《中国栽培稻起源与演化研究专集》，中国农业大学出版社，1996年。

[11]　笔者1988年11月在美国华盛顿州的印第安人保护领地马它部落访问时，目睹了这种镖。

[12]　马克思：《资本论（第一卷）》，人民出版社，1953年，194～195页。

[13]　黄翔鹏：《舞阳贾湖骨笛的测音研究》，《文物》1989年第1期。

[14]　王象坤、张居中等：《中国稻作起源研究上的新发现》，《中国栽培稻起源与演化研究专集》，中国农业大学出版社，1996年。

（原载《农业考古》1998年第1期）

论贾湖遗址的环境与生业

张居中

一、概 述

（一）地 理 位 置

贾湖遗址所在地位于黄淮海大平原的西南部边缘，南眺伏牛山余脉、北邻豫中沃野，西侧通过叶县、方城走廊可达南阳盆地，东面则为一望无际的黄淮大平原。这里地处中国二、三级阶梯的过渡地带，南、北、东、西交流的要冲，河流纵横。交通便利，著名的南北交通大动脉京广铁路位于遗址东30千米处。贾湖遗址位于河南省舞阳县北舞渡镇西南的贾湖村，南距县城22千米。地理坐标为东经113°40′，北纬33°36′，海拔67.5米。

（二）遗 址 概 况

遗址面积5.5万平方米，是一处规模较大、保存完整、文化积淀极为丰厚的新石器时代前期遗址。1983年以来，河南省文物考古研究所在贾湖进行了7次大规模考古发掘，其中6次均由笔者主持，共计发掘面积2700平方米，发现房基53座，窖穴436多座，陶窑近12座，墓葬445座，以及壕沟、小坑、灶、柱洞等。发现陶、石、骨等各种质料的遗物数千件，包括工具、用具、装饰品、原始宗教用品等以及大量植物种子、动物骨骼、石料等，表明当时这里动植物等自然资源丰富，极宜人类生存。据测定，贾湖文化存在的年代为距今9000～7800年。贾湖遗址的发现为我们了解祖先的生活提供了极为丰富的资料。此处出土的8000年前的骨笛是世界上迄今发现年代最早、保存最完整、至今仍可吹奏的乐器；此处发现的龟甲上的契刻符号可能是中国最早的原始文字；龟灵崇拜则是原始的宗教信仰；稻作遗存、狩猎、捕捞和聚落布局反映了当时人类社会生活的情况。原中国历史博物馆馆长、著名考古学家俞伟超称，贾湖遗址的发掘，可称是80年代以来中国新石器时代考古中最重要的工作。贾湖文化提供了一个黄河、长江之间新石器时代早期的、居当时文化发展前列的相当完整的实例，对于研究中国新石器文化起源，以及黄河、长江流域新石器文化的关系有着重要意义。2001年6月，国务院将贾湖遗址确定为第五批全国重点文物保护单位，被中国社会科学院确定为20世纪全国100项重大考古发现之一。

二、环　　境

（一）现代自然环境

贾湖遗址地处北亚热带向暖温带过渡的交接地区，属北亚热带向暖温带过渡的大陆性季风气候，气候区属淮北平原暖易涝区。温暖多雨，光照充足，四季分明。区内年均温14.6℃，年平均降水量845毫米，目前是小麦、水稻、芝麻等粮油作物的重要产区。

贾湖村周围地势是西高东低。村西高地海拔68.6米。村东1千米舞北公路测高为海拔66.9米，贾湖遗址海拔在67米左右。村北、西、南三面均为一望无际的平原，仅个别地方有隆起的小土岗，贾湖村东为泥河洼滞洪区，范围103平方千米，东西23千米，南北平均6千米，中心区最低海拔63.8米，边缘地带高68米。在设滞洪区前为一片沼泽地，20世纪60年代后逐渐干涸，被开垦为农田。蓄洪区中间地带无人居住，但其周围居民点稠密。贾湖村东全新世地层中有一层静水沉积形成的黑色黏土层，自西向东由薄渐厚，边缘地带0.3～0.5米，在滞洪区中心地带厚达3米仍未见底。表明在全新世大暖期期间这一带曾有较大面积的水体存在。

（二）反映气候与环境变迁诸要素的分析

大量发掘资料显示，在贾湖人生活时期的气候因素中，存在着喜暖与喜冷，耐旱与水生，湿生动植物共存的现象。我们可把诸多反映气候的因素分为三组。

1. A组

为在我国南北均有分布的广布种，或目前在贾湖所在的黄淮地区仍有分布的物种，其中动物有猪、狗、黄牛、貉、狗獾、豹猫、梅花鹿、羊、野兔、环颈雉、青鱼、鲤鱼、中华鳖、杜氏蚌、剑状矛蚌、短褐矛蚌、圆头楔蚌、河篮蚬等，木本植物有栎、柳、松、榆、胡桃、栗等，耐旱陆生，草本、灌木植物有蒿属、菊科、藜科、柽柳属、禾本科、大戟科、中华卷柏等，水生、湿生植物有莎草科、莲属、水龙骨以及环纹藻类等所占比例最高。

2. B组

为现今只分布江淮、江南甚至华南地区的喜暖湿的物种，现在的黄淮地区已经绝迹或基本不见，动物中有小鹿、獐、四不像、水牛、扬子鳄、黄缘闭壳龟、中国花龟、江西楔蚌、巨首楔蚌、楔丽蚌、拟丽蚌、失衡丽蚌等；木本植物有山毛榉、枫香、铁杉等，水生草本植物有野生稻、水蕨、莎草等。

3. C组

为现今只分布于北方地区，现代黄淮地区基本不见的物种。这一组物种很少，动物中只有紫貂；植物中因发现遗骸太少，孢粉分析又无法鉴定到种一级，除麻黄、茜草等耐旱植物外，无法确定存在何种喜冷的植物，但从植物硅酸体分析中发现的所占少量的属于温寒和夏季凉爽的高海拔地区的早熟禾亚科的圆形、椭圆形、帽形硅酸体，分布于相对干冷地区的尖形、棒形硅酸体，主要分布于寒冷地区的齿形硅酸体的现象表明，耐干冷的植物是存在的。

（三）气 候 特 点

如何解释上述B、C组物种共存的现象呢？如果认真分析这两种生物群落的分布规律，是否可以认为有以下两种可能性。

1. 气温和降水量的变化与冷暖波动

从孢粉组合和动物群的变化来看，贾湖聚落形成之前和贾湖三期文化发展过程中，气温和降水量是呈增加趋势的。

从贾湖早期文化层下压的生土堆积中的孢粉组合来看，虽有少量的喜暖、湿的因素存在，但未见榆，少见栎，耐旱的蒿属、菊科、藜科以及中华卷柏等占绝对优势，表明末次冰期之后的气温虽已回升，但仍不高，可能低于当地现今的气温和降水量，可复原为温凉半干旱气候，疏林半荒漠草原景观。

到了贾湖人来此活动时期，即贾湖文化层形成时期，喜暖因素大量增加，木本植物新出榆属和主要分布于亚热带地区的枫香属于山毛榉属等，柳属和栎属比例也有所增加，在水生植物中，尤其是出现了水蕨以及莲属、莎草科等，湿生的环纹藻类比例大为增加，同时耐旱的蒿属等植物比例递减50%以上，表明气温急剧上升，降水大量增加而导致水面积大量扩大，二者均已高于现在，而与现今江淮地区大致相当，为温暖湿润气候，相应的环境则为疏林草原湖沼景观。

贾湖聚落建立之初的贾湖一期，喜暖的木本植物新增加了盐肤木（漆树属）属，水生植物发现大量香蒲属，另外还发现了不少野生稻。从动物群上看，喜暖湿的物种有獐、扬子鳄、闭壳龟、丽蚌、楔蚌等。表明贾湖一期的气候和环境已与现今的长江流域相当。

但是，需要说明的是，在生物群落中尚有喜冷的因素存在，如在属于贾湖一期的灰坑H84中不仅分析出了喜冷、耐旱的圆形、椭圆形、齿形、帽形、尖形、棒形植物硅酸体，而且还发掘出土了一副现今生活于长白山区的喜冷的紫貂骨架。这些因素或可说明，这一现象可能与一次降温事件有关。

贾湖二期和三期的文化层中，虽然分析出的孢粉含量很少，但是，含量高达62.6%的环纹藻类也反映出水面积进一步扩大的趋势，而蒿属等耐旱的植物进一步减少，反映出聚落周围湖沼面积的增加和草原面积的缩小。从这两期文化层样品中分析出的植物硅酸体来看，耐寒耐旱的齿形、帽形、尖形、棒形、圆形、椭圆形硅酸体比例均较一期为小，有的几乎绝迹，而喜暖湿的扇形、方形、矩形硅酸体比例明显高于一期的样品，这一结果可弥补孢粉分析之不足。与此同时，从文化层中出土的大量喜暖湿的动物如水牛、小鹿、獐、四不像、扬子鳄、闭壳龟等，以及稻作农业规模的扩大，均可反映出贾湖二、三期人生活的时期，是全新世大暖期中最为暖湿的阶段之一。

同时，我们也注意到，贾湖二期和三期出土的反映气候的因素也有些许变化。如在第三期墓葬中随葬的龟甲，不仅数量少（数量的变化也许与人们用龟和方法改变有关），而且龟的个体明显变小，这也可能与周围水体中已无个体较大的龟生存有关。另外，硅酸体分析的结果所反映的环境变化，也许更为敏感一些，如喜寒耐旱的齿形、圆形、椭圆形硅酸体的含量，在二期标本中比例很小，几乎绝迹，但在三期标本中则又有回升的趋势，尽管比例仍很小，仍低于一期。

2. 季节分明的气候特征

从前述生物群落中也可清楚看到，喜暖湿和耐寒旱物种大量共存的事实，如一是直到现在，仍有不少广谱的和耐旱耐寒的物种仍在这一植被区存在，如木本植物的榆、柳、胡桃、麻栎等，草本植物的蒿属、菊科、藜科、酸枣等。同时期的石固遗址还发现有榛子的遗骸；二是有大量喜暖湿的物种同时存在，如上举山毛榉、枫香、漆树、铁杉、水蕨等；三是大量水生、湿生和沼生动植物共存，如植物中的莎草、莲、水蕨、水鳖及环纹藻类，动物中的鱼、蚌、龟、鳖、鳄、麂、鹤、天鹅等。

上述共存现象或可说明，贾湖人生活时期也是存在冷暖季节交替的气候特征的，只是从孢粉和硅酸体分析结果来看，时间愈晚，冷旱季节可能愈短而暖湿季节可能愈长。当然其间也有波动现象，贾湖二期应是这里最暖湿的时期，也是贾湖文化的鼎盛时期。

三、气候与环境的讨论

进入全新世以来，地球上的气温呈现一个升温高温、降温的变化过程。过去，西方学者曾把全新世气候分为前北方期、北方期、大西洋期、亚北方期、亚大西洋期五年气候期，即所谓"布列特-色尔南德尔（Blytt-Sernander）方案"。中国学者在对东北、华北、西北、黄淮、江淮、江南、华南许多地方的反映气候的诸要素进行研究后认为，中国气候演变规律与欧美相似，并把中国古气候划分为升温、高温、降温三个大期，升温期相当于西方的前北方期和北方期，高温期相当于西方的大西洋期和亚北方期，降温期相当于西方的亚大西洋期，在综合孢粉、古动物、古植物、古土壤磁化率、海平面和湖泊平面变化以及祁连山敦德冰芯1万年来δ^{18}O值的变动等多种资料进行分析后认为，全新世大暖期的起讫年代为8.5ka～3.0ka BP，并把大暖期划分为8.5ka～7.2ka BP的由暖变冷的不稳定温度波动阶段、7.2ka～6.0ka BP的稳定的暖湿阶段、6.0ka～5.0ka BP气候剧烈波动阶段和5.0ka～3.0ka BP气候波动和缓的亚稳定暖湿阶段这四个大的阶段（施雅风等，1992）。那么贾湖聚落的存在时期相当于哪个气候阶段呢？

根据^{14}C测年研究，贾湖聚落存在的^{14}C年代为距今9000～7500年，大约处于大暖期的第一阶段或略早。那么，贾湖聚落所反映的气候要素是否与这个阶段的气候特征相符合呢？从贾湖孢粉分析结果来看，贾湖人到来之前，这里的气候环境比现今要干旱、荒凉许多。但贾湖人在此生活时期，这里已相当于今日江淮地区的气候特征，气候比现今要高出1℃左右，变化还是明显的，但贾湖文化最早一段的H84发现的紫貂则可能记录了8.9ka～8.7ka BP那次强低温事件，看来在贾湖一期气候波动比较剧烈。随后持续升温，降水量继续增加，一期后段已有大量热带亚热带动植物的出现。高温高湿的气候环境到了贾湖二期时达到了高潮，大量喜暖湿因子发现于此期。与此同时，北方暖温带落叶阔叶林带向北推移了三个纬度。贾湖地区大致相当于今日长江流域的气候，气温高于现在23℃，降水量高于现在400～600毫米。贾湖三期时耐旱、耐寒因素的少量回升可能与7.8ka BP的降温事件有关。此次事件在敦德冰芯中亦有反映，与此对应的在北京地区发现7.7ka BP时的暗针叶林向平原扩展，亦表明温度下降（孔昭宸等，1980），在阿拉斯加、北欧斯堪的那维亚、新西兰及喜马拉雅喀喇昆仑冰川中有相应的前进反映（Röthlisberger，1980），表明此次全世界性的降温事件在贾湖遗址中亦有反映。根据贾湖遗址^{14}C和地层材料，我们推测该聚落废弃于7.4ka BP左右的一次大洪水，江苏建湖庆丰剖面孢粉资料显示8.5ka～8.0ka BP平均气温较今高1.4～1.7℃，以后气候下降，7.6ka BP降至比今低0.1℃（唐领余等，1992）。祁连山敦德冰芯显示7.3ka BP左右有一次降温事件，北半球和南半球山地均显示有7.3ka BP左右的冰川前进。可见自7.8ka～7.3ka BP年间为全球性的气候波动下降期，极易形成灾害性气候。而洪水的出现往往与气候的冷暖急剧波动有关。这无疑会给人类的生存构成威胁。

根据以上分析，我们已对贾湖聚落的自然环境有了一个大致了解，并可对其自然景观作如下推测：在聚落的周围应有广阔的以蒿属、菊科、藜科为主的草原，时有貉、梅花鹿、野兔等在其上奔驰而过；附近的岗丘和山坡上，有稀疏的栎、栗、胡桃、榛等组成的落叶、阔叶林；林下或沟坎、断崖边，生长着酸枣、柽柳等灌木丛；林中常有野猪、麂等动物出没，不时惊飞环颈雉。聚落附近的湖沼水面上，莲、莎草等水生植物绽开朵朵鲜花点缀其上；水中和水边有大量的鱼、蚌、螺、龟、鳖、鳄等动物浮游其间，水边常有獐、麋等动物饮水嬉戏，有丹顶鹤、天鹅等翩翩起舞，不时传来声声鸟鸣；聚落内外，偶见几株榆、柳、桑、梅等迎风摇曳，聚落周围，可见先民开垦的片片稻田，人们就在这种自然环境中栖息、生存、繁衍。

四、生 业 结 构

（一）生 业 模 式

远在旧石器时代，人类赖以生存的生业类型主要是攫取型，主要形式无外乎采集、狩猎和捕捞。在这一漫长的历史时期内，自然环境、自然条件与资源制约着人类社会的发展。经过几百万年生活和生产经验的积累，以及自然条件的反复多变和自然资源的日益匮乏，生存的压力迫使人类逐渐从利用自然的攫取型向改造自然的创造型过渡，于是，在采集经济的基础上诞生了原始种植业，在狩猎、捕捞经济的基础上诞生了原始养殖业，于是一场空前的革命出现了，这是一个划时代的事件。它是人类自火的发明以来的又一重大革命，这一革命的发生，标志着人类社会进入了一个崭新的发展阶段新石器时代，贾湖聚落周围优越的自然环境为聚落的建立与发展提供了有利条件，同时也左右着聚落的生业形式和人类社会的发展。"在一定的环境中，人类为生存，必定要发展起一套相应的技术，这套技术决定了群体的结构和活动方式，而群体结构与活动方式又决定了他们对事物的看法。""环境影响人类，人类又同时改造环境，那么，贾湖人是怎样适应、利用和改造着周围的环境呢，贾湖聚落周围的环境对贾湖人产生了什么样的影响呢？"（俞伟超等，1992）

首先应该指出，自然环境与人类社会都是随着时间推移而不断变化的因素，在变化之中又不断地相互影响，但时间越早，自然环境对人类社会的制约作用就越强烈。因为时间愈早，人类的劳动技能就愈低下，抗拒自然灾害的能力愈差，其生业模式就愈取决于自然环境的变化。但是，事情也有其两面性。当人类在自然环境条件良好，在悠闲之中即满足最低生存的需要，无须终日为生计而奔波时，人类社会的发展往往会处于停滞状态。当自然环境条件极其恶劣，超越人类生存的极限，人类社会受到毁灭性打击时，人类社会的发展也会因之陷于低谷，甚至出现倒退现象。只有当自然环境基本可适合人类生存，又会因种种原因而促使人们不停地努力方可适应自然时，人类社会才能保持发展的势头。

当然，人类社会的发展还有赖于千百万年来人类本身在适应和改造自然之中产生的无数经验和智慧的积淀。所以，当农业革命到来之前，人类社会虽然已有几百万年的历史，虽然也经历了许多气候适宜期和无数次的磨难，虽然也在缓慢的发展与进步之中，但终没有农业革命之后的变化那么巨大，发展那么迅猛。正因为有几百万年传统文化的积淀，正因为有末次冰期对人类社会发展欲望的压抑和浓缩，才使得人类社会在末次冰期刚刚结束之时，就走出洞穴，进行了空前的农业革命。正如西亚两河流域小麦、大麦的栽培和山羊的驯养一样，在东亚的两河流域，稻和粟的栽培和猪的驯养也迅速发展起来，这正像巨人的双足和金翅大鹏的两翼，带动着人类社会迅速向前发展。

那么，为什么最早的农业革命在这些地区发生呢？农业问题，从根本上讲，就是人与自然的关系问题。人只有了解自然规律，顺应自然发展，才能利用进而改造自然。因此，人类发明农业的基本前提条件，无非有两点：一是人类生存的压力，二是适宜的自然环境，包括可满足人类生存需要的栽培作物和作物生长的气候环境条件，二者缺一不可。而在自然资源较为丰富，人类无须从事种植和养殖业就可满足人类最低生存需要的地方，很难成为农业的起源地。比如我国的华南地区，自然环境优越，自然资源丰富，即使在最后冰期期间影响也不甚大，因此，虽然这里有数以百万年的人类历史文化，有至少在万年以上采集野生稻等植物果实以食用的经历，但其原始农业直到4000年前的石峡文化时期才得以发展起来，就是最好例证。

相反，在长江、淮河和黄河流域，由于全新世气候环境的改善，使人类在走出洞穴之后，得以迅速发展，但又由于全新世之初气候环境的冷热剧烈波动，为度过自然资源相对匮乏的寒冷冬春，人们不得不将注意力放在管理简单、容易增产、便于贮藏、食性又好，又适宜当地自然环境条件的栽培作物上。而且这些作物又必因人们有许多代的采食经验而被人们所熟知。于是，一场农业革命便不可避免地发生了。正因为人们拥有千百万年传统文化与智慧的积淀，又适逢进入全新世之后的有利于人类发展的良好的自然条件，在农业革命洗礼之中，人类在短短两三千年间，就在世界上迅速发展起来，其发展速度远远超过了旧石器时代。

这里应该指出，贾湖人的稻作农业与彭头山文化的稻作农业、裴李岗文化和磁山文化的粟作农业应是同时出现，同步发展的，而且从某种意义上讲，贾湖人的稻作农业比彭头山文化的稻作农业发展还要快一些。因为进入全新世之后，长江流域的自然环境和资源明显要优于淮河流域，贾湖人所在的稻作农业的临界地区，人们只有经过精心的管理（相对的），才能得到满意的收成，所以淮河流域的先民在5ka BP已完成了稻种的优化选育，使稻种的生物形态相对定型化。与此同时，长江中游的稻种栽培仍滞留在参差不齐、含有大量小粒稻的自然形态阶段，尽管其野生稻的采食历史可能要较淮河流域长久，但人类的干预程度是由作物的生长需要决定的，正像华南地区未能首先发生农业革命一样。同样道理，粟、黍类旱作栽培作物之所以首先发生于裴李岗文化和磁山文化分布区，也是因为这一带地区是适于此类作物生长的临界地区。在当时的自然条件下，再向南就不利于旱作农业而只适于稻作农业的发展。再向北则在进入全新世大暖期之后才适合于旱作农业的发展。因之，具有悠久的传统文化积淀，拥有丰厚的土壤资源和夏季风带来的丰沛降水，使黄土高原的东南部边缘地带首先成为粟作农业栽培区成为可能。所以，可以认为北纬28～38度是东亚地区最早发生农业革命的地区。

我们从上述分析可知，贾湖人生活时期，当地有大面积的湖沼，有充沛的降水和充足的光照条件，又有野生稻资源，四季分明的气候又决定寒冷冬春的存在，于是，稻作农业便应运而生了。可以说，贾湖稻作农业的产生，正是贾湖人充分利用和改造自然的结果。

另外，聚落周围广阔的草原可从事狩猎和畜牧业，大片的湖沼可从事捕捞业，陆生和水生可食植物可从事采集业，都为贾湖人带来丰富的食物资源，同时也给贾湖人的思想文化带来深刻影响。

（二）经济结构分析

贾湖遗址发掘出土有大量的生产工具，对这些工具的分析有助于我们了解其经济结构的组成情况（表一）。

表一　生产工具分类统计表

质料＼类别	第一类工具	第二类工具					合计	百分比（%）
		农业工具	狩猎工具	捕捞工具	生活用具、加工工具	其他工具		
陶			5	28	64	1	98	5.3
石	217	161	27		300	82	787	42.3
骨、角、牙		1	283	132	541	17	974	52.4
合计	217	162	315	160	905	100	1859	
百分比（%）	11.7	8.7	16.9	8.6	48.7	5.4		100

首先需对表一进行以下说明。

（1）第一类工具主要是指加工工具的工具，包括锤、砧、钻和钻帽、研磨器和砺石等。因它并不是直接用来生产生活资料，故单独列出，但实质上，工具制造业本身也是一种行业，是手工业的一个组成部分。因此，严格来讲，第一类工具也应属于加工工具这一大类。

（2）第二类工具主要是指直接用来生产生活资料和日常生活用品的工具，这里主要分为农具、狩猎工具、捕捞工具、加工工具和日常生活用具几类。因为打制石器无法区分其具体功能，也可能是一些临时性的功能尚未确定的工具，这里放在其他栏分列。另外，骨质器柄和陶垂球的具体功能也无法确认，只能也归入其他栏。

（3）农具类只包括铲、镰、刀、骨耜等器型。在以往人们的普遍认识中，石斧也作为农具来看待，但从功能上严格来讲，石斧只能是一种砍伐工具，应属于木作工具一类，加之有些可能属石楔一类，尽管石斧可能在开辟农田之初用于砍伐，但还是归入加工工具较为合理一些。当然，石铲中有些可能属于石扁铲一类，充当刨子的功能，也是木作工具的一种，对此，杨鸿勋先生有精辟的见解，但需对石铲类工具进行系统的微痕观察，目前都暂放在农具类中进行统计。

（4）从表上看，加工工具一栏数量最多，但器类也最为庞杂。除石磨盘、石磨棒明显属于粮食加工工具，石斧、石锛和石凿、骨凿明显属于木作工具，纺轮、针、锥属于纺织、缝纫工具外，其他如匕、削、骨板等很难讲是什么工具，但这些又都明显是人们日常生活中常用之器，骨板类工具也可能属于纺织类工具，这里统统放在手工业加工工具类中统计。

另外，需要说明的是，上表中所列之工具均是特征比较明显，可以进行分类统计的，大量过于残破、无法分类的石器不在统计之列。

从表一看直接用于生活资料生产的工具主要有农具、狩猎、捕捞三大类，它们所占比例可能反映了当时人们生计结构的构成。为了说明此一问题，下面将这几类工具单独列表分类统计如下（表二）。

表二　用于生活资料生产的工具分类统计表

质料＼分类	农具	狩猎工具	捕捞工具	合计	百分比（%）
陶		5	28	33	5.2
石	161	27		188	89.5
骨、角、牙	1	283	132	416	65.3
合计	162	315	160	637	
百分比（%）	25.4	49.5	25.1		100

从表二可以看出，从工具质料上看，骨制品数量最多，陶制品最少。当然，陶制品主要用来制作生活用具，而石制品则主要用于加工工具，用于狩猎、捕捞的镞、镖主要由骨料制成，因之显得骨制品比例偏高。

从功能分类来看，狩猎工具比例最高，而农具比例最低，但这似乎并不能完全反映其生业形式的构成。因为一是作为狩猎、捕捞工具主要组成部分的是骨镞和鱼镖，而这些器物又主要出自墓葬，这可能与埋葬习俗有关。由于狩猎、捕捞业远较农业的历史悠久，人们埋葬习俗和观念的滞后性，反映出的经济结构也可能具有滞后性。二是根据长江流域、东南沿海地区彭头山、大溪、屈家岭、跨湖桥、河姆渡、马家浜、良渚等考古学文化的大量发掘资料显示，人们在生产活动中大量使用竹木制品，这些质料的工具因贾湖所在地区的埋藏条件所限无法保存下来。如果加上这些因素的话，农具的比例可能会再高一些。

我们在第7次发掘中，发现了三处同时并存的公共墓地，其中两处以随葬渔猎工具为主，另一处以随葬农业生产工具为主，这一现象对研究当时的经济结构、社会分工等具有重要启示，表明在贾湖聚落，不同的社会单位可能具有不同的生业形式。

总的来讲，狩猎和捕捞业仍然在贾湖人的生活中占有相当重要的地位，而以稻作农业为主的原始农业已占有至少四分之一以上的比重，同时，作为最古老的生业形式，采集仍然是人们谋生的重要手段之一。

（三）采　集　业

作为人类最古老的谋生手段之一，采集业在人类社会的发展进程中曾起到过重要作用，并为原始种植业的诞生提供了前提，奠定了基础。凯·马丁和巴巴拉·沃里期（Day Martin and Barbara Voorhies，1975）研究390个狩猎和采集群体，发现75%的群体更为依赖的是采集而不是狩猎，只有25%的群体是狩猎占支配地位。在原始稻作农业相当发达的贾湖聚落，作为人类植物性食品的重要补充手段，采集业仍然继续存在。

贾湖遗址发掘资料中，反映采集经济存在的主要是栎果和野菱。栎（Quercus）果的淀粉含量丰富，是人类传统的采集对象，不仅贾湖遗址大量发现，在同时期的石固、水泉、莪沟等遗址也曾见到。野菱仅见于贾湖遗址，这是与贾湖的稻作农业所反映的自然环境相一致的。同时，贾湖出土的野生稻粒有些可能与栽培稻混杂在一起，被同时收割，有些也可能为被专门收获而来。

另外，在与贾湖同时期的周围遗址中，还见到有另外几种采集而来的植物遗骸，如裴李岗遗址发现有梅核、酸枣核、核桃壳等，莪沟遗址发现有麻栎、枣核、核桃等，石固遗址发现有榛子、野胡桃、白榆、酸枣等，水泉遗址发现有核桃楸果壳、栓皮栎果核、酸枣核等。综合以上发现表明，在贾湖人生活时期，采集经济作为植物类食品的重要补充形式，仍然是普遍存在的。即使现在，在一些地方的农耕者若遇上歉收年景，仍需采集大量的野生植物类食物以供人类最低的生存需要，对刚刚跨入农耕者行列的贾湖人来讲，不仅仍然需要这一古老的生业形式，而且可以想象，这一获取食物的途径仍占有相当的地位。

从上述分析中可知，贾湖聚落周围为疏林草原景观，而且周围同一文化的聚落中，北边的郭庄、大岗遗址明显晚于贾湖，而南边的阿岗寺、张王庄遗址发现遗物太少，其文化性质还无法确认，因之，贾湖人能力所及之处，均可作为其采集范围。但是，从贾湖遗址发现的采集产品来看，贾湖人的采集并不甚丰富，当然这也可能是由于受埋藏条件所限不易保存下来，或可因为发掘手段所限未能发现大量的不易保存的采集对象，但是否也有这种可能，即贾湖人的水稻种植已可大致满足人们对植物类食品的要求？

（四）稻　作　农　业

以上分析表明，在全新世大暖期，淮河流域年平均气温比现今要高2℃，冬季高3～4℃，古孢粉学研究表明，贾湖遗址出现目前生长在亚热带的枫香（Liquidambar）和水青冈（Fagus）乔木花粉及热带的水蕨（Ceratopteris）孢粉以及较多的水生和沼生植物的硅酸体等进行推测，当时贾湖周围沼泽湖塘遍布，属湿热多雨的亚热带气候，完全能满足发展稻作农业所需要的水热与日照条件。贾湖遗址出土的生产工具，既有翻地播种、中耕及收获的，也有稻谷加工成米的磨盘、磨棒可以作为栽培稻的重要佐证。经对贾湖遗址第7次发掘抽样浮选的60个遗迹单位中，有1/6的单位发现有炭化稻粒。经对贾湖遗址出土陶器碎片内壁黏附残留物的研究，还发现了用稻米、蜂蜜、山楂酿制的米酒的酒石酸，这是世界上最早的含酒精饮料。表明稻作农业在贾湖人的经济生活中已占有较为重要的地位。

为了了解贾湖人的食物结构，我们对贾湖人的遗骨进行了食性分析，^{13}C分析结果表明，贾湖人的食物成分基本上以水稻为主要来源的C_3型植物为主，而基本不见以粟黍类植物为主要来源的C_4型植物。因此可以认为，贾湖人主要以稻米和采摘来的果实等为植物性食物的主要来源，全新世大暖期结束之后至今，作为这一带人们主要食物的旱作植物，至少在贾湖人生活时期还未被他们所食用。这也为贾湖遗址发现丰富的稻作遗存，而至今未见粟类旱作农业作物遗存的事实所证实。

对出土的较完整的炭化稻米的形态学分析表明，80%以上的炭化米已与野生稻发生了显著变化而与现代栽培稻近似，因此可以肯定贾湖古稻已被驯化为栽培稻。然而，从每个遗迹出土的炭化稻粒几乎都存在偏粳、偏籼、籼粳中间型及野生型的参差不齐现象，表明贾湖古稻群体中的变异很大，是一个粒型上包括籼、粳、中间型及普野的混合群体，与现代已分化很彻底的籼、粳稻品种不同。因此可以认为贾湖古稻虽然已驯化为栽培稻，但由于当时的人工选择还不够强，是一种籼粳分化尚不明显并且还含有一些野生稻特征的原始栽培稻。

（五）狩　猎　业

从以上分析可以得知，贾湖遗址周围有广阔的疏林草原，上面生活着众多的野生动物，为贾湖先民从事狩猎活动提供了前提，说明狩猎这项人类最古老的生业形式仍然占据重要的地位。

1. 狩猎工具

从表二可知，狩猎工具不仅数量最多，占各项生活资料生产工具总和的约50%，而且质料最全，陶、石、骨器全有，从种类看，主要包括射、投、掷和戳刺三大类。

射类工具主要是骨镞，占狩猎工具的88.3%，在墓葬、窖穴、房子、残陶窑及地层内均可见到大量骨镞，在墓葬中随葬骨镞的占全部墓葬的14%，随葬骨镞最多的是M277，有23枚之多。可以说，贾湖部族是一个善射的部族。

投掷类工具主要是石球和石、陶弹丸两种，数量均不多，占狩猎工具的9.5%。根据民族志材料，石球主要用于抛石索，是旧石器时代就已普遍采用的狩猎工具，弹丸主要用于弹弓，也是旧石器时代晚期的发明，是抛石索的进步和小型化。这时已退居次要位置。

戳刺类工具只有矛类，数量很少，石矛和骨矛共占狩猎工具的2.2%，但虽数量少，却是一种新型武器，因它可在近距离搏斗时尽可能发挥其威力，具有很大的发展指力，在金属发明之后，这种武器便迅速发展起来，成为冷兵器时代的主要武器，但这时的矛类主要功能还是狩猎。

2. 狩猎对象

对出土的大量动物骨骼分析后认为，在14种哺乳动物中，除可以确认为家养的猪、狗以及可能为经人工驯养的黄牛、水牛、羊外，其他如梅花鹿、四不像、獐、小鹿、貉、狗獾、豹猫、野猪、野兔、紫貂等均为野生动物，这些动物的骨骼出现于遗址中，均应是人们的猎获物，即人们的狩猎对象。

对上述野生动物骨骼分析后发现，这些动物大多活动于疏林、草原和湖沼之中，而贾湖遗址周围有着广阔的疏林草原，正是贾湖先民的围猎场。目前材料显示，贾湖先民的狩猎圈至少在周围数十平方千米范围之内，因为这一带尚未发现同时期的聚落存在。

从发现野生动物骨骼的数量来讲，包括梅花鹿、四不像、獐和小鹿的鹿科动物比例最大，是贾湖先民的主要猎获对象，其次是貉和野猪，其他如野兔、猫较少见，紫貂和狗獾只是个别发现。贾湖遗址丰富而精美的骨器大多为鹿科、牛科动物的长骨制作而成，也是狩猎经济发达的旁证。

另有三种鸟类的骨骼也值得重视，其中环颈雉有14个个体，丹顶鹤6个个体，天鹅4个个体。另外，20多支骨笛也均为丹顶鹤尺骨所制。这三种鸟类因都具有观赏价值，目前均为观赏鸟类，这些鸟类多活动于疏林草原和湖沼地带，其骨骼在遗址中出现表明，这些鸟类也是人们的猎获物。

（六）捕 捞 业

捕捞业也是人类最早的生计形式之一，贾湖聚落周围大面积的湖沼和丰富的水产资源，为人们继续从事捕捞活动提供了良好的条件。

1. 捕捞工具

捕捞工具数量占各项生活资料生产工具总和的25.4%，属第二位，其质料以骨为主，主是鱼镖，陶质较少，主要是网坠，未见石质捕捞工具。

鱼镖是一种投射工具，占捕捞工具的82.5%，可见是当时贾湖先民的主要捕鱼工具，同时表明当时的鱼还是比较大的。在墓葬中随葬鱼镖的占12%，可见捕鱼也是一种相当普及的日常性生业形式。

网坠则是用来制渔网的，但数量较少，发现的只占捕捞工具的17.5%。所见网坠绝大部分为废鼎足改制。从重量看，大多网坠较轻，据可统计的标本中，重20克以下的占

28%，21～50克的占48%，51～100克的占16%，100克以上的只占8%，因之推测所织之网不会太大，只能捕捉中、小型鱼类，从这个角度讲，贾湖人捕鱼是以投射为主，而这种方式只能以大、中型鱼类为对象。由此看来，贾湖人的捕捞工具也是有所分工的。

从保存现状而言，通过捕捞工具数量来研究捕捞业的比重可能具有很大的局限性，因为我们所见到的捕捞工具只是经过几千年保存下来的一部分，而大量竹、木、纤维编织而制成的工具可能限于埋藏条件而未能保存下来。事实上，在水生资源丰富的贾湖人生活时期，大量捕捞活动可能都是用这种工具进行的，如捕捞蚌、螺类动物等。而捕捉龟鳖等爬行类动物，至今人们还主要靠观察了解动物的生活习性后徒手进行。因之，上述分析还要加上这种因素后才能较为全面一些。我们发掘出土的动物骨骼中，以鱼类最为丰富，可见捕捞业应为贾湖人最为重要的生业形式。

2. 捕捞对象

由于贾湖聚落周围有较大的水面积，加上当时温暖多雨的气候，使水生资源非常丰富。我们在发掘过程中，在绝大多数灰坑中均可见到大量的鱼肋骨、脊椎骨和喉齿。可鉴定的鱼主要是青鱼、草鱼和鲤鱼，这可能是特征比较明显的鱼类。青鱼喉齿有大至长径1.95厘米、小到短径1.45厘米者，有的鱼脊椎骨单节长1.9厘米，直径1.8厘米，推测其活体重量均相当大。因此可以认为，鱼类是当时人们的主要捕捞对象。

爬行动物主要是龟鳖，发现数量相当大，只要有生活垃圾的地方，都有龟、鳖的甲片存在，许多灰坑、文化层中都可见到。不仅如此，食余的龟壳还被改造后作为原始宗教活动的道具。在墓葬中成组的随葬，龟壳内装石子，个别龟上还刻有符号，形成了贾湖特征鲜明的龟文化，而这种文化现象产生的底蕴应是在长期的捕龟、食壳、崇龟活动中逐渐产生的，可见捕捞业在贾湖人心目中应有相当神圣的地位。

贾湖人另一大类捕捞对象是蚌、蚬、螺类，发现数量也很多。可惜因埋藏条件所限，保存较差，在许多灰坑、文化层中都可见到蚌螺类甲壳腐败而成的白色粉末。但大量夹蚌陶中可见许多作为羼和料的被粉碎的蚌片，证明捕捞在贾湖人的生活中具有相当重要的地位。

另一重要的捕捞对象是扬子鳄，在灰坑、残房基中发现的扬子鳄各部骨骼大约分属10多个个体，有幼年的也有成年的，部分骨片上还有人工砍砸的痕迹，表明这种动物应是在当地捕杀而决非从外地运来。

（七）家畜饲养业

尽管贾湖聚落周围有广阔的草原和湖沼，其中有着丰富的野生动物资源，但总是不够稳定的，受着自然环境条件强烈制约的。人们为有稳定的肉食来源，动物的驯养就是必然的事情了。而大量的考古发掘资料证明，最早的家畜是从圈养群居动物开始的，如西亚最早的家畜是绵羊和山羊，而中国最早的家畜则是猪和狗。所以，从某种意义上讲，最早圈养的群居动物是被人们保护起来加以照料以便度过艰难时节的肉类食物仓库。而家畜的饲养正是由此开始的。

和我国其他考古学文化一样，贾湖遗址发现最多且可以认定的家畜也是猪和狗。几乎在所有居址遗迹中均可见到残碎的猪的骨骼，据近年的研究，大多数为家猪，而且在少数墓葬中已出现随葬猪下颌骨的现象，证明猪的饲养已成为人们日常生活的一部分和主要的肉食来源之一。在同时期的裴李岗、水泉、莪沟以及磁山等遗址，都见有大量猪的骨骼，裴李岗遗址还发现有猪的雕塑艺术品，表明此时猪的饲养已普遍存在，并且人们对猪的观察已相当细微。

关于猪的饲养方式，学界曾有一种误解，认为也要像现在一样用粮食作为饲料，并认为猪的饲养是粮食已有剩余的象征。事实上，人们饲养家畜主要是解决人类自身的食物问题，在粮食生产尚处于初级阶段的时候，是不可能用来做猪饲料的，大抵只能用谷糠来做猪的饲料，养猪主要是靠放养。据笔者的亲身经验证明，经过简单训练，猪的群居性也是比较易于养成的，猪放养不仅是可能的，而且是必要的。贾湖周围的广阔草原，不仅是狩猎场，也应是良好的牧场。

狗的饲养却较为复杂。通过对狗的骨骼的研究，表明系驯养无疑，在H30、H318、F30、F37 等单位内曾发现成堆的狗的粪便。但完整的狗骨架多出自墓葬区和居址区，零碎的狗骨发现却不是太多。这是否意味着，人们养狗主要不是用于食肉，而是诸如宗教仪式、助猎等其他的用途？贾湖也发现有少量的羊，而且其特征接近安阳殷墟的殷羊，尽管数量少，但家养的可能性是很大的，同时期的裴李岗遗址发现有羊的雕塑艺术品，也从侧面证明当时已有家养羊的存在。贾湖的黄牛和水牛也比较复杂。从骨骼特征看与现代的家养种基本相似，但当时是否已有牛的饲养尚有疑问。同时期的裴李岗、磁山也有发现牛的报道，但未说明是家养还是野生。贾湖遗址的后继文化下王岗仰韶时代遗存已发现家养的黄牛，或可作为贾湖黄牛已属家养的旁证，但水牛是否系家养，还需进一步研究。即使是家养，也可能只是用于食肉，并非像历史时期那样用于役使。

五、环境与文化

和其他任何考古学文化一样，贾湖人聚落形成、技术工艺和思想文化等各个方面都与环境有着密切关系。

（一）聚　　落

人类自从走出洞穴的那天起，就开始了选择其居住地的过程，尤其是进入定居生活之后，居住址的选择在人们的生活中就显得重要。"按一定规则组织在一起的人群居住在一定区域，构成聚落。聚落必有其形态。聚落形态是对环境的一种适应，应被看成是文化的内涵之一。聚落形态的研究，是寻找某一特定环境范围内的聚落形态的特点及其成因，也即聚落形态的文化适应特质。"（俞伟超等，1992）那么，贾湖聚落形态的形成是如何适应贾湖周围特定环境的呢？

首先，贾湖聚落位置的选定本身就是贾湖人观察自然、利用自然的结果。其次，贾湖聚落的变迁与废弃也与周围地貌环境的变迁和灾害性天气密切有关。在贾湖遗址的东部第一期二、三段和第二期四、六段，三期第七段遗存较为丰富，而二期五段，第三期七、八段则相对贫乏，遗址南部有较丰富的一期文化层，遗址中部以二、三期遗存为主，遗址西部则三期文化均很丰富，聚落内分布的变化正好与聚落所在地西高东低的地貌形态相一致，第五段文化遗存在东部的收缩可能与此时聚落东侧水面积的扩大有关，至于七、八段遗存在东部的减少可能与此时聚落规模的收缩不无关系。

（二）技术与经济

什么样的环境就会产生与这种环境相适应的技术。农具、工具、狩猎、捕捞，工具各不相同，而这种生业形态的产生与存在，都取决于周围的自然环境，为利用和改造这种环境，制作各种类型的工具的技术便自然会产生。贾湖人也是如此，比如制陶术，狩猎和捕捞得来的大量动物食余的骨骼才能有夹骨屑、夹蚌片陶系的产生。而这些骨骼只有在焚烧、粉碎后才能成为羼和料。另据研究，只有炭化的稻壳才能成为理想的夹炭陶系的羼和料。这只有在稻作农业部族中才有可能。夹云母片和滑石粉料的陶系也只在周围有这种矿藏的聚落才能产生。而这些原料的制备工艺以及陶坯的成型工艺均不会完全相同，需要长期摸索才能掌握，这种长期的探索和总结只有在相应的环境中才能产生并发生作用。离开了这种环境，这种技术就会变得毫无意义。

陶器表面的修饰工艺也是如此，贾湖周围有可做颜料的红色岩石，才能做出带红陶衣的陶制品，长江中游地区较早出现的白陶，只有在存在这种相应原料的环境中才能产生。仰韶时代诸文化红彩、白彩、赭彩之分。也得以这种颜料的存在为前提。制石工艺的产生也与周围石料的类型密切相关。火成岩、沉积岩和变质岩结构不同，砂岩、闪长岩、花岗岩、片岩、板岩硬度、质量不一，其加工方法必然也有所区别，贾湖周围地区缺少玉料，制玉工艺便不甚发达，而绿松石等可能相对易得，所以有些绿松石制品相当精致。

正因为贾湖周围动物资源丰富，所以才有鱼镖、箭头的制作，而制作鱼镖、箭头的原料，则大多为鹿骨、鹿角等。这是人类与环境相互作用的最好例证。在生业形式方面，起源于贾湖的粳型稻作农业和与之相应的稻作农业文化，在以后的几千年中，对东亚地区乃至全世界，都产生了重大的影响。

（三）思 想 文 化

人们长期在一定的环境中生存，在产生出一套与之相适应的经济技术的技能的同时，也必然会产生一套与之相应的群体结构形式、信仰形式、对自然界与人类社会的认知形式和文化艺术形式。这些人类的思想文化形式潜移默化，代代相传，是文化传承的主要内容。这也是古代民族迁徙新址时，仍要选择与原住地大致相当或相似的自然环境的原因所在。如贾湖人的后继文化分布于淮河中下游和汉水流域，这些地方的自然环境与气候条件就与贾湖所在的淮河上游近似。这大概也正是人类迁徙活动中逐水而居和同纬度迁徙的原因所在。

就贾湖遗址而言，贾湖人的社会群体结构形式现在还不能妄言，但其信仰形式，则是与其自然环境和农作形式息息相关的。从目前材料可知，贾湖人的信仰尚处于泛灵论的精灵崇拜阶段。大量的有规律的龟甲随葬，表明龟灵崇拜的存在。这只有在龟与人们的生活关系密切，因此经历了长期的观察之后，才成为可能。同时，也只有在长期食龟、用龟、崇龟的部族中，才有可能产生具中国特色、并对中国历史产生重大影响的龟甲契刻文字，而这一文字体系正是滥觞于贾湖聚落。在有丰富而规律性随葬品的墓葬中和排列有序的墓地之内，还有殉狗现象，这表明祖先崇拜的存在。大量随葬狩猎、捕捞工具箭头、鱼镖等，直接反映了与环境相适应的生业形式。人们从事农业和其他生业形式均需长期对天文气象现象的观察、顺应和利用，太阳纹和"日"形刻符应是这一活动的真实记录，也可能是由此诞生的太阳崇拜的遗迹。经对长期在此越冬的鹤的观察，人们用鹤的尺骨制成了管乐器骨笛。这一辉煌的艺术成就不仅反映了特定的自然环境和人类的聪明智慧，同时也可能记录了另一种崇拜形式——鸟神崇拜。在我国古代，鸟神崇拜和太阳崇拜经常是联系在一起的。这一联系很可能也滥觞于此。贾湖最有特色的龟甲文化和鸟笛文化，对影响中国数千年并成为中华民族思维方式的象数思维的形成，具有奠基性作用。这些都与贾湖周围特定的自然环境有关，都是贾湖人在顺应并利用自然环境的过程中创造的具有贾湖特色的思想文化。

淮系文化以鼎为主要炊器、以小口壶（罐）为主要水器，以及龟灵、犬牲等，因其长期迁徙，还发明并发展了刻划符号记事传统。但因受嵩山文化圈的挤压，贾湖人的后代一支沿淮河及其主要支流向东发展，一支向西到了汉水流域。这一文化传统与位于黄河（济河）流域的上述四个文化圈的文化传统不同的是，因其处于降雨量充沛、河流纵横的水网地带，资源相对丰富，狩猎特别是捕捞采集经济发达，并以稻作农业为特色。因这些因素所决定，只能是同纬度迁徙与传播，从而形成了带状文化区，不能像黄河流域的高原、平原那样可以纵横驰骋，以狩猎和粟作农业为特色，容易形成片状文化分布区，这可能也正是淮河、长江流域的文化传统最终被北方文化传统所征服的原因所在。

在大汶口文化晚期，整个黄淮地区基本上都成为泰山文化圈的势力范围，到了龙山时代，泰山文化圈内形成了以鸟首足鼎、蛋壳黑陶为代表的典型龙山文化，并继续保持其强盛的势头，以西朱封大墓、丁公陶文和大批古城址为代表的强势文化因素表明，龙山人已跨入了文明的门槛。与此同时，淮系文化传统以龙虬庄陶文为代表的因素也标志着成熟的文字体系完成，结合王油坊文化的郝家台、平粮台、藤花落等大批城址的出现，表明淮系文化传统也开始了其文明的进程，创造了传说中的东夷部族文化。到了4000年后，代表泰山文化圈及已与其连为一体的淮系文化的岳石文化已相当强大，向西可达开封以东地区，影响所及可达郑州一带。三代之时逐渐被华夏集团所挤压，最后也被融入了整个中华文明的体系之中。

（原载《论裴李岗文化》，科学出版社，2010年）

人骨考古

中原地区古代居民的健康状况——以贾湖遗址和西坡墓地为例[*]

王明辉

20世纪70年代以后，古病理学在西方得到迅速发展，不同学者对古病理学的研究理论、方法和目的进行了探讨[1]。我国的古病理学研究起步较晚，20世纪90年代才得到发展，但基本限于对个别遗址出土人骨标本骨骼病理现象的描述，缺乏对不同时代、不同地区、不同人群的对比研究，尤其是缺少关于古代疾病与不同生业模式之间关系的整合研究。

综合国内外古病理学研究的现状，结合本人近年来从事古人骨研究的经验，我认为古病理学（Paleopathology）是通过古代人类遗骸及其他遗存所提供的有关病理学信息，对人类历史上疾病的发生、发展、分布及其规律进行探讨，同时对各古代人群的健康状况以及人与自然环境之间的关系进行研究的科学。古病理学研究的目的就是要了解各种病理现象（包括疾病、创伤和畸形）在历史上各人群中的发生、发展和分布的证据，从而进一步了解不同人类群体的健康状况以及各种疾病发生、发展的历史及其原因，结合考古学、古人口学、文献史料学等方面的资料，深入探讨古代人类与自然环境之间的关系等。例如：人类的经济生活方式与健康和环境的关系，食物种类对健康的影响；采集、狩猎对资源的破坏（食物缺乏）；迁徙带来的健康问题；传染性疾病的发生和传播与人口密度、人群规模以及隔离程度之间的关系；遗传性疾病与人群组织、婚姻方式、社会形态之间的关系；各类创伤现象的原因，人类与战争（尤其是史前时期）等。相对于中国丰富的古人类学资料，古病理学研究方兴未艾，大有可为。

一、材料与方法

本研究的中原地区是指现在的河南省大部及其周边的晋南和陕西东部地区等，在地理上属于黄河中下游地区。我们选择中原地区不同时代、不同经济类型、出土人骨数量较

---

 * 2011年度国家社科基金重大项目（批准号：11&ZDl83）、科技部国家科技支撑计划项目（批准号：2013BAK08B05）和中国社会科学院知识创新工程项目共同资助。

大、具有代表性的两个遗址和墓地——贾湖遗址和西坡墓地为例，研究史前时期中原地区居民的健康状况及其变化，并探讨这种变化与生业模式之间的关系等。

贾湖遗址位于河南省舞阳县贾湖村，面积5.5×10⁴平方米，是河南地区年代较早、保存较好的新石器时代文化遗址之一，距今9000～7800年[2]。河南省文物考古研究所于1983～1987年连续发掘了6次，其中清理墓葬349座，出土人骨资料丰富，张振标[3]对人骨资料进行了体质人类学的全面研究，包括古病理学的研究。研究显示，贾湖古代居民的种族特征属于亚洲北部蒙古人种类型，与河南地区新石器时代的庙底沟和下王岗古代居民最为相似[4]。最新研究表明[5]，距今8000年前贾湖遗址居民已经开始种植稻谷，但其经济生产活动的主题仍是渔猎采集，稻谷种植近似辅助性的次要生产活动。稳定同位素分析表明[6]，贾湖先民最初以渔猎采集为主要谋生手段，晚期出现原始农业生产。2001年中国科技大学科技史与科技考古系等单位对贾湖遗址进行了第七次发掘，出土墓葬近百座，笔者[7]对此次发掘出土的骨骼进行了古病理学的研究。发掘者[8]认为贾湖遗址的文化性质属于贾湖文化。

西坡遗址位于河南省灵宝市阳平镇西坡村，面积约40×10⁴平方米，是典型的庙底沟文化遗址，距今约5000年[9]。2005～2006年，中国社会科学院考古研究所和河南省文物考古研究所等单位对墓葬进行了发掘，共清理墓葬34座，共35例个体。笔者[10]对这批墓葬出土的人骨进行了研究，其体质特征主要表现为以南亚蒙古人种为主，在部分颅面部特征上与东亚蒙古人种接近，与晋南、陕西东部及豫西的仰韶和龙山文化居民存在密切的关系，在若干体质特征上与现代华南地区居民颇为相似。研究表明[11]，西坡墓地的生业模式属于农业经济，稳定同位素分析、浮选和牙齿淀粉粒结果显示，西坡古代居民主要食物是粟和黍。

本研究使用的方法主要是对骨骼进行性别年龄鉴定，对骨骼变异和病理特征进行观察、辨认和统计分析，研究骨骼病理的特点和规律以及与生业模式的关系等。

二、研究和讨论

（一）人口年龄分析

人口的年龄结构是人口健康状况的一个重要标志。不同时期不同人群的年龄结构的变化反映了社会发展、环境变迁对人口健康的影响。

2001年，贾湖遗址发掘94座墓葬，共138例个体，平均死亡年龄为28.71岁，其中男性为30.77岁，女性为29.69岁。两性的平均死亡年龄差异不大，男性略高于女性，两性的死亡高峰出现在壮年阶段（25～35岁）[12]。

西坡墓地两性的平均死亡年龄为38.0岁，其中男性的平均死亡年龄为41.3岁，女性平均死亡年龄为34.8岁，男性明显高于女性，两性的死亡高峰出现在中年阶段（36～55岁）[13]（图一）。

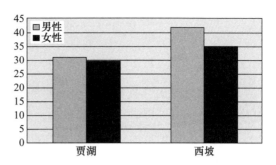

图一　贾湖遗址和西坡墓地居民平均寿命

可见，中原地区古代人群随着时代的发展和经济模式的转变，人口的平均年龄和结构也发生了很大的变化。从距今8000年前的贾湖文化时期的平均死亡年龄在30岁左右上升到西坡庙底沟文化阶段的38岁，人口的寿命得到了普遍的提高。从死亡年龄的结构上，人口死亡高峰的出现，从贾湖文化时期的壮年阶段延迟至西坡庙底沟时期的中年阶段，即当时有更多的人口可以生存到中年阶段，这也是人口生存质量明显改变的重要现象，暗示了同一地区不同时期、不同经济模式之间人群健康状况的变化。

（二）身高的变化

人体身高是考察人口健康状况的一个重要方面，不仅直接反映了人类健康状况的演化规律，也反映了经济模式甚至生活风俗等的变化。有研究显示，社会地位较高的人，营养和健康状况较好的人，一般身材也较高[14]；身材比较矮小的个体，死亡年龄也较年轻[15]。

通过对肢骨的测量与推算，贾湖古代居民男性身高的变异范围是163.8～179.93厘米，平均身高是170.58厘米，身高较高，个体差异明显；女性身高变异范围是159.77～173.86厘米，平均身高为167.15厘米，身高较高，个体差异明显。两性之间身高差异较小[16]。

西坡古代居民男性身高的变异范围是161.1～181.3厘米，平均身高是168.59厘米，身高中等；女性身高变异范围为157.2～160.8厘米，平均身高为159.23厘米，身高中等。两性身高差异明显[17]（图二）。

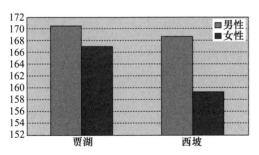

图二　贾湖遗址和西坡墓地居民的身高变化

有学者研究认为，黄河流域史前时期人口平均身高呈逐渐降低的趋势，可能与农业产生后人们劳动强度的增加以及功能压力的增强有关[18]。农业的产生，人群的食物结构由渔猎采集经济的广谱性食物转变为集中单一的富含淀粉和碳水化合物的食物[19]。农业社会的密集型劳动在骨骼和身高上得到集中的体现。从事渔猎采集经济的贾湖遗址居民的身高明显高于农业经济的西坡墓地居民的身高，而且两性身高的差异由贾湖文化时期的差异不明显到西坡墓地的差异明显，这可能暗示了中原地区史前居民人体身高的变化在某种程度上意味着人类健康状况有所恶化。

（三）口 腔 疾 病

贾湖遗址2001年发掘墓葬出土的个体中，71例个体残存有牙齿，占总数的51.45%。其中，仅21例未发现明显的口腔疾病，其余皆有不同程度或类型的口腔类疾病，患病率达70.42%[20]。西坡墓地34座墓葬出土的人骨中，除了8例由于年龄较小、牙齿发育不全，或牙齿脱落较早，或上下颌骨缺失导致无法有效观察口腔疾病外，有26例个体出现不同类型和程度的口腔疾病，占总数的76.47%[21]，实际比例可能高于这个数据。

口腔疾病包括各类牙齿疾病、牙齿磨耗、齿槽骨变异和创伤等。

1. 龋齿

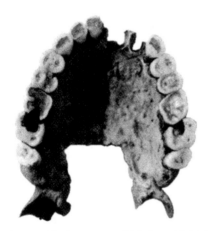

图三 贾湖遗址M417上颌左右M2龋齿图

龋齿是一种古老疾病，也是人类发病率极高的疾病，在人类化石中就有明确的龋齿发生记载[22]；有学者对我国北方古代人群的龋齿率进行了统计比较，认为古代人群的龋齿率随年龄增长而增加，多数遗址女性患病率高于男性，臼齿发病率最高[23]。

贾湖遗址71例患口腔疾病的个体中，有14例个体患有不同程度的龋齿（图三），龋齿率为19.72%。其中，男性个体有5例，女性个体有9例，各占患病总数的35.71和64.29%[24]，女性患病率远远高于男性。

西坡墓地出土的35例人骨有13例个体上有不同程度的龋齿发生，占个体总数的37.1%。其中男性有9例个体，女性有4例个体，分别占男性和女性个体总数的39.1%和40%[25]，统计显示在西坡居民中，龋齿出现率的性别差异不大。

美国体质人类学家Turner[26]对全球范围内龋齿与经济类型的关系进行调查后指出，农业居民的龋齿平均水平最高，其根本原因是农业社会发展后，人群的饮食更多依赖种植产品，从而摄入大量的高淀粉和高糖食物而使龋齿的发生率增加。由此可见，古代居民龋齿的发生率与经济类型存在密切关系。因此，龋齿的发生率常被作为区分农业经济与采集-渔猎经济的一个重要参考指标。

何嘉宁[27]对我国北方古代人群的龋齿率与经济类型间关系的统计表明，龋齿率与经济类型密切相关，农业经济人群龋齿率最高，游牧人群最低。

从龋齿患病率上，贾湖史前居民和西坡古代居民的患病率都相对较高，相对而言，西坡墓地古代居民的龋齿率仍然明显高于贾湖史前居民。从患病性别上，贾湖女性的患病率明显高于男性，除了女性体质本身的原因容易高发龋齿[28]外，可能还存在饮食和营养状况的性别差异。西坡古代居民的两性的龋齿率无明显差异，可能暗示两性的饮食和营养状况差异较小[29]。

这可能表明，随着时代的发展以及经济模式的转变，农业在社会经济形态中所占的比重越来越大，人类的食物种类越来越倾向于富含淀粉和碳水化合物的植物型食物，而富含蛋白质的动物型食物逐渐减少。植物型食物的增长虽然解决了人口增长所带来的危机，但是同时也对人类的健康造成了一定的影响，在一定程度上导致了龋齿率的不断增高。因此，西坡墓地较之贾湖遗址高得多的龋齿发病率可能与农业经济模式的转变有关。

2. 牙周病

牙周病是人类最古老，最普遍的疾病之一，与人群饮食和营养状况密切相关，同时又是导致牙周炎进一步发展的重要原因，可能与维生素C的缺乏、维生素D和钙、磷的缺乏或不平衡、营养不良等有关。牙周炎的鉴定和判断一般以齿槽骨萎缩和臼齿齿根暴露达1/3以上为标准[30]。

贾湖遗址古代居民中能观察到5例个体患有牙周病，占可观察个体总数的7.04%，其中3例女性，2例男性[31]。

西坡墓地古代居民中，13个个体明显患有牙周炎（图四），占总个体数的37.1%。其中，10例为男性，3例为女性，无论从数量还是占男女性别的比例上都显示男性患病率明显高于女性[31]。西坡古代居民牙周病的患病率明显高于贾湖古代居民，这可能暗示在维生素的摄入和饮食营养健康方面，贾湖古代居民要好于西坡古代居民。西坡古代居民中男性高患病率可能暗示了男性更容易与维生素缺乏或营养不平衡等有关。

3. 齿根脓疡

齿根脓疡，也称根尖脓肿，主要表现为牙齿根部周围骨骼组织形成溶蚀性变异，与口腔卫生状况密切相关。

贾湖遗址中有17例个体患有不同程度的齿根脓疡（图五），占总数的23.94%，其中，男性8例，女性9例，两性的患病率似乎没有明显差异[32]。

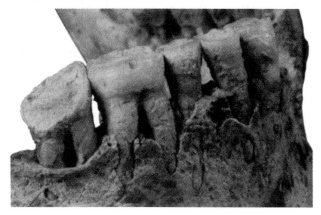 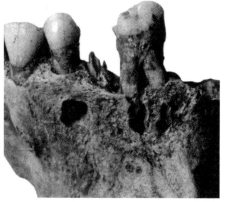

图四　西坡墓地M25下颌牙周炎现象　　　　　　图五　贾湖遗址M416上颌齿根脓疡

西坡墓地居民有15例患有不同程度的齿根脓疡，有12例男性，只有3例女性，无论从数量还是占男女性别的比例上都说明西坡墓地男性更容易患齿根脓疡，女性患病率则相对较低[33]。

西坡古代居民齿根脓疡的高发病率，显示其口腔卫生状况较之贾湖古代居民要差很多。

4. 牙结石

牙结石是一种附着在牙面和龈缘上或龈缘下的一种石状物，它与食物结构和使用牙齿习惯等密切相关。

贾湖遗址有16例个体患有牙结石疾病（图六），占总数的22.54%，其中，男性8例，女性7例，患病率的两性差异似乎不明显[34]。西坡墓地有12例个体患有程度不同的牙结石，占个体总数的34.3%。其中有11例为男性，1例女性，男性明显多于女性[35]。

西坡古代居民牙结石的患病率明显高于贾湖居民，且两性发病率差异较大，也不同于贾湖文化居民差异不明显的两性患病率，说明西坡墓地居民在食物中含沙量较大，或食物的黏性大，更易形成牙结石，暗示了农业经济使得牙结石的发病率明显提高。

5. 釉质发育不全

导致釉质发育不全的外环境因素主要是营养不良，牙齿釉质发育不全出现率可以评估某个人群的营养状况。

贾湖遗址古代居民中有13例个体患有釉质发育不全症状（图七），占总数的18.31%。其中男性7例，女性5例，1例性别不明，两性患病率差异不明显。多数患病个体的年龄集中分布在30～40岁之间[36]。

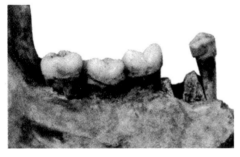 

图六　贾湖遗址M420下颌牙结石　　　　　图七　贾湖遗址M430下颌釉质发育不全现象

西坡墓地只有一例青少年男性个体上发现明显的釉质发育不全的现象[37]。

Goodman等[38]认为从采集狩猎人群到农业人群，牙齿釉质发育不全的现象逐渐增加，并认为是经济模式的变化导致生存压力增大；另外，釉质发育不全流行率随着时间推移和社会复杂化而增加[39]，饮食和生存压力的变化是导致牙齿釉质发育不全的主要致病因素之一。贾湖遗址古代居民釉质发育不全的高比例显示该人群在婴幼儿阶段承受的社会和饮食营养压力还是相对较高的；而西坡墓地釉质发育不全患病率较低，这是否说明古代居民在饮食和社会压力方面优于贾湖时期，还需要进一步的验证。

（四）退行性关节病的观察与分析

退行性关节病主要表现为骨质增生和骨质损伤。一般与年龄、性别、营养状况、生活习惯、食物结构等有关。

贾湖遗址古代居民中骨质增生率较高，有28例个体产生不同部位、不同程度的骨质增生现象（图八），占鉴定个体总数的20.29%。其中男性17例，女性11例，男性明显多于女性，这也与男性承担繁重体力劳动多于女性有关[40]。多数骨质增生患者年龄集中在中壮年阶段。

西坡墓地居民骨骼的退行性变化[41]较贾湖古代居民高得多，除了少量个体由于年龄较小没有产生退行性变化或由于骨质保存较差无法观察外，绝大多数成年个体无论男女，都存在不同程度的退行性关节病。

西坡墓地居民骨质增生患病率较高[42]，一方面可能与西坡墓地居民的寿命较贾湖文化居民高有关，容易诱发骨质增生；另一方面可能暗示西坡居民从事繁重的农业劳作，营养水平下降，尤其是钙质摄入不足，导致更易产生骨质增生。

（五）骨质疏松症

年龄是骨质疏松症发展最相关的因素，饮食和营养状况是另一个影响骨质疏松症发展的主要因素。

贾湖遗址古代居民有7例个体患有不同程度的骨质疏松症（图九），占鉴定个体总数的5.07%，其中男性6例，女性1例，男性患病率明显高于女性[43]。

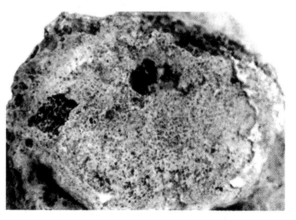

图八　贾湖遗址M521腰椎骨质增生　　　　　　图九　贾湖遗址M419甲腰椎骨质疏松现象

西坡墓地的骨质疏松现象共计9例，占总数的26.47%，其中男性8例，男性明显高于女性[44]。

西坡墓地骨质疏松的高发率除了可能存在的流失钙质的疾病外，在饮食和营养状况上较之贾湖居民存在一定的差距，可能暗示了农业经济对人体骨质的改变产生了负面作用。

（六）贫血现象

缺铁性贫血是目前在古代人类遗骸上所观察到的贫血类型中最常见的一种。主要表现为多孔性骨肥厚（Porotic hyperostosis）和筛状眶（Cribra orbitalia）（图一〇）。研究证据显示农业社会人群的筛状眶和多孔性骨肥厚现象多发[45]。

 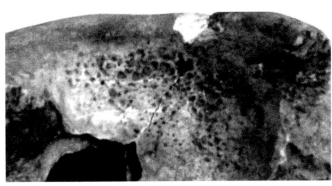

图一〇　贾湖遗址M417多孔性骨肥厚和M436筛状眶

贾湖遗址中能观察到的与贫血有关的个体有5例，占总数的3.62%，其中女性4例，倾向于男性的1例，女性患病率远远高于男性[46]。西坡墓地人骨中，有5例个体骨骼上发现了类似贫血的现象，皆为男性，占个体总数的14.3%，占男性个体总数的21.7%[47]。

两个遗址的不同患病率可以看出，农业经济模式的西坡墓地较渔猎采集经济的贾湖遗址贫血的发生率高得多。在性别结构上，贾湖遗址的女性更容易发生贫血，而西坡古代居民的男性贫血发生概率更高。

贫血与生业模式、营养状况、饮食结构、生活习惯、健康状况、遗传等有密切的关系[48]。中国新石器时代居民中较为多发，在山东广饶新石器时代居民、内蒙古兴隆洼新石器时代居民、安徽尉迟寺新石器时代居民和新疆鄯善洋海青铜时代居民中都有较高的贫血患病率，一般高于30%[49]。贾湖文化居民较低的贫血患病率应与贾湖文化的渔猎采集经济模式有关，居民的饮食结构中肉类、水产类等动物性食物的较多摄入，以及坚果、蔬菜等保证了矿物质、维生素和铁的吸收，从而在一定程度上抑制了贫血的发病率。相对而言，西坡农业经济造成的单一的、固定以及肉食的缺乏可能是贫血高发的原因之一。另外，贾湖女性贫血发病率高可能是由重复妊娠和妊娠间歇时规律的月经出现而产生血液丧失导致的。

三、结论和讨论

渔猎采集经济向农业经济的转变导致人类健康状况的变化讨论一直是人类学家和考古学家关注的问题[50]，也是一个复杂的问题。通过对渔猎采集经济为主体的贾湖遗址和以农业经济为主的西坡墓地出土人骨的古病理学研究，我们对中原地区史前居民的健康状况有了大致的了解。

中原地区史前居民从新石器时代早中期的渔猎采集经济向新石器时代晚期农业经济的转变过程中的健康状况产生了明显的变化，主要表现为中原地区史前居民的某些疾病的发生率与他们平均寿命的提高之间存在着明显的相关现象[51]。一方面，体现在骨骼上的健康状况的多项指标产生了恶化或退化现象，主要表现为个体身高逐渐降低，各种口腔疾病的患病率明显上升，与健康相关的退行性关节疾病、骨质疏松症和贫血发生率也呈逐渐增高的现象。同时，在渔猎采集经济的贾湖文化时期，两性在骨骼疾病的发生率和身高等方面的差异较小，农业经济的西坡墓地居民两性疾病发生率和身高等方面的差异则较大，暗示了不同经济模式之间两性在社会地位和营养水平上存在这较大的差异。另一方面，体现健康状况的一些重要指标得到了提高，主要表现在中原地区史前居民的寿命在进入农业经济后得到了普遍提高。渔猎采集经济向农业经济转变，人群的食肉量和蛋白质摄入量相应可能会减少，或趋向于少数人群；食谱结构的广谱性逐渐呈单一化趋势，更多依赖米面等碳水化合物和含糖量较高的食物，因此体现在骨骼和口腔的健康方面可能会呈现恶化倾向。同时，由于人群寿命的提高、人口的增长和聚落的密集化，一些慢性疾病和传染性疾病也有机会得到发展[52]。中原地区史前居民健康状况的恶化或许与此有关。

同时，考古学研究显示农业时期考古遗址的密度和规模以及承载的人口数量都得到了显著的提高[53]。农业经济的发展，提供了更稳定、更普遍的碳水化合物和热量的供给，养活了更多的人口，遗址规模不断扩大，社会复杂化逐渐深化，创造了更多的社会财富，为向文明社会的转化奠定了物质基础。因此，渔猎采集经济向农业经济的转变总体上促进了古代人群的健康状况的发展和文明的进步，农业经济对人类的进步做出了巨大贡献。从这一点上，中原地区史前居民健康状况的变化与生业模式的转变之间存在着密切的关系。

农业经济从根本上改变了人们的生存状态，并引起了人体骨骼上的一系列变化。但是，通过古病理学研究古代人群的健康存在着一定的局限性，古病理学研究结果只能是古代人群健康状况的一种反映，并不能替代其他方法对古代人群健康状况的研究，因此要全面获得古代人群健康状况的知识还需要更多学科的深入合作。

注　释

[1] Aufderheide A C, Rodiguez-Martin C. The Cambridge Encyclopaedia of Human Palaeopathology. Cambridge: Cambridge University Press, 1998: 1-18; Horden P. The Millennium Bug: Health and Medicine around the Year 1000. Social History of Medicine, 2000, 13(2): 201-219; Roberts C A, Buikstra J E. The Bioarchaeology of Tuberculosis: A Global View on A Reemerging Disease. Gainesville, Florida: University Press of Florida, 2003: 1-43.

[2] 陈铁梅、原思训等：《¹⁴C年代学研究》，《舞阳贾湖》，科学出版社，1999年，第515~519页。

[3] 张振标：《人类学研究》，《舞阳贾湖》，科学出版社，1999年，第835~882页。

[4] 张振标：《人类学研究》，《舞阳贾湖》，科学出版社，1999年，第835~882页。

[5] 赵志军、张居中：《贾湖遗址2001年度浮选结果分析报告》，《考古》2009年第8期，第84~93页。

[6] 胡耀武、Stanley H Ambrose、王昌燧：《贾湖遗址人骨的稳定同位素分析》，《中国科学（D辑）》2007年第37卷第1期，第94~101页。

[7] 王明辉：《人骨研究》，《舞阳贾湖（二）》，科学出版社，待出版。

[8] 张居中：《文化性质及与周围文化的关系》，《舞阳贾湖》，科学出版社，1999年，第520~544页。

[9] 李新伟、马萧林：《分期、年代和文化性质》，《灵宝西坡墓地》，文物出版社，2010年，第270~281页。

[10] 王明辉：《人骨综合研究》，《灵宝西坡墓地》，文物出版社，2010年，第115~162页。

[11] 张雪莲：《人骨碳十三、氮十五同位素分析》，《灵宝西坡墓地》，文物出版社，2010年，第197~209页。

[12] 王明辉：《人骨研究》，《舞阳贾湖（二）》，科学出版社，待出版。

[13] 王明辉：《人骨综合研究》，《灵宝西坡墓地》，文物出版社，2010年，第115~162页。

[14] Steckel H Richard. Stature and the Standard of Living. Journal of Economic Literature, 1995, 33(4): 1903-1940.

[15] Gunnell D, Rogers J, Dieppe P. Height and Health: Predicting Longevity from Bone Length in Archaeological Remains. Journal of Epidemiology and Community Health, 2001, 55(7): 505-507.

[16] 王明辉：《人骨研究》，《舞阳贾湖（二）》，科学出版社，待出版。

[17] 邵象清：《从长骨推算身高的公式（中国汉族）》，《人体测量手册》，上海辞书出版社，1985年，第393~404页。

[18] 王建华：《黄河流域史前人口健康状况的初步考察》，《考古》2009年第5期，第61~69页。

[19] 贾里德·戴蒙德：《人类史上最大的失误》，《考古学的历史·理论·实践》，中州古籍出版社，1996年，第315~322页。

[20] 王明辉：《人骨研究》，《舞阳贾湖（二）》，科学出版社，待出版。

[21] 王明辉：《人骨综合研究》，《灵宝西坡墓地》，文物出版社，2010年，第115~162页。

[22] Clement J A. Caries in the South African Ape-man: Some Examples of Undoubted Pathological

Authenticity believed to be 800,000 Years Old. British Dental Journal, 1956, 102(4): 4-7.

［23］ 何嘉宁：《中国北方古代人群龋病及与经济类型的关系》，《人类学学报》2004年第23期（增刊），第61～70页。

［24］ 王明辉：《人骨研究》，《舞阳贾湖（二）》，科学出版社，待出版。

［25］ 王明辉：《人骨综合研究》，《灵宝西坡墓地》，文物出版社，2010年，第115～162页。

［26］ Turner C G. Dental Anthropological Indications of Agriculture among Jomon People of Central Japan. American Journal of Physical Anthropology, 1979, 51(4): 619-636.

［27］ 何嘉宁：《中国北方古代人群龋病及与经济类型的关系》，《人类学学报》2004年第23期（增刊），第61～70页。

［28］ Larsen C S. Bioarchaeology: Interpreting Behavior from the Human Skeleton. Cambridge: Cambridge University Press, 1997: 72-76; Hillson S. Dental Pathology//Katzenberg M A, Saunders S R. Biological Anthropology of the Human Skeleton. Toronto: Wiley-Liss, 2000: 249-286.

［29］ 王明辉：《人骨综合研究》，《灵宝西坡墓地》，文物出版社，2010年，第115～162页。

［30］ 王明辉：《人骨综合研究》，《灵宝西坡墓地》，文物出版社，2010年，第115～162页。

［31］ 王明辉：《人骨研究》，《舞阳贾湖（二）》，科学出版社，待出版。

［32］ 王明辉：《人骨研究》，《舞阳贾湖（二）》，科学出版社，待出版。

［33］ 王明辉：《人骨综合研究》，《灵宝西坡墓地》，文物出版社，2010年，第115～162页。

［34］ 王明辉：《人骨研究》，《舞阳贾湖（二）》，科学出版社，待出版。

［35］ 王明辉：《人骨综合研究》，《灵宝西坡墓地》，文物出版社，2010年，第115～162页。

［36］ 王明辉：《人骨研究》，《舞阳贾湖（二）》，科学出版社，待出版。

［37］ 王明辉：《人骨综合研究》，《灵宝西坡墓地》，文物出版社，2010年，第115～162页。

［38］ Goodman H Alan, Lallo J, Armelagos G J, et al. Health Changes at Dickson Mounds, Illinois (AD 950-1300)//Cohen M N, Armelagos G J. Paleopathology at the Origins of Agriculture. London: Academic Press,1984: 271-306.

［39］ Steckel H Richard, Sciulli W Paul, Rose C Jerome. A Health Index from Skeletal Remains//Steckel H Richard, Rose C Jerome. The Backbone of History: Health and Nutrition in the Western Hemisphere. Cambridge: Cambridge University Press, 2002: 61-93.

［40］ 王明辉：《人骨研究》，《舞阳贾湖（二）》，科学出版社，待出版。

［41］ 王明辉：《人骨综合研究》，《灵宝西坡墓地》，文物出版社，2010年，第115～162页。

［42］ 王明辉：《人骨综合研究》，《灵宝西坡墓地》，文物出版社，2010年，第115～162页。

［43］ 王明辉：《人骨研究》，《舞阳贾湖（二）》，科学出版社，待出版。

［44］ 王明辉：《人骨综合研究》，《灵宝西坡墓地》，文物出版社，2010年，第115～162页。

［45］ Larsen C S, Crosby A W. A Biohistory of Health and Behavior in the Georgia Bight: The Agricultural Transition and the Impact of European Contact//Steckel H Richard, Rose C Jerome. The Backbone of History: Health and Nutrition in the Western Hemisphere. Cambridge: Cambridge University Press, 2002: 406-439.

[46] 王明辉：《人骨研究》，《舞阳贾湖（二）》，科学出版社，待出版。

[47] 王明辉：《人骨综合研究》，《灵宝西坡墓地》，文物出版社，2010年，第115～162页。

[48] Stuart-Macadam P. Iron Deficiency Anemia: Exploring the Difference//Grauer A, Stuart-Macadam P. Sex and Gender in Paleopathological Perspective. Cambridge: Cambridge University Press, 1998: 45-63; Reinhard K. Cultural Ecology of Prehistoric Parasitism on the Colorado Plateau as Evidenced by Coprology. American Journal of Physical Anthropology, 1988, 82(2): 145-163.

[49] 张君：《从筛状眶和多孔性骨肥厚考察中国古代人骨上的贫血现象》，《考古》2009年第10期，第86～90页。

[50] Angel J Lawrence. Health as a Crucial Factor in the Changes from Hunting to Developed Farming in the Eastern Mediterranean//Cohen M N, Armelagos G J. Paleopathology at the Origins of Agriculture. London: Academic Press, 1984: 51-74; Porter Dorothy. Health, Civilization and the State: A History of Public Health from Ancient to Modern Times. London: Routledge Press, 1999: 9-60; Laren C S. Biological Changes in Human Populations with Agriculture. Annual Review of Anthropology, 1995(24): 185-213.

[51] Shipley M, Black C M, Compston J, et al. Rheumatology and Bone disease//Kumar P, Clark M. Clinical Medicine. Edinburgh, WB: Saunders, 2002: 511-586；罗伯茨·夏洛特、曼彻斯特·基思：《关节疾病》，《疾病考古学》，山东画报出版社，2010年，第145～178页。

[52] Steckel H Richard, Sciulli W Paul, Rose C Jerome. A Health Index from Skeletal Remains//Steckel H Richard, Rose C Jerome. The Backbone of History: Health and Nutrition in the Western Hemisphere. Cambridge: Cambridge University Press, 2002: 61-93; Goodman H Alan, Martin L Debra. Reconstructing Health Profiles from Skeletal Remains//Steckel H Richard, Rose C Jerome. The Backbone of History: Health and Nutrition in the Western Hemisphere. Cambridge: Cambridge University Press, 2002: 11-50.

[53] 严文明：《仰韶房屋和聚落形态》，《仰韶文化研究》，文物出版社，1989年，第180～242页；严文明：《姜寨早期的村落布局》，《仰韶文化研究》，文物出版社，1989年，第166～179页；严文明：《聚落考古与史前社会研究》，《文物》1997年第6期，第27～35页；赵春青：《也谈姜寨一期村落的房屋与人口》，《考古与文物》1998年第5期，第49～55页；中国社会科学院考古研究所河南一队、河南省文物考古研究所：《河南灵宝西坡遗址2001年春发掘简报》，《华夏考古》2002年第2期，第31～52页。

（原载《第四纪研究》2014年第34卷第1期）

河南省舞阳贾湖遗址裴李岗文化期人环椎、枢椎形态学观测

谢继辉　李　鸣　郭海旺　王永奎　陈雪梅　王又林

裴李岗文化距今约9000年，属新石器时代早期。1986年在河南省舞阳县贾湖遗址发掘出裴李岗文化时期的人类遗骨，开展了人骨的观测工作，对了解9000年前人类头颈部的活动特点，丰富人类学研究有重大意义；与现代人环椎、枢椎作比较，便于了解9000年间人头颈部变化情况[1]。对裴李岗文化时期人的环椎、枢椎进行了形态学观测，报道如下。

一、材料与方法

（一）材　　料

1986年在河南省舞阳县贾湖遗址发掘出的裴李岗文化时期环椎、枢椎各24个；河南医科大学人体解剖学教研室提供的现代人环椎、枢椎各24个。

（二）方　　法

根据人体测量手册[2]所介绍的方法逐项进行测量、记录，对于椎孔、横突孔的面积，根据其近似圆形采用$S＝\pi r^2$计算。比较裴李岗文化时期与现代人环椎上、下关节面深度及面积采用t检验[3]。

二、结　　果

（一）环　　椎

裴李岗文化期人环椎重量为（14.9±0.63）g。矢状径测量标志：环椎前结节最突点与

后结节最突点间的距离，矢状径为（44.9±0.6）mm。环椎的横径测量标志：左、右两侧横突最突点间的距离，横径为（68.5±1.6）mm，高度为（22.1±0.5）mm。环椎前弓高为（12.1±0.5）mm，前弓厚为（8.2±0.7）mm；后弓高为（11.6±0.4）mm，后弓厚为（8.1±0.4）mm。

横突孔形态分为圆形与椭圆形，其中圆形占15%±0.08%，椭圆形占85%±0.08%。左横突孔长为（7.1±0.2）mm，宽为（5.2±0.3）mm，面积为（30.4±1.9）mm²；右横突孔长为（6.9±0.2）mm，宽为（4.7±0.2）mm，面积为（28.5±2.1）mm²。

齿突凹分为菱形、圆形、椭圆形、不规则形，其中菱形占（4.3%±0.04%），圆形占（73.9%±0.9%），椭圆形占（13.1%±0.07%），不规则形占（8.7%±0.06%）。

横突后沟呈沟状和管状，69.6%±0.01%的环椎无环椎后沟，30.4%±0.1%的环椎有横突后沟。其中呈沟状的占13.0%±0.07%，呈管状的占17.4%±0.08%。

裴李岗文化时期人与现代人环椎上、下关节面长、宽、深和面积测量结果见表一。

表一　环椎上、下关节面长、宽、深和面积（$\bar{x}\pm s$）

	组别	$l_{长}$（mm）	$l_{宽}$（mm）	$l_{深}$（mm）	A（mm²）
左上关节面	裴李岗文化期人现代人	24.3±0.5	15.0±0.4	3.8±0.2	355.6±12.6*
		21.9±0.5	10.7±0.2	3.7±0.3	233.8±6.5
右上关节面	裴李岗文化期人现代人	24.5±0.1	14.6±0.4	3.9±0.2	359.4±11.6*
		22.1±0.7	10.3±0.3	3.7±0.2	223.2±9.7
左下关节面	裴李岗文化期人现代人	19.4±0.3	17.1±0.3	0.7±0.1	261.7±6.9*
		17.3±0.7	15.7±0.3	0.7±0.1	214.3±3.7
右下关节面	裴李岗文化期人现代人	19.3±0.3	17.0±0.3	1.0±0.3	260.1±7.7*
		17.5±0.5	15.8±0.3	0.7±0.1	218.1±6.6

*裴李岗文化期人的环椎上下关节面面积与现代人比较，$P<0.05$。

（二）枢　椎

枢椎重量为（16.2±0.79）g。枢椎的矢状径为枢椎体前面中部最突出部至棘突末端之间的距离，矢状径为（44.9±1.1）mm。枢椎的横径为枢椎两横突之间的距离，横径为（51.3±1.2）mm，高度为（22.2±0.6）mm。

椎孔形态分为三角形、圆形、椭圆形、不规则形，其中三角形占28.0%±0.09%，圆形占8.0%±0.05%，椭圆形占48.0%±0.10%，不规则形占16.0%±0.07%。椎孔矢状径为（15.8±0.4）mm，横径为（22.5±0.3）mm，面积为（28.7±9.9）mm²。

横突孔形态分为圆形与椭圆形，右侧横突孔圆形占78.9%±0.09%，椭圆形占21.1%±0.09%。左侧横突孔圆形占83.3%±0.08%，椭圆形占16.7%±0.08%。右侧横突孔矢状径为（5.5±0.2）mm，横径为（5.4±0.2）mm，面积为（23.6±1.4）mm²；左侧横突孔矢状径为（5.5±0.1）mm，横径为（5.5±0.2）mm，面积为（21.5±2.0）mm²，横突孔开口向后外上方的古代人占46%，现代人占52%。

裴李岗文化时期人枢椎关节面形态及长、宽值统计结果见表二。

表二　裴李岗文化时期人枢椎关节面的形态及长、宽值统计

	圆形（%）	三角形（%）	椭圆形（%）	不规则形（%）	长（mm）	宽（mm）
右上关节面	19.4±0.08	36.1±0.07	6.5±0.05	38.7±0.10	19.6±0.4	17.5±0.5
左上关节面	24.0±0.09	0	20.0±0.08	56.0±0.10	19.4±0.3	17.4±0.4
右下关节面	9.5±0.06	0	81.0±0.08	9.5±0.06	13.7±0.6	10.1±0.3
左下关节面	14.3±0.08	0	76.2±0.09	9.5±0.06	13.5±0.4	10.5±0.4

枢椎的齿突高（15.0±0.4）mm，齿突颈高（5.7±0.2）mm，横径（10.4±0.2）mm，齿突形态为尖、钝、分叉3种，其中尖的占43.5%±0.10%，钝的占47.8%±0.10%，分叉的占8.7%±0.06%；齿突有直立、前倾、后倾，其中前倾占18.5%±0104%，直立占22.0%±0.04%，后倾占59.5%±0.14%；齿突关节面呈菱形、圆形、椭圆形，其中菱形占12.5%±0.07%，圆形占70.8%±0.09%，椭圆形占16.7%±0.08%。裴李岗文化时期人枢椎齿突关节面横径和矢状径的乘积为齿突关节面的面积，是（48.5±3.0）mm²，现代人的是（51.7±3.3）mm²，两者之间差异无显著性（$P>0.05$）。

裴李岗文化时期人与现代人环椎、枢椎形态学比较见表三。

表三　裴李岗文化时期人与现代人环椎、枢椎形态学比较

比较项目	裴李岗文化期人	现代人
枢椎右上关节面长	19.6mm	17.9mm
枢椎右上关节面宽	17.5mm	14.5mm
环椎椎孔高梯形	65%	54%
枢椎横突孔向后外上方	46%	52%
枢椎右侧部分遮盖	67.8%	17.8%
上关节突完全遮盖横突孔	17.8%	8%
齿突前倾位	18.5%	—
齿突中间位	22%	30%
齿突后倾位	59.5%	70%
关节周缘表面形态	较粗糙	较光滑

三、讨　论

根据裴李岗文化时期人的环、枢椎关节面积大，关节面周缘粗糙，可推断裴李岗文化时期人的环枢关节较现代人稳固[4]。裴李岗文化时期人的枢椎上关节面部分式完全遮蔽

横突孔的比现代人多，可见裴李岗文化时期人的椎动脉的曲度较现代人大[5]。裴李岗文化时期人的齿突位置，呈后倾位的比现代人少。因此，裴李岗文化时期人因齿突后倾压迫脊髓的概率较现代人少。以上各点说明人类头部运动的范围逐渐加大，是由于人类直立后逐渐进化的结果，其他各项统计数字裴李岗文化时期人与现代人无明显差异。

注　　释

[1]　陈昌富、李传福、胡振民：《200例我国成人第二颈椎临床解剖和X线片测量》，《解剖学通报》1981年第4卷第4期，第332页；王国臣、董德顺、王美亚等：《国人环椎的形态学观测》，《解剖学杂志》1988年第11期（增刊），第20页。

[2]　邵象清：《人体测量手册》，辞书出版社，1985年。

[3]　卢守祥、薛振东、马兆龙：《国人环椎的观察与测量》，《解剖学通报》1982年第5卷第2期，第140页。

[4]　杨月如：《国人环椎的观察与测量》，《解剖学通报》1982年第5期（增刊），第19页。

[5]　马兆龙、薛振东、卢守祥：《国人枢椎的形态观察和度量》，《解剖学通报》1981年第4卷第4期，第338页；孙博、钟世镇：《对枢椎齿突的观测及其临床意义》，《解剖学杂志》1986年增刊，第104页。

（原载《河南医科大学学报》1999年第34卷第3期）

贾湖遗址墓葬初步研究——试析贾湖的社会分工与分化

张　震

　　河南舞阳贾湖遗址的发掘，对淮河上游乃至中原地区新石器时代文化的研究具有极高的学术价值，可称是20世纪80年代以来我国新石器时代考古最重要的收获之一。贾湖遗址墓葬目前发现了445座[1]，大多进行了人骨性别和年龄的鉴定，对研究当时的葬俗、葬仪乃至社会生活均有重大的意义。截至目前，还没有学者从探析当时社会生活的角度对贾湖遗址墓葬进行较为系统的研究。有鉴于此，本文试图在前人墓葬研究的基础上，借鉴国内外的理论、方法对贾湖遗址墓葬进行初步分析，以求教于诸位方家。本文试图通过解析墓葬资料论述以下问题：一，男女性群体的分工、分化；二，不同年龄群体的分化；三，不同团体的分工、分化；四，当时社会的分工、分化。在论述前，首先简单介绍涉及研究理论和方法的几个问题。

一、理论与方法

（一）墓葬与现实生活

　　运用墓葬资料分析社会生活，有一个不可回避的问题——"墓葬是否反映社会现实"。实际上，墓葬能否反映社会、以怎样的方式反映社会是近几十年来国外墓葬研究争论的一个焦点[2]。

　　20世纪60年代末70年代初，随着新考古学的兴起，以宾福德为代表的过程主义者，运用角色理论分析墓葬、葬礼，解释死者的身份[3]。他们认为墓葬能够直接反映社会状况，埋葬方式是死者生前地位的直接反映，考古学可以通过研究墓葬揭示社会生活[4]。基于这一假设，过程考古学派提出两个模式：一为"墓葬相关物模式"，认为死者的社会地位主要显示在埋葬规模及是否随葬象征身份的物品。一为"能量消耗模式"，认为墓葬修建的能量消耗呈等级状态的现象，反映了社会对丧葬活动的介入呈等级状态，说明社会阶层分化的存在[5]。在20世纪80年代以前，他们强调葬礼中死者的角色、身份以及葬礼消耗的社会资源等因素的作用。近些年来，他们加强了对不同文化、区域之间的对比分析[6]。20世纪80年代，随着后过程主义的兴起，过程主义受到很大的冲击。后过程主义提倡历史特殊论，反对在跨文化的观察中总结出世界范围历史法则的研究方法；认为对某一地区文化的理解要建立在该地区特殊历史背景的基础上。在墓葬研究方面，后过程主义强调意识、宗教等精神因素的作用，从多个角度否定墓葬能够反映社会结构，甚至对墓葬能否反映社会现实也提出了质疑[7]。他们认为，埋葬不仅代表了可以察觉的社会关系的现实，也可能反映了冲突、妥协等偶然事件，或者并没有反映现实的意义；生者和死者之间的关系在研究丧葬活动中至关重要，葬品可能不是死者的财产，即使葬品是死者的财产，在如何对葬品分类、识别以及解释葬品所包含的意义等方面都存在争议。总之，近几十年来，西方考古学对墓葬的研究，经历了很大的变化，起初是简单、静态地用墓葬资料框定等级和测定社会复杂程度，现在是把埋葬当作相互关联的不同地域内的历史、政治行为[8]。

　　过程考古学和后过程考古学有关丧葬理论的观点都有其可取之处。一方面，下葬作为社会的主要礼仪之一——葬礼的终结，其载体——墓葬能直接或间接反映当时的社会应该是没有疑义的，墓葬等级结构是现实社会等级结构的体现。另一方面，生者在葬礼中的活动也应对埋葬有所影响，生存者的意识形态在丧葬礼仪中有重要作用，两者必须结合起来，在考察考古学文化背景的基础上更好地利用墓葬材料研究社会复杂化进程。为了能够在运用墓葬材料探讨社会生活时尽可能"去伪存真"，本文想强调以下几点[9]：①丧葬仪式有某种程度的偶然性，其受很多突发因素的影响，如灾害、饥荒、疾病等；②执行丧葬礼仪、决定埋葬种种特点的是受到礼俗影响的生者，而不是死者；③丧葬乃至埋葬是集体行为，就是在现在社会亦是如此，它是关乎团体的重要事件，而不是仅仅涉及死者本人及其亲属；④埋葬只是丧葬礼仪的一个重要部分，但绝不是全部。

（二）运用墓葬资料了解贾湖社会的可行性

　　就贾湖遗址而言，其墓葬在很大程度上反映了当时的社会现实，尤其是该遗址墓葬随葬的劳动工具比较能够反映当时的社会分工情况。原因有以下几点。

　　其一，贾湖遗址墓葬出土的绝大多数劳动工具都见于居址，房址和墓葬出土的劳动工具大致相类，各种劳动工具所占的比例也比较接近。以贾湖遗址对应关系最为明确的贾湖早期西区第二组房址和西区A群墓葬为例。以上两个遗迹单位出土劳动工具的统计（图一）显示，墓葬出土百分比大于10%的劳动工具，除骨镖外[10]，骨镞、锥、针和牙削在居址的比例也大于10%。墓葬出土百分比小于5%的劳动工具——骨凿、石斧、砺石、石磨盘，在居址的比例也小于5%或在5%左右。一般不见于墓葬的工具，如石铲、石球、石砧、牙刀、骨匕等，在居址中所占的比例大多都小于3%或在3%左右。贾湖遗址出土的劳动工具，墓葬和居址所见的种类相近，房址和墓葬发现的比例大致相当，预示了当

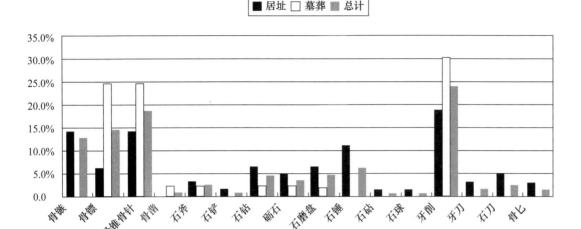

图一　贾湖遗址西区第二组房址与对应的墓群出土劳动工具统计

时的人们习惯于把生前的劳动工具埋入墓葬，而且随葬的工具大体能反映现实生活不同工具使用的情况。

其二，贾湖遗址肉类摄取量较大的墓主，绝大多数随葬渔猎工具；肉类摄取量较少的墓主，很少有随葬渔猎工具的。在贾湖遗址，根据抽样研究[11]，有7例肉类摄取量较大的人骨。在这7例中，3例（M126、M341、M344）为单人葬的墓主，都随葬有较多的渔猎工具；4例出自合葬墓，其中3例（M282、M335、M109）都随葬渔猎工具[12]，只有1例（M394甲）可能没有随葬渔猎工具[13]。在抽样研究中，有8例人骨的食物中肉食的比例不是很大，其中只有合葬墓M277的丙可能随葬有渔猎工具[14]，其余7例（M223、M243、M303、M318、M319、M380、M381）均无渔猎工具随葬。似乎可以肯定，当时的人们主要是自食其力的。贾湖遗址中肉类摄取量较大的人一般随葬渔猎工具，肉类摄取量较少的人则相反，说明当时的先民一般随葬的是能代表其生前主要劳作的工具，劳动工具大体可以反映人与人之间的社会分工。

其三，贾湖遗址病残的墓主很少随葬劳动工具。在该遗址确认有骨骼疾病且影响墓主劳动的有9例[15]。据本文统计，1例（M395）墓主有较轻微的骨骼病，影响其重体力劳动，随葬了较多的工具，包括石斧和骨镞、镖等。另外8例墓主患严重的骨骼病，影响正常劳动，其中5例（M79甲、M222、M389、M376、M353乙）随葬骨针、牙削、石坯料等，其余3例（M70、M225、M247）没有葬品。目前还难以鉴别这些墓主是否天生有骨骼疾病，但似乎有理由推测：较轻的骨病患者在生前的一个较长的时间内还能参加劳动，甚至是重体力劳动，很可能其一生主要使用的就是耗费体力较大的工具。而较重的骨病患者在生前的一个较长的时间内已经因病而影响其劳动，他们可能也使用过耗费体力大的工具或一般工具，但这些工具不是他们使用的主要工具。较重的骨病患者很可能较少使用工具或使用耗费体力较小的生活用具，甚至不参加劳动。贾湖遗址病残的墓主只有较少的比例随葬了劳动工具。患骨病较轻的墓主随葬了耗费体力大的石斧等工具。患严重骨病的墓主，一般随葬基本上不耗费体力的生活用品，甚至没有葬品。以上这些现象可能暗示着墓主随葬的工具与其生前主要使用的工具有某种程度的对应性，也从一个方面为葬品能反映人与人之间的分工提供了证据。

综上所述，贾湖遗址墓葬出土的劳动工具可以大致反映当时的社会分工情况。这也从一个重要方面说明了贾湖遗址墓葬能反映当时的社会生活。

那么，贾湖遗址墓葬能不能反映当时人与人之间社会地位的差别呢？墓葬葬品反映墓主社会地位的局限性确实比较大，但结合墓葬的形制、葬式、埋葬位置等分析就能很大程度上减少这种局限性[16]。

总而言之，本文认为通过系统地分析贾湖遗址的墓葬资料可以揭示当时的社会生活。

（三）具 体 方 法

本文从墓地分布、墓葬大小、葬品数量、葬品类别等方面比较不同性别和年龄群体[17]及不同团体[18]和人与人之间社会分工[19]和地位的异同，主要以图、表的形式进行统计、量化分析[20]。其中，分析不同性别和年龄群体及不同居住团体和人与人之间地位的差别主要依据这些单位的平均墓葬体积和葬品数量，这些单位在墓葬体积、葬品数量"两极"墓[21]中所占比例，并参照这些单位之间葬式[22]、埋葬位置；分析男女性及不同群体之间的分工则主要根据这些单位之间随葬器类的差别进行推断[23]。为了统计的方便，一般残的器物按一个计算。还需要说明的是，本文器物分类的标准主要参照《舞阳贾湖》报告和对贾湖生产工具的专题研究[24]。就墓葬出土物而言，猎具主要指骨镞、石镞。捕捞具主要指骨镖。农具主要指石磨盘、棒和石骨铲、刀、镰，木骨加工工具主要指石斧、凿以及骨凿，石器加工工具主要指石锤、砧、钻和砺石，以上这些从广义上都属于生产工具。缝纫具主要指骨针以及很少见的骨锥，纺织工具主要指纺轮和骨板，生活用品及其他[25]主要指难以认定功用的牙削及很少见的骨柄器，特殊葬品主要是指可能与巫、乐相关的龟甲类器[26]、骨笛[27]、叉形器以及有契刻符号的器物，以上这些从广义上都属于生活用品。此外，一般报告附表与报告正文不一致的地方，从正文。

此外，本文运用墓葬材料分析贾湖遗址时期社会的分层、分化情况，还从以下三方面入手。①统计墓葬葬品数量和体积大小的频数分布[28]。在聚落考古中，运用遗址面积频数分布研究聚落等级的方法很普遍。对墓葬体积和葬品数量进行频数统计，就能从这两个角度来分析埋葬时消耗的劳动量，考察社会分层、分化的迹象，进而推断社会的等级结构[29]。②对墓葬葬品数量和体积进行相关性分析[30]。正如 Shelach 所言，在一个高度等级分化的社会，不同维度的劳动消耗有较高的相关性，例如墓葬的结构和葬品的数量。这两种变量的紧密相关意味着体现墓主特权的规范礼制已经出现[31]。为了排除对墓葬体积影响的因素，如二次葬、墓主人的年龄、性别，本文对不同类型的墓葬进行葬品数量和墓葬体积的相关性分析。此外，还对葬品总数和随葬的几类物品的数量进行了相关性分析。③计算墓葬体积和葬品数量的CV[32]。已有学者比较系统地统计了中国史前一些遗址墓葬面积和葬品数量的CV[33]，便于参照。

二、贾湖遗址墓葬

（一）各期墓地布局

贾湖遗址早期发现墓葬42座，分为A、B两群[34]，分布于房址周围，位于遗址的西区。A群墓葬较为完整，与邻近的贾湖早期西区第二组居址有明确的对应关系，B群墓葬资料比较零散，与该群邻近的是贾湖早期西区第三组居址。另外，在贾湖2001年的发掘中，发现了属于该期的2座女性厚葬墓，都位于贾湖遗址的中区[35]。以下分析主要以A群墓葬资料为主，参考B群墓葬资料[36]（表一）。

表一　贾湖各期墓葬数量统计表[37]

期别		总墓数	合葬墓数	单人墓	男性墓	女性墓	成年人墓	老年人墓	未成年人墓
早期	A群	26	1	25	14	10	17	7	0
	B群	16	0	16	12	3	9	6	1
中期	A群	78	23	55	31	15	41	5	6
	B群	48	8	40	22	16	38	4	2
	C群	15	1	14	5	7	10	2	0
晚期	A群	68	8	60	33	15	37	10	5
	B群	36	4	32	21	9	27	3	1
	C群	18	5	13	5	2	7	1	1

在早期A群14座男性单人墓中，除3座（M125、M12、M42）接近墓地的边缘外，其他11座分布在西区第二组居址的中心——F17的周围，M341则位于正中心位置。而10座女性单人墓（M243、M246、M247、M249、M308、M340、M29、M41、M107、M108）则较集中地分布在F17的南北两侧。在7座老年人单人墓中，有4座（M318、M340、M296、M297）邻近中心，1座（M42）接近边缘。该群唯一的合葬墓位于墓群的西南角。B群只发现了3座女性墓，分布很零散。在8座集中分布的墓中，有7座的墓主是男性。贾湖遗址唯一有二层台的墓（M376）属于该群，该墓体积较大，墓主是老年男性，葬品是4件。该期唯一的未成年人墓（M52）发现于此群。

贾湖中期共发现167座墓葬，可分为6群，遗址的中、东区各一群，西区4群（A、B、C、D群），揭露最为完整的是西区的B群墓葬，其次是西区的A群墓葬，西区的C群发掘了将近一半（见表一）。其余的3群，揭露不完整，墓葬数量都较少，此不介绍。该期的墓葬群一般距房址较远。该期还有相邻的2座单人墓在上述各区外，此2座墓的周围已经揭露，没有发现其他墓葬，一墓仅葬1件骨匕，另一墓无葬品，两墓体积较小。

中期西区　A群几乎所有墓葬都存在打破叠压关系。在该群15座女性单人墓中，除了M306接近中心外，其余的14座（M265、M290、M291、M292、M293、M301、M315、M319、M354、M361、M365、M366、M384、M406）位于该墓区的边缘或接近边缘的地带。A群的5座老年人单人墓（M270、M315、M359、M360、M402）位于该墓区的边缘或接近边缘的地带。葬品最多的2座墓（M277、M282）位于该区的最中心，一为不同性别的合葬墓，一为两个男性合葬墓，是本期第二和第五大墓，体积都大于2立方米。体积最大的墓（M281）也位于该区的中心位置，葬品也较多。在中晚期墓葬密集的中心区，M277和男性单人墓M276没有被任何墓打破，很可能当时墓上有标志性的遗迹或遗物。在该墓群之中有8个灰坑和2个兽（狗）坑[38]，接近边缘的地带有6个灰坑。

西区B群有女性单人墓16座，10座（M55、M54、M57、M72、M69、M101、M105、M113、M132、M62）分布在边缘或接近边缘的位置。单人墓的4座老年人墓中，有3座（M22、M69、M93）位于接近边缘的位置。邻近该墓群的西南边缘有3个灰坑。

在西区C群15座墓中，5座葬品最多、体积最大的墓（M370、M377、M393、M411、M35）集中分布于该墓群的中间位置，其中4座随葬渔具。以上5座墓中的M35为2个男性的合葬墓，也是该群唯一的合葬墓。该墓群中间和边缘均有灰坑分布，特别是在接近中心的位置还发现多个灰坑和1座房址[39]。

贾湖晚期共发现140座墓，可分为4群。其中西区有3群（A、B、C群），中区有1群。从墓地的分布情况来看，揭露最为完整的是西区的B群墓葬；揭露较为完整是西区的A群墓葬。西区的C群发掘了将近一半（见表一）。墓葬群一般距房址较近，甚至一些墓葬与房址有叠压或打破关系。

西区A群墓葬一般都有叠压或打破关系。该群的10座老年人墓葬，只有M254位于接近中心的位置，8座（M392、M226、M250、M307、M206、M207、M211、M278）接近边缘地带。葬品最多的2座墓（M263、M253）位于接近中心的位置，皆为男性合葬墓。该墓群内有7个灰坑[40]和4个兽（狗）坑，灰坑主要位于墓群的西北角和西南角。值得注意的是该群西南角的H106，分为两层，一层含大量的红烧土块和兽骨，厚0.50米，一层含大量的鱼鳞，厚0.32米。该期墓群内没有像中期那样体积大的灰坑。

西区B群墓葬位于中心区域的一般都有打破、叠压关系，位于边缘的则相反。1座未成年人墓（M47）位于中心的位置。该墓群只有M73、M60的葬品多于5件，两者都位于中心区域，且皆为男性单人墓。体积大的5座墓皆为男性墓，其中3座（M73、M60、M56）位于中心区域，有1座（M18）在边缘区。该墓群内有灰坑分布，因墓地与房址较近，无法明确与墓葬相关的灰坑的数量。

该期的西区的C群有18座墓葬，中区也发现了17座单人墓。这些墓葬大多性别不甚明确。值得注意的是，中区墓群6座墓出土陶器，全部是陶壶，3座出石磨盘，却没有发现一件渔猎具。

贾湖的各期墓群，成年人和男性的单人墓遍布于墓群中，没有明显的分布规律。一般墓葬葬品的数量多少和体积的大小与其在墓地中的位置并不正相关。墓地内的灰坑多含红烧土、草木灰等，可能与墓葬有关。

（二）各期墓葬的形制、葬品数量、葬式

1. 各期不同性别和年龄群体墓葬品、体积的比较

根据本文的统计，在贾湖早期的单人墓中，不同性别和年龄群体间，一般平均葬品与人均值的差值小于2件，平均墓葬体积与人均值的差值小于0.20立方米。在A群中男性墓的平均体积比女性大0.08立方米，平均葬品比女性少0.70件。在B群中女性墓平均体积和葬品数均大于男性。A、B群成年人墓的平均葬品和体积都大于老年人墓。唯一的未成年人墓，体积大于成年人的平均值，而随葬品又远少于后者。

从葬品、体积"两极"单人墓的统计来看，贾湖早期A群体积大、葬品多的墓，墓主全部为成年人，其中体积大的墓，男女性各占一半，葬品多的墓，男性占比例为66.67%，是女性的两倍。A群体积小的墓均为成年人墓，66.67%的墓主是男性。葬品少的墓，男性和成年人所占比例分别是71.43%和57.14%。B群体积大的墓男女性、成老年人各占一半，葬品多的墓男性、成年人所占比例大于女性、老年人。B群体积小的墓，男性、成年人占多数。葬品少的墓全部是成年男性。该期唯一的未成年人墓的体积和葬品数量在"两极"之间。

在贾湖中期A、B两群的单人墓中，男性墓的平均体积和葬品数量，均明显大或多于女性墓。两群中前者比后者体积分别大0.23、0.10立方米，葬品数量多4.15、3.14件。在该期的同性合葬墓中，男性墓的人均墓葬体积和葬品数量亦大或多于女性墓[41]。在C群单人墓中，男性和女性墓的平均体积大致相当，而女性墓的平均随葬品比男性多1.40件。不同年龄群体之间的墓主，一般平均葬品与人均值的差值小于2件，平均墓葬体积与人均值的差值小于0.20立方米。在A墓群中，成年人的平均墓葬体积和葬品比老年人略大或多一些，而在B、C墓群中则相反。C群没有未成年人墓，A、B群成年人墓的平均体积、葬品数量都大或多于未成年人墓。

在该期A、B两群体积大和葬品多的单人墓中，男性墓所占比例均大于60%，而女性墓则均小于20%。在这两群体积小、葬品少的单人墓中，男女性墓葬的比例相当。成年人墓的墓葬体积和葬品数量在"两极"单人墓中都占到了69%以上，而老年人和未成年人占比例则均小于17%。C群体积大的墓为女性独占，在葬品多的墓中女性比例大于男性。在

葬品少的墓中，不见女性墓，男性则占多数。

从贾湖晚期A、B群单人墓来看，不同性别和年龄群体在墓葬体积和葬品数量上的差别甚小，各群体的平均体积与人均值的差值小于0.10立方米，平均葬品数量与人均值的差值小于1件。整体而言，男性稍优于女性，成年人稍优于老年人和未成年人。同性合葬墓也没有发现与此结论相悖的材料[42]。

在该期，男性和成年人在墓葬体积和葬品数量"两极"墓中所占的比例一般比较大，而女性和老年人、未成年人在两极墓中所占的比例一般比较小。例外的是A群单人墓，在葬品多的墓中男性和女性比例相等，在体积小和葬品少的墓中比例也比较接近。

2. 各期不同群体墓葬的形制、大小、葬品数量的比较

贾湖的墓葬皆为长方形竖穴土坑墓，无棺椁，墓向为西或稍偏西。有二层台的墓葬仅在贾湖早期发现1例。

贾湖早期A群墓葬在面积及体积的平均数和跨度上都大于B群。A、B群平均体积分别为0.75和0.35立方米，A群几乎是B群的2倍，A群墓的平均面积也比B群大0.12平方米，而随葬品平均数量[43]比B群少0.92件。B群葬品数量的跨度是0～19件，略大于A群的0～16件。

贾湖中期B、C两群之间的平均体积均接近0.30立方米，而A群墓葬的平均体积为0.80立方米，远大于前两者。A群的平均墓葬面积也明显大于B、C两群。在葬品数量上，A、B、C群之间的平均值相差较小，分别为4.71、3.17、4.81件。在墓葬的面积、体积和葬品数量的跨度上，均为A群大于B群，而B群大于C群。

贾湖晚期，3群墓葬的平均面积和葬品数量均接近1平方米和1.30件。在平均体积和面积、体积和葬品数量的跨度上，A群墓葬均大于B、C两群。A、B、C群墓葬的平均体积分别为0.47、0.19和0.28立方米。

3. 各期墓葬的葬品数量和体积频数分布、CV及相关性分析

据频数分布来看，贾湖各期单人墓葬品数量和体积一般可分2个层次，只有晚期的墓葬体积不能分出层次。早、中、晚期单人墓的葬品数量集中分布在1～4、0～6、0～3件，而墓葬体积多在0.21～0.80、0～0.80、0～0.80立方米的范围内（图二～图七）。中晚期墓葬体积和葬品数量的频数分布有呈金字塔结构的趋势，即越靠近底端数量越多，最顶端的数量最少。这一点在中晚期的B群墓葬中表现得比较明显。例外的是晚期的墓葬体积，因为该期的A群墓葬体积比较集中的分布在靠近中段的数值0.41～0.60立方米之间，改变了分布结果。有意思的是，在早、中期的A群，墓葬体积在该数值段的也最多，在各期的A群均有超过30%的单人墓体积数值在该范围内。也是因为晚期B群的一例葬品较多的墓葬，使贾湖晚期的葬品数量可以分为2个层次。

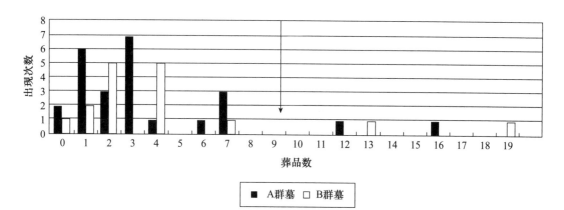

图二 贾湖早期单人墓葬品数量频数分布图

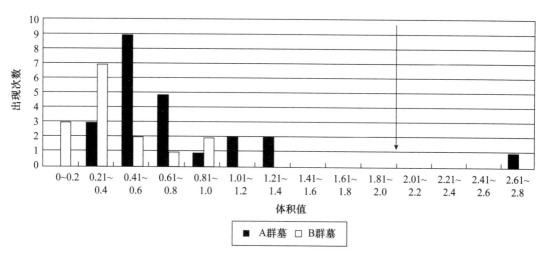

图三 贾湖早期单人墓墓葬体积频数分布图

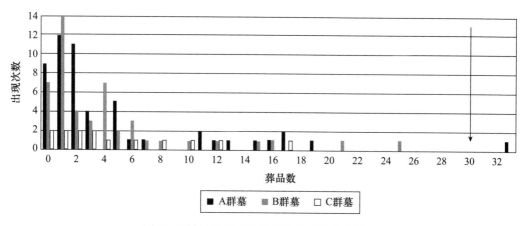

图四 贾湖中期单人墓葬品数量频数分布图

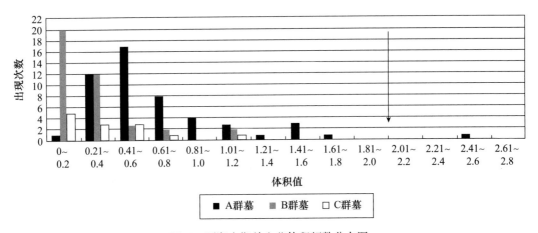

图五　贾湖中期单人墓体积频数分布图

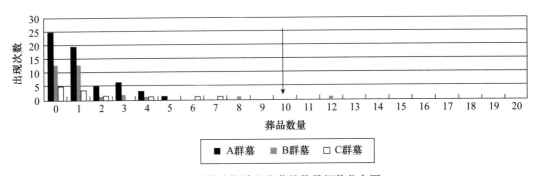

图六　贾湖晚期单人墓葬品数量频数分布图

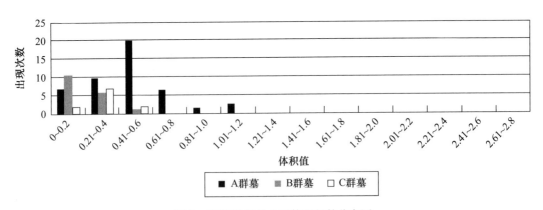

图七　贾湖晚期单人墓体积频数分布图

就CV而言，贾湖各期A、B群墓葬大小和葬品数量的CV一般在新石器时代第一组墓葬大小CV的范围内。只有贾湖中期的A群和晚期的B、C群葬品数量的CV落入了第二组的范围内，晚期B群葬品数量的CV在第二组数值中也偏高（表二）。贾湖中、晚期B群墓葬体积的CV都比较大。

相关性分析显示，贾湖各期葬品的数量和劳动工具及日常生活用品的相关系数一般大于0.70，与陶器相关系数均小于0.50，与饰品的相关系数一般小于0.70。比较特殊的

表二 新石器时代部分遗址墓葬CV对比统计[44]

遗址	第一组				第二组			
	贾湖	水泉	龙岗寺	阳山	大汶口	呈子	皇娘娘台	
墓葬大小CV	0.52	0.67	0.51	0.52	0.69	0.77		
墓葬葬品数量CV	0.12	0.78	0.89	0.75	1.36	2.21	1.34	
	贾湖早		贾湖中			贾湖晚		
	A群	B群	A群	B群	C群	A群	B群	C群
墓葬大小CV	0.33	0.18	0.43	0.55	0.46	0.35	0.33	0.32
墓葬体积CV	0.71	0.63	0.65	0.92	0.71	0.51	0.63	0.39
墓葬葬品数量CV	1.02	1.11	1.37	1.30	1.03	1.18	1.79	1.35

是中期的B群，其葬品数量与生产工具的相关系数是0.58，而与饰品的相关系数是0.86（表三）。早期各种单人墓的葬品数量和墓葬体积的相关系数一般都在0.30以下，只有仰身直肢葬的墓在0.50左右。从相关性分析来看，中期每个墓群各种单人墓的体积与随葬品数量的相关系数绝大多数比早期大，一般大于0.50。晚期不同类别的单人墓墓葬体积和葬品数量的相关系数一般比中期低。值得注意的是晚期B群的单人墓和一次葬墓以及成年人墓、男性墓墓葬体积和葬品数量的相关值均在0.75左右，远远高于各期相应的数值（表四）。

表三 贾湖各期单人墓葬品数量和几类器具的相关系数

期别、群		生产工具	陶器	饰品	生活用品
早期	A群	0.71	0.31	0.66	0.91
中期	A群	0.85	0.40	0.55	0.82
	B群	0.58	0.34	0.86	0.90
晚期	B群	0.85	0.43		0.92

注：这里的工具和生活用品是指广义的，贾湖晚期A群因为发现的工具数量少而无法进行分析。本文所有表格中的空格也是因数据少而不能做出分析，不再一一注明。

表四 贾湖各期各类单人墓葬葬品数量与体积的相关系数

期别、群		单人墓	一次葬墓	仰身直肢墓	男性墓	女性墓	成年人墓	老年人墓	未成年人墓
早期	A群	0.17	0.22	0.58	0.26	0.11	0.16	−0.31	
中期	A群	0.50	0.49	0.64	0.59	−0.09	0.54	0.70	0.69
	B群	0.53	0.56	0.43	0.54	0.11	0.55	0.04	
晚期	A群	0.30	0.21	0.26	0.15	0.23	0.19	−0.11	0.56
	B群	0.75	0.76	0.12	0.75	0.35	0.74		

4. 各期墓葬不同年龄和性别群体葬式的比较

在贾湖早期，仅有1座2人合葬墓，老年男性是仰身直肢一次葬，成年女性是二次葬，人骨杂乱地放在男性人骨上。

　　在贾湖中期，采用摆放式二次葬的墓，A群2个墓主均为成年男性，B群的1例是老年男性。A群男女一次葬与二次葬合葬的多人墓有4座，2座是1个女性仰身直肢葬，而其他男性或女性二次葬；1座是1个女性仰身直肢一次葬，3个男性二次葬；1个男性是摆放式二次葬，1座是男性仰身直肢葬，其他1男1女二次葬。唯一的男女一次葬与二次葬双人合葬墓是女性仰身直肢一次葬，男性二次葬。在6座不同年龄段人一次和二次葬合葬墓中，3个是老年人仰身直肢一次葬、成年人或小孩二次葬，2个是小孩仰身直肢一次葬、成年人或老年人二次葬，1个是成年人仰身直肢葬、而其他成年人老年人二次葬。另有1座双人合葬墓，老年女性是缺肢一次葬，成年男性是二次葬。B群2座男女一次葬和二次葬双人合葬墓均是男性仰身直肢一次葬，女性二次葬。没有不同年龄段人的合葬墓。

　　在贾湖晚期A群，唯一的男女一次葬与二次葬双人合葬墓中，男性是仰身直肢一次葬，女性是二次葬。在该期A群唯一的不同年龄段人一次葬与二次葬合葬墓中，小孩是仰身直肢一次葬，成年人是二次葬。该期B群有1座男女一次葬和二次葬双人合葬墓，是男性仰身直肢一次葬，女性二次葬。没有不同年龄段人的合葬墓。在该期C群2座男女一次葬和二次葬双人合葬墓中，女性都是仰身直肢一次葬，男性都是二次葬。

（三）各期墓葬的器类

1. 男女性墓与各类器具的相关分析和比较

　　在该期A群的单人墓中，猎具、农具、特殊葬品和动物骨骼为男性所独有。在随葬捕捞具方面，男性葬入的器具数量所占比例稍大于女性，而随葬此类器具的人数所占比例远大于女性。21%以上的男性随葬猎具和捕捞具，而只有10%的女性随葬了捕捞具。在随葬缝纫具上，男性的器具数量稍占优势，男女人数相当。女性仅在随葬装饰品、陶器方面占明显的优势。无论是随葬的器具数、还是随葬此两类器的人数，女性的所占比例都明显高于男性。在随葬生活用具方面，女性人数稍占优势，男女器具数量相当。80%的女性随葬了陶器和生活用具，60%的女性随葬了缝纫具，而男性随葬这三类器的比例在46%和54%之间。在随葬石器和木骨加工工具上，男女器具数、人数大体相当，随葬这两类器具的人数在女性中的比例略大于男性（图八）。在B群中，除了饰品外，男性在随葬所有器类的数量和人数上都占优势。渔猎具和特殊葬品为男性独有。女性随葬生活用具和缝纫具的人数占女性总数的比例高于男性相应的比例，大多数女性都随葬这两类物品。

　　在贾湖中期A群的单人墓中没有出土农具，在随葬其他各种器类的数量和人数方面，男性都占明显优势，女性仅在随葬动物骨骼上占优势。石器、骨木加工、纺织具和特殊葬品为男性所独占，男性随葬的猎具、捕捞具、缝纫具、装饰品，数量和人数所占比例都

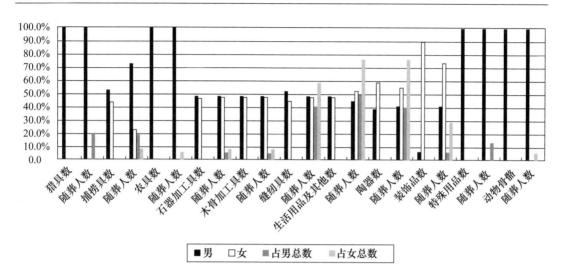

图八　贾湖早期A群男女性随葬某类器具数量及随葬该类器的人数所占比例

注：图中的男、女指男、女性随葬某类器具的数量分别占单人墓出土此类器具总数的百分比和随葬此类器具的男女性
人数分别占随葬该类器具的单人墓总人数的百分比。占男、女总数分别指男、女性随葬此类器具的人数占相应性别人
数的百分比，以后不再一一注明

比女性多60%以上。女性随葬各种器类占女性人数的比例也低于男性的相应比例，女性在
生活用具和陶器以及捕捞具上比男性低20%左右，在缝纫具上比男性低9%，其他方面则
更低（图九）。在该期A群的同性合葬墓中也没有发现相反的证据[45]。

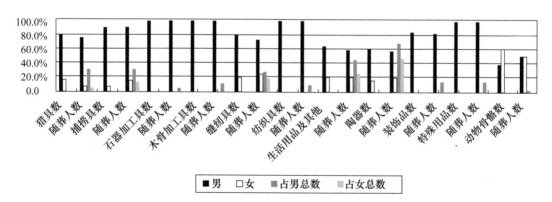

图九　贾湖中期A群男女性随葬某类器具数量及随葬该类器的人数所占比例

在B群的单人墓中，3件石器加工具和1件农具为女性所独有。在随葬木骨加工具上，
男女性器具数量和人数所占比例相同，女性占女性人数的比例大于男性相应的比例。在随
葬其他类别的器具数和人数比例上，男性均占明显的优势。但女性随葬装饰品、陶器和缝
纫具所占女性人数的比例比较接近男性的相应比例。12.50%的女性随葬了装饰品，略小
于男性的13.60%，18.80%的女性随葬了缝纫具，比男性少8.50%。随葬陶器的女性占女性
总数的比例为68.80%，大于男性相应的比例——59.10%（图一〇）。B群唯一的同性合葬
墓为男性墓，随葬1件农具，1件木骨加工具，2件纺织具，3件陶器，1件牙饰。可能是资

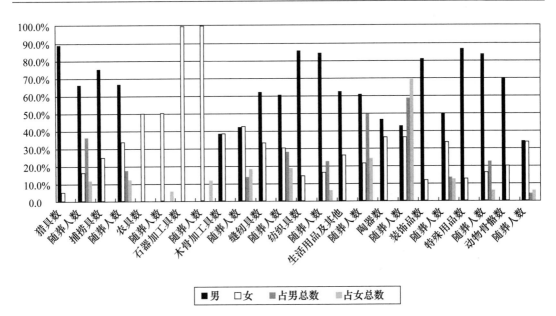

图一〇　贾湖中期B群男女性随葬某类器具数量及随葬该类器的人数所占比例

料不完整的原因，C群单人墓在渔猎具的随葬上，男女性的器具数和人数基本相当，在其他方面，女性均占优势，农具、石器加工具、饰品和特殊葬品为女性所独占。所有的女性都随葬了陶器。该群唯一的合葬墓为男性合葬墓，随葬了1件陶器、4件渔猎具、1件缝纫具、2件生活用具。

在晚期A群的单人墓中，没有发现石器加工工具和特殊葬品。无论器具数还是人数，男性在随葬其他所有器类上都占明显优势，尤其是渔猎具、骨木加工具和纺织具为男性所独占。女性仅随葬生活用具、缝纫具和陶器。女性随葬缝纫具占女性总数的比例为13.30%，略大于男性的12.10%。40%的女性随葬了陶器，小于男性的57.60%。在生活用具方面，女性墓葬的各种比例均比男性的一半还小（图一一）。该期2座同性合葬墓皆为男

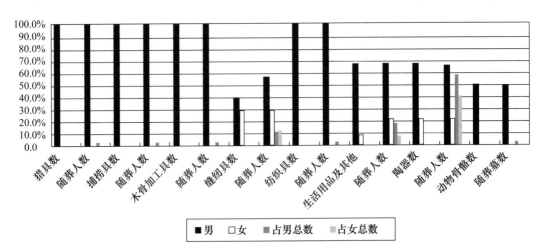

图一一　贾湖晚期A群男女性随葬某类器具数量及随葬该类器的人数所占比例

性合葬墓，随葬渔猎具、特殊葬品、陶器、生活用具。A群仅有此2墓随葬特殊用品。

在B群的单人墓中，男性在随葬所有器类的数量上均占优势，石器、木骨加工具和缝纫具为男性所独有。但随葬猎具、农具和生活用具的女性在人数上和男性相当，占女性总数的比例也稍大于男性相应的比例。此外，55.60%的女性随葬了陶器，明显大于男性的38.10%（图一二）。该群的同性合葬墓，男、女性墓各1座，分别随葬1和2件陶器。

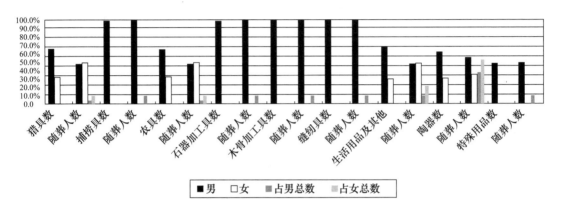

图一二　贾湖晚期B群男女性随葬某类器具数量及随葬该类器的人数所占比例

在C群单人墓中，有2座女性墓和5座男性墓。缝纫具为女性独有。除了在随葬农具和木骨加工具上男性占优势外，女性在随葬其他器类的数量、人数都和男性相当。

2. 各期不同墓群出土器类的比较

从贾湖各期比较完整的5群墓葬来看，在生产生活资料的工具中，无论是出土的工具数量还是随葬的墓数，早期和中期的A群墓葬，猎具和捕捞具都占较大的比例，猎具出土了102件，捕捞具出土了65件，分别有15%和24%以上的墓出土了这两类器具。农具在这两群中仅发现4件，均有3.80%的墓随葬。而中期的B群，随葬猎具37件，有23.20%的墓出土。捕捞具仅发现7件，有8.90%的墓随葬。农具发现3件，有5.40%的墓随葬。晚期A群出土猎具、捕捞具和农具的数量分别是10件、3件和1件，随葬此三类器的墓所占比例分别是4.40%、4.40%和1.50%，B群的数量分别是4件、2件和2件，比例分别是8.30%、5.60%和5.60%。这5群墓葬中，早期和中期的3群，60%以上的墓随葬了陶器，晚期A群和B群随葬陶器的墓所占比例分别是50%和44.40%。此外，这5群墓葬中，出土生活用具和缝纫具的墓所占的比例也较大，早期约在50%左右，中期、晚期则逐渐减少。石、木加工具，早期和晚期均发现不到10件，所占比例很小。在贾湖中期，A、B两群两者比例接近。有意思的是，早、中期各群体随葬特殊葬品、饰品和动物骨骼的墓数量较多，所占比例，前两者大多超过10%，后者则在8%左右。而贾湖晚期仅A群发现1件饰品，动物骨骼也仅见于A群，两者出土墓数所占比例为1.50%、4.40%。晚期A、B两群随葬特殊葬品的比例分别为2.90%和5.60%。贾湖从中期开始发现纺织具，A、B群墓葬均出土10件左右，B群随葬的墓数所占比例约是A群的两倍，晚期仅A群发现2件。

在各期每群中，一般是A群随葬的陶器最为丰富，各群均流行随葬陶壶。早期A群主要是壶，个别是罐。B群多是壶。中晚期的A群墓葬出土陶器有壶、罐、钵、鼎、碗、杯等，B群墓葬出土有壶、罐、钵等，C群墓葬有壶、罐、钵出土。

值得注意的是，早期B群墓葬尽管资料零碎，但分布范围较A群大，没有发现一个除渔猎具外的生产工具，也没有发现龟甲器和骨笛，仅有1墓（M39）发现有叉形器。该群邻近的西区第三组房址、灰坑亦没有发现木骨加工工具石斧、砺石、骨凿和骨笛及经加工的龟甲。但在A群对应的房址、灰坑中则有墓葬中发现的上述用品（图一）。晚期的C群墓葬，尽管发现墓葬少，没有发现猎具，但出土的农具数量等于B群发现的捕捞具和猎具数量之和，有三分之一的墓出土了农具，而且石、木加工具的数量也与A、B两群之和相当，六分之一的墓出土了石、木加工具。晚期A群墓没有发现石器加工具，B群墓没有出土动物骨骼和纺织具。

三、贾湖的社会分工与分化

（一）男女性群体的分工与分化

在贾湖早期，A群男性在随葬猎具、捕捞具、农具、特殊葬品和动物骨骼方面占明显的优势。男女性在石器和木骨器加工具的随葬上大致相当。在随葬缝纫具上，男性亦占优势。在随葬陶器和生活用具上，女性稍占优势。不少于60%的女性随葬生活用具、缝纫具，80%的女性随葬陶器。女性在随葬装饰品上占明显的优势。除了B群女性随葬陶器所占各种比例小外，B群的情形与A群大体类似。

在贾湖中期比较完整的A、B两群墓葬中，仅在发现数量很少的石、木器加工具、农具方面，B群女性所占各种比例与男性相当或略高于男性。此外，在随葬其他器类上，无论是器具数、随葬的人数，还是占各自性别群体人数的比例，男性一般都占绝对的优势。A群随葬缝纫具、饰品、陶器的女性占女性人数的比例接近男性的相应比例，但一般也比男性低，而B群的女性随葬这些器具的比例要高一些。

在贾湖晚期比较完整的A、B群墓葬中，男性在随葬所有器类上都占优势。而B群随葬农具、猎具、陶器和生活用具的女性占女性总数的比例较大，尤其是女性偏爱陶器和生活用具。

在贾湖中晚期比较零散的资料中，女性在社会生产和劳动中的地位较高。中期C群墓葬中，在随葬渔猎具方面，女性和男性所占各种比例相当。此外，女性在随葬其他各类器物上均占优势。晚期C群墓的仅有的2座女性单人墓随葬了较多的劳动工具，女性在随葬多数器类上与男性所占比例相当。

"每个社会无论其技术多么原始，均分配给男女不同的任务"[46]，"（原始部落）

在初步的经济事业男女的分工实为普遍的情形"[47]。根据贾湖男女墓葬随葬器类的特点，可以看出当时男女分工是比较常见的现象。

通过对贾湖墓葬资料的分析，我们初步得出以下结论。①在直接生产生活资料的作业上，在贾湖早、中、晚期，男性都起主要作用。尤其是在狩猎方面，男性占绝对的优势。而在农业生产上，男性也有着重要的作用。女性在农业劳动中有较高的地位。②在精神领域，如巫乐方面，男性一直占主导地位，尤其是龟甲器的随葬几乎为男性所垄断。③在加工工具上，贾湖早期男女地位相当，中期A群男性地位较高，B群则相反，晚期男性取得了绝对的优势地位，难以明确男女作用的差别，可能都有重要的作用。④在陶器生产或使用、缝纫，以及装饰品和其他生活用品的使用和制作上，女性有重要的作用。在贾湖早期，女性在这些方面的地位稍高于男性。在贾湖中、晚期，女性在这些方面地位有所下降，在这些方面也失去了相对的优势地位，但仍有着重要的作用。⑤在贾湖中期，墓葬中开始出现纺织具[48]。在纺织上，男性也起主要的作用。⑥在当时各期的不同团体内，男女的分工也有所差别。在社会劳动、日常劳作上，贾湖中晚期，A群的男性都占绝对的优势地位，A群的女性地位很低，而B群的男性占优势，女性也有一定的地位。而贾湖中晚期，在资料较少的C群，女性在社会劳作中地位不比男性低，所以也不排除当时个别群体和以上结论矛盾的可能性。

还需要说明的是，贾湖的男女性在社会生产和生活中的地位和分工只是相对的。贾湖各期主要群体内男性人数均远远大于女性，男性群体在社会生产和生活中的优势地位与其人数多有一定关系[49]。女性尽管在大多数作业上都不占优势地位，但有不小比例的女性墓出土各种劳动工具，说明妇女参加各种劳动。有相当多的墓葬随葬多种类别的葬品，也说明同一个墓主参加多种劳动。总之，当时的社会分工还处在很原始的阶段。

在贾湖早期A群单人墓中，男性的平均墓葬体积大于女性，但平均随葬品数量小于女性。从男女在墓葬体积、随葬品数量"两极"单人墓的比例来看，难以看出某一方有明显的优势。从墓地布局来看，男性墓大多位于墓地的中心位置，而女性墓一般位于墓地边缘的地带。从葬式看，该群采用摆放式二次葬[50]的1例是男性；在唯一的男女性合葬墓中，占主导地位的是男性。该期男女性均有厚葬墓。该期唯一有二层台的墓是男性。

在贾湖中期，一般来说，在墓葬体积和随葬品数量以及"两极墓"的比例上，男性墓都占优势。同性合葬墓也没有找到相反的证据。该期体积最大、葬品最多的墓有相当一部分是男性单人或合葬墓，而几乎没有女性单人或合葬墓。在男女合葬墓中，女性占主导地位的墓稍多于男性。该期采用摆放式二次葬的3例都是男性。从墓地的位置看，女性墓有在边缘分布的趋势。

在贾湖晚期，从单人墓和合葬墓的平均墓葬体积和随葬品数量来看，A、B群男女性差值较小，男性占优势。在该期体积和葬品两极墓中，难以看出男女性差别。在该期A、B群的男女一次葬和二次葬合葬墓中，一般是男性占主导地位。该期没有发现采用摆放式二次葬的墓。该期葬品多、体积大，且位于墓地的中心的一般都是男性墓，而没有发现此类女性墓。

在比较零散的资料中，情形却相反。早期B群和中、晚期C群中，女性在多方面均处于优势。

综上所述，在贾湖早期，男女性地位相差甚小，男性地位稍高于女性。在中期，男女差别增大，但地位相差仍然不大，男性地位要高一些。在贾湖晚期，男女差别也不大，男性的地位略高于女性。总体而论，贾湖的男性地位要高于女性，也不能排除在当时的个别团体女性地位高于男性的可能性。

那么为什么原始社会存在男女分工呢？一方面，应该是源于男女体力的差别，男性的体质特点决定了男性在繁重的体力劳动——渔猎、农业中的作用。另一方面，男女分工的产生是男女的生理特点决定的。"推测照顾最年幼的子女一直是分给女人的活，是合情合理的：在所有的哺乳类动物中以及历史上知晓的所有社会均是如此。很自然地，这件活计妨碍了她们的活动程度。对于一个人类幼童，这种照顾至少需要一年甚至更多的时间。"[51] 至于男女在日常劳作，如缝纫、制陶等方面作用变化的原因可能与当时的主要作业方式、经济结构的变化有关。从墓葬资料来看，在贾湖的早、中、晚期，渔猎具的随葬在所有器类中的比例有下降的趋势，而农具随葬的比例则呈现出增多的倾向。在贾湖晚期，还出现了以随葬农具为主的墓群。这可能意味着在贾湖的早、中、晚期，渔猎作业在经济结构中有衰退的倾向，而农业则有发展的趋势[52]。尽管对史前狩猎时代的社会生活情况存在诸多的争论，但目前似乎还很难否定这一假设：在狩猎经济为主的社会，人口的增长率近乎是零，而随着农业的出现和发展，人口的增长率大大提高[53]。从民族学的一些材料可以看出，在农业为主要作业方式的原始部落，男性一般在社会生产中起着主要的作用，在日常劳动中的作用也很重要[54]。在贾湖，由于农业的发展和人口的增长，妇女在生育、抚养后代中的任务加重，她们在社会生产和日常劳动中的作用开始减弱，而男性则恰恰相反。从不同群体男女在社会劳作中的相对地位来看，在贾湖中晚期的A、B群中，女性相对人数少的A群，女性的地位没有B群重要[55]，可能也是因为其在生育、抚养儿童中的负担更重，而导致其在社会劳动中的地位相对更低一些。

那么，为什么男性的地位要高于女性？为什么在不同的时期男女性的地位有所变化呢？在贾湖，男性在社会生产中起着主要的作用。尤其是在渔猎中，男性明显占主导地位。从随葬物品看，男性在巫乐中也起着主导的作用。也许是因为男性在渔猎中的作用决定了男性在与原始宗教相关的巫乐活动中的主导地位[56]。"（原始部落）在宗教界妇女便罕能与男子平等"[57]。可能因为男性在社会生产和原始宗教中的独特作用决定了其地位要高于女性。就一些民族学的资料而言，男女的相对地位与分工有很紧密的联系[58]。贾湖男女性地位的变化可能主要是因为男女性在社会生产、日常劳动中作用的变化。女性在社会生产乃至日常劳动中的作用减弱从而导致了其社会地位的下降。至于贾湖中期男女地位差别加大的原因，则可能主要是因为当时的社会分化程度较大而使人与人之间的差别更明显，此问题在以下涉及社会分化的问题时再讨论。

（二）不同年龄群体之间的分化

贾湖早期，在A、B两群单人墓中，成年人墓的平均葬品和体积都略大于老年人墓；从墓葬体积、随葬品数量两极单人墓看，A群的成年人占优势，而B群的成年人和老年人差别很小；从墓地位置来看，老年人有埋在墓地中心的倾向；就葬式而言，该期唯一采用摆放式二次葬的是成年人。该期唯一的合葬墓，葬2人，老年男性是仰身直肢一次葬，成年女性是乱堆式二次葬。该期有贾湖遗址唯一有二层台的墓，墓主是老年男性。只有1个未成年人埋入墓地，葬品的数量和墓葬的体积都不大，葬式和在墓地的位置也无特殊之处。总体而论，当时老年人的地位与成年人大体相当，而未成年人地位略低一些。

在贾湖中期，从单人墓平均墓葬体积和随葬品数量来看，成年人和老年人地位相当，两者都优于未成年人。不同年龄群体在体积和葬品"两极"差中没有明显的地位差别，从不同年龄阶段的人合葬墓看，未成年人和老年人多占主导地位。该期年龄明确，采用摆放式二次葬的3例墓中，有2座墓主是成年人，1座墓主是老年人。老年人有集中分布在边缘区的现象，而成年人和未成年人在墓地的位置没有明显的规律。因此，该期不同年龄阶段的人社会地位可能基本相当。

在贾湖晚期，从单人墓平均墓葬体积和随葬品数量来看，不同年龄段人之间的差值很小，成年人稍优于老年人和未成年人。在该期体积和葬品两极墓中，也难以看出不同年龄群体的地位差别。在该期唯一的不同年龄阶段人一次葬和二次葬合葬墓中，未成年人占主导地位。A墓群老年人有集中分布在边缘区的现象，而成年人和未成年人在墓地的位置没有明显的规律。在贾湖晚期，成年人和未成年人社会地位大体相当，而老年人的地位略低。

从贾湖中晚期比较完整的墓群来看，当时进入墓地的老年人、未成年人的比例相差较大。根据本文统计，中、晚期A群埋入墓地的老年和未成年人比例分别是12.30%、13%，9%、7.80%，而B群的则为6.90%、7.30%，2.80%、2.40%。A群每个相应的数值一般都比B群大5%左右。如果当时群体间的年龄结构相近，这可能意味着当时不同群体对待老人和未成年人的态度不尽相同，A群的老年人和未成年人地位要比B群高。

（三）不同团体之间的分工与分化

贾湖早期，A群的葬品种类要比B群的多，与B群相邻的居址也没有A群的一些加工工具，可能暗示了A群代表的团体与B群有一些职能的不同。贾湖晚期较为完整的A、B两群墓，A群没有出土石器加工工具，B群没有发现动物骨骼和纺织具。该期西区A、B两群墓中，出土的生产生活资料的工具以渔猎具为主，而该期西区的C群和中区则以农具为主。这两群墓葬随葬陶器类别和A、B群差异也较大。贾湖各期在随葬具体类别的陶器上，各个团体之间有不小的差异，贾湖中晚期殉狗的习俗为A群墓葬所独有。上述现象可能暗示了：在贾湖，尤其是在贾湖晚期，不同团体在农业、渔猎、动物驯养、陶器制作[59]或使用上存在一定程度的分工。

贾湖早期A群的人均墓葬体积几乎是B群的2倍，人均葬品的数量仅略少于B群，似乎地位要稍高于B群。在贾湖中晚期，A群墓葬的平均体积大于B群和C群墓葬，殉狗的习俗为A群墓葬所独有。A群墓地内的灰坑大且多，大墓多，而且可能存在地上有标志的墓。贾湖各期A群墓代表的团社会地位均比较高。但各期每群之间人均葬品数量的差值较小，难以看出团体之间有明显的分化。

贾湖中期出现了个别葬品少、墓葬体积小的墓群。这些墓群所代表的人群，社会地位应该低于同期其他墓群代表的团体。这些墓群的墓主可能只是当时一些死因特殊或脱离主流群体的人。

从贾湖遗址早中晚期看，葬入人数最多的A墓群都是地位最高的墓群。这些可能意味着当时同一遗址内的团体之间已经有了一些不平等的迹象，这种不平等或许与家族的人口数量有关联。

从各期出土的器具、墓葬的形制、葬式、葬俗等方面来看，贾湖各社会团体在社会生产和生活中有很多的相同之处，此不赘述。同时贾湖团体之间的差别也值得关注。在贾湖中晚期墓葬中，A群老年人和未成年人所占比例大于B群，中期A群内伤残墓主墓葬体积、面积和葬品数量大于B群内的该类墓的墓主[60]，可能暗示了A群更重视老幼、病残这些弱势群体。贾湖中晚期殉狗的习俗为A群所有，A群的单人墓体积比较集中分布在不是最低的、比较固定的数值，A群的墓地以灰坑祭祀的迹象更多、更为明显，都说明A群的礼俗要更为规范一些。中晚期A、B两群墓出土的生产生活资料劳动工具比例有差异，可能两群的经济结构亦并不完全相同。此外，以上已经提到，在中晚期各团体中，男女性的地位和作用也有所不同。贾湖不同社会群体在社会分化程度上也有差别，从墓葬的葬品数量和体积频数分布、CV及相关性分析来看，在贾湖中期，A、B两群相差较小，而在贾湖晚期，B群的分化迹象明显，分化程度大于A群。总之，贾湖社会团体内的很多方面都存在差别。

（四）社会的分工与分化

贾湖遗址各墓群单人墓大小的CV明显在平等社会的范围内，而且偏低。这些墓群单人墓葬品数量的CV一般也在平等社会的范围内，单人墓体积与随葬品数量的相关系数一般也很小。个别墓群葬品数量的CV较大，但这些墓群葬品多的墓比其他墓葬多出的一般是劳动消耗量较小的骨、牙器，如骨针、骨环或骨镞、骨镖等。贾湖流行随葬陶器，但葬品多的墓出土的陶器很少。以贾湖中期A群人均随葬品最多的2个墓（M282、M344）为例。M282为2成年男性墓，随葬的60件物品包括2件石斧，2件石凿，3件砺石，4件骨凿、

1件角料，8件骨镞，9件骨镖，2件骨针，1件骨锥，3件牙锥，4件骨板，2件骨柄，4件骨刀，2件牙削，1件牙刀，5件牙饰，2个龟甲碎片，2件骨笛，3件陶罐。M344为成年男性单人墓，随葬的33件物品包括1件砺石，6件骨镖，6件骨镞，2件牙削，3件牙刀，1件叉形器，2件骨笛，8件龟甲，2件陶器。骨、牙生活用具数量大很难说明财富多，骨、石工具很可能主要代表了墓主生前所从事的劳作。相关分析亦显示，当时葬品数量与劳动工具和生活用品相关系数高，而与饰品和饮食器具——陶器相关系数低。贾湖墓葬葬品的数量大并不能证明墓主的财产多。

贾湖单人墓葬品数量和墓葬体积相关系数一般都很低，当时墓葬的形制与死者的身份没有紧密联系，如贾湖早期唯一的摆放二次葬墓M125，很可能是在很远的地方外埋葬后又迁来进行的第二次埋葬[61]，葬品也较多，死者的身份应该不同寻常，但该墓葬的体积远小于其所在A群墓葬的平均体积。贾湖遗址唯一的有二层台的墓，葬品并不多。葬品多、体积大的墓大多不位于墓地的中心区域。以上几方面意味着当时还没有出现规范的墓葬礼制。

尽管如此，贾湖墓葬随葬品的数量和体积已经有一些差别，而且当时最为普遍的仰身直肢一次葬墓的体积和随葬品数量的相关系数也不很小。该期随葬特殊葬品的墓，除了上述的M125，一般不仅葬品多，而且体积大。也有其他一些现象值得关注：早期体积最大的墓——M341位于A群的正中心的位置，体积远大于其他墓，葬品也较多。另外，中期、晚期部分未成年人地位较高。个别未成年人墓在墓群的最中心位置，如M285。一些未成年人墓葬品较多，体积较大，如M385。还有未成年人墓出土较多的石质生产工具，如M119发现了1件石磨盘和3件石斧。在中期的C群，葬品多、体积大的墓集中分布在中心区。贾湖中晚期一些葬品多、体积大的墓葬位于墓地的中心区域。例如中期的合葬墓M282。总而言之，贾湖人与人之间的差别较大，有一些不平等的现象。

在贾湖，所谓葬品多、体积大的"大墓"，一般都随葬了较多的生产工具或特殊葬品，特别是渔猎用具。这可能意味着当时经常参加生产劳动、有巫乐等特殊技能的人社会地位较高，这些"大墓"的墓主是靠自己的劳动或特殊的技能才获取了较高的地位，人与人之间不平等主要是基于人与人之间劳动、技能的不同，而不是因为已出现了特权阶层。

此外，在贾湖所谓的"大墓"中，绝大多数墓主都是成年男性。没有一个未成年人单人墓的葬品超过8件，也没有一例位于墓群中心区，而且葬品多、体积大的未成年人墓。上述现象暗示了当时世袭的特权还没有出现。

此前，本文已经比较了不同社会团体之间的地位，各个团体之间分化的迹象并不明显。整体而论，很难确认贾湖当时有明显的社会分化现象。但当时社会产品的分配以及社会地位很可能与劳动、技能、团体人数相关。既然如此，一定程度的不平等似乎就难以避免，简单认定贾湖是一个完全平等的社会可能也并不符合当时的实际。

贾湖男女之间的地位差别略大于不同年龄阶段人之间的差别，在不同年龄和性别团体中，成年男性的地位较高而且稳定。不排除在贾湖存在"尊男"观念的可能性。从民族学的材料看，“尊男”的现象较为常见，原始社会的财产有男性中心的倾向[62]。

在贾湖不同时期，社会分化的程度存在一定的差异。在贾湖的早期社会分化程度很小，在贾湖中期社会分化的程度增大，而贾湖晚期社会分化程度又有所减小。

那么，为什么在贾湖不同时期社会分化的程度存在差异呢？在贾湖中期人均葬品比较多，墓葬平均体积也较大。而在贾湖晚期人均葬品数量较少，平均墓葬体积也较小。尤其是在贾湖晚期第8和第9段，有近半的墓葬没有葬品，只有近十分之一的墓葬葬品超过2件，葬品最多的是6件。在此阶段，随葬特殊葬品的墓和随葬特殊葬品的数量都很少，没有发现龟甲类器。还需要指出的是，贾湖中期的墓葬距房址较远，有明确的墓区，发现大量埋葬婴儿的瓮棺，甚至可能出现了与墓葬相关的房址。贾湖晚期的墓葬距房址较近，墓区和居址界限不很明显，墓地之中没有发现大的灰坑，也没有发现婴儿的瓮棺[63]。埋葬行为，包括随葬品多少和墓葬大小的变化可能会受到很多偶然因素的影响，如冲突、疾病等。在贾湖中期到晚期这个较长的时间范围内，墓葬特点发生了很大的变化，很难用简单的偶然因素来解释。而从贾湖中期到晚期，丧葬制度的兴衰恰好与贾湖聚落的兴衰相对应[64]。因为丧葬制度能够反映社会的分化程度，上述现象可能意味着贾湖的社会分化程度受到了社会发展的很大影响。需要指出的是，社会的分化，即使在当时的不同社会群体内也并不完全相同。在社会发展的繁盛期，中期的A、B团体内分化程度都比较大，而在社会的衰落期，A群的分化程度减小，而B群团体内的分化并没有随之减退，有些方面还有增长的趋势，很可能在当时不同团体之间的分化、发展是不平衡的。而一个人数较多，可能也是当时社会的核心团体，在社会遇到危机、衰退之时，形成了一定的礼俗或采取了一定的措施来减少差异，强调团体的利益[65]，以维持整体的生存。而非核心团体则难以挽回这种自然发展的势头。

另外值得关注的是，在最为繁盛的贾湖中期，不同年龄群体之间的差别较小，而男女地位差别较大。在较为平稳发展的贾湖早期，老年人的地位较高，未成年人的地位较低，男女地位相差小。在处于衰退时期的晚期，未成年人地位高，老年人地位较低，男女地位差别较小。而男性和成年人作为社会的支撑力量，相对社会地位很少受社会发展的影响。各个团体之间可能基于人口等因素造成的不平等和诸多差别则贯穿贾湖始终，成为贾湖原始社会不平等的一个基本、稳定的形式。

总而言之，在一定时期贾湖社会分化的程度已经比较明显，并且自始至终都存在不平等的现象。尽管如此，最为发达的贾湖中期聚落[66]也还没有具备分化社会的特点。而这些基于性别、年龄等因素的不平等和集团之间的不平等，是原始社会自身具有的特点[67]。整体而论，贾湖还处在平等社会阶段，并没有进入分化社会的行列。

固然，本文的研究、分析方法绝非尽善尽美，对墓葬资料的利用也还有不少局限性。本文仅仅是“透物见人”的一种尝试。通过较为系统的梳理、统计和分析已有的墓葬资料，我们对贾湖的社会分工和分化情况有了一个大致的了解。①贾湖男性在社会生产和精神生活中起着主导的作用，在日常劳作中也有很重要的作用。而女性的作用则主要体现在日常劳作和农业方面。这可能也是男性地位高于女性的主要原因。不排除在当时存在"尊崇男性"观念的可能性。②不同年龄阶段之间的人地位差别很小，这可能与社会习俗有关。③在贾湖，尤其是在贾湖晚期，聚落内不同社会团体之间分工的迹象可能已经出现。贾湖各期不同社会团体之间的不平等一直存在，团体之间在男女的分工、地位、礼俗、经济结构、社会分化等诸多方面均有所不同。贾湖团体之间分化的现象还没有出现。④贾湖的社会并不是完全平等的。出现不平等的主要原因是人与人之间劳动、技能有差别，可能也有一些基于性别、团体人数等的因素。整体而言，贾湖还处在平等社会时期。

附记：本文由本人硕士论文修改而成。论文是在导师陈星灿和吴耀利悉心指导下完成的，朱延平和李新伟老师也提出了许多宝贵的建议，没有他们的指导和帮助，本文就不可能完成。在论文的写作、答辩中，还得到了张居中、王仁湘、白云翔、冯时、张弛、赵春青老师和王明辉先生的指点和帮助，最后由谢礼晔和郝炎峰校对。在中国社会科学院研究生院三年的学习、生活中，承蒙两位恩师的谆谆教诲和细心关怀，王巍和刘凯军老师也给予了很多关照，授课和图书馆的老师以及本系的校友都提供了许多帮助。谨在此深表谢意！

注　释

[1] 河南省文物考古研究所：《舞阳贾湖》，科学出版社，1999年；中国科学技术大学科技史与科技考古系、河南省文物考古研究所、舞阳县博物馆：《河南舞阳贾湖遗址2001年春发掘简报》，《华夏考古》2002年第2期，第14～30页。本文的分期论述主要依据报告，由于简报并没有说明最新发现墓葬的具体位置、期段，简报报道的墓葬只在综合论述时涉及。另外，瓮棺葬也不计入统计，只在介绍墓地布局时简单介绍。以后不一一说明。

[2] Brown J A. On Mortuary Analysis—with Special Reference to the Saxe-Binford Research Program// Beck L A. Regional Approaches to Mortuary Analysis. New York: Plenum Press, 1995: 3-24; Pearson M P. The Archaeology of Death and Burial. Texas: A&M University Press, 2000: 74-92.

[3] Pearson M P. The Archaeology of Death and Burial. Texas: A&M University Press, 2000: 73.

[4] Chapman R I Kinners, K Randsborg. The Archaeology of Death. Cambridge: Cambridge University Press,1981: 6-10.

[5] Pearson M P. The Archaeology of Death and Burial. Texas: A&M University Press, 2000: 27-32.

[6] Brown J A. On Mortuary Analysis—with Special Reference to the Saxe-Binford Research Program// Beck L A. Regional Approaches to Mortuary Analysis. New York: Plenum Press, 1995: 3-24.

[7] Pearson M P. The Archaeology of Death and Burial. Texas: A&M University Press, 2000: 83-86.

[8] Pearson M P. The Archaeology of Death and Burial. Texas: A&M University Press, 2000: 94.

[9] 这些认识主要基于以下专著：徐吉军：《中国丧葬史》，江西高校出版社，1998年；Chapman R I Kinners, K Randsborg. The Archaeology of Death. Cambridge: Cambridge University Press, 1981;

Beck L A. Regional Approaches to Mortuary Analysis. New York: Plenum Press, 1995; Pearson M P. The Archaeology of Death and Burial. Texas: A&M University Press, 2000.

[10] 在贾湖以上两组遗迹中，居址中发现骨镖4个，墓群共出土13个骨镖，而其中一座女性墓葬中就随葬了5个骨镖，而在贾湖遗址随葬渔猎类的女性非常少见，可能是这个偶然的现象影响了分析结果。

[11] 胡耀武：《古代人类食谱及相关研究》，中国科技大学博士学位论文，2002年；胡耀武、James H Burton、王昌燧：《贾湖遗址人骨的元素分析》（见《人类学学报》2005年第24卷第2期）一文中称"骨样243…126、223，在埋藏过程中已遭受污染，不再保留其个体生前食谱有关信息。故此，在以下的食谱分析过程中，须将它们剔除在外"。即便如此，骨样的研究结果并不影响本文的分析。由于目前没有看到新的、系统的骨样分析结果，本文暂采用前文的研究结论。

[12] 这3例都是一次葬和二次葬合葬的双人墓，人骨食谱的研究没有指出人骨样品是一次葬者还是二次葬者，每座墓2个墓主的骨骼均混在一起，随葬有大量的渔猎工具。见河南省文物考古研究所：《舞阳贾湖》，科学出版社，1999年，第191～193、190页。

[13] 该墓主为二次葬，难以排除在首次埋葬中随葬渔猎工具的可能性。见河南省文物考古研究所：《舞阳贾湖》，科学出版社，1999年，第188页。

[14] M277丙、丁为二次葬，只见零碎的人体骨骼杂乱地堆放在墓室的西南角，在墓室的西南角发现有骨镖，难以认定是属于丙还是丁。见河南省文物考古研究所：《舞阳贾湖》，科学出版社，1999年，第195页。

[15] 河南省文物考古研究所：《舞阳贾湖》，科学出版社，1999年，第180～181、835～883页。本文据此请王明辉、张居中先生鉴别和认定骨骼疾病影响劳动的病例。

[16] Pearson M P. The Archaeology of Death and Burial. Texas: A&M University Press, 2000: 5-12.

[17] "不论学者们如何自信地声称可鉴定某个死者的准确死亡年龄，需要强调的是我们能确定的一般是死亡的生理年龄，即少年、成年和老年，而不是精确的年和月"。见Colin Renfrew, Baul Bahn. Archaeology: Theory Methods and Practice. Thames and Hudson, 2000: 424-428. 本文不同年龄群体指未成年（<14岁），成年（14～49岁），老年（>50岁，包括50岁）。根据研究的需要，这里的年龄段划分与现代体质人类学的划分稍有出入。体质人类学划分年龄段的标准一般是：婴儿（0～2），幼儿（3～6），少年（7～14），青年期（15～23），壮年期（24～35），中年期（36～55），老年期（56岁以上）。见吴汝康、吴新智、张振标：《人体测量方法》，科学出版社，1984年，第15页；朱泓：《体质人类学》，吉林大学出版社，1993年，第289页。

[18] 本文运用墓葬资料对群体之间比较研究的前提是一个墓群的死者生前生活在一个团体内。

[19] 本文原拟对不同年龄群体之间的分工也进行分析。根据《舞阳贾湖》初步统计后发现，贾湖遗址早期仅发掘未成年人墓1座，中期、晚期300余座墓葬中，未成年人墓还不超过20座，其中只有两群墓葬的未成年人墓多于5座，大多数墓群的未成年人墓还不到3座。老年人墓葬的资料也比较少。此外，老年人随葬的工具可能是其年轻时使用的，未成年人墓随葬的工具不是其本人使用的可能也较大。因此，本文只在社会分工和分化部分论及不同年龄群体的地位差别，而不再论述不同年龄群体的分工。

［20］ 由于合葬墓绝大多数难以分清葬品的归属，不能分辨每个墓主葬品的类别和多少，也不能用于比较不同个体之间的墓葬体积差别。合葬墓占墓葬总数的比例一般较小，而且其位置、葬品的数量、种类、墓主的年龄、性别与单人墓也没有明显的差别。因此，本文在比较不同性别和年龄群体的差别时主要选用单人墓的资料进行统计。

［21］ 本文的"两极"只是相对的，"两极墓"指葬品较多和较少以及体积较大和较小的墓。在不同的时期，不同墓群"两极"所指的范围有所不同，一般"两极"指较大或较小，占总量的百分之二十以内的，以后不一一注明。

［22］ 贾湖遗址不同时期各墓群的葬式差别很小，除了摆放式二次葬与一次葬和二次葬合葬，我们目前还很难认定其他葬式在比较不同单位之间地位差别的意义，所以我们仅对此两类葬式简单说明，不再介绍其他葬式。据贾湖报告，墓葬人骨胸部扰动可能是埋藏原因造成的。因此，本文在统计葬式时，把报告附表六中的仰身直肢一次葬（胸部扰动）归入仰身直肢一次葬。此外，附表中有两例双臂交叉一次葬与二次葬的合葬墓。根据报告发表墓葬图和报告正文对墓葬的描述，在一次葬与二次葬合葬墓中，一次葬有较多的是单、双臂交叉一次葬。在附表中这类合葬墓中的一次葬一般都归入了仰身直肢一次葬，本文在归类时把这两例合葬墓中的双臂交叉一次葬也归入了仰身直肢一次葬。此外，据报告，合葬墓的二次葬一般都是乱堆二次葬。报告附表六中有些记录为二次葬，有些记录为乱堆二次葬。本文把合葬墓中的二次葬统一归入二次葬。

［23］ 用随葬器物类别研究社会分工有不少局限之处。其一、墓葬埋入工具保存到现在很可能只是其中的一部分。其二、器物分类本身没有统一的标准。其三、有些器物的功用难以弄清，同类器物功用也可能有别。其四、同一器物在不同时期和不同墓葬，用途也有差别。本文对分工的研究只是相对的，重点放在男女分工的比较。具体方法主要用单人墓的资料，比较男女性墓随葬某类工具的绝对数量、随葬该类工具墓（人）的数量分别所占对应的出土此类器具的总数和总墓（人）数的比例以及男女随葬该类工具的墓（人）数在相应性别的墓（人）总数中所占的比例。

［24］ 河南省文物考古研究所：《舞阳贾湖》，科学出版社，1999年，第897～898页；杨肇清：《河南舞阳贾湖遗址生产工具的初步研究》，《农业考古》1998年第1期，第118～123页。与贾湖报告的分类稍有不同的是，报告将石磨盘、棒列入加工工具，本文将其归入农具，因为以上两者都认为石磨盘、棒是粮食加工工具。另外，特殊葬品是以上两者没有列出的器类。

［25］ 为了行文的方便，"生活用品及其他"本文一般简称"生活用具"。

［26］ 在贾湖报告的附表六中有的把龟甲归入动物骨骼，有的归入石骨制品，本文主要参照报告第457页表七三和第459页表七四把没有与石子同出且没有经过修冶的龟甲及碎片列入动物骨骼，其他及经加工的，或与石子同出的列入龟甲类器。此类器具可能与巫乐相关，见陈星灿、李润权：《申论中国史前的龟甲响器》，《桃李成蹊集——庆祝安志敏先生八十寿辰》，香港中文大学中国考古艺术研究中心，2004年，第72～97页。

［27］ 骨笛研究见黄翔鹏：《舞阳贾湖骨笛的测音研究》，《文物》1989年第1期，第15～17页；河南省文物考古研究所：《舞阳贾湖》，科学出版社，1999年，第984～1020页；王丽芬：《贾湖出土骨笛及相关问题》，《考古与文物》2002年第4期，第27～29页。

[28] 频数分布（frequency distribution）即按照量别分组的标准，把原始数据（raw data）加以整理，计算每组中观察值发生的次数（就是落在这一组的观察值有多少个）。一系列数值的频数分布能反映这些数值的聚类特点、分布规律。见李志伟、吴家楹、施家珍：《统计分析概论》，对外经贸教育出版社，1984年，第34~47页。

[29] 已经有学者利用墓葬葬品数量和面积的频数分布特点研究社会的等级结构。如Li X W. Development of Social Complexity in the Laoxiarea, North China. The thesis for the degree of ph. D in the Archaeology at Latrobe University, Melbourne, Australia, 2003.

[30] 对数据的相关性分析，即观察两组数值是否成正比关系，例如一组墓葬的每个墓体积大、葬品也对应多，相关系数就高。如果一组墓葬每个墓体积大，对应葬品反而少，相关系数就低，甚至是负数。相关系数的数值范围在−1至＋1之间。

[31] Shelach G. Apples and Oranges? A Cross-cultural Comparison of Burial Data from Northeast China. Journal of East Asian Archaeology, 2002, 3: 53-90.

[32] CV即变异或变差系数，等于一系列数值的标准差与平均值的比。标准差是种衡量分布中的分散或变化情况的数据，根据统计学的原理，CV能够反映一系列数值的差别、分化程度。见罗扎·塞克斯著，罗永泰、史道济译：《应用统计手册》，天津科技翻译出版公司，1988年，第54~73页。

[33] Liu L. The Chinese Neolithic: Trajectories to Early States. Cambridge University Press, 2004: 152.

[34] 本文对贾湖遗址各期墓葬的分群和墓地位置的介绍依照贾湖报告。见河南省文物考古研究所：《舞阳贾湖》，科学出版社，1999年，第956~961页，图三二二~图三三四。

[35] 中国科学技术大学科技史与科技考古系、河南省文物考古研究所、舞阳县博物馆：《河南舞阳贾湖遗址2001年春发掘简报》，《华夏考古》2002年第2期，第14~30页。该《简报》没有明确说明此2墓所在区域、期别，此据张居中先生告知。

[36] 以下各个墓群的分析，主要以完整或较完整的为依据，简称为各期的A、C、B群，不再一一注明。

[37] 贾湖各期每群均有性别不明的单人墓，因为不在本文讨论之内，此表没有列出它们的数量。在表头单人墓后的各个群体墓均指单人墓。

[38] 灰坑一般都有大量的草木灰或红烧土，有2个还有台阶。在2个兽坑中，报告仅详细介绍了位于该墓群的兽坑8。该坑位于墓群的东侧，内置1狗骨架，狗头向西。灰坑和兽坑很可能与丧葬活动有关。

[39] 该房址内没有发现墙和灶，地面也未加工。灰坑内一般都有红烧土或草木灰，附近没有发现其他房址，灰坑、房址与墓葬很可能有联系。

[40] 按贾湖报告的图三三二，该墓群内有6个灰坑，对照报告的附表二和附表六，图三三二的M363应为H363之误写，所以实际应该是7个。

[41] 本期只有A群墓葬同时有男、女合葬墓，其中男性合葬墓5座，葬12人，人均墓葬体积0.60立方米，人均葬品7.83件，在这5座墓中，有3座墓葬品大于或等于10件。女性墓3座，葬6人，人均墓葬体积0.48立方米，人均葬品2.33件。此外，该期B群和C群各有一座男性合葬墓，葬品都是8件，墓葬体积分别是0.87和0.37立方米。该期没有发现墓主全部是未成年人或老年人的合葬墓。

［42］ 该期A群有2座男性双人合葬墓，葬品分别是22件和10件，体积分别是0.57和1.05立方米。该期B群有1座2个男性一次葬和二次葬合葬墓，墓葬体积是0.36，葬品是1件陶器；1座3个女性乱堆式合葬墓，墓葬体积是0.11立方米，葬品是2件陶器。该期没有发现墓主全部是老年人或未成年人的合葬墓。

［43］ 贾湖报告说明为残的墓，相关的面积等数据不计入，平均值除葬品指每个墓主人均值，其他为每墓的平均值，以后不一一说明。

［44］ 这里的墓葬大小，贾湖以外一般指墓葬面积。贾湖各墓群外的数据出自Liu L. The Chinese Neolithic: Trajectories to Early States. Cambridge University Press, 2004: 152据刘莉文，第一组遗址的墓葬属于平等社会，而第二组则属于分化的社会。该文统计了整个遗址的情况，而本文是根据墓群统计。目前新石器时代有此类统计数据的遗址还很少。因此，这方面的分析仅供参考。

［45］ 该期A群男性合葬墓为5座，其中5墓随葬16件陶器，3座随葬了21件渔猎具，3座随葬了8件特殊葬品，1墓随葬了石、骨加工器12件，男性墓随葬所有类别的器物共计94件。女性合葬墓为3座，其中3墓随葬陶器7件，1座随葬渔猎具2件，1墓随葬缝纫具3件和生活用具2件，共计14件。

［46］ 基辛著，陈其南校订，于嘉云、张恭启译：《当代文化人类学》，巨流图书公司，1980年，第465页。

［47］ 林惠祥：《文化人类学》，商务印书馆，1991年，第189页。

［48］ 贾湖遗址墓葬出土的纺织具只有很少量的纺轮，绝大多数是骨板。骨板可能与纺织、编制渔网有关。见河南省文物考古研究所：《舞阳贾湖》，科学出版社，1999年，第898页；杨肇清：《河南舞阳贾湖遗址生产工具的初步研究》，《农业考古》1998年，第1期，第118~123页。

［49］ 据本文的统计，贾湖早期A群男女性比例是1.36，贾湖中晚期A群是1.54、1.79，B群是1.74、2.53。

［50］ 摆放式二次葬即将死者骨架按不同部位摆放于墓中，这是一种比较认真、细致而隆重的迁葬方式。见河南省文物考古研究所：《舞阳贾湖》，科学出版社，1999年，第151页。

［51］ 安德烈·比尔基埃、克里斯蒂亚娜·克拉比什第·朱伯尔、玛尔蒂娜·雪伽兰等，袁树仁、姚静、肖桂译：《家庭史（第一卷）：遥远的世界　古老的世界（上册）》，生活·读书·新知三联书店，1998年，第123页。

［52］ 人骨食谱研究的结果也支持这一结论。见胡耀武：《古代人类食谱及相关研究》，中国科技大学博士学位论文，2002年；胡耀武、James H Burton、王昌燧：《贾湖遗址人骨的元素分析》，《人类学学报》2005年第24卷第2期。

［53］ 安德烈·比尔基埃、克里斯蒂亚娜·克拉比什第·朱伯尔、玛尔蒂娜·雪伽兰等，袁树仁、姚静、肖桂译：《家庭史（第一卷）：遥远的世界　古老的世界（上册）》，生活·读书·新知三联书店，1998年，第121、127页。

［54］ 根据本文对民族学材料的统计，在所有存在渔猎的民族中，其中包括以农业为主业的民族，一般都是男性在渔猎中起主导的作用。在8个以农业或种植为主业的民族中，除了易洛魁人的女性在农业劳作起主要作用外，其余7个民族的男性在农作中都有很重要的作用。在这8个民族中，有

6个民族对男女分工的介绍比较详细。在这6个民族中，男性在日常劳作中的作用都比较重要。见：乔治·彼得·穆达克著，童恩正译：《我们当代的原始民族》，四川省民族研究所，1980年；国家民委民族问题五种丛书编委会《中国少数民族》编写组：《中国少数民族》，人民出版社，1981年。以下所引民族学材料均出自此两书，不再一一注出。

[55] 据本文的统计，贾湖早期A群男女性比例是1.36，贾湖中晚期A群是1.54、1.79，B群是1.74、2.53。

[56] 有学者指出猎人在农业社会受到尊敬，不仅仅因为是其在肉食供给方面的作用，更重要的是因为其捕获用于祭祀的动物。见Clarke Michael J. Akh a Feasting: An ethnoarchaeological Perspective// Dietler M, Hayden B. Feasts: Archaeological and Ethnographic Perspectives on Food, Politics and Power. Washington: Smithsonian Institution Press, 2001: 144-167. 有意思的是，贾湖墓地内的灰坑出土了不少梅花鹿、貉、四不像等野生动物骨骼，这些骨骼很可能与祭祀有关。从本文所见的民族学材料来看，从事渔猎，特别是打猎的几乎全部是男性。主持宗教事务的一般也是男性。贾湖遗址随葬特殊用品的30座墓，19座随葬了渔猎具。可能渔猎和巫乐有某种程度的联系。

[57] 林惠祥：《文化人类学》，商务印书馆，1991年，第191页。

[58] 在本文参照的民族学材料中，比较明介绍男女分工的有19个民族，这些民族的男性在社会生产中的作用都很重要，也有较高的地位。而在4个女性相对地位较高的民族（纳马·霍屯督人、易洛魁人、虾夷人、哈萨克人），女性在社会生产中的作用比较重要。需要说明的是，本文并不认为原始社会人在社会生产中作用的大小必然决定其社会地位的高低。而且民族学上所见的所谓原始民族与其古代的原始形态有别。

[59] "（贾湖中晚期）陶窑已相当集中并与居住区逐渐分离。而且每组居址都有自己的作坊区。"见河南省文物考古研究所：《舞阳贾湖》，科学出版社，1999年，第961页。研究者通过分析贾湖古陶产地及其矿料来源，认为贾湖的制陶业处于以家庭为单位的作坊阶段，似乎以自产自用为主。见邱平、王昌燧、张居中：《贾湖遗址出土古陶产地的初步研究》，《东南文化》2000年第11期，第41～47页。

[60] 贾湖中期，A群的M389和M353的乙，B群M70和M79的甲墓主，患严重骨骼病影响劳动。A、B群的墓主均分别出自单人墓和三人合葬墓，而A群两例墓主的面积和体积分别是1.2平方米、0.84立方米，1.89平方米、0.76立方米，B群的则为0.59平方米、0.07立方米，1.34平方米、0.2立方米。A群单人墓有3件葬品，B群的单人葬则无葬品。

[61] 胡耀武：《古代人类食谱及相关研究》，中国科技大学博士学位论文，2002年，第73页。

[62] "虽有许多民族，世系是照母方计算，但财产的承继却不全照母系，例如澳洲便这样。还有在北美西北海岸，世系以及财产却不是真的由妇女享用及管理，而是归于妇女的兄弟（即母舅）或其他女方男亲属。这种财产的男性中心倾向（androcentrictrend）在史前时代以及有史时代都很重要影响。"见林惠祥：《文化人类学》，商务印书馆，1991年，第190页。

[63] 贾湖报告和附表都没有介绍瓮棺的期别，此据贾湖二、三期遗迹平面图，见河南省文物考古研究所：《舞阳贾湖》，科学出版社，1999年，第507～514页。

[64] 河南省文物考古研究所：《舞阳贾湖》，科学出版社，1999年，第965页。

［65］ 从贾湖中晚期A群进入墓地的老人和未成年人比较多，和A群可能对伤残墓主的埋葬更重视，以及进行了比较多的墓地祭祀活动来看，A群可能比较强调团体的作用。

［66］ 在贾湖遗址中期，不仅分化程度高，葬式、葬品类别丰富，人均葬品较多，还发现较多的带契刻符号的龟甲、骨笛。贾湖遗址葬品最多、体积最大的墓和唯一随葬带刻符的柄形石器的墓也发现于该期。

［67］ "根据当代很多人类学家的研究成果，在部落社会中，差别和不平等，尽管和后世的阶级矛盾有所不同，但是却是存在的。如性别之间、年龄级别之间、某一特定的集团与其他集团的不平等，是经常可以发现的。"见童恩正：《文化人类学》，上海人民出版社，1989年，第336～337页。

（原载《华夏考古》2009年第2期）

舞阳贾湖墓葬的统计学初步分析[*]

段天璟　张　华

引　言

考古学遗存涵盖的信息包罗万象。考古学研究实践中，针对遗存反映出来的不同方面的信息，因地制宜地选用适当的方法加以分析，可以从多重角度取得判定历史真实的依据。学术界已经意识到"在分析遗存时，考古学不能置数学研究成果于不顾，除运用数理逻辑外，考古学者还常常用概率论和模糊数学来研究考古学遗存"[1]。已有学者就统计学方法在考古学中应用的基本原理和方法进行了系统论述[2]，还有学者运用统计学方法在考古学研究实践中做出了有益的尝试[3]。

舞阳贾湖遗址[4]是中原地区相当于裴李岗文化时期的一处重要遗址地点，该遗址考古报告提供了详尽的墓葬登记表，为进一步开展分析搭建了平台。本工作拟结合自己的研究结果对贾湖遗址墓葬进行初步的统计学分析，并就相关问题谈谈自己的想法。

一、贾湖墓葬统计概况、问题的提出与方法的选取

贾湖墓葬共有349座，其中单人墓298座，合葬墓48座，人骨和随葬品均不出的空墓3座。单人墓中出土随葬品的222座，无随葬品的76座。合葬墓中无随葬品的9座，有随葬品的39座。

《舞阳贾湖》报告对贾湖墓葬随葬品的数量、组合情况做了详细的描述，为进一步展开讨论提供了有利条件，这里不再赘述[5]。应该指出的是，随葬品可以分为陶制品、石制品、骨牙制品、动物骨骼及其他等四类，原报告墓葬登记表没有明确指出动物骨骼及其他类随葬品的具体数量，因此，只能统计陶、石、骨牙三类随葬品的总数，可将单人墓随葬品数量与单人墓葬数量的关系列成图一。

按照性别来分，单人墓中有男性墓147座、女性墓83座，68座墓葬性别不详。将男、

　＊　基金项目：教育部人文社会科学青年基金项目（10YJC780006）、教育部留学归国人员科研启动基金项目资助、吉林大学基本科研业务费资助（2010JC004）。

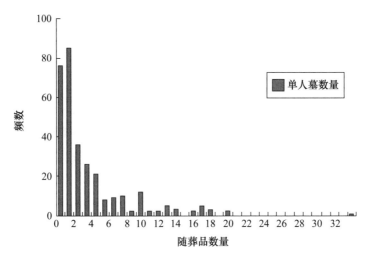

图一 贾湖遗址单人墓随葬品频率分布直方图

女性单人墓的数量列成表一。

　　合葬墓存在男男合葬、女女合葬、男女合葬、男（女）与性别不详的儿童合葬及性别不详的合葬墓等几种情况。将这几种情况的合葬墓数量列成表二。

　　从表一、表二可以看到，首先，有、无随葬品的男性单人墓均多于女性墓，其次，有、无随葬品的男性合葬墓亦多于女性合葬墓，再次，有随葬品男女合葬墓的数量多于无随葬品的同类墓葬数量。这一情况提示：①随葬品数量与墓主人的性别之间是否存在关系？②贾湖墓葬可以统计出三类随葬品的具体数量，那么，这三类物品中哪类与墓主人性别之间存在关系？③随葬品数量、种类与墓主人的死亡年龄间是否亦存在关系？④不同时期的随葬品数量是否存在变化？

表一 贾湖遗址单人墓性别与随葬品的关系表　　　　　　　　　　单位：座

类别	无随葬品			有随葬品		
性别	男	女	性别不详	男	女	性别不详
数量	34	18	24	113	65	44
合计	76			222		

表二 贾湖遗址合葬墓性别与随葬品的关系表　　　　　　　　　　单位：座

类别	无随葬品				有随葬品					
性别	男、男	女、女	男、女	不详	男、男	女、女	男、女	男、儿	女、儿	不详
数量	1	0	7	1	8	4	19	1	1	6
合计	9				39					

　　需要说明的是，贾湖墓葬中合葬墓的情况复杂，又存在大量的男女合葬的情形，因此，合葬墓样本的引入势必会影响样本的纯洁性及统计结果，故解决上述问题时首先将合

葬墓样本剔除。

图一显示，贾湖单人墓葬的随葬品数量不呈正态分布。但是，男、女性单人墓葬的样本容量比较大，其均值差的分布接近正态分布，且两样本之一的容量小于100。基于这样的考虑，本工作选用t-检验（t-test）的方法进行显著性检验，来解决问题①。对于问题②、③，一方面，不同种类的随葬品数量与墓主人的性别和年龄可能分别存在关系，另一方面各类随葬品数量也可能受到墓主人性别和年龄不同水平的搭配而产生的"交互效应"的影响，因此，使用双因素方差分析的方法来讨论解决；在解决了①、②、③问题的基础上，考虑到单因素方差分析适用于三个或三个以上样本的总体平均值一致性检验，使用单因素分析的方法来讨论问题④。

二、对贾湖墓葬的统计学分析

（一）随葬品数量与墓主人性别的关系

删除了墓地中合葬墓以及未能鉴定性别或性别鉴定可疑的墓例，将墓葬分为男单人葬、女单人葬两个样本，来分析两者之间的随葬品在数量上是否存在显著差异。两个样本的容量、均值标准差和标准误如表三所示。

表三 男单人葬墓、女单人葬墓样本的容量、均值、标准差与标准误

性别	样本容量（n）	随葬品均值（$\overline{X}$）	标准差（S）	标准误（$S.E.Mean$）
男性	$n_1=147$	$\overline{X}_1=3.76$	$S_1=5.204$	0.429
女性	$n_2=83$	$\overline{X}_2=2.66$	$S_2=3.569$	0.392

假设H_0：男女性别差异与随葬品多少无关，H_1：男女性别差异与随葬品多少有关，则有

$$t=\frac{\overline{X}_1-\overline{X}_2}{S_{\overline{X}_1-\overline{X}_2}}$$

$$S_{\overline{X}_1-\overline{X}_2}=\sqrt{\frac{(n_1-1)S_1^2+(n_2-1)S_2^2}{n_1+n_2-2}}\cdot\frac{\sqrt{n_1+n_2}}{\sqrt{n_1\cdot n_2}}$$

$$\sqrt{\frac{(147-1)\times5.204^2+(83-1)\times3.569^2}{147+83-2}}$$

$$\times\sqrt{\frac{147+83}{147\times83}}$$

$$=0.64$$

$$t=\frac{\overline{X}_1-\overline{X}_2}{S_{\overline{X}_1-\overline{X}_2}}=\frac{3.76-2.66}{0.64}=1.72$$

选择显著性水平$\alpha=0.05$，查t分布表，当自由度（n_2+n_2-2）为228时，双侧检验（2-tailed test）t的临界值为1.97>1.72，因此接受H_0假设，即在0.05的显著水平上，男性随葬品数量与女性随葬品数量不存在显著差异。

（二）随葬品数量与墓主人年龄之间的关系

按照墓主人死亡年龄可将墓葬分为少年（18岁以下）、青年（18～25岁）、壮年（25～35岁）、中年（35～55岁）和老年（55岁以上）5组样本。这5组样本容量见表四。其中，由于少年的性别鉴定比较困难，因此，能鉴别出性别的少年单人葬仅有5例（3例男，2例女），样本数量较少。

为了最大限度地分析出少年组与其他年龄组随葬品数量间的关系，首先试用单因素方差分析的方法比较随葬品数量与墓主人年龄之间是否存在关系。

每组样本容量用n_j表示，每个墓葬用n_{ij}表示，每个墓葬的随葬品数量用x_{ij}表示（1=i=n_j）（表四）。

表四 不同年龄段墓葬随葬品的均值、方差与标准误

年龄段	样本容量n_j	随葬品总和$\sum\limits_{j} X_{ij}$	均值$\overline{X_j}$	方差$\sum\limits_{j}(X_{ij}-\overline{X_j})^2/n_j$	标准误 S. E. Mean
少年（18岁以下）	25	83	3.32	14.73	0.768
青年（18～25岁）	16	24	1.5	6	0.612
壮年（25～35岁）	43	247	5.74	46.24	1.037
中年（35～55岁）	71	235	3.31	19.56	0.525
老年（55岁以上）	21	51	2.43	7.96	0.616

计算了组间离差平方和（$SS_{组间}$）、组内离差平方和（$SS_{组内}$）、组间离差平方和的自由度（$Df_{组间}$）、组内离差平方和的自由度（$Df_{组内}$）、平均组间离差平方和（$MS_{组间}$）、平均总组内离差平方和（$MS_{组内}$），数据结果见表五。

进而得出F检验的统计量，$F=3.33$。

自由度$Df_{组间}=4$，$Df_{组内}=171$，设定显著性水平$\alpha=0.05$，

查F函数表$F_{0.05}(4,171)=2.86<3.33$，故不同年龄段的人在随葬品数量上有显著差异，从5组样本随葬品的均值可以看出，壮年的随葬品较多。

表五 单因素方差分析表

方差分析：单因素方差分析

差异源	SS	Df	MS（SS/Df）	F（$MS_{组间}/MS_{组内}$）	F crit	P-value
组间	304.76	4	76.19	3.33	2.86	0.01
组内	3913.95	171	22.89			
总计	4218.73	175				

（三）不同种类的随葬品数量与墓主人性别和死亡年龄之间的关系

在上文分别讨论了墓主人的性别和死亡年龄对随葬品数量的影响。那么，墓主人的性别和年龄是否对随葬品的数量有交互影响呢？此外，贾湖报告没有明确指出动物骨骼及其他类随葬品的数量，却提供了陶制品、石制品、骨制品随葬的数量。不同种类的随葬品与墓主人的性别和年龄之间又存在着怎样的关系呢？下面，就运用双因素方差分析的方法来检验这些问题。

首先，来讨论随葬品数量与墓主人性别和死亡年龄之间的关系。报告中既能鉴别出性别又能鉴别出年龄的墓葬有156座，按照性别与年龄段互相搭配可分成10组样本，每组样本容量、随葬品数均值、标准差和标准误数据见表六。

表六　不同性别和死亡年龄墓葬的随葬品均值、标准差和标准误

性别与年龄段		样本容量（n）	均值（$\overline{X}$）	标准差（S）	标准误（$S. E. Mean$）
男性	少年	3	1.00	1.000	0.577
	青年	2	5.00	7.071	5.000
	壮年	24	7.46	8.340	1.702
	中年	48	3.79	4.767	0.688
	老年	14	3.29	3.124	0.835
女性	少年	2	14.00	2.828	2.000
	青年	14	1.00	0.961	0.257
	壮年	19	3.58	3.185	0.731
	中年	23	2.30	3.483	0.726
	老年	7	0.71	0.488	0.184

表七显示出了在0.05的显著性水平下的双因素方差分析结果。观察性别、年龄段以及性别、年龄对应的P值可以看出，性别对随葬品数量的影响不显著，这与上面讨论的问题①的结论是一致的。但不同年龄段随葬品数量存在显著差异，这也进一步证明了表五的结果。更应注意的是，性别、年龄对应的P值为0.002，小于性别和年龄两种因素分别对应的P值，说明这种交互影响则更加显著。从表六随葬品均值来看，女性少年和男性壮年的随葬品多于其他组合形式。

表七　不同性别和死亡年龄墓葬随葬品数量的双因素方差分析表

方差分析：双因素方差分析（因变量：随葬品总数）

差异源	SS	Df	MS（SS/Df）	F（$MS_{组间}/MS_{组内}$）	$P\text{-}value$
性别	1.200	1	1.200	0.062	0.804
年龄	339.144	5	67.829	3.506	0.005
性别* 年龄	381.401	5	76.280	3.943	0.002
总计	7668.000	228			

接下来，用同样的方法，利用SPSS软件进行统计分析。在0.05的显著性水平下，分别讨论性别和年龄两个因素对随葬品种类，即陶制品、石制品和骨牙制品是否都存在着影响。各组样本详细数据见表八。

表八 不同性别和死亡年龄墓葬各类制品的均值、标准差和标准误

性别与年龄段		样本容量	均值（$\overline{X}$）			标准差（S）			标准误（$S.E.mean$）		
			陶	石	骨	陶	石	骨	陶	石	骨
男	少年	3	0.67	0.33	0.00	1.155	0.577	0.000	0.667	0.333	0.000
	青年	2	0.00	0.50	4.50	0.000	0.707	6.364	0.000	0.500	4.500
	壮年	24	0.96	1.04	4.92	0.751	1.601	6.227	0.153	0.327	1.271
	中年	48	0.94	1.23	1.27	0.861	3.502	2.524	0.124	0.506	0.364
	老年	14	0.64	0.50	2.14	0.497	1.345	2.797	0.133	0.359	0.748
女	少年	2	1.00	7.50	5.00	0.000	10.607	7.778	0.000	7.500	5.500
	青年	14	0.57	0.21	0.21	0.646	0.426	0.579	0.173	0.114	0.155
	壮年	19	0.95	1.47	1.05	0.705	2.988	1.079	0.162	0.686	0.247
	中年	23	0.78	0.39	1.13	0.671	0.783	2.912	0.140	0.163	0.607
	老年	7	0.57	0.00	0.14	0.535	0.000	0.378	0.202	0.000	0.143

通过SPSS软件分析得出双因素方差分析结果见表九至表一一。可以看出，性别、年龄对随葬的陶制品数量的影响不明显。而石制品受性别、年龄以及性别与年龄的交互影响均较显著。骨、牙制品受性别、年龄的单独影响不大，但性别与年龄的交互作用对骨牙制品数量的影响较显著。

表九 不同性别和死亡年龄墓葬随葬陶制品数量的双因素方差分析表

方差分析：双因素方差分析（因变量：陶制品）

差异源	SS	Df	MS（SS/Df）	F（$MS_{组间}/MS_{组内}$）	$P\text{-}value$
性别	0.343	1	0.343	0.573	0.450
年龄	6.657	5	1.331	2.222	0.053
性别* 年龄	1.328	5	0.266	0.443	0.818
总计	260.000	228			

表一〇 不同性别和死亡年龄墓葬随葬石制品数量的双因素方差分析表

方差分析：双因素方差分析（因变量：石制品）

差异源	SS	Df	MS（SS/Df）	F（$MS_{组间}/MS_{组内}$）	$P\text{-}value$
性别	21.999	1	21.999	4.740	0.031
年龄	73.347	5	14.669	3.161	0.009
性别* 年龄	77.910	5	15.582	3.358	0.006
总计	1270.000	228			

表一一 不同性别和死亡年龄墓葬随葬骨牙制品数量的双因素方差分析表

方差分析：双因素方差分析（因变量：骨牙制品）

差异源	SS	Df	MS（SS/Df）	F（MS组间/MS组内）	P-value
性别	12.391	1	12.391	1.318	0.252
年龄	101.038	5	20.208	2.149	0.061
性别*年龄	185.443	5	37.089	3.945	0.002
总计	3067.000	228			

从表八显示的均值上看，女性少年占有的石制品及骨、牙制品的数量是最多的，应该承认的是，少年能够鉴定出年龄的样本数较少，不排除具有一定偶然性，可能影响对总体女性少年墓葬随葬品数量的判断。除少年组样本外，其他年龄段不同性别的样本容量较大，统计意义较明显。从均值上可以看出，除少年组外，女性壮年墓葬占有石制品最多，男性中年次之；男性壮年墓葬占有骨、牙制品最多，男性青年次之。

（四）不同时期随葬品数量的变化

笔者曾对贾湖遗址墓葬进行了初步分期研究，将该遗址的墓葬划分为三期[6]。结合此结果，把各个时期的单人墓作为3组样本，来分析讨论不同时期随葬品有无变化。

能够明确分期的单人墓葬共有104座，其中89座能鉴定出性别。若考虑分期与其他因素如性别、年龄等对随葬品的共同影响，两因素或多因素的组合形式会造成某个性别或年龄组在一些时期的样本容量较小的情况，不具有良好的统计意义，因此，使用单因素方差分析的方法，仅讨论陶制品、石制品和骨、牙制品的数量在各个时期是否存在差异。各组样本的容量、随葬品总和、均值、方差、标准误等数据见表一二。

表一二 不同时期墓葬中各类随葬品的均值、方差、标准误

期	样本容量	随葬品总和 $\sum_j X_{ij}$			均值（$\overline{X}$）			标准差（S）			标准误（S. E. mean）		
		陶	石	骨	陶	石	骨	陶	石	骨	陶	石	骨
第一期	32	33	57	42	1.03	1.78	1.31	0.10	16.37	6.61	0.055	0.715	0.454
第二期	35	51	34	113	1.46	0.97	3.23	0.78	6.03	17.24	0.150	0.415	0.702
第三期	37	44	8	15	1.19	0.22	0.41	0.49	0.73	0.69	0.115	0.140	0.137

自由度$Df_{组间}=2$，$Df_{组内}=101$，设定显著性水平$\alpha=0.05$，

查F函数表，$F_{0.05}（2,101）=3.086$

经过计算，$F_陶=3.341>3.086$，$F_石=2.875<3.086$，$F_骨=9.169>3.086$，故石质随葬品没有明显的差异，陶、骨随葬品在不同时期存在差异。从均值上看，第二期骨、牙制品和陶制品的数量均最多。骨、牙制品数量的变化更明显，在第二期时明显增多，第三期时骤然减少。

三、对分析结果的初步认识

通过对文章开头提出的4个问题的分析，可以看到如下结果。

第一，男、女性单人墓在随葬品的总体数量上看不出显著性差异。但将随葬品种类引入统计变量之后，情况就发生了一定的变化，即陶和骨、牙质随葬品的数量与性别无关，而石制随葬品的数量与性别有关。

第二，随葬品数量与墓主人的死亡年龄有关。壮年（25~35岁）死亡的墓主人随葬品数量最多。具体到随葬品的种类上，陶制品和骨、牙制品的数量与墓主人的死亡年龄无明显关系，而石制品受到墓主人的死亡年龄的影响显著。

第三，不同种类的随葬品数量受到墓主人的性别和死亡年龄的交互影响。性别、年龄对陶制品数量影响不明显。石制品和骨、牙制品受到性别和年龄的交互影响均较显著。

第四，不同种类随葬品的数量在不同时期的数量变化上亦表现出一定的差异性。在不同时期，石质随葬品没有明显差异，陶制品和骨、牙质随葬品存在明显的差异。

贾湖遗址与裴李岗文化的年代相当，^{14}C年代为7000~5800BC[7]，相当于前仰韶时代，属新石器时代早期。该墓葬初步统计分析的结果，对认识这个时期的所有制情况、社会结构等问题均提供了一些线索。从统计结果来看，就以下问题进行简要的讨论。

首先，关于女性少年儿童随葬品数量的问题。在讨论随葬品数量与墓主人死亡年龄过程中，当忽略了性别的差异仅考虑年龄因素时，可以得出壮年墓主人随葬品数量最多的结论。考虑到性别的因素时，却发现女性少年的随葬品均值最多，为14件随葬品；男性壮年的随葬品次之，为7.46件。

这一现象的产生可能有两个原因。其一，未成年的少年性别鉴定比较困难，在能判断年龄的25座少年组墓葬中仅能鉴定出3座男孩墓和2座女孩墓。因此，在统计上样本量较少，可能存在较大的偶然性。从总体上来看，或可仍应认为男壮年墓葬的随葬品数量较多。其二，虽然女孩随葬较多随葬品的事件在统计上可能存在一定的偶然性，但这两例女孩墓葬也提示我们，贾湖先民们可能存在厚葬女孩的习俗。厚葬女孩的现象在仰韶时代早期的半坡文化华县元君庙墓地就有发现，这一现象应是母权制度时代的一种社会现象[8]。如是，可以借此判断，年代早于仰韶时代、社会发展阶段处于母系氏族时代的贾湖先民们可能也存在如元君庙半坡文化墓地那样的重女习俗。

其次，关于壮年随葬品数量的问题。壮年死者拥有随葬品总数最多。这就说明，贾湖墓地很可能存在由于壮年的劳动能力强而能占有较多随葬品的情况。这就暗示该墓地反映的生产和生活资料的占有情形是否可用年龄即劳动能力作为衡量标准？即劳动能力越强则占有物品越多。

　　另外，对随葬品总量的统计结果显示，贾湖墓葬没有男性或女性所有制的迹象，但存在男性或女性多占有个别类随葬品的情形。从石质随葬品来看，女性随葬的石质随葬品数量较多，而当具体到各个年龄组时，若不考虑作为特殊情况出现的女性少年组，或可认为女性壮年对这类制品的占有处于优势地位，男性中年次之。同样，若从骨、牙质随葬品来看，男性壮年对这类制品的占有处于优势地位。

　　可见，男、女性对于不同质地的随葬品占有数量的偏好，暗示着贾湖先民中可能存在着一定程度的社会分工，这种"社会分工"现象在性别和年龄的共同作用下呈现得比较明显，其考古学文化意义也更加显著。其中，男性壮年（25～35岁）随葬的骨、牙制品以骨镞为主（占41.3%），骨镖（占25.6%）、牙削（占12.4%）次之，还有少量的骨针（占5.8%）、骨笛（占5.0%）、牙饰（占2.8%），以及骨匕（占1.7%）、牙刀（占1.7%）、叉形器（1.7%）等[9]。可见，男性壮年随葬的骨、牙制品以狩猎和加工动物肉、皮类工具为主。能意味着这个年龄段的男性人群可能从事狩猎的工作较多。女性壮年（25～35岁）随葬的石制品以装饰品为主（占51.9%），磨盘、磨棒（占14.8%）和石斧（11.1%）次之，还有少量的砺石（占7.4%）、石球（占7.4%）、石砧（3.7%）等；男性中年（35～55岁）随葬的石斧最多（33.3%），石锛次之（22.2%），还有砺石（11.1%）、磨盘（11.1%）、打制石器（11.1%）等[10]。据此判断，除了女性壮年偏好随葬石质装饰品外，在石制品方面女性壮年和男性中年多随葬采集、加工植物或制造生产工具的石器，看来，这两个人群可能多从事采集、种植和制造方面的工作。

　　有趣的是，陶制品的数量并不受性别和年龄等因素的影响，或说明陶制品已成为贾湖先民最基本的生活资料，对陶制品数量的分配并不体现性别、年龄等方面的意义。

　　再次，关于不同时期随葬品数量的变化。陶制品和骨、牙制随葬品的数量随年代的变化较明显，在第二期均较多。这一情况暗示着，在第二期时贾湖先民们可能存在一个生产较发达的时期。胡耀武等先生认为，在《舞阳贾湖》报告所述的第二期时，狩猎捕捞业达到最高峰，到第三期时在人民日常生活中的比例开始下降[11]。剔除胡文分析的样本中的合葬墓，并与本工作使用的分期方案相结合，可以发现，一期的单人墓葬M303属胡文所指的肉类需要不大的第一类食谱，年代为第二期到第三期早段的单人墓M344属胡文所述的肉类比例较高的第二类食谱。可见，在本工作使用的分期方案的时间框架之中，也可以大致看到胡文所述这一食谱变化趋势。本工作发现，第二期时的骨、牙制品数量较多，也从另一个角度反映出了贾湖先民们在这一时期狩猎和捕捞活动的增加。而大量的渔猎采集工作可能会带来更多的空闲时间从事其他生产活动[12]，故第二期的陶制品的产量也可能由此而增加。

　　当然，本研究为了保证样本的单纯性，没有将合葬墓的数据纳入到统计分析过程中。这就意味着实际情况可能更加复杂。合葬墓中的死者之间存在怎样的关系？怎样判定合葬墓中各个死者拥有的物品数量？这些问题都有待于研究的进一步深入。

注　释

[1]　张忠培：《浅述考古学与自然科学的关系》，《中国考古学：走近历史真实之道》，科学出版社，1999年，第149页。

[2]　陈铁梅：《定量考古学》，北京大学出版社，2005年。

[3]　王奇志：《龙虬庄遗址墓葬统计学分析尝试》，《东南文化》2003年第1期，第19～22页；黄可佳：《姜寨一期墓地的初步研究》，《中国历史文物》2006年第3期，第34～44页。

[4]　河南省文物考古研究所：《舞阳贾湖》，科学出版社，1999年。

[5]　河南省文物考古研究所：《舞阳贾湖》，科学出版社，1999年，第145～147页。

[6]　段天璟：《舞阳贾湖遗址墓葬分期研究》，《华夏考古》2006年第2期，第57～66页。

[7]　河南省文物考古研究所：《舞阳贾湖》，科学出版社，1999年，第518页。

[8]　北京大学历史系考古教研室：《元君庙仰韶墓地》，文物出版社，1983年，第80页。

[9]　河南省文物考古研究所：《舞阳贾湖》，科学出版社，1999年，第765～770页。

[10]　河南省文物考古研究所：《舞阳贾湖》，科学出版社，1999年，第748～754页。

[11]　胡耀武、Stanley H Ambrose、王昌燧：《贾湖遗址人骨的稳定同位素分析》，《中国科学（D辑）》2007年第37卷第1期，第94～101页。

[12]　Merryl W D, Piero Richard A. Introducing Anthropology. Cambridge: Icon Books, 2007: 62.

（原载《文物保护与考古科学》2012年第24卷第3期）

墓葬习俗中的性别研究
——以贾湖遗址为例

王建文　张童心

性别考古学（Gender Archaeology）对国内一些考古学者或许还比较陌生。"性别考古是试图从物质文化来探究男女成员在某一特定文化背景中参与社会、政治、经济和宗教活动的情况和发挥的作用。这些现象和性别有关，但是它取决于社会因素，而非生物学因素"[1]。"它的产生与20世纪70年代女权主义思潮的发展和妇女在社会争取平等权益的运动有着密不可分的关系"[2]。虽然性别考古学作为一个分支学科兴起于美国，至今也就30年左右，但是从性别着手探讨社会及家庭结构的研究文章在20世纪50~80年代的中国有很多，这当然得益于马克思主义模式在当时中国有着不容置疑的地位。"但时至今日，在中国考古学界似乎仍没有把性别及其相关问题当作一个独立的研究领域。之所以出现这种情况，一方面，是因为过去较长时间内，大家太过重视马克思主义的社会发展理论，将研究社会性质看作是考古工作者的主要任务，而研究社会性质又主要是运用考古材料去证明和阐释马克思主义者所主张的母权制—父权制—奴隶制—封建制……直线社会发展模式。这样即使在研究中涉及了两性问题，也难以扩大展开；即使做出了一些有价值的研究成果，也只能是作为社会性质研究的'副产品'看待。另一方面，也许是因为在社会发展历程中，从父系家长制开始以来，男性长期居于主导地位，因而考古工作者在自己的研究实践中，无形中对作为主人、掌权者的男性关注过多，而忽略了对人类的另一半女性的社会地位、社会角色、思想观念、审美意识及其在社会发展中所起作用的独立探讨"[3]。20世纪80年代以来，随着对红山文化、三星堆文化、良渚文化认识的不断加深，以及国外考古学理论的引进，单线进化论不再被奉为金科玉律，我们在破除教条理论束缚的同时也失去了对问题本身的兴趣，或许是过去曾过多地探讨了母系制与父系制的问题，许多考古学家现在不愿再从事这种与性别有关的研究，令人惋惜。

近年由于国外性别考古学的蓬勃发展，又推动了国内考古学者对性别问题的关注。如王苏琦翻译英国杜伦大学（Durham University）考古学教授马太·约翰逊（Matthew Johnson）1999年出版的《考古学理论：导言》（Archaeological Theory: An Introduction）一书的第八章"考古学与性别"（"Archaeology and Gender"）[4]，陈淳、孔德贞从性别角度对史前玉璜作的社会学观察[5]，以及作为北京大学古代文明研究丛书之一刚翻译出版的《性别研究与中国考古学》[6]。上述研究成果及译著必将推动中国性别考古学向更广阔的方向发展。

一、贾湖遗址材料介绍

贾湖遗址位于河南省舞阳县北舞渡镇的贾湖村（图一）。经过历时5年6次发掘[7]，共揭露面积2358.7平方米，清理出房址45座，陶窑9座，灰坑370座，墓葬349座，瓮棺葬32座，埋狗坑10座，以及一些壕沟、小坑、柱洞等[8]。本文重点讨论贾湖墓葬习俗与性别的关系。贾湖遗址发掘的349座墓葬，在遗址的西、中、东部都有分布，且较为密集。墓葬分三期九段。经树轮校正，第一期为7000～6600BC，第二期为6600～6200BC，第三期为6200～5800BC。贾湖文化的年代跨度在距今约9000～7800年[9]。贾湖遗址发现的349座墓葬，在报告中有很详细

图一 河南舞阳贾湖遗址位置示意图

的描述[10]。多数为长方形竖穴土坑墓，墓葬规模一般差距不大，墓向以西为主，次为西南，少数为西北向，均在230°～320°。葬式多样，以单人一次葬为主，但二次葬、一次与二次合葬、迁出墓也占一定比例[11]。

贾湖遗址的报告附有通过骨骼测量的年龄与性别的科学数据、墓葬尺寸数据和随葬品种类及组合的详细图表。发掘的349座墓中，可供鉴定的人骨个体有326个，加上原试掘报告公布的16例，共342例。其中男性190例，占总数55.6%，女性120例，占总数的35.1%，16岁以下儿童26例，占总数7.6%，性别未明者6例，占总数1.7%[12]。

报告作者也注意到了性别问题。例如，死亡人群中年龄结构与性别的探讨[13]，随葬品中随葬石铲、石斧、骨镞、鱼镖的墓主一般是男性，随葬骨针、陶纺轮、石磨盘的墓主一般是女性，但是女性墓同时也随葬石斧、鱼镖、骨镞等[14]。本文的论述是建立在上述研究成果的基础之上，但是视角与方法又有所不同。

二、本文的研究主旨与方法

基于墓葬习俗中对男女的不同对待与死者生前的社会角色与社会地位是真实、对应

的关系已经愈来愈受到人们的质疑[15]。因此我们必须意识到"墓葬习俗对男女的不同对待，和通过男女的埋葬方式去重建他们生前的社会关系和角色，是两个不同层面上的研究课题"[16]。因此我们通过墓葬性别关系重建他们生前的社会角色时必须谨慎。墓葬习俗究竟反映了生者还是死者的观念？抑或兼而有之？这或许会因时因地而有不同，将是今后考古学研究面临的一个重大问题。

　　本文重点讨论墓葬习俗对男女的态度与观念。以贾湖遗址为例，具体探讨如下几个问题：死亡人群中两性性别比例与年龄结构分析；墓葬骨骼患病与性别及年龄之关系；随葬品与性别之关系。本文尝试从性别角度，结合现代流行病学及民族学材料，对上述问题作可能的解释。统计学分析是本文使用的主要方法，可以了解骨骼患病率及随葬品分布规律与性别的关系。但是，我们必须意识到，墓葬是一个仪式活动的遗存，必须思考考古人在进行此项活动时认为自己在干什么，而不是用今天的观念去理解古人。统计学的结论必须放在整个遗存的宏观背景下考虑，这样才能提高解释的可信度。

三、资料分析

（一）贾湖遗址墓葬墓主骨骼患病与性别关系

　　贾湖遗址墓葬中，除16岁以下个体（26例）和6例不知性别的个体之外，可判断为成年的个体共310例，在可估计年龄的个体中男性共190例，其中可确认年龄段的个体115例，占60.5%，只能估计为成年的个体75例，占39.5%，女性中，可估计为成年的个体共120例，其中82例可确定期年龄段（占68.3%），38例只能确定为成年而不能确定年龄段（31.7%）。

　　男性死亡高峰期在中年期（36～55岁），其次为壮年期，青年期死亡比例较少。女性中，死亡高峰期也是在中年期（29.2%），其次为青年期（18.3%），老年期死亡率较少（5.8%）。从两性死亡率的比较可以看出，青年期时期，女性的死亡率明显比男性的高，而壮年期以后，男性的死亡率明显比女性高。这种死亡率的变化，基本上与我国新石器时代各组的死亡情况相似，也就是说女性死于青年期较多，男性死于壮年以后的较多[17]。但是我们也明显看到，墓葬中男女两性比例严重失调，男女比例为1.6/1，这一现象很值得我们注意。尽管如此，我们不能将墓葬中两性比例的差距推定为该聚落人群生前的性别比例失衡，因为人口的迁徙流动[18]、骨骼的埋葬环境、丧葬风俗、骨骼鉴定误差以及目前发掘的面积只占整个遗址的1/23等因素都可能影响到墓葬人群中两性的比例。

　　从表一可以看出，贾湖墓葬中墓主骨骼患病男性33例，女性7例，两性发病率占总数（342例）的11.7%，其中男性骨骼发病率占男性总数的17.4%（33∶190），女性骨病发病率占女性总数的5.8%（7∶120）。男性骨病发病率恰好是女性的3倍

（17.4%∶5.8%）。总体来看，骨骼发病率男性远高于女性。我们再看骨关节炎的发病情况。本病共有36个个体，占总数（342例）的10.5%。其中男性发病数占男性总数的16.8%（32∶190），女性发病数占女性总数的3.3%（4∶120），该病发病率男性是女性的5.1倍（16.8%∶3.3%）。根据现代流行病学调查[19]，骨关节炎是一种随年龄增长而发病率明显增加的退行性关节疾病。现代人骨关节炎发病率女性高于男性，分别为2.59/1000和1.71/1000。骨关节炎的总患病率约为15%，40岁人群的患病率为10%～17%，60岁以上则达50%。而在75岁以上人群中，80%患有骨关节炎。骨关节炎的发病与年龄、性别、职业、工作姿势、使用工具、饮食习惯和体内性激素水平等因素有关。身体各部位骨关节炎的发病与局部的过度活动、反复劳损有关。长期弯腰、伏案工作好发脊柱骨关节炎；长期使用锄、镐等工具易发手骨关节炎；肥胖、蹲姿工作好发膝骨关节炎。从事或进行关节负荷强度大和/或高度屈曲的工作或活动会增高骨关节炎的发病率。重体力劳动较非重体力劳动更易患病。贾湖人群中骨关节炎患病率男性远高于女性，只有他们从事的工作不同才可能导致这种异常，而性别、年龄等因素均不足以出现上述男女骨关节炎患病率的相差悬殊。也就是说，贾湖人中男性多从事重体力活，或是容易使关节过度劳损的活动，女性则相反。由此可以看出，贾湖人生活的时代出现了明显的劳动分工，而这种分工的决定因素并非来自生物学因素，而是社会学因素，因为劳动分工并非在所有的新石器墓地中都有体现，它并不是人类体质的差异必然出现的结果，而是社会因素决定了最终如此。从随葬品中亦可看出类似的现象。随葬品中随葬石铲、石斧、骨镞、鱼鳔的墓主一般是男性，随葬骨针、陶纺轮、石磨盘的墓主一般是女性，但是女性墓同时也随葬石斧、鱼镖、骨镞等[20]。

表一　贾湖墓葬墓主骨骼患病病例与性别关系统计表

病况 性别	骨折	风湿性关节炎	骨瘤	骨关节炎	强直性脊柱炎	骨髓炎	合计
男	3		2	32	1	1	33
女	1	1	1	4			7

我们再来看一下骨关节炎患者与随葬品的关系。从表二和表三可以看出，在整个墓地中，随葬2件及以上随葬品的墓葬（168座）占总墓葬数（349座）的48.1%。而在墓主患关节炎的墓葬中，随葬2件及以上随葬品的墓葬（31座）占墓主患骨关节炎的墓葬总数（35座）的88.6%，而且这些墓随葬品大多较为丰富，如整个墓地随葬21件以上物品的墓葬占墓葬总数的1.4%，而在墓主患骨关节炎的墓葬中，随葬21件以上物品的墓葬占总数的17.1%。就统计数据来看，很容易让我们得出这样一种认识：这些生前多是由于重体力劳动而不幸患病的人死后得到了较多的随葬品，这些随葬品大多有使用痕迹，应为墓主生前用品，这些用品无疑是财产的一部分，暗示贾湖人的财产是通过劳动获得的，多劳则多得。但是这些统计数据究竟有多大的可能性呢？我们必须持谨慎的态度。从表三所示的贾

湖遗址墓葬随葬品的悬殊程度来看，贾湖人生活的社会无疑出现了社会分层。无随葬品的墓葬占墓葬总数的24.1%，1～3件随葬品的墓葬占总数的47.6%，4件以上随葬品的墓葬占总数的28.3%。就随葬品反映的情况来看，贾湖人的社会呈橄榄球状，两头小，中间大。这似乎和上面得出的"贾湖人的财产是通过劳动获得的"的结论相矛盾，既然财产通过劳动获得，难道占总数24.1%的没有随葬品的墓葬墓主都不参加劳动吗？这显然不太可能。合理的解释是：通过劳动获得财富只在贾湖人的中间阶层实行，即随葬一件及以上物品的墓主的阶层实行。但是在一些随葬品非常丰富的墓葬中，财富的获得或许还有其他途径，如2001年春贾湖遗址的第7次发掘发现的两座厚葬的女性墓，不仅浑身上下摆满各种随葬品，而且在眼眶内还置入一至数枚绿松石装饰品[21]。这些随葬品异常丰富的墓葬墓主的财富当非仅靠个人劳动所能获得，这一阶层财富的获得应该有其他途径，但是我们已无法确知。贾湖人所处的时代，社会的分层，财富的不均都很明显。所有这些都显示了贾湖人社会的复杂性，远超出我们的想象。

表二　骨关节炎患者与随葬品关系统计表

性别＼数量	0件	1件	2～3件	4～10件	11～20件	21件以上
男		3	5	11	5	6
女			3		1	
男女合葬	1					
合计（%）	1（0）	3（2.7）	8（22.7）	11（31.4）	6（17.1）	6（17.1）

表三　贾湖墓遗址葬随葬品数量统计表

随葬品数量	无	1件	2～3件	4～10件	11～20件	21件以上	合计
墓葬数（%）	84（24.1）	97（27.8）	69（19.8）	69（19.8）	25（7.1）	5（1.4）	349（100）

（二）随葬龟甲器、叉形器、骨笛墓葬墓主与性别之关系

在贾湖遗址墓葬中，共发现龟甲器（图二、图三）91件，分别出于24座墓葬，最少一座墓只出1件龟甲，多则有8件。只出1件龟甲器的有8座墓，其余16座墓的龟甲器则为成组出现。目前关于中国出土龟甲的用途，学者已有讨论。陈星灿、李润权先生归纳了当前学者的意见，共有12种解释。陈、李二先生综合众说，结合美洲人类学的材料与研究成果，认为"中国出土的龟甲器是龟甲响器，我们可以从北美洲的材料得到确切的证实。尽管如此，因为两个地区的文化千差万别，深层的文化价值更不一样，要证实每一个遗址出土龟甲响器的使用场合和用意，几乎是不可能的。即在美洲考古遗址出土的龟甲器也复如此……以贾湖为代表的早期龟甲响器，多多个组合出现，又多出在死者腿部，其使用方式也许部分同美国东南部的Creeks人和Cherokee人类似，是多龟甲组合响器，也许还是绑在

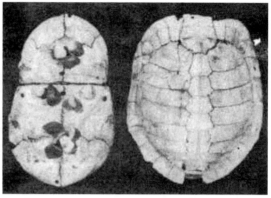

1   2

图二

1. 龟甲（M363：13，外侧视）　2. 龟甲及石子（M363：13，内侧视）

图三　龟甲及石子（M233：13）

腿上跳动发出声响的"[22]。把贾湖的龟甲器作龟甲响器解释，我们认为比较合理。但是对于贾湖龟甲响器的具体使用方法及用途，似乎还有进一步探讨的余地。

在贾湖遗址中出土了一种叉形器（图四）。计有18件，分别出于13座墓葬。此类器物的共同特征是，"可分为两段，上段为两股叉形，有较圆钝的刃口；下段一面呈钩形，另一面呈斜刀形，钩端与刀下角相连接……大多经长期使用、把握，圆润光滑。叉端看起来经常使用，有的叉断了一股仍在使用，并在使用中被磨圆钝。两端之间的管筒上多有因破裂后为缀合而钻的圆孔，可见这两处也经常受力。这些器物多置于成堆的龟甲上，也有个别握在死者手中或置于身旁。其

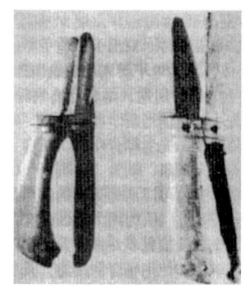

图四　叉形器

左（M395：2）　右（M363：4）

用途可能和龟有关"[23]。出叉形器的13座墓中有9座与龟甲同出,有6座叉形器、龟甲、石子同出。共出的龟甲或有钻孔,或有磨痕,暗示这些物品多经长期使用。但是对于叉形器的功用,至今仍无学者探讨。对比易洛魁人的龟甲响器,我们认为贾湖遗址出土的叉形器恰好是龟甲响器的另一部分。把叉形器上端的一股插入龟壳,另一端在外,紧贴龟甲的腹甲,然后用绳缚住,内装石子,巫师手握下端的钩形部分即可摇动。如果此说不误,那么所谓的叉形器和龟甲其实是龟甲响器的完整形态,应是巫师作法的法器,而出土这些法器的墓葬无疑是巫师的墓葬了。但是我们还应注意到,贾湖遗址的龟甲器和叉形器共出的只有9座墓,尚有15座墓没有随葬龟甲器,这提醒我们龟甲器应该有不同的制作与使用方法;龟甲器除出土于墓葬外,还见于房基,或许有奠基的意义。这又暗示我们,暗示龟甲不仅作为响器,或许还有其他功能,应视不同出土地点而区别对待,不宜一概而论。

从表四可以看出,随葬叉形器、龟鳖的墓主66.7%是男性,另有22.2%是合葬墓,11.1%是疑似男性。如果随葬叉形器、龟鳖的墓主确为巫师的话,或许我们可以推断,男性在这一行业占有极大的优势。但是仍有其他可能,M411只出叉形器,M55、M290只出龟甲,而这3座墓皆为女性,加之尚有2座合葬墓,我们仍然不能排除女性充当巫师的可能性,但是男性在这一领域占有优势是不言而喻的。至于巫师在贾湖人中扮演了什么样的社会角色及拥有怎样的社会地位,有待于结合其他材料作更进一步的探讨。

表四　叉形器、龟鳖共出墓葬墓主性别关系统计表

期段 性别	I 1	I 2	I 3	II 4	II 5	II 6	III 7	III 8	III 9	合计(%)
男		M125			M344 M387	M17 M94	M253			6(66.7%)
女										
男女合葬						M363 M327				2(22.2%)
男(?)						M16				1(11.1%)

贾湖遗址共出土25支骨笛(图五),其中22支出于13座墓葬,1支半成品出于窖穴,另一支残器被弃置于地层之中。本文只讨论墓葬出土骨笛与墓主性别之关系。从表六可以看出,骨笛主要出于男性墓中,占墓中出土骨笛数的86.4%(19:22),出于女性墓中只占9.1%(2:22),出于性别未明墓中仅占4.5%(1:22)。属于早期的有2支,中期的有15支,晚期的有5支,暗示中期是骨笛使用与发展的高峰期。这与其他随葬品的情况类似,大多出于中期,说明贾湖文化的中期是繁盛期,到晚期随葬品显著减少,龟甲、叉形器、骨笛几乎不见于III8、III9,显示了贾湖文化在晚期的衰落。"从骨笛的材质到制作过程观察,当时人们制作一件骨笛并非易事,也不是人人皆可制笛,所以用起来特别珍惜。即使残断也修修补补继续使用"[24]。关于骨笛的功能,报告作者认为骨笛、龟甲、叉形器的功能有相当大的趋同性,可能为宗教仪式上的道具[25]。据此,则随葬骨笛的墓主多

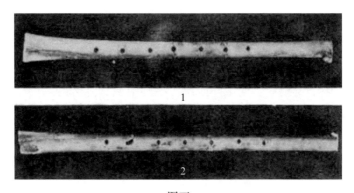

图五

1. 七孔骨笛（M282∶21）　　2. 七孔骨笛（M78∶1）

为巫师，且男性占绝大多数，这与上文得出的男性在巫师这一职业领域占有优势的结论是相印证的。

表五　贾湖墓葬随葬骨笛与性别关系统计表

期段 性别	早期BC（7000～6600）	中期BC（6600～6200）	晚期BC（6200～5800）	合计
男	M341（2）	M344（2）M387（1） M282（2）M233（2） M270（2）M121（1） M78（2）M73（1）	M263（1） M253（2） M90（1）	12座墓 19支骨笛
女		M411（1）M55（1）		2座墓 2支骨笛
性别不明			M99（1）	1座墓 1支骨笛

注：表中墓号后括号内为骨笛数目。

四、结　语

本文从性别关系着手，对贾湖遗址的墓葬进行了分析。

首先，我们对死亡人群的两性比例与年龄结构进行了分析，就墓葬材料而言，贾湖人男女性别比例严重失调，但是考虑到目前发掘面积只占整个遗址的1/23、墓葬习俗与社会生活并非一一对应关系等因素，我们不能把墓葬中的性别比例等同于贾湖人所处社会的性别比例。对这一现象的解释仍待进一步深入。

其次，对墓葬中墓主骨骼患病与性别关系作了检讨，重点讨论了骨关节炎患者患病率男女相差悬殊的原因。结合现代流行病学的研究成果，我们认为导致男女患病率相差悬殊的原因是他们从事的工作不同所致，男性多从事重体力活，或是长途跋涉、蹲姿狩猎，或是在潮湿的环境渔猎，而女性却多不从事这些繁重的容易使关节损伤的活。我们又分析了骨关节炎患者与随葬品的关系，结果显示该病患者的随葬品丰富程度远较整个墓地的平均水平为高，据此推测是努力劳动让他们获得了远超过平均水平的财富，但同时我们认为通过劳动获得财富只限于贾湖社会的中间阶层。巫师中也有5例骨关节炎患者，证明他们亦参加劳动，只在祭祀或重大活动中扮演巫师的角色，并未脱离生产，似乎还没有职业化。

　　最后，分析了随葬龟甲、骨笛与性别的关系，结果两者得出的结论恰可相印证，证明巫师主要由男性来充当。随葬品主要分布在中期，可见遗址的中期是贾湖文化的繁荣期，到晚期的八、九两段，墓葬与随葬品都大量减少，可见晚期是贾湖文化的衰落期；同时，我们也可以看到，这一过程也是个渐变过程，并非由于突发的灾害而导致贾湖文化的毁灭，很可能是由于其他的因素导致了这一辉煌文化的逐渐衰退，终致消失。贾湖文化对于我们来说仍是一个未解之谜，问题远比结论更多。本文只是尝试从性别角度对这一文化作一另类观察，结论或失之偏颇，观点亦不尽合理，期望方家指正。

　　鸣谢：感谢陈星灿先生惠赐大作《申论中国史前的龟甲响器》（《桃李成蹊集》，香港中文大学出版社，2004年），使本人受到很多启发，也使本文的立论更加坚实；同时感谢社科院研究生付永旭同学为本人复印并邮寄此文，作者对他们的无私帮助表示衷心的感谢。

注　释

［1］　陈淳、孔德贞：《性别考古学与玉璜的社会学观察》，《考古与文物》2006年第4期，第31页。

［2］　林嘉琳、孙岩：《性别研究与中国考古学·前言》，科学出版社，2006年。

［3］　李伯谦：《中译本序》，《性别研究与中国考古学》，科学出版社，2006年。

［4］　马太·约翰逊著、王苏琦译：《考古学与性别》，《江汉考古》2004年第1期。

［5］　陈淳、孔德贞：《性别考古学与玉璜的社会学观察》，《考古与文物》2006年第4期。

［6］　林嘉琳、孙岩：《性别研究与中国考古学》，科学出版社，2006年。

［7］　2001年春，中国科技大学科技史与科技考古系和河南省文物考古研究所合作，对贾湖遗址进行了第7次发掘。详见中国科学技术大学科技史与科技考古系、河南省文物考古研究所、舞阳县博物馆：《河南舞阳贾湖遗址2001年春发掘简报》，《华夏考古》2002年第2期。因第7次发掘报告尚未出版，简报披露材料有限，因此本文引用原始材料基本来自于河南省文物考古研究所：《舞阳贾湖》，科学出版社，1999年（下同），只在个别的讨论中对简报的内容略有涉及。

［8］　河南省文物考古研究所：《舞阳贾湖》，科学出版社，1999年，第12页。

［9］　河南省文物考古研究所：《舞阳贾湖》，科学出版社，1999年，第518页。

［10］　河南省文物考古研究所：《舞阳贾湖》，科学出版社，1999年，第139～199页。

［11］　河南省文物考古研究所：《舞阳贾湖》，科学出版社，1999年，第139～152页。

［12］　河南省文物考古研究所：《舞阳贾湖》，科学出版社，1999年，第856页。

［13］　河南省文物考古研究所：《舞阳贾湖》，科学出版社，1999年，第856～857页。

［14］　河南省文物考古研究所：《舞阳贾湖》，科学出版社，1999年，第147页。

［15］　Gillespie S. Personhood, Agency, and Mortuary Ritual: A Case Study from the Ancient Maya. Journal of Anthropological Archaeology, 2001, 20: 73-112. O'Gorman J. Life, Death and the Longhouse: A Gendered View of Oneota Social Organization//Bettina Arnold, Nancy L. Wick. Gender and the Archaeology of Death. Walnut Greek: AltaMira Press, 2001: 23-25.

［16］　林嘉琳、孙岩：《性别研究与中国考古学》，科学出版社，2006年，第17页。

［17］　河南省文物考古研究所：《舞阳贾湖》，科学出版社，1999年，第856页。

［18］　胡耀武等利用微量元素分析方法，首次探讨了贾湖先民的迁徙活动，指出样品M249所代表的个体，可能是来自异乡的"移民"。根据体质人类学分析，其年龄仅15岁左右，说明其迁入后不久，便不幸猝死于贾湖。该文选取的标本只有15例，尚不能完全反映贾湖人群中移民的全貌。见胡耀武、James H. Burton、王昌燧：《贾湖遗址人骨的元素分析》，《人类学学报》2005年第24卷第2期，第158～164页。

［19］　王伟等：《中老年膝骨关节炎发病的相关因素》，《中国临床康复》2006年第10卷第44期，第15～18页；王伟等：《中老年人人群骨关节炎的流行病学研究》，《中国老年学杂志》2007年第27卷，第566～568页；李宁华：《中老年人群骨关节炎的流行病学特征》，《中国临床康复》2005年第9卷第38期，第133～135页；丘贵兴：《骨关节炎流行病学和病因学新进展》，《继续医学教育》2005年第19卷第7期，第68～69页。

［20］　河南省文物考古研究所：《舞阳贾湖》，科学出版社，1999年，第147页。

［21］　中国科学技术大学科技史与科技考古系、河南省文物考古研究所、舞阳县博物馆：《河南舞阳贾湖遗址2001年春发掘简报》，《华夏考古》2002年第2期，第29～30页。

［22］　陈星灿、李润权：《申论中国史前的龟甲响器》，《桃李成蹊集》，香港中文大学出版社，2004年，第83页。

［23］　河南省文物考古研究所：《舞阳贾湖》，科学出版社，1999年，第445页。

［24］　河南省文物考古研究所：《舞阳贾湖》，科学出版社，1999年，第454页。

［25］　河南省文物考古研究所：《舞阳贾湖》，科学出版社，1999年，第976页。

（原载《四川文物》2008年第6期）

贾湖遗址墓葬腹土古寄生物的研究*

张居中　任启坤　翁　屹　蓝万里　薛燕婷　贾　楠

　　古寄生物学是由Ferreira在1979年定名的[1]，他把寄生物学引入考古学研究，通过对考古遗址中寄生物材料的分析来研究古代人类行为模式、健康状况、卫生状况及其所处的自然环境。古寄生物学在20世纪70年代末至80年代初的美国、英国、巴西和德国等国家考古学界悄然兴起，如今，国外一些学者已经在古寄生物学研究领域取得较多成果，对古寄生物的研究渐趋成熟[2]。如加拿大的Montenego与巴西的Ferreira等人，通过对古寄生物材料中钩虫卵的分析，认为Clovis（克劳维斯人）不可能是第一批到达美洲生活的古人，因为他们沿着白令大陆桥迁徙就不可能引入钩虫卵和鞭虫卵，寒冷的气候和几乎冻结的土壤是不可能把虫卵传给新的宿主的[3]。莱茵哈德等学者通过对古人类蛲虫卵的研究，得出古代狩猎者比农耕者较少感染寄生虫病，而在那些从事农耕者中，住在洞穴里的古人，更易感染蛲虫病[4]。2001年，Loreille等学者首次对中世纪比利时Namur遗址古蛔虫卵进行DNA分析[5]等。

　　国内有关古寄生物的研究起步并不晚于国外，如20世纪70年代对长沙马王堆汉墓和江陵凤凰山汉墓古尸进行的寄生虫分析等，但有关研究成果见诸报道的仅限于考古学与医学相结合对古尸进行的综合研究。自20世纪90年代以来，还有一些介绍国外古寄生物研究的综述性文章，但至今鲜见专门从事古寄生物研究者。

　　国外学者对古寄生物的研究主要是通过对遗址中粪土、粪化石、古尸肠内遗物等遗存的分析，获得古代寄生物的有关信息，对墓葬"腹土"进行研究还鲜见报道。

　　"腹土"即墓葬内位于人体腹部的土壤，其大致位置及范围见图一。当人体死亡并被埋葬

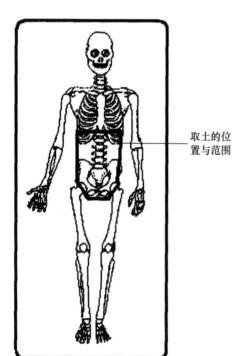

取土的位置与范围

图一　墓葬腹土取样位置示意图

　　* 国家自然科学基金资助项目（资助号：40472087）。

后，随着尸体的腐烂，腹腔内的物质就会逐渐渗入周围的土壤中，腹腔内所含的寄生虫卵也就随之进入人体腹部填土之中。所以，腹土是进行古寄生物研究的极有价值的材料之一。

一、材料与研究方法

1. 材料

人体寄生虫根据寄生部位的不同，可分为体外寄生虫和体内寄生虫。体外寄生虫是寄生在宿主体表上的寄生虫，如虱、蚤等；寄生在宿主体内的寄生虫称体内寄生虫，如寄生于肠道的蛔虫、组织内的囊虫、细胞内的疟原虫等。对墓葬腹土的研究则主要是针对人类体内寄生虫。

我们所研究的材料是来自贾湖遗址第七次发掘时收集的腹土。贾湖遗址是我国新石器时代前期的重要遗址，2001年春的第七次发掘发现房基8座、灰坑66座、陶窑3座、兽坑2座、墓葬96座，发现大量水稻颗粒、豆科植物种子，还有各种鱼、龟、鳖、鹿、狗、猪等动物骨骼[6]。此次分析的样品是发掘时收集的编号为M477、M478、M419的墓葬中人体腹部填土和T43④文化层土样。其中M477、M478属贾湖一期，距今约9000～8600年，M419与T43④同属贾湖二期，距今约8600～8200年。选用T43④文化层土样目的是作为参照对比，有利于结果分析。

2. 方法

采用国外古寄生物研究常用的方法[7]，取适量土样放入试管内，加入0.5%磷酸钠溶液，充分振荡让其水化，再用适当目数的标准筛进行过滤。将过滤后的遗留物放入培养皿中，加入磷酸钠溶液，吸取适量制作虫卵标本玻片，放在光学显微镜下进行观察，显微镜目镜筒内放置测微标尺片，校准后对虫卵大小进行测量。最后对观察结果进行分类鉴定。

二、实 验 结 果

在M419样品中发现有鞭虫卵和绦虫卵，在M477中发现有蛔虫卵，而在T43④与M478样品中，却没有找到虫卵。

对观察到的虫卵进行拍照，部分图片见图二～图四。根据对虫卵长、宽以及壁厚等测得的数据，并结合其形态颜色和内含物，对虫卵进行种类鉴定（表一）。

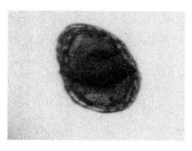 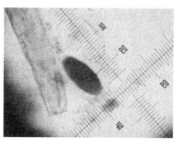 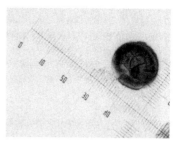

图二　显微镜下观察到的蛔虫卵　　图三　显微镜下观察到的鞭虫卵　　图四　显微镜下观察到的带绦虫
（400倍）　　　　　　　　　　（400倍）　　　　　　　　　卵（400倍）

表一　虫卵的形态及种类

图序	形状	长（微米）	宽（微米）	鉴定种类
图二	椭圆形	122±2.5	83±2.5	蛔虫卵
图三	纺锤形	47.5±2.5	22±1.25	鞭虫卵
图四	圆形	45±2.5	45±2.5	绦虫卵

三、讨　论

由于这次实验所做的样品量较少，发现虫卵的数量不多，从而给种类鉴定带来一定困难。在我们的实验结果中，明确可区分到种的有蛔虫、鞭虫和带绦虫卵，其余形态不够清晰、难以鉴定的类似虫卵物质的图片则未给出。现就可能决定或影响实验结果的原因分析如下。

（1）我们所用的墓葬腹土本身是否含有虫卵，这是实验能否成功的基本前提。

当人体死亡并被埋葬后，随着尸体的腐烂，腹腔内的物质就会逐渐进入周围的土壤中，所以只要墓葬的主人生前是感染了寄生虫的，那么虫卵就应该会进入腹土中。贾湖遗址地理坐标为东经113°40′，北纬33°36′，海拔67.5米，现属暖温带大陆性季风气候，淮北平原温暖易涝区，温暖多雨，光照充足，四季分明。年均气温14.6℃，年均降水量836.6毫米，无霜期220天[8]。根据河南省1988～1992年对全省城乡居民进行的人体寄生虫抽样分布调查结果，人体寄生虫的感染率为65%，其中蛔虫感染率平均为41.5%，蛲虫感染率平均为24.5%，钩虫感染率平均为20.8%，鞭虫感染率平均为8.4%，带绦虫感染率平均为0.03%，结肠小袋纤毛虫感染率为0.001%[9]。由此我们可推知，在史前卫生条件更差的状况下，寄生虫病的感染率可能更高。所以我们有理由相信，确实会有寄生虫卵进入我们所分析的墓葬腹土中。这次分析了3个墓葬的腹土，就有2个墓内发现寄生虫卵，有力的印证了我们的上述分析。

在所做的四个样品中，M478和T43④没有发现寄生虫卵。M478可能是由于样品的保存不够完善，或者是实验材料不够均质化，当然也有可能是M478的墓主人本来就没有感染人体寄生虫病。T43④样品是作为参照而选用的。由于文化层曾经长期暴露于当时的地表，并容易受到当时人类活动的干扰，即使当时有寄生虫卵存在其间，也很难长期完整保存而不被降解，没有发现虫卵应属正常。

（2）古寄生虫卵的保存现状，有可能影响到实验结果。

发掘前的保存状况：古寄生虫卵在古尸和木乃伊中的保存状况最好，木乃伊化、干燥、无氧是古寄生虫卵保存的最有利条件[10]，这也是为什么对古尸和粪化石内古寄生虫卵的研究比较多的一个主要原因。但是，古尸、木乃伊和粪化石毕竟不易发现。墓葬腹土相比之下较容易获得，如果能在墓葬腹土中寻找到古寄生虫卵，意义无疑更大。但墓葬填土并不具备很适合保存古寄生虫卵的条件，因为潮湿、有氧的环境不利于寄生虫卵的保存，如果其中出现了真菌，它的降解作用对虫卵的影响更大[11]。在我们实验的过程中，曾在显微镜下发现了真菌的踪迹，因此古寄生虫卵的保存很可能曾受到真菌的影响。

发掘后的保存状况：此次实验所用样品是三年前发掘时获得的，收集后在室内自然条件下分类封闭保存。这三年期间样品的保存状况是否会对古寄生虫卵产生影响，会有什么样的影响，这些都很难估计。

（3）古寄生虫卵因在土壤中已保存多年，往往过度结晶矿化而失去原有形态结构和完整性，对其研究需要充足的经验，而这一点是我们缺少的。国内目前尚未做过类似的研究，国外虽有粪化石等相似样品的研究，但给出的方法步骤也不够翔实。著名的古寄生物学专家Reinhard1998年在回答为何他做这一类实验能获得成功而其他人用和他同样的方法却往往失败时曾说道："我的成功归结于多年来对矿化的古寄生虫卵形态的研究。"[12]他积累了三十多年经验才获得了目前的成功，而其他实验室在用同样的方法分析同一批样品时却往往得不到结果，可见充分的经验积累在此类研究中的重要性。

（4）抽样的多少与样品的均质化是影响实验结果的一个不可忽略的要素。

从图一墓葬腹土的取土范围可知道，尸体腐烂，腹腔内所含的一些物质会进入土壤中，但不可能在我们所取的所有腹土中都含有人体腹腔内的残余物。那么在实验材料的选取上就要求先把腹土均质化。古寄生物专家Dainton在其文章中就样品均质化问题曾着重强调并介绍了他自己的方法[13]。

（5）与粪化石相比，墓葬腹土中古寄生虫卵的分布显然要少得多，寻找起来难度更大，无疑发现虫卵的数量可能就要少得多。

在我们的实验中，发现有蛔虫卵和鞭虫卵，它们都属线虫类虫卵。线虫对宿主危害的轻重与寄生虫的种类、数量、发育阶段、寄生部位、虫的机械作用与化学作用以及宿主的机能状态和免疫反应等因素有关[14]。墓葬腹土内含有的线虫类虫卵主要是肠道内寄生线虫，它们可损伤局部肠黏膜，引起出血及炎症反应。蛔虫和鞭虫都属世界性分布，多分布于热带至温带广阔地区，温暖、潮湿的环境有利于虫卵发育和传播，蛔虫病和鞭虫病的感染与个人卫生和环境卫生有很大关系，尤其是饮用水的清洁和粪便的管理。贾湖墓葬腹土发现有蛔虫卵和鞭虫卵，虽然数量不多，但也可从中窥出贾湖史前人类环境卫生状况，如饮用水很可能不够清洁、粪便没有进行有效管理等。

带绦虫也是人体常见的寄生虫，其成虫寄生于脊椎动物的消化道中。我们的实验中发现有带绦虫卵。带绦虫主要有猪带绦虫、牛带绦虫两种，猪带绦虫病的患者一般以青壮年为主，男性多于女性。猪的饲养方式和居民生活习惯与猪带绦虫病的流行关系密切。人的感染与居民食肉习惯相关，喜欢生吃猪肉或野猪肉，或用热汤烫吃，温度不够，肉未烫熟，均可感染猪带绦虫。"贾湖遗址发现最多且可以认定的家畜是猪和狗，几乎在所有居址遗迹中均可见到残碎的猪的骨骼。据研究，大多数为家猪，证明猪的饲养已成为当时人们日常生活的一部分和主要的肉食来源之一。"[15]由此可推测，在当时的居住状况和卫生条件下，贾湖人感染的绦虫病极有可能是猪带绦虫病。

在我们的实验中，还发现有类似吸虫类虫卵的物质。吸虫的生活史较为复杂，要经过中间宿主后再到终末宿主，中间宿主一般是淡水螺或蚌，有些吸虫还需鱼、蝲蛄、溪蟹等作为第二中间宿主，吸虫的终末宿主大多是脊椎动物。可见，吸虫的生长过程是离不开水的，人类感染吸虫病多是因为饮用或使用含有吸虫卵的水源而造成。贾湖人生活时期，所在的淮河上游地区属于亚热带气候环境，贾湖遗址出土有大量蚌壳，而且渔猎是贾湖先民获取食物的主要来源之一，那么，贾湖先民感染吸虫病机会就更大甚至是难以避免的。

此次实验所获得古寄生虫卵数量少，还不能提供更为翔实的分析结果。要想对古代贾湖人的健康、饮食及环境卫生状况进行系统分析研究，还需在此实验的基础上，加大样品量的实验分析。

四、意　义

古寄生虫的研究对复原古代饮食结构和自然环境方面可起重要作用，从寄生虫资料方面推论出的证据在考古学研究中更令人信服，所受质疑最少，因为人体内含的某种寄生虫，与其所食用的动物或植物种类以及所饮用或生活接触的水源密切相关。寄生虫的生存需要特定的生态环境，如潮湿或水源，而且每一种寄生虫都有其特定的宿主（包括中间宿主和终末宿主）。通过古寄生虫的研究，还可获得古人类的健康状况以及卫生条件的珍贵资料，因为不同的寄生虫对人体造成的影响是不一样的，如钩虫会引起人贫血，蛔虫会引起消化不良和局部发炎，蛲虫发现较多，则说明当时卫生状况恶劣。

本次实验，通过对贾湖遗址M477、M478、M419墓葬腹土和T43④文化层土四个样品的古寄生物研究，发现了一些寄生虫卵，虽然还不足以对贾湖人的卫生与疾病状况、食物结构、生业形式和自然环境的关系进行可信性较强的分析推论，但也为今后从事相关研究开辟了新的途径，提供了新的信息和宝贵的借鉴，在墓葬腹土研究的领域和方法上也是一次有益的尝试。以前国外研究墓葬腹土大多只进行孢粉分析而未见关于对古寄生物研究的报道，国内尚未见到关于墓葬腹土的研究。这一尝试为探索古代人类健康状况、食物结构和行为模式及其所处的自然环境提供了一个新途径。此次实验表明，墓葬腹土中含有丰富的已逝人类生活的潜信息，值得我们进行多方位的探索。

本项目试验期间，得到了安徽省寄生虫病防治研究所郭见多和周利两位专家的悉心指导和热情帮助，谨致谢忱！

注　释

［1］ Adauto Araújo, Luiz Fernando Ferreira. Paleoparasitology and the Antiquity of Human Host—parasite Relationships. Memórias do Instituto Oswaldo Cruz, 2000, 95(suppl I): 89-93.

［2］ 谢仲礼：《生物学与考古学的最新结合》，《考古》1993年第11期。

［3］ Alvaro Montenegro, Adauto Araujo, Michael Eby, et al. Weaver Parasites, Paleoclimate and the Peopling of the Americas: Using the Hookworm to Time the Clovis Migration. A Report submitted to Current Anthropology, April 27, 2005.

［4］ Karl J Reinhard, Scott L Gardner, Jean Pierre Hugot. The Pathoecology of Enterobiasis in the Prehistoric Southwest USA. This paper was presented at the 1996 meetings of the Paleopathology Association.

［5］ Odile Loreille, Emmanuelle Roumat, Olivier Verneau, et al. Ancient DNA from Ascaris: Extraction Amplification and Sequences from Eggs Collected in Coprolites. International Journal for Parasitology, 2001(31): 1101-1106.

［6］ 中国科学技术大学科技史与科技考古系、河南省文物考古研究所、舞阳县博物馆：《河南舞阳贾湖遗址2001年春发掘简报》，《华夏考古》2002年第2期。

［7］ Dainton M. A Quick Semi—quantitative Method for Recording Nematode gut Parasite Eggs from Archaeological Deposits. Circaea, 1992, 9(2): 58-63.

［8］ 河南文物考古研究所：《舞阳贾湖》，科学出版社，1999年。

［9］ 常江等：《河南人体寄生虫分布调查》，《中国寄生虫病防治》1995年第8卷第1期。

［10］ Karl J Reinhard, V M Bryant Jr. Coprolite Analysis: A Biological Perspective on Prehistory//Schiffered M B. Advances in Archaeological Method and Theory, No. 14. Academic Press: NewYork, 1992: 245-288.

［11］ Karl J Reinhard, V M Bryant Jr. Coprolite Analysis: A Biological Perspective on Prehistory//Schiffered M B. Advances in Archaeological Method and Theory, No. 14. Academic Press: NewYork, 1992: 245-288.

［12］ Karl J Reinhard, V M Bryant Jr. Coprolite Analysis: A Biological Perspective on Prehistory//Schiffered M B. Advances in Archaeological Method and Theory, No. 14. Academic Press: New York, 1992: 245-288.

［13］ Dainton M. A Quick Semi—quantitative Mthod for Recording Nematode gut Parasite Eggs from

　　　　Archaeological Deposits. Circaea, 1992, 9(2): 58-63.

［14］汪世平：《医学寄生虫学》，高等教育出版社，2004年。

［15］河南文物考古研究所：《舞阳贾湖》，科学出版社，1999年。

（原载《中原文物》2006年第3期）

贾湖史前人类迁移行为的初步研究
——锶同位素分析技术在考古学中的运用*

尹若春　张居中　杨晓勇

同位素示踪法能够准确定量地测定代谢物质的转移和转变，在许多研究领域都有着广泛的应用。利用同位素分析技术可以更好地揭示考古遗存中蕴含的"潜"信息，这是科技考古的重要组成部分，也是当前国际考古学的前沿和研究热点。人体中的锶同位素比值可以直接反映个体居住地区的锶同位素状况。人体骨骼中的锶同位素比值反映的是个体去世前生活地区的特征，牙釉质中的比值反映的是个体幼年时期生活地区的特征。同一个体的骨骼和牙釉质的锶同位素比值间存在着差别则表明个体发生过迁移。考古学家们已经用此方法对世界许多遗址古人类的迁移进行了研究，并且证明此方法是实际可行的。

地质学家们首先根据岩石中锶同位素组成的差异，对火成岩和沉积岩进行定年[1]。近年来，考古学、生物学、地质学和古生物学开始利用锶同位素在自然环境中组成的不同来进行各种示踪研究。例如，通过锶同位素的分析确定各种动物如鲑鱼、猛犸象和乳齿象的迁移路线[2]，确定非法猎取的犀牛角[3]和象牙[4]的地理来源；同时锶同位素可以作为生态环境变化的指示剂[5]；锶同位素近来还被用于葡萄酒和瑞士乳酪来源地的研究[6]。

在考古学上，利用锶同位素可以确定石器[7]、古玻璃[8]、玉米及木材[9]的产地信息。考古学家运用最多的则是利用牙釉质和骨骼中锶同位素比值间的差别来研究古人类的迁移。这一方法由Ericson在1985年首先提出[10]，随后在世界各地的古人类迁移研究中都取得了有价值的研究成果。例如Price等[11]对美国西南部史前时期印第安群体的研究；Sealy等[12]对南非好望角地区史前时期居民来源的研究；Price等[13]和Ezzo等[14]对中欧地区新石器时期钟形杯文化人口迁移状况进行的研究；Price等[15]又对墨西哥Teotihuacan古城人类迁移的研究。在国内，目前还没有通过锶同位素分析进行古人类迁移研究的具体报道。本文通过对贾湖遗址史前时期动物和人类样品的锶同位素分析，对该遗址古人类的迁移行为进行了初步的研究，同时对这一方法在国内考古学中应用的可行性进行了探讨。

＊ 国家自然科学基金项目（批准号：40472087）资助。

一、方　法　原　理

锶有4种天然同位素（^{88}Sr、^{87}Sr、^{86}Sr和^{84}Sr），在地球物质中分布很不均一，不仅表现在相同时间不同区域内形成的岩石具有不同的锶同位素组成，而且在同一区域不同时期，甚至同一时期形成的岩石中，锶同位素的组成也存在着明显的差异。这种地域分布的差异性，为研究人类的迁移提供了可靠的基础。由于不同地区的岩石具有不同的$^{87}Sr/^{86}Sr$比值，当岩石风化形成土壤后，生长在这些土壤中的植物就会获得这些岩石的$^{87}Sr/^{86}Sr$比值。吃这些植物的食草动物就会把锶摄入并保存到体内的骨骼系统中，以这些食草动物为食物来源的食肉动物，同样会把锶同位素保存在骨骼系统中。由于锶原子量比较大，同位素间的相对质量差很小，当锶同位素从风化的岩石进入食物链到保存在人体骨骼系统中时，^{87}Sr和^{86}Sr的分馏非常小，可以忽略不计，即$^{87}Sr/^{86}Sr$的比值基本保持不变。因此，生活在不同地区的人们，其体内的锶同位素比值可以反映其生活地区的锶同位素特征。

人体硬组织中（骨和牙齿）的矿物基体主要由大量不可溶解的羟磷灰石晶体组成$[Ca_{10}(PO_4)_6(OH)_2]$。由于锶的化学性质和原子半径与钙相似，在牙齿和骨骼形成的过程中，锶可以取代羟磷灰石中的钙，浓度可达到$10^2 \sim 10^3$ppm数量级[16]。人体的牙釉质在个体的幼年时期就形成了，形成后其结构不再发生变化，其中的锶也不会发生改变，因此牙釉质可以记录个体幼年时生活地区的锶同位素特征。而骨骼的情况与此不同，可以反映个体最后2～20年生活地区的锶同位素特征[17]，这种现象主要是由于骨骼不断地与外界物质发生交换引起的。骨骼的不同部分具有不同的转换速率，比如骨密质中的转换速率大约是3%每年，骨松质的大约是26%每年[18]。通过对遗址出土的人体牙釉质锶同位素比值、骨骼中锶同位素比值以及遗址当地锶同位素比值进行比较，可以判断个体的生活居住地是否发生过变化，从而可以了解古人类的迁移情况。同一个体牙釉质与骨骼中的锶同位素比值存在着差别，表明个体幼年和成年时期生活在不同的地区，发生过迁移；比值一致，则表明个体在同一地区生活。个体骨骼和牙釉质中的锶同位素比值与遗址当地的锶同位素比值一致，表明个体是当地生活的个体；不一致则表明个体是从其他地区迁移到当地生活的。

二、遗　址　概　况

贾湖遗址位于河南省中部的舞阳县贾湖村，南距舞阳县城22千米，北距沙河约2千米，地理坐标为东经113°40′，北纬33°36′，海拔67.5米。这里地处黄淮海大平原的西南部边缘，是一处规模较大、保存完整、文化积淀极为丰厚的新石器时代遗址。整个遗址呈椭圆形，最长径约280米（东南—西北），最短径约250米（东北—西南），总面积达到5.5×10^4平方米（图一）。贾湖遗址发现于20世纪60年代初，直到后来裴李岗等相关遗址发现后，人们才逐渐认识到贾湖遗址的重要意义[19]。

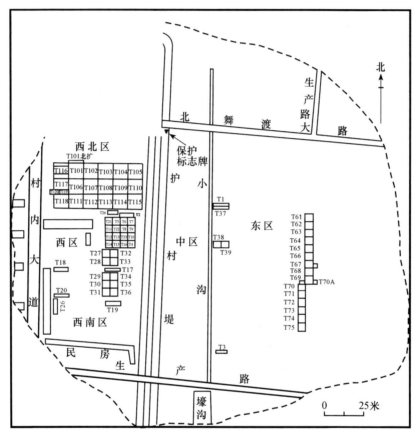

图一　贾湖遗址地理位置和探方分布图

1983~2001年期间，考古工作者对贾湖遗址先后进行了7次科学发掘，揭露面积2600多平方米（见图一中探方面积），清理出房址53座、陶窑11座、灰坑425座、墓葬445座、瓮棺葬32座、狗坑12座，以及一些壕沟、小坑和柱洞等，出土了5000多件史前遗物，包括2300多件陶器，1000多件石器以及大量的动物和人类骨骼。

根据^{14}C测定的结果，贾湖文化总的年代跨度大致在7000~5800BC，距今约9000~7800年[20]，热释光和光释光测定的结果与^{14}C测定的结果基本一致[21]。根据地层关系、出土遗物和文化面貌等特征，贾湖文化可以分为3期：第1期的年代范围在7000~6600BC，第2期的年代范围在6600~6200BC，第3期的年代范围在6200~5800BC。

贾湖的墓葬可分为单人墓和合葬墓，墓向以西为主，次为西南，少量为西北向。部分上层墓葬中的骨架保存较差，无法进行鉴定和提取，在前6次发掘的273座保存较好的

墓葬中共提取了326具可供鉴定的人体骨骼。大部分墓葬中至少有一件随葬品，多的可达
60多件，其中有陶、石、骨等各种质料的生产工具、生活用具、装饰品和宗教用品等。
在贾湖遗址中还出土了大量的动物骨骼，包括家猪、狗、牛、鹿、鹤、龟、鳖和扬子
鳄等。在过去几十年里，考古工作者对贾湖遗址进行了详细的研究并且已经取得了丰富
的成果，其中以七声音阶骨笛[22]、成组随葬并装有石子的龟甲及其契刻符号[23]最为
引人注目。此外，还发现了具有原始形态的栽培粳稻遗存[24]和世界上最早的米酒残留
物[25]。这些研究结果表明在7000～5800BC期间，中原地区有一支相当发达的考古学文
化，而且早于当地的仰韶文化。然而，贾湖遗址及其周围古人类群体间的交流和迁移行
为等问题还没有进行过具体的研究。利用锶同位素分析方法可以直接而科学的对上述问
题进行研究，贾湖遗址中出土的大量动物和人类骨骼为研究这些问题提供了丰富的材料
和可能性。

三、取样和实验分析

在初步的实验分析中，我们从贾湖遗址出土的动物和人类骨骼中选取了26个保存较好
的作为样品。这些样品取自于贾湖遗址的不同时期，包括5个猪牙釉质样品和21个人类样
品。猪牙釉质样品是为了确定当地的锶同位素比值范围。21个人类样品取自于14个人类个
体，包括9个牙釉质样品和12个骨密质样品。每期的样品数量不同：第1期的4个样品中有2
个人牙釉质样品和2个人骨密质样品；第2期的8个样品中有3个人牙釉质样品和5个人骨密
质样品；第3期的9个样品中有4个人牙釉质样品和5个人骨密质样品（表一）。

表一　贾湖遗址牙齿和人骨样品及研究中测定的锶浓度和^{87}Sr/^{86}Sr的比值

样品号	出土单位	分期	种类	性别	材料	锶浓度（ppm）	锶比值	2σ
1	T103③	Ⅱ	猪	——	牙釉质	190	0.712253	0.000025
2	T39K7	Ⅱ	猪	——	牙釉质	190	0.712344	0.000017
3	T116③	Ⅲ	猪	——	牙釉质	279	0.712281	0.000015
4	T4③	Ⅲ	猪	——	牙釉质	140	0.712296	0.000017
5	H24	Ⅲ	猪	——	牙釉质	181	0.712388	0.000021
6	T16M58	Ⅰ-1	人	女	骨密质	533	0.712276	0.000015
7	T114M341	Ⅰ-1	人	女	骨密质	402	0.712263	0.000019
8	T5M41	Ⅰ-2	人	女	牙釉质	103	0.712283	0.000021
9	T28M332	Ⅰ-2	人	女	牙釉质	60	0.712370	0.000023
10	T102M396	Ⅱ-5	人	男	牙釉质	62	0.712404	0.000017
11	T102M396	Ⅱ-5	人	男	骨密质	434	0.712226	0.000017
12	T102M353乙	Ⅱ-5	人	男	骨密质	436	0.712376	0.000014

样品号	出土单位	分期	种类	性别	材料	锶浓度（ppm）	锶比值	2σ
13	T1M13	Ⅱ-6	人	男	牙釉质	63	0.712495	0.000018
14	T1M13	Ⅱ-6	人	男	骨密质	280	0.712483	0.000014
15	T101M363丙	Ⅱ-6	人	女	牙釉质	62	0.712468	0.000016
16	T101M363丙	Ⅱ-6	人	女	骨密质	254	0.712472	0.000016
17	T102M326甲	Ⅱ-6	人	男	骨密质	350	0.712341	0.000015
18	T1M7	Ⅲ-7	人	女	牙釉质	88	0.712466	0.000016
19	T1M7	Ⅲ-7	人	女	骨密质	397	0.712391	0.000015
20	T1M8	Ⅲ-7	人	男	牙釉质	156	0.712492	0.000015
21	T1M8	Ⅲ-7	人	男	骨密质	832	0.712289	0.000021
22	T1M11	Ⅲ-7	人	?	牙釉质	167	0.712249	0.000018
23	T1M11	Ⅲ-7	人	?	骨密质	716	0.712260	0.000023
24	T10M346甲	Ⅲ-7	人	女	骨密质	370	0.712261	0.000017
25	T1M4	Ⅲ-9	人	女	牙釉质	232	0.712629	0.000017
26	T1M4	Ⅲ-9	人	女	骨密质	327	0.712574	0.000016

实验分析过程是在中国科学院、中国科学技术大学壳幔物质与环境重点实验室进行的。样品的准备和化学分离在洁净实验室内进行，实验室操作间的洁净度好于1000级，洁净工作台好于100级。由于国内还没有见到相关的研究报道，我们参考国外一些成功的实验过程，制定实验步骤[26]。首先用工具打磨每一个样品表面，除去任何可见的污垢或杂色物质，加入MilliQ水，超声清洗30分钟。清洗过的样品加入5%的稀醋酸（优级纯），超声清洗30分钟，并密封静置一夜。第二天用MilliQ水清洗，除去稀醋酸后烘干。在烘干后的样品中加入少量的二次亚沸蒸馏的纯浓硝酸，放入马弗炉中，调节至825℃并且保持8个小时，灰化样品。称取约0.01g的灰化样品，溶解定容后在ELANDRC-Ⅱ型ICP-MS仪器上测定锶的浓度。称取约0.1g左右的灰化样品，采用AG50W×8，200～400目的阳离子交换柱将锶与其他元素分离开来。

化学分离后的样品点在铼带上用硅胶作为发射剂进行^{87}Sr/^{86}Sr比值测定，使用的仪器是MAT-262（Finnigan Corp.，San Jose，CA）多接收器表面热电离质谱仪。在测定的过程中，用国际标准样品NBS987监控仪器的工作状态，^{86}Sr/^{88}Sr比值标准化到0.11940，而且在测定的过程中将^{88}Sr和^{86}Sr分馏控制在0～0.7之间，整个实验过程的总空白约100～200皮克（1皮克＝10^{-12}克）。

四、结果与讨论

贾湖遗址26个牙釉质和骨密质样品的锶浓度和锶同位素比值测定结果列在表一中，为便于比较也画在了图二中。从图二中我们可以明显地看出，猪牙釉质中的锶浓度（主要分布在区域Ⅱ中，平均值为196±51ppm，n＝5，1σ）明显地比人牙釉质中的锶浓度（主要分布在区域Ⅰ中，平均值为110±61ppm，n＝9，1σ）高，这与锶浓度在食物链中随着营养级的升高而降低是一致的，即低营养级的生物具有高的锶浓度，而高营养级的生物具有低的锶浓度[27]，利用此可以对动物和人类的食谱进行研究。在人体中，骨密质中的锶浓度（主要分布在区域Ⅲ中，平均值为444±173ppm，n＝12，1σ）很明显的比牙釉质中的锶浓度要高，这与Grupe等[28]所研究的结果也是一致的。这一现象可能是因为人类在幼年时期所吃的食物中乳汁占有相当大的比例，而乳汁中锶浓度低引起的。

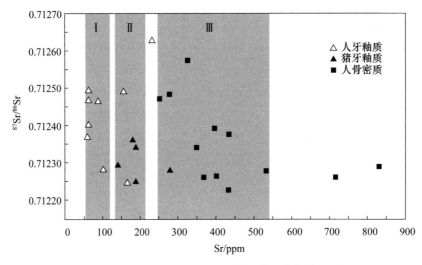

图二　贾湖遗址样品的锶同位素比值和浓度关系图

　　图三是按照样品类型和分期的不同，对样品的锶同位素比值进行更直观的比较。在图三柱状图中，同一个体的牙釉质和骨密质的样品并排挨着，猪和人类的样品是按照分期的不同从左到右排列的，顺序与表一中相一致。从图三中我们可以看出，骨密质样品的比值变化较小，与此相反，牙釉质样品^{87}Sr/^{86}Sr比值存在着明显的变化，这表明有些个体是外来迁入到贾湖遗址的。

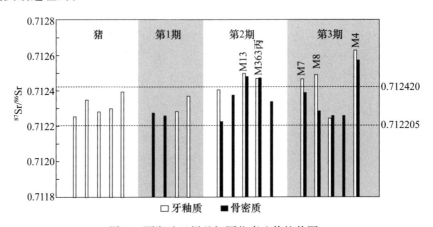

图三　贾湖遗址样品锶同位素比值柱状图

为了准确的区分当地的个体和外来迁入的个体，首先要确定当地的$^{87}Sr/^{86}Sr$比值。许多学者经过一系列的研究后认为，用遗址出土的当地动物牙釉质$^{87}Sr/^{86}Sr$比值的平均值±2倍标准偏差可以准确地反映当地的锶同位素状况[29]。在研究中，我们从贾湖遗址的不同时期选取了5个猪牙釉质样品来确定当地的锶同位素比值，经过分析后得到5个猪牙釉质$^{87}Sr/^{86}Sr$比值的平均值为0.712312，通过±2倍准偏差得到贾湖遗址当地的锶同位素比值范围在0.712205～0.712420之间（见图三中两条虚线之间的部分）。

通过对遗址出土的古人类牙釉质和骨骼中的锶同位素比值进行测定，与遗址当地的锶同位素比值进行比较，结果会有4种情况：①牙釉质和骨骼中$^{87}Sr/^{86}Sr$比值在遗址当地的$^{87}Sr/^{86}Sr$比值范围内（本研究中为0.712205～0.712420，即图三两条虚线之间的范围），表明个体在遗址当地出生并度过一生；②牙釉质中的$^{87}Sr/^{86}Sr$比值在遗址当地的$^{87}Sr/^{86}Sr$比值范围内，骨骼中的$^{87}Sr/^{86}Sr$比值在遗址当地的$^{87}Sr/^{86}Sr$比值范围外，表明个体在遗址当地出生，牙釉质形成后迁移到其他地区生活，在去世前回到出地或者死后又运回出生地埋葬的个体；③牙釉质中的$^{87}Sr/^{86}Sr$比值在遗址当地的$^{87}Sr/^{86}Sr$比值范围外，骨骼中的$^{87}Sr/^{86}Sr$比值在遗址当地的$^{87}Sr/^{86}Sr$比值范围内，表明个体在其他地区出生，在牙釉质形成后迁入到遗址当地，并且生活时间很久，其骨骼中的锶同位素已经转换为当地的锶同位素；④牙釉质和骨骼中的$^{87}Sr/^{86}Sr$比值都在遗址当地的$^{87}Sr/^{86}Sr$比值范围外，表明个体在其他地区出生并生活，在进入到遗址当地不久后去世并埋葬在遗址当地。

将贾湖遗址人类样品锶同位素比值与猪牙釉质样品确定的当地锶同位素比值进行比较，对所分析的人类个体迁移情况进行判断。从图三中可以明显地看出，5个牙釉质样品和3个骨密质样品在贾湖遗址的锶同位素比值范围之外，4个牙釉质样品和9个骨密质样品在这个范围之内，而且遗址3个时期迁移人口的数量和情况有所不同。第1期的4个样品全部在当地比值范围内，这表明墓葬M41和M332中的个体（两个牙釉质样品的个体）是当地出生并生活在当地的个体，另外两个（两个骨密质样品的个体）是在当地生活的个体，很可能也是当地出生的，在第1期中没有发现外来个体。第2期的情况有所不同，2个牙釉质样品和2个骨密质样品在当地比值范围外，1个牙釉质样品和3个骨密质样品在当地比值范围内，这表明墓葬M13中的个体和墓葬M363中的丙个体（见图三）是外来迁入的。由于这两个个体的牙釉质和骨密质样品的锶同位素比值都高于贾湖当地的比值，表明他们从锶同位素比值高于贾湖的地区迁入到贾湖的，并且在贾湖地区生活不久后就去世了。第3期的情况又有所不同，3个牙釉质样品和1个骨密质样品的锶同位素比值高于贾湖当地的比值，1个牙釉质样品和4个骨密质样品在贾湖当地比值范围内。墓葬M4中个体的牙釉质样品和骨密质样品的锶同位素比值都高于贾湖当地比值，表明此个体是在去世前不久迁入到贾湖的。墓葬M7和M8中个体的牙釉质样品锶同位素比值高于贾湖当地比值，而骨密质样品比值在贾湖当地比值范围内，这表明他们是从锶同位素比值高于贾湖的地区迁入贾湖的，并且在贾湖居住相当长的一段时间后才去世的，这段时间已经使他们骨密质中的锶同位素比值转换成了贾湖当地的比值。

　　总的来说，在所分析的14个人类个体中，有5个是外来迁入的个体（图三中写出所在墓葬号的5个个体），占所分析个体的35.7%，这表明大部分个体是当地居住的个体，部分是外来迁入的个体。在第1期没有发现外来个体，第2期的5个个体中发现2个，占第2期分析个体的40%，第3期的5个个体中发现了3个，占第3期分析个体的60%。这个结果表明人口迁移率从第1期到第3期有明显增加的趋势，这种现象与贾湖居民随着经济文化的发展而和同时期周围其他居民的交流逐渐频繁的推测相一致。在外来迁入的5个个体中，有3个女性和2个男性，女性稍多于男性。

五、结　　论

　　本研究是在国内首次使用锶同位素方法对人类的迁移行为进行分析，初步的实验数据表明，这一方法适合于对贾湖遗址的人类迁移行为进行研究，虽然还不能够确定外来个体的具体地理来源，但可以对外来的个体进行很好的判断。从分析结果可以看出贾湖遗址墓葬中有相当多的外来人口，尤其是第2期和第3期，这表明在7000～5800BC期间，贾湖聚落与周围同时期的其他聚落间有着密切的联系。

　　贾湖遗址是中华民族历史长河中处于较早时期的文化遗址，贾湖文化在中国古代文化的发展中具有重要的地位，因此有必要对其人口的迁移状况作进一步的研究分析，以加深对当时的人类社会状况以及与周围人类群体间文化交流传播的认识。今后，我们拟对贾湖遗址各期的样品进行更为详细的分析，并与贾湖遗址周围其他同时期的人类群体迁移状况进行对比分析，从而对中原地区史前古人类的迁移行为和文化的交流传播有更进一步的认识。

　　致谢：感谢陈江峰教授，贺剑峰、谢智、李全忠博士和钱卉老师在实验分析过程中的指导和帮助。

注　　释

［1］　Wickman F E. Isotope ratios: A Clue to the Age of Certain Marine Sediments. Journal of Geology, 1948, 56: 61-66; Fullagar P D, Lemmon R C, Ragland P C. Petrochemical and Geochronological Studies of Plutonic Rocks in the Southern Appalachians: Part I, the Salisbury Pluton. Geological Society of America Bulletin, 1971, 82: 409-416.

［2］　Hoppe K A, Koch P L, Carlson R W, et al. Tracking Mammoths and Mastodons: Reconstruction of Migratory Behavior Using Strontium Isotope Ratios. Geology, 1999, 27(5): 439-442; Hoppe K A. Late Pleistocene Mammoth Herd Structure, Migration Patterns, and Clovis Hunting Strategies Inferred from Isotopic Analyses of Multiple Death Assemblages. Paleobiology, 2004, 30(1): 129-145; Ingram B L,

Weber P K. Salmon Origin in California's Sacramento-San Joaquin River System as Determined by Otolith Strontium Isotopic Composition. Geology, 1999, 27(9): 851-854; Kennedy B P, Folt C L, Blum J D et al. Natural Isotope Markers in Salmon. Nature, 1997, 387: 766-767.

[3] Hall-Martin A J, van der Merwe N J, Lee-Thorp J A et al. Determ ination of Species and Geographic Origin of Rhinoceroshorm by Isotopic Analysis and its Possible Application to Trade Control//Ryder OA. Rhinoceros Biology and Conservation. San Diego: Zoological Society of San Diego, 1993: 123-135.

[4] Vander Merwe N J, Lee-Thorp J A, Thackeray J F, et al. Source Area Determ ination of Elephant Ivory by Isotopic Analysis. Nature, 1990, 346: 744-746; Vogel J C, Eglington B, Auret J M. Isotope Fingerprints in Elephant Bone and Ivory. Nature, 1990, 346: 747-749.

[5] Aberg G. The Use of Natural Strontium Isotopes as Tracers in Environmental Studies. Water, Air & Soil Pollution, 1995, 79 (1-4): 309-322; Capo R C, Stewart B W, Chadwick O A. Strontium Isotopes as Tracers of Ecosystems processes: Theory and Methods. Geoderma, 1998, 82: 197-225.

[6] Barbaste M, Robinson K, Guilfoyle S, et al. Precise Determination of the Strontium Isotope Ratios in Wine by Inductively Coupled Plasma Sector Field Multicollector Mass Spectrometry (ICP-SF-MC-MS). Journal of Analytical Atomic Spectrometry, 2002, 17: 135-137; Fortunato G, Mumic K, Wunderli S, et al. Application of Strontium Isotope Abundance Ratios Measured by MC-ICP-MS for Food Authentication. Journal of Analytical Atomic Spectrometry, 2004, 19: 227-234.

[7] Curran J M, Meighan I G, Simpson D D A et al. ^{87}Sr/^{86}Sr: A New Discriminant for Provenancing Neolithic Porcellanite Artifacts from Ireland. Journal of Archaeological Science, 2001, 28(7): 713-720.

[8] Freestone I C, Leslie K A, Thirlwall M, et al. Strontium Isotopes in the Investigation of Early Glass Production: Byzantine and early Islamic Glass from the Near East. Archaeometry, 2003, 45(1): 19-32.

[9] Benson L, Cordell L, Vincent K, et al. Ancientmaize from Chacoan Great Houses: Where Was It Grown? Proceedings of the National Academy of Sciences of the United States of America, 2003, 100(22): 13111-13115; English N E, Betancourt J L, Dean J S, et al. Strontium Isotopes Reveal Distant Sources of Architectural Timber in Chaco Canyon, New Mexico. Proceedings of the National Academy of Sciences of the United States of America, 2001, 98: 11891-11896.

[10] Ericson J E. Strontium Isotope Characterization in the Study of Prehistoric Human Ecology. Journal of Human Evolution, 1985, 14: 503-514.

[11] Price T D, Johnson C M, Ezzo J A, et al. Residential Mobility in the Prehistoric Southwest United States: A Preliminary Study Using Strontium Isotope Analysis. Journal of Archaeological Science, 1994, 24: 315-330.

[12] Sealy J, Armstrong R, Schrire C. Beyond Lifetime Averages: Tracing Life Histories Through Isotopic Analysis of Different Calcified Tissues from Archaeological Human Skeletons. Antiquity, 1995, 69(263): 290-300; Cox G, Sealy J. Investigating Identity and Life Histories: Isotopic Analysis and Historical Documentation of Slave Skeletons found on the Cape Town Foreshore, South Africa. International Journal of Historical Archaeology, 1997, 1(3): 207-224.

［13］ Price T D, Grupe G, Schröter P. Reconstruction of Migration Patterns in the Bell Beaker Period by Stable Strontium Isotope Analysis. Applied Geochemistry, 1994, 9: 413-417.

［14］ Ezzo J A, Johnson C M, PriceT D. Analytical Perspectives on Prehistoric Migration: A Case Study from East-Central Arizona. Journal of Archaeological Science, 1997, 24: 447-466.

［15］ Price T D, Manzanilla L, Middleton W D. Immigration and the Ancient City of Teotihuacan in Mexico: A Study Using Strontium Isotope Ratios in Human Bone and Teeth. Journal of Archaeological Science, 2000, 27(10): 903-913.

［16］ PriceT D, Manzanilla L, Middleton W D. Immigration and the Ancient City of Teotihuacan in Mexico: A Study Using Strontium Isotope Ratios in Human Bone and Teeth. Journal of Archaeological Science, 2000, 27(10): 903-913; Schroeder H A, Tipton I H, Nason A P. Trace Metals in Man: Strontium and Barium. Journal of Chronic Diseases, 1972, 25: 491-517.

［17］ Grupe G, Price T D, Beard B. Mobility of Bell Beaker People Revealed by Strontium Isotope Ratios of Tooth and Bone: A Study of Southern Bavarian Skeletal Remains. Applied Geochemistry, 1997, 12(4): 517-525.

［18］ Parfitt A M. The Physiologic and Clinical Significance of Bone Histomorphometric Data//Recker R R. Bone Histomorphometry: Techniques and Interpretation. Boca Raton, Florida: CRC Press, 1983. 143-223.

［19］ 河南省文物考古研究所：《舞阳贾湖》，科学出版社，1999年，第14~16页。

［20］ Zhang J Z, Harbottle G, Wang C S, et al. Oldest Playable Musical Instruments Found at Jiahu Early Neolithic Site in China. Nature, 1999, 401: 366-368.

［21］ Yang X Y, Kadereit A, Wagner G A, et al. TL and IRSL Dating of Jiahu Relics and Sediments: Clue of 7th Millennium BC Civilization in Central China. Journal of Archaeological Science, 2005, 32(7): 1045-1051.

［22］ Zhang J Z, Harbottle G, Wang C S, et al. Oldest Playable Musical Instruments Found at Jiahu Early Neolithic Site in China. Nature, 1999, 401: 366-368; Zhang J Z, Xiao X H, Lee Y K. The Early Development of Music: Analysis of the Jiahu Bone Flutes. Antiquity, 2004, 78(302): 769-778.

［23］ Li X Q, Harbottle G, Zhang J Z, et al. The Earliest Writing? Sign Use in the Seventh Millennium BC at Jiahu, Henan Province, China. Antiquity, 2003, 77(295): 31-44.

［24］ Zhang J Z, Wang X K. Notes on the Recent Discovery of Ancient Cultivated Rice at Jiahu, Henan Province: A new Theory Concerning the Orig in of *Oryza japonica* in China. Antiquity, 1998, 72(278): 897-901.

［25］ McGovern P E, Zhang J Z, Tang J G, et al. Fermented Beverages of Pre-and Proto-historic China.PNAS, 2004, 101(51): 17593-17598.

［26］ Price T D, Grupe G, Schröter P. Reconstruction of Migration Patterns in the Bell Beaker Period by Stable Strontium Isotope Analysis. Applied Geochemistry, 1994, 9: 413-417; PriceT D, Manzanilla L, Middleton W D. Immigration and the Ancient City of Teotihuacan in Mexico: A Study Using Strontium Isotope

Ratios in Human Bone and Teeth. Journal of Archaeological Science, 2000, 27(10): 903-913; Beard B L, Johnson C M. Strontium Isotope Composition of Skeletal Material Can Determine the Birth Place and Geographic Mobility of Humans and Animals. Journal of Forensic Sciences, 2000, 45(5): 1049-1061.

[27]　Katzenberg M A, Saunders S R. Biological Anthropology of the Human Skeleton. Toronto: Wiley-Liss, 2000: 305-327.

[28]　Grupe G, Price T D, Beard B. Mobility of Bell Beaker People Revealed by Strontium Isotope Ratios of Tooth and Bone: A Study of Southern Bavarian Skeletal Remains. Applied Geochemistry, 1997, 12(4): 517-525.

[29]　Price T D, Manzanilla L, Middleton W D. Immigration and the ancientcity of Teotihuacan in Mexico: A Study Using Strontium Isotope Ratios in Human Bone and Teeth. Journal of Archaeological Science, 2000, 27(10): 903-913; Katzenberg M A, Saunders S R. Biological Anthropology of the Human Skeleton. Toronto: Wiley-Liss, 2000, 305-327; Price T D, Burton J H, Bentley R A. The Characterisation of Biologically—Available Strontium Isotope Ratios for the Study of prehistoricmigration. Archaeometry, 2002, 44(1): 117-135; Bentley R A, Price T D, Stephan E. Determining the Local $^{87}Sr/^{86}Sr$ Range for Archaeological Skeletons: A Case Study from Neolithic Europe. Journal of Archaeological Science, 2004, 31: 365-375; Knudson K J, Tung T A, Nystrom K C, et al. The Origin of the Juchuypampa Cave Mummies: Strontium Isotope Analysis of Archaeological Human Remains from Bolivia. Journal of Archaeological Science, 2005, 32(6): 903-913.

（原载《第四纪研究》2008年第8卷第1期）

贾湖遗址人骨的稳定同位素分析*

胡耀武　　Stanley H. Ambrose　　王昌燧

古代人类食谱研究是生物考古的重要组成部分，也是当前国际科技考古领域的研究前沿。重建先民食谱，不仅可望揭示他们的生活方式、探索古环境和人类迁徙活动，而且可为古代动植物的变迁、农业的起源和传播以及动物的驯养等重要研究提供极有价值的信息[1]。

稳定同位素分析是古食谱研究的主要方法之一。根据生物考古理论，人体骨组织的化学组成直接对应着食物中的化学组成。当人们的食物来源不同时，骨中的稳定同位素组成也就有较大的差异。因此，分析骨中的稳定同位素组成，即可揭示古代先民的食物组成，探索他们的生存方式。自20世纪70年代末稳定同位素首次应用于古代人类食谱研究以来，国外学者对于古代先民的生活方式、社会结构和生存环境的分析研究，已经产生了质的飞跃，大大加深了人们对于消逝世界的了解。例如，美洲印第安人骨的稳定同位素分析，清晰地反映了玉米在人们食谱中比例变化的规律，深刻地揭示了玉米在美洲的起源与传播过程[2]。中国的稳定同位素分析，最早始于蔡莲珍、仇士华先生，他们根据稳定C同位素分析，研究了中国若干新石器时期遗址先民的食谱，取得了颇有意义的成果[3]。然而，由于设备和其他原因，自此之后，相关工作停顿了很长一段时间。直至近期，稳定同位素分析才再次受到重视[4]。显然，在中国系统开展稳定同位素的分析工作，对于进一步发掘考古遗址的内涵尤为重要。

贾湖遗址位于河南省中部偏南的舞阳县北舞渡镇的贾湖村，根据地层关系、文化的多元特征及^{14}C年代的测定，贾湖遗址可分为三期，每一期又可分为三段。第一期，其树轮校正年代为7000～6600BC；第二期为6600～6200BC；第三期为6200～5800BC，年代跨度约为距今9000～7800年[5]。贾湖遗址出土的大量炭化稻和稻壳印痕，表明那里已存在着颇为发达的稻作农业，很可能是中国稻作农业的发祥地之一。贾湖制骨工艺发达，骨器种类繁多，制作精致而规整，其中最值得一提的是贾湖骨笛。《9000年前可吹奏骨笛》一文发表在《自然》后[6]，在国际上引起了强烈的反响。此外，其出土的龟甲、骨、石、陶

---

　　* 中国科学院知识创新工程（批准号：KJCX3-SYW-N12）、国家自然科学基金（批准号：40343021）、美国Wenner-Gren基金会、中国科学技术大学校青年基金、中国科学院研究生院院长基金和教育部回国留学人员科研启动基金资助项目。

器上契刻符号的发现表明，在9000～8000年前的贾湖文化业已出现了具有原始文字性质的符号，它们很可能是中国汉字的雏形[7]。

总而言之，贾湖遗址的社会结构已经高度发达，是中国新石器时代早期的重要遗址之一。分析贾湖遗址先民的食谱，可望了解当时人类社会的生活方式、社会结构等方面的发展脉络，并为揭示人类社会的发展提供有价值的信息。本文利用稳定同位素分析方法，尝试探索河南舞阳贾湖遗址先民食谱的变化规律，进而揭示该遗址的社会文化面貌和发展历程。

一、稳定同位素分析古食谱简介

（一）C同位素

植物光合作用的途径可分为C_3途径和C_4途径[8]，C_3途径的C同位素分馏系数约为1.026左右，而C_4途径的分馏系数约则在1.013附近[9]。故此，不同光合作用途径的植物，将具有不同的$\delta^{13}C$。一般认为，C_3植物的$\delta^{13}C$值为$-30‰$～$-23‰$，C_4植物的$\delta^{13}C$值为$-9‰$～$-16‰$[10]。在以植物为底层的食物链的物质和能量流动过程中，该差异将会始终存在。动物组织的同位素组成，直接取决于其食物中的同位素组成，但在此过程中同样存在着同位素的分馏。与所吃食物的$\delta^{13}C$值相比，动物肌肉大约有1‰的富集作用（可忽略不计），而骨骼中骨胶原则富集约5‰左右，羟磷灰石结构碳酸根中的C同位素则大约富集12‰[11]。因此，通过对人骨骨胶原和羟磷灰石的$\delta^{13}C$值分析，应可辨析人们食物的不同。

自从食物与骨胶原中$\delta^{13}C$的对应关系发现以来，一直认为骨胶原中的C来自整个食物，即骨胶原中的$\delta^{13}C$与整个食物中的$\delta^{13}C$呈线性相关关系。但小白鼠饲养实验[12]却发现，骨胶原中的C主要来自食物中的蛋白质部分，而不是整个食物。骨胶原中的$\delta^{13}C$，主要反映了食物中蛋白质的$\delta^{13}C$。相反，羟磷灰石结构碳酸根的C，反映了整个食物中C的来源，包括碳水化合物、蛋白质和油脂，等等。故羟磷灰石中的$\delta^{13}C$，反映了整个食物的$\delta^{13}C$。骨胶原和羟磷灰石C来源的差异，为更高精度上进行古食谱分析奠定了坚实的基础。

（二）N稳定同位素

大气中的N_2通常不能被生物直接吸收。只有一些植物，主要是豆科植物，依靠与其共生于根部的根瘤菌，可以直接把大气中的N_2转化为NH_3，然后被植物吸收。一些藻类和菌类也可以直接转化大气中的N_2而吸收N。在这样的过程中，基本上没有同位素的分馏，豆科植物的$\delta^{15}N$大约等于0。其他植物，则不能利用此途径来获取N，必须从NH_3转化而来的NO_3^-和NH_4^+盐来获取维持正常生理功能所需的N。在N的转化过程中，其同位素将发生分馏，导致$\delta^{15}N$的富集。与豆科植物相比，非豆科植物具有较高的$\delta^{15}N$。与C不同，N在不同营养级之间存在着同位素的富集现象，沿营养级上升时，每上升一格，大约富集了3‰～4‰，即食草类动物骨胶原中的$\delta^{15}N$比其所吃食物富集3‰～4‰，以食草类动物为食的食肉类动物又比食草类动物富集3‰～4‰[13]。鱼类富含蛋白质，故$\delta^{15}N$较高。依据$\delta^{15}N$的不同，所有的生物可以分为5类：①豆科植物最低，其$\delta^{15}N$大约为0；②非豆科植物具有稍高的$\delta^{15}N$，大约为2‰～3‰左右；③食草类动物的$\delta^{15}N$，大约为3‰～7‰；④一级食肉类动物以及各种鱼类，$\delta^{15}N$值为9‰～12‰；⑤二级食肉类动物更高[14]。海洋中含有大量的NO_3^-离子团，动、植物以其为N源，它们的$\delta^{15}N$值均高于同一营养级的陆生生物。

（三）O同位素

C和N可以提供有关人们食谱方面的信息，而O同位素则可以让我们了解古代环境的变迁。这主要是由于羟磷灰石中磷酸根和碳酸根的O与动物体液中的O保持平衡，而体液中的O直接来自个体所处的环境，因此通过测定羟磷灰石中的O同位素，可以了解当时的环境。对于人体而言，一般认为，人体体液的O同位素比值，主要来源于饮水中的同位素组成，而与食物基本无关[15]。故此，骨和牙齿珐琅质羟磷灰石中磷酸根和碳酸根的$\delta^{18}O$，就可以用来重建古气候。

二、样品制备与测试

（一）样品的选取

本文研究所做的人骨标本全部取自贾湖遗址，分布于贾湖遗址的不同期段，其具体情况见表一。其中，Ⅰ-1、Ⅰ-2和Ⅰ-3分别代表样品年代分布在第一期1～3段，其余样品所处年代采用类似表示方法，不再赘述。

表一　贾湖人骨样品情况表

墓葬编号	期段	墓葬编号	期段
303	Ⅰ-1	107	Ⅰ-1
341	Ⅰ-1	109	Ⅰ-2
126	Ⅰ-2	318	Ⅰ-2
125	Ⅰ-2	243	Ⅰ-3

墓葬编号	期段	墓葬编号	期段
249	Ⅰ-3	380甲	Ⅱ-4
381	Ⅱ-4	106甲	Ⅱ-5
282甲	Ⅱ-5	335	Ⅱ-5
344	Ⅱ-5	394甲	Ⅱ-5
233	Ⅱ-6	277丙	Ⅱ-6
319	Ⅱ-6	253甲	Ⅲ-7
263	Ⅲ-7	207	Ⅲ-8
210	Ⅲ-8	211	Ⅲ-8
205	Ⅲ-9	206	Ⅲ-9
208	Ⅲ-9	223	Ⅲ-9

注：简单起见，以墓葬编号代表样品编号。

（二）骨胶原的制备

首先清洗骨样，去除骨样表面的污染物质，在研钵中磨碎，过筛，收集粒度介于0.25～0.5mm之间的粉末骨样。在天平上称取一定质量的粉末骨样，倒入事先放有玻璃丝的砂芯漏斗（其下端有活塞控制液体的排放），使骨样较为均匀地分布于玻璃丝上。加入0.2mol/L HCl进行脱钙，大约3d左右，每隔一天换一次溶液，直至漏斗中看不见颗粒为止。接着，换用蒸馏水洗至中性。再加入0.125mol/L NaOH，室温下放置20h，期间，定时搅拌以去除骨样中掺杂的腐殖酸等。再用蒸馏水洗至中性，于0.001mol/L HCl（pH=3）溶液中，在95℃，浸泡10h后，趁热过滤，烘至近干后冷冻干燥，收集明胶化的骨胶原。骨胶原的含量通过骨胶原的重量除以骨样重量而得。

（三）羟磷灰石的制备

收集<0.25mm筛下的骨样粉末，50%的NaOCl处理1～3d，去除骨样中的有机物质，蒸馏水洗至中性，1mol/L的醋酸溶液里20～40h，可以去除骨样中吸附的碳酸盐等，蒸馏水洗至中性后冷冻干燥，收集所得的羟磷灰石。羟磷灰石的含量通过羟磷灰石的重量除以骨样重量而得。

（四）样品的测试

骨胶原在燃烧室燃烧所释放的N_2和CO_2，进入CHN元素分析仪，经气谱色谱分离、纯化后进入Finnigan MAT 252同位素质谱仪（IRMS），测定C和N的稳定同位素比值。N同位素的分析精度为0.2‰，C同位素的分析精度为0.1‰。C同位素的分析结果以相对PDB的值δ^{13}C来表示，N同位素的分析结果以相对N_2（空气）的值δ^{15}N来表示。

羟磷灰石在70℃下与浓磷酸反应，释放出结构碳酸根中的C和O，经纯化后进入IRMS，以NBS-18和NBS-19A作为标准，测定C和O的同位素比值。C同位素的分析精度为0.1‰，O同位素的分析精度为0.2‰。C同位素的分析结果以相对PDB的值δ^{13}C来表示，O同位素的分析结果以相对SMOW的值δ^{18}O来表示。具体测定结果见表二。

骨胶原C、N的含量以及羟磷灰石中的C含量均通过各自反应产生气体的气压与标准物质产生的气压相比较计算而得。

（五）数据的统计分析

使用美国社会统计软件SPSS10.0进行数据的统计分析。

三、结果与讨论

（一）骨样的污染

在长期的埋葬过程中，埋藏环境的pH、湿度、温度以及微生物等因素都将影响人类骨骼的保存，破坏骨骼的完整结构而逐渐改变骨骼的化学组成，使其丧失本来的化学组成与生物学特性。这就是骨骼的污染过程，也称为骨骼的成岩作用（bone diagenesis）[16]。古代人骨的污染，给古代人类食谱的研究带来了极大的困难。于是，鉴别古代人骨样品的污染程度，筛选出未经污染或污染甚轻的样品并剔除污染严重的样品，则成为古食谱研究的前提条件。

众所周知，N只存在于蛋白质中，如果样品不含N，则表明该样品不含骨胶原。从表二可知，M107、M249、M106、M253、M233、M263、M210、M205、M206和M208等样品皆不含骨胶原，表明在长期的埋藏过程中，骨胶原已经分解殆尽。M125、M211和M207的δ^{15}N均为负值，M233的δ^{15}N值太小，这些皆因样品含N量太低、仪器测试误差过大所致。另外，以上样品骨胶原中的δ^{13}C与剩余样品的δ^{13}C相比较，也表现异常，反映了这批样品都已受到了严重的污染，已不适合于稳定同位素比值分析，必须予以剔除。由于骨胶原与骨中羟磷灰石的明显相关性，尽管这批样品中羟磷灰石的同位素组成仍然可能保存完好，但为了数据的可靠性，在分析骨羟磷灰石中的稳定同位素时，也剔除了以上样品。

表二　样品稳定同位素比值

墓葬标号	骨胶原原含量(%)	N含量(%)	C含量(%)	C/N(摩尔比)	15N(‰)	13C骨(‰)	羟磷灰石含量(%)	C羟骨含量(%)	13C羟	13C羟-骨(‰)	18O(‰)
M303	2.13	1.8	5	3.24	7.21	-20.32	80.4	1.23	-9.87	10.45	-7.69
M107	0.48		0.9			-25.88	47.9	0.64	-9.81	16.07	-7.65
M341	1.14	7.01	19.83	3.3	8.69	-18.77	55.7	0.77	-9.74	9.03	-7.35
M109	1.71	9.47	26.47	3.26	9.69	-20.02	72.9	0.98	-10.8	9.22	-7.95
M126	1.29	7.44	19.37	3.04	9.23	-20.1	85.4	0.99	-10.12	9.98	-7.73
M318	1.45	14.28	39.23	3.21	7.58	-20.24	47	1.12	-9.97	10.28	-7.65
M125	0.32	0.41	1.03	2.93	-5.82	-23.89	46.2	0.74	-10.62	13.28	-7.54
M243	2.32	10.76	29.27	3.17	8.68	-20.55	58.2	1.17	-9.26	11.29	-7.78
M380	2.46	8.87	24.07	3.17	8.28	-20.45	8	1.13	-9.7	10.75	-7.56
M249	0.85		0.46			-22.63	30.4	0.8	-9.74	12.89	-7.55
M381	3.37	4.91	13.41	3.19	8.67	-20.68	44.8	1.18	-10.18	10.5	-7.43
M106	0.57						14.5	0.78	-9.78		-7.65
M282	2.52	6.32	17.31	3.2	9.96	-20.33	80.8	0.78	-11.52	8.81	-7.27
M335	1.22	4.6	13.08	3.32	9.97	-20.87	72.9	0.94	-10.69	10.18	-7.62
M344	0.81	6.03	16.07	3.11	9.47	-20.34	84	0.9	-11.55	8.79	-7.73
M394	2.4	12.36	32.86	3.1	10.46	-20.83	87	0.85	-11.63	9.2	-7.67
M233	1.15	0.52	1.51	3.39	0.34	-24.03	68	0.9	-11.56	12.47	-7.75
M277	2.03				6.78	-21.15	67.3	0.95	-10.73	10.42	-7.73
M319	1.15	1.29	3.67	3.32	8.15	-20.51	87.4	1	-10.2	10.32	-7.8
M253	0.43						79.8	0.84	-10.85		-7.67
M263	5.35		0.54			-29.92	87.2	0.98	-11.03	18.89	-7.91
M211	0.39	0.21			-11.08		74.2	0.54	-12.26		-7.66
M207	0.37	0.16	0.32	2.33	-10.74	-25.79	79	0.78	-11.78	14.01	-7.66
M210	4.07						75.7	0.82	-11.33		-8.01
M205	2.85						93.2	0.92	-10.54		-7.9
M206	0.3						87	0.77	-11.51		-8.26
M223	0.52	4.87	13.07	3.13	8.78	-20.41	89.3	1.02	-9.81	10.6	-8.26
M208	1.21		0.47			-26.36	90.8	0.9	-12.28	14.08	-7.44

注：空白单元格表明测试无信号或低于仪器检测限。

其余样品的骨胶原含量皆较低，它们的平均值与标准方差为（1.77±0.77）%。现代骨中的骨胶原含量大约为20%左右[17]，表明大部分骨胶原在长期的埋藏过程中已遭到分解，这也是史前人骨一个比较显著的特点。检验骨胶原是否受到污染的最重要指标，当属其中C和N的含量以及C/N摩尔比值。过高或过低的C和N含量均反映了外来物质对骨胶原的入侵。本次研究中，剩余样品C的含量及标准方差为（18.28±10.79）%，N的含量和标准方差为（6.70±3.98）%，尤其是C/N摩尔比的范围是3.04～3.39，很好地落于未污染样品的范围之内（C/N摩尔比为2.9～3.6）[18]。

一般认为，羟磷灰石中的碳酸根，存在于羟磷灰石的晶体结构中，不太容易与其他的外来离子发生交换而遭到破坏。但在羟磷灰石的晶体结构被破坏的情况下，也可使其中的结构碳酸根释放出来，而发生污染[19]。在稳定同位素的测定上，主要利用羟磷灰石中的C含量来反映羟磷灰石中结构碳酸根的污染程度。贾湖样品羟磷灰石中C含量为（1.00±0.14）%，接近文献中认为未污染古人骨羟磷灰石中的C含量［（1.06±0.12）%］[20]，表明羟磷灰石中的结构碳酸根基本上没有受到污染，可用于食谱分析。

综上所述，样品M394、M335、M282、M344、M109、M126、M243、M223、M318、M303、M277、M341、M381、M380和M310，应属未污染样品，可用作以下的食谱分析。

（二）食 谱 分 析

1. 骨胶原δ^{13}C和δ^{15}N分析

Ambrose等[21]测定了多种陆生植物和动物的N含量，发现植物中所含的N［（0.87±0.75）%］远低于动物蛋白的N含量［（13.45±1.53）%］。因此，植物类食物对N的贡献较低，而动物类食物含有较高的N含量，即使其在食物中所占比例甚小，对N的贡献却依然较大，因此，骨胶原中的δ^{15}N值主要反映了食物中动物类食物的来源，即人们所吃食物中肉类的来源。骨胶原中C同位素主要反映食物中蛋白质的来源，而N则主要来自动物蛋白质，如若两者密切相关，表明食谱中动物类食物占了绝大部分，该个体应以渔猎作为主要的生活方式。若两者不呈现明显的相关关系，则表明食谱中含有较大量的植物类食物，该个体应采取采集或农业生产作为主要经济方式。对它们的相关分析，可让我们了解先民们的主要蛋白质来源。图一是δ^{15}N和δ^{13}C的散点图。由图可知，所有样品点在图上极为分散，δ^{15}N和δ^{13}C之间的相关系数极小（$r=0.063$），表明贾湖先民们还主要以植物类食物为主，动物类食物为辅，也反映了其农耕经济的特点。

总体上，由δ^{13}C［（-20.37±0.53）‰］以及δ^{15}N［（8.77±1.05）‰］的数据可以看出，贾湖先民主要以C_3类食物为食，食谱属于杂食类，这可能与稻作农业以及家畜饲养为主的经济方式相关。先民们δ^{13}C和δ^{15}N的差异，则缘于其食物获取方式的不同。δ^{13}C和δ^{15}N的聚类分析（图二）表明，先民们食谱基本可分为四类。第一类，以M380、M319、

M243、M381、M223、M303和M318为代表，具有适中的$\delta^{15}N$ ［（8.19±0.60）‰］和$\delta^{13}C$ ［（−20.45±0.36）‰］值，反映了C_3类的植物是此类先民的主要食物来源，肉类需求尚不是很大。第二类，则以M335、M394、M109、M126、M282和M344为代表，具有最高的$\delta^{15}N$ ［（9.79±0.43）‰］和适中的$\delta^{13}C$ ［（−20.42±0.35）‰］。最高的$\delta^{15}N$，表明此类先民动物蛋白摄取最多，意味着食物中肉类的比例较高。相对于其他动物而言，生活在水里的鱼类有着较高的$\delta^{15}N$，因此，此类的先民们，在以C_3类植物为食的同时，水生动物包括鱼类，也是他们的食物组成之一。第三类，仅由M277组成，其$\delta^{15}N$（6.78‰）和$\delta^{13}C$ （−21.15‰）最低，表明先民可能以植物类食物为主。第四类，则由M341组成，其$\delta^{15}N$的值居中（8.69‰），而$\delta^{13}C$的值最高（−18.77‰），表明该先民的植物类食物中可能包含一些少量C_4类的植物。

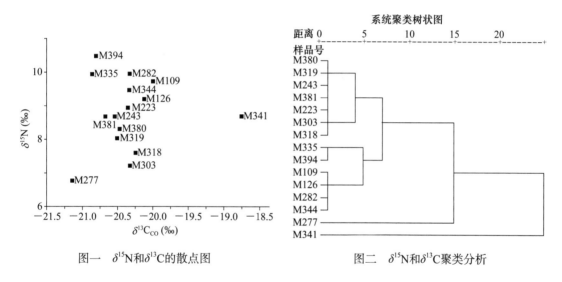

图一　$\delta^{15}N$和$\delta^{13}C$的散点图　　　　　　　图二　$\delta^{15}N$和$\delta^{13}C$聚类分析

2. 羟磷灰石中的$\delta^{13}C$与骨胶原中的$\delta^{15}N$

与骨胶原中的C反映食物中蛋白质的来源不同，羟磷灰石中结构碳酸根中的C则主要反映整个食物中C的来源（包括蛋白质、油脂和碳水类化合物）。食物与羟磷灰石中的$\delta^{13}C$差异大约为−12‰，这样，通过羟磷灰石中C同位素比值的分析便可反映整个食物的组成。图三是骨胶原中的$\delta^{15}N$和羟磷灰石中的$\delta^{13}C$的散点图。由图可见，两者之间呈现负相关关系，相关系数为0.559（$P=0.30$），随着$\delta^{15}N$的不断增加，$\delta^{13}C$却不断减小。相对于蛋白质而言，油脂和碳水化合物的$\delta^{13}C$值较小，表明贾湖先民食物中动物蛋白增加的同时，非蛋白类食物也在不断地增加。这当与贾湖先民进行稻作农业和家畜饲养密切相关。

3. 贾湖遗址先民食物结构的变化

N同位素可以让我们了解人们所吃肉类的情况，羟磷灰石中的C同位素则可让我们知道先民的整个食物。因样品分布于贾湖文化的不同段，通过对于它们的整体分析，则可望捋清先民们生活方式变化的脉络，揭示光辉灿烂贾湖文化的发展历程。

图四是δ^{15}N在不同文化段内的变化情况。δ^{15}N值起初处于中间值，随之慢慢增加，在第五段到达了最高峰，然后再缓慢下降。如果说狩猎代表了起初的δ^{15}N的值，那么，我们可以认为狩猎在贾湖生活方式中的比例不断下降，而水生动物的捕捞业则开始增加直至第五段到达了最高峰，其后，狩猎和捕捞业在人们日常生活中的比例均开始下降。稻作农业的兴起，为动物的驯化创造了极为有利的条件，使得家畜的驯养成为可能，可以使人们获得较为稳定的肉食资源。贾湖先民骨胶原δ^{15}N值的下降，应与以δ^{15}N较低的水稻和家畜为食相关。

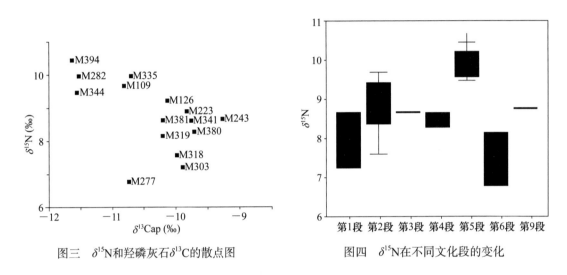

图三　δ^{15}N和羟磷灰石δ^{13}C的散点图　　　　图四　δ^{15}N在不同文化段的变化

由于骨羟磷灰石中的δ^{13}C代表了整个食物，因此依据羟磷灰石中δ^{13}C在不同段内的变化（图五），就可追踪先民食物总的变化趋势。起初δ^{13}C的值较大，表明C_3来源的食物作为人们的主体，而C_4类的摄取也占有一定的分量，并在第3段达到最大。随后，δ^{13}C值不断降低直至第5段降低到最小值，反映了C_4类食物的比例逐渐减小而C_3类食物逐渐增加。根据微量元素分析结果，可知该段人类采集活动得到最大程度的加强[22]。据此有理由推测，采集使得人类对于野生稻的生产特性有了很大的了解，为驯化野生稻与稻作农业的发展创造了条件。第5段后δ^{13}C的增加，则可能源于家畜的驯养。

4. δ^{18}O的分析

尽管对于O同位素的分析仍然有着各种不确定的因素，但各种生物地球化学模型的建立，仍然使我们认识到可以利用人体骨骼中羟磷灰石中的O同位素组成来较为粗略地分析当时的古环境和古气候。

图六是δ^{18}O在不同文化段内的变化图。由图可以看出，整个贾湖文化期间δ^{18}O基本无明显变化，表明在该地区的气候一直较为稳定，客观上为贾湖文化的兴起与发展奠定了基础。

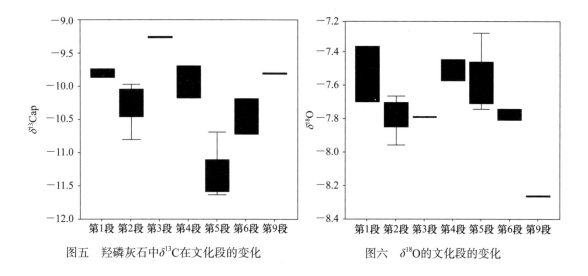

图五　羟磷灰石中δ^{13}C在文化段的变化　　　　　　图六　δ^{18}O的文化段的变化

四、结　　论

河南舞阳贾湖遗址是中国重要的新石器时代遗址之一，重建该遗址先民的食物结构、生活方式，将对揭示中国新石器时代早期原始居民的社会发展轨迹具有十分重要的意义。在排除污染样品的基础上，该遗址人骨的稳定同位素分析表明：

（1）骨胶原的δ^{13}C和δ^{15}N缺乏相关性，当与以农耕经济为主的生活方式密切相关；

（2）根据骨胶原中δ^{15}N和δ^{13}C的不同，可以将食谱分为4类；

（3）羟磷灰石中的δ^{13}C与骨胶原中的δ^{15}N之间的负相关，反映了先民们进行稻作农业和家畜饲养的活动；

（4）先民起初是以狩猎为其主要谋生手段，随后，捕捞业在人类逐渐增加直至第五段到达最高峰。从第6段直至第9段，狩猎和捕捞业在人们日常生活中的比例均开始下降，稻作农业和家畜饲养成为人们主要的食物来源；

（5）羟磷灰石中δ^{18}O无明显变化，表明该遗址气候一直较为稳定。

最后，需要特别指出的是，贾湖遗址，属于新石器时代早期，所谓的"稻作农业"，其实还是较为原始的农业生产。狩猎、采集以及捕捞，也同样在人们经济结构上占有重要地位。本文所分析的先民食谱变化，也只能粗略地反映在贾湖遗址不同发展阶段先民对某一生活方式的侧重情况。人类社会生活方式的改变，是一个长期复杂的渐进过程，不会出现跳跃的变化，除非极端情况发生迫使人们不得不改变。

致谢：在本文的数据分析和撰写过程中，始终受到中国科学技术大学科技史与科技考古系张居中教授和美国威斯康星大学人类学系考古化学实验室T. Douglas Price教授的帮助，两位匿名审稿者对本文提出的有价值的修改意见，在此一并致谢。

注　释

［1］ 胡耀武、杨学明、王昌燧：《古代人类食谱研究现状》，《科技考古论丛（第二辑）》，中国科学技术大学出版社，2000年，第51～58页；张雪莲：《应用古人骨的元素、同位素分析研究其食物结构》，《人类学学报》2003年第22卷第1期，第75～85页。

［2］ White C D. Reconstructing Ancient Maya Diet. Salt Lake City: University of Utah Press, 1999.

［3］ 蔡莲珍、仇士华：《^{13}C测定和古代食谱研究》，《考古》1984年第10期，第945～955页。

［4］ 张雪莲、蔡莲珍、仇士华等：《古人类食物结构研究》，《考古》2003年第2期，第62～76页。

［5］ 河南省文物考古研究所：《舞阳贾湖》，科学出版社，1999年。

［6］ Zhang J Z, Harbottle G, Wang C S, et al. Oldest Playable Musical Instrument Found at Jiahu, Early Neolithic Site in China. Nature, 1999, 401: 366-368.

［7］ Li X Q, Harbottle G, Zhang J Z, et al. The Earliest Writing? Sign Use in the Seventh Millennium BC at Jiahu, Henan Province, China. Antiquity, 2003, 77: 31-44.

［8］ 沈同、王镜岩、赵邦悌：《生物化学（第二版）》，高等教育出版社，1995年，第142～145页。

［9］ 郑淑蕙、郑斯成、莫志超：《稳定同位素地球化学分析》，北京大学出版社，1986年，第76页。

［10］ van der Merwe N J. Carbon Isotopes, Photosysthesis and Archaeology. Am Scientist, 1982, 70: 596-606.

［11］ DeNiro M J，Epstein S. Influence of Diet on the Distribution of Carbon Isotopes in Animals. Geochim Cosmochim Acta, 1978, 42: 495-506.

［12］ Ambrose S H, Norr L. Isotopic Composition of Dietary Protein and Energy Versus Bone Collagen and Apatite: Purified Diet Growth Experiments//Lambert J B, Grupe G. Molecular Archaeology of Prehistoric Human Bone. Berlin: Springer, 1993: 1-37; Tieszen L L, Fagre T. Effect of Diet Quality and Composition on the Isotopic Composition of Respiratory CO_2, Bone Collagen, Bioapatite and Soft Tissue Experiments//Lambert J B, Grupe G. Molecular Archaeology of Prehistoric Human Bone. Berlin: Springer, 1993: 121-155.

［13］ Van der Merwe N J, Roosevelt A C, Vogel A C. Isotopic Evidence for Prehistoric Subsistence Change at Parmana, Veneznela. Nature, 1981, 292: 536-538.

［14］ Ambrose S H, Katzenberg M A. Biogeochemical Approaches to Paleodietary Analysis. New York: Kluwer Academic/Plenum Publisher, 2000.

［15］ Bryant J D, Froelich P N. A Model of Oxygen Isotope Fractionation in Body Water of Large Mammals. Geochim Cosmochim Acta, 1995, 59: 4523-4537.

［16］ Price T D, Blitz J, Burton J H. Diagenesis in Prehistoric Bone: Problems and Solutions. J Archaeol Sci, 1992, 19: 513-530; 胡耀武、王昌燧、左健等：《古人类骨中羟磷灰石的XRD和喇曼光谱分析》，《生物物理学报》2001年第17卷第4期，第621～627页。

［17］ Ambrose S H, Butler B M, Hanson D H, et al. Stable Isotopic Analysis of Human Diet in the Marianas Archipelago, Western Pacific. Am J Phys Anthropol, 1997, 104: 343-361.

［18］ Ambrose S H, Butler B M, Hanson D H, et al. Stable Isotopic Analysis of Human Diet in the Marianas Archipelago, Western Pacific. Am J Phys Anthropol, 1997, 104: 343-361; Ambrose S H. Preparation and Characterization Bone and Tooth Collagen for Stable Carbon and Nitrogen Isotope Analysis. J Archaeol Sci, 1990, 17: 431-451.

［19］ 胡耀武、王昌燧、左健等：《古人类骨中羟磷灰石的XRD和喇曼光谱分析》，《生物物理学报》2001年第17卷第4期，第621～627页。

［20］ Ambrose S H, Butler B M, Hanson D H, et al. Stable Isotopic Analysis of Human Diet in the Marianas Archipelago, Western Pacific. Am J Phys Anthropol, 1997, 104: 343-361.

［21］ Ambrose S H, Butler B M, Hanson D H, et al. Stable Isotopic Analysis of Human Diet in the Marianas Archipelago, Western Pacific. Am J Phys Anthropol, 1997, 104: 343-361.

［22］ 胡耀武、Burton J H、王昌燧：《贾湖遗址人骨的元素分析》，《人类学学报》2005年第24卷第2期，第158～165页。

（原载《中国科学：地球科学》2007年第37卷第1期）

贾湖遗址人骨的元素分析[*]

胡耀武　James H. Burton　王昌燧

前　　言

　　古代人类食谱研究是生物考古的重要组成部分，也是当前国际科技考古领域的研究前沿之一。重建古代先民食谱，不仅可望揭示他们的生活方式、探索古环境和人类的迁徙活动，而且可为古代动植物的变迁、农业的起源和传播以及动物的驯养等重要研究领域提供极有价值的信息[1]。

　　微量元素分析是古代人类食谱的主要研究方法之一。研究指出，动物消化吸收食物时，其吸收效果与成分有关。一般说来，Sr的吸收远不如Ca吸收有效，由此导致骨中Sr/Ca的显著降低，通常食草动物骨中积淀的Sr/Ca约为原食物的1/5，而食肉动物骨中积淀的Sr/Ca应为食草动物的1/5。这就是所谓的生物纯化（Biopufication）[2]。除Sr外，元素Ba也有生物纯化现象。这样，根据古人类骨中Sr/Ca、Ba/Ca的分析，原则上可揭示原个体的食谱信息，即其以植物类食物为主抑或以肉类食物为主。这方面的探索始于20世纪70年代末，经过30余年的发展，国外学者对于古代先民的生活方式、社会结构和生存环境的研究，已经产生了质的飞跃，大大加深了人们对于消逝世界的了解。

　　然而，长期以来，我国对于古代人类食谱的研究，还主要依赖于遗址中出土的动物骨骼、植物种子的辨析来探索古代先民的食谱。对于发掘出土的大量古代人类硬组织，也常常限于从体质人类学角度，依据形态学方法，考察人体硬组织的特征，进行人种判别和病理学等方面的分析。尽管也分析了若干遗址出土人骨的微量元素[3]，但有关古代人类食谱和生活方式等方面的研究仍不够深入，未能充分利用微量元素方法揭示古代人骨中蕴含的丰富潜信息。鉴于此，本文拟利用等离子体—发射光谱（ICP-AES），分析贾湖遗址西区出土人类骨骼的微量元素，尝试探索该遗址先民的食谱进步过程及其与农业起源、人类迁徙活动的关系。

---

　　* 中国科学院知识创新工程（KJCX-No4）、国家自然科学基金（40343021）、美国Wenner-Gren基金会、中国科学技术大学校青年基金资助项目。

一、贾湖遗址的考古背景[4]

贾湖遗址位于河南省中部偏南的舞阳县北舞渡镇的贾湖村，其经纬度为东经113°40′，北纬33°36′。该遗址地处伏牛山东麓、黄淮海大平原的西南部边缘，其地貌形态为波状起伏的平原，海拔高度为40～100m。遗址总面积大约55000m²，遗址平面呈不规则圆形。1983年到1987年进行了6次科学发掘，发掘面积达2300m²，清理出房址45座，陶窑9座，灰坑370座，墓葬349座，瓮棺葬32座，埋狗坑10座，以及一些壕沟、小坑和柱洞等。

根据地层关系、文化的多元特征及¹⁴C年代的测定，贾湖文化可分为三期九段。第一期，其树轮校正年代为7000～6600BC；第二期为6600～6200BC；第三期为6200～5800BC。总的来说，贾湖遗址的年代跨度约为距今9000～7800年。

贾湖遗址在中国考古学文化上占有重要的地位，被列为20世纪中国一百项考古大发现之一。由于贾湖一期文化的上限年代距今9000年，不仅将中原地区新石器文化的研究向前推进了重要一步，而且对研究中原地区新石器文化的早期起源也具有重要意义。贾湖遗址出土的大量炭化稻和稻壳印痕，表明那里已存在着颇为发达的稻作农业，很可能是中国稻作农业的发祥地之一。贾湖制骨工艺发达，骨器种类繁多，制作精致而规整，其中最值得一提的是贾湖骨笛。《9000年前可吹奏骨笛》一文发表在《自然》后[5]，在国际上引起了强烈的反响。各种骨笛的制作工艺和吹奏技巧，令人叹为观止[6]。此外，其出土的龟甲、骨、石、陶器上契刻符号的发现表明，在9000～8000年前的贾湖文化业已出现了具有原始文字性质的符号，它们很可能是中国汉字的雏形[7]。

贾湖遗址出土的大量生产工具，如农作、狩猎、捕捞、生活用具等，表明贾湖人已经采用多种方式，获取生存所需的食物来源。发掘出土的野生稻、栎果、野菱和野大豆等，反映了贾湖遗址存在着较为发达的采集业，作为人们植物类食物的重要来源或重要补充来源。大量出土的动物骨骼，经鉴定为梅花鹿、四不像鹿、小麂、獐、貉、狗獾、豹猫、野猪、野兔、紫貂等野生动物，均为人们狩猎的收获。而居址遗迹中出土的大量猪骨残骸，则反映了猪可能已得到一定程度上的驯化，成为人们主要的肉食来源之一。如果确实如此，其应为中国最早驯化的家猪[8]。另外，灰坑中发现的相当数量龟甲以及大量鱼的肋骨、脊椎骨和喉齿等，表明捕捞业在贾湖的经济结构中同样占有一定的地位。

总而言之，贾湖遗址的社会结构已经高度发达，是中国新石器时代前期的重要遗址之一。分析贾湖遗址先民的食谱，可望了解当时人类社会的生活方式、社会结构等方面的发展脉络，并为揭示人类社会的发展提供有价值的信息。

二、样品的处理与分析

样品的处理、测试以及元素分析等过程，均在美国威斯康星大学麦迪逊分校人类学系考古化学实验室进行。

（一）样品的选取

本文测试分析的人骨标本全部取自贾湖遗址，分布于贾湖遗址的不同期段，其具体信息见表一。

表一　贾湖遗址的样品信息

墓葬编号	期段	类型	数量	墓葬编号	期段	类型	数量
303	I-1	人骨	1	107	I-1	人骨	1
341	I-1	人骨	1	109	I-2	人骨	1
126	I-2	人骨	1	318	I-2	人骨	2
125	I-2	人骨	1	243	I-3	人骨	1
249	I-3	人骨	1	380甲	II-4	人骨	1
381	II-4	人骨	1	106甲	II-5	人骨	1
282甲	II-5	人骨	1	335	II-5	人骨	1
344	II-5	人骨	1	394甲	II-5	人骨	1
233	II-6	人骨	1	277丙	II-6	人骨	1
319	II-6	人骨	1	253甲	III-7	人骨	1
263	III-7	人骨	1	207	III-8	人骨	1
210	III-8	人骨	1	211	III-8	人骨	1
205	III-9	人骨	1	206	III-9	人骨	1
208	III-9	人骨	1	223	III-9	人骨	1

注：简单起见，以墓葬编号代表样品编号。

（二）样品的预处理

去除样品上的褪色物质、皮质及骨髓，以清除附在骨样表面上的污染。称取大约0.2g的骨样，经去离子水浸泡后，置于超声波水浴中反复清洗至清洗液无色为止。换用5%乙酸在超声波水浴中继续清洗30分钟，倒去洗液后，再重复清洗一次，然后，换上5%乙酸新液浸泡过夜（15小时以上）。取出样品，用去离子水清洗20分钟，弃去洗液，将样品置于马弗炉中加温至725℃灰化8小时。冷却后置于玛瑙研钵中研磨成粉末，装入称量瓶，密封，置干燥器中备用。

（三）样品的ICP-AES分析

用电子天平精确称取大约0.02g的骨粉，加入1mLHNO₃，在试管中加热，于100~110℃温度下消化1小时。用微量注射器注入19mL去离子水，使其总体积达20mL，上ICP-AES分析仪，测试其所含有的元素组成，ICP-AES的仪器型号为ARL3520B。选用B0126作为实验室标准，并以该实验室制备的参考溶液校正测定数据。各样品的元素含量见表二。

表二　贾湖样品的元素成分　　　　　　　（单位：μg/g）

期段	墓葬标号	Al	Ca	Ba	Fe	P	Sr	Mn
I-1	303	2228.56	369760.1	191.32	1917.50	171854.6	354.41	199.13
I-1	107	1575.96	365708.9	306.35	6885.58	171579.2	413.72	183.30
I-1	341	1080.85	376596.3	249.18	786.59	170671.3	402.65	261.26
I-2	109	548.29	380490.1	216.56	800.44	175704.2	375.59	52.72
I-2	126	1132.08	367088.2	643.03	2486.59	166754.1	453.60	3503.00
I-2	318	851.66	382110.6	314.69	1012.09	171091.7	449.81	368.17
I-2	125	2327.46	371489.2	440.99	5503.79	174320.7	455.88	2699.10
I-3	243	884.39	378649.2	400.21	898.88	164286.3	585.81	656.74
I-3	249	1272.82	362052.0	159.72	1321.82	170142.1	402.10	214.13
II-4	380	689.50	381240.0	341.71	1348.16	172889.1	521.10	230.62
II-4	381	1136.91	366961.4	244.53	877.44	167595.5	431.50	228.86
II-5	106	2719.40	373547.8	204.85	3954.20	175171.4	395.19	378.94
II-5	282	1689.47	370396.7	360.42	2853.66	169977.0	507.18	1282.70
II-5	335	774.66	375243.9	271.75	708.88	172464.9	450.68	78.82
II-5	344	1462.43	368260.9	210.01	2534.87	173044.8	381.53	253.41
II-5	394	1127.11	365266.7	296.88	2997.16	168718.4	487.96	438.33
II-6	233	2585.28	362907.9	178.57	2012.47	174562.8	311.38	994.42
II-6	277	1460.02	363859.5	180.56	1773.76	171506.8	354.68	195.02
II-6	319	1332.68	366154.0	254.76	2539.44	167799.0	401.40	154.36
III-7	253	747.70	376258.2	199.89	1338.17	178014.8	355.20	398.96
III-7	263	764.28	375361.4	229.25	1061.70	172831.8	381.40	244.84
III-8	207	3126.17	357740.4	163.60	7392.51	173436.1	313.24	153.11
III-8	210	1402.07	368622.1	196.63	3996.37	170577.7	385.81	235.50
III-8	211	2877.10	360939.2	124.16	4614.64	177800.0	254.84	337.38
III-9	205	693.57	373609.8	221.16	2219.38	176999.7	359.65	685.94

期段	墓葬标号	Al	Ca	Ba	Fe	P	Sr	Mn
Ⅲ-9	206	3176.81	362632.7	180.25	6029.06	173227.8	346.93	148.60
Ⅲ-9	208	1769.42	370987.1	136.06	1710.31	178014.4	278.12	167.25
Ⅲ-9	223	1415.26	382221.8	495.25	3966.90	172944.3	483.24	1902.80

（四）数据的处理

应用美国SPSS10.0软件对所测元素作多元统计分析。

三、结果和讨论

（一）骨样的污染

分析古代人类骨骼的微量元素，探索先民的食谱，通常基于一个重要的假设前提，即长期的埋葬，不影响人骨的原初化学组成和生物学特性。然而研究表明，人骨在长期埋葬过程中，将受到土壤pH、湿度、温度以及微生物等影响或作用，化学组成随之改变，结构也逐渐遭到破坏，从而丧失其原本的生物学特性。这一过程称作骨骼的污染，也称为骨骼的成岩作用（bone diagenesis）[9]。古代人骨的污染，给古代人类食谱的研究带来了极大的困难。于是鉴别古代人骨样品的污染程度，筛选出未经污染或污染甚轻的样品，则成为古代食谱研究的必要的前期工作。

一般认为，骨样的污染，可分为物理污染和化学污染两种[10]。物理污染主要指侵入骨中的外来物质，如碳酸钙、长石、石英等，它们皆来自土壤；化学污染较为复杂，但主要为骨样中羟磷灰石的污染。当羟磷灰石与外界环境作用时，因离子交换等反应，导致元素的富集或流失，其晶格也随之畸变，严重时，晶体结构都可能破坏。按照目前通用的骨骼污染判别方法，不难发现，骨样243、106、211、125、206、207、107、126、223，在埋藏过程中已遭受污染，不再保留其个体生前食谱有关信息。故此，在以下的食谱分析过程中，须将它们剔除在外。

（二）贾湖遗址中食物结构的变化

贾湖遗址处于新石器时代前期，系旧石器时代向新石器时代过渡的阶段。这一时期，人们的生活方式通常发生着重要的转变，即由采集、渔猎逐步转向农耕和动物饲养。分析贾湖先民的食物结构演变，可望揭示其生活方式的转变过程，为探索贾湖聚落、社会的发展提供有价值的信息。

人骨的Sr/Ca和Ba/Ca分析，曾作为探索食物中肉类/植物比例的重要方法。但近来的研究表明，该方法的应用颇为复杂，需考虑多种因素的影响。Burton等[11]发现，骨中Ca来源与食物的类别密切相关。一般说来，食物中的Ca主要来自植物类食物，肉类食物对Ca的贡献较少。这样，少量富Ca植物对食物Sr/Ca、Ba/Ca的贡献，有可能掩盖大量肉类食物的贡献。然而，骨中Sr/Ca、Ba/Ca的降低，除与肉食资源的增加相关外，还可能与低含量Ca类植物在食物中的比例增加有关。贾湖遗址出土有大量稻壳和炭化稻，表明稻作农业应为贾湖先民的主要谋生手段[12]，而植硅石分析也支持这一观点。我们知道，稻米是一种低含量Ca类植物，因此，分析贾湖不同文化期段出土人骨的log（Sr/Ca）和log（Ba/Ca）值，不仅能揭示贾湖先民食物结构的转变过程，还可为探索其稻作农业的发展提供重要信息。

图一是以上述未污染样品的log（Sr/Ca）和log（Ba/Ca）所做的盒氏图，该图指出，整个贾湖文化的9个发展期段，其log（Sr/Ca）和log（Ba/Ca）值的明显变化，直接反映着贾湖先民食谱的转化过程。这里需要指出的是，样品249颇为特殊，它与其他样品相比，具有异常的log（Sr/Ca）和log（Ba/Ca）值，其具体原因，拟在后面单独讨论。

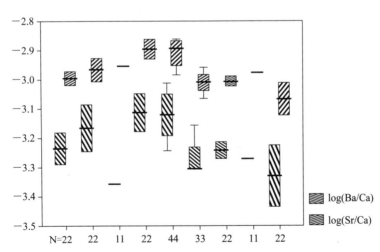

图一　log（Ba/Ca）和log（Sr/Ca）在文化段的变化

从图一不难看出，log（Sr/Ca）和log（Ba/Ca）值的变化趋势相似，但前者的变化幅度明显大于后者。在贾湖遗址发展早期，两者的数值都较高，之后缓慢增加，于第四和第五段达到最高值，再往后，便逐渐降低，其最低值出现在最晚的第九段。如前所述，骨中log（Sr/Ca）和log（Ba/Ca）的变化，除与贾湖先民肉类食物比例的改变有关外，还主要反映了食物中不同Ca量植物类之间的差异。这样，根据不同期段内人群骨中log（Sr/Ca）和log（Ba/Ca）的变化趋势，就可推测贾湖先民生活方式的转变过程如下：第一段，贾湖先民当以狩猎为主，采集为辅。之后，采集富含Ca植物的比例逐渐增加，至第四、五段达到高峰。随后，稻作农业的产生与发展，使得水稻逐渐成为人们食物中植物类的主体。与此同时，家畜也随之开始驯养，并成为人们较为稳定的肉食来源。应该说，稻作农业和家畜为先民们创造光辉灿烂的史前文化奠定了坚实的物质基础。

（三）人类迁徙活动的探索

近年来，人类迁徙路线的探索越来越受到重视，业已成为国际生物考古的研究热点。迄今为止，这一研究仍主要依赖于牙齿珐琅质和骨骼中的Sr同位素比值分析[13]。一般认为，第一颗恒牙珐琅质的Sr同位素比值，主要与人出生地区的地质环境相关，而人骨的Sr同位素比值，则取决于其死前7~10年间所生活地区的地质环境。若两者的Sr同位素比值显著不同，则表明此人生前至少曾经历过一次迁徙。

然而，最近的研究还表明，生态环境相同的土壤、植物和动物，各自的log（Sr/Ca）和log（Ba/Ca）通常皆线性相关。即便同一种生物，若其所处的生态环境不同，它们的log（Sr/Ca）和log（Ba/Ca）也将产生较大的差异[14]。由此可知，不同的生态环境，上述线性相关关系也有所不同。这样，根据人骨的微量元素分析，便可望攫取先民生前环境的信息，进而揭示他们的迁徙记录。

图二为未污染样品的log（Sr/Ca）和log（Ba/Ca）散点图。该图显示，除样品249外，其余所有样品的log（Sr/Ca）和log（Ba/Ca）之间皆明显线性关系。这一结果表明，

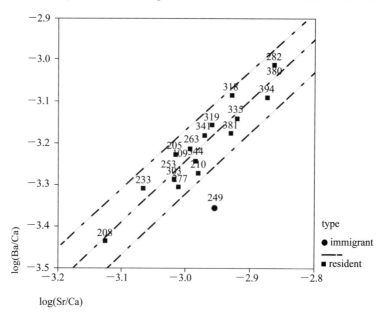

图二　未污染样品的log（Sr/Ca）和log（Ba/Ca）散点图

除样品249所代表的个体外，其余个体生前所处的生态环境皆相同，即都是贾湖当地的居民。与此同时，这种颇为稳定的线性相关关系，还反映了延续约1200年的贾湖遗址，其生态环境自始至终基本保持不变。如此稳定的生态环境，很可能是贾湖文化高度发达的主要原因。

图二中，若以样品散点的回归线为基准，以95%概率为置信区间，不难画出其回归线区域。显然，这一回归线区域代表着贾湖遗址的生态环境，此区域内的个体，应为生长于贾湖的居民；而样品249落在此区域之外，其所代表的个体，则可能来自生态环境不同的异乡，是一个"移民"。相对于贾湖而言，这一"异乡"的生态环境较为富Sr而贫Ba。如前所述，骨化学分析主要反映人死前7~10年间所处的环境，而样品249所代表的个体，根据体质人类学分析，其年龄仅15岁左右[15]，说明其迁入后不久，便不幸猝死于贾湖。

四、结　　论

贾湖遗址是我国重要的新石器时代遗址之一，它记录着我国新石器时代前期的先民活动和有关生态环境的丰富信息。通过分析该遗址出土人骨的微量元素，根据不同期段非污染样品的log（Sr/Ca）和log（Ba/Ca）数据，揭示了贾湖先民生活方式的转变过程。即贾湖先民最初以狩猎、捕鱼为主，采集为辅。之后，采集食物的比例逐渐增加，至第四、五段达到高峰。自第六段始，稻作农业得以逐步推广，家畜饲养也随之得到发展。

利用微量元素分析方法，还首次探讨了古代先民的迁徙活动，指出样品249所代表的个体，可能是来自异乡的"移民"。

最后，需要指出的是，本次分析的样品尚不够多，且某些因素的影响也未能充分考虑，如各个体之间贫富差别的影响等，因此，这里的讨论仅仅是初步的，其所得结论也难免有"以偏概全"之嫌。尽管如此，本工作毕竟是一次有益的尝试，它为探索古代先民的食谱提供了一个全新的思路。相信随着研究的不断深入，古代人类食谱及其所反映的先民生活方式，将有力地推动考古学研究的发展。

致谢：在本文的数据分析和撰写过程中，始终受到中国科学技术大学科技史与科技考古系张居中教授和美国威斯康星大学人类学系考古化学实验室T. Douglas Price教授的帮助，在此表示万分感谢！

注　释

［1］　胡耀武、杨学明、王昌燧：《古代人类食谱研究现状》，《科技考古论丛》，中国科学技术出版
　　　　社，2003年，第51~58页；张雪莲：《应用古人骨的元素、同位素分析研究其食物结构》，《人
　　　　类学学报》2003年第22卷第1期，第75~85页。

［2］ Elias R W, Hirao Y, Patterson C C. The Circumvention of the Natural Biopurification of Calcium Along Nutrient Pathways by Atmospheric Inputs of Industrial Lead. Geochimica et Cosmochimica Acta, 1982, 46: 2561-2580.

［3］ 郑晓瑛：《中国甘肃酒泉青铜时代人类股骨化学元素含量分析》，《人类学学报》1993年第12期，第241～249页；魏博源、朱文、钟耳顺等：《广西崇左显冲塘新石器时代人骨微量元素的初步研究》，《人类学学报》1994年第13卷第3期，第260～265页；刘壮、张志红、胡鹏程等：《安阳殷墟出土动物和人体骨骼中微量元素分析》，《分析化学》2001年第7期，第860页；金海燕、张全超、宇博：《新疆青铜时代古代人骨中痕量元素的ICP-AES法测定》，《吉林大学学报（理学版）》2003年第4期，第228～230页；金海燕、张全超、朱泓：《ICP-AES测定古代车师人肋骨中的痕量元素》，《光谱学与光谱分析》2004年第24卷第2期，第223～225页。

［4］ 河南省文物考古研究所：《舞阳贾湖》，科学出版社，1999年。

［5］ Zhang J Z, Harbottle G, Wang C S, et al. Oldest Playable Musical Instrument Found at Jiahu, Early Neolithic Site in China. Nature, 1999: 366-368.

［6］ 夏季、徐飞、王昌燧：《新石器时期中国先民音乐调音技术水平的乐律数理分析——贾湖骨笛特殊小孔的调音功能与测音结果研究》，《音乐研究》2003年第1期，第3～11页。

［7］ Li X Q, Harbottle G, Zhang J Z, et al. The Earliest Writing? Sign Use in the Seventh Millennium BC at Jiahu, Henan Province, China. Antiquity, 2003, 77: 31-44.

［8］ 袁靖：《中国新石器时代家畜起源的几个问题》，《农业考古》2001年第3期，第26～28页。

［9］ Price T D, Blitz J, Burton J H. Diagenesis in Prehistoric Bone: Problems and Solutions. Journal of Archaeological Science, 1992, 19: 513-530.

［10］ 胡耀武：《古人类骨中羟磷灰石的XRD和喇曼光谱分析》，《生物物理学报》2001年第17卷第4期，第621～627页。

［11］ Burton J H, Wright L E. Nonlinearity in the Relationship Between Bone Sr/Ca and Diet: Palaeodietary Implications. American Journal of Physical Anthropology, 1995, 96: 273-282; Burton J H. Trace-elements in Bone as Paleodietary Indicators//Orna MV. Archaeological Chemistry American Chemical Society Symposium Series No 625. Washington D. C.: ACA, 1996: 327-333.

［12］ 河南省文物考古研究所：《舞阳贾湖》，科学出版社，1999年。

［13］ Price T D, Burton J H, Bentley R A. The Characterization of Biologically Available Strontium Isotope Ratios for the Study of Prehistoric Migration. Archaeometry, 2002, 44(1): 117-135.

［14］ Burton J H, Price T D, Middleton W D. Correlation of Bone Ba/Ca and Sr/Ca Due to Biological Purification of Calcium. Journal of Archaeological Science, 1999, 26: 609-616.

［15］ 河南省文物考古研究所：《舞阳贾湖》，科学出版社，1999年。

（原载《人类学学报》2005年第24卷第2期）

技术与工艺

贾湖遗址出土古陶产地的初步研究*

邱　平　王昌燧　张居中

前　言

　　河南省舞阳贾湖遗址位于黄河与长江之间的黄淮平原，距今9000～7800年。该遗址具有丰富而独特的内涵，被命名为贾湖文化。与周围同时代或稍晚的考古学文化相比，贾湖文化居于发展的前列，所以，贾湖文化对研究我国新石器文化的起源具有非常重要的价值。

　　贾湖遗址平面呈不规则圆形，总面积约55000多平方米，自1983年至1987年先后对该遗址进行了6次发掘，共揭露面积约2400平方米（图一）。清理出房址45座、陶窑9座、灰坑370座、墓葬349座、瓮棺葬32座、埋狗坑10座以及一些壕沟、小坑和柱洞等。贾湖聚落包括居住址和墓葬区两部分。居住址的大多数遗迹内有废弃的人工制品，如陶器碎片、制造石器和骨器的废料以及食余抛弃的动物骨骼和植物遗骸等，其中数量最大的是陶片[1]。

　　就现有发掘材料来看，贾湖遗址的聚落布局在时间上大体可分为第一期和第二、三期两大部分。在聚落的中晚期，居址和墓地开始出现分离，从分别发现2座与3座陶窑的中区和东区两处居址看，陶窑也大体集中并与居住区逐渐分离，似乎每组居址都有自己的制陶作坊区。那么，居住在大小、形状和结构各异的房址内的贾湖先民们有着怎样的社会关系呢？8000年前的贾湖文化以其发达的稻作农业、原始宗教和音乐文化而盛极一时，但8000年之后，这一分布地区内的考古学文化似乎进入低谷。那么，贾湖文化与周围同时代或稍晚时代古文化的关系又是怎样的呢？这些都是十分重要的考古问题。

　　陶器是古代最主要的物质遗存，它携带着史前文化的丰富内涵。贾湖文化既有独特的有别于同时期周边考古文化的陶器群，也有与同时期周边考古文化相近的陶器群。这些出土陶器，不仅数量大，而且种类多，按材料可分为泥质、夹砂、夹炭、夹蚌壳或夹骨屑、夹云母片或滑石粉等5种陶器，其中泥质陶和夹砂陶数量较多[2]。泥质陶的原料较为单一，主要为天然黏土，其成分主要受地质背景和气候条件等因素的影响，具有明显的地方特征，因而常通过泥质陶的成分分析探索其产地并进而研究与之相关的古代文化交流关系[3]。

---

　　*　中国科学院创新工程项目、重点项目（KZ952-J1-418）与国家自然科学基金项目（19675035）。

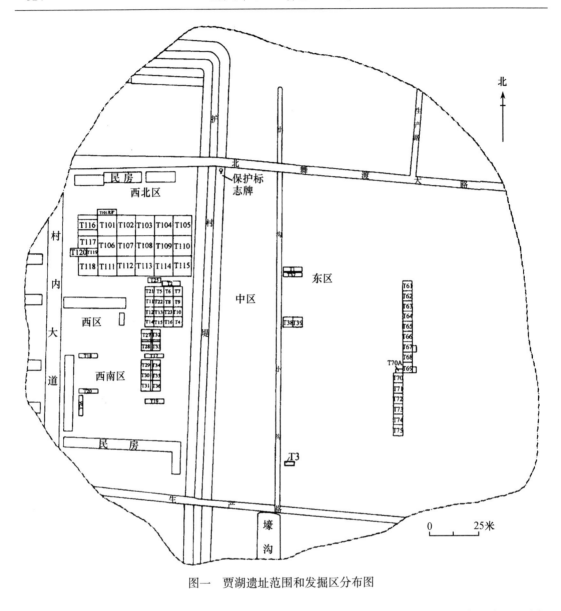

图一 贾湖遗址范围和发掘区分布图

　　古环境是古陶器产地研究中的重要因素。从贾湖遗址的考古发掘和研究可知，贾湖文化一期的次生黄土，具有一定的黏性，与其下部的马兰黄土不同。贾湖二期文化层土壤黏性较大，该层东部土壤颜色偏黑。到贾湖三期文化层，土壤则变为西部呈黑褐色，黏性较大，而东部土色稍浅，而贾湖文化层之上已是具有静水沉积淤泥特征的暗褐色文化间歇层[4]。由此可知，在贾湖文化期间及前后，当地的气候和环境发生了较为剧烈的变化。贾湖文化消失之后，本地区内代之而起的是大河村文化，汝州中山寨、长葛石固和舞阳郭庄、阿岗寺遗址等，都发现有贾湖文化层被叠压在大河村文化层之下的地层关系[5]，那么，它们究竟是怎样的关系呢？另外，贾湖这一发达的新石器早期文化与迄今认为拥有新石器时代最早古城的西山遗址之间是否有某种文化上的联系呢[6]？本文拟通过古陶器产地分析对上述考古学问题进行初步研究。

一、测试分析和数据处理

（一）测 试 分 析

分别从贾湖遗址三个不同时期文化层中选取18个古陶残片，陶片取样位置和单位详见图二，用砂纸打去古陶样品表层后，用蒸馏水洗刷干净，再将样品放入无水酒精中经超声波清洗，重复两次后烘干，在玛瑙研钵中研磨，过200目筛后，用于等离子体发射光谱（ICP）等测试。测试在湖北省地质实验研究所进行，分析结果如表一所示。

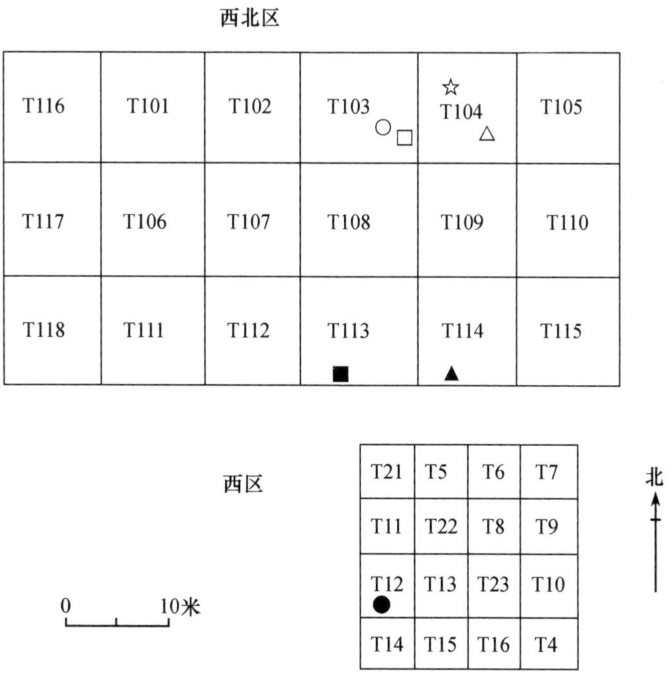

西北区

T116	T101	T102	T103 ○ □	☆ T104 △	T105
T117	T106	T107	T108	T109	T110
T118	T111	T112	T113 ■	T114 ▲	T115

西区

T21	T5	T6	T7
T11	T22	T8	T9
T12 ●	T13	T23	T10
T14	T15	T16	T4

北 ↑

0 ———— 10米

▲. H187、△. H229、○. H124、□. H133、☆. H174、●. H28、■. H105

图二　陶片取样点分布图

西山遗址出土陶器的ICP测试步骤同上。大河村遗址出土陶器的INAA数据由美国Brookhaven国家实验室提供。数据列于表二。

（二）数 据 处 理

纵观考古类型学的理论与实践，其成败得失的关键，莫过于正确的分类[7]。数据处理的目的就是对测试的古陶样品进行多元统计上的分类，并与传统考古学上的分类进行对

表一 贾湖遗址三个时期陶器样品的成分分析数据

[单位：La-Cr：（μg/g），Fe-K：（%）]

编号	取样点	分期	La	Ce	Sm	Eu	Yb	Lu	Rb	Cs	Ba	Sc	Th	Cr	Fe	Ca	Na	K
H187-2	H187	一期	43.28	85.71	6.43	1.39	3.04	0.47	113	8.0	1259	13.70	10.90	106.9	4.62	1.57	1.37	2.14
H187-7	H187	一期	37.16	88.01	6.56	1.25	2.67	0.43	128	8.6	1346	15.80	13.50	117.0	5.10	1.62	1.21	2.21
H229-7	H229	二期	53.51	114.9	6.87	1.51	3.22	0.48	143	11	1053	16.00	15.80	107.2	5.67	1.32	1.26	2.54
H229-1	H229	三期	73.40	126.8	8.15	1.72	3.70	0.55	132	9.8	1141	16.80	14.00	125.1	6.28	1.39	1.03	2.53
H229-10	H229	二期	66.06	107.3	7.25	1.55	3.28	0.50	149	12	1299	15.90	13.30	101.1	5.60	1.44	1.15	2.57
H124-6	H124	二期	74.15	126.8	8.89	1.78	3.74	0.61	126	9.9	1527	15.90	18.10	101.2	6.60	1.83	0.94	2.36
H133-16	H133	二期	47.85	102.5	7.33	1.48	3.22	0.50	147	11	1808	18.40	15.80	96.80	6.34	1.89	1.06	2.44
H133-26	H133	二期	55.04	127.1	8.48	1.91	3.61	0.67	145	9.1	1038	16.70	14.50	105.8	5.71	1.34	1.18	2.44
H133-8	H133	二期	60.89	124.7	8.61	1.77	3.73	0.58	149	11	1634	17.30	17.30	106.2	6.15	1.82	0.95	2.49
H133-18	H133	三期	51.25	98.25	7.40	1.55	3.29	0.52	143	9.5	1114	13.90	14.30	116.3	6.31	1.56	1.04	2.54
H174-9	H174	三期	61.32	123.0	8.69	1.86	3.90	0.58	95.0	6.4	1496	16.30	15.60	97.20	5.83	1.65	1.13	2.32
H174-6	H174	三期	61.04	122.0	8.85	1.89	3.92	0.59	122	8.6	1742	19.00	20.90	100.8	6.36	1.72	1.13	2.48
H174-8	H174	三期	57.21	107.4	7.95	1.63	3.80	0.55	113	7.5	1639	17.10	18.00	108.1	6.38	1.69	1.11	2.46
H28-7	H28	三期	52.70	101.3	7.19	1.53	3.31	0.51	95.0	5.7	1344	15.10	15.40	96.90	5.28	1.54	1.21	2.29
H28-2	H28	三期	53.45	93.33	7.04	1.43	3.45	0.51	99.0	8.0	1427	15.50	14.60	98.30	6.01	1.85	1.16	2.04
H105-10	H105	三期	59.93	112.1	8.41	1.91	3.79	0.57	118	7.4	2086	15.20	14.40	112.5	5.85	1.62	1.11	2.45
H105-3	H105	三期	68.01	110.9	7.56	1.59	3.63	0.55	113	9.1	1726	15.60	13.40	95.60	4.95	1.37	1.19	2.28
H105-7	H105	三期	49.27	101.2	7.70	1.58	3.44	0.48	93.0	6.9	1772	12.50	12.10	114.2	5.01	1.59	0.97	2.08

表二　大河村和西山遗址陶器样品的成分分析数据　　　　　　　　　　[单位: La-Cr: (μg/g), Fe-K: (%)]

编号	遗址	La	Ce	Sm	Eu	Yb	Lu	Rb	Cs	Ba	Sc	Th	Cr	Fe	Ca	Na	K
SCF01	大河村	41.70	95.25	8.55	1.61	3.57	0.58	128	9.5	7000	16.40	15.47	94.42	4.18	0.80	1.02	2.15
SCF02	大河村	40.76	99.32	9.68	1.62	2.93	0.54	124	12	1000	15.60	17.40	83.47	3.40	0.76	0.60	1.94
SCF03	大河村	43.91	105.0	9.93	1.73	3.72	0.61	129	11	900	18.30	17.66	104.0	5.14	3.14	0.96	2.31
SCF04	大河村	46.56	108.3	10.8	1.76	3.93	0.68	155	12	1100	20.20	19.07	114.3	5.25	4.60	0.85	2.37
SCF05	大河村	41.70	98.50	9.57	1.66	3.57	0.71	121	9.3	1100	18.10	17.58	109.5	4.74	2.174	0.89	2.23
SCF06	大河村	41.44	102.6	9.68	1.67	3.46	0.63	142	11	1000	18.30	17.14	102.6	4.67	2.97	0.85	2.32
SCF07	大河村	46.04	115.6	10.5	1.88	3.42	0.64	142	12	1000	18.10	18.89	108.1	4.97	3.37	0.86	2.40
SCF08	大河村	49.54	113.2	10.7	1.92	3.61	0.64	126	13	1100	22.60	20.48	125.9	5.94	3.35	0.68	2.65
SCF09	大河村	37.69	87.92	8.00	1.50	3.14	0.57	168	14	900	16.90	17.14	109.5	4.36	1.97	0.79	2.87
SCF10	大河村	45.87	111.5	10.7	1.87	3.90	0.66	164	13	1300	20.30	19.07	113.6	4.88	3.13	0.91	2.93
ZX7-2	西山	39.18	73.49	6.05	1.29	2.58	0.39	134	9.7	800	13.80	10.30	82.50	4.61	2.21	1.16	2.55
ZX26-12	西山	35.74	73.84	5.85	1.24	2.40	0.37	128	9.5	889	13.80	11.30	77.90	4.83	3.39	1.06	2.41
ZX30-19	西山	39.21	74.49	5.93	1.22	2.73	0.44	120	7.4	482	11.80	10.50	86.30	3.94	0.91	1.11	2.42
ZX33-9	西山	39.04	71.29	6.42	1.37	3.01	0.47	134	9.1	518	13.70	10.20	112.5	4.68	0.94	1.39	2.70
ZX69-4	西山	34.04	65.60	5.87	1.22	2.27	0.35	138	8.6	951	16.60	11.70	88.60	5.03	1.94	1.03	2.57
ZX38-21	西山	37.01	64.67	5.86	1.27	2.60	0.41	151	11	594	15.80	13.50	82.30	4.60	0.76	1.19	2.81
ZX48-15	西山	37.20	69.73	6.03	1.26	2.67	0.41	132	10	646	15.10	12.80	85.90	4.53	1.02	1.45	2.53
ZX51-5	西山	35.13	66.80	5.52	1.20	5.58	0.40	124	8.0	675	14.10	12.00	81.90	4.20	10.7	1.46	2.48
ZX55-22	西山	35.92	65.91	5.48	1.19	2.47	0.38	128	8.6	693	14.10	10.90	72.90	4.11	1.14	1.53	2.71
ZX66-11	西山	35.16	69.36	5.50	1.19	2.36	0.35	143	9.7	829	18.10	12.80	86.80	5.37	4.00	0.95	2.73

比分析。陶器成分数据的统计分类，可提供一个重要的定量化的依据。本文采用社会科学通用统计软件包SPSS的聚类分析程序，对贾湖、大河村和西山遗址陶器样品数据进行统计分析，并着重对贾湖遗址数据单独进行了处理和研究[8]。具体介绍如下。

1）贾湖、大河村和西山遗址泥质陶的聚类分析

不同文化或遗址之间，常常由它们在文化性质、时间或空间上差距较大，造成陶器的原料成分也有较大的差别，当然，陶器原料的成分与时空、环境和文化的关系是十分复杂的，但是，当不同遗址间存在较为密切的文化交流或文化传承关系时，它们的陶器样品在聚类分析谱系图上应该有较明显的相互交叉关系。

贾湖、大河村和西山遗址泥质陶的聚类分析结果见图三。

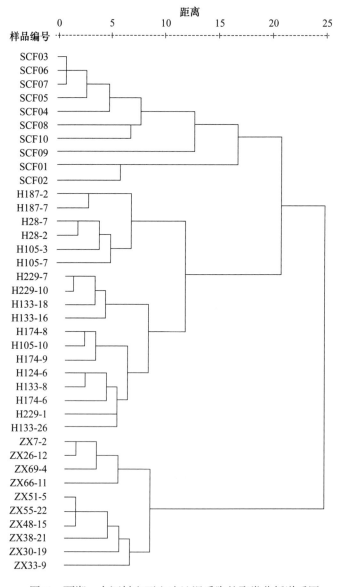

图三　贾湖、大河村和西山遗址泥质陶的聚类分析谱系图

2）贾湖遗址泥质陶的聚类分析

贾湖遗址面积不过55000平方米，这里所分析的样品来自贾湖发掘区西部，最远距离仅60米左右，且其三期文化紧密相接，中间并无文化间歇层，考虑到古人制陶通常就地"选"材，故整个发掘西区似乎难以再细分为若干不同产地。然而环境考古研究表明，贾湖遗址第二、三文化期间，气候变化剧烈，环境变迁明显，甚至遗址范围内土色、土质都有一定的改变，因此，对贾湖遗址陶器数据单独进行分析，仍有可能攫取有价值的信息。有关分析结果请参见图四。

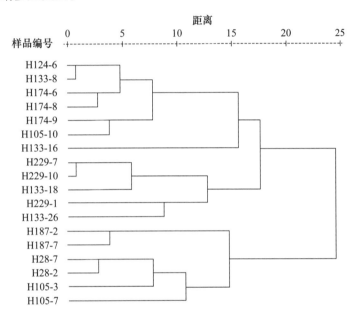

图四　贾湖遗址泥质陶聚类分析谱系图

二、讨　　论

（1）在贾湖、大河村和西山遗址出土陶器的聚类分析谱系图上，三个不同遗址的泥质陶样品分别自成一类，整个数据明显地分为三大类。这清楚地表明，三个遗址陶器原料来自不同地区，看不出三者之间有什么特别的文化联系。

（2）贾湖遗址泥质陶的聚类分析谱系图首先表明，它们按空间方位可基本分为两大类，其中一大类包括样品H187-2、H187-7、H28-7、H28-2、H105-3和H105-7。它们来自贾湖遗址西北区南端的T113和T114探方以及西区的T12探方。其中T113与T114相邻，而T12位于上述两探方南约20米处。另一大类样品除H105-10外，均属于西北区北边的T103和T104探方，两者紧密相连。上述两大类样品在空间上一南一北，中心距离约35米。这一结果不仅直接支持了古人制陶就地"选"材的观点，而且表明贾湖遗址的陶器成分与空间方位，即水平位置的关系十分密切。

其次，聚类分析谱系图也反映了垂直深度，即时间尺度与陶器成分的关系。不难发现，一期的情况较为简单，样品H187-2和H187-7自成一个小类，二、三期样品的聚类略为复杂，其中二期样品基本分为两类，即H124-6和H133-8单独形成一小类，而H229-7、H229-10、H133-18、H229-1和H133-26聚为另一类，三期样品也基本分为两类，即H28-7、H28-2、H105-3和H105-7聚为一类，三期样品也基本分为两类，即H28-7、H28-2、H105-3和H105-7聚为一类，而H174-6、H174-8、H174-9和H105-10分为另一类。由此可见，贾湖遗址同一文化层的样品一般单独聚为一或两类，这反映了陶器成分与文化分期有一定的联系，但各个小类交叉排列，与文化分期无一一对应关系。

总的说来，贾湖陶器成分的聚类，与空间位置、文化分期都有一定的联系，但相对而言，陶器成分与空间位置的关系更为密切。

（3）如果将陶器的聚类情况与取样灰坑联系起来考虑，可发现一个非常有意义的规律，即同一灰坑或相邻灰坑的陶片数据在聚类分析谱系图上基本上聚在一类内。其中贾湖遗址西北区南端和西区大类的3个灰坑H187、H28和H105内的样品基本自成一小类。而西北区北边的4个灰坑H229、H133、H124和H174的陶器样品基本聚为一大类，其中，H174与H229各有2个样品自成一小类，而它们也各有一样品也各自小类聚为一亚类（介于小类与大类之间），H133的样品数据略为分散，但也限定在相同大类内。唯样品H105-10较为特殊，它属南端灰坑，但数据与同属三期的H174样品聚成一亚类。

文献指出[9]，每个灰坑一般对应于一个房址，或是一个家庭留下的遗迹，这样，上述分析结果对探索贾湖社会结构应有十分重要的启示。不难理解，贾湖遗址西北区南端和西区大类的3个灰坑H187、H28和H105内的样品皆基本自成一小类，而北边4个灰坑因离得太近，所取陶土的成分难以细分，故存在数据交叉现象，尽管如此，它们也仍有自成一类的倾向。这一分析结果在一定程度上反映了贾湖的制陶业处于以家庭为单位的作坊阶段，并似乎以自产自用为主。而三期样品H105-10的数据错位于北端，则可能与不同家庭间进行少量陶器交换有关，至于是否从贾湖三期文化阶段开始出现陶器交换关系，尚需进一步分析研究。

虽然一些考古学家也认为，中国新石器时代早期的制陶业可能处于家庭制陶阶段，但难以找到令人信服的证据。而本文的分析结果，应是第一次从自然科学角度对这一观点给予了有力的支持。

（4）就现有测试数据而言，贾湖文化与本地区后来兴起的大河村文化并无直接的传承关系，与迄今发现最早古城的西山遗址也没有明显的联系，那么，贾湖文化的创造者们由于环境所迫或其他原因迁往何方了呢？张居中先生推测贾湖文化曾向自然环境相似的淮河中下游和汉水流域迁徙；张敏先生也认为淮河下游的龙虬庄文化可能来源于淮河上游的贾湖文化[10]。显然，若要探索贾湖文化的传播路线，古陶产地分析将大有用武之地。

三、结　　论

（1）古陶产地及其矿料来源的探索，不仅可为陶器的考古文化区系划分提供定量的判断根据，从而为不同考古文化间的文化交流等提供有价值的信息，而且可有效地应用于古代社会结构的研究。本文第一次根据古陶产地的分析，提出贾湖的制陶业处于以家庭为单位的作坊阶段，从而开拓了古陶产地分析的新思路。

（2）聚类分析指出，贾湖陶器的成分与其空间位置、文化分期都有一定的联系，但相对而言，陶器成分与空间位置的关系更为密切。

（3）产地分析表明，贾湖、大河村和西山遗址出土陶器的矿料来自不同地区，反映出三处遗址间没有明显的文化联系。

注　　释

［1］　河南省文物考古研究所：《舞阳贾湖》，科学出版社，1999年。
［2］　河南省文物考古研究所：《舞阳贾湖》，科学出版社，1999年。
［3］　王昌燧：《国际科技考古研究的现状与动态》，《华东师范大学学报》1998年第4期。
［4］　河南省文物考古研究所：《舞阳贾湖》，科学出版社，1999年。
［5］　河南省文物考古研究所：《舞阳贾湖》，科学出版社，1999年。
［6］　谷菽：《95全国十大考古新发现》，《文物天地》1996年第2期。
［7］　俞伟超：《考古学是什么》，中国社会科学出版社，1996年。
［8］　孙文爽、陈兰祥：《多元统计分析》，高等教育出版社，1994年。
［9］　河南省文物考古研究所：《舞阳贾湖》，科学出版社，1999年。
［10］　张敏：《龙虬庄》，科学出版社，1999年。

（原载《东南文化》2000年第11期）

浙江小黄山与河南贾湖遗址出土新石器时代前期陶器化学组成的WDXRF分析研究[*]

陈茜茜　杨玉璋　张居中　崔　炜

引　　言

陶器的发明是人类历史上继发明用火以来的又一具有划时代意义的重大事件，是人类社会进入新石器时代的重要标志之一，也反映着人类从采集、渔猎向以农业为基础的生产和生活过渡的变化[1]。自20世纪60年代以来，在东亚地区的中国、日本和俄罗斯远东地区的考古工作中，已先后发现年代距今10000年前的早期陶器。目前，中国境内出土早期陶器的遗址包括江西万年仙人洞、广西桂林庙岩、湖南道县玉蟾岩、河北阳原于家沟、徐水南庄头、河南新密李家沟等多个地点[2]，这些遗址的年代经多种科学方法测定，最早的距今17000年前后，充分说明了中国是世界上最早发明陶器的地区之一。从现有考古资料来看，目前发现的早期陶器均为夹砂陶，胎壁普遍较厚，烧成温度低，大致在600~800℃之间，器型单一，主要为罐（釜）类，且多为手捏成型，也有少量使用了泥片敷贴法，反映了早期陶器的工艺特点[3]。

浙江小黄山和河南贾湖是我国境内两处重要的新石器时代前期遗址。小黄山遗址位于浙江省绍兴市嵊州甘霖镇上杜山村，[14]C年代测定为距今10000~8000年，是目前我国长江下游地区年代最早的新石器前期遗址之一，其遗址规模达50000平方米，也是长江中下游地区同时代遗址中规模最大的一处。小黄山遗址的发掘，揭示和确立了浙江上山文化阶段遗存和跨湖桥文化阶段遗存地层上的叠压关系，为进一步认识和把握浙江乃至整个东南沿海地区新石器时代文化源流及其发展演变关系提供了可靠地层学依据和丰富的实物资料[4]。贾湖遗址位于河南省舞阳县城北24千米处的贾湖村，遗址年代经[14]C、释光等年代学方法测定为距今9000~7500年[5]。该遗址自发现以来先后历经7次发掘，共发掘出房址、窖穴、陶窑、墓葬、瓮棺葬、埋狗坑等遗迹单位900余座，出土陶、石、骨等各种质料的文物近5000件。该遗址以其发达的音乐文化、原始宗教、稻作农业和酿造含酒精饮料而盛极一时，在我国新石器前期考古学研究中占有重要学术地位[6]。

---

* 基金项目：国家自然科学基金项目（40772105，50902127）资助。

为研究这两个我国南北方地区新石器时代前期代表性遗址出土陶器的化学组成和特点，并探讨它们工艺发展和演变规律，本文选取了这两个遗址发掘出土的部分代表性陶片，采用能量色散X射线荧光光谱分析方法（EDXRF），测量了其主量元素组成并进行对比研究，以获得其陶器生产工艺的相关信息。

一、实　　验

（一）样　　品

小黄山遗址样品选自浙江省文物考古研究所2005年和2006年度小黄山遗址发掘出土的陶片标本，贾湖遗址样品则选自中国科学技术大学科技史与科技考古系2001年度贾湖遗址考古发掘实习出土的陶片标本。

从考古发掘出土陶器标本情况来看，小黄山遗址出土陶器以夹砂陶为主，器表多施一层红色陶衣，器型包括平底盆、圈足钵、圜底罐和小口壶等。发掘者根据地层关系和器物群演变序列将小黄山文化遗存分为三段：第一阶段的陶器以夹砂红衣陶占绝大多数，陶器胎壁粗厚，制作原始，器形较少，绝大部分素面无纹饰。第二阶段陶器中夹砂灰陶数量明显增加，陶器胎壁趋薄。新出现敛口钵、双腹豆、甑等器形，并出现交错拍印绳纹、镂孔放射线和红底白彩等装饰方法。第三阶段陶器以夹砂灰陶为主，并出现少量夹炭陶。其夹炭红衣陶色泽艳丽，夹炭黑陶黑色乌黑纯正，夹砂灰陶中以圜底釜、平底罐、盆、盘、钵和小杯等器形常见[7]。总体来说，小黄山遗址陶器从第一阶段到第三阶段，胎质逐渐由疏松变得致密，胎壁由厚变薄，装饰方法逐渐增多，胎色也从红陶逐渐向灰、黑陶过渡，这些都表明小黄山遗址陶器制作工艺随年代推移有着明显的进步。

贾湖遗址出土遗物中也以陶器为大宗，发掘者根据地层关系和器物群演变序列将贾湖文化遗存分为三期，第一期以夹砂陶为主，后段出现泥质陶，第二、三期陶器复杂化，其中以泥质和加羼合料的红陶为主，加羼合料的陶器中夹砂陶数量最多，也有夹炭、夹蚌壳、夹云母片和滑石粉的陶系[8]。制陶工艺处在泥片筑成法向泥条筑成法过渡时期，烧陶为堆烧与窑烧并存，第二期出现较先进的横穴封顶窑，陶器烧成温度在800～900℃之间，少数在900℃以上。总体而言，贾湖遗址陶器烧结程度较好，质量较高[9]。

为使选取的样品能较全面地反映遗址陶器的生产情况，依据遗址分期（段），从两个遗址各期（段）中分别选择具有代表性的陶片标本若干，详细情况见表一。

表一　小黄山和贾湖遗址出土的陶器标本

遗址	分期（段）	样品编号	样品数目	备注
小黄山	1段	XHS01～XHS12	12	夹砂样品9个，夹砂同时夹炭样品3个
	2段	XHS13～XHS18	6	夹砂样品6个
	3段	XHS19～XHS22	4	夹砂样品3个，夹砂同时夹炭样品1个
贾湖	Ⅰ期	JH01～JH08、JH10～JH13	12	夹炭样品3个，夹砂样品4个，夹砂同时夹炭样品3个，夹砂同时夹云母和滑石粉样品2个
	Ⅱ期	JH14～JH29	16	夹炭样品2个，夹砂同时夹炭样品3个，夹云母和夹滑石粉样品2个，夹蚌壳样品3个，夹砂同时夹云母和滑石粉样品1个，夹蚌同时夹炭样品3个，夹砂同时夹炭、夹云母和滑石粉样品2个
	Ⅲ期	JH30～JH37、JH39～JH50	20	夹砂样品4个，夹炭样品2个，夹蚌壳样品1个，夹云母和滑石粉样品5个，夹砂同时夹炭样品3个，夹砂同时夹云母和滑石粉样品1个，夹炭同时夹蚌壳样品3个，夹砂同时夹炭、夹云母和滑石粉样品1个

（二）分析方法

实验采用能量色散X射线荧光光谱法（EDXRF）对样品的成分进行了测试。EDXRF是最近30年内发展起来的分析技术，具有速度快、结果准确的特点，可以对块状或粉末状固体、液体乃至气体样品成分进行快速的定性和定量分析。实验在安徽省文物考古研究所进行，实验仪器为［-EAGLE-Ⅲµ能量色散型X射线荧光光谱仪］。实验条件为：管电压40kV，管电流600µA，管压40kV，管流70mA，束斑直径3mm。

实验前，为准确观察样品的胎质、胎色及胎内包含物等宏观特征，先用水将样品洗净、烘干，详细描述和记录样品特征后，使用陶瓷切割机从选取的每个样品上切割下表面积约1cm²左右的一小块，再将这些小块放入超声波清洗器中用去离子水清洗2～3次，以尽可能去除埋藏环境等因素对样品的污染，将上述处理过的样品在110℃下烘干2h，放入塑封袋中待用。此外，在样品的处理过程中，由于小黄山遗址1段的样品胎质疏松，样品切割时极易发生破碎，故该段所属样品经清洗烘干处理后，不再切割，直接放入塑封袋中待用。

二、结果与讨论

实验测量了Si、Al、K、Na、Ca、Mg、Fe、Ti、Mn共9个元素，两个遗址样品总体及各期各元素含量的平均值及标准偏差值见表二。

表二　小黄山遗址和贾湖遗址陶器样品的化学组成平均值和标准偏差值（wt%）

遗址分期	SiO$_2$	Al$_2$O$_3$	K$_2$O	Na$_2$O	CaO	MgO	Fe$_2$O$_3$	TiO$_2$	MnO
小黄山A	59.91±3.32	20.91±2.02	1.42±0.44	2.10±0.81	0.63±0.36	6.52±0.51	4.46±1.07	0.82±0.16	0.05±0.02
小黄山1段	59.44±3.88	21.37±2.03	1.48±0.52	2.07±0.90	0.49±0.35	6.66±0.43	4.67±1.29	0.85±0.16	0.06±0.02
小黄山2段	61.16±3.20	19.41±1.86	1.39±0.35	1.97±0.57	0.72±0.3	46.35±0.61	4.50±0.75	0.75±0.17	0.05±0.02
小黄山3段	59.45±0.77	21.82±1.14	1.27±0.33	2.36±0.96	0.89±0.28	6.32±0.58	3.77±0.43	0.80±0.16	0.04±0.02
贾湖A	53.03±4.82	21.94±3.73	1.81±0.57	1.73±0.63	2.01±0.69	7.17±5.36	6.60±1.74	0.69±0.20	0.18±0.20
贾湖Ⅰ期	55.15±3.89	22.64±1.33	2.03±0.39	1.45±0.48	2.12±0.53	3.88±0.62	6.73±1.32	0.71±0.13	0.18±0.11
贾湖Ⅱ期	52.46±3.86	22.22±4.15	1.97±0.57	1.83±0.69	2.11±0.80	7.15±5.43	6.87±1.52	0.74±0.19	0.23±0.30
贾湖Ⅲ期	52.21±5.75	21.29±4.36	1.55±0.59	1.83±0.63	1.87±0.68	9.17±6.05	6.31±2.11	0.64±0.23	0.13±0.06

注：小黄山A和贾湖A分别表示小黄山遗址和贾湖遗址所有测试样品的化学组成平均值和标准偏差。

从表中可见，小黄山遗址样品化学组成中，SiO$_2$含量明显较高，其平均值达到59.91%，比贾湖遗址样品SiO$_2$含量高出近7%，同时，其Al$_2$O$_3$含量则比贾湖遗址样品低1.03%，显示小黄山遗址陶器的化学组成具有较为明显的"高硅低铝"的特征（图一）。众所周知，由于我国南北方地质条件的差异，在我国陶瓷史上，南方地区陶瓷制品的化学组成普遍具有"高硅低铝"的特点，相反，北方地区陶瓷制品的化学组成则具有"高铝低硅"的

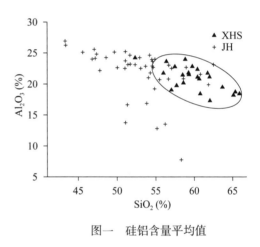

图一　硅铝含量平均值

特征，小黄山和贾湖遗址陶器的分析表明，这种差异自新石器时代前期开始便已存在。碱金属氧化物K$_2$O、Na$_2$O和碱土金属氧化物CaO和MgO是陶器胎体中主要的助熔剂，对降低陶瓷器的烧成温度、提高成品率等有重要的作用，从测试结果来看，两个遗址样品中K$_2$O和Na$_2$O的总含量较为接近，而CaO和MgO的含量则差别明显，小黄山遗址样品中CaO和MgO的总含量明显低于贾湖遗址样品，其中，小黄山遗址样品中CaO的平均含量仅为0.63%，而贾湖遗址陶器则达到了2.01%，相比而言，小黄山与贾湖遗址样品中MgO平均含量的差别要小一些，前者比后者要低0.65%左右（图二）。Fe、Ti和Mn元素是陶瓷胎釉中的主要呈色元素，其中，Fe元素的氧化物还是一种重要的助熔剂，从分析结果来看，小黄山与贾湖遗址样品中Fe$_2$O$_3$和MnO的含量差别明显，而TiO$_2$的含量较为接近（图三），其中以Fe$_2$O$_3$含量的差别最为显著，小黄山样品的Fe$_2$O$_3$含量平均值低于贾湖样品达2.14%。从上述分析可见，与贾湖遗址相比，小黄山遗址陶器化学组成中SiO$_2$含量明显偏高，Al$_2$O$_3$含量则相对稍低，但其胎体中氧化物熔剂的总含量则大大低于贾湖遗址陶器，致使其陶器坯体的烧结需要更高温度，而新石器时代前期能够达到的陶器烧制温度普遍较低，这应是小黄山遗址出土的陶片尤其是早期样品胎质疏松，保存状况较差的主要原因，

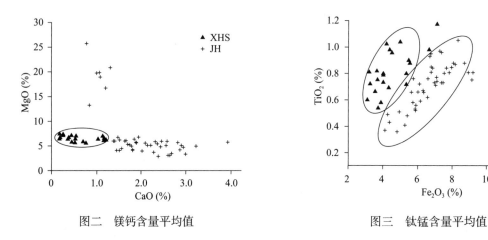

图二　镁钙含量平均值　　　　　　　　图三　钛锰含量平均值

而贾湖遗址陶器化学组成中SiO₂含量低，Al₂O₃相对稍高，但其熔剂氧化物含量高于小黄山陶器较多，其陶器坯体能在较低的温度下烧结，这应是贾湖陶器普遍烧结程度较高，质量较好的重要原因。

　　小黄山与贾湖遗址的延续年代都在1500年左右，为研究这两处遗址陶器化学组成和生产工艺的演变规律，分别计算了两个遗址各期（段）样品的化学组成平均值及标准偏差（表二）。从表二中可见，小黄山遗址三个不同时期样品中，虽然K₂O、MgO和Fe₂O₃的

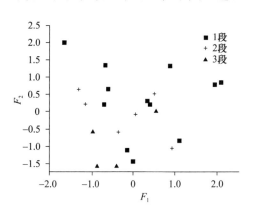

图四　小黄山遗址样品化学组成的主成分分析

平均含量逐渐下降，CaO的含量则逐渐上升，但这种变化幅度均非常之小，尚不足以达到改变胎料性质的程度，而其主要的化学组成SiO₂和Al₂O₃的含量相对稳定，无明显的变化规律，样品化学组成的主成分分析（PCA）更加直观地反映这一情况（图四），结合其各期样品元素含量的标准偏差值均较小的情况，表明小黄山遗址从早到晚三个阶段陶器样品化学组成稳定、制陶原料或原料加工方式未发生明显变化。值得注意的是，考古发掘和实验室观察情况均显示，小黄山遗址陶器从1段到3段，胎质逐渐致密，烧结程度提高，同时，其陶色也由早期以红陶为主，转为到晚期以灰、黑陶为主，说明小黄山遗址陶器质量从早到晚逐步提高，结合其胎料化学组成未发生明显变化的情况来看，小黄山遗址陶器质量的提高应是由于其烧成工艺的进步引起的，这种进步表现为烧成温度的逐渐提高和烧成气氛由氧化气氛向还原气氛的转变。

　　贾湖遗址各期样品的分析结果表明，其SiO₂、Al₂O₃、K₂O和CaO的含量从早到晚有逐渐降低的趋势，其中以SiO₂含量的变化最为明显，其第Ⅱ期样品SiO₂的平均含量比第Ⅰ期降低了2.69%；与此相反，样品中MgO的平均含量从早到晚变化十分显著，第Ⅱ期比第Ⅰ期上升了3.27%，第Ⅲ期比第Ⅱ期又上升了2.02%。这些变化都表明，贾湖遗址Ⅰ到Ⅲ期

陶器化学组成发生了明显变化。各期样品化学组成的PCA散点图（图五）清楚地显示，贾湖第Ⅱ期陶器化学组成数据点的分布区域虽与第Ⅰ期仍有一定的重合，但已发生明显变化，其中有两个数据点已远离前两期数据点分布的中心区域，而第Ⅲ期样品数据点的分布范围更加分散，表明其化学组成的变化更加显著。结合考古发掘材料发现，从贾湖遗址Ⅰ期到Ⅲ期，其陶器中夹滑石粉和夹云母的样品逐渐增多，这应是导致其陶器胎料

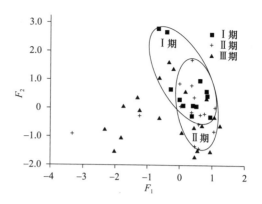

图五　贾湖遗址样品化学组成的主成分分析

中MgO含量明显上升的直接原因；发掘资料同时显示，在贾湖Ⅱ期及Ⅲ期，这些夹滑石粉或云母的陶器标本多为红或红褐色陶鼎、罐类炊煮器残片，显然，在胎料中加入滑石粉或云母应是贾湖先民为改善这些炊煮器的耐热急变性能，以减少陶器在使用过程中的开裂损耗而有意采取的行为。上述分析表明，随着时间的推移，贾湖先民通过不断扩大在坯料中加入滑石、云母等羼和料的使用规模有效地提高的陶器的使用性能，这是贾湖陶器生产工艺进步的主要体现。

三、结　　论

综上所述，我们可以得出以下几点初步认识。

（1）小黄山和贾湖遗址陶器化学组成具有明显的地域性特点。小黄山遗址陶器化学组成具有明显的"高硅低铝"的特征，贾湖遗址则相对具有"高铝低硅"的特征，这与我国南北方地区陶瓷胎料化学组成的总体特征是一致的，也表明因地质条件的不同，早至新石器时代前期，我国南北方陶瓷制品在化学组成上的地域性特征已经产生。同时，小黄山遗址陶器胎体中氧化物熔剂含量相对较低，而贾湖遗址陶器中熔剂氧化物含量明显较高，这是小黄山遗址前期陶器胎质疏松、烧结程度低，而贾湖遗址陶器质量相对较高的重要原因。

（2）遗址各期样品元素含量平均值和标准偏差分析显示，从早期到晚期，小黄山遗址陶器化学组成相对稳定，变化范围小，表明其制陶原料来源或原料加工方式未发生明显变化，其陶器质量的不断提高应与其烧成工艺的进步直接相关，这种进步主要表现为烧成温度的提高和烧成气氛的转变。

（3）贾湖遗址陶器化学组成从Ⅰ到Ⅲ期发生了明显变化，其中以SiO₂含量的降低和MgO含量的上升最为明显，出现这种现象的原因与贾湖遗址中含滑石粉和云母的陶器逐渐增多有关，这也是贾湖先民为改善这些陶器的使用性能而有意为之。与小黄山遗址陶器生

产工艺相比，贾湖陶器生产工艺的改进更多地表现在其对原料性能的提高上。这种差异也表明，我国新石器早期不同地区因地域环境的差异，其陶器生产工艺的提高可能存在不同的演进方向。

注　释

[1]　李家治：《中国早期陶器的出现及其对中华文明的贡献》，《陶瓷学报》2001年第22卷第2期，第78页。

[2]　王幼平：《泥河湾盆地旧石器文化与中国旧石器时代考古》，《中国文物报》2006年8月18日。

[3]　朱乃诚：《中国陶器的起源》，《考古》2004年第6期，第70页；赵朝洪、吴小红：《中国早期陶器的发现、年代测定及早期制陶工艺的初步探讨》，《陶瓷学报》2000年第21卷第4期第228页。

[4]　张恒、王海明、杨卫：《浙江嵊州小黄山遗址发现新石器时代早期遗存》，《中国文物报》2005年9月30日。

[5]　河南省文物考古研究所：《舞阳贾湖》，科学出版社，1999年，第515页。

[6]　Zhang J Z, Harbottle G, Wang C S, et al. Oldest Playable Musical Instrument Found at Jiahu, Early Neolithic Site in China. Nature, 1999, 401: 366; Zhang J Z, Wang X K. Notes on the Recent Discovery of Ancient Cultivated Rice at Jiahu, Henan Province: A New Theory Concerning the Orig in of *Oryza japonica* in China. Antiquity, 1998, 72(278): 897; McGovern P E, Zhang J Z, Tang J G, et al. Fermented Beverages of Pre-and Proto-historic China. PNAS, 2004, 101(51): 17593.

[7]　张恒、王海明、杨卫：《浙江嵊州小黄山遗址发现新石器时代早期遗存》，《中国文物报》2005年9月30日。

[8]　河南省文物考古研究所：《舞阳贾湖》，科学出版社，1999年，第515页。

[9]　河南省文物考古研究所：《舞阳贾湖》，科学出版社，1999年，第515页。

（原载《光谱学与光谱分析》2011年第31卷第11期）

河南舞阳贾湖遗址石制品资源域研究以及意义*

崔启龙　张居中　杨晓勇　朱振甫

引　言

　　河南舞阳贾湖新石器时代遗址，位于舞阳县北舞渡镇贾湖村东，南距舞阳县城22km，东北距北舞渡镇3km，遗址中心地理坐标为33°37′08″N、113°40′26″E，海拔67.5m，遗址分布面积约5.5×10⁴m²。1983年至2013年期间，河南省文物考古研究院、中国科学技术大学等单位先后对遗址进行了8次发掘，发掘面积3000余平方米，揭露了大量房址、墓葬、灰坑等遗迹，出土了大量陶器、石器和骨器等遗物。丰富的文化内涵，引起了学界的广泛关注[1]。发掘者依据北京大学考古学系、中国地震局地壳应力研究所和国家文物局文物研究所等单位测定的¹⁴C数据[2]，结合释光测年结果[3]，认为贾湖遗址的年代为距今9000～7500年。

　　贾湖遗址是淮河流域年代最早的新石器时代遗址之一，异常丰富的考古资料，提供了一个我国黄河、长江之间新石器时代居于当时文化发展前列的相当完整的实例[4]，也令学界重新审视淮河流域新石器时代考古学文化的重要地位。

　　目前对遗址出土的材料已开展了多方面的研究[5]。贾湖遗址出土炭化稻米的研究结果表明，贾湖先民已经开始驯化水稻作为食物来源之一[6]；对贾湖遗址猪骨的研究显示，最迟在贾湖一期就已经出现了家猪驯养的现象[7]；遗址出土的用鹤尺骨制作的骨笛，是目前中国发现的最早的可吹奏乐器[8]；具有原始文字性质的刻划符号的发现[9]，奠定了其在汉字起源研究中的地位；贾湖先民对龟甲的利用，也反映了某种原始宗教观念的产生[10]。近年来，研究者还对贾湖遗址出土的动植物遗骸和人类骨骼进行了研究，不仅初步探明了贾湖人的生业经济状况，还获取了有关古人类健康状况[11]以及人口迁移[12]等方面的信息。

　　通过上述研究，虽然获得了贾湖聚落生产生活及环境方面的信息，但是我们对贾湖遗

　　* 国家重点基础研究发展规划项目（973项目）（批准号：2015CB953800）和国家自然科学基金面上项目（批准号：41472148）共同资助。

址出土石制品的研究还不够系统。石制品作为古人认识自然和改造周围景观的重要见证，可从一个独特的角度反映当时的生产力水平及人与自然之间的关系。发掘者虽然已对石制品进行了尽可能详细的分类，但并未从整个石器生产系统的角度对石制品的生产、使用和废弃等问题开展研究。本研究即是从石器生产组织的角度，利用资源域分析的方法，探讨贾湖聚落石料资源的获取范围及方式，了解先民对岩矿资源的开发利用特点和认知水平，为先民生活方式的变迁、人地关系的重建及农业文明的起源发展等问题的研究提供科学依据。

一、研 究 方 法

遗址资源域分析的方法（Site Catchment Analysis）是在"新考古学"蓬勃发展的学术背景下产生和发展起来的，研究者以文化功能主义和文化生态学两种主要理论为基础，指出考古学要更加关注人类的行为过程，探索人类文化发展的进程及其动力，并将文化视为适应性的系统加以研究[13]。

此方法最早由Vita-Finzi等[14]于1970年提出，并应用于巴勒斯坦Carmel山地一处旧石器时代晚期洞穴遗址的研究，取得了理想的效果。20世纪80年代又发展出了Site Exploitation Territory（SET）的概念[15]，其与前者在研究手段上虽然略有区别，但在研究目的上是一致的，统称为"遗址外"（off-site）分析方法，即通过对遗址及其周边环境资源的剖析，重建人地关系。这种分析方法的一般步骤是：①在遗址周围划定分析的范围，农耕定居社会一般以5km或者步行1小时为半径，狩猎游动社会一般以10km或者步行2小时为半径。由于步行半径要受到地形、河流等因素的影响，因此，采用1小时或者2小时等时线划定范围的方法更为合理；②在限定分析范围后，对范围内不同资源的分布进行较为详细的统计，制作相应的数据表格；③研究聚落在各种环境中的分布并解释其区位，或者阐释各种经济资源在史前社会中的作用等。

但是，这种分析方法未考虑人群规模、生产技术等因素的影响，而且通过对原始部落观察得到的分析半径不具有普遍适用性。鉴于此，部分学者开始尝试别的思路，如美国学者Flannery[16]从遗址发现的各种资源出发，对这些资源的可能来源地展开调查，再根据调查结果对遗址周边可利用资源进行区域划分，最终绘制出遗址生产区域和开发领域的范围，这种分析方法被称为"遗址内"（on-site）分析。两种方法各有优缺点，在具体研究中应根据研究目的和遗址状况进行取舍。随着遗址域分析方法的不断发展和成熟，目前已经成为西方开展聚落考古与环境考古研究的主要手段之一。

20世纪90年代以后，随着西方考古学理论方法引入国内，资源域的分析方法也被国内学者所接受[17]，国内学者针对这一概念及其翻译名称展开了讨论[18]，并把这种方法应用到考古学研究的实践当中，用来解决遗址生业结构[19]、聚落的等级关系及控制模式[20]以及遗址获取资源的范围[21]等问题。这些研究案例虽然侧重点有所不同，但都是在"遗址域"概念的指导下展开的，研究者们也通过此方法找到了解决聚落与周围环境关系的途径。

综合来看，遗址资源域分析方法主要是通过对遗址周围自然资源的调查与分析，来恢复古人以遗址为中心的日常活动范围和资源获取方式，进而考察人地关系的演变。其理论前提是：人类开发利用周围的环境资源是以减少所需时间和能量的合理方式进行的，换言之，离居住地越远，获取资源所需时间和能量就越大，资源的开发利用价值就越小[22]。

本研究主要是通过对贾湖遗址的石制品原料进行鉴定与分析，对石料的来源地展开实地调查，以了解贾湖先民对岩矿资源的获取范围及利用方式。研究主要分为以下几个部分：首先，我们从遗址内出土的石制品出发，通过手标本和岩石薄片鉴定相结合的方式，确定贾湖遗址石料利用的特点，以及器物类型、功能与石料之间的关系；然后，根据鉴定结果，有目的地获取遗址周边岩矿资源的具体信息，据此展开实地的野外调查，掌握遗址周边较为详细的石料分布特征；最后，建立这些岩矿资源与遗址的关系，通过对当时环境的复原，考察其是否有被自然应力搬运到遗址附近的可能性，对贾湖遗址先民获取石料的方式和活动范围展开分析，得出贾湖聚落石制品资源域的大致范围。

二、贾湖遗址石料利用特点

（一）遗址出土石制品原料的类型

贾湖遗址出土石制品中经过岩性鉴定的共618件，另外还有大量的石料、石器残块、废料和碎屑等（图一）。对石器原料的鉴定主要采用手标本鉴定的方法，同时选取其中比较有代表性的和难以通过肉眼观察鉴定的标本做岩石薄片的观察；此外，还对地质调查中采集来自舞钢市和平顶山市的部分石料样品进行了薄片观察。

岩石切片在合肥工业大学资源与环境学院磨样室完成，共切岩石薄片28片，它们来自20件出土标本和8件地质调查标本，每件标本磨一个薄片。经鉴定，贾湖遗址石制品的岩石类型主要包括砾岩、砂岩、页岩、碳酸盐岩、辉绿岩、辉长岩、闪长（玢）岩、安山岩、石英岩、斜长角闪岩、片岩、片麻岩、板岩等13种（图二和表一）。

从遗址出土石制品岩性的统计结果（表一）来看，沉积岩、火山岩和变质岩均有出现，只是所占比重不同。已鉴定的标本中，沉积岩类标本共378件，占鉴定总数的61.17%；火山岩类共95件，占鉴定总数的15.37%；变质岩类标本共145件，占鉴定总数的23.46%。通过对比石器类型和岩性状况可以看出，贾湖先民在利用石料时的选择性以及根据不同的目的选取不同石料的行为过程。

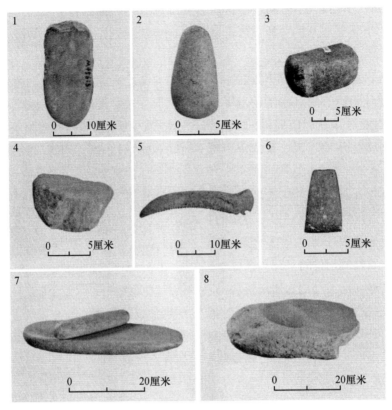

图一　贾湖遗址出土的部分石制品

1. 石铲M456：3　2. 石斧H482：6　3. 石杵H482：1　4. 砺石（残）M452：2

5. 石镰M449：2　6. 石锛T44①：3　7. 石磨盘H482：4和石磨棒H482：3　8. 石臼H482：2

图二　贾湖遗址出土石制品及地质调查样品切片部分显微照片

1. 角闪石片岩，照片为正交偏光，来自于T107B③B层石铲残片　2. 闪长岩，照片为单偏光，
来自于T0202③C层石斧残片　3. 斜长角闪岩，照片为单偏光，来自于T44H482石片

4. 含橄榄石辉长岩，照片为正交偏光，来自于舞钢市地质调查获取的岩石样品　5. 石英砂岩，
照片为正交偏光，来自于T44M489砺石残片　6. 角闪石片岩，照片为单偏光，来自于T14H32石镰残片

表一 各类石制工具原料数量分布表*

石器	沉积岩								火山岩								变质岩								总量
	砾岩		砂岩		页岩		碳酸盐岩		辉绿辉长岩		闪长（玢）岩		安山岩		石英岩		斜长角闪岩		片岩		片麻岩		板岩		
	N	%	N	%	N	%	N	%	N	%	N	%	N	%	N	%	N	%	N	%	N	%	N	%	
石锤			25	50.0							18	36.0	2	4.0	2	4.0			2	4.0	1	2.0			50
石砧			15	88.2											2	11.8									17
砺石			50	94.3															3	5.7					53
石铲	2	2.4	9	11.0							4	4.9	4	4.9			8	9.8	55	67.1					82
石镰			7	20.6	1	2.9													22	64.7			4	11.8	34
石刀			6	35.3											1	5.9			8	47.1			2	11.8	17
石斧			27	37.0					16	21.9	26	35.6			2	2.7	2	2.7							73
石锛			9	47.4					5	26.3							1	5.3	2	10.5	2	10.5			19
石凿			6	40.0			1	6.7	3	20.0									1	6.7	2	13.3	2	13.3	15
石磨盘			52	100.0																					52
石磨棒			72	94.7															2	2.6	2	2.6			76
石杵			21	84.0							2	8.0			2	8.0									25
研磨器			8	100.0																					8
石球			18	69.2									5	19.2	3	11.5									26
刮削器	2	5.9	26	76.5			4	11.8			2	5.9													34
砍砸器											4	50.0	2	25.0	2	25.0									8
磨刃石片			1	33.3							2	66.7													3
使用石片			14	77.8											4	22.2									18
使用石块			2	25.0											6	75.0									8
合计	4	0.7	368	59.6	1	0.2	5	0.8	24	3.9	58	9.4	13	2.1	24	3.9	11	1.8	95	15.4	7	1.1	8	1.3	618

* 表中“N”表示统计对象的数量，百分比数值保留小数点后一位。

（二）石料与器物类型的关系

贾湖遗址出土的石制品种类丰富，磨制石器占较大比例，制作技术也比较成熟。其中有加工器物的工具如石锤、石砧、砺石等，生产生活工具如石镰、石刀、石斧、石锛、石磨盘、石磨棒等，打制石器主要有刮削器和砍砸器，还有一定数量的带有使用痕迹的石片、石块等，形制多样，各类石器在材料的选择上也有自身的特点。

通过分析各种工具在原料上的分布情况，可以看出贾湖先民在制作某种石器的时候，会根据使用目的有意识地选择满足条件的石料。在石锤和石砧这类工具中，有相当一部分用砂岩加工而成，另有部分用闪长岩、石英岩制作，这主要是利用了这些岩石硬度较高且耐磨耗的特点，矿物结晶颗粒较小，能经受起长时间的敲击和碰撞；砺石类的工具94.3%用砂岩制作而成，可见砂岩在承担研磨工作上的优势，这类工具主要可能用来加工石器或者骨器。贾湖遗址出土了大量骨器，其中骨针和骨镖都需要尖锐的顶端，骨料也需要研磨平整，砺石所用砂岩由耐风化的矿物组成，中间有胶结物填充，是从事研磨活动的理想材料。贾湖遗址部分砺石研磨面上有清晰可见的沟槽或凹陷，应是长期使用留下的痕迹。

石铲是贾湖遗址出土较多的器物类型，其原料大多是片岩和斜长角闪岩，另有部分砂岩和少量的安山岩。对石铲使用痕迹的研究表明，石铲多从事与土壤有关的活动，主要用于翻土、挖坑、除草等[23]。要满足这种功能，就要求原料要具有片理结构，且器物表面积要大，以增大与土壤的接触面积，提高工作效率。斜长角闪岩和片岩是贾湖遗址中常见的变质岩，其中斜长角闪岩常为纤状-粒状变晶结构，块状构造，部分为片状或片麻状。这种构造使得加工成体型较大的石铲变得容易，只需初步打制成型，再做适当的减薄，就可以磨制成规整的石铲。石料本身也具有一定的耐磨性，可以长时间使用，降低了制作和使用的成本。

石磨盘和石磨棒也是贾湖遗址中极为常见的石器种类，经过鉴定的就有百余件，另外还有大量废弃的残块，可以看出这类工具在贾湖先民的生活中发挥着重要的作用。统计显示，绝大部分磨盘和磨棒都是由细粒或者中粒的砂岩制作而成的。部分石磨盘表面还可见由于长期使用形成的凹陷，表面磨损较为严重，说明这类磨盘主要承担研磨类的工作。关于石磨盘的具体功能，有学者从微痕和残留物的角度做过综合研究，结果显示其加工对象主要有坚果类、块根块茎类、薏苡属和小麦族等植物类资源[24]。贾湖遗址石磨盘的淀粉粒研究结果显示，其加工对象除了以上几种植物外，还有水稻淀粉粒的存在[25]。制作石磨盘、石磨棒的砂岩主要矿物为石英和长石，部分还含有云母，碾磨时胶结物脱落会形成凹凸不平的表面，这种粗糙的平面很适合对植物的脱粒和磨粉。

石杵和研磨器所用石料以砂岩为主。另外，打制石器中的刮削器、砍砸器及部分有使用痕迹的石片、石块等工具多使用粉砂岩、闪长岩和安山岩为原料，以满足耐磨耗和易于修理出刃口的特性。

综上所述，贾湖先民在石料的选择上已经具有了一定的偏向性，石磨盘、磨棒和砺石多选用砂岩；石斧、石锛、石凿等需要刃口的工具则主要使用粉砂岩、辉绿岩、闪长岩等硬度高且耐磨耗的石料；石铲中以片岩的比例最高（表一），主要是因为片岩的构造特征可满足工具使用和制作的需求。这种偏向性选择，说明古人对岩矿资源的物理特性有了相当程度的了解，并能够根据不同器类的功能，寻找合适的岩矿资源，有意识地选择并利用这些石料，来满足生产和生活的需求。

三、遗址周围地质概况

贾湖遗址所在区域位于河南省中部黄淮海平原的西部边缘，地势西北高东南低。遗址西北属于外方山，西部和南部为伏牛山余脉，东部为广袤的平原。在岩石地层分区上属于华北地区区豫西分区中的渑池—确山小区，该区基底由太古宙中深变质岩系和下元古界碎屑岩—碳酸盐岩组成；盖层为中元古界中—酸性火山岩、中上元古界碎屑岩—碳酸盐岩、寒武系—奥陶系碳酸盐岩、石炭系—二叠系碎屑岩—碳酸盐岩，以及侏罗系含煤屑岩、白垩系碎屑岩和新生界地层[26]。区内盖层各时代地层的岩相及厚度稳定，层序清楚，古生物化石丰富，古生物群演化规律明显[27]。

根据本区域已发表的地质工作成果，结合调查中岩石的出露情况，将遗址周边的岩石地层做简要的描述：

太华群（ArTH）：岩性以黑云（角闪）片麻岩、变粒岩、斜长角闪片麻岩为主，夹有大理岩、磁铁石英岩、云母石英片岩的夹层。主要分布于鲁山县北部，另在平顶山市西部、叶县南部、舞钢南部有零星分布。

熊耳群（Pt$_2$d-x）：主要岩性为紫红色杏仁状安山岩、绿色微晶安山岩，底部夹有极少量的长石石英砂岩和紫红色页岩等。主要分布在鲁山县西北部、南部，另在叶县房庄、舞钢市塘山有零星出露。

汝阳群北大尖组（Pt$_2$y-bd）：主要岩性有紫红色石英砂岩、灰白色中细粒石英砂岩、肉红色长石粉砂岩、长石石英细砂岩，夹灰绿色页岩、灰白色石英砂岩及白云岩。主要分布于鲁山山岔口、舞钢塘山、白龟山水库北侧等地。

洛峪群三教堂组（Pt$_3$s）：主要岩性为浅肉红色、灰白色中细粒石英砂岩。分布于鲁山西部，叶县及舞钢南部。

震旦系（Zh-d）：主要岩性为灰白色燧石岩、白云岩、砂砾岩、石英砂岩，主要分布于平顶山市区西部，叶县及舞钢南部。

寒武系辛集组（Єx-s）：主要岩性为灰白色细粒石英砂岩、粉砂岩、白云岩、角砾岩等。分布于平顶山市区白龟山水库、舞钢尹集等地。

该区域内可见太古代侵入岩，主要是为辉绿岩、辉长岩等脉岩，其边界清晰、内部结构清楚。火山岩主要发育于熊耳群中，安山岩、闪长岩等均可在遗址南部的舞钢地区及沙河南岸找到。

四、石制品的资源域分析及意义

前文对本区域的地质概况做了简要描述，考虑到岩矿资源的分布在全新世以来并未发生大的变化，通过现在的地质环境对贾湖遗址石制品的资源域进行考察是完全可行的。此外，还要考察石料资源有无被自然应力搬运的可能性，这对分析资源域的范围有较大影响。因此，我们需要对本区的气候、水文、动植物生境等进行一定程度的复原，以求接近于贾湖先民的生活环境。对史前遗址环境背景的研究是环境考古的重要研究内容，目前，土壤微形态分析、孢粉分析、植物大化石和植物硅酸体分析、淀粉粒分析等多种方法在环境考古中得到广泛应用[28]。贾湖遗址环境考古的工作已经开展较多，丰富的资料为我们复原贾湖聚落的环境提供了依据。

进入全新世以来，全球气候总体的变化是明显转暖，气温有较明显的回升[29]。贾湖遗址地处北亚热带向暖温带的过渡地带，属大陆性季风气候。该区域在距今9000～7500年间，经历了全新世早期的升温期和大暖期第一期两个阶段[30]。贾湖地层剖面的孢粉组合显示，贾湖一期时，聚落环境较现在湿热，与今日之长江流域相似；二期以后年均温高于现在2～3℃，年降水量高于现今400～600mm，期间虽有气候和温度的波动，但总体上呈现全新世早中期由冷变暖的趋势[31]。贾湖遗址发现的稻壳印痕、稃残片以及伴生的大量炭化稻和典型水稻硅酸体都表明，贾湖先民生活时期的淮河上游地区是温暖湿润的季风气候，降水较为丰沛[32]。此外，石磨盘表面淀粉粒的分析结果显示，有来自于小麦族、菱角、山药、莲藕、薏苡、豇豆属以及水稻等植物的淀粉粒[33]，这些植物很可能是贾湖先民加工和食用的对象。菱角、莲藕等喜暖湿植物的大量发现进一步说明遗址所处环境较为温暖湿润，并且附近还应存在稳定的水体；遗址内还发现了丰富的鱼类和哺乳类动物骨骼，野生动物的习性显示当时的生态环境是比较温暖湿润的，遗址周围有较大范围的水域，特别是现今生活在中国南方的几种鲤科鱼类咽骨的发现与研究，证明当时贾湖聚落的气候比现在要温暖湿润[34]。并且从贾湖文化一至三期的动物种类和数量来看，附近的自然环境没有发生明显剧烈的变化[35]，保持着较长时段的稳定性，这也是贾湖聚落不断发展的重要条件。

在新石器时代的较早阶段，先民对石料的获取除了受到地质条件的影响之外，河流的搬运作用也是重要的影响因素。贾湖遗址位于沙河南岸，澧河以北，伏牛山和外方山以东，桐柏山以北，周围地貌主要是淮河泛滥冲击和湖积而形成的低缓平原。研究显示，全新世早期，该地区地貌轮廓和山川大势都与现在相似，西部山地和山麓地带在全新世有不同程度的上升，但进程缓慢；东部平原以缓慢的沉降为主，沉降的幅度不大[36]，区域内的河流基本都发源于西部的伏牛山、外方山，由于地势和海拔的关系，河流总体的流向基本上是由西向东流经舞阳县境内，这种情况在全新世未有大的变动。离遗址最近沙河和澧河虽然流经遗址附近，但此地已处于河流的中下游，坡降较缓，河床内多为较细的泥沙，没有可被利用的石料。先民要想获取理想的石料，需沿着河道逆流而上，到山地附近的河床拣选或者直接到岩石出露点开采。

从周边地区的岩石地层分布及河流的走向来看，贾湖遗址先民获取石料的方向主要是向西北和向南。向西北可沿沙河到达平顶山市周围的低山丘陵区，沙河是该区域内流量较大的河流，流经区域石料丰富，上游有太华岩群片岩、片麻岩分布，南岸广泛分布着熊耳群的火山岩组合，北岸则主要产出各种砂岩和石英砂岩；向南主要是沿澧河及其支流甘江河进入舞钢市境内，澧河源于方城县伏牛山区，经叶县自遗址西南22km处进入舞阳县，上游地区亦有熊耳群及汝阳群的岩石出露。贾湖先民很可能是沿着两条河流逆流而上，在靠近山区的区域拣选制作石器的理想原料。贾湖遗址中相当一部分石制品仍然保留有砾石面，也证明其来源于河床的可能性，而用来制作磨盘、磨棒的砂岩和制作石铲的片岩，原料体型较大，是无法经过河流的长距离搬运被人们利用的，原地开采的可能性较大。综上所述，贾湖先民利用石料的范围至少可达到距遗址24km以外的区域，遗址内出土主要石料的获取是在距遗址50km以内的区域完成的。

在史前先民的生活中，需要获取各种不同的资源，李果[37]依据资源性质的不同将先民生活所需资源分为"内围资源"和"外围资源"，前者主要是指与"吃"有关的各种动植物类食物资源，及与聚落生计息息相关各种资源（如燃料、工具等）；后者主要指的是与礼仪、政治相关的资源（如奢侈品、身份标志物等），一般距离遗址较远，甚至需要远程交换。这些资源的空间分布并不完全重叠，获得各类资源的活动半径也各不相同。因此，要厘清不同资源域的差异，不能将遗址资源域当作整体简化讨论[38]。本文所讨论的石制品资源就属于与聚落生产活动相关的"内围资源"，是先民日常生活中重要的生产资料，通过对贾湖石制品资源域的分析，我们发现先民对石料资源的获取遵循"就近取材"的原则，遗址出土主要石料的获取是在距遗址24～50km的范围内完成，这与"遗址外"（off-site）分析方法提出的"农业聚落农耕定居社会以5km或步行1小时为半径的圆圈，狩猎游动社会以10km或步行2小时为半径的圆圈"[39]的假设有较大出入。说明"遗址外"方法不太适用于分析单个遗址某类资源的获取情况，而在分析聚落群之间资源分配、组织关系等问题时仍具有重要的指导意义。因此，从遗址出土材料出发，厘清各类资源的不同来源，是进行史前聚落资源域分析进而考察聚落间控制网络模式的基础。

贾湖先民获取石料的资源域范围是较大的，广布到几十千米以外的地区。这种现象首先是由本地特殊的地质条件决定的，聚落附近缺乏石料的客观条件，迫使先民获取石料资源的范围要远远大于获取食物资源的范围；此外，这也从一个侧面反映出，随着生产力的提高和生业模式的变化，先民获取石料的范围在扩大，对石料的选择也更加精细，这种选择行为，是在充分认识到石料的物理特性后做出的[40]。旧石器时代以来，先民对石料的认知水平不断提高，对岩矿资源的知识储备也更加丰富。进入新石器时代，将石料与器物功能联系起来的行为方式更加普遍，生业模式的变化和发展，也增大了对优质石料的使用需求，为了满足聚落生产生活需要，扩大活动范围，远距离获取优质石料的行为是可以理解的。

目前，遗址资源域分析方法已经成为了解先民资源获取状况和社会生产网络的理想手段[41]。从新石器时代先民获取岩矿资源的情况来看，其获取途径不外乎两种：第一种属于"就地取材型"，如浙江小黄山遗址[42]、跨湖桥遗址[43]都位于低山丘陵地带，遗址附近就有丰富的石料资源，河流的搬运作用也可将石料带到遗址周围，短距离的获取就可以满足日常生活的需要；第二种属于"远距离获取型"，这种类型还可细分为"陆路获取"和"海路获取"两种情况。前者的代表有河南舞阳贾湖遗址[44]、安徽蚌埠双墩遗址[45]，遗址距岩石出露点较远，河流也无法将石料搬运至遗址附近，先民普遍要到10~30km之外的地区获取石料；后者的典型代表有福建的大帽山遗址，先民为了获取制作石锛的玄武岩，甚至要渡海到直线距离150km之外的澎湖列岛地区[46]。随着社会生产力水平的提高，人们对石料的认知水平也在进步，并将某些石器的功能上升到精神生活的层面，如贾湖遗址出土的绿松石和萤石制品[47]，并无实用功能，而是作为一种装饰品在墓葬中出现，这种资源应属于聚落生活的"外围资源"。但是，为了获取这些珍稀石料，往往要通过远距离的开采或者交换。

五、结　论

本文采用"遗址内"的分析方法，以遗址出土的石制品为出发点，通过对贾湖遗址出土石制品岩性的鉴定和统计分析，分析了先民使用石料的特点。并结合区域地质资料，初步考察了贾湖遗址石制品的资源域，大致推测了贾湖先民获取岩矿资源的范围及方式。综合分析结果，可以得到以下几点基本认识。

（1）贾湖先民获取石料的范围普遍在遗址24km半径之外，大部分石料可以在50km的范围内获得。其范围远远大于"遗址外"分析方法事先划定的5km或10km半径的资源域。因此，对贾湖一类遗址石制品资源域的分析，采用"遗址内"的分析方法更为合理。

（2）贾湖先民获取石料的方式主要是通过陆路的远距离开采。制作大型磨盘、磨棒的砂岩需要到沙河上游地区开采，制作石铲的角闪岩、片岩则主要是在澧河南岸的舞钢山区获得的，而制作石斧、石锛的火山岩则要到流经熊耳群岩石出露区的沙河河床或者沙河南岸获取。

（3）贾湖先民在利用自然界的岩石时，已具有很强的目的性和选择偏好。特别是磨盘、磨棒、磨石多选用中粒的砂岩或石英砂岩，石铲类工具选用片理发育较好的角闪石片岩，石斧、石锛、石凿等需要刃口的工具则选用隐晶质的火山岩。这种目的性和选择偏好恰恰反映出古人对自身生活环境和周边自然资源的认知水平在不断提高，同时也促进了生产效率的提高和社会生产力的发展，为贾湖先民创造出灿烂的物质和精神文化提供了重要保障。

致谢：感谢审稿专家及杨美芳老师在文章修改编辑过程中给予的建设性意见。

注　释

［1］ 吴汝祚：《舞阳贾湖遗址发掘的意义》，《中原文物》1991年第2期，第1～6页。

［2］ 河南省文物考古研究所：《舞阳贾湖》，科学出版社，1999年，第515～519页。

［3］ Yang X Y, Kadereit A, Wagner G A, et al. TL and IRSL Dating of Jiahu Relics and Sediments: Clue of 7th Millennium BC Civilization in Central China. Journal of Archaeological Science, 2005, 32 (7): 1045-1051.

［4］ 俞伟超：《淮河的光芒：黄河与长江的联结——〈舞阳贾湖·序〉》，《东南文化》1999年第1期，第28～29页。

［5］ 陈报章、王象坤、张居中：《舞阳贾湖新石器时代遗址炭化稻米的发现、形态学研究及意义》，《中国水稻科学》1995年第9卷第3期，第127～134页；张居中、蓝万里、陈微微等：《舞阳贾湖炭化稻米粒型再研究》，《农业考古》2009年第4期，第35～39页；罗运兵、张居中：《河南舞阳县贾湖遗址出土猪骨的再研究》，《考古》2008年第1期，第90～96页；萧兴华：《中国音乐文化文明九千年——试论河南舞阳贾湖骨笛的发掘及其意义》，《音乐研究》2000年第1期，第3～14页；Zhang J Z, Harbottle G, Wang C S, et al. Oldest Playable Musical Instruments Found at Jiahu Early Neolithic Site in China. Nature, 1999, 401(6751): 366-368; Li X Q, Harbottle G, Zhang J Z, et al. The Earliest Writing?　Sign Use in the Seventh Millennium BC at Jiahu, Henan Province, China. Antiquity, 2003, 77 (295): 31-44；张居中：《舞阳贾湖遗址出土的龟甲和骨笛》，《华夏考古》1991年第2期，第106～107页；王明辉：《中原地区古代居民的健康状况——以贾湖遗址和西坡墓地为例》，《第四纪研究》2014年第34卷第1期，第51～59页；尹若春、张居中、杨晓勇：《贾湖史前人类迁移行为的初步研究——锶同位素分析技术在考古学中的运用》，《第四纪研究》2008年第28卷第1期，第50～57页。

［6］ 陈报章、王象坤、张居中：《舞阳贾湖新石器时代遗址炭化稻米的发现、形态学研究及意义》，《中国水稻科学》1995年第9卷第3期，第127～134页；张居中、蓝万里、陈微微等：《舞阳贾湖炭化稻米粒型再研究》，《农业考古》2009年第4期，第35～39页。

［7］ 罗运兵、张居中：《河南舞阳县贾湖遗址出土猪骨的再研究》，《考古》2008年第1期，第90～96页。

［8］ 萧兴华：《中国音乐文化文明九千年——试论河南舞阳贾湖骨笛的发掘及其意义》，《音乐研究》2000年第1期，第3～14页；Zhang J Z, Harbottle G, Wang C S, et al. Oldest Playable Musical Instruments Found at Jiahu Early Neolithic Site in China. Nature, 1999, 401(6751): 366-368.

［9］ Li X Q, Harbottle G, Zhang J Z, et al. The Earliest Writing? Sign Use in the Seventh Millennium BC at Jiahu, Henan Province, China. Antiquity, 2003, 77 (295): 31-44.

［10］ 张居中：《舞阳贾湖遗址出土的龟甲和骨笛》，《华夏考古》1991年第2期，第106～107页。

［11］ 王明辉：《中原地区古代居民的健康状况——以贾湖遗址和西坡墓地为例》，《第四纪研究》2014年第34卷第1期，第51～59页。

［12］ 尹若春、张居中、杨晓勇：《贾湖史前人类迁移行为的初步研究——锶同位素分析技术在考古学中的运用》，《第四纪研究》2008年第28卷第1期，第50～57页。

［13］ 陈淳：《考古学理论》，复旦大学出版社，2004年，第119～136页。

［14］ Vita-Finzi C, Higgs E S, Sturdy D, et al. Prehistoric Economy in the Mount Carmel Area of Palestine: Site Catchment Analysis. Proceeding of the Prehistoric Society, 1970, 36: 1-37.

［15］ Bailey G N, Davidson I. Site Exploitation Territories and Topography: Two Case Studies from Palaeolithic Spain. Journal of Archaeological Science, 1983, 10 (2): 87-115.

［16］ Flannery K V. The Village and Its Catchment Area: Introduction//Flannery K V. Early Mesoamerican Society. New York: Cambridge University Press, 1976: 97-109.

［17］ 多纳·C. 罗珀：《论遗址区域分析的方法与理论》，《当代国外考古学理论与方法》，三秦出版社，1991年，第239～257页。

［18］ 王青：《西方环境考古研究的遗址域分析》，《中国文物报》2005年6月17日第7版；陈洪波：《"遗址域分析"涵义再探》，《中国文物报》2006年2月17日第7版；李果：《Site Catchment Analysis（遗址资源域分析）译法及其考古学意义的思考》，《中国文物报》2006年3月10日第7版。

［19］ 秦岭、傅稻镰、张海：《早期农业聚落的野生食物资源域研究——以长江下游和中原地区为例》，《第四纪研究》2010年第30卷第2期，第245～261页。

［20］ 王青：《豫西北地区龙山文化聚落的控制网络与模式》，《考古》2011年第1期，第60～70页。

［21］ 钱益汇、方辉、于海广等：《大辛庄商代石器原料来源和开发战略分析》，《第四纪研究》2006年第26卷第4期，第612～620页；何中源、张居中、杨晓勇等：《浙江嵊州小黄山遗址石制品资源域研究》，《第四纪研究》2012年第32卷第2期，第282～293页。

［22］ 王青：《西方环境考古研究的遗址域分析》，《中国文物报》2005年6月17日第7版。

［23］ 陈胜前、杨宽、董哲等：《大山前遗址夏家店下层文化石铲的功能研究》，《考古》2013年第6期，第50～61页。

［24］ 刘莉、陈星灿、赵昊：《河南孟津寨根、班沟出土裴李岗晚期石磨盘功能分析》，《中原文物》2013年第5期，第76～86页；刘莉、陈星灿、石金鸣：《山西武乡县牛鼻子湾石磨盘、磨棒的微痕与残留物分析》，《考古与文物》2014年第3期，第109～118页。

［25］ 姚凌：《贾湖遗址残留物样品中水稻淀粉粒的观察与鉴定》，《舞阳贾湖（二）》，科学出版社，2015年，第472～476页。

［26］ 席文祥、裴放：《河南省岩石地层》，中国地质大学出版社，1997年，第1～7页。

［27］ 河南省地质矿产局：《中华人民共和国地质矿产局地质专报——河南省区域地质志（区域地质第17号）》，地质出版社，1989年，第5～12页。

［28］赵琳、马春梅、林留根等：《江苏连云港藤花落遗址孢粉记录研究》，《第四纪研究》2014年第34卷第1期，第16～26页；李昭、赵婧、李泉等：《广东山地丘陵地带狮雄山遗址秦汉时期植物遗存分析》，《第四纪研究》2016年第36卷第5期，第1253～1262页；王灿、吕厚远、张健平等：《青海喇家遗址齐家文化时期黍粟农业的植硅体证据》，《第四纪研究》2015年第35卷第1期，第209～217页；陶大卫、吴倩、崔天兴等：《郑州望京楼遗址二里头文化时期植物资源的利用——来自石器残留淀粉粒的证据》，《第四纪研究》2016年第36卷第2期，第294～301页；杨玉璋、禤华丽、袁增箭等：《安徽繁昌缪墩遗址古人类植物性食物资源利用的淀粉粒分析》，《第四纪研究》2016年第36卷第6期，第1466～1474页；程至杰、杨玉璋、张居中等：《安徽淮南小孙岗遗址炭化植物遗存研究》，《第四纪研究》2016年第36卷第2期，第302～311页；杨玉璋、李为亚、姚凌等：《淀粉粒分析揭示的河南唐户遗址裴李岗文化古人类植物性食物资源利用》，《第四纪研究》2015年第35卷第1期，第229～239页。

［29］王绍武：《全新世气候》，《气候变化研究进展》2009年第5卷第4期，第247～248页。

［30］施雅风、孔昭宸、王苏民等：《中国全新世大暖期的气候波动与重要事件》，《中国科学（B辑）》1992年第22卷第12期，第1300～1308页。

［31］施雅风、孔昭宸、王苏民等：《中国全新世大暖期气候与环境的基本特征》，《中国全新世大暖期气候与环境》，海洋出版社，1992年，第1～18页。

［32］孔昭宸、刘长江、张居中：《河南舞阳县贾湖遗址八千年前水稻遗存的发现及其在环境考古学上的意义》，《考古》1996年第12期，第78～83页。

［33］姚凌：《古代植物淀粉粒的相关研究》，《舞阳贾湖（二）》，科学出版社，2015年，第406～414页。

［34］中岛经夫、吕鹏、张居中等：《河南省舞阳县贾湖遗址出土的鲤科鱼类咽齿研究》，《第四纪研究》2015年第35卷第1期，第192～198页。

［35］罗运兵、袁靖、杨梦菲：《贾湖遗址第七次发掘出土动物遗存研究报告》，《舞阳贾湖（二）》，科学出版社，2015年，第333～371页。

［36］张光业：《河南省第四纪古地理的演变》，《河南大学学报》（自然版）1985年第3期，第15～26页。

［37］李果：《资源域分析与珠江口地区新石器时代生计》，《华南及东南亚地区史前考古》，文物出版社，2006年，第170～197页。

［38］秦岭、傅稻镰、张海：《早期农业聚落的野生食物资源域研究——以长江下游和中原地区为例》，《第四纪研究》2010年第30卷第2期，第245～261页。

［39］Vita-Finzi C, Higgs E S, Sturdy D, et al. Prehistoric Economy in the Mount Carmel Area of Palestine: Site Catchment Analysis. Proceeding of the Prehistoric Society, 1970, 36: 1-37.

［40］胡松梅：《略谈我国旧石器时代石器原料的选择与岩性的关系》，《考古与文物》1992年第2期，第40～45页。

［41］王青、任天龙、李慧冬等：《青岛丁字湾—鳌山湾沿岸史前早期遗址的人地关系演变：以遗址资源域调查分析为中心》，《第四纪研究》2014年第34卷第1期，第244～252页；Fernandes P,

Raynal J P, Moncel M H. Middle Palaeolithic Raw Material Gathering Territories and Human Mobility in the Southern Massif Central, France: First Results from a Petro-archaeological Study on Flint. Journal of Archaeological Science, 2008, 35(8): 2357-2370; Jiao T L, Guo Z F, Sun G P, et al. Sourcing the Interaction Networks in Neolithic Coastal China: A Geochemical Study of the Tianluoshan Stone Adzes. Journal of Archaeological Science, 2011, 38(6): 1360-1370；王琳、崔一付、刘晓芳：《甘青地区马家窑文化遗址的地貌环境分析及其土地利用研究》，《第四纪研究》2014年第34卷第1期，第224～233页。

［42］ 何中源、张居中、杨晓勇等：《浙江嵊州小黄山遗址石制品资源域研究》，《第四纪研究》2012年第32卷第2期，第282～293页。

［43］ 浙江省文物考古研究所、萧山博物馆：《跨湖桥》，文物出版社，2004年，第154页。

［44］ 张居中：《技术、工艺研究》，《舞阳贾湖》，科学出版社，1999年，第941～945页。

［45］ 安徽省文物考古研究院、蚌埠市博物馆：《蚌埠双墩——新石器时代遗址发掘报告》，科学出版社，2008年，第608～623页。

［46］ Guo Z F, Jiao T L. Searching for the Neolithic Interactions Across the Taiwan Strait: Isotopic Evidence of Stone Adzes from Mainland of China. Journal of Austronesian Studies, 2008, 2(1): 31-40.

［47］ 张居中：《装饰品及其他》，《舞阳贾湖》，科学出版社，1999年，第396～401页。

（原载《第四纪研究》2017年第37卷第3期）

河南舞阳贾湖遗址出土石器的微痕分析[*]

崔启龙　张居中　杨玉璋　孙亚男

引　言

石器作为人类物质文化的记录者，在史前人类的生产生活中占据着重要地位，石器的功能及使用方式是考古学关注的重要问题之一[1]。旧石器时代晚期以来，磨制石器开始在先民的生活中发挥重要作用，虽然对磨制石器的研究尚不及打制石器和陶器那样广泛，但是已有的研究已经显示出它们在解决考古学和人类学关键问题上的潜力，如在技术进化和意识的复杂化，从采集到农业生产的演变，多层次社会组织的出现，以及象征行为的兴起等方面，磨制石器的研究都能为我们提供新的材料和视角[2]。

国内对磨制石器的研究虽然开展较早，但早期对石器功能和使用方法的分析多是结合民族学材料和考古背景进行的[3]，这种判断在很多情况下是根据研究者自身的经验和认识得出的，其结果可能和古人的使用方式存在较大差异；20世纪80年代以来，有学者从力学角度对磨制石器的功能进行了分析[4]，对之前所提出的关于功能的解释进行了验证和辨析，但是并未直接获取反映石器功能的信息；与此同时，我国学者开始使用体视显微镜对仰韶和龙山文化石质工具的使用痕迹进行观察[5]，但其研究工作并未引起学界足够的重视；之后，有学者将国外利用微痕分析研究器物功能的方法介绍到了国内[6]，并针对打制石器的功能研究，开展了一系列的工作[7]；21世纪以来，在海内外一批学者的推动下，微痕分析的方法在国内得到应用和推广[8]。

总体来看，国内对于微痕分析方法的应用多集中在打制石器领域，关于磨制石器使用痕迹的研究较少，目前已发表的成果主要有：朱晓东[9]对赵宝沟遗址出土8件石器表面痕迹的观察；王小庆[10]对兴隆洼和赵宝沟遗址部分磨制石器的分析；谢礼晔[11]对二里头文化石斧和石刀的改制和模拟实验；王强等[12]对海岱地区磨盘和磨棒功能的研究；蔡明[13]对陶寺遗址石器的微痕分析等。这些研究的对象和结果虽然各有不同，但是为磨制石器的研究提供了新的视角和思路。微痕分析作为一种实证方法，在解决石器功能方面具有自身的优势，开展对磨制石器的微痕研究是很有必要的。在此背景下，本研究尝试运用微痕分

---

* 基金项目：国家重点基础研究发展计划项目（2015CB953800）、国家自然科学基金面上项目（41472148）和中国博士后科学基金特别资助项目（2017T100456）共同资助。

析和实验考古的方法，对河南省舞阳县贾湖遗址出土的磨制石器进行功能的考察。

　　贾湖遗址位于河南省舞阳县北舞渡镇贾湖村东，坐标为北纬33°37′8″、东经113°40′26″，海拔67.5m，遗址分布面积约5.5万平方米，年代距今9000～7500年[14]。1983年至今，研究者对遗址开展了8次发掘，发掘面积达3000余平方米，出土了大量陶器、石器和骨器等遗物。经过30余年的研究，产生了一批重要成果：如在聚落内发现的中国较早的水稻遗存[15]、家猪饲养现象[16]、可吹奏的骨笛[17]、具有原始文字性质的刻划符号[18]以及中国最早的含酒精饮料[19]等，引起了国内外学者的广泛关注[20]。

　　目前，对于贾湖遗址出土石器的研究，主要是对器物形态的分类，虽然发掘者尽可能详细地对石器进行了统计、测量和分析，但是对其具体功能的判断主要还是依据经验性的认识，并未开展实证研究，微痕分析的方法为贾湖遗址石器的功能研究提供了新的途径。

　　贾湖遗址出土的磨制石器数量较多，种类丰富，典型器物有石铲、石斧、石锛、石凿、石刀、石镰、石磨盘、石磨棒等，对其功能的考察，有助于我们探讨先民生产生活中的行为和活动，也可进一步对聚落的文化发展水平和生业经济状况展开研究。

一、材料与方法

　　微痕分析的原理是通过显微技术对石器表面由古人使用产生的各种微磨损痕迹进行观察分析，并据此推断工具的用途、加工方式和加工对象等[21]。这种方法和理念最早由苏联考古学家谢苗诺夫[22]提出，在他的影响下，西欧和北美的学者在此后的半个多世纪里，进行了丰富的个案研究和方法探讨，发展出高倍法[23]和低倍法[24]两种流派。

　　王小庆等根据燧石和硅质岩的使用实验，将加工不同对象形成的光泽类型进行了总结，分为A、B、C、D1、D2、E1、E2、F1、F2、X、Y及SS等类型，并应用于兴隆洼和赵宝沟遗址的石器微痕研究中，他的实验表明：凝灰岩和板岩在相同的工作条件下，也可形成与燧石和硅质岩类似的光泽，只是在发生速度上较后者稍慢一些[25]。有鉴于此，本研究在模拟实验的基础上，选取贾湖遗址具有代表性的磨制石器，进行"高倍法"的观察，分析石器表面的光泽特征结合线状痕的分布特点，对石器的功能进行判断。

　　贾湖遗址经过八次发掘，出土的磨制石器总数达594件，其中有石镰46件，石刀31件，石斧109件，石锛23件，石凿17件，石铲99件，另有数量众多的石磨盘、石磨棒及磨石等器物。石铲、石斧和石镰标本中，残破者较多，故实际可供观察的标本数量不及器物总数。本次挑选进行微痕分析的石器，主要是从各个器类的不同型式中选取，它们在形态上具有一定的代表性，并且相对完整，在放大镜下观察，表面有一定的使用痕迹。

　　本次实验共选取41件石器，其中石镰8件，石刀7件，石斧7件，石锛6件，石凿5件，石铲8件。观察前，先用清水将标本清洗干净，再用酒精擦拭表面，待其自然风干。需要说明的是，由于在金相显微镜下观察标本时，对石器的大小和表面平整度有一定要求，有些石器在埋藏过程中表面会产生钙化沉积物，经过稀盐酸浸泡处理后效果仍然不甚理想，下文中提到的未观察到光泽特征的器物即属于此类情况。

实验使用的体视显微镜是Nikon SMZ1500连续变焦显微镜，放大倍率8～112.5倍，加外接光源，具备摄影功能；高倍法观察采用国产金相显微镜，放大倍率为50～500倍，配备内置光源，有显微观察和图像采集的功能。

二、模拟实验与微痕观察

通过实验了解石器加工不同对象时产生的痕迹特征是进行微痕分析的基础，本研究选取遗址周边地质调查中采集到的石料（主要为角闪石片岩和辉绿岩）模拟制作石斧4件，石刀4件以及石铲1件，进行模拟使用实验。实验标本磨制成型后，先在镜下观察其特征，之后分阶段承担不同的加工任务，每一阶段结束后，清理表面，进行镜下观察，详细记录其在光泽和线状痕上的变化。目前，国内关于磨制石器的使用实验开展的较少，我们以片岩和辉绿岩为原料制作磨制石器，进行使用实验也是初次尝试，为了验证实验结果的可靠性，我们开展了小规模的盲测。用片岩和辉绿岩制作石片石器24件，分别从事加工禾本科植物、木材、竹子、肉类、动物骨骼、鹿角以及石料的作业，实验结果显示，本文第一作者对于石器加工部位和加工对象及方式的盲测准确率分别为92%和79%。

整个实验过程是由3个成年男性完成的，年龄在25～29岁之间，身高170～175cm，体重65～77kg，握力相近，故在实验过程的描述中不再赘述。根据前人的研究和贾湖遗址石器的特点，本研究主要开展以下几类实验。

（一）石刀的使用实验与微痕观察

1. 切割稻草

DP05：片岩，石材为一件宽扁石片，对长边略做修整，磨制出刃部，用于切割稻草的实验（图一，1）。加工对象为整株干燥稻草，加工方式为左手执稻草，右手执石刀，由外向内单方向割稻草。实验分三个阶段，第一阶段2000次，耗时24分钟；第二阶段2000次（累计4000次），耗时27分钟；第三阶段4000次（累计8000次），耗时55分钟（每个阶段尽量控制力度的一致性，若实验者感觉疲劳，则稍作休息再继续进行实验，中间的休息时间不计入耗时的统计，下同）。

第一阶段后，刃缘部位并无明显变化，只是接触部位稍显光滑，显微镜下观察，可见较亮的小光泽斑块，未见线状痕，光泽斑块主要分布在高点且连接不甚明显；第二阶段后，刃部更加光滑，在显微镜下观察，可见B型光泽分布，并向刃缘上方扩展，光泽斑块

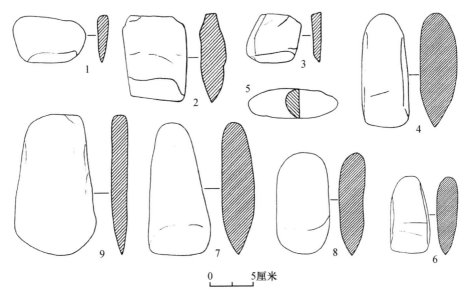

图一　模拟制作石器标本图

1. 石刀Knife DP05　2. 石刀Knife DP03　3. 石刀Knife DP02　4. 石斧Axe FH03　5. 石刀Knife DP04

6. 石斧Axe FH04　7. 石斧Axe FH01　8. 石斧Axe FH02　9. 石铲Shovel CP01

开始向低点延伸；第三阶段后，刃缘变钝，刃缘两面可见发达的A型光泽，光泽斑块连接成片，未见明显的线状痕（图二，1～3为每一使用阶段后图像，以此类推）。

2. 削木材

DP03：以较厚的片岩石片作为原料，在一端磨制出刃部，制作石刀用于削木材的实验（图一，2）。加工对象为干燥的木材，加工方式为右手执石刀，刀面与木材呈锐角，以垂直于刃部的方向，单方向削木材表面。

实验分三个阶段，第一阶段2000次，耗时26分钟；第二阶段2000次（累计4000次），耗时24分钟，第三阶段2000次（累计6000次）耗时28分钟。第一阶段后，刃缘部位稍稍变钝，两侧均出现了光泽斑块，主要分布于高点，其中靠近木材接触面的光泽较另一面发达；第二阶段后，刃部更加圆钝，出现少量微小剥离痕，刃缘两侧均可见特征明显的B型光泽和与刃缘大体垂直的使用线状痕，光泽斑块开始连接；第三阶段后，刃缘变化不大，正反两面都可见B型光泽，光泽斑块开始向刃缘上方扩展，线状痕较上一阶段明显（图二，4～6）。

3. 刮兽皮

DP02：以片岩石片制作石刀1件（图一，3），刃部一侧为直面，另一侧为斜面，进行刮兽皮实验。加工对象为新鲜猪肉皮，加工方式为右手执石刀，石刀与肉皮呈近直角的状态，直面朝手心，斜面朝外，由内向外做单方向运动。

实验分三个阶段，第一阶段3000次，耗时39分钟，第二阶段3000次（累计6000次），耗时42分钟，第三阶段3000次（累计9000次），耗时44分钟。第一阶段后，刃缘稍稍变

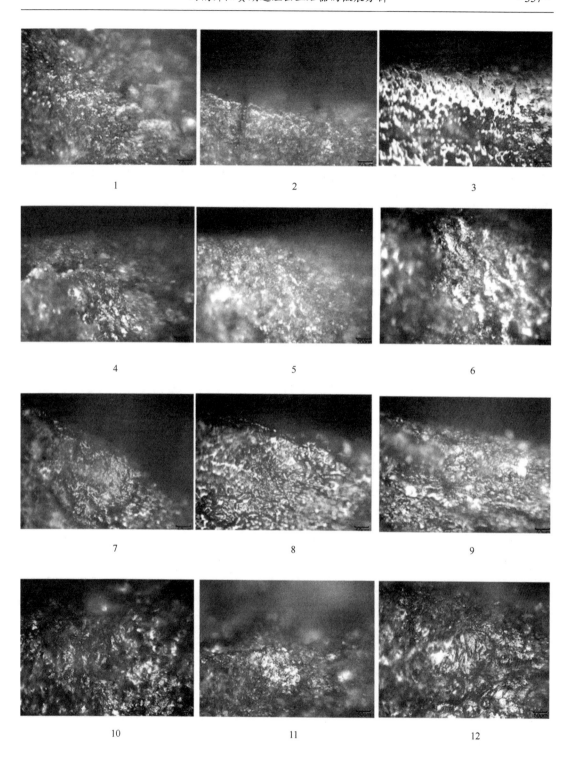

图二　模拟实验标本的微痕观察

1～3. 石刀DP05切割干稻草实验　4～6. 石刀DP03削木材实验

7～9. 石刀DP02刮兽皮实验　10～12. DP04刮兽骨实验（1～12都为200倍率）

钝，显微镜下观察，可见圆润的光泽斑块，直面刃缘部位的光泽较斜面明显；第二阶段后，刃缘圆钝，直面可见E1、E2型光泽，局限于刃部，斜面光泽稍弱，均不见使用线状痕；第三阶段后，刃缘变化不大，E1、E2型光泽更加发达（图二，7～9）。

4. 刮兽骨

DP04：以片岩石片制作石刀1件（图一，5），双面磨制，一面近直，另一面为斜面，用于刮兽骨的实验，加工对象为新鲜猪肋骨，左手执猪骨，右手执石刀，斜面朝手心，直面朝向加工方向，刃缘与猪骨呈锐角，做垂直的单方向运动。

实验分三个阶段，第一阶段2000次，耗时27分钟，第二阶段2000次（累计4000次），耗时28分钟，第三阶段2000次（累计6000次），耗时30分钟。第一阶段后，刃缘稍变钝，在显微镜下观察，刃部直面发现有F1型光泽，其他痕迹特征不明显；第二阶段后，刃缘变钝，刃部有特征较为明显的D1、D2型光泽，光泽斑块上有较多微坑；第三阶段后，刃部圆钝更加明显，开始有微小剥离痕出现，刃缘上的D1、D2型光泽特征更加明显，可见与刃缘大体垂直的使用线状痕（图二，10～12）。

（二）石斧的使用实验与微痕观察

1. 削干木材

FH03：制作辉绿岩石斧1件（图一，4），用于削木材实验，加工对象为干燥的木材。作业时右手握标本，刃部与木材表面呈锐角做单方向运动。

实验分三个阶段，第一阶段2000次，耗时25分钟，第二阶段2000次（累计4000次），耗时26分钟，第三阶段2000次（累计6000次），耗时28分钟。第一阶段后，刃缘部位未发现明显变化，靠近木材的接触面出现了F1型光泽，亮度较弱；第二阶段后，刃部稍显圆润，出现特征不甚明显的B型光泽，光泽斑块较小，连接者少，可见少量与刃缘垂直的使用线状痕；第三阶段后，刃部未见明显变化，B型光泽特征更加明显，亮度增加，光泽斑块呈线状连接，可见与刃缘大体垂直的细密线状痕分布（图三，1～3）。

2. 砍新鲜木材

FH04：制作辉绿岩石斧1件（图一，6）用于砍斫木材实验，石器表面可见锐利的方向各异的磨制线状痕。加工对象为新鲜木材，直径8～10cm。作业时右手握标本，刃缘与木材表面大致呈直角，做垂直方向的运动。

实验分三个阶段，第一阶段2000次，耗时22分钟，第二阶段2000次（累计4000次），耗时25分钟，第三阶段2000次（累计6000次），耗时24分钟。第一阶段后，刃缘部位未发现肉眼可见的变化，刃部可见F1型光泽，不见线状痕；第二阶段后，刃部稍显圆钝，出现

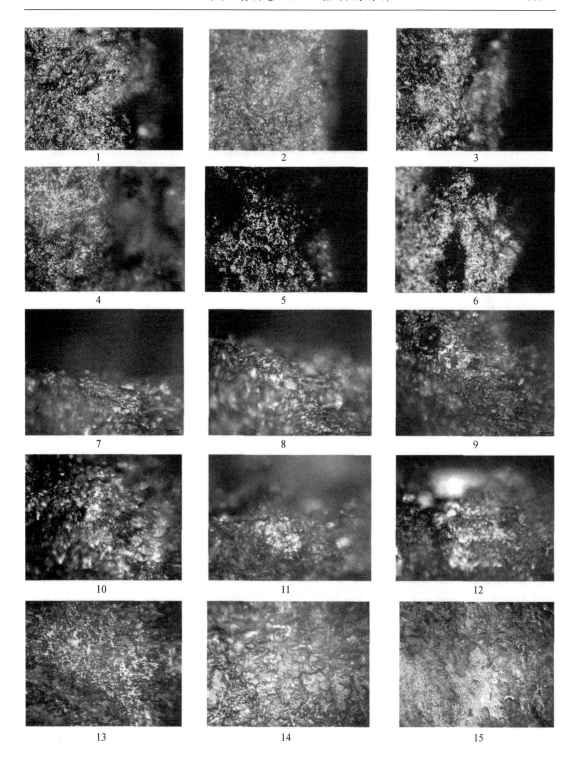

图三　模拟实验标本的微痕观察

1~3. 石斧FH03削干木材实验　4~6. 石斧FH04砍新鲜木材实验　7~9. 石斧FH01刮兽皮实验

10~12. 石斧FH02刮兽骨实验　13~15. 石铲CP01掘土实验（1~15都为200倍率）

特征明显的B型光泽，光泽斑块圆润，有少量的连接现象，基本不见使用线状痕；第三阶段后，刃缘变化不大，B型光泽更加明亮，光泽斑块连接明显，可见极少与刃缘垂直的线状痕（图三，4～6）。

3. 刮兽皮

FH01：制作辉绿岩石斧1件（图一，7）用于刮兽皮的实验，加工对象为新鲜的猪皮。作业时右手执石斧，石斧刃缘与猪肉皮大致呈垂直方向做单方向运动。

实验分三个阶段，第一阶段3000次，耗时40分钟，第二阶段3000次（累计6000次），耗时38分钟，第三阶段3000次（累计9000次），耗时41分钟。随着实验的进行，可见器物刃部由F2型光泽向E1、E2型光泽变化的过程。此外，辉绿岩石斧在加工兽皮时，光泽形成的速度比片岩石刀要慢，分布范围也不及后者大（图三，7～9）。

4. 刮兽骨

FH02：以辉绿岩制作石斧1件（图一，8）用于刮兽骨的实验。加工对象为新鲜的猪肋骨和腿骨，加工方式为右手执石斧，刃缘与被加工物呈锐角，做垂直方向的运动。实验分为三个阶段，第一阶段2000次，耗时23分钟，第二阶段2000次（累计4000次），耗时24分钟，第三阶段2000次（累计6000次），耗时25分钟。

第一阶段后，刃部稍显圆钝，可见少量的微小剥离痕及特征不太明显的D1、D2型光泽，微坑较多；第二至第三阶段，刃部微小剥离痕增多，但未出现大片疤，刃部的光泽斑块增大，光泽特征更加明显，未见明显的使用线状痕（图三，10～12）。

（三）石铲的使用实验与微痕观察

CP01：以片岩制作石铲1件，进行掘土实验（图一，9）。掘土地点为一片荒地，土质稍硬，地表有少量枯草、砂子和小石子等。作业前将石铲标本装柄，木柄方向与石铲长轴平行，用草绳捆绑。作业时石铲与地面呈70°～80°的锐角，进行掘土作业。

实验分三个阶段，第一阶段1000次，耗时21分钟，第二阶段1000次（累计2000次），耗时19分钟，第三阶段1000次（累计3000次），耗时18分钟。第一阶段后，标本刃部变得圆钝，出现小的崩疤和特征明显的X型光泽，并伴有与刃缘垂直或者斜交的使用线状痕；第二阶段后，崩疤增多，X型光泽特征更加明显，并开始向刃部以上发展；第三阶段后，光泽分布范围进一步扩大，细密的线状痕更加明显（图三，13～15）。

（四）实 验 小 结

本次实验所用石料主要是片岩和辉绿岩，结果表明，在不同的使用条件下，实验标本可以产生与燧石、页岩、板岩及凝灰岩等相似的光泽类型，只是辉绿岩标本光泽产生速度较慢，也不甚发达。根据前文的实验，可得到微痕特征与被加工物之间的大致关系：

（1）切割稻草：石器刃部会产生B型和A型光泽，随着加工次数的增长，光泽斑块连接成片，并向刃缘上方扩展，线状痕有时会被光泽覆盖；

（2）削木材：石刀和石斧刃部都会产生B型光泽，随着加工次数增加，光泽斑块开始连接，可见与刃缘大体垂直的使用线状痕；

（3）砍木材：光泽特征与削木材类似，在加工新鲜木材时，光泽的产生速度较快；

（4）刮兽皮：随着使用次数的增加，石刀和石斧刃部都会产生E1、E2型光泽，只是由于石料的区别，辉绿岩石斧表面的光泽，产生速度较慢，两者刃部都不见使用线状痕；

（5）刮兽骨：石器刃部会形成D1、D2型光泽，仅限于刃部，表面平坦，微坑较多，可见少量使用线状痕，随着加工次数的增加，刃部会产生微小剥离痕；

（6）掘土：石器刃部及器身可见明显的X型光泽，伴生与刃缘垂直或者斜交的使用线状痕。

三、考古标本使用痕迹的观察与功能的推定

（一）石镰的微痕观察

M449：2，角闪石片岩，长19.5cm、宽4.4cm、厚0.8cm。通体磨光，拱背弧刃，尖端稍残，根端上翘，下部有两处缺口（图四，1）。刃部呈锯齿状，靠近尖端的齿刃磨损较严重。肉眼观察，刃部稍圆钝，无明显崩疤，器身保留有明显的与刃缘平行和斜交的磨制线状痕；在金相显微镜下，放大倍率为100倍时，刃缘部位有特征明显的A型光泽（图五，1），并有与刃缘大致垂直的线状痕，另外在石镰背面的刃缘上方，A型光泽较发达（图五，2）；当放大倍率为200倍时，A型光泽的特征更加明显（图五，3）。

T12③：2，灰黑色板岩，长10.6cm，宽6.4cm，厚1.0cm。通体磨光，直背，刃斜直，为锯齿状，根部上有凸起，下有缺口（图四，2）。石镰部分锯齿已断裂，器身中部可见较清晰的磨制线状痕，方向各异，根部有肉眼可见的磨光；刃部较厚，刃缘显得圆钝。在显微镜下以100倍率观察时，刃缘部位锯齿之上可见特征明显的A型光泽，未见明显的线状痕（图五，4，6），当放大倍率为200倍时，A型光泽的特征更见明显（图五，5）。

此外，还对M414：4、H155：2、T16③：5、H57：1、H10：1和H106：1等6件石镰进行了显微观察，前两件器形与M449：2类似，稍有残缺，在刃缘两侧均可见特征明显的A型光泽；石镰T16③：5刃缘部发现有B型和F1型光泽；H57：1器身可见较为明显的磨制线状痕，仅在刃缘部发现F1型光泽，推测使用时间不长；H10：1和H106：1器身未见可鉴定的光泽特征。

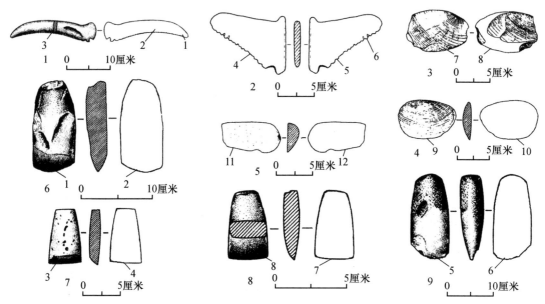

图四　微痕观察的考古标本（图中数字代表图像采集的位置，各点与插图中的编号一致）

1. 石镰Sickle M449：2　2. 石镰Sickle T12③：2　3. 石刀Knife H237：2　4. 石刀Knife T6③：12　5. 石刀Knife H187：25　6. 石斧Axe M489：2　7. 石斧Axe T44①：3　8. 石锛Adze M465：2　9. 石斧Axe T40③B：2

（二）石刀的微痕观察

H237：2，灰色粉砂岩，在锤击石片背面再次打下石片使之减薄，两侧截断，以石片远端稍加磨制而成，长9.0cm，宽6.0cm，厚1.6cm（图四，3）。刃部已经圆钝，在20倍显微镜下观察可见刃部有微小破损，在200倍金相显微镜下，可见刃部有不发达的B型光泽，部分区域可见F1型光泽（图五，7，8）。

T6③：12，含粉砂片岩，在锤击石片的左侧和远端磨出刃口使用，长9.0cm，宽5.7cm，厚1.3cm（图四，4）。肉眼观察刃部已经圆钝，在20倍显微镜下，刃部可见与刃缘平行和斜向的磨制线状痕；在金相显微镜下，当放大倍率为100倍时，刃部可见D1、D2型光泽，放大倍率为200倍时，发现刃部形成狭小平面，D型光泽的特征更加明显，有大致与刃缘垂直的线状痕分布（图五，9，10）。

H187：25，石英岩，以锐棱砸击石片制作而成，截齐远端，在右侧边棱磨出刃口（图四，5）。长8.0cm，宽4.5cm，厚1.8cm。刃部已圆钝，在20倍显微镜下，刃部可见与刃缘平行的磨制线状痕，在金相显微镜下，当放大倍率为100倍时，刃部可见特征明显的B型光泽（图五，11），当放大倍率为200倍时，B型光泽的特征更加明显，未见明显的线状痕（图五，12）。

此外，还对石刀H471：1、T11③：6、T12③：5和T114③C：17进行了观察，其中H471：1器身仅见磨制条痕，可能未经使用；其余3件标本刃部可见明显的圆钝，但器物

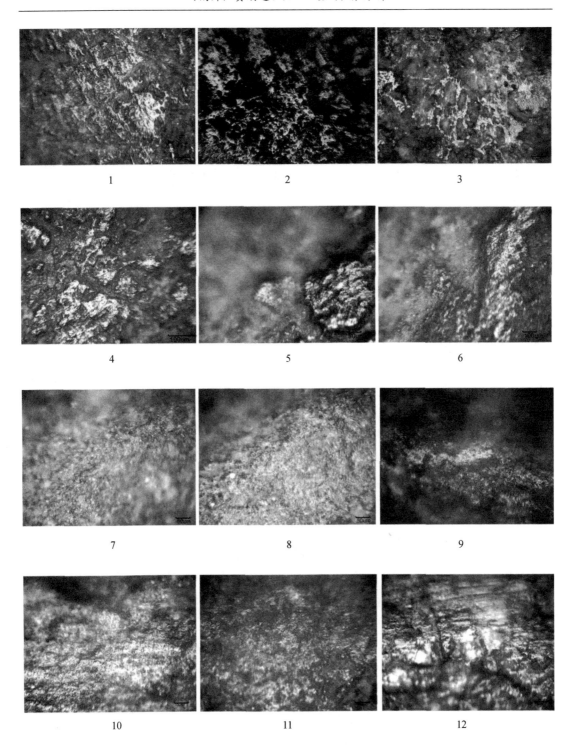

图五　贾湖遗址石镰和石刀的微痕观察

1～3. 石镰M449：2的微痕观察　4～6. 石镰T12③：2的微痕观察　7、8. 石刀H237：2的微痕观察

9、10. 石刀T6③：12的微痕观察　11、12. 石刀H187：25的微痕观察

（其中1、2、4、6、11为100倍率，其余都为200倍率）

表面被钙化物覆盖，未能观察到明显光泽特征和线状痕。

（三）石斧的微痕观察

石斧M489：2，紫红色变质岩，大部磨光，长12.3cm，宽6cm，厚2.9cm（图四，6），器身上部保留有明显的琢制痕迹，在放大镜下观察，刃部有磨制线状痕分布，大致与刃缘平行。在金相显微镜下，当放大倍率为200倍时，可见明显的B型光泽和少量与刃缘大体垂直的线状痕（图六，1，2）。

石斧T44①：3，辉绿岩，长6.7cm，宽4.1cm，厚1.4cm。器形规整，剖面近长方形，通体磨光，顶部及侧面磨平，方顶，刃部平直上弧（图四，7）。在20倍放大镜下，可见刃缘处有小片疤，顶部磨圆，器身表面有矿石脱落形成的小凹坑；当放大倍率至100倍时，刃缘处可见特征较为明显的B型光泽，部分区域由于钙化物覆盖，光泽特征不明显（图六，4）；放大倍率为200倍时，刃缘部的B型光泽特征更加明显，线状痕零星分布，大致呈垂直于刃缘方向，器物顶部可观察到F1型光泽（图六，3）。

石斧T40③B：2，变质辉绿岩，长8cm，宽4.7cm，厚2.8cm。顶部微弧，刃部有破损，凸弧刃，刃角上弧（图四，9）。肉眼可见刃部有较多大片疤，片疤边缘已经变钝。在金相显微镜下观察，放大倍率为100倍时，发现刃部分布有E1、E2型光泽（图六，5）和F1型光泽，当放大倍率为200倍时，刃部E型光泽特征更加明显（图六，6）。

此外，还观察了T110C③B：1、H482：6、H482：7和H482：5等4件石斧，其中T110C③B：1刃部有B型光泽，器身还可见F1型光泽；后三者表面部分被钙化物覆盖，仅在刃部发现零星光泽斑块。

（四）石锛的微痕观察

石锛M465：2，变质辉绿岩，长4.8cm，宽3.8cm，厚1.2cm。平面呈梯形，器体稍小，顶端及器身微弧，刃平直（图四，8）。在20倍体视镜下观察，可见器身有交错的磨制线状痕，顶部两面结合处有光泽，刃缘部有垂直于刃部的线状痕；在金相显微镜下，当放大倍率为100倍时，刃缘部可见特征明显的B型光泽，分布有与刃缘大致垂直的线状痕（图六，7），当放大倍率为200倍时，刃部B型光泽的特征更加明显，光泽斑块主要分布在高点（图六，8）。

石锛T40③B：3，辉绿岩，长7.1cm，宽5.9cm，厚1.8cm。器体扁平，顶部及侧面磨平，顶部略呈圆角方形，刃部微弧（图七，1）。刃部的磨光面在20倍放大镜下观察时，崩疤较为清晰；体视显微镜下放大倍率为50倍时，可见明显的线状痕，部分为纵向，另有一部分为斜向，并有交错现象；在金相显微镜下，当放大倍率为100倍时，在刃缘部位可见特征明显的B型光泽，未见线状痕（图六，9），正面刃部以上区域可见F1型光泽，当

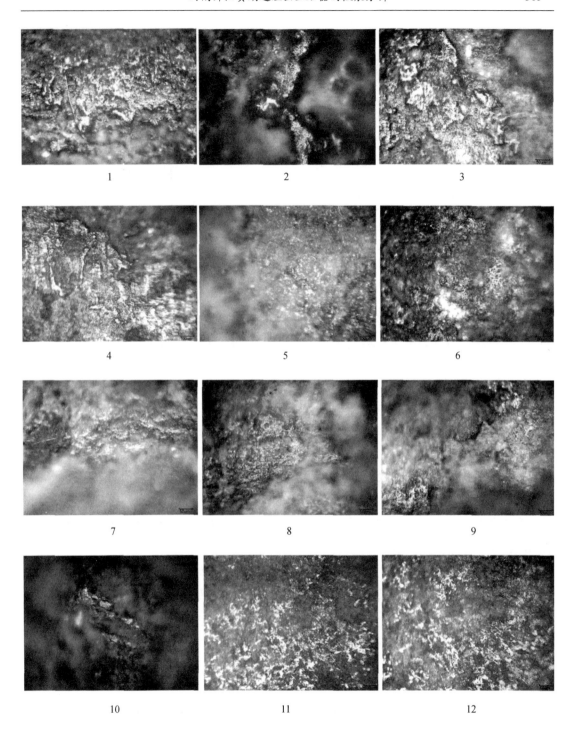

图六　贾湖遗址石斧和石锛的微痕观察

1、2. 石斧M489：2的微痕观察　3、4. 石斧T44①：3的微痕观察　5、6. 石斧T40③B：2的微痕观察

7、8. 石锛M465：2的微痕观察　9、10. 石锛T40③B：3的微痕观察　11、12. 石锛T41②：1的微痕观察

（其中3、4、5、7、9、10为100倍率，其余都为200倍率）

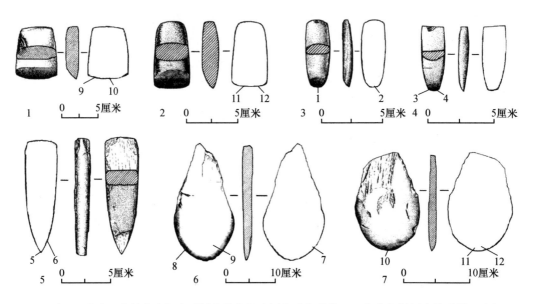

图七　微痕观察的考古标本（图中数字代表图像采集的位置，各点与插图中的编号一致）

1. 石锛Adze T40③B：3　2. 石锛Adze T41②：1　3. 石凿Chisel H482：8　4. 石凿Chisel H482：14

5. 石凿Chisel H471：2　6. 石铲Shovel M431：1　7. 石铲Shovel M440：2

放大倍率为200倍时，B型光泽特征更加明显（图六，10）。

T41②：1，辉绿岩，长6.2cm，宽3.5cm，厚1.6cm。顶部微弧，平面略呈圆角方形，侧面磨平，刃部平直（图七，2）。肉眼观察，刃部稍圆钝，无大片疤，仅见两处小片疤，刃部有垂直于刃缘的线状痕；在金相显微镜下，当放大倍率为100倍时，刃缘处可见特征明显的B型光泽（图六，11），刃缘偏上位置和器身中部可以观察到F1型光泽；当放大倍率达到200倍时，B型光泽的特征更加明显，还可见大致垂直于刃缘的较细的线状痕（图六，12）。

此外，T41②：2、M441：4和T115A③B：2三件石锛表面的光泽特征和前述器物类似。总体上，石锛类器物刃部破损者少见，崩疤也较少，刃部主要分布的是B型光泽和大致垂直于刃缘的线状痕，部分器物器身有F1型光泽和长期埋藏形成的SS型光泽。

（五）石凿的微痕观察

石凿H482：8，泥质板岩，青灰色，长5.3cm，宽2.0cm，厚0.8cm。器体较小，通体磨光，顶端近平，器身一面磨平，另一面圆弧形凸起，器身两侧中部外弧，刃面明显，凸弧刃（图七，3）。在10倍放大镜下，背面可见明显的磨制线状痕，方向大致与刃缘平行，部分相交；在金相显微镜下，当放大倍率为100倍时，可见刃缘有特征明显的B型光泽（图八，1，4），伴生与刃缘大致垂直的线状痕。

石凿M482：14，泥质板岩，器体较小，长4.7cm，宽1.8cm，厚0.8cm。通体磨光，顶

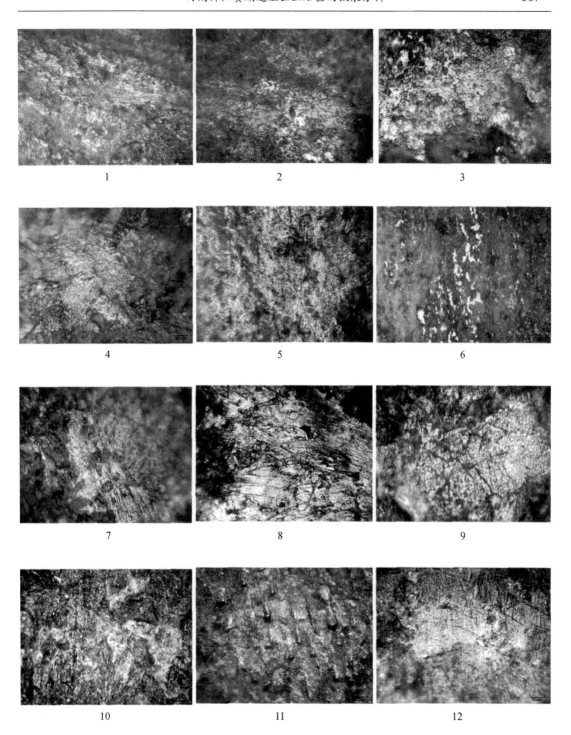

图八　贾湖遗址石凿和石铲的微痕观察

1、2.石凿H482∶8的微痕观察　3、4.石凿H482∶14的微痕观察　5、6.石凿H471∶2的微痕观察

7～9.石铲M431∶1的微痕观察　10～12.石铲M440∶2的微痕观察

（其中1、2、5、6、7、11为100倍率，其余为200倍率）

端近平，器身一面磨平，另一面圆弧形凸起，刃部圆弧形，剖面近半圆形，器身两侧面磨光，刃端较窄（图七，4）。在体式显微镜下放大20倍观察，可见器身有矿石脱落形成的小圆坑，背面有斜向的磨制线状痕，刃部有磨耗，形成光泽；在金相显微镜下，当放大倍率为100倍时，刃缘处可见B型光泽，器身分布有F1型光泽；当放大倍率为200倍时，刃缘处的B光泽特征更加明显（图八，3，4），未见线状痕。

石凿H471：2，绿泥石片岩，长11.6cm，宽3.5cm，厚1.6cm。平面略呈弧边三角形，顶部近平，器身一面及侧面磨光，另一面仅经过粗磨，高低不平，两侧面内收相交构成平直刃部，凸弧刃，较锋利，一侧刃角残损（图七，5）。在体式显微镜下放大20倍观察，刃缘两侧可见明显的磨制线状痕，器物顶端两侧有光泽；在金相显微镜下，放大倍率为100倍时，刃缘处分布有特征明显的B型光泽，并有与刃缘垂直的使用线状痕（图八，5），刃缘两侧向上可见F1型光泽和SS型光泽（图八，6）。

此外，还对H482:16和M428:1两件石凿进行了显微观察，前者表面风化较严重，仅可见少量矿石脱落形成的凹坑，未能观察到光泽特征；后者刃部被钙化物覆盖，仅在器身观察到F1型光泽。

（六）石铲的微痕观察

M431：1，灰色片岩，长22.5cm，宽12cm，厚1.88cm。整体呈水滴形，顶部较厚，顶部至肩部两侧面粗磨，刃部较薄，呈舌状刃（图七，6）。刃部有肉眼可见的片疤，主要位于刃缘中部，器身分布有与刃缘垂直、平行或者斜交的磨制线状痕；在体视显微镜下以10倍的倍率观察时，发现两面的刃部至下腹部皆有明显的条痕，其方向大多垂直于刃缘；当倍率扩大至20倍时，磨光及刃部的磨圆更加明显，刃部有矿石颗粒凸显的现象，并有光泽出现。在金相显微镜下，当放大倍率为100倍时，刃部有较为明显的X型光泽，光泽向上延伸，同时伴有明显的线状痕分布，方向大致与刃缘垂直，刃部两面都有微小剥离痕分布，周围仅能观察到F1型光泽（图八，7）；当放大被倍率为200倍时，X型光泽的特征更加明显（图八，8，9）。

M440：2，片岩，长14.9cm，宽10cm，厚1.25cm。器体略呈不规则椭圆形，顶端斜直，顶部至中部两侧经过修整，舌形刃稍宽于器体（图七，7）。刃部磨圆程度较深，背面有较大片疤，在20倍显微镜下观察，可见器身有多个方向交错的磨制线状痕，还有明显的矿石颗粒凸显；在金相显微镜下，放大倍率为100倍时，可在刃部及器身观察到F1型光泽和矿石颗粒凸显（图八，11）；放大倍率为200倍时，刃部可见明显的X型光泽，并有细密的线状痕分布，方向大致与刃缘垂直（图八，10，12）。

此外，还对M465：5、Y10：1、M449：4、M456：3、M428：2和T115A③B：1等6件石铲进行了观察，这几件器物在用料和器形上与上述两件类似，器物表面大多可见X型光泽分布，伴生与刃缘垂直或者斜交的使用线状痕，部分区域还有F1型光泽分布。

四、石器功能的判断

根据模拟实验及考古标本的观察结果，结合前人的研究成果，对贾湖遗址出土石器的功能，可做出如下判断。

（一）石镰功能的判断

观察石镰标本8件，除了H57：1表面未观察到明显光泽外，其余器物器身都可见F1型光泽，反映了使用砺石磨制和使用初期的特征；其中标本T16③：5刃部磨耗严重，表面可见B型光泽和垂直于刃部分使用线状痕，推测其加工对象应为木材，使用方式应为刮削；其余6件标本，刃部主要分布A型光泽，推测其加工对象应为禾本科植物。

目前，世界上发现较早的石镰主要来自西亚地区，是一种复合工具，用燧石石片作为刃部，装柄使用，研究者在石器的使用面上发现了收割谷物的光泽特征[26]。国内发现较早，与石镰类似的器物有北京东胡林遗址出土的"骨柄石刃刀"，刃部使用燧石细石叶制成，装入骨柄凹槽内使用，对细石叶的微痕分析结果显示，这类工具主要从事动物类资源的加工，也有一部分（约9%）承担加工植物类资源的工作[27]。此外，前人对裴李岗文化锯齿石镰的研究表明，其功能可能包括收获橡子、收割芦苇和禾本科草类等[28]。贾湖遗址的植物遗存分析结果显示，稻谷、马唐属和稗属植物在聚落内大量存在[29]，结合石镰表面使用痕迹的特征，推断其加工对象很可能是禾本科植物和木材，加工方式应包括切割和刮削。

（二）石刀功能的判断

观察石刀标本7件。T6③：12刃部可见D型光泽，伴生与刃缘大致垂直的线状痕，表明其功能很可能是对兽骨的加工；标本H187：25刃部可见B型光泽，推测其加工对象应是木材，由于使用线状痕不明显，其加工方式尚不明确；标本H237：2刃部可见B型光泽，推测其加工对象应是禾本科植物或者木材；此外，石刀标本H471：1、T12③：5、T114③C：17和T11③：6，虽然刃部可见磨耗，但未观察到明显的光泽特征，暂无法对其功能做出判断。从形态上看，贾湖石刀在制作上有相当的随意性，大多是对砸击石片进行简单修整、磨制出刃部直接使用，少见大面积的磨光，刃部的光泽特征也反映了石刀功能的多样性。

石刀是东亚地区新石器时代遗址中一类重要的石器，民族学的研究显示，石刀的功能主要有收割谷物、切割、制陶和鞣皮等[30]。日本学者利用微痕观察方法，对良渚遗址出土石刀的功能进行了分析，认为其主要是用于谷穗的收获[31]；谢礼晔对二里头遗址石刀的研究显示，石刀除了掐穗外，还用来承担刮削类的工作[32]。通过对贾湖遗址石刀的微痕观察，我们认为，其功能主要是加工禾本科植物、木材和兽骨等物质。

（三）石斧功能的判断

通过对8件石斧标本的观察，发现其器身有F1型和B型光泽，部分器物在显微镜下可见与刃缘平行、垂直或者斜交的磨制线状痕。其中T110C③B：1，T40③B：2和H482：5刃部都可见较大的破损，已有的研究显示，加工木材对石斧刃部造成的损伤是有限的[33]，从标本刃部的大片疤来看，其加工对象很可能还包含相当坚硬的物质（如兽骨、石头等），这些石斧刃部破损后并没有废弃，而是继续使用；石斧T40③B：2刃部可观察到E型光泽，表明其加工对象可能是兽皮。

关于石斧功能的研究，国内外成果较多，结果显示：石斧不仅用于伐木，还被用于屠宰、鞣皮的工作[34]。贾湖遗址出土石斧的功能是比较复杂的，从微痕特征来看，其加工对象应包括木材、兽皮，很可能还有兽骨；从工具数量和分布特征来看，石斧类工具一直在贾湖先民生活中扮演着重要的角色。

（四）石锛功能的判断

通过对6件石锛的观察，发现石器表面保留有方向不同的磨制线状痕，器身还可见F1型光泽及不同程度的矿石颗粒凸显，刃部有分布范围不同的B型光泽，其中M465：2、T40③B：3、T41②：1三者刃部的光泽特征最为明显，刃部可见与刃缘大致垂直的使用线状痕，表明其加工对象主要是木材，运动方式可能为刮削。

石锛是中国新石器时代遗址中常见的器物类型，尤其是在长江流域和岭南地区，对其功能的研究显示，石锛主要从事与木作有关的工作，并且多装柄使用[35]。通过对贾湖石锛的微痕分析，我们发现其刃部大多保留与木作相关的B型光泽以及指示其加工方式的使用线状痕，说明石锛在贾湖聚落内是一类重要的木作工具。

（五）石凿功能的判断

对5件石凿标本进行了微痕观察，以H471：2为代表的体型较大的石凿，表面除了F1型光泽外，刃部可见特征明显的B型光泽以及与刃缘大致垂直的使用线状痕，其加工对象应是木材；以H482：8为代表的一类石凿，体型较小，器身长度一般在5cm左右，器身可见清晰的磨制线状痕，除了M428：1和H482：16未观察到明显的光泽特征外，其余器物刃部都可见B型光泽分布。综合来看，这类器物虽然器形上有一定差异，但其加工对象应都为木材，使用方式可能略有不同，体型较大者顶部有砸击形成的损伤，推测其使用方式应是在一手执握，砸击使用；体型较小的一类，应是作为复合工具使用。

已有研究表明，石凿很可能是源自于旧石器时代晚期出现的楔形器，是在旧石器晚期中国北方地区石器小型化的背景下产生的一种石器类型[36]，西亚黎凡特地区在距今9600年前后，出现了用于对木材进行精细加工的工具[37]，从使用痕迹的特征来看，贾湖石凿很可能是对木材进行精细加工的工具。

（六）石铲功能的判断

对8件石铲标本进行了观察，标本表面普遍有方向各异的磨制痕迹，刃部有肉眼可见的使用线状痕，磨圆明显。器物刃部及腹部都可见X型光泽，并有密集的使用线状痕分布，其方向主要是与刃缘垂直或者斜交。基于光泽和线状痕特征，推测其应是一类掘土工具。

在裴李岗文化和磁山文化的诸遗址中，石铲类工具开始大量出现，有学者认为它是一类翻土深耕的工具，以此证明我国有八千年的耜耕农业历史[38]；还有学者认为裴李岗文化的石铲可以分为不同类型，其中长条形的石铲应是一种手执工具，主要用于挖掘和铲土，使用强度不是很大[39]；内蒙古白音长汗遗址发现的属于兴隆洼文化的石铲，其主要的功能是作为锄和铲子使用的[40]。从贾湖遗址出土石铲的使用痕迹和形态特征来看，刃缘部及中腹部大多可见与刃缘垂直的条痕，说明它的运动方向应是垂直于刃缘的；从明显的磨圆和条痕来看，石铲是先民经常使用的一类工具，主要从事掘土类的工作。

五、结　论

以上通过模拟实验和对贾湖遗址出土石器的微痕观察，初步分析了各类石器的功能和使用方式，结合前人的研究成果，我们对6种石器的功能有了更加客观的认识：石镰主要是用来收割禾本科植物的工具，也有加工木材的痕迹；石刀的功能比较多样，主要用来加工禾本科植物及木材，动物骨骼也可能是其加工对象之一；石斧的功能也较为复杂，主要功能是加工木材，部分工具有加工兽皮的痕迹，也可能用来加工兽骨、石头等较硬的物质；石锛应是一种木作工具，从线状痕的特征来看，其使用方式主要是刮削；石凿从形态上可以分为两类，但其加工对象都是木材；石铲的功能相对单一，主要用于掘土、翻土等工作。

从微痕分析的结果来看，史前石器的功能是复杂多样的，其加工对象往往并不单一。受限于条件，我们未对古人使用石器的各种情况（如切、割、锯、刮、削、砍等）一一进行模拟，仅对特定的几种加工活动进行了实验和观察，虽然对石器工具的功能有了进一步的认识，但还不够全面；此外，微痕分析对石器大小、表面平整程度及矿物颗粒都有一定要求，我们无法对遗址出土的所有石器进行观察，仅能挑选其中有代表性的器物进行分析；最后，石器的埋藏环境也会对微痕分析造成一定的干扰，本研究中部分石器表面钙化物的覆盖及埋没光泽的分布，对使用痕迹的观察造成了一定影响。

　　微痕分析已经成为石器功能研究的必要手段，但仅仅依靠微痕分析对石器功能做出的判断还是不够准确的，借鉴器物表面残留物（如淀粉粒、植硅体分析等）的研究成果是很有必要的，一方面两者可以相互补充、印证，另一方面微痕分析的结果还可对石器表面残留物存在的合理性提供支持。已有学者尝试综合利用这两种方法来研究石器的功能，并以此考察古人的生业状况[41]，取得了理想的效果。综合来看，对磨制石器功能的研究还需要更多学者的参与，在研究中也要广泛利用多种手段，这样才能对石器功能做出尽可能客观的判断。随着对史前遗址中磨制石器认识的不断深入，研究者可以在此基础上对史前社会的经济状况、生产组织模式以及人们的认知能力等问题展开进一步的讨论。

注　释

[１]　王小庆：《石器使用痕迹显微观察的研究》，文物出版社，2008年，第13～37页。

[２]　Dubreuil L, Savage D. Ground Stones: A Synthesis of the Use-wear Approach. Journal of Archaeological Science, 2014, 48(1):139-153.

[３]　安志敏：《中国古代的石刀》，《考古学报》1955年第2期，第27～51页；饶惠元：《略论长方形有孔石刀》，《考古》1958年第5期，第40～45页；牟永抗、宋兆麟：《江浙的石犁和破土器——试论我国犁耕的起源》，《农业考古》1981年第2期，第75～84页；汪宁生：《谈史前器物用途的研究》，《史前研究》1998年，第95～106页；杨肇清：《试析锯齿石镰》，《中原文物》1981年第2期，第25～28页；肖梦龙：《试论石斧石锛的安柄与使用——从溧阳沙河出土的带木柄石斧和石锛谈起》，《农业考古》1982年第2期，第108～113页。

[４]　杨鸿勋：《石斧石楔辨——兼及石锛与石扁铲》，《考古与文物》1982年第1期，第66～68页；季曙行：《"石犁"辨析》，《农业考古》1987年第2期，第155～170页；季曙行：《石质三角形器、三角形石刀用途考——以使用痕迹与力学分析为中心》，《农业考古》1993年第1期，第96～102页。

[５]　佟柱臣：《仰韶、龙山文化的工具使用痕迹和力学上的研究》，《考古》1982年第6期，第614～621页。

[６]　童恩正：《石器的微痕研究》，《史前研究》1983年第2期，第151～158页；张森水：《述评〈石器使用的试验鉴定——微磨损分析〉一书》，《人类学学报》1986年第5卷第4期，第91～94页。

[７]　侯亚梅：《石制品微磨痕分析的实验性研究》，《人类学学报》1992年第11卷第3期，第202～215页；侯亚梅：《考古标本微磨痕初步研究》，《人类学学报》1992年第11卷第4期，第354～361页；王幼平：《雕刻器实验研究》，《考古学研究（一）》，文物出版社，1992年，第5～90页；李卫东：《燧石尖状器实验研究》，《考古学研究（一）》，文物出版社，1992年，第91～123页；黄蕴平：《沂源上崖洞石制品的研究》，《人类学学报》1994年第13卷第1期，第1～11页；夏竟峰：《燧石刮削器的微痕观察》，《中国国家博物馆馆刊》1995年第1期，第22～42页。

［8］ 高星、沈辰：《石器微痕分析的考古学实验研究》，科学出版社，2008年；沈辰、陈淳：《微痕研究（低倍法）的探索与实践——兼谈小长梁遗址石制品的微痕观察》，《考古》2001年第7期，第62～73页；陈虹、张晓凌、沈辰：《石制品使用微痕多阶段成形轨迹的实验研究》，《人类学学报》2013年第32卷第1期，第1～18页。

［9］ 朱晓东：《赵宝沟聚落遗址石器的微痕观察》，《敖汉赵宝沟——新石器时代聚落》，中国大百科全书出版社，1997年，第238～243页。

［10］ 王小庆：《石器使用痕迹显微观察的研究》，文物出版社，2008年，第13～37页。

［11］ 谢礼晔：《微痕分析在磨制石器功能研究中的初步尝试——二里头遗址石斧和石刀的微痕分析》，中国社会科学院研究生院，2005年。

［12］ 王强：《海岱地区史前时期磨盘、磨棒研究》，山东大学学位论文，2008年。

［13］ 蔡明：《陶寺遗址出土石器的微痕研究》，《华夏考古》2014年第1期，第38～50页。

［14］ 河南省文物考古研究所：《舞阳贾湖》，科学出版社，1999年，第515～519页；Yang X Y, Kadereit A, Wagner G A, et al. TL and IRSL Dating of Jiahu Relics and Sediments: Clue of 7th Millennium BC Civilization in Central China. Journal of Archaeological Science, 2005, 32(7): 1045-1051.

［15］ 陈报章、王象坤、张居中：《舞阳贾湖新石器时代遗址炭化稻米的发现、形态学研究及意义》，《中国水稻科学》1995年第9卷第3期，第127～134页；张居中、蓝万里、陈微微等：《舞阳贾湖炭化稻米粒型再研究》，《农业考古》2009年第4期，第35～39页。

［16］ 罗运兵、张居中：《河南舞阳县贾湖遗址出土猪骨的再研究》，《考古》2008年第1期，第90～96页。

［17］ 萧兴华：《中国音乐文化文明九千年——试论河南舞阳贾湖骨笛的发掘及其意义》，《音乐研究》2000年第1期，第3～14页；Zhang J Z, Harbottle G, Wang C S, et al. Oldest Playable Musical Instruments Found at Jiahu Early Neolithic Site in China. Nature, 1999, 401(6751): 366-368.

［18］ Li X Q, Harbottle G, Zhang J Z, et al. The Earliest Writing? Sign Use in the Seventh Millennium BC at Jiahu, Henan Province, China. Antiquity, 2003, 77(295): 31-44.

［19］ Mcgovern P E, Zhang J Z, Tang J G, et al. Fermented Beverages of Pre-and Proto-historic China. Proceedings of the National Academy of Sciences of the United States of America, 2004, 101(51): 17593-17598.

［20］ 吴汝祚：《舞阳贾湖遗址发掘的意义》，《中原文物》1991年第2期，第1～6页；Zhang J Z, Cui Q L. The Jiahu Site in the Huai River Area//Underhill A P. A Companion to Chinese Archaeology. New Jersey: Wiley-Blackwell Press, 2013: 194-212.

［21］ 王小庆：《石器使用痕迹显微观察（高倍法）的研究》，《农业考古》2005年第1期，第176～178页。

［22］ Semenov S A. Prehistoric Technology: An Experimental Study of the Oldest Tools and Artifacts from Traces of Manufacture and Wear. London: Cory, Adams&Mackay, 1964.

［23］ Keeley L H. Experimental Determination of Stone Tool Uses: A Microwear Analysis. Chicago:

University of Chicago Press, 1980.

［24］Odell G H. The Morphological Express at Function Junction: Searching for Meaning in Lithic Tool Types. Journal of Anthropological Research, 1981, 37(4):319-342; Tringham R, Cooper G, Odell G, et al. Experimentation in the Formation of Edge Damage: A New Approach to Lithic Analysis. Journal of Field Archaeology, 1974, 1(2):171-196.

［25］王小庆：《石器使用痕迹显微观察的研究》，文物出版社，2008年，第13～37页。

［26］Groman-Yaroslavski I, Weiss E, Nadel D. Composite Sickles and Cereal Harvesting Methods at 23,000 Years Old Ohalo II, Israel. PLOS ONE, 2016, 11(11):e0167151.

［27］崔天兴：《东胡林遗址石制品研究——旧新石器时代过渡期的石器工业和人类行为》，北京大学，2010年，第140～159页。

［28］Fullagar R, Liu L, Bestel S, et al. Stone Tool-use Experiments to Determine the Function of Grinding Stones and Denticulate Sickles. Bulletin of the Indo-Pacific Prehistory Association, 2012, 32: 29-44.

［29］赵志军、张居中：《贾湖遗址2001年度浮选结果分析报告》，《考古》2009年第8期，第84～93页。

［30］安志敏：《中国古代的石刀》，《考古学报》1955年第2期，第27～51页；饶惠元：《略论长方形有孔石刀》，《考古》1958年第5期，第40～45页；王杰：《石刀陶刀小议》，《考古与文物》1980年第4期，第137～144页；李仰松：《中国原始社会生产工具试探》，《考古》1980年第6期，第515～520页。

［31］原田干：《「耘田器」から石刀へ：長江下流域における石製収穫具の使用方法》，《金沢大学考古学紀要》2013年第34卷，第1～9页。

［32］谢礼晔：《微痕分析在磨制石器功能研究中的初步尝试——二里头遗址石斧和石刀的微痕分析》，中国社会科学院研究生院，2005年。

［33］谢礼晔：《微痕分析在磨制石器功能研究中的初步尝试》，《中国文物报》2005年11月25日第7版。

［34］佐原真：《斧の文化史》，东京大学出版社，1994年，第127～129页；Yerkes R W, Barkai R, Gopher A, et al. Microwear Analysis of Early Neolithic（PPNA）Axes and Bifacial Tools from Netiv Hagdud in the Jordan Valley, Israel. Journal of Archaeological Science, 2003, 30(8): 1051-1066; Latorre A M, Pérez A P, Bao J F G, et al. Use-wear Analysis of Neolithic Polished Axes and Adzes: The Site of "Bòbila Madurell-Can Gambús-1-2"(Northeast Iberian Peninsula). Quaternary International, 2017, 427: 158-174.

［35］肖宇、钱耀鹏：《中国史前石锛研究述评》，《南方文物》2015年第2期，第113～120页；肖宇：《再论石锛的安柄与使用——从出土带柄石锛谈起》，《农业考古》2016年第4期，第123～128页。

［36］贺存定：《石斧溯源探析》，《农业考古》2014年第6期，第143～147页。

［37］Yerkes R W, Barkai R, Gopher A, et al. Microwear Analysis of Early Neolithic(PPNA) Axes and Bifacial Tools from Netiv Hagdud in the Jordan Valley, Israel. Journal of Archaeological Science, 2003, 30(8): 1051-1066.

［38］ 陈文华：《试论我国传统农业工具的历史地位》，《农业考古》1984年第1期，第30～39页。

［39］ 黄克映：《裴李岗、磁山文化长条形石铲辨——试论其文化的农业阶段及经济状况》，《华夏考古》1992年第4期，第40～46页。

［40］ 杨宽：《内蒙古林西白音长汗遗址出土兴隆洼文化石铲的功能研究》，吉林大学硕士学位论文，2013年。

［41］ Liu L, Ge W, Bestel S, et al. Plant Exploitation of the Last Foragers at Shizitan in the Middle Yellow River Valley China: Evidence from Grinding Stones. Journal of Archaeological Science, 2011, 38(12): 3524-3532; Liu L, Field J, Fullagar R, et al. A Functional Analysis of Grinding Stones from an Early Holocene Site at Donghulin, North China. Journal of Archaeological Science, 2010, 37(10): 2630-2639.

（原载《人类学学报》2017年第36卷第4期）

裴李岗文化绿松石初探
——以贾湖为中心

陈星灿

绿松石是中国古代物质文化中的常见质材，商周时期主要作为镶嵌之物的绿松石，与青铜制品巧妙结合，使两种质材的特点相得益彰。绿松石的小嵌片镶嵌工艺，使青铜器，特别是青铜兵器和车马器上的重要纹饰，从青铜器表上突显出来，使纹饰本身，显示从蓝到绿的色彩变化，形成一种独特的青铜制品。这种审美趣味，被认为是单纯依赖青铜器本身所不能企及的[1]。

中国古代的绿松石工艺有相当漫长的史前基础，在许多地区的新石器时代文化中都有发现，近年来已有学者加以总结[2]。本文专论裴李岗文化的绿松石工艺，由于材料的关系，讨论的重点是河南舞阳的贾湖遗址[3]。希望通过这个远未深入的讨论，引起我们对绿松石这个重要质材和工艺的关注，在今后的发掘和报道中给予一席之地。

一、发 现 概 述

迄今为止，裴李岗文化的绿松石只发现于嵩山东、南为数不多的几个遗址里。最先见于报道的是河南新郑裴李岗遗址，出土于人骨颈下，明确为"墓主人佩带之物"[4]。此后，新郑沙窝李[5]、长葛石固[6]、郏县水泉[7]遗址的类似发现也相继得以报道。在裴李岗遗址的第三次发掘中又有新的发现，三件穿孔的绿松石饰，分别出土于两座墓葬中[8]。这些发现非常零星，报道也相当简略，他们的重要性显然没有得到足够的重视（表一）。

表一 裴李岗文化出土绿松石一览表（贾湖除外）

遗址	遗迹	尺寸（厘米）	数量	文化	特征	文献
长葛石固	文化层	径1.5，厚0.3	1	裴李岗文化	近圆形，其一平面有一小坑	《华夏考古》1987年第1期
郏县水泉	灰坑H6	径1.45，厚0.45	1	裴李岗文化一期	扁平圆形，中有对穿孔一	《考古学报》1995年第1期
	墓M30	长2.4	1	裴李岗文化二期	扁平三角形，有穿孔	
	窖穴H16	径0.5～0.7	4	裴李岗文化三期	扁圆形，大小相近	

续表

遗址	遗迹	尺寸（厘米）	数量	文化	特征	文献
新郑沙窝李	墓M6，位于牙齿附近	径0.9~1.3，厚0.1~0.2	2	裴李岗文化	近方形，上有一个或两个对穿的小孔，孔径0.1	《考古》1983年第12期
	墓M13，位于牙齿附近		1			
新郑裴李岗	墓M59，位于牙齿附近	径0.8，长1	1	裴李岗文化	圆形，中间穿孔	《考古学报》1984年第1期
	墓M59	径0.6，长0.7			圆形，中间穿孔	
	墓M67	长4.5	1		器身扁平，弧背，中间穿孔	
	墓M4，人骨颈下	径1.1~1.3，厚0.7~0.8	2		近圆形	《考古》1978年第2期

　　贾湖遗址的发掘，使裴李岗文化的绿松石发现数量猛增[9]，也引起考古学家和自然科学家对它的成分和来源的种种兴趣[10]。发掘者详细记录了绿松石的出土情况并给予相当翔实的报道（表二），为后来的研究者提供了很多方便[11]。

表二　贾湖遗址出土绿松石一览表

标本号	出土地点	类型	尺寸（厘米）	有否穿孔	描述	备注
H115：16	灰坑	三角形	长边1.63，宽0.65	有	色近月白，形近三角，弧边有一孔。孔径0.17	报告第399页，彩版二一，9
H127：19	灰坑	梭形	长2.96，宽0.78，厚0.21	有	色近月白，形状规整。器体扁薄，一侧边中间对穿一圆孔，孔直，横剖面长方形。孔径0.14	报告第401页，彩版二〇，7
H127：5	灰坑	三角形	长边2.27，宽0.57	无	色近天蓝。略呈等腰三角形	报告第398页，彩版二〇，8
H127：7	灰坑	梯形	残长3.8，宽0.6~1，厚0.37	有	石质一面为绿松石，一面为深色泥质灰岩，梯形，一端残，宽端的侧边有穿孔，单面钻，孔径0.12。从彩版照片看，绿松石色近天蓝	报告第396~397页，彩版二〇，10
H163：1	灰坑	圆形	径0.85~0.9，厚0.27~0.39	有	色近月白。中有一圆孔。形状不甚规整。孔径0.2~0.26	报告第399页，彩版二三，11
H273：1	灰坑	圆形	径2.76~0.27	有	色呈墨绿。残，近半圆形，中有一孔。形状较规整	报告第400页，彩版二一，2。报告列为B型

续表

标本号	出土地点	类型	尺寸（厘米）	有否穿孔	描述	备注
H282：1	灰坑	梭形	长边3.14，宽0.78	有	据照片看，色天蓝。器体略呈梭形，有一对穿的圆孔。孔径0.26	报告第398页，图二九七，14；彩版二〇，5
M115：5	墓葬	长方形	长2.31，宽1.16~1.31，厚0.41	有	形状规整，略呈梯形，一面近长边中间处有孔，未穿透，孔径0.28。从照片看，颜色近墨绿	报告第396~397页；图二九七，11；彩版二一，5
M121：12	墓葬	梭形	长3.22，宽0.62，厚0.41	有	色近天蓝，形状规整。中间两面对穿圆孔，孔斜，横剖面椭圆形。孔径0.25	报告第401页，彩版二〇，6
M121：3-1	墓葬	圆形	径0.82~0.88，厚0.2~0.3	有	色近墨绿。近中一圆孔。形状较规整。孔径0.18~0.2	报告第399页，彩版二四，4
M121：3-10	墓葬	圆形	径0.32，厚0.33	有	色近月白。中有一圆孔。形状不规整。孔径0.12	报告第399页，彩版二四，1。3以上，报告列为Ac型
M121：3-2	墓葬	圆形	径0.87~0.88，厚0.2~0.3	有	色近天蓝而白。中有一圆孔。形状不甚规整。孔径0.18~0.2	报告第399页，彩版二四，5
M121：3-3	墓葬	圆形	径0.69，厚0.15~0.27	有	色近月白。中有一圆孔。形状较规整。孔径0.16	报告第399页，彩版二四，6
M121：3-4	墓葬	圆形	径0.56~0.57，厚0.2~0.23	有	色近月白。中有一圆孔。形状较规整。孔径0.18~0.21	报告第399页，彩版二四，7
M121：3-5	墓葬	圆形	径0.56，厚0.16~0.19	有	色近天蓝。中有一圆孔。形状较规整。孔径0.17	报告第399页，彩版二四，8
M121：3-6	墓葬	圆形	径0.47~0.5，厚0.16	有	色近天蓝。中有一圆孔。形状较规整。孔径0.13	报告第399页，彩版二四，9
M121：3-7	墓葬	圆形	径0.38~0.48，厚0.14	有	色近绿。中有一圆孔。形状不规整，近五边形。孔径0.13	报告第399页，彩版二四，10
M121：3-8	墓葬	圆形	径0.44，厚0.17	有	色近绿。中有一圆孔。形状不规整，近六边形。孔径0.15	报告第399页，彩版二四，11
M121：3-9	墓葬	圆形	径0.38，厚0.12	有	色近月白。中有一圆孔。形状不规整，近七边形。孔径0.14	报告第399页，彩版二四，12
M16	墓葬	不详	不详	不详	绿松石珠	只见于墓葬统计表，具体不详，数量有2
M243：3	墓葬	三角形	长边2.75，宽0.7	有	据照片看，色近月白。器体呈三角形，钝角处有一对穿的圆孔。孔径0.12	报告第398页，图二九七，13；彩版二〇，3

标本号	出土地点	类型	尺寸（厘米）	有否穿孔	描述	备注
M243：4	墓葬	三角形	长边3.25，宽0.65	有	据照片看，色略呈天蓝泛白。器体呈窄长三角形，在钝角处有两个对穿的圆孔，一孔残断。孔径0.14	报告第398页，彩版二〇，4
M249：4	墓葬	三角形	长3.28，宽0.88	有	据照片看，色近天蓝泛白。器体呈三角形，钝角处有一对穿的圆孔。孔径0.2	报告第398页，彩版二〇，2
M249：5	墓葬	三角形	长边3.44，宽0.86	有	据照片看，色近天蓝。器体呈三角形，钝角处有一对穿的圆孔。孔径0.2	报告第398页，彩版二〇，1
M274：1	墓葬	圆形	径1.74，厚0.95	有	色近月白。中有一对钻的圆孔。不甚规整。孔径0.27～0.3	报告第399页，彩版二三，2
M275：15	墓葬	圆形	径1.25，厚0.57	有	色近月白。中有一圆孔。形状规整。孔径0.22	报告第399页，彩版二三，4
M275：16	墓葬	圆形	径0.48，厚0.18	有	色近月白。中有一圆孔。形状不规整。孔径0.18	报告第399页，彩版二四，1
M275：17	墓葬	圆形	径0.5，厚0.17	有	色近墨绿。中有一圆孔。形状较规整。孔径0.15	报告第399页，彩版二四，2
M335：17	墓葬	圆形	径1.6～1.7，厚0.5～0.6	有	色近天蓝而白。中有一圆孔。不甚规整。孔径0.27～0.29	报告第399页，彩版二三，3
M335：18	墓葬	方形	长约0.73，宽约0.64	有	据照片看，色近天蓝，似残，一端有残断的穿孔	报告第397～398页；彩版二〇，14。尺寸据彩版照片测量
M342：13	墓葬	圆形	径0.66～0.69，厚0.45～0.6	有	色近天蓝。近中有一圆孔。形状不甚规整。孔径0.18～0.2	报告第399页，彩版二三，9
M385：4	墓葬	圆形	径1.02，厚0.44	有	色近墨绿。中有一对钻的圆孔。形状规整。孔径0.32	报告第399页，彩版二三，7。以上圆形被报告列为Ab型
M385：5	墓葬	圆形	径1.06，厚0.53	有	色呈天蓝。中有一对钻的圆孔。形状规整。孔径0.32	报告第399页，彩版二三，8
M386：14	墓葬	圆形	上1～1.06，下1.2～1.26，厚0.45～0.66	有	色近天蓝。中有一圆孔。形状较规整。孔径0.27～0.36	报告第400页，彩版二三，6
M386：15	墓葬	圆形	径1～1.23	有	色近墨绿。中有一圆孔。形状较规整。孔径0.3～0.37	报告第400页，彩版二三，5。以上报告列为Ad型

标本号	出土地点	类型	尺寸（厘米）	有否穿孔	描述	备注
M396：10	墓葬	圆形	径1.25，厚0.3～0.4	有	色近墨绿。中有一圆孔。形状规整。孔径0.22	报告第399页，彩版二三，12
M396：11	墓葬	圆形	径0.81～0.87，厚0.35～0.47	有	色呈天蓝。中有一圆孔。形状规整。孔径0.2	报告第399页，彩版二三，9
M58：1	墓葬	舌形	长边1.83，宽1	有	色近天蓝，长边中间两面对钻一圆孔。孔径0.14	报告第399页，彩版二一，10
M58：10	墓葬	不规则形	最大长2.47，最大宽1.44，厚0.87	无	色呈天蓝。略呈五边形，一面平，一面中间凸起，磨制较精细，但无穿孔，佩于颈部，似为镶嵌物	报告第401页，彩版二一，3
M58：12	墓葬	三角形	长边1.76，宽1.04	有	色近天蓝，近直角处有一对钻的圆孔。孔径0.11	报告第398页，彩版二一，11
M58：3	墓葬	三角形	长边1.73，宽1.15	有	色近天蓝泛白。形状不很规则，钝角处有一对穿的圆孔。孔径0.11	报告第398页，彩版二一，8。（根据报告描述，彩版二一的8当与11对换）
M58：4	墓葬	圆形	上1.3～1.5，下1.5～1.62，厚0.38～0.81	有	色近月白。中有一圆孔。形状不规整。孔径0.36～0.4	报告第400页，彩版二三，1
M58：5	墓葬	半月形	长边2.85，宽1.56	有	色近天蓝，弧边上有一小穿孔。孔径0.12	报告第399页，彩版二一，1
M58：9	墓葬	长方形	长2.24～3.04，宽2.1，厚1.28	有	短侧边有一个对穿小圆孔，中心径0.1，一面中间有一个小孔，未穿透，径0.1。色近月白	报告第396页；图二九七，12；彩版二一，6
M58：2	墓葬	长方形	最长边约1.69	有	据照片看，色近天蓝，磨光，但至少一面尚存原石纹理，一边有穿孔。略弧的一边保留原石结构，说明最大限度利用了石料	报告第398页，彩版二一，12。尺寸据彩版照片测量
M67：1	墓葬	不规则形	长4.7，宽2.67，厚1.3	有	色不详。略呈扇形，一近平，一面有自然凹槽，下端近直，上端中间凸起，两侧圆弧形，上端中间和一侧边对钻一圆孔，孔斜通，佩于胸前	报告第401页，图二九七，10；图版一六〇，7
T11③：13	文化层	棒形	长约1.56	不详	据彩版看，色近水晶白。其余不详	报告第396页，彩版二〇，12。尺寸系根据彩版照片测量

标本号	出土地点	类型	尺寸（厘米）	有否穿孔	描述	备注
T12③：1	文化层	圆管形	残长4.7，径0.9～1.1	有	石料色较浅，呈月白色，椭圆柱状，一端残断，另一端横穿一圆孔，孔径0.35厘米，与中穿孔相交，侧孔径0.3厘米	报告第396页，彩版二〇，9
T12③：6	文化层	长方柱形	长1.84，宽0.55，厚0.33	有	石料呈鲜绿色，器体横剖面圆角方形，两面平。从图上看，一端有一横穿的小圆孔	报告第396页，彩版二〇，13
T12③：6	文化层	梯形	最长边约2.3	无	据照片看，色略呈天蓝泛白。四边长各不相等，略呈梯形	报告第398页，彩版二一，4。尺寸据彩版照片测量
T15③：8	文化层	棒形	长约2.02，大头径约0.7	无	据彩版看，色呈月白，近T12③：1，一端略大，两端皆残，无穿孔	报告第396页，彩版二〇，11。尺寸系根据彩版照片测量
T22③：5	文化层	长方形	长边1.26	有	据照片看，色近墨绿，一面有一圆孔，未穿透	报告第398页；彩版二一，7。尺寸据彩版照片测量
T4③：5	文化层	圆形	径0.66～0.69，厚0.2	有	色近墨绿。中有一圆孔。形状规整。孔径0.2	报告第399页，彩版二四，2

二、工 艺 特 点

与商周时期主要用作礼器、兵器镶嵌物的特点不同，裴李岗文化的绿松石工艺基本停留在个人装饰品的层次上。除个别发现在地层和灰坑之外，以贾湖遗址为例，高达74.07%的绿松石发现在墓葬中（表三），其中穿孔的比例高达87%（表四）。虽然报告称绿松石装饰品一般置于死者头、颈部[12]，但实际出土位置比较分散，从墓葬的描述看，既有耳部（如M249），也有颈肩部（如M58）、腹部（如M385）、小腿部（如M275）和足部（M121）（表五）。显示作为装饰品的绿松石主要是作为挂饰或缀饰，装饰人的耳、颈、腰、腿和足部。如果把穿孔作为挂饰或缀饰的表征，那么可以肯定为镶嵌之用的，差不多是绝无仅有。没有穿孔的几件或作棒形，或作梯形，大都不易作镶嵌之用。

根据我对贾湖绿松石照片的观察，绿松石的颜色主要分为三种，即天蓝、月白和墨绿。其中天蓝最多，月白次之，墨绿较少（表六）。绿松石颜色跟它的矿物成分密切相关[13]，不同色彩的绿松石是表示产地不同，还是表现了贾湖先民对不同类型绿松石的偏爱程度，是一个值得研究的问题。

裴李岗文化的绿松石，形态多样，贾湖报告将它们分为棒形饰、方形坠饰、三角形坠饰、圆形穿孔饰、梭形饰、不规则形饰六类，其中三角形坠饰被细分为四型，圆形穿孔饰又根据直径和器厚之比被细分为二型，其中A型又分为四个亚型[14]。为了行文方便，本文根据报告的描述重新进行分类，把贾湖遗址的全部绿松石饰品分为十二类，其中圆形饰26件，占全部的48.1%；三角形饰8件，占全部的14.8%，两者之和超过62%，显然是装饰品中的大宗；其余梭形、圆管、梯形、方形、长方柱形、舌形、圆棒形、半月形、长方形、不规则形等，大多为1件，最多也不超过4件，所占比例均少（表七）。显示占贾湖第一位的是圆形的穿孔饰物，其余各种饰品虽然形状各异，也许它们具有功能上或者象征方面的不同含义，但主要也还是充当挂饰或缀饰，因为圆形之外的大部分绿松石饰物也多是穿孔饰物。

圆形穿孔装饰品是旧石器时代的人们经常使用的象征物品。贾湖的圆形绿松石穿孔饰品，在技术上继承了旧石器时代的特点，加工简单，不事雕琢，有的仅作了简单抛光。它们的直径在0.33～2.76厘米，厚度在0.12～0.81厘米，但直径一般集中在0.5～1厘米，厚度则分布在0.25厘米上下（图一）。孔径则更小，集中在0.15～0.25厘米。最小仅0.12厘米，最大径也不过0.4厘米（图二）。

与贾湖遗址相似，裴李岗文化其他遗址也基本上是以圆形穿孔饰为主，直径很小，孔径也不大（表一、图三）。显示整个裴李岗文化的绿松石饰品的风格接近，考虑到它们所属的文化接近，分布区域也不很遥远，也许应该具有相同或相似的象征意义。

表三　贾湖遗址绿松石出土单位及数量一览表

	墓葬	灰坑	文化层	注释
出土遗迹单位	14	5	6	据《装饰品及其他》一节报道的绿松石数量只有51件，但根据遗迹描述和书后所附各种表格统计，应有54件，详见本文出土一览表
比例	56%	20%	24%	
绿松石数量	40	7	7	
比例	74.07%	12.96%	12.96%	

表四　贾湖遗址绿松石穿孔与否一览表

	穿孔	不穿孔	不详	合计
数量	47	4	3	54
百分比（%）	87	7.4	5.6	100

表五　裴李岗文化诸遗址绿松石在墓葬中的位置

墓葬	出土位置	备注
贾湖M58	颈肩部	报告上册第154页
贾湖M121	足部	同上第162页

续表

墓葬	出土位置	备注
贾湖M249	耳部、头骨下	同上第169页
贾湖M275	左小腿部	同上第162页
贾湖M335	左大腿下部外侧	同上第196页
贾湖M385	左腹部	同上第158页
贾湖M386	左胯部	同上第167页
贾湖M386	人骨堆（摆放式二次葬）	同上第184页
裴李岗M4	颈下	《考古》1978年第2期
裴李岗M59	牙齿附近	《考古学报》1984年第1期
沙窝李M6	牙齿附近	《考古》1983年第12期
沙窝李M13	牙齿附近	《考古》1983年第12期

表六　贾湖遗址绿松石外观一览表

	月白	天蓝	墨绿	不详	合计
数量	16	23	12	3	54
百分比（%）	29.6	42.6	22.2	5.6	100

表七　贾湖遗址各类型绿松石的数量及百分比一览表

类型 数量及 百分比	三角形	梭形	圆形	圆管	梯形	方形	长方柱形	舌形	圆棒形	半月形	长方形	不规则形	不详	合计
数量	8	3	26	1	2	1	1	1	2	1	4	2	2	54
百分比（%）	14.8	5.6	48.1	1.9	3.7	1.9	1.9	1.9	3.7	1.9	7.4	3.7	3.7	100

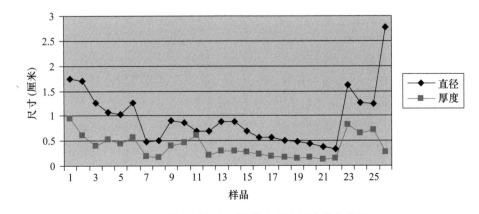

图一　贾湖圆形绿松石饰的直径和厚度分布曲线

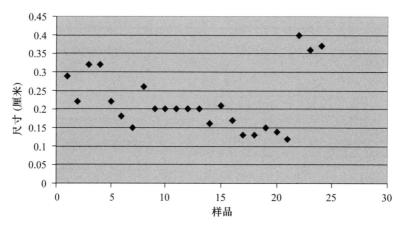

图二　贾湖圆形绿松石饰的孔径分布曲线

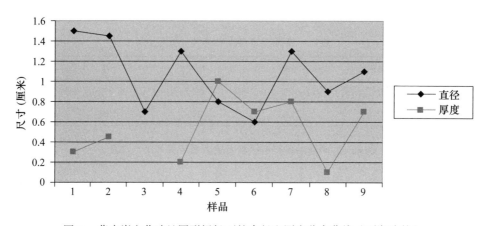

图三　裴李岗文化遗址圆形绿松石的直径和厚度分布曲线（贾湖除外）

三、象 征 意 义

作为装饰品的裴李岗文化绿松石肯定有它尚不为人知的象征意义，但是就贾湖遗址而言，绿松石发现在男女两性的墓葬中，而且在从少年到中年的墓中都有出土，虽然壮年的随葬似乎最多，老年的几乎没有，但是考虑到出土绿松石的墓葬只占整个发掘墓葬总数的4.01%，这个分布状况的社会意义目前还难以评估（表八）。

裴李岗文化是一个相对平等的社会[15]，虽然出土龟甲、骨笛的墓葬在随葬品方面超出一般墓葬的平均水平，可能代表特殊阶层的存在[16]，但是绿松石装饰品的出土却难以和特殊阶层建立联系，实际上，在所有14座出土绿松石饰品的墓葬中，只有3座墓葬同时出土龟甲和绿松石（M16、M121和M335），只有1座墓葬同时出土叉形器、龟甲和绿松石（M16），但无一与骨笛同出者[17]。即便与龟甲同出的墓葬，其随葬品丰富的程度，也在M277、M282、M344等之下，因此整体看来，虽然绿松石装饰品可能为某些特殊阶层的人所使用（如可能为巫医的龟甲响器掌握者），但并未为任何阶层所垄断，而可能为社会各阶层所使用。这与晚商时期绿松石制品差不多完全被王室贵族所垄断的情况形成鲜明对比[18]。不过作为装饰品的绿松石串饰，也仍然出现在殷墟西区的小型墓葬中[19]，作为个人装饰品的绿松石很可能与作为青铜器或有机材质礼器镶嵌物的绿松石有不同的象征意义，而分别为不同阶层和身份的人们所利用。作为个人装饰品的绿松石显然从裴李岗时代一直延续到商周时代[20]。

表八　贾湖墓葬出土绿松石饰的墓主年龄和性别分布情况一览表

性别／年龄／墓葬	男						女						性别不明						备注
	少年	青年	壮年	中年	老年	成年	少年	青年	壮年	中年	老年	成年	少年	青年	壮年	中年	老年	成年	分类据人骨研究报告①
M16				+															仰身直肢一次葬
M58										+									同上
M67		+																	同上
M115		+																	缺头一次葬
M121			+																双臂交叉一次葬
M243									+										附身直肢一次葬
M249								+											仰身直肢一次葬
M274													+						同上
M275			+																同上
M335			+																甲仰身直肢一次葬，乙二次葬
M342												+	+						同上（少年一次葬）
M385													+						仰身直肢一次葬
M386			+																单臂内斜一次葬
M396			+																堆放式二次葬
总计		2	5	1				1	1	1		1	3						15

四、产　地　问　题

贾湖报告认为，由于绿松石是铝矿和磷铜铁矿的次生矿，而贾湖周围的舞阳南部山区和平顶山、宝丰、鲁山、郏县、禹州、汝州等地均有铝铁矿藏分布，因此提出贾湖的绿松

---

① 据报告，青年是从性成熟到23岁；壮年从24到35岁；中年从36到55岁；老年为56岁以上；成年即虽成年但无法估计年龄者。为统计方便，年龄统计界乎两个年龄组中间者，均归于年龄稍大组（比如定为30～40岁者，归入中年）。

石标本的原料完全可能来自周围山区[21]。这是本地说。果真如此，则出土绿松石的裴李岗文化遗址周围则都可能发现绿松石产地。

但是目前所知中国的绿松石产地则集中分布在鄂西北地区、陕西（临近鄂西北）白河县月儿潭矿山、河南淅川县、安徽马鞍山、云南昆明安宁和新疆哈密等几个地区[22]。最近有研究者通过对伴生岩石的岩相、物相分析以及对绿松石矿物的化学成分组成分析，对比了贾湖遗址与湖北陨县、陕西安康、安徽马鞍山等现代主要绿松石矿区的绿松石，认为不仅在伴生围岩的种类和矿物组合方面，而且在绿松石矿物的微量化学组成方面都与陕西、湖北、安徽所产的绿松石存在明显的差异。研究者明确指出，贾湖遗址的绿松石不是来源于陕西、湖北、安徽；考虑到新石器前期人们的活动范围有限，贾湖遗址的绿松石有可能来自河南本省的淅川县，因此建议应重点研究该地区的绿松石[23]。这是非本地说。

这项研究为了解贾湖绿松石的产地问题提供了重要的线索和方向，但是因为用于分析的贾湖标本有限，用于分析的现代绿松石标本也有限，而有限的标本能否完全代表贾湖绿松石的来源，贾湖绿松石是否来自一个地区，都需要在今后的工作中加以验证。如果裴李岗文化诸遗址的绿松石来自本地（本地说），则很可能不只在一个地区采集，因此比较各遗址之间绿松石的性质和关系，就成为很有必要的一个课题。反之，如果裴李岗文化的绿松石来自外地（非本地说），它们可能来自一个地区，也可能来自多个地区，因此，研究贾湖绿松石本身及其与其他遗址绿松石的关系，也至关重要。

如果裴李岗文化的绿松石确系外来，且来自各绿松石矿藏中距离贾湖最近的河南西南部的淅川县，那么两者之间的直线距离也有200多千米，在当时称为远程贸易并不过分。有意思的是，贾湖遗址出土龟甲响器，远在淅川的下王岗遗址仰韶文化墓葬也出土龟甲响器，尽管两者的年代不同，但是淮河上游地区的裴李岗文化和南阳盆地似乎存在着某种神秘的联系[24]。也许绿松石的开采和运输，就是连接两个地区的重要媒介，这个推测，当然需要今后大量工作的验证。

五、结　论

以贾湖为代表的裴李岗文化（约公元前7000～前5000年），出土了为数不少的绿松石，目前的发现集中在包括舞阳贾湖、新郑裴李岗、沙窝李、长葛石固、郏县水泉等有限的几个遗址里，虽然类型多样，但以圆形穿孔饰为主。绿松石基本作为个人装饰品存在，装饰人的头、颈、腹、腿和脚部，从穿孔的特征看，主要是用作缀饰或挂饰。作为个人装饰品的绿松石虽然也与可能代表某些特殊阶层的龟甲共存，但是出土绿松石的墓葬随葬品并不丰富，随葬绿松石的墓主，既有男性也有女性，从少年到壮年都有，似乎并不限于某种性别和某些特别的阶层（包括年龄阶层），与商周时期作为青铜礼器、兵器镶嵌物的绿松石被高级贵族垄断形成鲜明对比。裴李岗文化绿松石的存在，表明至少在淮河上游地区方圆越百千米的范围内，存在一个相同或相似的象征系统。裴李岗文化绿松石的产地还是一个有待解决的问题。如果像有的研究者所推测的那样来自河南淅川，那么就暗示早在裴李岗时代，在淮河上游的中原腹地和南阳盆地之间就存在着一条绿松石之路，表明裴李岗文化远程贸易的存在[25]。贾湖和淅川下王岗仰韶文化墓葬同出龟甲响器的事实，印证两地在信仰系统方面存在千丝万缕的联系，这是我们今后需要加以深入研究的。

致谢：本文曾得到张居中、谢礼晔、刘莉、潘伟斌先生的帮助，就此问题也曾同陈芳妹、方辉先生进行过有益的讨论，特此感谢。

注　释

[1] 陈芳妹：《西北冈墓地艺术史研究的新线索——管窥殷王室工艺》，加拿大英属哥伦比亚大学中国早期文明研讨会论文，温哥华，2005年3月10～12日，第14页。

[2] 孔德安：《浅谈我国新石器时代绿松石及其制作工艺》，《考古》2002年第5期；栾秉璈：《古代绿松石释名、史前出土物分布特征及原料来源研究》，《海峡两岸古玉学会议论文集》，台北，第531～536页。

[3] 就材料发表的深入和完整而言，贾湖报告是前仰韶文化中最值得称道的。

[4] 开封地区文管会、新郑县文管会：《河南新郑裴李岗新石器时代遗址》，《考古》1978年第2期，第78页。

[5] 中国社会科学院考古研究所河南一队：《河南新郑沙窝李新石器时代遗址》，《考古》1983年第12期。

[6] 河南省文物研究所：《长葛石固遗址发掘报告》，《华夏考古》1987年第1期。

[7] 中国社会科学院考古研究所河南一队：《河南郏县水泉裴李岗文化遗址》，《考古学报》1995年第1期。

[8] 中国社会科学院考古研究所河南一队：《1979年裴李岗遗址发掘报告》《考古学报》1984年第1期。

[9] 关于裴李岗文化和贾湖的关系，本文仍持比较传统的观点，即贾湖属于裴李岗文化的一部分。关于这方面的讨论，请参考河南省文物考古研究所：《舞阳贾湖》第九章，科学出版社，1999年。2001年的贾湖第七次发掘也发现7件三角形耳坠和9件圆形穿孔珠，据鉴定都属绿松石。因资料系完稿之后才看到，且不影响本文的结论，故不计在内。关于新出绿松石的情况，参见毛振伟、冯敏、张仕定等：《贾湖遗址出土绿松石的无损检测及矿物来源初探》，《华夏考古》2005年第1期。

[10] 河南省文物考古研究所：《舞阳贾湖》，科学出版社，1999年，第823页。另参见冯敏、毛振伟、潘伟斌等：《贾湖遗址绿松石产地初探》，《文物保护与考古科学》2003年第15卷第3期，第9～13页。

[11] 河南省文物考古研究所：《舞阳贾湖》，科学出版社，1999年。

[12] 河南省文物考古研究所：《舞阳贾湖》，科学出版社，1999年，第147页。

[13] 黄怡祯译：《矿物学》，台北地球科学出版社，2000年，第454页。转引自陈芳妹引文，第

13～14页。本文的观察完全依据照片，如果照片失真，上述的观察统计就有问题，但是绿松石色彩的差别是非常显著的，它们所表示的成分区别也应该是真实存在的。

[14] 河南省文物考古研究所：《舞阳贾湖》，科学出版社，1999年，第396～401页。

[15] Liu L. The Chinese Neolithic: Trajectories to Early States. Cambridge: Cambridge University Press, 2004: 74-78, 126-130；张震：《裴李岗文化墓葬研究》，中国社会科学院研究生院硕士学位论文，2004年。

[16] 陈星灿、李润权：《申论中国史前的龟甲响器》，《桃李成蹊集——庆祝安志敏先生八十寿辰》，香港中文大学出版社，2004年，第72～92页。

[17] 单人葬和合葬当有不同的意义，这里只是就各墓葬的随葬品总数而言。具体参见《舞阳贾湖》（上卷），表71、73和附表六。

[18] 陈芳妹：《西北冈墓地艺术史研究的新线索——管窥殷王室工艺》，加拿大英属哥伦比亚大学中国早期文明研讨会论文，温哥华，2005年3月10～12日，第16～17页。

[19] 《考古学报》1979年第1期；另见陈芳妹：《西北冈墓地艺术史研究的新线索——管窥殷王室工艺》，加拿大英属哥伦比亚大学中国早期文明研讨会论文，温哥华，2005年3月10～12日。

[20] 二里头遗址宫殿区南侧的绿松石作坊的发现，证明至少在二里头时期，绿松石的开采、制作和使用可能已经受到王室贵族的掌控。绿松石这一质材，特别是绿松石镶嵌制品逐渐被特殊阶层所垄断的历史还有待深入研究。有关二里头遗址绿松石的最近发现，参见许宏、李志鹏、赵海涛：《河南偃师二里头遗址发现大型绿松石龙形器》，《中国文物报》2005年1月21日第一版。

[21] 参见河南省文物考古研究所：《舞阳贾湖》，科学出版社，1999年，第823页。

[22] 转引自栾秉璈：《古代绿松石释名、史前出土物分布特征及原料来源研究》，《海峡两岸古玉学会议论文集》，台北，第531～536页。

[23] 冯敏、毛振伟、潘伟斌等：《贾湖遗址绿松石产地初探》，《文物保护与考古科学》2003年第15卷第3期，第9～13页。本文完成后，又看见刚刚发表的对贾湖第七次发掘绿松石的检测资料，作者肯定早先的结论，即贾湖绿松石"不太可能来自陕西安康、湖北陨县和安徽马鞍山等现代绿松石产区"。但又强调，"它们很可能来自同一未知地区"。不再提及河南淅川之说。参见毛振伟、冯敏、张仕定等：《贾湖遗址出土绿松石的无损检测及矿物来源初探》，《华夏考古》2005年第1期。

[24] 陈星灿，李润权：《申论中国史前的龟甲响器》，《桃李成蹊集——庆祝安志敏先生八十寿辰》，香港中文大学出版社，2004年，第72～92页。

[25] 能够证明这条道路的存在，将非常重要。后来二里头和二里岗文化向南扩张，也许不仅仅是为了获得铜矿资源，也许还有得到绿松石等矿物资源的考虑。把贾湖和二里头等地发现的绿松石对比研究，也许可以得到意想不到的结论。关于二里头和二里岗为攫取铜矿资源南扩的完整说法，参见Liu L, Chen X C. State Formation in Early China. Duckworth, 2003.

（原载《新世纪的中国考古学——王仲殊先生八十华诞纪念论文集》，科学出版社，2005年）

贾湖遗址绿松石产地初探*

冯　敏　毛振伟　潘伟斌　张仕定

绿松石古称甸子，其色泽鲜艳，易于加工，所产矿床多形成于地表风化带中，开采十分便利，因而成为古代先民最早利用的天然玉石矿种之一。国内外许多史前遗址中常有绿松石饰品出土。由于它们具有很高的艺术价值和历史信息，故颇得考古学家的青睐。目前国内外对绿松石的研究工作主要有两个方面：一是地质学家从矿物学、矿床学、地球化学、构造学等角度来探索现代绿松石矿；二是考古学家根据出土绿松石制品的种类、形制、功能、工艺等特征来研究其考古学价值。其中，绿松石矿料来源的探索，对了解古代先民的活动范围、开采运输能力和考古文化联系等诸多问题具有重要的意义。考虑到国内尚未认真开展这一方面的工作，我们拟作一尝试，希望能起到抛砖引玉的作用。

本工作研究的古代绿松石选自河南省舞阳县贾湖遗址[1]。这批绿松石不仅年代十分久远（5800～7000BC），处于我国新石器时代前期，而且种类和数量都很可观，因而具有很高的研究价值，一般不容许做有损测试。相对而言，贾湖绿松石饰品的加工较为简单，有些样品仅作了简单抛光，几乎没有雕琢。显微镜下观察时，发现这批样品中有3件存在伴生岩石。为此，我们利用实体显微镜和X射线衍射仪对这些伴生岩石作显微观察和物相分析，采用X射线荧光光谱对这批贾湖绿松石制品和国内主要现代绿松石矿床（湖北郧县、陕西安康、安徽马鞍山）的样品作无损成分对比分析，借以探索贾湖绿松石的矿料来源。

一、样　品　概　况

利用肉眼和显微镜对有关样品进行了观察，结果如下所述。

贾湖绿松石的伴生岩石为灰色，层理清晰，层理面上呈现出明显的云母反光（图一），岩石类型为石英云母片岩。湖北郧县地区绿松石的伴生岩石为黑色（图二），属炭质类型岩石。陕西安康地区绿松石的伴生岩石为黑褐色（图三）。安徽马鞍山地区绿松石的伴生岩石为灰白色，呈脉状、斑点状分布（图四）。

---

* 中国科学院知识创新工程项目（KJCX-No4）和国家自然科学基金重点项目（10135050）资助。

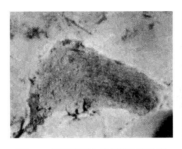

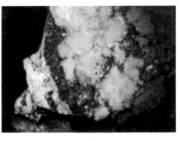

图一　贾湖遗址的绿松石及其　　　　图二　湖北郧县的绿松石及其　　　　图三　陕西安康地区的绿松石
　　　　伴生围岩　　　　　　　　　　　　伴生围岩　　　　　　　　　　　及其伴生围岩

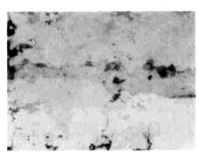

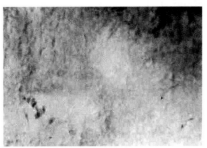

图四　安徽马鞍山地区的绿松石及其伴生围岩

二、物相分析

　　在SMZ-1500型实体显微镜下，仔细地将各地绿松石样品上所附着的围岩剥离下来，然后置于玛瑙研钵中磨细至200目。在中国科学技术大学结构中心进行X射线衍射分析。测试仪器D/max-rA型转靶X射线衍射仪。工作条件:CuKα辐射，电压40kV，电流100mA，DS、SS和RS依次为1°、1°、0.15mm，衍射计量范围是5°～70°。陕西样品的测试仪器型号为D/max-B型，衍射计量范围是3°～65°。各样品的X射线衍射图谱如图五、图六所示。经标准数据检索，对河南舞阳贾湖、湖北郧县、安徽马鞍山和陕西安康这四处的绿松石伴生岩石进行了物相分析，其结果列于表一。

　　贾湖绿松石伴生岩石的矿物组合以含白云母为主要特征，这与其余三处明显不同。具体说来，安徽绿松石伴生岩石以含高岭土为主要特征，而陕西与湖北所产的绿松石伴生岩石皆为含石英的炭质岩石，但相对而言，后者的矿物组合较为简单，而前者要复杂得多。

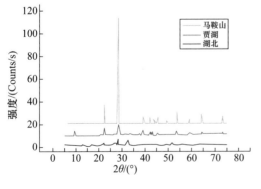

图五　X射线衍射图

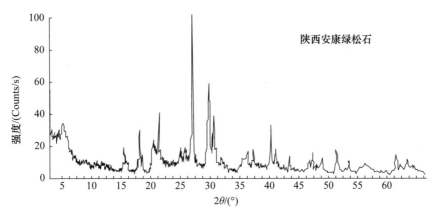

图六　X射线衍射图

表一　不同产地绿松石所含伴生岩石的矿物成分

产地	矿物成分
河南贾湖	石英、白云母
湖北郧县	石英
安徽马鞍山	石英、高岭土
陕西安康	石英、黄钾铁矾、埃洛石、蒙脱石等

三、X射线荧光光谱成分分析

仪器和实验条件

所用仪器为日本岛津公司生产的VF-320型X射线荧光光谱仪，铑（Rh）靶X光管，管压-管流为40kV-60mA，真空光路，其他条件见表二。

表二　测试条件

元素	As	Zn	Cu	Fe	P	Si	Al
分析线	AsK_α	ZnK_α	CuK_α	FeK_α	PK_α	SiK_α	AlK_α
分析晶体	LiF	LiF	LiF	LiF	Ge	PET	PET
2θ角/（°）	34.00	41.80	45.03	57.52	141.03	109.21	145.12
探测器	SC	SC	SC	SC	FPC	FPC	FPC

注：SC为闪烁计数管；FPC为流气式正比计数管。

将各地绿松石样品不经任何处理，直接置于X射线荧光光谱仪内作扫描分析。根据测得的分析线强度，采用无标样计算法[2]计算所有样品若干常量元素的百分含量，所得结果列于表三。需要指出的是，由于无损测试无法避开伴生岩石，故测试结果中的Si及部分Al含量应来自伴生岩石的石英、白云母、高岭土等矿物。因此，表三所列的百分含量值并不代表绿松石单矿物。为了消除这种因素的影响。下面的讨论均采用各元素百分含量的比值。

表三　各地绿松石矿物主要成分的含量　　　　　　　　（％）

编号	产地	P_2O_5	As_2O_5	Al_2O_3	Fe_2O_3	CuO	ZnO	SiO_2	总量
Sh-1	陕西	27.82	0.01	28.60	3.89	6.79	0.28	16.51	83.90
Sh-2	陕西	27.75	0.08	32.11	3.63	8.04	0.62	12.71	84.94
Sh-3	陕西	25.82	0.07	29.38	6.04	8.01	0.24	16.43	85.99
H-7	湖北	33.94	0.08	36.16	2.08	5.19	3.53	1.52	82.50
H-8	湖北	34.41	0.11	36.48	1.81	6.99	2.31	0.18	82.29
H-9	湖北	34.40	0.13	35.92	1.40	7.44	1.23	1.68	82.20
M-1	马鞍山	32.59	0.01	36.38	3.44	8.01	0.14	1.00	81.57
M-2	马鞍山	32.99	0.01	33.18	3.85	10.69	0.18	0.79	81.69
M-3	马鞍山	33.40	<0.01	37.17	0.86	8.36	0.01	2.84	82.64
M-4	马鞍山	33.87	<0.01	32.62	1.81	9.28	0.03	4.47	82.08
WJT115AM451右耳	贾湖	33.63	0.42	35.95	1.27	10.82	0.19	0.20	82.48
T44M478-2	贾湖	31.48	0.34	35.66	1.30	8.86	0.21	5.40	83.25
T44M478-3	贾湖	27.97	0.20	39.00	1.38	8.22	0.24	8.29	85.30

绿松石单矿物的化学分子式为：$CuAl_6[PO_4]_4(OH)_8 \cdot 4H_2O$。其中，$Cu^{2+}$常被$Zn^{2+}$替代，$Al^{3+}$常被$Fe^{3+}$替代，而$P^{5+}$则常被$As^{5+}$所替代[3]。替代离子的种类和数量受其所处的地球化学条件和环境控制。因此，研究绿松石矿物成分中的类质同象替代的情况，将有助于区分不同地质环境下形成的绿松石。现将各地绿松石样品中部分氧化物的比值列于表四。

表四　各地绿松石氧化物百分含量比值表

编号	产地	P_2O_5/Fe_2O_3	P_2O_5/ZnO	CuO/（ZnO+CuO）	$P_2O_5/$（$P_2O_5+As_2O_5$）
Sh-1	陕西	7	99	0.960	1.00
Sh-2	陕西	8	45	0.928	0.997
Sh-3	陕西	4	108	0.971	0.997
H-7	湖北	16	10	0.595	0.998
H-8	湖北	19	15	0.752	0.997
H-9	湖北	25	28	0.858	0.996
M-1	马鞍山	10	232	0.983	1.000
M-2	马鞍山	9	183	0.983	1.000
M-3	马鞍山	39	3340	0.999	1.000
M-4	马鞍山	19	1129	0.997	1.000
WJT115AM451右耳	贾湖	27	177	0.983	0.988
T44M478-2	贾湖	24	150	0.977	0.989
T44M478-3	贾湖	20	117	0.972	0.993

从表四可以看出以下几点：

（1）对于CuO/（ZnO+CuO）比值而言，贾湖的绿松石与陕西的较为接近；马鞍山的比值较高，说明锌对铜的替代较小；而湖北的比值较低（最低值仅为0.595），说明有较多的锌替代了铜。

（2）对于P_2O_5/ZnO比值而言，贾湖的绿松石与陕西也较为接近；湖北的比值较低（最低为10），也说明锌对铜的替代较大；而马鞍山的比值较高（最高达3340），表明锌对铜的替代较小。

（3）对于P_2O_5/Fe_2O_3比值而言，陕西的绿松石较低（最低为4），说明有较多的铁替代铝；贾湖绿松石的比值在20～27之间，与湖北、马鞍山的类似。

（4）对于P_2O_5/（P_2O_5+As_2O_5）比值而言，贾湖的绿松石较低，说明有较多的砷替代了磷；马鞍山绿松石中砷对磷的替代量几乎为零；而陕西和湖北的介于两者之间。

综上所述，尽管在CuO/（ZnO+CuO）比值和P_2O_5/ZnO比值方面，贾湖绿松石与陕西绿松石较为接近，但在P_2O_5/Fe_2O_3和P_2O_5/（P_2O_5+As_2O_5）两项比值上，贾湖的绿松石与陕西的却有明显的差异。

图七是双变量图解，综合反映了绿松石单矿物中砷对磷、锌对铜的类质同象替代情况，可以看出贾湖绿松石因含有较多的砷和较少的锌而与其他三个产地的绿松石有明显的区别。

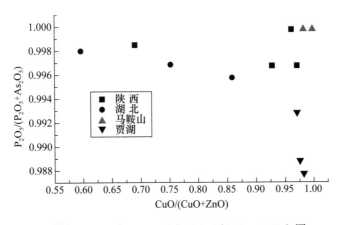

图七　CuO/（CuO+ZnO）-P_2O_5/（P_2O_5+As_2O_5）图

任何产地的绿松石都是在某一地质历史时期、由某种地质作用、在特定的地质环境中形成的。因此，上述三方面的差异均不可避免地体现在不同产地的绿松石矿物中。根据以上的分析结果可以看出，贾湖遗址中的绿松石不仅在伴生围岩的种类和矿物组合方面，而且在绿松石矿物的单微量化学组分方面都与陕西、湖北、安徽所产的绿松石存在明显的差异。因此，可以初步认为：①贾湖遗址的绿松石不是来源于陕西、湖北、安徽；②考虑到新石器前期人们的活动范围有限，贾湖遗址的绿松石有可能来自河南本省的淅川县，今后应重点研究该地区的绿松石。

致谢：在本项目的研究中，中国地质大学（武汉）的亓利剑教授和包得清副教授、陕西省珠宝玉石质检站的吴爱国站长和魏权凤高级工程师、安徽省地质博物馆的胡远超馆长均无偿提供了绿松石样品，对于他们的热情支持与帮助，在此一并致以诚挚的谢意！

注　释

［1］　河南省文物考古研究所：《舞阳贾湖》，科学出版社，1999年。

［2］　毛振伟：《X射线荧光光谱分析在考古中的应用》，《光谱实验室》1998年第8卷第1/2期，第114～117页。

［3］　南京大学地质系岩矿教研室：《结晶学与矿物学》，地质出版社，1978年。

（原载《文物保护与考古科学》2003年第15卷第3期）

贾湖遗址出土绿松石的无损检测及矿物来源初探*

毛振伟　冯　敏　张仕定　张居中　王昌燧

　　绿松石简称"松石"，又名"土耳其玉"[1]英文名为Turquoise[2]，古称甸子[3]，是一种含水的基性磷酸盐，系地表含铜水溶液与含铝和含磷岩石作用而形成[4]。自古以来人们视它为珍贵的宝石，主要用来制作首饰及其他雕刻、镶嵌艺术品。

　　贾湖遗址地处河南省中部偏南、黄淮海大平原的西南部边缘[5]，位于舞阳县北舞渡镇境内，距今9000至7800年，属新石器时代前期的遗址。2001年四五月份，中国科学技术大学科技考古系和河南省文物考古研究所合作，进行了第七次发掘。这次发掘的出土文物中，有7件三角形耳坠和9件圆柱形穿孔珠，经X射线衍射分析确认它们都是绿松石。利用X射线荧光光谱分析法对它们进行了成分的定性和定量分析，得到了它们的主要成分含量，与选自陕西安康、湖北郧县和安徽马鞍山的现代绿松石矿石进行了对比分析，初步探讨了它们的矿料来源。

一、实验部分

（一）样品来源

　　从贾湖遗址第七次发掘出土的文物中，选取16件绿松石装饰品，其中三角形耳坠7件、圆柱形穿孔珠9件，见表一、表二。

表一　耳坠　（单位：毫米）

序号	原编号	形状	最大长	最大宽	最大厚	穿孔径	特征
1	WJT44M506：2	三角形	31.01	13.58	1.90	外2.04、内1.16	绿蓝色，近等腰三角形，孔两面钻
2	WJT41②：4	近三角形	34.30	9.40	1.87	外2.15、内1.44	蓝绿色，穿孔处为短边，孔边距器边很近

　　* 中国科学院知识创新工程项目（KJCX-No4）和国家自然科学基金委重点项目（10135050）。

续表

序号	原编号	形状	最大长	最大宽	最大厚	穿孔径	特征
3	WJT115M451：7 右耳	三角形	42.62	12.26	5.79	外3.88、内1.68	绿蓝色，近等腰三角形，两面微鼓
4	WJT115M451：6 左耳	三角形	25.43	11.36	3.85	外3.75、内1.49	蓝绿色，近等腰三角形，一面鼓，一面平
5	WJT40②：4	近长条形	34.79	7.25	2.62	外3.68、内1.40	蓝绿色，一面微鼓，一面微凹
6	T44M478：2	不规则形	50.59	28.17	9.60	外2.36、内1.34	浅绿色，不规则近三角形，表面有尖白条痕
7	T44M478：3	近棱形	36.57	15.31	8.08	外3.76、内1.42	绿蓝色，一面鼓，一面平，三处夹围岩

表二　圆柱形穿孔珠　　　　　（单位：毫米）

序号	原编号	外径	孔径（外）	孔径（内）	高度	特征
8	T44M478：4	9.66	4.06	2.14	4.88	绿色，不规则圆形，孔两面钻
9	T44M478：5	8.91	3.75	2.08	5.24	绿色，不规则圆形，孔两面钻
10	T44M478：6	10.64	4.49	2.42	7.50	绿色，不规则圆形，孔两面钻
11	T44M477：3	8.55	2.70	1.36	3.54	浅绿色，孔两面钻
12	T44M477：4	8.78	3.60	1.94	6.40	浅绿色，孔两面钻，孔较直
13	T44M477：5	8.65	1.95	1.54	3.93	蓝绿色，孔两面钻
14	T44M477：6	8.30	2.90	1.56	4.04	绿蓝色，孔两面钻
15	T44M477：7	8.08	3.50	1.96	5.05	绿色，近圆角方形，孔两面钻
16	T44M477：8	8.44	3.26	1.68	3.61	蓝色，有尖白条痕，孔两面钻

（二）仪器和实验条件

日本岛津公司生产的VF-320型X射线荧光光谱仪；铑（Rh）靶X光管；管压-管流：40kV-60mA：真空光路；其他条件见表三。

表三　测试条件

元素	As	Zn	Cu	Fe	P	Si	Al
分析线	AsK_α	ZnK_α	CuK_α	FeK_α	PK_α	SiK_α	AlK_α
分析晶体	LiF	LiF	LiF	LiF	Ge	PET	PET
2θ角/（°）	34.00	41.80	45.03	57.52	141.03	109.21	145.12
探测器	S.C	S.C	S.C	S.C	F.P.C	F.P.C	F.P.C

注：S.C为闪烁计数管；F.P.C为流气式正比计数管。

（三）定 性 分 析

将16件绿松石装饰品，依次置于X射线荧光光谱仪内进行定性扫描分析。

分析结果表明，所有样品皆含有绿松石的主要元素成分外，如Cu、Al、P、Zn、Fe、As等，此外尚含有一定量的Si和一些微量元素，不同样品通常含有不同种类和不同数量的微量元素，表四列出了具体的定性分析结果，需要指出的是，所列元素有的来自绿松石本身，也有的来自围岩。

表四　绿松石装饰品定性分析结果

序号	原编号	名称	检测出的元素
1	WJT44M506：2	耳坠	Al，Si，P，Fe，Cu，Zn，As，Na，Mg，S，Cl，K，Ca，Cr，Mn，Ni，Se，Sr，Zr
2	WJT41②：4	耳坠	Al，Si，P，Fe，Cu，Zn，As，Na，Mg，S，Cl，K，Ca，Cr，Mn，Ni，Se，Sr，Zr，Mo
3	WJT115M451：7 右耳	耳坠	Al，Si，P，Fe，Cu，Zn，As，Na，Mg，S，Cl，K，Ca，Cr，Mn，Ni，Sr，Zr，Ti，Mo
4	WJT115M451：6 左耳	耳坠	Al，Si，P，Fe，Cu，Zn，As，Na，Mg，S，Cl，K，Ca，Cr，Ni，Se，Sr，Zr，Mo，Ba，Y
5	WJT40②：4	耳坠	Al，Si，P，Fe，Cu，Zn，As，Na，S，Cl，K，Ca，Cr，Mn，Ni，Se，Sr
6	T44M478：2	耳坠	Al，Si，P，Fe，Cu，Zn，As，Na，Mg，S，Cl，K，Ca，Cr，Ni，Se，Sr，Zr，Mo，Ba，Y，Ga，V
7	T44M478：3	耳坠	Al，Si，P，Fe，Cu，Zn，As，Na，Mg，S，Cl，K，Ca，Cr，Ni，Sr，Zr，Mo，Ba，Ga
8	T44M478：4	孔珠	Al，Si，P，Fe，Cu，Zn，As，Na，Mg，S，Cl，K，Ca，Cr，Mn，Ni，Sr，Zr，Ga
9	T44M478：5	孔珠	Al，Si，P，Fe，Cu，Zn，As，Na，Mg，S，Cl，K，Cr，Mn，Ni，Sr，Zr，Ba，Ga
10	T44M478：6	孔珠	Al，Si，P，Fe，Cu，Zn，As，Na，Mg，S，Cl，K，Ca，Cr，Mn，Ni，Sr，Ga
11	T44M477：3	孔珠	Al，Si，P，Fe，Cu，Zn，As，Na，S，Cl，K，Ca，Cr，Mn，Ni，Sr，Zr
12	T44M477：4	孔珠	Al，Si，P，Fe，Cu，Zn，As，Na，Mg，S，Cl，K，Ca，Mn，Ni，Se，Sr，Zr，Mo
13	T44M477：5	孔珠	Al，Si，P，Fe，Cu，As，Na，S，Cl，K，Ca，Cr，Mn，Ni，Se，Sr，Zr
14	T44M477：6	孔珠	Al，Si，P，Fe，Cu，As，Na，S，Cl，K，Ca，Cr，Mn，Ni，Se，Sr
15	T44M477：7	孔珠	Al，Si，P，Fe，Cu，Zn，As，Na，Mg，S，Cl，K，Ca，Cr，Mn，Ni，Sr，Zr，Ga
16	T44M477：8	孔珠	Al，Si，P，Fe，Cu，Zn，As，Na，Mg，S，Cl，K，Ca，Cr，Mn，Ni，Sr，Zr

（四）定 量 分 析

按表三的测试条件测量每个样品中各分析线的强度，用X射线荧光光谱无标样计算法[6]计算出绿松石各成分的百分含量，具体结果列于表五。然后再将其折算成各组分分子数之比，有关数据列于表六。

表五　绿松石成分的测量结果　　　　　　　　　　（单位：%）

序号	原编号	名称	P_2O_5	As_2O_5	Al_2O_3	Fe_2O_3	CuO	ZnO	SiO_2	总量
1	WJT44M506：2	耳坠	33.22	0.29	34.03	4.03	10.34	0.50	0.11	82.52
2	WJT41②：4	耳坠	35.06	0.12	36.84	1.03	8.22	0.28	0.05	81.60
3	WJT115M451：7右耳	耳坠	33.63	0.42	35.95	1.27	10.82	0.19	0.20	82.48
4	WJT115M451：6左耳	耳坠	34.34	0.12	36.07	1.88	8.10	1.03	0.40	81.94
5	WJT40②：4	耳坠	33.48	0.29	35.15	3.97	9.33	0.18	0.07	82.47
6	T44M478：2	耳坠	31.48	0.34	35.66	1.30	8.86	0.21	5.40	83.25
7	T44M478：3	耳坠	27.97	0.20	39.00	1.38	8.22	0.24	8.29	85.30
8	T44M478：4	孔珠	34.65	0.20	34.42	2.87	9.13	0.32	0.18	81.77
9	T44M478：5	孔珠	35.06	0.19	33.59	3.15	8.92	0.32	0.30	81.53
10	T44M478：6	孔珠	33.85	0.23	32.37	4.72	9.86	0.36	0.97	82.36
11	T44M477：3	孔珠	33.36	0.15	37.15	1.99	8.43	0.79	0.23	82.10
12	T44M477：4	孔珠	33.50	0.20	36.21	2.67	8.18	0.58	0.57	81.91
13	T44M477：5	孔珠	34.96	0.20	35.12	1.76	9.46	0.23	0.17	81.90
14	T44M477：6	孔珠	35.27	0.22	35.35	1.98	8.30	0.14	0.10	81.36
15	T44M477：7	孔珠	33.67	0.25	37.66	0.78	9.09	0.25	0.48	82.18
16	T44M477：8	孔珠	32.42	0.28	37.87	0.96	10.10	0.29	0.64	82.56

表六　绿松石各组分的分子数比值

序号	原编号	P_2O_5	As_2O_5	Al_2O_3	Fe_2O_3	CuO	ZnO
1	WJT44M506：2	1.9894	0.0106	2.8368	0.2144	1.1044	0.0522
2	WJT41②：4	1.9960	0.0040	2.9194	0.0524	0.8349	0.0279
3	WJT115M451：7右耳	1.9847	0.0153	2.9536	0.0667	1.1396	0.0199
4	WJT115M451：6左耳	1.9958	0.0042	2.9185	0.0971	0.8402	0.1048
5	WJT40②：4	1.9893	0.0107	2.9070	0.2094	0.9894	0.0187
6	T44M478：2	1.9869	0.0131	3.1335	0.0728	0.9983	0.0041
7	T44M478：3	1.9912	0.0088	3.8650	0.0876	1.0447	0.0293
8	T44M478：4	1.9929	0.0071	2.7558	0.1467	0.9373	0.0322
9	T44M478：5	1.9933	0.0067	2.6588	0.1591	0.9049	0.0315
10	T44M478：6	1.9916	0.0084	2.6516	0.2470	1.0349	0.0242
11	T44M477：3	1.9946	0.0054	3.0921	0.1060	0.8992	0.0822
12	T44M477：4	1.9928	0.0072	2.9984	0.1413	0.8685	0.0597
13	T44M477：5	1.9929	0.0071	2.7869	0.0891	0.9623	0.0226
14	T44M477：6	1.9925	0.0075	2.7794	0.0993	0.8362	0.0142
15	T44M477：7	1.9909	0.0091	3.1003	0.0410	0.9593	0.0258
16	T44M477：8	1.9895	0.0105	3.2356	0.0524	1.1061	0.0314

（五）现代绿松石矿石样品的测定

从陕西安康、湖北郧县和安徽马鞍山的现代绿松石矿石中选取11个样品，其中陕西安康3个（Sh-1～Sh-3）、湖北郧县4个（H-4～H-7）和安徽马鞍山4个（M-1～M-4），采用与出土绿松石装饰品相同的方法进行分析测定，所得结果依次列于表七和表八。

表七　现代绿松石矿物主要成分的百分含量　　　　（单位：%）

编号	产地	P_2O_5	As_2O_5	Al_2O_3	Fe_2O_3	CuO	ZnO	SiO_2	总量
Sh-1	陕西	27.82	0.01	28.60	3.89	6.79	0.28	16.51	83.90
Sh-2	陕西	27.75	0.08	32.11	3.63	8.04	0.62	12.71	84.94
Sh-3	陕西	25.82	0.07	29.38	6.04	8.01	0.24	16.43	85.99
H-4	湖北	33.31	0.17	33.70	6.24	7.84	0.90	0.24	82.40
H-5	湖北	33.80	0.04	35.04	2.32	9.00	0.79	1.56	82.55
H-6	湖北	33.94	0.08	36.16	2.08	5.19	3.53	1.52	82.50
H-7	湖北	34.4l	0.11	36.48	1.8l	6.99	2.31	0.18	82.29
M-1	马鞍山	32.59	0.01	36.38	3.44	8.01	0.14	1.00	81.57
M-2	马鞍山	32.99	0.01	33.18	3.85	10.69	0.18	0.79	81.69
M-3	马鞍山	33.40	<0.01	37.17	0.86	8.36	0.01	2.84	82.64
M-4	马鞍山	33.87	<0.01	32.62	1.81	9.28	0.03	4.47	82.08

表八　现代绿松石矿物主要组分的分子数比值

编号	P_2O_5	As_2O_5	Al_2O_3	Fe_2O_3	CuO	ZnO
Sh-1	1.9994	0.0006	2.8611	0.2486	0.8703	0.0350
Sh-2	1.9965	0.0035	3.2168	0.2322	1.0319	0.0783
Sh-3	1.9968	0.0032	3.1634	0.4154	1.1055	0.0327
H-4	1.9938	0.0062	2.8078	0.3317	0.8371	0.0937
H-5	1.9986	0.0014	2.8845	0.1222	0.9492	0.0811
H-6	1.9970	0.0030	2.9614	0.1091	0.5447	0.3626
H-7	1.9962	0.0038	2.9463	0.0931	0.7238	0.2340
M-1	1.9997	0.0003	3.1077	0.1873	0.8768	0.0147
M-2	1.9997	0.0003	2.8002	0.2074	1.1559	0.0192
M-3	1.9998	0.0002	3.0983	0.0460	0.8933	0.0008
M-4	1.9999	0.0001	2.6818	0.0949	0.9776	0.0029

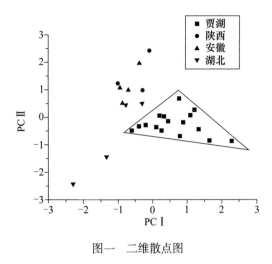

图一　二维散点图

（六）聚 类 分 析

将表六、表七中的P_2O_5、As_2O_5、Fe_2O_3、CuO、ZnO分子数比值用SPSS统计分析程序作二维散点图（图一）和动态聚类图（图二）。考虑到绿松石和围岩内都有Al_2O_3，故未作统计分析，以免引起混乱。

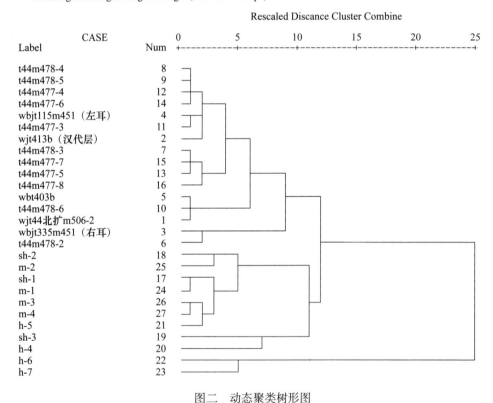

图二　动态聚类树形图

二、结 果 与 讨 论

（1）绿松石晶体的化学式为：$CuAl_6[PO_4]_4(OH)_8 \cdot 4H_2O$或$CuO[Al_2O_3]_3[P_2O_5]_28H_2O$。

一般说来，绿松石晶体中，部分Al^{3+}常常被Fe^{3+}所替代，部分Cu^{2+}常常被Zn^{2+}所替代，而部分P^{5+}则可被As^{5+}所替代。从表六所列数据不难看出，贾湖遗址出土的16件绿松石饰物的各氧化物分子数比值具有以下近似关系：

$$\{[P_2O_5]+[AS_2O_5]\}:\{[Al_2O_3]+[Fe_2O_3]\}:\{[CuO]+[ZnO]\}\approx 2:3:1$$

显然，这一关系与绿松石晶体的化学式是一致的。16个样品都存在As^{5+}替代部分的P^{5+}现象，而且As_2O_5的含量都在0.1%以上，最多可达0.42%。关于绿松石所含的砷元素对人体健康有无影响，似可深入研究。

（2）一些样品中的CuO分子数超过1，并不表明这些样品中无掺杂离子Zn^{2+}，因为这里的CuO也可能来自围岩或其他杂质矿物。对于这一问题拟留作今后深入探讨。

（3）同样，有些样品的Al_2O_3含量较高，特别是6号和7号样品，它们的Al_2O_3分子数分别为3.1和3.9，也不表明样品中无掺杂离子Fe^{3+}，因为这里的Al_2O_3很可能来自围岩。围岩的主要成分是石英、云母和长石，石英的化学成分是SiO_2，而云母和长石中都含有较多的Al_2O_3和SiO_2。考虑到这两个样品的SiO_2含量也特别高，分别为5.4%和8.29%，故认为这两个样品中含有较多围岩成分是合理的。有些样品的CuO、ZnO含量之和也很高，尤其是16号，其Al_2O_3，与CuO、ZnO含量之和都高，这可能与样品中存在其他盐类物质有关，如碳酸盐等。

（4）除2个样品的SiO_2含量较高外，其余样品的SiO_2含量均低于1%，而P_2O_5、As_2O_5、Al_2O_3、Fe_2O_3、CuO和ZnO的总量在82%左右，若再考虑H_2O的含量，则剩下的其他杂质元素含量就很低了，这说明贾湖遗址出土的绿松石是比较纯的，质量较高。

（5）二维散点图（见图一）和聚类分析图（见图二）皆表明，贾湖出土的16件绿松石装饰的散点较为集中，与11个现代矿样无交叉重叠。说明贾湖出土的绿松石装饰不太可能来自上述现代绿松石矿石地区，但可能来于同一未知地区。

（6）《舞阳贾湖》发掘报告中说：“……，但考虑到绿松石是富铝矿和磷铜铁矿的次生矿，而贾湖南的舞阳山区和贾湖西的平顶山、宝丰、鲁山地区就有较为丰富的铝矿和磷铁矿资源，因此，这些绿松石也很可能产自附近山区。”[7]由于尚未采集到贾湖附近山区的绿松石矿样，要证实此说法需作进一步研究。

三、结　　语

（1）X射线荧光光谱定性、定量分析指出，贾湖出土的16件绿松石饰物的材质较好，除个别样品外，大多绿松石饰物较纯，含铁量较低，其Fe_2O_3含量一般都在5%以下，有的仅千分之几。

（2）贾湖出土的16件绿松石饰物的矿料，不太可能来自陕西安康、湖北郧县和安徽马鞍山等现代绿松石产区。因本次工作分析的现代绿松石矿料有限，尚未能确定贾湖出土绿松石饰物的矿料来源地区，但它们很可能来自同一未知地区。

注　释

[1]　陈天虎、陈双喜、杨学明：《宝玉石鉴赏入门》，中国科学技术大学出版社，1998年，第132页。

[2]　南京大学地质系岩矿教研室：《结晶学与矿物学》，地质出版社，1978年，第397页。

[3]　河南省文物考古研究所：《舞阳贾湖》，科学出版社，1999年，第942页。

[4]　南京大学地质系岩矿教研室：《结晶学与矿物学》，地质出版社，1978年，第397页。

[5]　河南省文物考古研究所：《舞阳贾湖》，科学出版社，1999年，第942页。

[6]　毛振伟：《X射线荧光光谱分析在考古中的应用》，《光谱实验室》1991年第8卷第1-2期合刊，第114～117页。

[7]　河南省文物考古研究所：《舞阳贾湖》，科学出版社，1999年，第942页。

（原载《华夏考古》2005年第1期）

贾湖遗址出土绿松石器微孔工艺的实验考古研究[*]

崔天兴　付建丽　赵　琪

一、史前钻孔工艺的研究回顾

从世界范围来看，近东、北非以及撒哈拉地区最早发现使用装饰品的证据，出土装饰品的遗址有以色列的ES Skhul岩厦遗址（距今约135000～100000年）[1]、Qafzeh洞穴遗址（距今约100000～80000年）[2]，摩洛哥地区的Contrebandiers遗址（距今约122000～96000年）[3]、Ifrin'Ammar遗址（距今约83000年）[4]等。到了旧石器时代晚期的早段，欧洲、西伯利亚、澳大利亚等地有许多遗址发现有穿孔饰品，如年代距今32000年左右的澳大利亚西部海角（开普山脉西部山麓）的Mandu遗址出土22枚贝壳串珠[5]，距今30000年左右的Riwi遗址出土10枚角贝串珠[6]。

至旧石器时代晚期后段，中国、日本列岛及朝鲜半岛也都出现了穿孔技术产品，如莫斯科东北部伏尔加河上游的距今22000年的松希尔墓葬，在墓主身上发现有4903颗珠子，腰间有250颗钻孔的北极狐牙齿[7]。这一时期中国境内出土穿孔饰品的遗址有：山西朔县峙峪遗址出土有1件石墨磨制而成的穿孔装饰品[8]；山顶洞遗址出土有穿孔兽牙125件、骨坠4件、穿孔骨针1件、穿孔海蚶壳3件、穿孔石珠7件、穿孔小砾石1件、青鱼眼眶上骨1件[9]；辽宁海城小孤山遗址出土有一批钻孔兽牙和3枚带孔的骨针[10]，通过显微镜观察骨针表面的痕迹发现小孤山的骨针是用刮、磨和钻孔的技术制成的[11]；河北虎头梁遗址出土的穿孔贝壳、鸵鸟蛋壳、鸟的管状骨制成的扁珠及穿孔石珠等[12]；水洞沟遗址出土有骨针和鸵鸟蛋壳串珠穿孔器[13]。从制作工艺上看，螺壳类、贝类装饰品的制孔方式主要为磨孔；兽骨类和石质类装饰品的加工工艺主要是用实心钻钻穿。进入新石器时代后，钻孔工艺产品更为常见。如贾湖遗址中出土的孔径在1～2毫米的绿松石器[14]，兴隆洼[15]、红山[16]、良渚[17]等遗址中出土的大量形式不同的穿孔玉器如琮、璧、管饰等。近年来，众多学者对钻孔工艺有所研

---

　　* 本研究是郑州大学"线下一流课程"：史前考古学、河南省南水北调总干渠新石器时代石器工业研究（项目批准号KT-201814）等项目的阶段性成果。

究，主要体现在以下三方面。

一是对钻孔技术的专门研究。如邓聪对管钻技术的研究做了较全面的梳理，提出黄河、长江流域很可能早于7000多年前，就已经使用了辘轳机械，且在6000多年前，有可能辘轳机械已被应用到玉器的制作上，台湾地区在约4000年前，已存在辘轳管钻技术[18]。盛文嘉认为管钻是机械装置固定钻具后，进行360度高速机械式旋转运动[19]。

二是对钻孔工艺的微痕分析方面的研究。如张乐、张双全等对孙家洞遗址出土的一件存在非常规整穿孔的骨骼标本进行研究后发现，圆形穿孔应系被鬣狗啃咬[20]。王春雪、陈全家等通过观察分析哈民忙哈遗址出土的管钻蚌饰品的孔壁与钻芯的壁面，认为哈民忙哈遗址的管钻技术是钻具360度旋转而成[21]。宋艳花、石金鸣通过对钻孔截面的分析后认为，应该是先从质地粗糙的内壁开始钻孔，钻透后再从外壁的突破口进行钻孔的修整[22]。杨益民、吴卫红等对薛家岗遗址新石器时代的穿孔玉器样品和西周倗国墓出土的石珠进行了显微CT扫描，结果显示在薛家岗遗址的样品中有管钻和实心钻[23]。

三是模拟实验方面的研究。如黄蕴平以石片（燧石质、石英质）为钻孔工具，采用对钻的方法对骨针进行了钻孔[24]。王春雪等通过实验手段研究了古人类生产加工鸵鸟蛋皮串珠的生产路线及技术[25]。席永杰、张国强以自制的弓式手动钻为钻孔工具，在解玉砂的作用下，对一厚2厘米的岫岩软玉进行钻孔，孔径约8毫米[26]。在《江苏丹徒磨盘墩遗址发掘报告》中，用遗址出土的2件细小的短身燧石钻做了三种实验，实验结果显示，所需时间均短[27]，但报告中没有提到钻孔后的孔径大小，实验过程也不够系统。崔天兴、张建通过管钻实验认为，外置引孔技术是非常有效的一种石器定孔工艺[28]。徐飞、邓聪等通过钻孔实验，复原了古代钻孔技术所使用的轮轴机械及加工动力系统[29]。黄可佳用竹管对一岫岩玉进行了模拟管钻，并对管钻后的孔和钻芯痕迹进行了观察[30]。

舞阳贾湖遗址出土了大量的穿孔绿松石饰品，也受到了学术界的广泛关注，陈星灿[31]、张弛[32]、庞小霞[33]、崔天兴等[34]学者对该遗址出土的绿松石器的形制、使用、利用策略、埋藏环境等做过较详细的研究。在《舞阳贾湖》报告中，记述的绿松石器的孔径为0.11～0.37厘米。其中，孔径为1～2毫米的微孔工艺的绿松石器有28件[35]，但报告未对其钻孔工艺，尤其是微孔工艺予以详细的描述和研究。在《裴李岗时代绿松石制品利用策略的模拟实验》一文中，曾尝试用桯钻法和管钻法进行钻孔实验，最后得到的最小孔径为3毫米[36]，未解决1～2毫米的孔是如何钻出来的这一问题。金属器具未发明之前，微孔工艺的选择和策略尚不甚清晰。

综上所述，钻孔工艺是现代人行为的重要象征，也受到了学术界的广泛关注，但学界对先民是如何在坚硬的玉石器上钻出1～2毫米"微孔"的工艺研究尚存不足。故笔者以贾湖遗址中出土的28件微孔绿松石器为参照对象，对史前绿松石器微孔工艺采取的桯钻和管钻两种方法进行复原，以期深入理解绿松石制作工艺和利用策略。

二、模拟实验研究

（一）实 验 设 计

本次试验，将尝试制作一批细钻头来复原这种微孔。选取质地良好的燧石块和竹管，将其加工成直径1~2毫米的细钻头，分别进行桯钻法和管钻法实验。实验时，做好影像及数据的记录工作，以便与贾湖遗址出土的微孔绿松石器做比较分析。

（二）实 验 准 备

实验仪器：超景深显微镜、照相机、游标卡尺、秒表。

实验材料：绿松石、细河沙、水、燧石（硬度为7）、手工钻（有效工作绳长40、木棍直径3厘米。转速 $n=v/\pi\times d$，v 为线速度，线速度为运动路程除以时间，d 为直径，π 为圆周率，钻速单位为r/min）、55根直径1~2毫米的细竹管、台钳。

实验过程中记录的要素：孔径的大小、绿松石的厚度、所需时间、钻头尺寸、转速等。

（三）模拟实验过程

1. 桯钻

桯钻实验共钻7枚绿松石，分别编号为S1~S7，详细操作步骤以S5为例说明如下。

（1）预制钻头　选取一块燧石置于石砧上，用一石锤砸击，但没有取得宽1~2毫米的钻头，最后在边角料中选择4根较细的燧石质钻头（图一，1）进行磨制加工，从而得到宽1毫米左右的细钻头，并分别编号为钻头1~4。

（2）固定绿松石及钻头　用台钳将S5固定（图一，2）。选用钻头1（长12、宽1~3、厚1~2毫米），将钻头1固定在手工钻钻夹头上。其他钻头作为备选，以供更换。

（3）定孔　钻孔前确定孔眼位置并做标记，以做到有目标性的钻孔。

（4）钻孔　上述步骤准备完成后，开始钻孔。由于钻头1约呈尖锥状，为避免得到的孔眼过大，故采用双面对钻法，共耗时20分钟钻透，孔径一面约0.2、另一面约0.18厘米。

在实验过程中，选取10分钟，分别对每分钟的运动圈数进行计数，最后求运动圈数平均值。$n1=126$r/min，$n2=137$r/min，$n3=124$r/min，$n4=125$r/min，$n5=135$r/min，$n6=132$r/min，$n7=133$r/min，$n8=131$r/min，$n9=132$r/min，$n10=134$r/min，求得 n 平均=130.9r/min。

手工钻的理论转速值：据转速 $n=$ 距离/周长$\times t$。钻杆周长为3.14$\times$3$\approx$9.42，故弓形钻的转速=40cm/9.42cm$\times$1s$\approx$4.2r/s$\approx$252r/min。实际转速低于理论转速值252r/min。

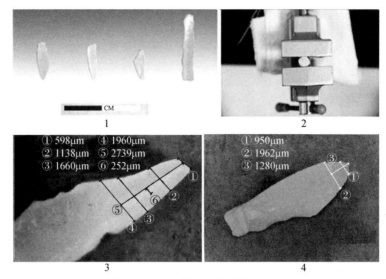

图一　S5、S7所用工具及微痕图片

1. 钻头　2. 固定绿松石于台钳　3.S7中经磨制修整且使用后的钻头
（①为尖部磨圆痕迹，⑥为钻头远端磨制痕迹）　4. 使用后的钻头1-1

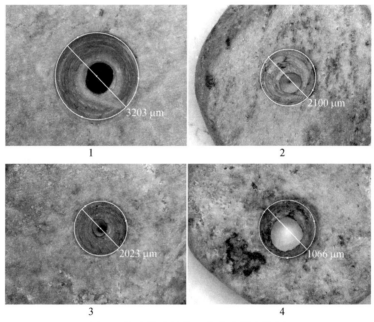

图二　实验样品的孔径大小和微痕特征

1. S2　2. S3　3. S5　4. S7

　　S1、S2、S3、S4、S6、S7的钻孔，方法步骤与S5相同，样品实验信息参见表一。

2. 管钻

　　管钻实验共钻4枚绿松石，分别编号为S8～S11（表二），详细操作步骤以S11为例说明如下。

表一　实验一中样品信息表　　　　　　　　　（长度单位：厘米）

编号	钻头宽	绿松石厚	孔径	耗时（分钟）	备注
S1	0.1～0.28	0.6	一面0.22，一面0.32	43	双面钻，第一根钻头钻孔，孔径为1.1毫米，石钻头断裂，更换钻头多次，钻至深度约0.4毫米时，孔径扩至约3毫米，反面钻孔，至钻透；孔呈喇叭状，孔壁弧线较深；共消耗钻头7根
S2	0.1～0.3	0.7	一面0.33，一面0.22	40	双面钻，第一根钻头钻孔，孔径为1.2毫米，钻头断后，更换钻头钻孔；孔呈喇叭状，孔壁弧线较深且密集（图二，1）；共消耗钻头6根
S3	0.12～0.24	0.3	一面0.2，一面0.21	18	双面钻，孔眼呈喇叭形，孔壁弧线较深（图二，2）；孔呈倾斜状，应是钻孔时钻头未垂直向下；2根钻头钻透
S4	0.2～0.1	0.12	一面0.15，一面0.1	10	单面钻，孔呈喇叭形，弧线较深；1根钻头即钻透
S5	0.3～0.1	0.22	一面0.2，一面0.18	20	双面钻，孔呈喇叭状，弧线较深（图二，3）；1根钻头钻透（图一，3）
S6	0.1	0.2	一面0.13，一面0.11	14	双面钻，孔呈喇叭形，弧线较深；1根钻头钻透
S7	0.09	0.11	一面0.1，一面0.08	10	双面钻，孔呈喇叭形，弧线较深，一面呈倾斜状（图二，4）；1根钻头钻透（图一，4）

表二　实验二中样品信息表　　　　　　　　　（长度单位：厘米）

编号	厚	消耗细竹管（根）	耗时（h）	孔径	备注
S8	0.2	15	20	一面0.14，一面0.1	双面钻，孔眼略呈喇叭状，弧线较浅，不清晰，内壁较光滑（图三，3）
S9	0.16	11	12	一面0.16，一面0.1	双面对钻，孔眼略呈喇叭状，内壁较光滑（图三，4）
S10	0.13	10	11	一面0.11，一面0.08	双面对钻，孔眼略呈喇叭状，内壁较光滑（图三，5）
S11	0.45	19	21	一面0.17，一面0.16	双面对钻，孔眼略呈喇叭状，一面内壁可见间断弧线，局部较光滑（图三，6）

（1）固定绿松石　固定方法同实验一中S5，如图一，2。

（2）细竹管固定于手工钻头部　将一根直径约1.2毫米、长4厘米的竹管（图三，1）固定于钻夹头上。

（3）定孔　方法有两种。一是加磨料后直接拉动手工钻钻孔，S8就是用这种方法定孔的，但通过实验发现这一过程极慢。二是为了避免无效钻孔或跑孔，采用引孔技术[37]。用一尖部直径约1毫米的石质尖状器在S11表面钻出一浅凹窝（图三，2）。

（4）钻孔　钻孔的过程其实是一磨耗的过程，基本原理是手工钻带动细竹管运动的同时，细竹管又带动细沙运动，使孔眼部分被消耗。

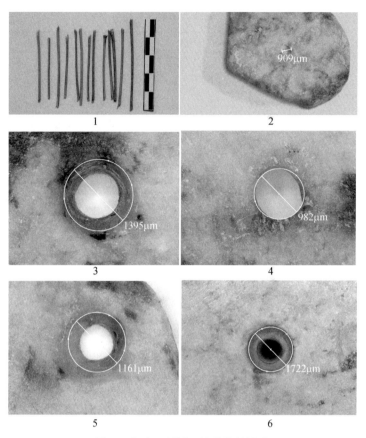

图三　实验二所用工具及孔径尺寸

1. 准备的部分细竹管　2. 琢出的小凹窝　3. S8　4. S9　5. S10　6. S11

　　钻孔时沙粒被磨成细粉末后堵塞孔眼，故要及时清孔，这一过程实际为"加沙—拉手工钻—清孔"的反复循环，直至孔透。钻孔过程中细竹管也被消耗，主要体现在细竹管的断裂、钻头被沙磨毛、磨短等现象，所以也需更换细竹管。

　　从以上实验来看，细竹管钻出的孔呈喇叭状，主要有两个原因。第一，1毫米左右的细竹管太细，基本看不出其空心，竹管在钻孔过程中容易被磨圆或被沙子堵塞，故管钻相当于桯钻。第二，与所加沙有关，随着钻孔的深入，竹管继续裹挟着沙子在已钻好的孔壁处运动，造成扩孔。

三、实验结果与讨论分析

贾湖遗址出土钻具及相关问题

1. 贾湖遗址出土钻具

　　据《舞阳贾湖》[38]统计，钻头共发现8件，钻头直径1厘米以上，根据特征可分为两型。

A型：3件。钻头平面形状为圆形。M303：3，脉石英岩，有使用痕迹。长6.3、钻头直径1.6厘米。T101③：20，石英脉岩（水晶），六方锥体，有使用痕迹。

B型：5件。扁锥形。其中绿色砂岩3件、石英六方锥（水晶）1件、脉石英岩1件，均有使用痕迹。上述3件标本的一端均被劈去一部分，报告认为是为固定钻杆。这8件钻帽的共同特征是，在器物平面上有一或两个磨圆度很好的锥状凹坑[39]。

从上述钻头和钻帽的形制上看，钻帽与钻头并不是直接接触的，两者间应有钻杆。故贾湖先民使用的钻具应由钻帽、钻杆、钻头、绳、拉杆五部分组合而成，基本示意图如图四，1所示。

2. 实验所用钻孔工具

在实验中选用木棍、绳、燧石钻头的弓形钻（图四，2）、燧石钻头，可得到贾湖遗址、丹徒磨盘遗址出土资料的支持。

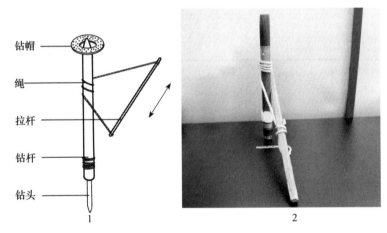

图四　两种钻对比图

1.初步复原钻　2.本实验所用手工钻

关于孔径与厚度，从表三中可以看出，贾湖遗址出土的绿松石制品最小的孔径为0.11毫米，其次为0.12、0.13毫米，其余均在0.14毫米以上。M58：12，孔径0.11、厚0.31毫米；M58：5，孔径0.12、厚0.61毫米；M58：3，孔径0.11、厚0.42毫米。这3件绿松石制品孔眼均开在边缘处，从报告公布的照片（图五，1、2；图六，2）看，其孔眼处厚度均不及报告中所说的实际厚度。实验一中S7孔径最小，孔径为0.08～0.1、厚0.11厘米；其次为S6，孔径为0.11～0.13、厚0.2厘米；S2孔径最大，为0.22～0.33、厚0.7厘米（见表一）。在实验二中，S10孔径最小，为0.11、厚0.13厘米；其次为S8，孔径0.14、厚0.2厘米（见表二）。

表三　贾湖遗址出土微孔绿松石器统计表（部分）　　　　　　（长度单位：厘米）

器号	厚	孔径	器号	厚	孔径
M249：4	0.4	0.2	M58：6	0.46	0.23
M259：5	0.37	0.2	M396：10	0.3～0.4	0.22

续表

器号	厚	孔径	器号	厚	孔径
M243：3	0.27	0.12	M275：15	0.57	0.22
M243：4	0.3	0.14	M275：16	0.18	0.18
M58：12	0.31	0.11	M275：17	0.17	0.15
M58：3	0.42	0.11	M396：11	0.35～0.47	0.2
M58：5	0.61	0.12	M342：1	0.46～0.6	0.18～0.2
H115：16	0.25	0.17	T4③：5	0.2	0.2
M58：1	0.38	0.14	M121：3-1	0.2～0.3	0.18～0.2
M121：3-3	0.15～0.27	0.16	M121：3-2	0.2～0.3	0.18～0.2
M121：3-4	0.2～0.23	0.18～0.21	M121：3-5	0.16～0.19	0.17
M121：3-6	0.16	0.13	M121：3-7	0.14	0.13
M121：3-8	0.17	0.15	M121：3-9	0.12	0.14
M121：3-10	0.15	0.12	H127：19	0.21	0.14

注：数据资料采自河南省文物考古研究所：《舞阳贾湖》，科学出版社，1999年。

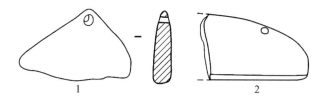

图五　贾湖遗址出土绿松石制品

1. M58：12　2. M58：5

（图片采自河南省文物考古研究所：《舞阳贾湖》，科学出版社，1999年，图二九七，彩版二一、二四）

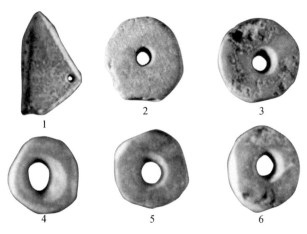

图六　贾湖遗址出土绿松石制品

1. M121：3-7　2. M58：3　3. M121：3-1　4. M121：3-10　5. M121：3-6　6. M121：3-8

（图片采自河南省文物考古研究所：《舞阳贾湖》，科学出版社，1999年，图二九七，彩版二一、二四）

为了更直观表现其孔径与厚度，可制出以下散点图（图七）。由于表三中有7件绿松石制品的厚度与孔径的尺寸分布在一个区间内（如M121：3-4，厚度为0.2～0.23厘米，孔径为0.18～0.21厘米），故我们在散点图中未做出（从总体来看，其厚度与孔径的总体情况其他样品可涵盖）。但因实验产品数量较少，故尺寸数值分布于一区间内的，我们取其最大的孔径及厚度值。

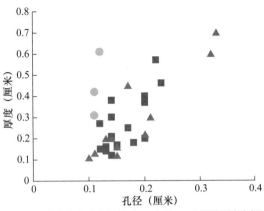

图七　孔径与厚度分布散点图

从以上散点图可以看出，除去位于散点图右上角的2件（S1、S2）实验产品以及图表左边的3件厚度存疑的产品外，其余实验产品与出土遗物的厚度及孔径较为一致，相差不大。

造成实验产品S1和S2与其他数据相差较大的原因有两个。一是实验刚开始时，实验者技术不熟练；二是石质细针状钻头（1～2毫米）不易得到，且石质钻头较脆，在绿松石较厚的情况下，需多次更换钻头，容易造成扩孔。

3. 微观痕迹

（1）实验样品　实验中用了桯钻法和管钻法两种方式来钻孔，钻孔完成后，将其置于超景深显微镜下观察，可看到，桯钻法钻出的孔壁留有较深的弧线，呈喇叭状，如图八，1中的S2；而管钻法得到的孔往往内壁较光滑（图八，2、3），也呈喇叭状，但扩孔程度较实心钻者小，其原因在于1毫米左右的细竹管太细，基本看不出其空心，钻孔过程中竹管也容易被磨圆，最后使得管钻相当于桯钻；同时随着钻孔的深入，竹管继续裹挟着沙子在已钻好的孔壁处运动，造成扩孔，开口大底部小，呈喇叭状。

（2）考古出土样品　在《贾湖舞阳》报告中查找到以上28件考古出土微孔工艺绿松石样品的部分线图和高清照片（图五、图六），这些孔多呈喇叭状，开口大底部小，弧线连续且较深（图八，4），与实验所得到的喇叭形孔、弧线较为一致（图八，1）。

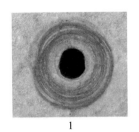 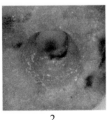 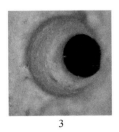 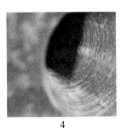

图八　实验产品及考古出土样品微观痕迹

1. S2孔眼形态　2. S10孔眼形态　3. S11孔眼形态　4. 贾湖遗址出土M451：7

（4采自河南省文物考古研究所：《舞阳贾湖》，科学出版社，1999年，彩版四七）

4. 穿系方式

裴李岗时代绿松石器主要出土于墓葬中（约占73.3%），灰坑和地层中出土相对较少，分别约占13.9%和12.8%[40]。在微孔工艺绿松石器中，2件出土于灰坑，1件出土于地层，其余25件均出土于墓葬中，如M58[41]、M275[42]等出土的绿松石串饰，M249[43]、M243[44]出土的绿松石耳饰等。那么1～2毫米的微孔是用何种材料及方式穿系起来的呢？在史前时期可供利用的穿系材料有动物皮毛、长纤维植物等，如新疆七角井遗址发现的装饰品有以动物肌腱作为穿系物的证据[45]，或将含长纤维且韧性好的植物，如苎麻、

图九　用细绳穿系起来的绿松石

树皮、藤条等揉制成麻坯，再搓捻成绳。宋艳花在《柿子滩遗址穿孔饰品的穿系方式研究》一文中，通过对山西吉县柿子滩遗址中出土的30件穿孔饰品的穿孔位置和表面绳索压磨痕迹的观察分析，明确识别出了单绳单孔、单绳双孔、双绳单孔和多绳单孔四种穿系方式[46]。实验结束后，我们采用单绳单孔的方式将以上实验所得的绿松石（S1～S11）用一段经两股细麻线搓捻成的粗约0.8毫米的细绳穿系组成串饰（图九）。

5. 影响扩孔的因素

11个绿松石实验样品的钻孔均发现有扩孔现象，扩孔的主要因素有以下4个方面。

（1）力度　钻孔时不能往下压手工钻，否则因石质或细竹管钻头较细，极易折断；同时力道要轻，保持钻头部分与绿松石表面接触即可。

（2）稳定性　一是钻孔工具（如手摇钻）的控制，保持其垂直于绿松石表面，若在钻孔过程中刚开始保持其垂直，一段时间后没注意使其倾斜，则会造成扩孔。二是钻头的稳定性，由于钻头较细，若没固定牢固钻头，则会像在钻S1和S2的过程中一样，钻头断裂。

（3）钻头　直径1毫米左右的石质钻头直接砸击燧石不易得到，可对砸击后得到的边角料进行磨制修整，但钻头多一端粗一端细，故在钻孔开始时将最细的钻头尖部磨损完后，随着钻孔深度的加深，亦会造成扩孔。若钻头为细竹管，则扩孔现象与所加沙有关，因为随着钻孔的深入，竹管继续裹挟着沙子在已钻好的孔壁处运动，造成扩孔，即最后得到的孔眼均呈喇叭形。

（4）使用　先民在佩戴过程中形成的磨耗也容易造成孔变形，但这种扩孔导致的是单侧磨耗，与力度、稳定性、钻头等因素导致的扩孔很容易区分。

四、小　结

实验结果显示，贾湖遗址出土的微孔工艺绿松石器可能使用两种技术策略。一是硬质细桯钻，但鉴于直径为1～2毫米石质细钻头易断，故不适合太厚（厚度大于0.4厘米）的绿松石器，但对薄（厚度约为0.3厘米以下）的绿松石器钻孔效果较好，且耗时较短，几十分钟即可完成（见表一）。同时一般需对砸击燧石得到的边角料等进行磨制修整才可获得直径为1～2毫米的细钻头，最后得到的孔壁往往留有较深的弧线，呈喇叭状（见图八，1）。二是有机质管钻，其不仅适用于薄的绿松石器，也适用于较厚的绿松石器，但缺点是费时。孔内壁较光滑，呈喇叭状（见图八，2、3），但扩孔程度较实心钻者小，其原因在于1毫米左右的细竹管太细，基本看不出其空心，钻孔过程中钻头容易被磨圆，最后使得管钻相当于桯钻；同时随着钻孔的深入，竹管继续裹挟着沙子在已钻好的孔壁处运动，造成扩孔，开口端大底端小，呈喇叭状。

实验中所用的钻具在转速、稳定性等方面与贾湖遗址出土遗存所复原的钻具在加工方式上可能相同（见图四，1），故实验样品可以支持与考古出土绿松石在微孔工艺方面的对比。实验过程显示，微孔工艺在钻孔的过程中受到力度、稳定性（手、工具）及耐心等方面的影响，尤其是稳定性（手、工具）及耐心十分重要。本次微孔工艺实验，由于实验者钻孔技术不熟练，得到的孔或过大，如S1、S2；或呈倾斜状或扩孔现象严重，如S3、S7。不及先民钻出的孔那样精致，但为今人更好地了解史前先民在绿松石器微孔工艺的钻孔介质及策略方面提供了帮助。

注　释

［1］　Vabhaeren M, d'Errico F, Stringer C, et al. Middle Paleolithic Shell Beads in Israel and Algeria. Science, 2006, 312.

［2］　Bar-Yosef Mayer D E, Bernard V, Bar-Yosef O, et al. Shell and Ochre in Middle Paleolithic Qafzeh Cave, Israel: Indications for Modern Behavior. Journal of Human Evolution, 2009, 56.

［3］　d'Errico F, et al. Additional Evidence on the Use of Personal Ornaments in the Middle Paleolithic of North Africa. Proceedings of the National Academy of Science, 2009, 38.

［4］　Bouzouggar A, Barton N, Vanhaeren M, et al. 82,000-year-old Shell Beads from North Africa and Implications for Origins of Modern Human Behavior. Proceedings of the National Academy of Science, 2007, 24.

［5］　Morse K, et al. Shell Beads from Mandu Creek Rock-shelter. Cape Range Peninsula, Western Australia, Dated Before 30,000 B.P. Antiquity, 1993, 67.

［6］　Balme J, Morse K, et al. Shell Beads and Social Behavior in Pleistocene Australia. Antiquity, 2006, 80.

〔7〕　〔英〕罗宾·邓巴著，余彬译：《人类的演化》，上海文艺出版社，2016年。

〔8〕　贾兰坡、盖培等：《山西峙峪旧石器时代遗址发掘报告》，《考古学报》1972年第1期。

〔9〕　裴文中：《周口店山顶洞之文化（中文节略）》，《文物春秋》2002年第2期。

〔10〕　张镇洪、傅仁义、陈宝峰等：《辽宁海城小孤山遗址发掘简报》，《人类学学报》1985年第1期。

〔11〕　黄蕴平：《小孤山骨针的制作和使用研究》，《考古》1993年第3期。

〔12〕　盖培：《虎头梁旧石器时代晚期遗址发掘报告》，《古脊椎动物与古人类》1977年第4期。

〔13〕　陈福友、李锋、王惠民等：《宁夏水洞沟遗址第2地点发掘报告》，《人类学学报》2012 年
　　　第4 期。

〔14〕　河南省文物考古研究所：《舞阳贾湖》，科学出版社，1999年。

〔15〕　辽宁省文物考古研究所：《查海——新石器时代聚落遗址发掘报告》，文物出版社，2012年。

〔16〕　辽宁省文物考古研究所：《牛河梁——红山文化遗址发掘报告（1983~2003年度）》，文物出版
　　　社，2012年。

〔17〕　浙江省文物考古研究所：《瑶山》，文物出版社，2003年。

〔18〕　邓聪：《东亚史前玉器管钻技术试释》，《海峡两岸古玉学会议彩色论文集》，台湾大学地质科
　　　学系暨研究所，2007年。

〔19〕　盛文嘉：《关于长江下游地区新石器时代管钻技术的若干认识》，《南方文物》2013年第4期。

〔20〕　张乐、张双权、顾雪军等：《河南栾川孙家洞遗址出土的穿孔标本》，《人类学学报》2017年第
　　　4期。

〔21〕　王春雪、陈全家、陈君等：《内蒙古哈民忙哈遗址蚌制品管钻技术初探》，《边疆考古研究（第
　　　19辑）》，科学出版社，2016年。

〔22〕　宋艳花、石金鸣：《山西吉县柿子滩旧石器时代遗址出土装饰品研究》，《考古》2013年第8期。

〔23〕　杨益民、吴卫红、谢尧亭等：《古代玉器钻孔工艺的初步研究》，《全国射线数字成像与CT新
　　　技术研讨会论文集》，2010年。

〔24〕　黄蕴平：《小孤山骨针的制作和使用研究》，《考古》1993年第3期。

〔25〕　王春雪、张乐、张晓凌等：《中国旧石器时代晚期鸵鸟蛋皮串珠制作技术的模拟实验研究——以
　　　水洞沟遗址发现的鸵鸟蛋皮串珠为例》，《江汉考古》2011年第2期。

〔26〕　席永杰、张国强：《红山文化玉器线切割、钻孔技术实验报告》，《北方文物》2009年第1期。

〔27〕　张祖方、周晓陆、严飞：《江苏丹徒磨盘墩遗址发掘报告》，《史前研究》1985年第2期。

〔28〕　崔天兴、张建：《磨制（玉）石器定孔工艺的实验考古研究》，《华夏考古》2017年第4期。

〔29〕　徐飞、邓聪、叶晓红：《史前玉器大型钻孔技术实验研究》，《中原文物》2018年第2期。

〔30〕　黄可佳：《玉石器管钻工艺的动态模拟实验研究》，《文化遗产与公众考古（第四辑）》，北京
　　　联合大学应用文理学院，2017年。

〔31〕　陈星灿：《裴李岗文化绿松石初探——以贾湖为中心》，《新世纪的中国考古学》，科学出版
　　　社，2005年。

〔32〕　张弛：《社会权力的起源——中国史前葬仪中的社会与观念》，文物出版社，2015年。

［33］ 庞小霞：《中国出土新石器时代绿松石器研究》，《考古学报》2014年第2期。

［34］ 崔天兴、付建丽、聂晓莹：《裴李岗时代绿松石制品利用策略的模拟实验》，待刊。

［35］ 河南省文物考古研究所：《舞阳贾湖》，科学出版社，1999年。

［36］ 崔天兴、付建丽、聂晓莹：《裴李岗时代绿松石制品利用策略的模拟实验》，待刊。

［37］ 崔天兴、张建：《磨制（玉）石器定孔工艺的实验考古研究》，《华夏考古》2017年第4期。

［38］ 河南省文物考古研究所：《舞阳贾湖》，科学出版社，1999年。

［39］ 河南省文物考古研究所：《舞阳贾湖》，科学出版社，1999年。

［40］ 崔天兴、付建丽、聂晓莹：《裴李岗时代绿松石制品利用策略的模拟实验》，待刊。

［41］ 河南省文物考古研究所：《舞阳贾湖》，科学出版社，1999年。

［42］ 河南省文物考古研究所：《舞阳贾湖》，科学出版社，1999年。

［43］ 河南省文物考古研究所：《舞阳贾湖》，科学出版社，1999年。

［44］ 河南省文物考古研究所：《舞阳贾湖》，科学出版社，1999年。

［45］ 苗普生、田卫疆：《新疆史纲》，新疆人民出版社，2004年。

［46］ 宋艳花、石金鸣：《柿子滩遗址穿孔饰品的穿系方式研究》，《中原文物》2013年第1期。

［原载《考古学集刊（第23集）》，社会科学文献出版社，2020年］

舞阳贾湖遗址骨制叉形器的制作、使用与传播初探*

张居中　赵　嫚

引　言

骨制品广泛出土于国内外考古遗址中，其本身蕴含着丰富的古代文化和技术信息，处于中国新石器时代中期早段并以发达的骨制品文化而闻名的贾湖遗址出土的叉形器就是一个典型代表。叉形器数量较少、器形特殊且制作技术复杂。研究叉形器不仅可以揭示叉形器自身的制作、使用等信息，还可为深入探讨贾湖骨器的文化内涵及贾湖文化因素的传播提供线索。

一、叉形器的制作工艺

叉形器在贾湖遗址前六次发掘中共出土18件[1]，在第七次发掘时出土2件，第八次发掘时出土2件，总计22件。叉形器因其器身上段为两股叉形而得名，器身下段一面呈钩形，另一面呈斜刃刀形或梯形；上下段之间呈管状，管周多锯出一周或两周凹槽，也有的作竹节状凸起。叉形器按器形可分为A、B两型，区别在于A型下段呈刀状（刃状）面，B型下段为梯形面（图一[2]，表一[3]）。

目前国内学术界对旧石器时代骨制品的制作技术研究较多，如安家瑗[4]、黄蕴平[5]、吕遵谔[6]、顾玉才[7]、宋艳花[8]等对小孤山、仙人洞、柿子滩等遗址出土的骨制品等遗物，在制作技术、使用方式等方面展开研究。

目前对叉形器的研究主要围绕其器形与功能展开，前者如发掘报告《舞阳贾湖》对叉形器进行了详细的类型学形态描述及数据测量；后者如《舞阳贾湖》中认为叉形器是龟祭仪式上的法器[9]；王文建、张童心认为叉形器是龟甲响器的一部分[10]；朱琚元认为叉形

＊　国家自然科学基金资助项目（课题编号：41272186）、中国科学院战略先导科技专项"黄淮河地区旱—稻作农业起源与传播"项目（XDA05130503）。

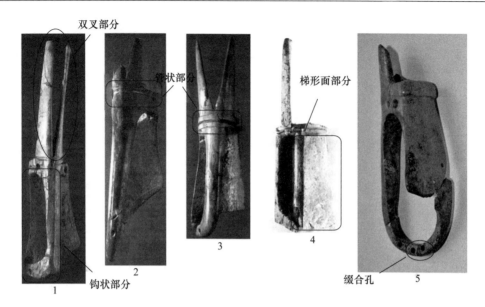

图一 贾湖遗址出土的叉形器

1.A型M327：1 2.A型M39：2 3.A型M395：2 4.B型M253：2 5.A型2013M28：3

表一 叉形器测量记录表

器号	型别	高×宽×厚（厘米）	保存状况	缀合孔	备注
M17：11	A		残断	中部一组	中部竹节状
M90：2	A		残断	未见	中部竹节状
M94：5	A	17.8	中部和连接处均残	未见	中部竹节状
M327：1	A	22.4×5.9×4.9	整	中部两组，下端一组	中部竹节状
M327：11	A	19.6×5.6×4.8	一叉残	中部两组，下端一组	中部竹节状
M344：3	A	20.1×5.1×4.7	下端连接处残	中部两组，下端两组	中部竹节状，有刻符
M363：4	A	20.6×5.7×5.9	下端连接处残	中部一组，下端两组	钩部根部有凹槽
M395：2	A	18.5×5.25×5.4	下端连接处残	中部三组，下端两组	中部竹节状
M411：3	A	16.3×5×5	一叉脱落，下端残	未见	中部竹节状
M16：6	B	13.1×5×2.1	中部稍残	中部一组，下端两组	中部竹节状
M253：2	B	19.5×7.6×5.5	一叉脱落	未见	中部两周凹槽

器与彝族毕摩的法器"乌吐"形状相似，很可能是签筒；邓宏海认为叉形器是"凤仪的放线器"[11]；胡大军认为叉形器与骨笛组合作为圭表使用，与骨柄组合作为标杆使用[12]。对叉形器的制作探讨的并不多，如沈勇认为叉形器集剔、磨、刻、钻等各种精细制作工艺与一身[13]。在前人研究的基础上，本文采用微痕观察的方法，着重观察叉形器的制作及使用信息。此次使用设备为LeicaM205A体视显微镜，观察的标本是第八次发掘出土的2013M28：3。目前我们能够看到的叉形器已经成为成品，而且大多经过长时间使用，因此制作的初始工序，包括选材、制坯等，只能通过已知的线索进行推测。

（一）选　　材

结合表一所示的叉形器长、宽、厚数据，以及贾湖遗址出土动物骨骼鉴定结果来看，叉形器是用圣水牛或者黄牛股骨制成的可能性较大。胡大军通过对比形状发现叉形器选用的应该是牛的左侧股骨中段[14]，笔者也认为使用的部位是股骨中段，但左、右股骨均有

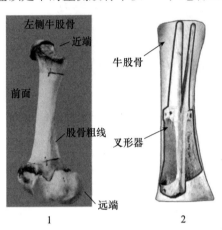

图二　牛股骨中段与叉形器对应图
（图片1来自胡大军博客，图片2来自《贾湖伏羲密码》）

可能。以黄牛为例，黄牛股骨的形态并不是十分规则，尤其是在靠近关节的地方。股骨近端处剖面近似圆角长方形，中上段的剖面近似圆形，中下段剖面不规则，远端剖面近似梯形。股骨前面较光滑，中部略呈圆脊凸起状，后面为股骨粗线，股骨粗线在股骨中下段非常明显。在制作叉形器时，首先应去掉两端关节处，在股骨近端前面圆脊处两侧制作双叉部分，远端的股骨粗线两侧制作成钩状部分和刀状面部分，股骨粗线中间去掉不用（图二）。

（二）制　　坯

黄牛股骨两端的股骨头和髌骨处关节粗大、发达，在制作伊始首先需要去掉两端的关节，备选的方法有砍砸、切割两种。砍砸法的优点在于可以快速地去掉关节，但是砍砸时带来的冲击力也会使股骨本身产生断裂，这会使坯的成品率大大降低，而且叉形器器身上未见过类似的断裂痕，因此砍砸法可以排除。切割制坯有线切割、片切割、砣切割、金属切割等方式。邓聪、刘国祥研究表明在距今8000年左右的辽河流域，用于制玉的片切割、线切割技术已经相当成熟[15]，线切割会在切割面出现弧线波浪[16]；砣切割技术虽有可能在距今5500年前后的凌家滩文化时期出现[17]，但在贾湖文化时期还没有此技术存在的证据，金属切割是更晚近的事情了。结合叉形器标本2013M28：3的切口截面一般都较为平整，因此在贾湖文化时期最有可能使用的切割方法是片切割。贾湖遗址出土过不少骨料，都是大型鹿类肢骨纵向割锯之后留下的长条形坯料，说明为了充分利用动物骨骼，贾湖先民通过切割法来制备坯料。

（三）成　　型

成型指的是制作叉形器细部，包括双叉、刀状面及钩状部分，制作方法主要是切割、

刻画、打磨、抛光。

明显的切割痕迹见于双叉之间。标本2013M28∶3双叉残断，双叉之间截面平整，剖面呈Y形。模拟实验使用牛股骨，使用石英石片切割去除关节之后再纵向切割，12分钟后观察，切口大致形成了Y形的切口，只是截面的曲折不明显。标本2013M28∶3双叉之间在切割时很可能并不是一次成型，而是多次切割的结果（图三）。

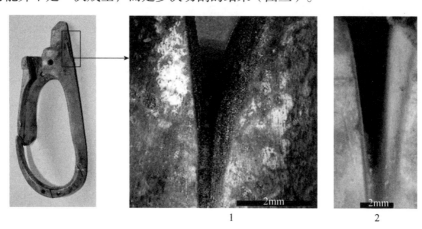

图三　叉形器切割痕迹

1. 双叉之间（8×）　2. 模拟切割效果图

刻画痕迹主要见于中部竹节状部分。标本2013M28∶3中部竹节状部分采用刻锯、减地的方法形成凸起，凸起从圆脊处向两侧逐渐加宽、明显。在与双叉连接处的上下两侧都可以看到直径不到0.5毫米的、或重叠交织或近似平行连续的划痕，下侧的划痕更多也更明显（图四，1）。划痕有两种，一种排列紧密、直径较粗，宽度一般在0.9～1.5毫米左右，一种细长、轻浅，宽度一般在0.1～0.2毫米之间。宽度悬殊暗示了在这一部位的制作过程中选用了不同的工具。竹节状部分的制作有分段现象，即按照股骨的剖面纹理，分段制作，在转弯处有明显痕迹（图四，2）。段与段之间并非按照同一方向刻划，而是便宜行事。

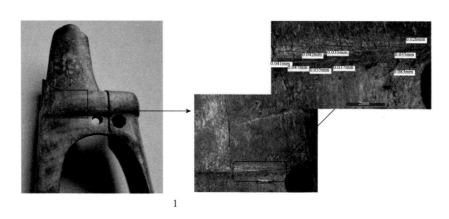

图四　中部竹节状部分刻划痕迹

1. 观察部分1　2. 观察部位2

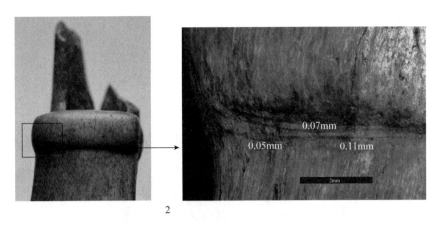

图四　（续）

　　叉形器器表一般经过打磨与抛光，打磨可以去掉棱角与毛刺，抛光使骨制品器表更加光滑并且有光泽。标本2013M28：3刀状面部分的打磨是从顶部向边缘进行的，刀状面的边缘可以看到细小的朝向边缘的划痕（图五，1）。钩状部分与中部竹节状部分连接处呈规则的圆弧形（图五，2），柄部剖面近似半圆形（图五，3），同样打磨痕迹不明显，器表表面较光滑。打磨痕迹不清晰与叉形器经过长时间的使用有关。

图五　打磨与抛光痕迹
1. 刀状面边缘（8×）　2. 钩状部分上端（8×）　3. 钩状部分柄部（8×）

　　叉形器的成型还包括制作装饰。叉形器中部多制作成竹节状凸起或是刻若干周凹槽，标本2013M28：3中部是减地形成竹节状突起。

（四）修　补

　　叉形器在使用过程中如果残断，则常在残断处两面钻出缀合孔以重新连接残断处，因此缀合孔多是成组出现的。叉形器2013M28：3上目前有孔10个，分别命名为孔1～孔10（图六），现将典型的圆孔介绍如下。

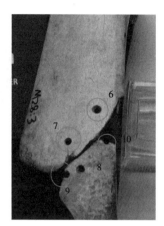

图六　2013M28：3表面钻孔位置图

标本2013M28：3上的10个孔全是采用两面对钻的方法，两面对接略有偏差。孔1、孔4、孔5的口径与内壁直径相差不多，内壁平整，有细密的近乎平行的螺旋纹（图七，1）；孔2、孔3是口径大于内壁直径，但是内壁状态与孔1、孔4、孔5接近（图七，2）；孔6～孔10口径大于内壁直径，孔壁形态不规则，一侧陡直另一侧略平缓，且内壁有半圈的螺旋纹（图七，3）。这10个孔反映出三种不同的钻孔工艺，前两种更为接近，似也可归为同一种工艺。在叉形器器身较厚的地方（4～6毫米）一般采用第一、二种钻孔方法钻大孔；在器壁较薄的地方（2～3毫米）则采用第三种钻孔方法钻小孔。据邓聪[18]、盛文嘉[19]等学者的玉器穿孔研究表明，形似第一、二种圆孔形态的多是管钻的结果，第三种圆孔多为实心钻的结果。笔者通过模拟试验发现，管钻的顺利施行需要工具有一定的硬度，标本2013M28：3上的孔1～孔5孔径在3～5毫米，而直径在此区间的竹管或芦苇等质地很软，难以进行钻孔；而使用竹签配以石英砂则可以起到很好的钻孔效果（图八，1），圆孔状态与标本2013M28：3孔1～孔5相似。因此，标本2013M28：3上的第一、二种圆孔应是使用竹、木等实心工具配以石英砂制作而成。第三种圆孔可以通过使用石质工具以180度来回旋转的方法钻成（图八，2）。

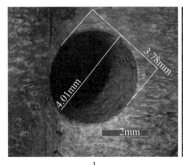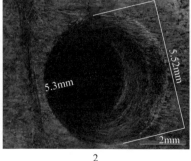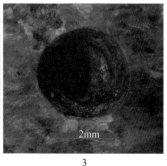

图七　缀合孔部分
1.孔1（10×）　2.孔2（16×）　3.孔8（16×）

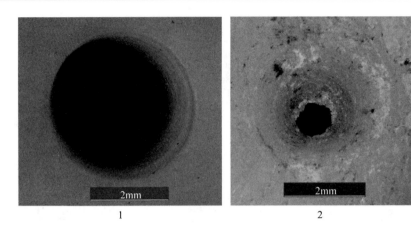

图八　模拟钻孔示意图

1. 竹签钻孔示意图　2. 石质工具钻圆孔示意图

（五）小　结

叉形器全部选用牛股骨来制作，说明牛在贾湖人的认知中属于比较特殊的动物，类似情况也可以在骨笛多使用丹顶鹤尺骨来制作中得到佐证，暗示了"动物有灵"的观念在贾湖人的思维中仍占一席之地。以叉形器为代表的贾湖文化骨制品制作工艺已经相当繁复，体现出了高超的片切割、打磨、抛光、刻画、钻孔等制作技术。考虑到叉形器器形的一致性及双叉的对称性等，其在制作之前很可能经过测量。测量这一行为在骨笛音孔周围也可以见到，一般是在音孔周围刻一或几道划痕来标记位置。测量行为的出现表明贾湖文化时期的骨制品制作已经进入了有意识、有计划的设计、制作阶段。

二、叉形器的使用

标本2013M28：3双叉残断，但是双叉尖端仍被使用直至磨光；绝大部分的成品叉形器都经过长时间的使用，器身因长期把握使用而变得圆润光滑，双叉由使用前的斜直刃到尖端被磨得光滑圆钝，甚至一股叉残、双叉均磨损至只剩下几厘米的小突起（详见图一），中部管状部分和钩形部分底部残断与修补的情况也非常普遍。从使用及修补痕迹来看，叉形器的使用方式应为单手竖持，刀状面部分作为环护，两股叉形用于戳、插，钩状部分用于钩、悬重物。对有的研究者提出的叉形器与龟甲配套使用的情况[20]，如果是一股叉形插入装有石子的龟甲内，另一股叉形卡在外面以固定，那么叉形的尖端磨损不会特别严重，且叉形周身应该有石子撞击、摩擦的痕迹，这并未见于叉形器。贾湖遗址叉形器与龟甲共出的例子确实较多，在第八次发掘发现M85随葬的叉形器双叉部分置于龟甲之内，因此不排除在祭祀仪式上作插龟之用的可能；对于叉形器钩悬于其下的对象，M411出土的叉形器旁边出土了一件石环，但仅见这一例，二者是否配套使用仍不清楚。因此确定叉形器的功能还需要更多证据。

对于叉形器的持有者身份的问题，贾湖遗址前6次发掘出土的18件叉形器中，除1件残器出自灰坑、2件残器出自地层外，其余15件完整或基本完整者来自13座墓葬（表二）。

表二 贾湖遗址叉形器、骨笛、龟甲组合出土墓葬墓主信息一览表

序号	墓号	期别	出土器类及数量	墓主性别	葬式	年龄	随葬品数量与器类
1	M125	I 2	叉1龟8	男1	摆放式二次葬	40～45	12件：双耳罐1、龟甲8、骨镞1、残叉形器1、残石磨盘1
2	M39	I 3	叉1	男1	仰身直肢一次葬	50～55	4件：罐形壶1、叉形器1、骨柄1、牙削1
3	M411	II 4	叉1笛1	女1	缺肢一次葬	中年	17件：罐形壶2、叉形器1、骨镞5、骨镖6、骨针1、骨笛1、石环1
4	M344	II 5	叉1笛2龟8	男1	缺头仰身直肢一次葬	壮年	33件：折肩壶2、叉形器1、龟甲8、笛2、骨饰1、骨镖6、骨镞6、牙削2、牙饰1、牙刀3、砺石1
5	M387	II 5	叉1笛1龟8	男1	乱堆式二次葬	成年	17件：折肩壶1、敛口罐1、敛口钵1、三足钵1、鼎足1、龟甲8、龟背甲片1、残骨笛1、骨矛1、叉形器1
6	M395	II 5	叉1	男1	仰身直肢一次葬	壮年	19件：折肩壶1、叉形器1、石斧1、骨镞6、骨镖9、牙削1
7	M16	II 6	叉1龟1	男?1	仰身直肢一次葬	50	9件：陶罐1、陶壶1、绿松石珠2、叉形器2、龟1、白石子1、兽牙1
8	M17	II 6	叉1龟1	男1	仰身直肢一次葬	45	11件：陶壶2、陶罐1、石斧2、石锛1、打制石器1、龟甲1、石子1、兽牙1、叉形器1
9	M90	II 6	叉1笛1	男1	堆放式二次葬	40～45	5件：折肩壶1、骨镖1、叉形器1、骨笛1、骨针1
10	M94	II 6	叉2龟8	男1	缺肢一次葬	45～50	22件：折肩壶1、陶罐1、骨镞1、叉形器2、骨针1、骨匕1、龟甲8、兽牙床7
11	M327	II 6	叉2龟8	男3女1	甲乙丁男，丙女，乱堆式多人二次葬	甲老年，乙老年，丙壮年，丁壮年	19件：龟甲8、石子、叉形器2、深腹壶1、折肩壶1、骨凿1、骨料1、骨镖1、石铲1、穿孔龟腹甲片2、褐铁矿1
12	M363	II 6	叉1龟8	男2女1	甲男仰身直肢一次葬，乙男、丙女二次葬	甲超过55，乙超过55，丙45～50	16件：折肩壶3、侈口罐1、叉形器1、骨料1、龟甲8、锤击石核1、石砧1

续表

序号	墓号	期别	出土器类及数量	墓主性别	葬式	年龄	随葬品数量与器类
13	M253	Ⅲ7	叉1笛2龟2	男2	甲仰身直肢一次葬，乙二次葬	均45～50	10件：圆腹壶1，叉形器1，骨笛2，龟甲2，骨镞3，牙削1
合计	13		叉15笛7龟52	男15女3疑男1			

出土叉形器的13座墓葬分布自Ⅰ期2段至Ⅲ期7段，前后延续了约一千年。其中，Ⅰ期2座墓葬出土叉形器2件、Ⅱ期10座墓葬出土叉形器11件、Ⅲ期1座墓葬出土叉形器2件。贾湖文化分为3期，Ⅱ期是其全盛时期，叉形器使用传统的兴衰与贾湖社会的发展过程是相适应的。在这13座墓葬中，除了2例是叉形器单独出土之外，其余11座墓葬均是叉形器与骨笛或龟甲呈组合出土，且看不出明显的区别，这三者地位应是相当的。这些墓葬出土的随葬品一般比较丰富（表二）。贾湖遗址前六次发掘发现的349座墓葬中，随葬器物的有265座，其中，随葬品在10件以下的有235座，其中3座随葬叉形器；11～20件的有25座，其中9座随葬叉形器；21件以上的只有5座，其中1座随葬叉形器。从出土情况来看，叉形器集中出土于随葬遗物在中、上规模等级的墓葬中，丰富的随葬品也暗示了墓主人身份的特殊。随葬叉形器墓葬的墓主人性别以男性为主，单人女性墓主的仅M411一例。M344的随葬品多达33件，墓主头上方放置了8件龟甲，其上置一件叉形器，这说明在埋葬死者时很可能举行了一个类似慰灵的仪式；类似现象在M327（乱骨堆东侧随葬完整龟甲8件，龟甲内置小石子，龟甲上置2件叉形器和褐铁矿原料）、M363（叉形器、龟甲置于二次葬个体乙的乱骨上）中都可以见到。

三、叉形器的传播

特殊的文化现象是了解考古学文化之间是否存在关系的重要证据。形似叉形器的骨制品在贾湖文化年代之前以及年代相近的裴李岗遗址[21]、长葛石固遗址[22]、莪沟北岗遗址[23]、唐户遗址[24]、中山寨遗址[25]等一批裴李岗时期的遗址中均未发现，而在大汶口文化的大汶口遗址[26]、刘林遗址[27]、三里河遗址[28]，龙虬庄文化的龙虬庄遗址[29]、青墩遗址[30]等都有发现（图九）[31]。

大汶口文化遗址中，大汶口遗址的骨矛M63：10是用动物腿骨剖一半制成尖端与钩形，这与叉形器的选材与制作方式一致；刘林遗址的雕空骨器M167：1与三里河遗址的骨刮形器形似叉形器下段的钩状部分。骨刮形器出土时一般握于墓主手中，发掘者推测其用于刮削。此外，大汶口文化遗址的墓葬中也出现随葬龟甲及石子的现象，如大墩子遗址

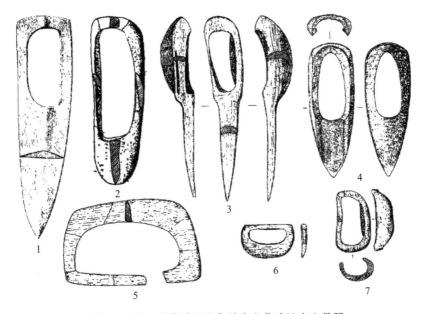

图九 大汶口文化遗址和龙虬庄文化遗址出土骨器

1. 骨矛（大汶口遗址M63∶10） 2. 角匕首（青墩遗址M95∶3） 3. 骨匕首（龙虬庄遗址M402∶4）

4. 骨匕（龙虬庄遗址T3829⑥∶24） 5. 长方形雕空骨器（刘林遗址M167∶1） 6. Ⅱ型骨环

（龙虬庄遗址M31∶5） 7. Ⅰ型骨环（龙虬庄遗址M95∶3）

M44随葬2副穿孔龟甲、M21随葬龟甲及十几颗石子；刘林遗址M128随葬2副穿孔龟甲；尚庄遗址M25男性墓主随葬一副龟甲[32]；野店遗址M88女性墓主随葬一副穿孔龟甲[33]。

龙虬庄文化中，龙虬庄遗址出土骨匕2件，标本T3829⑥∶24与青墩M95∶3器形接近，标本M402∶4与贾湖叉形器区别在于叉形演化成一股，刀状部分有所简化。骨环见于6座墓葬，共11件，器形接近贾湖叉形器下段的钩形部分。这些墓葬除了M220仅一件骨环外随葬品都比较丰富，少则11件（M368），多则35件（M348）；骨环多是成对出土，而且在3座墓葬中骨环置于墓主人手中，有的一手一个。总的来看，贾湖文化面貌在诸多方面与龙虬庄存在共性，这种相似或许正如龙虬庄的发掘者所言是因为龙虬庄文化来源于贾湖文化[34]。

形似叉形器的骨器在大汶口文化遗址和龙虬庄文化遗址中均有少量发现，此时叉形器似乎有向两个方向发展的趋势，一是器形简化呈一端尖刃一端环形，二是钩形部分变成骨环作为一种单独的器类被使用。骨环的出土可以更多地看到叉形器的影子，尤其是将骨环置于墓主人手中这一埋葬习俗，在贾湖文化出土叉形器的部分墓葬中也可以见到。按照目前的考古材料来看，贾湖文化因素很可能在距今7000年以后向东逐渐影响到黄河下游和淮河中下游地区。

四、结　语

叉形器的制作集合了切割、打磨、抛光、钻孔等多种工艺，集中反映了以贾湖文化为代表的新石器时代早中期先民发达的骨制品制作技术。从叉形器的使用及修补痕迹推测，其使用方式应是手握钩状部分柄部，双叉戳插、钩状部分低端勾悬重物，可能是宗教仪式上的一种道具。叉形器的所有者以贾湖先民中较有地位的男性居多。叉形器不仅在贾湖文化中绵延存在了将近一千年，并很可能在距今7000～6000年左右影响到龙虬庄文化和大汶口文化。

注　释

［1］　河南省文物考古研究：《舞阳贾湖》，科学出版社，1999年，第445页。

［2］　河南省文物考古研究：《舞阳贾湖》，科学出版社，1999年，彩版三八，2、图版一七九，4、彩版三七，1、彩版三八，1、彩版三八，3、图版一七八，3。

［3］　河南省文物考古研究所：《舞阳贾湖》，科学出版社，1999年，第447页。

［4］　安家瑗：《小孤山发现的骨鱼镖——兼论与新石器时代骨鱼镖的关系》，《人类学学报》1991年第1期。

［5］　黄蕴平：《小孤山骨针的制作和使用研究》，《考古》1993年第3期。

［6］　吕遵谔：《海城小孤山仙人洞鱼镖头的复制和使用研究》，《考古学报》1995年第1期。

［7］　顾玉才：《海城仙人洞遗址装饰品的穿孔技术及有关问题》，《人类学学报》19961年第4期。

［8］　宋艳花、石金鸣、沈辰：《山西柿子滩旧石器遗址蚌饰品制作工艺研究》，《人类学学报》2011年第2期；宋艳花、石金鸣：《柿子滩遗址穿孔饰品的穿系方式研究》，《中原文物》2013年第1期。

［9］　河南省文物考古研究：《舞阳贾湖》，科学出版社，1999年，第975页。

［10］　王文建、张童心：《墓葬习俗中的性别研究——以贾湖遗址为例》，《四川文物》2008年第6期。

［11］　邓宏海：《论贾湖骨笛、龟甲和叉形器的真相——兼驳"万物有灵论"》，http://www.360doc.com/content/12/0923/12/14224_237706712.shtml#。

［12］　胡大军：《贾湖伏羲密码》，上海社会科学院出版社，2013年。

［13］　沈勇：《中国铜器、石器时代骨器制作综谈》，《文物季刊》1994年第1期。

［14］　胡大军：《贾湖伏羲密码》，上海社会科学院出版社，2013年。

［15］　邓聪、刘国祥：《牛河梁遗址玉器制作初探》，《中华文明探源工程——红山文化玉器工艺研究成果》http://www.cuhk.edu.hk/ics/ccaa/TC_publications/2013/2013_01.pdf。

［16］　席永杰、张国强：《红山文化玉器线切割、钻孔技术实验报告》，《北方文物》2009年第1期。

［17］　张敬国等：《凌家滩玉器微痕迹的显微观察与研究——中国砣的发现》，《东南文化》2007年第5期。

［18］　邓聪：《东亚史前玉器管钻技术试释》，《史前琢玉工艺技术》，台湾博物馆，2003年，第152页。

［19］　盛文嘉：《关于长江下游地区新石器时代管钻技术的若干认识》，《南方文物》2013年第4期。

［20］　王文建、张童心：《墓葬习俗中的性别研究——以贾湖遗址为例》，《四川文物》2008年第6期。

［21］　中国社会科学院考古研究所一队：《1979年裴李岗遗址发掘报告》，《考古学报》1984年第1期。

［22］　郭天锁、陈家祥：《长葛石固遗址发掘报告》，《华夏考古》1987年第1期。

［23］河南省博物馆、密县文化馆：《河南密县莪沟北岗新石器时代遗址发掘报告》，《河南文博通讯》1979年第3期。

［24］郑州市文物考古研究院、河南省文物管理局南水北调文物保护办公室：《河南新郑市唐户遗址裴李岗文化遗存2007年发掘简报》，《考古》2010年第5期。

［25］中国社会科学院考古研究所一队：《河南汝州中山寨遗址》，《考古》1991年第1期。

［26］山东省文物管理处、济南市博物馆：《大汶口——新石器时代墓葬发掘报告》，文物出版社，1974年；山东省文物考古研究所：《大汶口续集——大汶口遗址第二、三次发掘报告》，科学出版社，1997年。

［27］江苏省文物工作队：《江苏邳县刘林新石器时代遗址第二次发掘》，《考古学报》1962年第1期。

［28］社会科学院考古研究所编：《胶县三里河》，文物出版社，1988年。

［29］龙虬庄遗址考古队：《龙虬庄江淮东部新石器时代遗址发掘报告》，科学出版社，1999年。

［30］南京博物院：《江苏海安青墩遗址》，《考古学报》1983年第2期。

［31］具体见《大汶口——新石器时代墓葬发掘报告》，第45页；《江苏海安青墩遗址》，第168页；《龙虬庄江淮东部新石器时代遗址发掘报告》，第186页、第346页、第348页、第349页；《江苏邳县刘林新石器时代遗址第二次发掘》，第30页。

［32］山东省文物考古研究所：《茌平尚庄新石器时代遗址》，《考古学报》1985年第4期，第470、471页。

［33］山东省博物馆、山东省文物考古研究所：《邹县野店》，文物出版社，1985年，第101页。

［34］龙虬庄遗址考古队：《龙虬庄——江淮东部新石器时代遗址发掘报告》，科学出版社，1999年，第520～523页。

（原载《南方文物》2015年第4期）

贾湖古酒研究

（根据录音整理，未经本人审阅）

麦戈文（Patrick E. McGovern）

大家好，我不知道有没有翻译，但是我想跟在座的每个人进行交流。我会用慢速的英语演讲，如果你有什么问题可以看这个PPT，它将帮助你们理解演讲的内容。

今天对我来讲，是十分兴奋的一天。我第一次到中国是在1999年，那时候我到了郑州，见到了张教授，他介绍贾湖遗址的陶器给我，并且我们还发现了陶器上的残留物。当时，我没有办法到贾湖遗址参观。但是，今天我终于看到了贾湖，这是一个令人振奋的进步。

因为贾湖遗址在我们理解人类的酒精饮料以及陶器对人类的意义等方面扮演着重要的角色。实际上，发酵是人类在地球上生存的基础之一，也可能是人类历史上最早的能量交换系统。它不仅涉及化学生理学、生物学，也包括动物能量汲取等方面。我们有特定的考察，证明酒精可以将糖转化为能量，并且在人类能量转换过程中发挥着重要的作用，这可能是人类最早使用生化科学的实例。

现在展示的是中国南方少数民族朋友在喝啤酒的场景，但是我们很难分清葡萄酒、啤酒、水果酒或者其他的酒精饮料。人们饮用酒精饮料，因为它们是（人们）碳水化合物的来源，原料可能是一种谷物。如果是葡萄酒的话，酒内含的糖分来自于葡萄，也可能用其他的水果，比如山楂。在全球其他地方的同时代遗址中还发现含有蜂蜜的酒精饮料，它们都是自然界中含糖量很高的物质。

我最近出版的一本书中总结了最早大陆的酒精饮料的证据。我们还没有很多普遍的证据，但是我们已经获得了很多认识，到达非洲的先民很早获取这种酒精饮料，这种饮料经过非洲传播到世界各地。他们引进了许多自然谷物，如大米、大麦等。我们是很有发明才能的人，所以我们很快就发明了含酒精饮料。这本书所要做的就是总结我们所见到的考古数据及化学证据，还有和酒精饮料相关的古代文本及艺术作品。我们还根据化学成分复制古代的酒，我亲自品尝。待会我将赠送张教授我们的"角鲨头"牌贾湖城啤酒，这种酒在美国很受欢迎。

这一次我来中国并来参观贾湖的另一个原因是文德安教授的介绍，她在观众之中，我要谢谢她。她邀请我到两城镇遗址并研究那里发现的酒精饮料。这可能是最早发现酒精饮料的贾湖遗址的一个延续。我们观察到，除了水果和残留物，贾湖先民墓葬中头部一侧经常有一个陶壶，这似乎提示我们陶壶中可能有液体，在现实生活中可能也存在这种现象。这种陶器口小、颈部细长，似乎与保存液体有关，所以进一步的分析是十分重要的。有可能在陶器中发现液体，并且我们可以从陶器中提取一些液体的物质来进行分析。

我其实是一个中东考古学家，我的研究也开始于中东地区，我研究的中东陶器时代是距今6000年的，而这里的陶片可以达到距今9000年。所以我们发现了特定的研究陶器的技术，我们对贾湖遗址陶器内部的残留物进行了分析。本来我想在这里给大家展示这些残留物的化学组成，但是这里有专门的论文论述我们的研究，这篇论文发表在2000年的《美国国家科学院院刊》上。这篇文章的编辑也在这里，就是巴尔-约瑟夫教授，他已经详细了解了我们的研究。

我们所做的就是尽量找到自然遗物的化学指纹，在贾湖遗址的残留物中我们发现了来自于葡萄的酒石酸。在中东地区，酒石酸一般指示的是葡萄酒，但是，在中国情况会比较复杂一些。葡萄的酒石酸含量是山楂的4倍，所以我们最早推测贾湖的酒石酸来自于葡萄。中国有四十余种葡萄，这还是先民的主要食物之一。在这里的孔昭宸教授也识别出了来自于贾湖遗址的葡萄种子和山楂种子，这与我们的化学分析的证据是吻合的。另一种特定的复合物是蜂蜡，你很难从蜂蜜中将蜂蜡分离出来。如果你有已成液态的水果的话，蜂蜜或者水果表皮中的酯类会使发酵很快发生，尤其是在温暖的环境之中。发现酒精饮料中含有大米是因为我们发现了其中含有阿魏植物甾醇。所以，我们获得的是一种很奇怪的饮料，它既不是水果酒，也不是啤酒，也不是葡萄酒，它是这几种物质的混合物。这是我们在新石器时代普遍见到的混合饮料，那时候的人们没有详细说明，这是一种特殊的自然物质。他们通过这种物质补充糖分，并且将这几种物质放在一起可以发酵产生酒精已经被证实了，里面有很多的营养物质。

这是一个葡萄被用来制作酒精饮料的实例，有助于我们理解贾湖的重大发现。贾湖的葡萄应该不是外来葡萄，因为外来葡萄源自中东地区。所以这种饮料所用的葡萄应该是中国本土的葡萄。这种葡萄的含糖量很高，超过百分之二十。另外一个问题就是，如何将大米放入糖之中并开始发酵，我想一种途径就是古人事先将这些大米进行咀嚼，人类唾液中有一种酶可以将碳水化合物转化为糖分。现在中国台湾和日本还有这种例子，妇女会把稻米咀嚼之后吐出来，之后昆虫就会过来吃。我想人们制作酒精饮料的行为有两种原因：一是将社会成员有效地组织起来；二是与宗教有关，酒精饮料可能是与祖先沟通、交流的途径。

两城镇遗址揭示了一个有趣的联系，那就是新石器时代晚期的"烈性酒"。我想提及的是，进入商代以后，我们会发现有些容器内的液体，在郑州另一侧的长子口墓地，发现了3000年前容器内的液体。你可能要问了，是什么样的工艺使得他们制作的容器具有如此好的密封性。这确实是令人难以置信的地方。好，我的演讲就是这样，谢谢大家！

中美考古学家对河南贾湖遗址联合研究发现我国9000年前已开始酿制米酒

蓝万里

最近，中国科学技术大学科技史与科技考古系张居中教授与美国宾夕法尼亚大学考古与人类学博物馆的Patrick E. McGovern教授合作的项目得出结果：在对河南贾湖遗址中发现的陶器进行分析时，找到了中国目前发现的存在最早的酒的证据。8600年前留存下来的实物证明，我国当时已经掌握了酒的制造方法，所用原料包括稻米、蜂蜜、水果等。中国造酒的历史又向前推进了近4000年，研究结果已于本周刊登在《美国国家科学院院刊》上。美联社等国外媒体已进行了广泛报道。

河南省舞阳县的贾湖遗址距今约9000~7000年，是淮河流域迄今所知年代最早的新石器文化遗存，曾被评为20世纪中国100项考古发现之一。它曾以发现世界最早的七声音阶骨笛而闻名。1984年以来主持贾湖历次发掘的中国科技大学科技史与科技考古系张居中教授带领的中国考古学家在遗址中发掘出了大批陶器。考古人员发现这些数千年前的陶器碎片上留有一些沉淀物。为了弄清这些沉淀物的真相，1999年开始，中方将部分的陶片样本提供给美方专家进行化验，中美专家合作对这些陶器碎片上的沉淀物进行研究。

Patrick E. McGovern教授等对这些陶器进行了一系列的化学分析，分析方法包括气相色谱分析、液相色谱分析、傅立叶变换红外光谱分析、稳定同位素分析等。分析结果显示，这些沉淀物含有酒类挥发后的酒石酸。另外，残留物的化学成分与现代稻米、米酒、葡萄酒、蜂蜡、葡萄丹宁酸以及一些古代和现代草药所含的某些化学成分相同。残留物还包含有山楂的化学成分。分析发现全部酒呈现出稻米的化学特性，在年代最长的酒（贾湖遗址陶片）里还发现含有蜂蜜。对这些分析结果的直接解释是陶器盛放过以稻米、蜂蜜和水果为原料混合发酵而成的饮料。他们认为因为掺有蜂蜜，这些最古老的发酵饮料，味道肯定"甘甜可口"。贾湖遗址经过^{14}C断代测定年代在公元前7000~前5500年之间，这些实验说明了早在新石器时代早期，中国人就开始饮用发酵饮料。

美国费城宾州大学的考古化学家McGovern一直从事世界酒史研究，曾于1994年研究证明，伊朗早在前5400年左右就有葡萄酒。1999年McGovern来我国做学术访问时，希望能和国内专家合作进行酒史研究。随后，张居中等将国内一批考古实物送至国外进行研究，其中有1984~1987年在河南省舞阳县著名的新石器时代早期遗址——贾湖遗址发掘出土的距今8600～7500年的一些陶质碎片，由中国社会科学院考古研究所唐际根研究员等提供的河南安阳殷墟出土的青铜器中的酒渍残留物，以及河南省文物考古研究所张志清研究员等提供的出自河南鹿邑太清宫商末周初大墓中封闭的青铜器内的液态酒等。据报道，McGovern表示，在得知青铜器里存在液体的一刹那，他"感到简直无法相信"。

　　1990年，国外一个研究小组在伊朗西部扎格罗斯山勾丁帖琵的一个房屋中发现了当时世界已知最早的白酒的化学证据，这种白酒的历史可追溯到大约前3500年。两年后，研究小组还在勾丁帖琵同一个房屋内的另一个容器中发现了通过化学确定的历史最早的大麦酒。1994年，研究人员对宾夕法尼亚大学考古队在伊朗一处新石器时代遗址挖掘出的2个罐子内的白酒进行了化学检测，发现白酒的历史可追溯至大约前5400年。这些是国外所发现的最早的酒精饮料，中国最早的酒目前学界大多认为出自距今5000～4000年的仰韶文化晚期至龙山文化时期。美国图森市亚利桑那大学的考古学家David Killick说，该研究是一项"给人印象极其深刻的'侦探'工作"。张居中教授则表示："此前在伊朗发现的大约前5400年的酒，目前被认为是世界上最早的酒。因此可以肯定地说，这次贾湖的发现，改写了这一纪录，比国外发现的最早的酒也要早1000多年。成为世界上目前发现的最早的与酒有关的实物资料。"

（原载《中国文物报》2004年12月15日第一版）

骨笛研究

舞阳贾湖骨笛的测音研究

黄翔鹏

1987年11月3日，我们一行五人，携带Stroboconn闪光频谱测音仪，在河南省文物研究所，对舞阳县贾湖新石器时代遗址出土的一批远古竖吹骨笛，选取检测对象，作了测音工作。由于这一批文物极为珍贵，研究价值重大，测音工作始终是集体进行的。吹奏者：副研究员萧兴华、工程师徐桃英。仪表操作：工程师顾伯宝。监测则由武汉音乐学院院长童忠良教授和我担任。

检测时从十六支出土骨笛中选定最完整、无裂纹的一支，器物编号为M282：20，七孔。此外，曾另取较完整的二支，但有微裂，试吹时稍闻坼裂声，即不取再试。因此，入测音报告的只此一例。

吹奏方法，据骨笛的形制，用鹰骨笛斜出45°角的方法竖吹。为求发音最自然，避免出自主观倾向的口风控制，未请专业演奏人员参与，而由两人两次各分别作上行、下行吹奏，并列不同数据测音结果，以免偏颇。

测音结果如表一～表四。

表一

编号1	↑行	↓行
1孔	#A6—42	#A6—42
2孔	G6—40	G6—50
3孔	E6+16	E6+21
4孔	D6+16	D6+14
5孔	C6+24	C6+22
6孔	B5—25	B5—39
7孔	A5+8	A5+13
筒音	#F5+44	#F5+52

注：7孔表示该孔的大小孔同时开放

表二

编号2	↑行	↓行
1孔	#A6—15	#A6—63
2孔	G6—36	G6—63
3孔	E6+22	E6+0
4孔	D6—1	D6—1
5孔	C6+15	C6+0
6孔	#A5+49	#A5+43
7孔	A5—20	A5—10
筒音	#F5—30	#F5+29

注：7孔表示该孔的大小孔同时开放

表中所示结果仅为测音的基本数据形式，并不能确知此笛发音能否构成音阶，构成何种音阶，其音阶共有几声。对这些数据资料还需进行音高标准的处理，才能确知它们在音阶上的本质属性。

由于仪器的读数标准来自现代乐器制造工艺中的标准音A4，即以每秒440次复振动作

<table>
<tr><td colspan="3" align="center">表三</td></tr>
<tr><td>编号3</td><td>↑行</td><td>↓行</td></tr>
<tr><td>1孔</td><td>A6+36</td><td>A6+14</td></tr>
<tr><td>2孔</td><td>G6−45</td><td>G6−74</td></tr>
<tr><td>3孔</td><td>E6−4</td><td>E6−15</td></tr>
<tr><td>4孔</td><td>C6+1</td><td>D6−8</td></tr>
<tr><td>5孔</td><td>C6−12</td><td>C6+5</td></tr>
<tr><td>6孔</td><td>B5−49</td><td>B5−40</td></tr>
<tr><td>7孔</td><td>A5+9</td><td>A5+0</td></tr>
<tr><td>筒音</td><td>G5+28</td><td>#F5+32</td></tr>
</table>

<table>
<tr><td colspan="3" align="center">表四①</td></tr>
<tr><td>编号4</td><td>↑行</td><td>↓行</td></tr>
<tr><td>1孔</td><td>A6−36</td><td>A6−47</td></tr>
<tr><td>2孔</td><td>#F6+3</td><td>#F6+36</td></tr>
<tr><td>3孔</td><td>E6−44</td><td>E6−20</td></tr>
<tr><td>4孔</td><td>D6−51</td><td>D6−20</td></tr>
<tr><td>5孔</td><td>C6−37</td><td>C6+0</td></tr>
<tr><td>6孔</td><td>B5−60</td><td>B5−47</td></tr>
<tr><td>（小）7孔</td><td>A5−11</td><td>A5−12</td></tr>
<tr><td>（大）7孔</td><td>#G5+16</td><td>#G5−18</td></tr>
<tr><td>筒音</td><td>#F5+16</td><td>#F5+18</td></tr>
</table>

注：7孔表示该孔的大小孔同时开放

为音高基准的平均律参考系，故难于与远古的实际标准相合。如表一的1孔，按表中读数#A6−42看，似乎在全部音列中是一个不入列的怪音，但此音原可折合A6+58。如以5孔C6+24为出发律的标准，即使仍按平均律看，它也是一个并不太奇怪的，只在高音区中偏高三十音分左右的大六度音。

试就全部数据作综合分析，第一步可确定3孔至7孔（小）的各音音程关系：

E6，D6，C6，B5，A5。

它们无论从音乐的感性判断或从数据的表面值的合理程度判断，均已无疑义。又从吹奏实践中知道此笛最高两孔与筒音全闭时发音较难，试奏中出现的差异也因之较大。所以对这三个音所形成的各个音程关系必须作全面分析。

<table>
<tr><td colspan="3" align="center">表五</td></tr>
<tr><td>音程位置</td><td>平均值</td><td>应有的音程性质</td></tr>
<tr><td>1孔与2孔间</td><td>284音分</td><td>小三度</td></tr>
<tr><td>2孔与3孔间</td><td>244音分</td><td>大二度略大</td></tr>
<tr><td>7孔与筒音间</td><td>260音分</td><td>小三度略小或大二度略大</td></tr>
</table>

四次测试各按上、下行计算有关各孔间音程的音分值，各得八个数据；再按其平均值，可以判断其应有的音程性质，如表五。

按音程性质的判断，补足E6、D6、C6、B5、A5以外即第3孔以上第7孔以下各音，应是：

第1孔，A6。第2孔，#F6。筒音G5或#F5。

以现有测音数据与上述判断相比较，矛盾较大的只有表二第1孔的#A6−15、筒音的#F5−30，它们各占八个数据之一，可以说是因吹奏困难造成的误差。

至于表四，第7孔位的大孔所发音#G5，我以为应系钻孔过低再打小孔进行校正的。从指法上说也不应该是音阶中的另一音级。

自筒音起，由低到高作音阶排列，并按工尺谱与宫商阶名标明两种可能性的音阶结

① 表一～表四为同一支骨笛由两人吹奏的测音结果，中国艺术研究院音乐研究所音响实验室提供。

构，即如表六。

表六

筒音#F5或G5	7孔	6孔	5孔	4孔	3孔	2孔	1孔	结论
	A5	B5	C6	D6	E6	#F6	A₆	
工角	/ 合宫	六徵 四商	五羽 乙角	下乙闰 上和	上宫 尺徵	尺商 工羽	工角 凡变宫	六徵 五商	清商音阶六声 下徵调音阶七声

以上两种可能性的抉择，将取决于筒音的高低。这只有期望于完整骨笛在这一墓葬群中再次发现，以便进行音阶结构的比较。

如从中国古代竖吹管乐器的音阶排列方法传统样式取证，恰好以上两种排列皆有根据。并且，恰好也可以说，再无第三种可能的样式足以被认作最古的传统。

晋代的荀勖讨论制作竖笛一类的笛律时说过："角声在笛体中，古之制也。"（《晋书·律历志》）略有疑问之处在于荀勖所指，为古音阶之角。如果古制是只以筒音论角声而不论音阶，这支骨笛的音阶结构得以成立，那么反过来则将成为清商音阶渊源极为古老的一个重大证据。

第二种下徵调七声音阶是出土文物中已经证明先秦即有的音阶。文献记录中最早提及工尺谱的早期形式，即燕乐半字谱，陈旸《乐书》称之为"唐来半字谱"。这种半字谱用在竖吹的管乐器上，据《辽史·乐志》说："大乐声各调之中度曲协音，其声凡十：五、凡、工、尺、上、一、四、六、勾、合。"其中，自"五"字至"四"字即自上而下，从1孔至7孔的七音；"六"、"勾"两声为背面开孔；"合"字即筒音，正是指竖管各孔全都按实之意，所以为"合"。

这支骨笛比起后世的竖吹之管，只是少了背面"六"、"勾"二音，正应是竖吹管乐器的祖制。

以上两种可能性的判断，必居其一。因此，我们的最后结论认为，这支骨笛的音阶结构至少是六声音阶，也有可能是七声齐备的、古老的下徵调音阶。

许慎《说文》释"笛"字曰："七孔筊也。"与郑玄异。段玉裁说："大郑云五孔……然则汉时长笛五孔甚明。云七孔者，礼家说古笛也。"这段话实在是指竖吹之笛而言的。我以为这支骨笛，如求文献之证，考定器名，以最自然、最简单的命名称"笛"即可。不必旁求"琯"、"籥"等先秦古籍中所见之名，更不必就它的吹奏方法，易以后世的乐器之名。朱载堉《律吕精义》说："篴（即笛）之吹处类今之楚（即现名'潮儿'者）。"我们似乎不必因为一种祖先有了某种后裔，就要以其中的一种后裔之名来给它的祖先定名。

（原载《文物》1989年第1期）

中国音乐文化文明九千年——试论河南舞阳贾湖骨笛的发掘及其意义

萧兴华

衡量中国音乐文化文明的标志是中国音乐五声音阶的形成。通过对河南舞阳贾湖出土的骨笛所进行的12年研究和测音表明，这批骨笛距今已有九千多年的历史，它能奏出完整和相当准确的五声音阶，因此我可以断定，在距今一万年左右的新石器初期，就音乐文化领域而言，居住在中国中原地区的先民们，在全人类中率先进入了音乐文化的文明时期。

从旧石器时期（"从二三百万年前开始至一万年前为止"见《中国大百科全书》考古学卷"史前考古学条"）出现的四声音阶，发展到新石器时期应用的五声音阶，就是中国音乐从蒙昧时期发展到音乐文化文明时期的分水岭。

在旧石器时期的晚期就出现了四声音阶，它的应用范围主要体现在劳动号子的方面[1]，它也是当时的最高音乐形式。以后，人们为了表达更复杂的情绪，用声音来表述人们的喜怒哀乐，便在四声音阶的基础上，发展成了五声音阶，使音乐走入了文明的新时期，而这一理论的基础，就是建立在对河南舞阳贾湖遗址所发掘出来的骨笛研究之上的，因为这批骨笛，记载了中国中原地区从旧石器时期到新石器时期这个阶段中国中原地区的音乐文明概况。

一、贾湖遗址的地理位置与自然环境

贾湖位于河南省舞阳县北舞渡镇，距舞阳县城22千米，在河南省中部偏南，地处黄淮大平原西南部边缘，是我国第二、三阶梯的过渡地带，南北、东西交流的要冲，这里河流纵横，交通便利。贾湖所在地区为现代自然区划的北亚热带向北暖温带的过渡地带，地貌形态为波状起伏的平原，海拔40～100米。地势由西北稍向东南倾斜。区内气候过渡性明显，热量由北向南递增，降水量由南向北递减，地貌类型为淮河上游支流冲积——湖积平原，地势相对低洼，排水不畅，土壤淋溶作用和潜育化现象明显[2]。

人的生存是离不开水源的，贾湖境内流经的河流有十多条，主要的或与遗址有关的河有：沙河、灰河、泥河、澧河、三里河。

据目前掌握的材料可知，这一带地区至少在一万多年前的旧石器时代末期就有人类在活动，在舞阳大岗发现有细石器文化遗存。这里也有仰韶时代（距今七八千年前）、龙山时代（距今四千多年前）和商周时代的文化遗存。

通过对贾湖遗址所在地环境的调查得知，这里是古人生存的优良环境，也就是在这特定的环境下，贾湖人在这里生息繁衍一千二百多年，并在这里孕育出代表中国远古时期音乐文化最高水平的贾湖骨笛主体。

二、贾湖骨笛的发掘为认识远古时期的音乐文化文明提供了依据

1987年5月14日，河南省文物考古研究所的张居中、王胜利，在清理河南省舞阳县贾湖第282号墓时，发现该墓主人的白骨已不甚清晰，而唯独他左股骨旁放置的1支骨器完整无损，管身上有7个大小完全相同的按音孔和一个不知有何作用的小孔。当时适逢河南省文物考古研究所裴明相和陈嘉祥两位先生到工地检查工作，裴老一见骨器出土，兴高采烈，不顾拂掉骨器身上的泥土，便按吹箫的方式对嘴吹着表演起来，由于骨器内的泥土当时尚未进行清理，还不能吹出声来[3]。这次发掘结束后不久，张居中和郝本性所长、裴明相先生及郑州大学考古专业的宋豫秦先生一同携带贾湖M282：20号骨器来到北京，他们首先找到了萧兴华，萧兴华当时一见到这支骨器便大吃一惊，因为它的构造和新疆哈萨克族的吹奏乐器斯布斯额（汉名应为直吹木笛）和新疆塔吉克族的鹰骨笛极为相似，为区别它们，当时便称它为贾湖骨笛。它的出现，比历史上任何关于笛的记载、出土的文物和砖雕绘画都要早数千年，当即萧兴华便带他们一行到中央民族乐团找到刘文金团长，当他听了简单的介绍之后，便召集管乐声部的好几位同志前来试奏，笛子演奏家宁保生首先用斜吹的方法吹出了它的基本音阶，这一结果使所有在场的人都受到了很大的鼓舞。1987年11月3日，萧兴华约定了黄翔鹏、童忠良先生及徐桃英、顾伯宝工程师前往郑州，并携带Stroboconn闪光频谱测音仪，由黄、童二先生监测，萧兴华和徐桃英吹奏，顾伯宝操机。首先对当时出土最完整的M282：20号骨笛进行了音序的测试，萧兴华和徐桃英分别用斜吹的方法吹奏了上行和下行的音序，又分别吹奏了河北民歌《小白菜》的曲调，相当准确的音高和坚实而又嘹亮的音色，使所有在场的人都大为震惊，因为这支骨笛，使所有在场的人第一次听到了用八千八百年前使用的骨笛在今天又发出动人的乐声。经过我们的认真分析和研究，在当时对M282：20号骨笛初步有所认识的前提下，得出两条初步结论：①舞阳出土的骨笛是乐器，它是我国音乐考古史中出现最早的吹奏乐器实物；②在八千多年前制造出来的骨笛已经具备了音阶概念（这是我们为慎重起见提出的最保守的结论），这也是我国任何典籍上都未见记载的乐器实物。对贾湖骨笛的进一步发掘和深入研究，将会揭开史前音乐文化面貌的新篇章。我们还共同约定，先委托黄翔鹏先生将这次考查和测音成果写成文章布告天下。并约定在未揭开贾湖骨笛面貌的时候，暂时先不要发表

更多的文章，以避免出大的差错。

对贾湖遗址的发现、发掘和整理是经过了一个漫长的过程。在20世纪60年代初，舞阳县博物馆馆长朱帜先生最先发现贾湖文化遗址，80年代初，周到、安志敏先生曾先后到贾湖遗址调查，以后在遗址选点、发掘决策和发掘方案的制定上，安金槐、郝本性先生都曾起到过决定性的作用。本发掘项目的领队裴明相先生也曾多次到发掘场地检查指导发掘工作，而张居中更是在1984年至1987年的第二次至第六次的发掘工作中主持了发掘工作的进行，并带领多人参加这一实践，因此，对贾湖文化遗址在发掘工作中所做出的成绩是和大家共同的努力所分不开的。

在1984～1987年的发掘工作中，曾在贾湖遗址中发掘出了26支骨笛，尤为重要的是在此期间发掘出了贾湖最早期的骨笛（即第一批到达贾湖的人使用的骨笛，时间为距今九千多年），现在还能用它们吹奏出四声音阶和完整的五声音阶（完整数据见下节"关于贾湖骨笛制作中'数'与'律'的概念"），贾湖早期的M341：2号（六孔）骨笛的测音结果表明，在距今九千年之前，我国中原地区已经开始应用五声音阶，在骨笛的制作中也已得到充分的体现．从出现五声音阶，到能制造出五声音阶的骨笛这个过程到底有多长时间，目前我们还难以作出准确的判断。五声音阶骨笛（即M341：2号）其音的准确度至今还使我们感到惊异，对贾湖骨笛晚期、中期和早期骨笛的不断发现，尤其是骨笛精品的出现，加上我们在认识和研究工作的不断深入，在20世纪90年代初期我已经感觉到，要揭开近一万年以来中国音乐文化文明的日子越来越近了。如果说在一万年以前的旧石器时期的最高音乐成就是四声音阶为代表的劳动型音乐思维为主体的话，进入新石器时期后，完整的五声音阶的使用，已使中国的音乐进入到了一个新的音乐文明时期。这个出现了近一万年的五声音阶，它至今在中国的广大民间音乐范畴中仍然保留着它几乎是不可动摇的地位。近百年来，我国一批很有成就的作曲家，他们创作的优秀音乐作品，绝大多数仍然是以新石器时期初期所发现的音乐规律和扩大了音乐思维在进行着新的音乐创作，并在现代的音乐舞台上和音乐市场上占有着举足轻重的地位。

我们今天通过对贾湖骨笛的深入研究，其目的就是在寻找中国音乐的形成和发展变化的过程，为我国民族音乐的继承和发展找到新的思维途径，为世界音乐文化的发展做出更大的贡献。在贾湖骨笛一千二百多年的流传和变化之中，我们也许能得到新的启示。

三、贾湖骨笛的历史分期

贾湖遗址迄今共出土二十余支骨笛，从这些骨笛的形制来看，显然可以分为3种类型，它与贾湖文化遗存的3个大发展阶段基本相符。

（1）早期，距今九千多年至八千六百年左右，骨笛上开有五孔、六孔，能奏出四声音阶和完备的五声音阶，其骨笛的编号为M341：1（五孔）、M341：2（六孔）。

（2）中期，距今八千六百至八千二百年左右，骨笛上开有七孔，能奏出六声和七声音阶，其骨笛的编号为M344：4（七孔）、M344：5（七孔）、M387：13（残）、M282：20（七孔）、M282：21（七孔）、M233：3（七孔）、M233：4（七孔）、M270：2（七孔）、M270：3（七孔）、M411：14（七孔）、M121：8（七孔）、M78：1（七孔）、M78：2（七孔）、M73：6（残存四孔）。

（3）晚期，距今八千二百至七千八百年左右，能奏出完整的七声音阶以及七声音阶以外的一些变化音，骨笛的编号为M263：14（七孔）、M253：4（八孔）、M253：9（七孔）、T18③：16（残）、T61④：1（残）、M90：4（残）、M91：1（残）。

其他的墓葬发现的骨笛出土时已成残片，难以辨别其孔数，故不列入编号。

在遗址中出土的早、中、晚3个时期的这批骨笛，像M341、M344、M282、M233、M270、M78、M253等墓葬，每墓均出土两支骨笛，这是一种很值得研究的现象，这些墓葬与同期的墓葬相比，墓室的规模都比较大，随葬品也较多，其中以中期的M282墓葬规模最大，随葬品竟有60件之多，且出土的2支骨笛质量最精，虽然它们在制作时间上有所差异（以后将撰文专门论述），但由此我们可以推测出，这些墓主人在生前都有着一定的特殊地位，他们既可能是部落或氏族的首领，也可能是部落或氏族中能沟通天地和人神的巫师，他们是骨笛的主人，也是骨笛的制作者和使用者。在这里要特别引起我们注意的是早期的M341墓葬，在这个墓中出土的M341：1和M341：2骨笛，前者为五孔，能奏出四声音阶；后者为六孔，能奏出完整的五声音阶，这两支骨笛并非制作于同一个时期，我们从中可以看出贾湖骨笛在一千二百多年流传过程中的继承和发展之间的关系（此问题将在下文中讨论）。

四、关于贾湖骨笛制作中"数"与"律"的概念

在九千多年前的骨笛制作过程中，几乎不可能出现像我们对今天所有的对"数"和

"律"的明确概念，因为那时尚未出现文字，更谈不上有什么记载。由于当时生产工具的低下，还有很多谜在等待我们解开。但是，我们从贾湖出土的二十多支骨笛中可以看到，他们在长期的音乐实践中是有一定标准的，而在不同的时期又有着一定的变化，我在研究数和律之间关系时，一直处在困惑之中，任何一部数学史，都没有能涉及九千年前的中国古代数学问题。我国的数学史学家们在《中国古代数学的萌芽》[4]中也只是说："原始公社末期，私有制和货物交换产生以后，数与形的概念有了进一步的发展，仰韶文化时期出土的陶器，上面已刻有|、||、|||、||||等表示1、2、3、4的符号。"而仰韶时期距今也不过才有七千至五千年的历史，比贾湖早期的制作时间至少还要晚两千多年。因此在这个方面几乎无据可查，我们只有就骨笛的制作实践成果来论骨笛了。

就音乐领域而言，数与律是相辅相成的关系。律在这里指的音高标准，要订立这个标准，就要有一定的法则和规律，而这个法则的制定肯定是和数有一定关系的。我们不妨先从贾湖人在制作骨笛实践中、在贾湖骨笛的3个时期中制造的骨笛做一下比较。

第一期　据今九千多年至八千六百年

M341：1（五孔）　音阶为（#D）356136

M341：2（六孔）　音阶为（#A）1235613

第二期　据今八千六百年至八千二百年

M282：20（七孔）　音阶为（D）356b71235

M282：21（七孔）　音阶为（D）35b6b71123b6

第三期　距今八千二百年至七千八百年

M253：4（八孔）　音阶为（#D）4 b6b712356

在这5支骨笛当中，特别引起我们注意的是早期的M341：1、中期的M282：20和晚期的M253：4三支骨笛，因为这3支骨笛上都留下了制作时为计算开孔孔距而留下的计算刻度，其中M282：20的计算是用钻头轻点而留下的痕迹，而在实际钻孔的过程中，又根据人耳对音高的校正进行了修改，这支骨笛在开到第七孔时，先开了一个小孔，经过人耳的审听，觉得它比实际需要的音略高，因此在它下方0.44厘米处又开了一个正式的音孔。经过测音，六孔至七孔的音距为178音分，它与小全音的音分数182音分只差4个音分，而这4音分却是一般人耳难以辨别的。而七孔至筒音的音距为250音分，它与纯律增二度的275音分也只差了25音分。由于第七孔的开孔位置得以调整，使六至七孔的音距接近了小全音的标准，而使第七孔与筒音之间的距离缩小到与纯律增二度相近的音分值。在这里，我们也可以视它为音距稍小的小三度。这支骨笛在开孔时，在预先计算的开孔点上，也做了适当的调整，即把第二孔原计算开孔的位置向下移动了0.1厘米，使第一孔与第二孔的音距为300音分；把第三孔原计算开孔的位置也向下移动了0.1厘米，使第二孔与第三孔的音分值也相应地调整到200音分，而第三孔与第四孔之间的音距也成了200音分。通过调整后的M282：20骨笛从第四孔至第一孔的四个音被调整为：

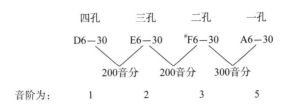

经过对两个音孔位置的调整，它们之间音距与音分数与今天十二平均律的音距和音分数完全相同，并且形成了1235四个声音组合的、以十二平均律为基础的相互关系，这不能不使今人为之惊奇。它说明了在九千多年前，贾湖人已经具有了对十二平均律某些因素的认识和可以接受的范围（应该说十二平均律在当时并不占有统治地位）。在M282：20骨笛的制作过程中，制作者在不规则的异形管上的计算本来已是非常复杂的难事，但是，他们还是在骨笛制作前就经过了一定的计算程序，并在制作过程中不断进行调整，开出了他们认为比较满意的、使他们能够接受的音高开孔。这支骨笛留下的三处计算开孔痕迹，才使我们对中期制作的骨笛精品得以认识。这对研究我国古代的数学和音律学提出了新的研究课题，也是对数学界和音律研究者的有力挑战，它将迫使我们去重新研究和认识这一难题。M282：20骨笛三个钻孔位置的改变，不由得使我们想到它修改的依据、对音高概念的理解是怎样一种过程，在对早期的M341：2骨笛（六孔）测音过程中，我们也发现了与此相类似的情况，但是我们没有找到它在计算时留下的痕迹，而它的音准概念与我们今人的音准概念，就整个笛子来说，似乎更加接近。我们不妨把M341：2骨笛所能发出的乐音列出一个明细表，看看九千多年前贾湖人对音和数的认识和应用：

M341：2骨笛（六孔）早期　距今九千多年

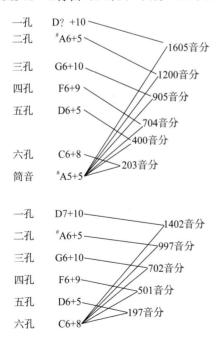

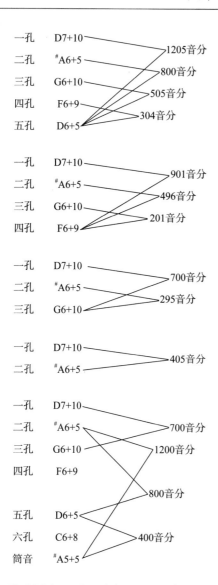

通过图表显示，我们可以明确地看到，在距今九千多年之前制作的M341：2骨笛所发出与今天十二平均律完全相同的音有四个，即：

#A5+5－D6+5　400音分（十二平均律大三度）

G6+10－D7+10　700音分（十二平均律纯五度）

D6+5－#A6+5　800音分（十二平均律增五度、小六度）

#A5+5－#A6+5　1200音分（十二平均律八度）

从上述表格中，我们还可以看到与大二度（十二平均律为200音分）相近的音分值为：

C6+8－D6+5　197音分

F6+9－G6+10　201音分

#A5+5－C6+8　203音分

与小三度（十二平均律为300音分）相近的音分值为：

G6＋10－[#]A6＋5　295音分

D6＋5－F6＋9　304音分

与大三度（十二平均律为400音分）相近的音分值为：

[#]A6＋5－D7＋10　405音分

与纯四度（十二平均律为500音分）相近的音分值为：

F6＋9－[#]A6＋5　496音分

D6＋5－G6＋10　505音分

与纯五度（十二平均律为700音分）相近的音分值为：

C6＋8－G6＋10　702音分

[#]A5＋5－F6＋9　704音分

与大六度（十二平均律为900音分）相近的音分值为：

F6＋9－D7＋10　901音分

[#]A5＋5－G6＋10　905音分

与小七度（十二平均律为1000音分）相近的音分值为：

C6＋8－[#]A6＋5　997音分

与八度（十二平均律为1200音分）相近的音分值为：

D6＋5－D7＋10　1205音分

　　通过上述的测音分析我们可以看出，贾湖M341∶2骨笛所发出的音及它们相互之间所能构成的音程，除4个音程与十二平均律完全相同之外，其他所有能构成音程的音分值与十二平均律的音程音分值，相差最大的音分值系数都没有超过5个音分数的，也就是说，现代专业的器乐演奏者都难以听出它与十二平均有何差别。据缪天瑞先生告知，最好的钢琴调音师，他对五度调音的音准度可控制在两个音分，而这两个音分之差不是靠仪器的测定，而是靠感觉，但这不是每一位调音师都能做得到的。小提琴演奏家对音高的敏感度多在7个音分之上，应当说，从事弦乐器演奏家们对音高的敏感度是最强的，而一般的专业音乐工作者能听出声音高低差别的，都在10个音分以上。居住在中原地区九千多年前的古人，在没有任何调音仪器的辅佐之下，能制出任何音程都未超过5个音分差的骨笛来，这难道不是世界音乐史上的奇迹吗？作者也曾以同样的问题请教过黄翔鹏先生，他曾经告诉我，据他和一些医学专家研究认为，在远古时期，大自然的天空比较纯净，除自然声外，没有人为的电波和嘈杂的环境对人耳朵的干扰，因此，人们对声音的敏感程度要比今人强，耳朵的辨别能力也较细微，对音与音之间的距离要求也比较严格。随着科学技术的发展，人为的噪音越来越多，对人的影响越来越大，而人类对音的敏感程度也越来越低。这也许就是古人为什么能在远古时期制造出像贾湖骨笛这样高质量音准乐器的原因吧！

　　远古时期的先人们虽然对音的敏感程度比今人强，但是，凡是从事乐律研究的人都知道，乐律是和数的计算密不可分的，只有通过不断的实践，才能把单个的音，按照一定的关系把它们排列起来，成为音乐中的乐音，而确立这种关系却不是几年、几十年，甚至上百年能够完成的事，它很可能要经过一个漫长的历史时期，也就是说，贾湖早期骨笛的音序排列，是整个旧石器时期（即六十万年至一万年之前）人们对音与音之间关系的总结，这个时期出现和运用的四声音阶是当时生产水平的具体反映，而五声音阶在新石器时期的初期就已出现，它所反映的是整个生产水平的进步，它所构成的音乐文明至今还深深地影响着中国老百姓的音乐生活，并构成了中国民族音乐材料的主体。国外一些学者认为中国是五声音阶的国度，这种说法并不夸张，但是这话只讲对了一半，因为在新石器时期的前期是这样。中期，贾湖的先人们在音乐使用的材料上已经大大地前进了。后期使用的音乐材料更为复杂，这是我们以后将要讨论的课题。

在考查贾湖骨笛的过程中，还发现了一个与数学关系极为密切的等分与不等分之间关系的问题。

M341：2骨笛共有6个按音孔，这6个按音孔之间有5个间距，1—2孔、5—6孔间距为1.90厘米，2—3孔、3—4孔的间距为1.85厘米，4—5孔之间为1.95厘米，5个间距出现了3种数据，除了管孔的孔距之外，骨管的内径为不规则形内腔，吹口地方的管径为 $\phi0.72\times\phi0.9$ 厘米，底端的管径为 $\phi0.85\times\phi1.1$ 厘米，从对整个骨管观察，中间略细，两端略粗，就是在这样一个不规则的骨管上开孔，而且要考虑它的多方面因素，可想而知它的难度了。早期的骨笛并非制作于贾湖，它是在第一批人到达贾湖之前完成的，虽然我们目前还难以断定第一批贾湖人来自何方，但是他们在骨笛制作的精确度上几乎是令人难以置信的，因为它需要一定的计算，他们打破了等分的原则，利用不等长的孔距，来适应骨管内径的粗细变化来确定开孔的位置，得到自己满意的音高，因为我们现在拿不出证据来说明贾湖人计算的方法及过程，但我们至少可以说他们是在积累了上万年经验的基础上，才制造出了M341：2这样的骨笛精品。

在贾湖已发掘出来的二十多支骨笛当中，不论是否留下计算痕迹，从实际开孔的孔距来看，都没有采用完全等分的计算方法来确定骨笛开孔的位置，尽管大多数骨笛并不是精品，它们的音高关系还待进一步研究，但是贾湖人在实践中已经告诉我们，制造骨笛，尤其是要制造出比较理想的骨笛不但要靠经验，还要根据每根不同的天然骨管进行研究和计算，尽管这种复杂的计算方法之谜我们目前尚未揭开，但它已经是贾湖的先人们所考虑的问题了，他们在制作实践中已经达到了世界上最先进的水平了。

通过以上的分析和研究得知，中国的数学和音律，在旧石器时期向新石器时期过渡的时期内，人们对数的等分与不等分这样简单的区别早已经得以灵活运用了，当时的人们通过对骨笛的制作，已经不是现代数学史学家们所说的，人们只是简单地认识1到10之间的差别，也不是只从陶器上从1到8简单点的排列去认识当时数学的水平，从贾湖骨笛的制作水平来看，当时贾湖的智者已经能把自己对音的高度感觉和对管的长度及其变化的、不规则形的管内径粗细变化加以综合的考虑和计算，并在无数的制作骨笛和开孔的实践中，找到自己在骨管上所需要的音高排列，制造出世界上第一只精确的乐器——贾湖M341：2骨笛。

五、对M341墓出土的两支骨笛的测音研究

贾湖M341墓葬是贾湖遗址中的早期墓葬，在《舞阳贾湖》的发掘报告中说它"M341，位于T114西南角，开口于3C层下，被H177打破，向下打破第四层。墓内填土呈灰色，质稍松。墓底有人骨架1具，仰身，头西面左，腰椎严重扰乱，右尺桡骨内斜置于骨盆上，左手压于骨盆下，其他部位保存完好，经鉴定为壮年男性，随葬品7件，2件骨笛竖置于右臂两侧，Bb骨针竖置于左股骨外侧，AbⅡ骨镞竖置于左胫和腓骨之间，AaⅡ牙削、龟甲片和狗骨分置足部及其左侧"（见《舞阳贾湖》上卷第169～171页）。

在上一节中，已经把M341∶2骨笛做为数与律的关系作了剖析，这一节中，将把M341∶1骨笛的简单情况先做一些介绍："M341∶1骨笛全长20.9厘米，完整，通体呈棕色，两端骨头节被完全锯掉，锯前似经设计，两端近切割面均见有刻痕，通体把握光滑，显经长期使用，钻孔前经过设计，第四、五孔一侧见有刻痕，第一、二、三孔旁边有划痕，但不太规整，是否也系设计痕迹不能断定，音孔均很圆，孔壁稍有倾斜，上大下小，外径0.45厘米，内径0.32厘米，音孔排列基本上呈一直线，但第二、四孔稍向一侧偏半孔，可能为便于把握有意所为"（见《舞阳贾湖》上卷第448页）。

通过对M341∶1骨笛的测音，把它列成如下表格，通过这个表格，我们可以大致了解它们音与音之间的基本关系。

M341∶1骨笛（五孔）音分对照表

孔号	筒音	五孔	四孔	三孔	二孔	一孔
音高	G5−27	#A5+20	C6+30	#D6+15	G6+5	C7+7
音距 音分	347	215	280	390	488	
较接近的 音程律制	347 中立三度	204 大全音	275 纯律增二度	386 纯律大三度	498 纯四度	

G5−27至G6+5

1232音分（八度）

G6+35至G6+5

670音分（五度）

通过表格得知，如若以#D6+15为主音的话，这支骨笛所发出的自然音序为356i36，按音阶排列为1356i，实际为四声音阶。应当说M341∶1所能吹奏出的音和它所构成的四声音阶是音阶的初期形态，这支骨笛的音阶所反映音乐水平并不是贾湖人居住在贾

湖之后的音乐水平，而是在迁居之前使用的器物和音乐水平，它与M341：2骨笛有着本质的区别和时间上的差别，从对两支骨笛的观察上来看，这两支骨笛都有轻度的石化迹象，这个迹象说明这两支骨笛都可能是贾湖人在迁居贾湖之前就使用的乐器，因为在考古学界大多有一个不成文的认定，那就是凡有石化痕迹的骨器，它的产生年代一般都有万年以上的历史，现在不敢妄断贾湖人是从哪里迁居此地的，也不敢妄说贾湖的先人们在迁居贾湖之前一千年或者几千年前就使用了骨笛，但贾湖早期的这两支骨笛均非制作于贾湖，因为它产生的实际年代，要早于在贾湖定居的年代。根据我们的分析，四声音阶如若是旧石器时期音乐发展水平最高的体现，而五声音阶的这种变异，则是新石器时期音乐水平一个新高度的开端。如若我们根据考古界对石化现象的判断，而这两支骨笛又同出一个墓葬，也可以视为两支骨笛都是旧石器时期的产物，那么，五声音阶产生的年代又要向前推早至少一两千年的历史，但现在我还不敢有把握地做出这样的判断。

从两支骨笛的测音中，的确可以看到它们之间的明显差异，首先是对音距的认识上，1号骨笛在音与音之间的关系上差别较大，而2号骨笛在音与音之间的关系上差别较小，甚至接近准确，如若以十二平均律为标准的话，这种差别就易于显示出来，我将M341：2骨笛的音分对照表列出，做一个对比。

M341：2骨笛（六孔）音分对照表

孔别	筒音	六孔	五孔	四孔	三孔	二孔	一孔
音高	#A5+5	C6+8	D6+5	F6+9	G6+10	#A6+5	D7+10
音距 音分		203	197	304	201	295	405
较接近的 音程律制		204 大全音	200 十二平均律 全音	300 十二平均律 小三度	200 十二平均律 全音	294 五度律 小三度	408 五度律 大三度

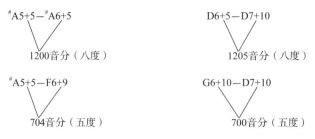

首先，在相邻大二度的音距上（以十二平均律为计算标准），1号骨笛最小差距为15音分，2号骨笛最大差距为5音分，最小差距仅为1音分；在相邻小三度的音距上，1号骨笛最大差距为47音分，最小差距为20音分，2号骨笛最大差距为5音分，最小差距为4音分；在相邻大三度的音距上，1号骨笛音差为10音分，2号骨笛音差为5音分；在相邻的五度关系中，1号骨笛音差为30音分，2号骨笛其中一个五度一音分不差，另一五度音差为4

音分；在八度关系中，1号骨笛音差为32音分，2号骨笛其中一个八度一个音分不差，另一个八度音差为5音分。通过两个表格的对比，2号骨笛所构成的每一个音程关系的音差，都要比1号骨笛精确得多，由此我们也可以判断出，M341∶1骨笛产生在先（到底在先多少年，目前还难以做出结论），M341∶2骨笛产生在后，而且是1号骨笛的改进型。这个时期应该是两种音阶的并用时期，而这个时期应该是旧石器时期的晚期，也可以按一些历史学家们说的是中石器时期。

　　两支骨笛在主音的位置上也有明显的差异，1号骨笛的主音为#D6，音位在骨笛上的第三孔，它构成的自然音序为356136，2号骨笛的主音为#A5，音位在骨笛上为全闭孔的筒音，它构成的自然音序为123513，主音位置比1号骨笛要低四度。

　　通过两支骨笛自然音序的比较，可以看出1号骨笛相邻两音的距离比较远，自然音序中只有一个大二度音程，而在2号骨笛的自然音序中，却有三个大二度音程，这一重大发展，可以看出当时的人们从对开放式的粗犷型到密集的细微型表现方式的追求，从更深层次来看，这是人们在音乐思维方式上的重大发展。

　　两支骨笛在音乐的表现功能上也有很大的变化，在M341∶1骨笛的自然音序中，小调的主三和弦的3个音占据着重要位置，除了第5孔的#A5之外，其他的5个音全是小调主三和弦的音，像361、613、136这样的三音音节很自然地就能反映在音调当中，这个自然音序所能构成的四声音节像3561、5613、6136都有可能构成当时音乐的主调，现在流行在河南舞阳一带的号子，仍有不少还在运用这种只有四声音阶的音调。在M341∶2骨笛的自然音序中，把大调的主三和弦的音分布在自然音序中，在这支骨笛上很容易地就能吹奏出135、351、513这样的大三和弦原位和转位中的每个音，而它的3个高音（即613）却是原位的小三和弦的3个基本音，也是对M341∶1骨笛中最重要的3个基本音特别加以保留，这样，M341∶2骨笛既保留了M341∶1骨笛的所有特色，而且增加了新的表现内容，拓宽了它的表现余地，由于它具有大调的色彩，就与M341∶1形成了一定的对比，这不能不说是骨笛在改造过程中所具有的进步性与正确性，它对今天的民族乐器改革也具有提示性的意义。

　　自1987年5月14日在河南舞阳贾湖发现用鹤的尺骨制作的骨笛以来，我们用了12年的时间对发掘出的二十多支骨笛进行了测音研究，使我们对舞阳贾湖骨笛在中国音乐史上所处地位的认识逐步有所深入。但是，目前的认识仍然是非常初步的，因为在贾湖骨笛出土之后，其他地方也出土了些骨笛，将来只有在综合研究的基础上才能得出比较正确而全面的结论。就贾湖骨笛而言，还要通过考古学、史学、数学、气象学、农业学、古动物学、古工艺学、古音律学、古文字学等诸方面的深入研究，才能揭开贾湖骨笛的面纱。比如，在贾湖骨笛上"一"形直道很多，我们现在仅认为它是制笛时设计孔位的符号，它的其他功能和含意是什么呢？在M253∶4八孔骨笛（属贾湖晚期制作的骨笛，距今有八千二百至七千八百年的历史）上有非常细致的"ヨ"符号，它又代表着什么意思呢？由于这些符号比殷墟甲骨文的象形文字还要早四五千年的历史，所以对它们的辨认和理解都具有相当的难度。再比如，贾湖骨笛在制作过程中，除了人们对音与音高的概念之外，在开音孔中是使用的什么钻具呢，而这些钻具的钻头从0.1厘米至0.3厘米不同钻头是用什么材料制作出来的呢？我们知道，北京山顶洞人在石片上开的孔较大且粗糙，距今有一万八千年左右的历史，贾湖骨笛在九千多年前开的钻孔细致而规整，说明中原工艺文化的先进性。诸如很多上述的难解之谜还待我们在深入研究之后才能搞清楚它的原始面貌。

这篇论文所涉及的大部材料仅仅是贾湖早期所发掘出来的、编号为M341墓出土的两支骨笛，它只能反映出贾湖人到达贾湖之前和贾湖人定居贾湖之后四五百年之间的音乐基本面貌，而贾湖中期，即成熟期的骨笛研究成果尚未涉及，作者将在近期把中、晚期的情况介绍给大家，作为抛出的一块砖头，引出更多的同仁们寻找出稀世之美玉来。

（1）贾湖出土的早期M341：1和M342：2骨笛是世界上迄今为止所发现年代较早、管身最为完整的、水平最高的吹管乐器。它表明了我们的祖先在全世界率先进入了音乐文化的文明时期。

（2）在贾湖文化延续的一千二百多年历史时期中，分别继承和制作出了能演奏四声和五声音阶的骨笛、六声及不完备七声音阶的骨笛和七声及带有变化音的骨笛，这个变化过程说明了中国民族音乐发展的渐进性，从今天留存在民间的音乐现象来看，又反映了中国老百姓的可继承性和选择性，即从简单到复杂、又从复杂走向高层次简单这样一个螺旋形上升的过程，这对我国民族音乐发展过程中所涉及的继承、发展、借鉴融化到再发展的创新会起到符合音乐发展规律和少走弯路的、引以为戒的作用。

（3）在人类文明的发展史上，既要重视音乐发展规律的普遍性，也要重视它在某个地区、某个氏族和部落中的超前性。在明代，音律学家朱载堉首先计算出了十二平均律的数据，达到了世界上最先进的水平，这种律制影响到了世界音乐的发展，但是由于明代的统治者认为朱载堉的伟大成就为歪理邪说，致使中国民族音乐的发展大大地延缓了，造成了不可补救的损失。今天，我们通过对河南舞阳贾湖骨笛的研究，并将其发展演变的规律揭示出来，它将会对现代的民族音乐创作，对我国民族文化事业发展中适应经济快速发展的需要上，使人们在心理上达到新的、更高层次上的平衡。

注　　释

［1］　参见《舞阳贾湖》下卷第九章《骨笛研究》（河南省文物考古研究所编著）。

［2］　参见《舞阳贾湖》上卷第一章第一节。

［3］　张居中《"中国第一笛"发掘认识经过》，《光明日报》1993年3月28日第六版。

［4］　参见《中国大百科全书·数学》，中国大百科全书出版社，1988年，第847页。

（原载《音乐研究》2000年第1期）

贾湖龟铃骨笛与中国音乐文明之源

吴　钊

1984～1987年间，河南省文物考古工作者在黄河中游与淮河之间的舞阳贾湖的早期新石器时代遗址中，发现了龟铃与骨笛，为追溯我国音乐文明之源，提供了极为珍贵的实物资料。

经发掘证实，大约在距今8000年前（相当于裴李岗文化时期），在现在的淮河中上游支流沙河、洪河流域，生存着一个经济、文化相当发达的人类群体，他们有可能就是古史传说中东夷集团的太昊氏部落。活动区域北达北汝河、颍河流域，东抵大别山北麓的皖中地区。他们以农业为主，兼营捕捞和狩猎。从遗址内出土龟铃、骨笛等现象分析，当时音乐已相当发达，并有比较完备的巫术礼仪。

据简报及张居中同志文章[1]，墓内常常发现龟甲，其边缘常有穿孔，里面装一些小石子。往往8枚龟甲一起出土，如已发表的M344墓的龟甲就是如此。其中一枚长16、宽5～10厘米，背甲顶端有一小圆孔，可以系绳悬挂，小孔旁又有一个较大的L形孔。甲身刻 θ（目）字。这些内装石子的龟甲壳，摇动起来可以发声，故可称之为"龟铃"。这种龟铃不但在中原出土，在稍后的山东大汶口文化墓葬中也曾发现过[2]。

贾湖遗址出土的骨笛达16支之多，根据发掘现象观察，凡墓中出土骨笛，常是同放两支。骨笛系用猛禽的翅骨截去两端关节，再经磨制、钻孔制成。笛的形制大体规整，两端开口，多有7个按孔，只有已发表的M282∶20骨笛，在第7孔旁又增开一个小孔，为特殊的一例。此笛经试奏，证明是一种竖吹骨笛，亦即甲骨文中的"ᛒ"（言），是后世竖笛或洞箫类乐器的祖型。

根据骨笛开孔的位置，可知孔间的距离是经过周密计算的，有的骨笛尚存开孔前计算开孔位置的刻纹标记。M282∶20骨笛虽没有见到孔位上的刻纹，但经实测，显然是先按特定方法计算好尺寸和开孔位置，然后制作的。

探讨骨笛开孔的计算方法，必须从考察骨笛各孔的音高及其音阶结构入手。

据黄祥鹏先生《贾湖骨笛的测音研究》，这支骨笛的测音数据凡四。其中除第3号数据不足为据外，其余的均大体可信，尤以第1号数据最为准确[3]。众所周知，管乐器的测音，有其特殊性。因为每次测试时，吹奏者的气量控制与气流力度不可能完全一致，因此各孔音高的绝对值必然存在一定的差异，但各孔之间的相对音程关系是基本一致的（参见表一）。

表一

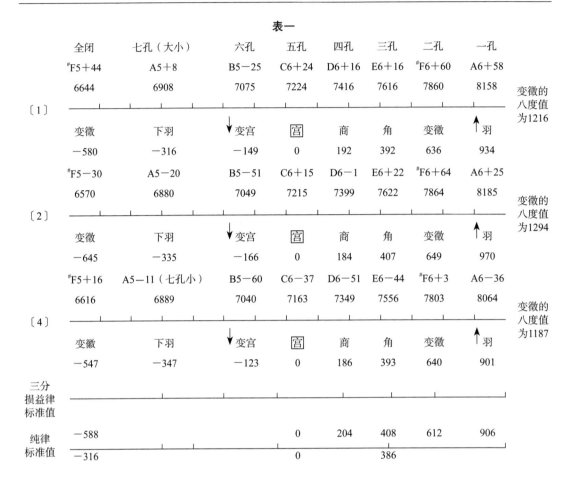

	全闭	七孔（大小）	六孔	五孔	四孔	三孔	二孔	一孔	
	#F5+44	A5+8	B5−25	C6+24	D6+16	E6+16	#F6+60	A6+58	
	6644	6908	7075	7224	7416	7616	7860	8158	变徵的八度值为1216
〔1〕	变徵	下羽	↓变宫	宫	商	角	变徵	↑羽	
	−580	−316	−149	0	192	392	636	934	
	#F5−30	A5−20	B5−51	C6+15	D6−1	E6+22	#F6+64	A6+25	
	6570	6880	7049	7215	7399	7622	7864	8185	变徵的八度值为1294
〔2〕	变徵	下羽	↓变宫	宫	商	角	变徵	↑羽	
	−645	−335	−166	0	184	407	649	970	
	#F5+16	A5−11（七孔小）	B5−60	C6−37	D6−51	E6−44	#F6+3	A6−36	
	6616	6889	7040	7163	7349	7556	7803	8064	变徵的八度值为1187
〔4〕	变徵	下羽	↓变宫	宫	商	角	变徵	↑羽	
	−547	−347	−123	0	186	393	640	901	
三分损益律标准值	−588			0	204	408	612	906	
纯律标准值	−316			0	386				

从表一可以看出（以第1号为准）以下几点。

（1）此笛的全闭与第5孔主音宫之间恰为580音分，与三分损益律主音下方减五度588音分仅差8音分，已相当准确。而第2孔与主音宫之间恰为636音分，虽比三分损益律增四度612音分高出24音分，但与全闭之间恰相差1216音分，与三分损益律高八度均高一古代音差（20音分）的规律相合，说明两者确为变徵。

（2）若以第5孔为主音宫，则其主音下方小三度、主音上方大二度、大三度均相当准确。其中下方小三度与纯律小三度理论值完全相合，其余两音则与三分损益律大二度、大三度理论值相接近。其中下方小三度系第7孔大小两孔同时开放后所得第7孔的校正值，其准确程度证明"羽"音在此音阶中的必要性。

（3）此笛的音阶结构当是以C为宫，带有"二变"——变徵、变宫，并以五声音阶的羽、宫、商、角四正声为核心的传统六声古音阶[4]。这种音阶的完整形式（七声古音阶）虽迟至西汉（约公元前140年）刘安《淮南子·天文训》才正式见于记载，但其六声形式在骨笛上已有体现，这足以说明它是我国源远流长、最具代表性的一种音阶形式；同时也表明当时音乐所达到的水平。

关于孔位设计的计算方法，我们可以根据这支骨笛各孔的音高与音阶结构加以推断。

"宫"在骨笛上恰当第5孔。从音程关系讲,它与全闭及第2孔上下两个变徵间的音程数完全相等。《汉书·律历志》所说"宫,中也"[5],即来由于此。由于宫的产生一定要以全闭变徵的长度为前提,即笛的长度22.20厘米,减去8厘米,所得14.20厘米,即宫的位置。这就是《国语》讲到周景王时伶人州鸠为钟定律而要"考中声"[6]的道理。故所谓"考中声"即依据古制找出宫音(首律)的位置。

找到了"宫"音的位置,再据此找出其他音孔的位置。其方法为,先将"宫"的长度14.20厘米一分为四。其中奇数孔1、3、7孔的位置分别为"宫"的2/4、3/4及5/4。由于"宫"的1/4,相当于宫与角的长度差3.55厘米,恰为1、3两孔3、5两孔及5、7两孔的间距。因此,取前两者间距的1/2,即可得出偶数2、4两孔的位置。其中只有偶数第6孔例外。该孔恰为5、7两孔间距的2/3。现将各孔长度的理论值与实测值列为表二。

表二

孔位	产生法	理论值	实测值	误差(单位:厘米)
1	14.20×2/4	7.10	7.0	+0.10
2	7.10+3.55×1/2	8.875	8.9	-0.025
3	14.2×3/4	10.65	10.60	+0.05
4	10.65+3.55×1/2	12.425	12.45	-0.025
5	14.20×4/4	14.20	14.20	±0
6	14.20+3.55×2/3	16.566	16.50	+0.066
7	14.20×5/4	17.75	17.60	+0.15
全闭(8)	14.20+8.0	22.20	22.20	±0

从表二可以看出,其理论值与实测值相差甚微,可见当时有可能就是用这种计算方法确定骨笛的管长和孔位的。值得注意的是,由于笛体是利用禽鸟的骨骼制成的,其尾端较吹口端管径略粗,其截面又近似菱形,因此第7孔的孔位即使完全符合计算要求,音高也会产生若干偏差,因而骨笛的制造者巧妙地在第7孔旁又增开一调音小孔,加以校正。这一措施说明贾湖人对音高的选择确有较严格的要求。

前面谈到骨笛出土时大都一墓两支。关于两笛之间相互关系的资料尚未发表,故目前只能据M282:20骨笛的情况作一些推测。

M282:20笛的音阶,由两个三音列组成,即奇数孔的羽、宫、角与偶数孔的变宫、商、变徵。两者除相差大二度外,其"小三~大三"的音程结构完全相同。因此,两者当可相互易位。即C调的偶数孔三音,可转为D调的奇数孔三音;反之亦然。这就是所谓的阴阳易位。

若此说可信,那么M282:20笛及与其相配的另一支笛当存在两种可能。其一,若M282:20笛是雄笛(乾笛),则其奇数孔三音恰为雌笛(坤笛)的偶数孔三音。雌笛的调高当比雄笛低一大二度，以$^{\flat}$B为宫。其二，若M282：20笛为雌笛，则其偶数孔三音恰为雄笛的奇数孔三音，雄笛的调高当比雌笛高一大二度，以D为宫（表三）。

表三

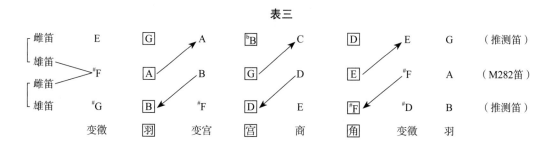

按我国自古至今向有雌雄笛的传统，也见于一些考古资料，如战国初曾侯乙墓长短两篪、西汉马王堆墓长短两笛[7]、东汉列和长短笛、另外还有明清迄今广泛流传的雌雄曲笛、雌雄洞箫[8]，等等。贾湖雌雄骨笛或可为这类雌雄管乐器的源头。

中国古书讲到音乐，往往要提到"律"或"乐律"。乐律就是指通过某种计算方法产生的音体系。因此，律是音乐发展到一定阶段的产物。贾湖雌雄双笛由于用计算管长的独特方法，在一个八度内能得到8个不同音高的乐音，故具备"八律"。其具体音高则有两种可能（参见表三）。至于其律名，若以雌笛的宫为首律黄钟，则"八律"大致相当于后世十二律中的黄钟、大吕、太簇、姑洗、蕤宾、夷则、南吕及应钟等律。

《淮南子》讲到律的起源时曾说："律之初生，写凤之音，故音以八生。"这一记载恰与贾湖遗址的先民以禽骨制笛，能吹出"八律"的情况相吻合。故贾湖骨笛的"八律"应是我国已知年代最早的"律"。

当然，雌雄两笛的调高若是其他音程关系，譬如若与后世雌雄笛相差小二度一样，那么就不是"八律"，而是十一律。究竟如何，因全面材料尚未发表，还难以断言。若从已知材料而言，当以雌笛为C（黄钟），雄笛为D（太簇），共有八律的情况较为可信。退一步说，至少雌雄双笛证明了"律"的存在。这一点应无疑问。

说到"律"，古史记载是黄帝时代一位名叫伦的"伶"人发明的[9]。而且演奏律即可产生神奇的效应，如"武王伐商，吹律听声"[10]、孔子"吹律定姓"[11]，等等。这些在今人看来似乎语涉荒诞，难以凭信，但上古人对此却崇信备至。《国语·周语下》就有"吹律听声"的记载。其文云：

"昔武王伐殷，……王以二月癸亥夜陈，未毕而雨，以夷则之上宫毕，当辰，辰在戌上，故长夷则之上宫，名之曰'羽'，所以潘（藩）屏民则也。王以黄钟之下宫，布戎于牧之野，故谓之厉，所以厉师。以太簇之下宫布令于商，昭显文德，底纣之多罪，故谓之宣，所以宣三王之德也。反及嬴内，以无射之上宫布宪施舍于百姓，故谓之嬴乱，所以优柔容民也。"

这段文字说明，武王在出征前举行祭祀，出征时布置军队，发讨商令及安抚百姓等重要环节，都要根据季节、时辰、方位和"律"发出不同音高的声音（夹钟、黄钟、太簇、无射）的振动所引起的某种反应，以预卜吉凶。这种习俗后世称为"候气"。候气之法以东汉时期的记载最为详细。其文云：

"为室三重，户闭，涂衅必周，密布缇缦，室中以木为案，每律各一，内庳外高，从其方位，加律其上，以葭莩灰抑其内端，案历而候之。气至者灰动，其为气所动者其灰散，人及风所动者其灰聚。"[12]

此文讲的虽是汉时候气的情况，但它与许多上古古礼一样，既会有因时而异的成分，也会有沿袭不变的传统，因此取其合理的内核，如"涂衅"、"从其方位"、"案历而候"等等，或许会对周人"吹律听声"的具体过程，甚至对贾湖龟铃、骨笛所反映的巫术礼仪作出合理的解释，都有一定的帮助。

从贾湖墓区观察，有分属三期的大小墓葬300座。其中墓坑较大、地位较高者为单人一次葬。骨笛与龟铃主要出自这类墓中，共约8座。属于贾湖三期的M344，墓主人为一壮年男性，仰身直肢，头骨缺失，而用8枚龟铃代替，其他骨架保存完好。这个男性墓主的身份我们可以从多方面进行探讨。

首先，其头部放置的叉形骨器与右肩下的穿孔骨饰，可能是巫师的束发用具和腰间的佩饰。其中前者不见于一般墓葬，它的存在似与墓主的特殊身份有关。

其次，双脚间的骨镞和鱼镖，原本是劳动工具，但在这里有可能是法器，具巫术意义。在原始人的生活中，两者均是获得猎物、战胜敌人的重要工具。它们之所以能经常命中目标，古人认为是诸神的辅佑，上天的意志。所以三代祭祀前大都要先行"射礼"，要从箭镞能否中来判断神是否同意举行祭祀或某人能否参加祭祀。《礼记·射义》"天子将祭，必先射于泽。……已射于泽，而后射于射宫。射中者，得与于祭；不中者，不得与于祭。"说明周代箭矢曾兼作法器使用。M344墓的骨矢，从其与龟铃、骨笛同出来判断，有兼作法器的可能。至于鱼镖，周原曾出过"七六六七一八曰其，□□既鱼"的卜辞。徐锡台先生释"七六六七一八"为八卦的蛊卦，"既鱼，训为其吉"[13]。因此，墓主脚间的鱼镖或表明要举行"猎鱼"[14]之礼，以观吉凶。当然最关键的还是龟铃和骨笛。

按龟与凤，远古时曾被某些氏族奉为图腾的标志。后世"四灵"中有此二物当非偶然。取它们身体某一部分制作的器物也就是神器，使用前往往要行衅礼——杀牲取血涂抹该器。后世"候气"的"涂衅"，周时"衅龟"[15]及"衅钟"[16]、"衅鼓"的习俗当来由于此。现存考古发现实行衅礼的礼乐器是大汶口文化的龟铃[17]和龙山文化陶寺类型的石磬[18]。贾湖的龟铃和骨笛，若从其与大汶口文化存在较多共性来推测，实行衅礼当有可能。

前面说过，M344墓的龟铃一串共8枚。其中1枚甲身刻有"目"字铭文。按《周易·系辞下》称："八卦"的创始人伏羲，在创卦之初曾"近取诸身"，选择人体八处器官，"远取诸物"，选择远处八种神物，比附八卦的八个卦名。其中，人的眼睛"目"，正与"雉"及"离卦"相当，故同书《说卦》有"离为目"与"离为雉"之说。《说卦》

又云：“离也者，明也，万物皆相见，南方之卦也。”从“八方”、“八风”与“八卦”的对应关系而言，离卦恰与南方及景风相当。与此相关，龟铃体内尚有不同颜色的大小石粒。按《墨子·贵义》有青、赤、白、黑代表东、南、西、北之说。而八卦的每个卦又是由阴爻、阳爻及一定策数来体现的。石粒的颜色、数量或与阴阳、方位及策数有关，目前因材料尚未发表虽不便作断，但从已知“目”字铭文来看，这串龟铃有可能就是与方位、节气、八卦等有关的一种法器兼乐器。

值得注意的是，M344以龟铃代替墓主头的葬俗，使我们想到甲骨文中的“𩳐”（菁5.1）与“𩴊”（乙8000）二字。这两个字多数学者均释“鬼”[19]。其古体字作“𩲡”，象征一个头为“⊕”的人在“示”前祈祷。《说文》云：“示，天垂象见吉凶，所以示人也。”“𩲡”与“掌六祝之辞，以事鬼神示”[20]的“祝”，在字形上的区别主要在前者的头为⊕；后者的头为𠙵。⊕，《说文》称为“鬼头”；有人认为是“头戴一鬼面具”[21]。若从贾湖M344墓来看，或就是一串龟铃。若这个推论无误，则该墓墓主应是生为祝，死为鬼，能观察天象、交通鬼神的巫师。按《周礼》有“大司乐掌成均之法，……凡有道者、有德者使教焉。死则以为乐祖，祭于瞽宗。……以六律六同、五声、八音、六舞、大合乐以致鬼神示”的记载，如果联系到墓内随葬骨笛的事实来看，此人很可能类似周代的“大司乐”，确切地说更像是黄帝时代的“伶”。按《淮南子·氾论训》有“炎帝于火，死而为灶；禹劳天下，死而为社；后稷作稼穑，死而为稷；后羿除天下之害，死而为宗布”的记载。由此推想M344墓主生前可能也是本氏族或部族的酋长。

至于墓主失头的原因，《左传》僖公二十一年：“夏大旱，公欲焚巫尪”；《吕氏春秋·顺民》：“汤克夏而正天下，天大旱，五年不收。汤乃以身祷于桑林，曰：‘余一人有罪，无及万夫；万夫有罪，在余一人。无以一人之不敏，使上帝鬼神伤民之命。’于是剪其发，磨其手，以身为牺牲，用祈福于上帝。”可见，当时凡遇特别重大的灾难时，氏族公社的领袖往往以身殉社，用自身为供品，向天神谢罪。

至于骨笛，前面分析有可能以一乾一坤的形式置于墓中。一乾一坤可发出“八律”之音，这八个律是否与八卦、八风相当，尚待以后证实。但从战国初曾侯乙钟磬铭文曾律和楚律之“宫”均可称“巽”[22]的事实来看，其得名似乎本自八卦中东南之位的巽卦。另外，有一些古乐器的器名往往与八卦卦名相关，如《尔雅·释乐》：“大琴谓之‘离’。”《礼记·明堂位》：“垂之和钟，叔之离磬。”北宋陈旸转引唐刘贶《太乐令壁记》[23]“彤鼎司南，于卦为离。鼎既调，景风时至，制而为乐，则丝声属离。”“彤鼎为南方之器，琴为南方之乐，所以琴为夏至之音。”由此推断，大琴和离磬很可能都是处于南方之位祭祀天神时用的乐器，故称之为“离”。根据以上分析，八律与八卦、八风匹配，当有可能。

古书记载，律、历关系密切。在诸多的节气中，最重要的是冬至和夏至。律历的配合关系，不同时期可能不尽一致。先秦十二月律，以黄钟为宫、为阴，与冬至相配；以蕤宾为宫、为阳，与夏至相配。前面说过，贾湖骨笛已有相当于黄钟、蕤宾两律，因此或许也是根据一定节气、一定方位及一定阴阳关系来使用的。

在贾湖人的心目中，独立意义的单纯为欣赏的音乐是不存在的。所谓音乐，是乐律（包括音阶、宫调）与天文历法、巫术礼仪（包括时令节气、八卦、八风、天地阴阳）有机的结合。或者说以音乐的形式体现八卦。《吕氏春秋·大乐》云："音乐之所由来远矣，生于度量，本于太一。""凡乐，天地之和，阴阳之调也。"大概就是指此而言。

在上古的漫长岁月中，不同时期、不同地区、不同族属，对阴阳、天地的配合关系，以及究竟以何为主、为先的认识不尽相同。《礼记·郊特牲》中有"殷人先求诸阳，周人先求诸阴"的记载。这些差别反映到音乐的乐律、宫调上就会产生种种不同的体系，如《吕氏春秋》、《礼记·月令》所载先秦十二月律、《汉书》所载汉三统律，以及宫调的左旋、右旋（即以坤笛为主，还是以乾笛为主）等。究其乐理本源，当与贾湖骨笛等原始社会乐器有渊源关系。不了解这一点，就不能真正理解中国古乐，包括浩如烟海的有关音乐的典籍。所以说，如果认为属于太昊文化的贾湖骨笛和龟铃是中国音乐文明之源，当不无道理。

注　释

[1]　河南省文物研究所：《河南舞阳贾湖新石器时代遗址第二至六次发掘简报》，《文物》1989年第1期；张居中：《试论贾湖类型的特征及与周围文化的关系》，《文物》1989年第1期。

[2]　山东省文物管理处、济南市博物馆：《大汶口——新石器时代墓葬发掘报告》，文物出版社，1974年。

[3]　黄祥鹏：《贾湖骨笛的测音研究》，《文物》1989年第1期。文中对M282∶20笛的音阶结构，认为有两种可能。其一，"至少是六声音阶。此音阶从该文表六可知，即以全闭为角，具备mi、sol、la、^{b}Si、do、re的六声"清商音阶"。其二，"也有可能是七声齐备的古老的下徵调音阶"。即以全闭为宫，由do、re、mi、fa、sol、la、si组成的七声新音阶。拙见认为，由于这是一种不平均律制，其音程关系的音分数据说明上述两说似难成立。

[4]　黄祥鹏：《贾湖骨笛的测音研究》，《文物》1989年第1期。文中对M282∶20笛的音阶结构，认为有两种可能。其一，"至少是六声音阶。此音阶从该文表六可知，即以全闭为角，具备mi、sol、la、^{b}Si、do、re的六声"清商音阶"。其二，"也有可能是七声齐备的古老的下徵调音阶"。即以全闭为宫，由do、re、mi、fa、sol、la、si组成的七声新音阶。拙见认为，由于这是一种不平均律制，其音程关系的音分数据说明上述两说似难成立。

[5]　《后汉书·律历志上》，中华书局标点本。

[6]　《国语·周语》："律所以立均出度也。古之神瞽，考中声，量之以制，度律均钟。"

[7]　曾侯乙墓笛与马王堆墓笛均长短两支，前者一长30.2、一长29.3厘米；后者一长24.7、一长21.2厘米。笔者《篪笛辩》一文（《音乐研究》1981年第1期），因复制品中有一只调高失实，故未能对雌雄笛的问题做出准确的解释。

[8]　承曹安和师相告：传统有雌雄曲笛与雌雄洞箫。前者调高均相差半音，若D调笛为雄笛，则雌笛

为#D调。

［9］ 《吕氏春秋·古乐》。

［10］ 《史记·律书》，中华书局标点本。

［11］ 萧吉《五行大义》引《乐纬》"孔子曰：吹律定姓。"参看饶宗颐《秦简中的五行说与纳音说》，《古文字研究》。

［12］ 《后汉书·律历志上》，中华书局标点本。

［13］ 徐锡台：《周原出土卜辞选释》，《考古与文物》1982年第2期。

［14］ 鱼是吉利的象征，至今犹然。追之古礼，更为常见。如半坡、姜寨仰韶文化彩陶盆，在人面纹旁往往附饰鱼纹；又如云南晋宁石寨山杀人祭柱贮贝器上，一人被绑在柱上作为牺牲，其面前有一人手捧一条大鱼向其呈献；此外许多汉画像石上亦多有捕鱼的画面，似均为其制之孑遗。

［15］ 《周礼》。

［16］ 《孟子·梁惠王上》。

［17］ 山东省文物管理处、济南市博物馆：《大汶口——新石器时代墓葬发掘报告》，文物出版社，1974年。

［18］ 山西襄汾陶寺墓地M3016墓出土的石磬。

［19］ 陈梦家《商代的神话与巫觋》；孙开德《鬼类觋考源》；高明《中国古文字学通论》第148页。

［20］ 《周礼》。

［21］ 〔美〕伊丽莎白·C.约翰逊：《商人礼仪艺术中的萨满教特征及对四川广汉三星堆新近发现的推测》，《南方民族考古（第2辑）》，四川科技出版社，1989年，第65页。

［22］ 湖北省博物馆：《随县曾侯乙墓钟磬铭文释文》，《音乐研究》1981年第1期。

［23］ （明）蒋克谦《琴书大全》卷一转引，《琴曲集成》第5册。

（原载《文物》1991年第3期）

笛乎 筹乎 龠乎——为贾湖遗址出土的骨质斜吹乐管考名

刘正国

1986年5月~1987年6月，中国音乐考古发生了一件令世界音乐史学界为之瞩目的大事。那就是在河南省舞阳县贾湖发掘出一批骨质的斜吹乐管。它们大多为七孔，其精美的制作，近乎齐备的七声，标志着已属完全意义上的乐器形态。经¹⁴C及树轮校正数据测定，此器为距今八千年左右的文化遗存[1]。它的出现将人类音乐音阶的形成可考年代提前了数千年，足使世人为之瞠目结舌。当时中国音乐界的有关专家学者几乎无一异议地将这种无吹孔形制的骨质斜吹乐管定名为"骨笛"。于是，贾湖骨笛便如天外来客般地闯进了中国音乐学的史册。

作为七八年前彼时彼地的考古新发现，贾湖骨笛的定名曾起到过及时将该器见诸新闻媒体的作用，似也无可非议。然而，这么多年过去了，尽管也有不少寻幽探秘者在骨管的测音、仿制及演奏上作出了一些有价值的试验与探索。但是，"贾湖骨笛"似乎仍只是个孤零零的出土器物，至今人们还无法究其来龙去脉。当代音乐史学家们可以针对贾湖骨笛的发掘及其久远的年代而津津乐道，却无法对其后所出现的数千年的音乐文化断层做出任何令人信服的阐释。因为，在现存的先秦典籍史料中，无论是传说中的远古氏族音乐抑或是可纳入信史的夏、商、周时的音乐，均未见有所谓"骨笛"的记载。也就是说，如此重要的八千年前就已成形了的古管乐器的现身，却得不到先秦任何音乐史料的印证，反倒将中国远古音乐的历史平添了数千年令人不可思议的空白。显然，这是有悖常理的。

笔者近年来横察民间现存斜吹乐管诸器，纵考先秦古籍记载，兼及古文字学之训诂。始悟得，贾湖骨笛的定名实系一大理论症结，亟待化解之。是故，不揣荒疏，试就贾湖骨笛的真正名属作如下探究，愿求共识于大方。

一、非 笛

众所周知，今之所谓笛者，乃是一端开管，一端塞闭，开有吹孔、膜孔和音孔的竹质单管横吹之器。虽然笛之名实古今有变，即"古笛竖吹"之说的确属实，而膜孔之制也可能晚起。但是，无论古今，笛乃是一种有吹孔的竹质乐管当属无疑。这一点很关键，吹孔之制对于笛类管乐器来说是一个极其重要的结构特征。

今被名之为骨笛的贾湖骨管，却正不具备吹孔这一结构特征。它是一种没有吹孔的、两端皆通的中空骨质乐管。其吹法既不同于横吹之笛，也有别于竖吹之箫，它是以骨管的一端作吹口，管身斜持，管口与吹奏者的嘴唇呈一个45°左右的斜角，演奏时两唇噘起，如吹口哨般地形成一个小圆孔，贴着管端（细则半含管端）缓缓吐气，气入管端内壁磨擦震荡发音，此即所谓斜吹。这种独特吹法具有厚重的原始感，与笛之横吹、箫之竖吹实乃大相径庭。贾湖骨管除了在单管按孔这一点上可与笛箫同归为边棱类吹器之外，其他在结构形态、演奏方法及制作材料上均与笛的概念相去甚远。即便是在笛名之前冠以骨字，也只是标明其制作材料上的差异而已，但真正决定一件管乐器名称性质的关键并不在于此，而在该器的形制与吹法。大凡古今之吹器，或因其结构有别，或因其吹法迥异，皆各有名分。譬之于单管类吹器：结构与笛并无大异的横吹乐管，仅其一端多了个闭管结构，即名之为篪；同为开管结构，而其吹孔却开在管端封节处的竖吹乐管，即名之为箫；同为中空开管，而于管端置以哨片而鸣的直吹乐管，则名之为管。足见，吹器各有名分，自古已然。作为八千年前就成形的，在吹法上与笛有别的贾湖骨管必有其真正的名属，骨笛之名当非确称。

或许有人会道：现今流行于新疆帕米尔高原地区的塔吉克族人、柯尔克孜族人所吹的一种骨质乐管，因其用大鹰的翅骨制成，故被称之鹰骨笛。这种鹰骨笛除了音孔数为三孔外，其无吹孔、斜吹之法及骨质材料等均与贾湖骨管丝毫无异。那么，以此类比，贾湖骨管被名之为骨笛，倒也无甚不妥。鹰骨笛的确是贾湖骨笛在定名上的一个重要参照系。但是，值得注意的是：鹰骨笛的叫法只是现今汉语对这种骨管乐器的称呼。而塔吉克族与柯尔克孜族均有自己的叫法，塔族称之为"那依"，柯族则称之为"却奥尔"[2]。实际上，"那依"或"却奥尔"才是这种三孔骨质斜吹乐管的真正名属。

事实上，无论是贾湖出土的骨管，还是塔族的"那依"，抑或是柯尔克孜族的"却奥尔"，均不应名之为骨笛或鹰骨笛。因为这种无吹孔形制的骨质斜吹乐管实乃华夏单管吹器之远祖，它在我国远古音乐中占有极其重要的历史地位。遗憾的是，当代器乐界乃至史学界对此并未予足够的重视。中国单管乐器的考察与研究，至今只停留在吹孔之制的笛类乐器的认识上。而在中国古管乐器的家族中，笛——无论是古时的竖吹乐管还是今时的横吹乐管，均不过是一个后起之秀。据现存史料所考，笛字晚起于"笙、箫、龠、管、埙、篪"诸器。在公认为确凿可凭的先秦古籍中，如《逸周书》、《穆天子传》及《诗经》、《左传》等有关音乐的史料记载中，涉及的众多古管乐器名并未见"笛"字的一丝踪影。唯有相传为周公所作的《周礼》书中有篴字的记载："（笙师）掌教龡竽、笙、埙、龠、箫、篪、篴、管……"根据东汉郑玄注："杜子春读篴为荡涤之涤，今时所吹五空竹篴。"南朝字书《玉篇》所载："篴，同笛。"明代朱载堉《律吕精义》云："笛与篴，音义并同；古文作篴，今文作笛。"篴被认为是笛的古字似已隶定不移。借此，有关笛（篴）的记载似乎可以追溯到两千余年前的西周时期。然而，篴在先秦典籍中仅此一见于《周礼·春官》，很快便被笛字所取代。不能不令人感到困惑并促人深思。

20世纪70年代初期，湖南长沙马王堆汉墓曾出土了两支竹质乐管，从随墓殉品清册上写明有篴字来看，似为古籍关于篴的记载提供了实器之证。但此篴为横吹之器，而世传"古笛竖吹"之说确也凿凿可凭。如此看来，秦汉前后所谓的笛（篴）可能是横吹与竖吹两种不同乐管的统称。为什么形制不同的两种吹法的乐管都被称之为笛呢？笔者认为：因为当时它们都共同具备一种新型的结构特征——吹孔。吹孔之制对古管乐器来说，并非如今人所感觉的那样似乎是天经地义、顺理成章的事。它的出现，是在像贾湖骨管那样的，只有音孔而无吹孔的由端口斜吹的乐管历经数千年的变革方才获得的。吹孔的设置是古代单管乐器发展中的一大飞跃，它不仅带来了演奏方法上的变化（由斜吹变为竖吹或横吹），更重要的是在音色上出现了质的变化。由吹孔吹出的音响显然要比由管口吹出的声音明亮、清新，故此才有笛（篴）名之起。其实，笛名亦如筝名一样，是由于乐器所发出的特有音响而得名的。笛名可以说是单管乐器在吹孔出现后，其音响效果有别于无吹孔的旧器，吹之"笛笛然"而得名。如果《周礼》一书的记载无讹的话，中国以吹孔为其结构特征的笛（篴）类单管乐器的出现，当不会晚于两千余年的周代。然而，其时像贾湖骨管那样的无吹孔形制的斜吹乐管，至少已经存在五千年了。

从考古发现看，这种无吹孔形制的骨质乐管不仅只见于属于裴李岗文化的贾湖遗址一地，其他在属于河姆渡文化、良渚文化、青莲岗文化、诺木洪文化及卡约文化等诸多原始墓葬及遗址中，均有不同数量的骨质乐管出土[3]。足见，骨管吹器在史前文化中有一定的普遍性。从新疆巴楚脱库孜萨来遗址出土的北朝三孔骨管及今塔吉克族尚存的"那依"来看，这种斜吹演奏的骨质乐管在纪元后直至当代，仍然还在民间保留着。具有如此顽强艺术生命力的古管乐器，在历史记载的长河中岂可能没有真正的名属。当今，更深一步地考证贾湖骨管的真实名属，实在是中国古管乐器研究及古代音乐史学研究上的一件迫在眉睫的事。

二、非　筹

据吕骥先生1991年发表的在"国际中国传统音乐研讨会"上的致辞《传统音乐研究要坚持实事求是的科学态度》一文所云："前几年，河南舞阳出土的骨笛（距今8000年）在定名上，我们大家几乎都以为是没有可怀疑的，应该称之为'骨笛'，几乎已经成为定论了。可是，最近河南民间音乐研究家提出了有事实根据的不同意见。因为，河南南部和东南部的信阳和固始一带，今天还有一种乐器存在于民间器乐之中，按照民间音乐自古以来的称谓却名为'筹'。……筹在形制上（无吹孔——笔者注）和吹法上（斜吹——笔者注）跟舞阳贾湖遗址出土的骨笛基本相同……因此，河南一些音乐家们认为出土的不是骨笛，而是骨筹。"[4]可见，随着时间的推移，人们对贾湖骨管的认识逐渐开始深化。显然，河南学者的骨筹说，由于具有一定的类比科学性和合理性而被吕骥先生所认可。然而，遗憾的是，时至今日，骨筹说并未引起应有的反响和被学术界更广泛地接受。也就是说，它没能从根本上动摇贾湖骨笛的既定概念。究其原委，其根本还在于：筹作为乐器名本身还是个难解之谜。因为遍览古今字书与典籍，我们还无法找到"筹"字与乐器有关联的任何记载；而在读作chou音的汉字中，唯有这个"从竹寿声"之筹字还似乎能沾上一点乐器制作材料竹管的边。故此，当今学者凡述及该器虽均用筹字，但却疑虑重重。

筹字始见于《礼记·投壶》篇："筹，室中五扶、堂上七扶、庭中九扶。"投壶为先秦周代宴会的礼制之一，也是一种游戏。筹即投壶所用的签子，形如箭笴。《说文·竹部》曰："筹，壶矢也。"筹字还可作为筭（算）、筴（策）及戴（《方言》）诸意解。但皆与音乐、乐器无关。所以，吕骥先生对此不无疑虑地说："这个筹字，古代典籍中如《尔雅》、《释名》以及现代各种辞书中都没有作为乐器名称的解释。而在河南民间口头习惯语中描写这件乐器却有这么一句颇为形象的话：'笛子砍了头，就是筹。'这也是自古以来就存在的地方语言。"[5]筹名并非讹称，它不仅见于河南，安徽、湖南等地民间所见此吹器同样称筹。安徽的筹，还曾作为黄梅戏早期的特色伴奏乐器而被载入过戏曲音乐的史册。

1957年安徽人民出版社出版的《黄梅戏音乐》（王兆乾编著）载："筹——这是黄梅戏所特有的吹奏乐器。"该书还对筹的制作、吹法及特色等均作了较为详细、准确的记叙，并绘有筹的形制及演奏图示。值得注意的是，著者王兆乾先生同样心有疑虑地写道："（筹）在历史上似乎没有它的记载，原来流行在皖北民间。关于它的名称，只是根据艺人的说法记下来的，是否这个'筹'字还待查考。"看来，对筹作为乐器名表示相当的质疑乃是当代众多学者的一种共识。确实，遍览古今辞书典籍，筹字决无训作乐器名的记载。那么，而今河南、安徽、湖南诸地民间道士普遍称之为chou的乐器名属到底该是什么字呢？笔者几经考证认为，这种古老的竹管乐器的真正名字应该是——篍。

汉代《说文解字》及南朝《玉篇》等古老的字书均训有："篍，吹筒也。""篍"字见诸史籍的最早记载可能是西汉史游的《急就篇》，句曰："筑篍起居课后先。"据唐颜师古注："筑，吹鞭也。篍，吹筒也。起居谓晨起夜卧及休息时，督作之司以此二者为之节度。"[6]可知，篍乃是一种吹之可以发出音响的竹筒。作为一种有声信号，它与人们日常生活中的起居休息密切相关。此外，篍还多用于古时的警戒或督役。据清代桂馥的《说文解字义证》所载，《广韵》曾训篍为"竹箫也，洛阳亭长所吹。"亭自战国便是一种警守御敌的边塞设置，秦、汉时期是地方的基层行政单位，亭长乃一亭之内职掌治安警卫并兼理民事之人，多以兵役期满者充任。《广韵》所说的洛阳亭长掌吹竹篍当非奏乐，乃用作发布警戒信号。我国古代的诸多乐器，特别是音响宏大可以远传的打击乐器或吹管乐器，大都具有通过音响、节奏来传递信息的功能。因而多被用于民事或战事。那么，篍具体又是怎样一种吹器呢？史料中除吹筒一说外，并未见有更翔实的记载。从段氏《说文解字注》所训"吹鞭盖葭为之，吹筒盖竹为之"来看，被称之为"吹鞭"的筑可能是以葭作哨而鸣的单管簧哨类吹器，而"吹筒"篍则应是一种以竹为膜而鸣的边棱类吹器。"盖竹为之"的"竹"，非指竹管，实谓竹衣。竹衣为膜古已用之，宋陈旸的《乐书》就载有："箫管之制六孔，旁一孔加竹膜焉……"。由此可见，有关篍字的训释和记载正与今时道教所吹竹管乐器的形制（开有膜孔）和吹法（管端斜吹状如吹筒）相吻合，chou器之名当非篍字莫属。然而，纵览近古及今凡收有篍字的辞书字典均将其读音注为qiu（秋）而不读作chou（筹），这便是篍字一直未被起用的关键之所在。

篍、筹二字读音相近，但若果真以读作"秋"声的篍字去作被称之为chou的乐器之名，则似有名实不尽相合之感，难以令人笃信。那么，篍字到底有无可能读作chou音而与道教吹器真正名实合一呢？这是一个亟待探究的问题。从字形结构来看，"秋"应是篍字的声符，即如《说文》所训"从竹秋声"。此类考之于其他含有秋声符的诸字，却大都并不读作秋音。如"楸"读作chǒu、"甃"读作zhòu等，均与筹音相近。而"从心秋声"之"愁"字的读音则更是篍字应读作chóu音的确凿旁证。那么，缘何古今众多字书辞典均将篍字的读音注为"秋"呢？这里面涉及一个古今声韵有变，中古反切注音与后世读音不合而导致了汉字审音注音上的失误问题。据段玉裁《说文解字注》载，篍的读音为："七肖切，按《广韵》七遥切；又音秋。"段氏在这里采用了两种不同的注音方法，前为反切注音，后为直音注音。从其直音注音"又音秋"来看，其反切注音当是不同于"秋"音的另一种读音。然而，若按今时音韵来拼读"七肖切"或"七遥切"，则其反切注音却仍读若"秋"音，当与段注原意不合，这里就有一个古今声韵变异的考究。

从中古至近现代，汉语的声母与韵母都发生了很大的变化。语音的变化对反切原则的影响也大。根据其中一些可循的规律来看，在声母的变化中，中古的某些反切，按今音读，反切上字凡属带i、y介音的细音字，其声母为j［tɕ］、q［tɕ'］、x［ɕ］的，则应变成z［ts］、c［ts］、s［s］。方可求得被反切字的正确读音。据此推演，篍字的反切注音"七肖切"或"七遥切"无疑均应读若"愁"音，而不读作"秋"音。其实，在近古的一些韵书中，有的反切注音已就中古声韵作了修正。如《集韵》、《韵会》及《正韵》诸书中，篍字的反切被注音为"雌由切"、"此由切"或"此遥切"等[7]。这些反切的上、下字直接便可拼读为chou（愁）音（准确地说应读作cou音，因现代汉语中已无此声韵的字，故从chou）。可见篍字自古便就读愁音，它就是现存道教竹制吹管的真正器名。近古及今的诸多辞书字典将篍字的读音注为"秋"音而不注作"愁"音，实乃汉语审音中的一大疏漏。这一疏漏致使篍字有其名而无其实（古今从无称作秋的乐器），逐渐被一些辞书所废（如《辞海》）；而现存于民间的道教吹管乐器chou则有其实而无其名（筹字不可作器名解），令学者无从可考。今辨之，则篍字音既正而chou器名也正，二者名实合一，此乃还历史之真实也。

上述已证，现存在河南、安徽等地民间道教的竹质斜吹乐管的真正器名应为竹篍，而非竹筹。那么，贾湖遗址出土的骨质斜吹乐管是否可以名之为骨篍呢？笔者以为仍不可。当然，就贾湖骨管与道教竹篍两器的无吹孔形制及其斜吹之法上的一脉相承来看，篍的概念似乎要比笛的概念准确一些。然而，篴名之起却晚于笛，这是一个毋庸置疑的史实。先秦典籍中，我们找不到有关篴字的任何记载。从西汉史游的《急就篇》算起，篴器的可考年代不过两千年左右。若贾湖骨管果真名之为骨篴，那么，它在西汉之前就已存在了五六千年的这一大段空白该如何填写？此外，篴名之起可能是与其"膜孔之制"有着密切的关联。据《风俗通》转引《汉书》注；"篴，笛也。言其音篴篴，名自定也。"[8]所谓"其音篴篴"当是指一种新颖的音响，而这种新颖的音响绝不可能来自已经承袭数千年的管端斜吹之法，倒极可能与其新兴的膜孔形制相关。于音孔之上开一膜孔，蒙竹衣而鸣，其音能不"篴篴"乎！这大约是在秦汉时期，无吹孔形制的单管吹器在受到吹孔形制的笛（篴）类乐器的冲击后，本体所进行的一种变通。这种变通既保留了原始的斜吹之法，又因膜孔的开创而获得了"篴篴"的清越之音，从而以声响得名并区别于旧器乃至得以传承于世。就今道教竹篴均为开有膜孔的形制来看，此说当不为臆断。由此可见，竹篴实际乃是像贾湖骨管那样的无吹孔形制的单管吹器发展到汉代才出现的一种变体乐器，而这种变体是以膜孔为其结构特征的。唯膜孔的出现，方才有篴名之起。膜孔之于篴，犹吹孔之于笛，无膜孔者，则无所谓篴也。故此，贾湖骨管的骨篴一说当仍不能成立。

三、乃　龠

对贾湖骨管的定名问题，黄翔鹏先生曾说："我以为这支骨笛，如求文献之证，考定器名，以最自然、最简单的命名称'笛'即可。不必旁求'琯'、'篴'等先秦古籍中所见之名，更不必就它的吹奏方法，易以后世的乐器之名。"朱载堉《律吕精义》说："篴（即笛）之吹处类今之楚（即现名'潮儿'者）。我们似乎不必因为一种祖先有了某种后裔，就要以其中的一种后裔之名来给它的祖先定名。"[9]黄先生的这段话大约是针对骨篴（即"潮儿"）一说而发，其本意并无错。而"不以后裔乐器之名来为祖先乐器定名"的阐发也确为卓见。但是，需要明辨的是：若将八千年之遥的贾湖骨管称之为笛，同样难逃"以其中的一种后裔之名来给它的祖先定名"之嫌。本文前述已十分清楚，笛名之起不过两千余年。所谓笛（篴），实际上是在像贾湖骨管那样的无吹孔形制的单管吹器，历经了至少五千年的变革（衍变主要是在音孔数上和制作材料上）直至先秦周代才出现的一种新兴的以吹孔为其结构特征的单管乐器。笛与篴一样，同属后裔乐器而非祖制。贾湖骨管既不应名为篴，当也不能名为笛。若要考定贾湖骨管的真正器名，必欲超越篴的记载，求之于先秦更久远的史料。当然，如果在所有的先秦典籍中根本找不到比篴（笛）更古老的单管乐器之名，则不可强求，那就只好"以最自然、最简单的命名"将贾湖骨管称之为笛了。然而，史实并非如此。在先秦典籍中，确有一件比篴的记载和传说更为久远的、而在后世又与笛名密切相关的古老吹器，那就是殷商甲骨文中已有其字、先秦史料述之颇丰、我国远古时期的吹管乐器——龠（亦作"籥"）。

龠，其说远矣。相传原始部落的伊耆氏就是用草槌敲击土鼓、吹着以苇管制成的籥歌舞的。此所谓："土鼓、蒉桴、苇籥，伊耆氏之乐也。"[10]据《吕氏春秋·仲夏记》载："禹立……于是命皋陶作为《夏籥》九成，以昭其功。"龠的传说一直与禹时的乐舞《大夏》联系在一起。在现已纳入信史的殷商时期，龠字的雏形已经出现在甲骨文中，写作 𠎣、𠎣、𠎣。及至原始社会鼎盛时期的周代，龠已经成为由专门乐师掌教的，并被广泛使用于歌乐、舞乐的重要吹管乐器。这在有关先秦的诸多典籍史料中，均有所证。在先秦诸子的有关论乐的著述中也有不少涉及龠的记载，如孟子的《梁惠王》、庄子的《杂篇·盗跖》及荀子的《乐论》诸篇中均见有"管龠"之说。《诗经》中述及的远古乐器近30种，管乐器中见诸诗歌篇数最多的就是龠。由此可见，龠在我国先秦远古音乐中的显赫地位。然而，如此重要的吹管乐器，自秦汉以降便开始急趋式微。尽管有关龠字的训注未少见于历代学者的辞书著述，但其在音乐实践中的地位似乎丧失殆尽，取而代之的乃是笛、箫一类的吹管乐器。在音乐文化高度繁荣的唐王朝，无论是宫廷燕乐还是民间俗乐，似已寻不见龠的踪影，直至近现代人们已无从考其真迹。龠到底是一种什么样的吹器？为什么它在先秦时期那样显赫，而在后世却如此衰落乃至绝迹？这是中国音乐史中一直未能解开的谜。

根据古代字书典籍中汉、魏学者对龠字的训释与注疏来看，龠是一种"如笛"、"若笛"但又肯定不是笛的单管多孔吹器。其多孔说者，主要有东汉许慎、郑玄的"三孔说"（《说文解字》、《礼记注》），西汉毛亨的"六孔说"（《毛诗注》）以及三国魏张揖的"七孔说"（《广雅》）等。汉魏诸家的训注，虽在龠的孔数上说之参差，但均以笛而类比之。可见，龠是一种单管多孔的边棱类吹器应属无疑。汉以后孺子凡有述龠者，皆未脱此窠臼。"龠如笛"（即单管）乃是历代学者众口一致的成说，此说自汉至清承袭两千余年并无异议。

然而，令人惊憾的是，及至近现代，著名文学家、古文字学家郭沫若先生在其《甲骨文字研究·释和言》中提出了所谓"（龠字）象形，象形者，像编管之形也"的异说后，龠便被逐渐隶定为状如排箫的编管乐器。包括已故杨荫浏、沈知白在内的当代诸多音乐史家，几乎无一例外地在其著述中将龠说成是编管乐器——排箫的前身或雏形。当代所编的音乐典籍《中国音乐辞典》及《中国大百科全书·音乐舞蹈卷》中亦作如是定论。自此，承袭了两千余年的"龠如笛"的单管之说被遽然废弃，原本截然异形的龠与排箫竟成了异名同器。中国古管乐器的研究因此而更增添了几分迷惘。

郭沫若的"龠为编管象形"说只不过是一家之言。他的这种以字形来求乐器形的考证方法本身究竟具有多少科学性和合理性，值得大大地怀疑。因为，迄今为止，我们似乎还没发现哪一种吹管乐器的器名是与其器形相一致的。如果说，龠在历史的记载中只知是一件吹管乐器，其他均不得而知的话，郭氏的"龠为编管象形"之说大概还不失为一种富有想象力的假说。然而事实是，自汉传承两千多年的确凿史料早已明白无误地告诉我们：龠是一件如笛、似笛的单管乐器。郭说龠为编管则与史料完全相悖。试想，若无坚确之实据可证史料为谬，郭说当不可能成立。那么，郭氏是如何推翻承袭了两千余年的汉人"龠如笛"说的呢？且看他的一段著名的论龠之说吧：

> 龠字既像编管，与汉以后人释龠之意亦大有别。后人均以为单独之乐管似笛，然或以为三孔，或以为六孔，或以为七孔，是皆未见古器之实状而悬拟之耳。形之相悖既如彼，说之参差复如此，故知汉人龠似笛之说全不可信。

这是郭氏在《释和言》中，经过由和及鮴、再由鮴及龠的一番由文字到文字的考证后，认定龠为编管乐器象形所阐发的。很清楚，郭氏并没有拿出任何确凿的实据来论证汉人龠说错在哪里。而仅仅是抓住了汉儒们在龠的孔数记载上"说之参差"这一点，便将其一概斥之为"全不可信"。其实，识乐者皆知，所谓孔数之于单管乐器，实犹管数之于排箫、簧数之于笙竽、弦数之于筝瑟，其多寡不一乃在常理之中，并不构成郭氏所谓的"形之相悖"。且莫言古代吹管乐器的孔制不可能规范，即便是在乐器制作艺术高度发展的今天，孔制基本规范的笛也不尽为六孔，诸如七孔、八孔乃至十孔也时有所见。可证，汉人说龠孔数不一并不奇怪，实合于常理。他们定有所见而决非悬拟，只是其所见乃有三孔龠、六孔龠与七孔龠之不同。郭氏未悟得个中三昧，却企图以此为突破口来全盘否认汉人的"龠如笛"说，可谓不思之甚。值得注意的还有，郭氏在这段龠论中口口声声将汉人的训注都说成是"以为……"，"或以为……"，并言之凿凿认定汉儒们是"皆未见古器之实状而悬拟之"。其言外之意是说龠在汉代就根本不复存在了，那么，历史的事实果真如此吗？回答当然是否定的。

汉时去古未远。作为先秦周代还极其重要并广为传习的龠，不可能到了汉代一下子就溘然飞逝。虽然其中确有"焚书坑儒"的文化断层，但从未闻有大规模地"毁乐"之说。且不用说古龠有存于汉代、汉儒们见到过各种不同孔制的龠（三孔的、六孔的或七孔的）。就是在汉以后的魏晋南北朝时期，龠仍是一件倍受文人雅士们的青睐并常与琴瑟同提并论的重要古管乐器。这一点，我们可以从三国魏时嵇康的《声无哀乐论》及南朝梁时刘勰的《文心雕龙》中所见大段借龠、瑟以说乐、论诗而得到证实。更令人笃信是，宋、元两代正史中均有关于籥的记载。特别是《元史·乐志》中所述："英宗至治二年，冬十月，用登歌乐于太庙。……登歌乐器、竹部籥二，制如笛，三孔。缠以朱丝，垂以红绒条结。"[11]可以足证，至少在公元14世纪初，龠还被实际运用于元朝帝王祖庙的祭祀登歌奏乐之中。岂可妄言距此一千多年前的汉代龠就不存于世，从而认定汉儒说龠均为"悬拟"呢！事实上，真正"未见古器之实状而悬拟之"的正是郭沫若本人。他未能从深察古管乐器之形转着手，也未对现存龠说史料做出翔实的考证，而仅以甲金文中的个别字形为立论依据，便认定龠为编管乐器的象形，从而将承袭两千余年的"龠如笛"说一概斥之为"全不可信"，实际上是根本站不住脚的。

龠为单管之器，历代学者众口一致，毋庸置疑。那么，龠究竟又是怎样一种"如笛"、"若笛"却又不同于笛的单管乐器呢？这确是一个亟待解开的千古之谜。笔者认为，龠既如笛，当属边棱类单管吹器无疑，这首先就排除了簧哨类吹器的可能性。根据史料分析，既然汉魏学者说龠有三孔、六孔与七孔之别，那就可以推断，这些开有不同孔数的吹管均被称之为龠，肯定都有一个共同的，且可明显区别于笛的特征，而这一特征显然并不体现在孔数之多少上。那么，边棱类的单管吹器除去开孔特征外，还能有什么呢？当然唯有吹法可解。考吹法于今之所见的边棱类单管吹器，举凡有三：一为横吹、一为竖吹、一为斜吹。横吹者笛属也，竖吹者箫属也。此二者均为有吹孔之吹器，已为尽人皆识。古时它们统称为笛（箎），此当无须赘言。余下，则惟有斜吹之法可究。斜吹者何属？今之所存塔吉克族"那依"、道教竹筱及贾湖出土之骨管皆属。统察之，此三器均为无吹孔形制之单独乐管。其由管端作吹口的斜吹之法正可明显区别于笛；而其单管多孔、气鸣发音则也与笛相类。此不正所谓"如笛"、"若笛"乎！再就孔制来看，塔吉克族"那依"为三孔，道教竹筱为六孔，而贾湖骨管则多为七孔，似也正可与汉魏学者的三孔、六孔和七孔龠说相暗合，也证汉人说龠决非悬拟。乃由今可以证古，由古也可以知矣。至此，古龠之谜似乎已然冰释，所谓"如笛"、"若笛"之龠者，应该就是一种无吹孔的，由管端斜吹的单独之乐管。这种八千年前已有其形，而今之所存仍有其制的斜吹之龠，实乃笛类乐器之先祖。它兴盛于笛（箎）名起前的远古时代，至少五千年未衰。而笛乃龠之后裔，正可谓换代乐器。笛衍生于龠，其成形大约不会早于先秦周时，它变无吹孔为有吹孔，实现了中国单管乐器形制发展上的一次重大变革。此后，则笛名兴而龠名衰，当在情理之中。

据上所论，龠应为无吹孔之制的斜吹乐管，那么，贾湖骨管的定名也自当为骨龠。此应不失为一种合乎逻辑之推断。然而，仅此尚难令人笃信。若要论定贾湖骨管确非骨龠之名莫属，非得进一步求证于相应的古代文献不可。由于贾湖骨管出土的遗址与裴李岗文化大体同时，距中国最古老的甲骨文字的可考年代还有四五千年之遥。若求与之相应年代的文献或文字之证，当然是不可能的。那么，比物连类，旁求于今世所存的、与贾湖骨管相类的斜吹乐管之证，当不失为一种可行之法。

今世所存的斜吹乐管，除本文已有论及的塔吉克族"那依"和中原道教的竹筱外，尚还有哈萨克族的"斯布斯额"、柯尔克孜族的"却奥尔"（与"那依"同器异名）和蒙古族的"楚吾尔"等。在这些斜吹乐管中，当首推塔吉克族"那依"与贾湖骨管最为相类。除去开孔数略有所异外，两器制作材料、形制及吹法同出一辙。故此，对塔吉克族"那依"一名的考释，将是贾湖骨管定名的关键一证。

"那依"流行于新疆帕米尔高原，取大鹰翅骨制成，骨管中空，三孔。"那依"为塔吉克语器名，今之汉语称其为骨笛或鹰骨笛。其实，"那依"一名本身可能就是汉语籁字的读音在塔吉克语中的遗存。考"那依"也被写作"那艺"、"奈伊"、"乃依"等。这些词的实际意义就是一种标音，按汉语发音规律均应合音读作nèi或nài，即与籁字的音谐相近。在我国古代汉语方言中，籁字的发音并无lai、nai之分，而籁字的本意也正可作乐器名解。因此，我们完全有理由认为"那依"一名就是汉语籥的音译。再考籥字于古训，《说文解字》已有明释："籥，三孔龠也。"汉人高诱注《淮南子》也有与此相同的训释。足见，我国古时的三孔龠是被称之为籥的，而今时的塔吉克族"那依"却也正是只开有三个音孔的斜吹乐管，此当决非偶然之巧合。我们完全有理由确信，塔吉克族的这种三孔斜吹骨管其实就是古代称之为籥的三孔之龠在今世的孑遗；而"那依"一名也就是籥字的汉语音译。此正可谓古今合拍、名实一统。然而，尚需更深一步论证的是，许慎以龠释籥是否真正确凿可凭？大凡古今学者均据庄子的"人籁则比竹是已"一语，认为籥字只指"比竹"为之的编管乐器。而今人则更具体地将籥隶定为排箫的别称。故此，对许慎《说文解字》中以龠释籥一条多认为有误。如元人马端临在《文献通考》中曰："许慎以龠为籥，是不知龠如篴而三窍，未尝比竹为之。"近人郭沫若则在《释和言》中云："许知籥龠为一而不知龠，故以'三孔龠'释籥。"此两家正可谓仁智各见，一说许慎不知龠为单管乐器，一说许慎不知龠为编管乐器。但有一点显然是他们的共识，即籥只能是编管乐器。对此，笔者绝不敢苟同。

籥字源本语出庄子《齐物论》篇："地籁则众窍是已，人籁则比竹是已。敢问天籁？"此语中，"人籁"一句自古至今均大致被释作"编管乐器竹箫发出的乐声。"从"比竹"即为排比编列竹管之意来看，此释似应无误。但是，此语前的"地籁"一句被释作"地面上种种孔穴发出的风声"[12]，则未必。庄子此二语是个对应的概念，均为借乐器之形来喻自然物象。既然"人籁"指的是"比竹为之"的编管乐器，那么，"地籁"则应是指"众窍为之"的单管乐器。"众窍"实指多孔之意。多孔即为单管乐器。"众窍"即单管多孔；"比竹"即编管无孔。此正涵盖了我国远古时期的无吹孔管乐器之两大形制，其实这也是籥字的本意所概。后世及今众多学者仅以编管乐器释籥，是只识"比竹"之籥而未识"众窍"之籥矣。"比竹"之籥——编管之箫属；"众窍"之籥——单管之龠属。许慎以三孔龠释籥并无伪误，就古代数词所示："一"为单、"二"为双、"三"则为众，孔也通作窍。故知许氏籥下明言"三孔龠"实乃暗合"众窍"之籥意。而今又有塔吉克族三孔"那依"实器为证，许慎以龠释籥当然是真非伪，实乃确凿可凭。那么，塔吉克族"那依"自当为三孔骨龠无疑，而贾湖骨管当也非龠名莫属。此可谓笃证之一。

流行于中原一带民间的道教竹簌，实乃古龠的一种俗流变体。已知，簌字自近古起便因审音上的失误未被起用，而以筹字为该器名的记载只为当代所考。那么，作为民间流行面极广的这种无吹孔之制的斜吹乐管，自汉传承至今，历史上还有无其他文献之证可求呢？据察，明、清两代史料中，乃有微证可求。但不写作"簌"，也不写作"筹"，而是被称为"楚"。

本文前见黄翔鹏先生所引明代朱载堉《律吕精义》中载"篴之吹处类今之楚"一语，黄先生注"楚"曰："即现名'潮儿'者"。何谓"潮儿"？"潮儿"实即合音读若"chou"（筹）音，似为簌器之称的北方口语。"潮儿"及其相类之器名"绰儿"、"楚吾尔"、"却奥尔"等，可能均为中原"籥"器之名的音译。因为这些器名皆为无吹孔形制的斜吹乐管。朱载堉说"楚""籆"二器吹处相类也可证此。古籆为竖吹，其吹处当在管端。籆既与"楚"吹处相类，那么"楚"之吹处当也在管端。所不同者，籆于管端竖吹（开有山口），而"楚"则于管端斜吹（无吹孔）。故此，朱氏谓二器吹处相类而不谓其相同。其实，朱氏此语主要是借"楚"器以比类说明古籆是由管端竖吹的乐器，以资明辨于横吹之笛。朱氏既以"楚"来类比籆，足见"楚"在明代应是一件极为流行的吹器。然而，考"楚"名于古籍，却未见有任何作为乐器名解的训释。"楚"字既不可作乐器名解，那么，朱氏《律吕精义》缘何以"楚"为器名呢？我认为，朱氏用"楚"名与今人用筹名同出一辙，实为借字标音也。此"楚"并不读作"chǔ"（储），而应读作"chǒu"（瞅），抑或就是读作"chóu"（筹）。今安庆一带方言，其"清楚"之"楚"正是念作"chǒu"音。安庆地区与湖北接壤，亦为古楚之地，向有"吴头楚尾"之称。安庆一带也正是安徽道教竹籆乐器的主要流行地，其"楚"字的方言读音与当地流行的民间吹器chou名之称正相一致。足见，朱氏以"楚"为器名乃有民间实据可依。"楚"名与"筹"名一样，实取其音而非用其意也。乐管之"楚"字理应读作"chou"（筹）音，此当为古楚之地的方言遗韵。

据上可知，朱载堉《律吕精义》中的所谓"楚"，其实就是古楚之地极为流行的无吹孔的斜吹乐管竹籆之器名。清代纪昀等人校订的《续文献通考》有一段论述："大抵音有南北，器有楚夏。《吕氏春秋》曰：有娀氏始为北音，涂山氏始为南音，周公召公取之以为《周南》、《召南》。《诗》曰：'以雅以南。以龠不僭'。此之谓欤。然则，龠乃北音，《礼记》所谓'夏龠'是也；笛乃楚音，《左传》所谓'南龠'是也，俗呼为楚有以也夫！"[13] 这段考论，由远古音乐传说中的北音、南音之分，述及先秦史料记载中的夏龠、南龠之别，其解颇为精到。而这其中的释南龠为楚音之笛一说尤有考证价值。当然，仅以笛释龠而论，本身并不算什么鲜说。由于龠、笛两器形制十分相似因而导致的龠、笛为一物的说法古今均有所见。但纪昀之《续》论则不同，他不仅释南龠为楚音之笛，而更进一步点明了楚音之笛就是俗呼为"楚"的吹器。被纪氏认定为南龠的楚音之笛，并非是吹孔概念上的笛，而实为无吹孔的斜吹之"楚"。而"楚"即籆。可见，与贾湖骨管吹法一脉相承，至今仍存于民间的道教吹管竹籆其实就是龠（南龠）的一种变体俗称。清人向以治学严谨、考辨精当著称于世，而纪昀在古文献考证及训诂学上的成就亦为近现代人所公认。那么，《续文献通考》中的这段"楚"（籆）即南龠之俗称的论说，当足可为贾湖骨龠之名的考定提供又一坚实的佐证。

综上所论，无论是史料研究、实器考证，还是文字训释、逻辑推理，均可推证：1986～1987年在河南舞阳贾湖遗址出土的距今八千年的无吹孔骨质斜吹乐管，既不是骨笛也并非骨筹，而实实在在就是华夏吹器之鼻祖——骨龠。从龠字的本形并不从竹来看，这种骨质之龠当为中国古龠的真宗原形乐器。后起从竹之籥及竖吹之箫、横吹之笛乃至簧哨类的直吹之笳、管等诸器均衍生于此。从乐器发生学的角度来看，这种状若吹筒的中空斜吹乐管极可能滥觞于人类早期的吹火筒。而我们的先祖（北京猿人）早在四五十万年之前就已经懂得用火并能保存火种了。可以推想，从最初能够发出两三个音高的无音孔吹火筒到贾湖遗址的近乎七声齐备的多音孔骨龠，这期间大约经历了十几万年或是几十万年的衍变。如此，我们就不会对八千年前出现这样精美完备的乐器而感到不可思议了。相反，它给我们的启示是：中国乃至世界古音乐文明的发轫期远比我们想象的要久远得多。因为，它极有可能是与人类最初征服自然并懂得用火的文明联系在一起的！

贾湖骨龠的现身，为我们揭开了先秦的古龠之谜。它的正名，必将为我们揭示更多有价值的东西。诸如对当代"龠为编管"说的匡谬正误、远古华夏吹器的西传东渐、人类音阶概念的形成与古乐舞的演进以及整个吹管乐器的清本正源等，定会产生重大的理论影响。此外，继承和开发古龠的这种不需吹孔，而由管端斜吹的特殊演奏方法，那将是中国单管乐器在更高层次上的返璞归真，有着现代笛、箫不可取代的实用价值。相信，中国当代民族器乐之林会还古龠一席之地而使其得以传承千古。

注　释

［1］　张居中：《考古新发现——贾湖骨笛》，《音乐研究》1988年第4期。

［2］　《中国乐器图鉴·边棱类》，山东教育出版社，1992年，第119页图2-1-23、图2-1-24。

［3］　《中国音乐辞典》，人民音乐出版社，1985年，第125页"骨哨"条目。

［4］　载《音乐研究》1991年第4期。

［5］　载《音乐研究》1991年第4期。

［6］　（汉）许慎、（清）段玉裁：《说文解字注·竹部》，上海古籍出版社，1981年。

［7］　《康熙字典》三册"行部"，成都古籍书店影印，1980年。

［8］　（汉）许慎、（清）段玉裁：《说文解字注·竹部》，上海古籍出版社，1981年。

［9］　黄翔鹏：《舞阳贾湖骨笛的测音研究》，《音乐学文集》，山东友谊出版社，1994年。

［10］　《礼记·明堂位》，见《四书五经》，中国书店，1985年，第179页。

［11］　《元史》第六册，中华书局，1976年，第1701页。

［12］　《辞海（缩印本）》，上海辞书出版社，1980年，第520页"地籁条"。

［13］　（清）纪昀等：《续文献通考》卷110·乐十（万有文库本）。

（原载《音乐研究》1996年第3期）

贾湖遗址二批出土的骨龠测音采样吹奏报告

刘正国

　　贾湖遗址，是位于我国淮河上游河南省境内的一处新石器时期中原古人类的聚居地。早在距今9000～8000年前，居住在这里的贾湖先民们就已经创造出了极其灿烂的"贾湖文化"，骨龠——一种形状像笛、并被误称为"骨笛"的多音孔骨质斜吹管乐器，便是这"贾湖文化"中最为杰出的代表之一。

　　贾湖骨龠的首批出土，是在1987年前后。当时的河南省文物部门连续对舞阳县境内的贾湖村新石器遗址进行了六次大规模的考古发掘，总共揭露面积2300多平方米，发现房基40多座、窖穴300多座、陶窑近10座及墓葬300多座，出土了陶、石、骨质的各类遗物数千件。这其中，就有20多支用鹤禽类尺骨制成的多音孔单管斜吹的管乐器，时称"骨笛"，实即"骨龠"[1]。经 ^{14} C及树轮校正测定为距今9000～8000年的遗物。这批骨龠数量众多、制作精细、开孔规范，虽经近万年的掩埋，至今仍能吹之成声，且七音可备。这在世界音乐考古史上还是绝无仅有的发现，它的出土，一下子将中国乃至世界的音乐文明史向前推进了数千年，当时，便如"一股狂飚般的冲击波"极大地震撼了中外音乐学界[2]。

　　十数度春秋逝去，当年出土骨龠带给人们的震撼尚未消尽，蕴藏在乐管深层的重要文化价值似乎还远未被揭示，而贾湖遗址的考古却再度有了惊人的发现：2001年4～6月间，由中国科技大学出资与河南省文物部门联手组织科技考古专业研究生的田野作业，对贾湖遗址进行了第七次考古发掘，又揭露面积300多平方米，发现房基8座、灰坑66座、兽坑2座、陶窑3座及墓葬96座，出土了陶、石、骨质的各类遗物数百件[3]。最令人惊奇的是，这其中又有一批骨龠于土中现身，总数竟也超过了十支（包括一些残断的乐管）。较之前批的出土，这批骨龠无论是在乐管的长度上，还是在开孔的制式上，都有着前所未有的新发现，直令考古发掘者们欣喜若狂。同年7月，刚刚出土的这批骨龠实物在中国科学技术大学举办的"科技考古专业庆'七一'暨首次田野考古实习汇报展览"上首度公开展出。遵循考古惯例，展出结束后，这些骨龠将要送交到原发掘地的文物管理部门进行封存保管。鉴于把握出土实器的机会难得，中科大科技考古系决定在这批骨龠送交河南封存保管之前，对实物的音响进行采样录音，并约请笔者来担纲骨龠的吹奏。

　　2001年7月23日，笔者应约冒着酷暑奔赴中科大专家楼，对这批刚刚出土的骨龠中较为完整的、经过清理修复的三支出土骨龠进行了实物测音采样吹奏。整个采录工作历时两晚，由中科大科技考古系的课题组负责人王昌燧先生主持，骨龠发掘者、现为考古系主任的张居中先生担任监测，另一位通于音律的科大教授徐飞先生担任测音采样的电脑操作。此外，还有科大考古系的博士生夏季和作为我助手的福建师大音乐系硕士生章俊等人也携带了录音、录像设备，对测音现场进行了全程实录。凭借着多年来对贾湖骨龠情有独钟的研究和娴熟的斜吹技法，笔者先后用无孔骨龠（未知编号）、二孔骨龠（M521：1）和七孔骨龠（M511：4），这三支在地下已经掩埋了八千多年的出土实器，演奏了十数首风格不同、调性各异的民间乐曲，采录音响近百分钟，前所未有地揭示了贾湖骨龠实际存在的音阶、音响奥妙及其音乐表现的可能性，为这一远古重要吹器的研究提取了极为宝贵的原始实物音响资料。

有关本次骨龠测音采样的吹奏情况，尝蒙国内外众多学者关心讯及。如下，余将依据现场采录次第，对这三管骨龠的实际音响解读情况做一较为翔实的报告。

一、无孔骨龠：函宫吐角激徵清

首先测试吹奏的是一管无孔骨龠。

所谓"无孔骨龠"，实即一根没开任何音孔的空骨管（为鹤类的尺骨）。像这样的空骨管，在贾湖遗址中并非是第一次发现，早在其前的首批发掘中就已出土过两支（一支出于墓葬、一支出于灰坑）。但由于其管身未开任何音孔，且出土时又严重残断，故未引起音乐学者们的任何注意，而考古发掘者则在报告中将其简单地称之为"骨笛的半成品"[4]。实际上，这种完整的空骨管不止一次地出土于墓葬，决非偶然，随葬之品当也不可能真是什么"半成品"。笔者在早先的研究中就曾推测，贾湖遗址出土的多音孔骨龠应是由无音孔的骨龠发展而来的。因为，从器物的演变规律来看，"椎轮必为大辂之始"，空骨管应是多音孔骨管的原始形态；再从字源学上究之，"龠"字的本义正与空管相关，中国古代的"管"、"龠"、"律"三字的名实是可以互通的。《吕氏春秋》所载伶伦奉黄帝之命截竹为律，首制的一根断两节间的空竹筒——"黄钟之宫"，实即后世所称的"黄钟之龠"（见诸《史记·律书》、《汉书·律历志》等），是为律吕之本，它实际上就是一根截去两端竹节的不开任何音孔的空竹管。从"龠"字的本形并不从"竹"（从竹之"籥"为后起）来看，作为律吕之本的"龠"的早期自然形态可能就是骨质的空管，这种断两节间（截去两端骨关节）的空骨管——无孔骨龠，应该就是远古人类用来度律，抑或就是直接用于演奏的乐管。记得还是1997年的6月间，我曾借赴河南审校即将付梓的《中国音乐文物大系》卷本之机，在河南省文物考古研究所考察贾湖遗址首批出土的骨龠实物时，就提请过骨龠的发掘者张居中先生在往后的考古发掘中特别关注一下，看看有没有不开任何音孔的空骨管出土。没想到的是，居中先生当即告诉我，贾湖遗址的发掘就已经出土过两支（即他在发掘报告中所称的"骨笛的半成品"）。当然，这两支骨管早已封存，不可能再拿出来试奏，这使我感到非常的遗憾。

嗣后，我曾用竹管、羊骨管及塑料管等多种管状物做过各种各样的试验吹奏，确信在一根不开任何音孔的空管上，运用自然的"斜吹"之法即可以吹出三声乃至于五声音阶，并一直期待着能够得到真正的出土骨管实器的验证。没有想到的是，这一期待竟如此快地变成了现实。

此次出土的这管无孔骨龠，发现于一墓葬的堆土中。其管长约25.2厘米，与同批出土的M511：4七孔骨龠的长短基本一样，只是没有任何音孔。其作吹口的管端内径约1.1厘米，骨管整体未见断裂，但甚为可惜的是，重要的吹口管端却有残缺（图一）。

图一　贾湖无孔骨龠

测音采样前，发掘者张居中先生对该管口进行了修复，但他是先用橡皮泥将管口补好，再用三甲树脂丙酮溶液制剂进行固化处理的。显然，这一修复的管口并不能真正地固化，其管口所用的橡皮泥材料在实际吹奏中遇到了口中热气的持续冲击，仍然会发软，从而影响乐管的正常发音，吹奏起来也比较困难。尽管如此，笔者凭借多年练就的斜吹之功，在这根空骨管上仍成功地进行了采样吹奏。

先是就无孔骨龠的自然开管状态来吹，以骨管较细的一端为吹口，管身斜持，嘴唇半堵作吹口一端的管口，口风与管壁形成一个约45°的吹奏角度，破气而成声。那么，在一根没开任何音孔的空骨管上究竟能吹奏出什么样的音律来呢？按照一般学者的感觉，一根空管似乎只能吹出一个音，编排多根长短不一的空管（如排箫）方可获得各种不同的音高[5]。而实际上，根据物理振动的泛音原理，任何音都是一个含有众多不同音高（倍音）的复合音。在一根两端皆通的空管上吹奏与在一根空弦上演奏是一样的，除了基音外，其实还可以获得其他的音高。所不同的是：空弦是通过取不同的弦位（如古琴的"徽位"）来获得的，而空管则是通过吹奏口风的变化（或"超吹"）来将"倍音"显现为同音高的基音的。若按"泛音列"理论推之，在一根空管上是可以获得十二个不同音律的，但一般来说，实际演奏中真正能畅达地显现为基音的音高通常只有三个：do（宫）、mi（角）、sol（徵）。汉乐府《郊祀歌·天地》诗所云"展诗应律铜玉鸣，函宫吐角激徵清"[6]，描述的其实就是在一根律管上吹奏出的三声音列，此也即上古三代所谓的"吹律"。有关"吹律"，在中国古代的典籍中是见有不少记载的，如"武王伐纣，吹律听声"、"吹律胸臆，调钟唇吻"、"师旷吹律，识南风之不竞"、"吹律定声，以别其姓"（见于《列子》、《白虎通》、《艺文类聚》诸籍）等。古人所吹之"律"，其实是有着破口与不破口、开管与闭管之分的，而不破口（以自然管端作吹口）的开管律管是其早期的重要形态。在这种不破口的开管律管（即空筒）上，只有运用正确的斜吹之法才能获得准确的音高（闭管方可竖吹），而古老的"斜吹"之法已鲜为今人所知晓，更罕见有能熟练操吹者。已故的黄翔鹏先生在其早年随同著名律学家潘怀素先生进行的管律研究中，就曾为"开口管"（即不破口的两端皆通的律管）的正确吹奏在全国的各大民族乐团中寻找过能够"斜吹"之人，结果寻不得一个而终成憾事[7]。

图二　无孔骨龠手控开闭管演奏

笔者自十余年前便开始研习和磨砺民间尚存的"斜吹"之法，在此次出土的这管无孔骨龠上，故能娴熟地运用此法，顺利地吹出了"do、mi、sol"三声自然谐音列。只是由于骨管较细短，超高音的"徵"音（六倍音）不易发出，即便如此，宫、角、徵三声也是齐备的，正可谓是"函宫"、"吐角"、"激徵"。接着，我又尝试着运用手控开闭管来演奏，即以一只手的手掌在骨管的底端进行自如地闭合和打开（图二）。

按正常的管体发音，运用手控交替开闭管的演奏，是可以流利地吹出一个完整的五声音阶。但由于该骨管残损端口的修复遇热发软，影响了吹奏振动，故高音的"re"（第四闭管音）很难吹出，只是较为顺畅地吹出了含有"la"（第三闭管音）的四声音阶。兹将所得之音谱示如下（○为开管音，●为闭管音，低八度记谱。本文所有谱例皆然，不再注明）：

E5-24　　B5-38　　E6-11　　#G6-33　　B6-32　　#C7-25　　（缺测）
"Cool Edit Pro"测音参考数据

手控开闭管的演奏，是笔者经过反复的吹奏实践才逐渐摸索到的。其实，这本是一种十分自然的演奏方法。因为，空骨管无音孔可按，演奏者只需一只手即可持管，而另一只手决不会闲置，它会自然而然地在出音的底口进行调节，以获取更多的音。这种以只手控制开闭管的演奏方法，在今天的一些少数民族的民间管乐器中仍见有遗存。如景颇族的"吐良"，就是在一根不开任何音孔（居中有一吹孔）的空竹管上，通过左手的拇指和右手的手掌开闭两边的管端，来获取不同的音高进行演奏的[8]；而塔吉克的"乃依"（鹰骨笛）虽然开有三个音孔，其下把位手的无名指在演奏中仍不时地运用开闭管来调节筒音的音高[9]。其实，用一根中空之管，不开任何音孔而靠人手的自控开闭管来演奏，可能是人类普遍存在的最古老的演奏方法。迄今为止，世界上不少国家的民族民间都还保留有这种演奏法的吹管乐器。越南的民族乐器就有一种竖吹的乐管，吹口类似中国的洞箫，管身却不开任何音孔，演奏时以一只手持管，另一只手则于管底开、合、抹、颤来调节音高；欧洲的瑞典民间也有一种叫"willow-flute"的极细长的横吹管乐器，管身没有任何音孔，演奏发音则是靠一只手的食指在管底进行开闭管的调节[10]。足可见，以手控开闭管的演奏，是有着极其古老的民间渊源的。

根据管乐发声气柱振动的原理，开管音和闭管音在音区上是有所不同的，同样长度的管子，闭管发出的音要比开管发出的音低一个八度[11]。据此，如果在一根开管上能够演奏出的旋律，运用手控开闭管则可以在低一个八度的音区上进行演奏。云南彝族的《阿细跳月》是一首只有 do、mi、sol 三声音列的旋律，可以在一根开管上进行演奏，那么，运用闭管当然完全可以做低一个八度的演奏。如此，我首先在这支空骨管上运用开、闭管结合的方法，先后在低、高两个不同音区上完整地演奏出了《阿细跳月》的旋律。接着，为进一步展示无孔骨龠可能具有的神秘吹奏效果，我又截取了根据苗族"飞歌"改编的口笛曲《苗岭的早晨》的片断来进行试验吹奏，结果是非常的流利自然，具有十分地道的韵味。特别是其中用闭管演奏的"b3"一音，为管体发声的特征所具（闭管的自然谐音律"3"本身就偏低），尤显贴切自然。

在这支无孔骨龠上的测音采样吹奏，似乎让人感到有点不可思议。其实，我用贾湖出土的这支无孔骨龠所展示的，并非是什么个人的一种超凡技艺，实乃是音律的本源之道。需要指出的是，有关音律的缘起，学术界在认识上一直存在着一种误区，即如有的学者所认为的那样："乐律是和数的计算密不可分的，只有通过不断的实践，才能把单个的音，按照一定的关系把它们排列起来，成为音乐中的乐音。"[12]殊不知，音的高低有阶并非出于计算，实乃物理使然，此即如唐《乐书要录》所云："（七声）兆于幽冥，出于自然；理乃天成，非由人造。"事实上，人造的后起之"算律"，不过是假度数以探求其高低有阶的物理使然之规律而已，此即如朱载堉《律吕精义》所云："算家因律以命数，非律命于算也。"在民间，一根弦（如台湾少数民族的"弓琴"）、一支管（如瑞典民间的"willow-flute"）、抑或一片簧（如云南少数民族的"口弦"），本不需任何计算即可演奏出高低不同的乐音和悠扬畅达的旋律。这，就是音律之"大道"。这种物理使然的音律之"大道"，既简单却又深奥，以至古今众多学者终生不悟，遂身陷"算律"的迷阵不能自拔。而真正说来，触及音律本源的研究亟待我们探求的倒应该是：乐音的这种兆于幽冥、出于自然的高低有阶的规律，人们在最初究竟是如何感知到的？日本学者黑泽隆朝的研究曾以为：五声音阶的起源可能得益于民间"弓琴"一类的弦泛音的启示[13]。而笔者在早先的贾湖骨龠研究中则推断认为：人类音阶意识的觉醒极可能与"吹火管"（无孔龠）一类的管泛音的发现相关联——也就是说，音的高低规律的发现有可能与人类用火的文明联系在一起[14]。从字源学上看，"龠"字的本义正可作"吹火管"解（《老子》："天地间，其犹橐籥乎"之"籥"就是吹火之管），而贾湖遗址又不止一次地出土了这种中空的无音孔骨龠，似是给了笔者的这一推断以相当的印证。而本次出土的这管无孔骨龠的实际音响的采样吹奏，对我们进一步探究人类音乐的最初发轫乃至音律（音阶）的缘起，也无疑将具有更重要的学术意义。

二、二孔骨龠：五度取律制式新

二孔骨龠（M521：1）是此次发掘的骨龠中最为引人瞩目的一支。首先是它的管长极为罕见，达到近30厘米；其次是它奇特的二孔形制和精美的契刻纹饰，为历次发掘所仅见。故该管骨龠刚一出土，便被有关专家认定为国宝级文物，呼之为"惊人的发现"[15]。

此次出土的这管二孔骨龠似以猛禽类的骨管制成，与其他以鹤类尺骨制成的多孔骨龠感觉明显有别。其骨管显得较为厚重，约略有点弯度，开孔的一面略平滑（不知是否经过打磨），两个圆孔开在骨管的中部，孔径略小而孔距极大，两孔相隔约7厘米，居于骨管近正中部（图三）。

图三　贾湖M521：1二孔骨龠

值得注意的是：该骨龠的开孔面与同一遗址出土的其他多音孔骨龠的开孔面不一样，它的孔是开在骨管略拱的一面（其他多音孔骨龠全都开在略弯的一面），这与当今仍在民间流行的塔吉克族"乃依"（即"籥"——三孔龠，今人多误称为"鹰骨笛"）的开孔制式几乎完全一样，只是孔位及孔数有别。二孔骨龠的通体光滑呈棕色，开孔的背面契刻有五组精美的几何纹饰，纹饰部分总长约18厘米。两端各有一段极精细的密集的斜线交叉形成的菱形图案，其正中部分一组图案长约5.06厘米，由两侧各一条纵线将施纹分为三个部分，正面部分刻七条横线，均呈左窄右宽的三角形，中间一组施纹部位的上下两端各有一组横线图案，上侧一组图案长约3.06厘米，共有九条横刻线，其中三条刻线两端刻痕加宽形成三角形，中间两条横线向上加宽，形成三角形，其余为排列规律的四条直线；中间施纹部位下端一组图案长约3.2厘米，也有九条横刻线，其中间一条横线两端加宽成三角形，紧接着上下两条正面部分向下加宽成三角形，其余六条为直箍线（图四）[16]。

图四　M521：1二孔骨龠背面契刻的纹饰

整个骨龠中部的施纹似乎颇具一种图腾的象征意义，当笔者第一眼看到时，便感到它很像一种虫或蛇的腹纹。由此使人联想到夏禹时期的乐舞尚"籥"，故称之为"夏籥"；而"禹"的字义，据诸多学者训解则可能与虫、龙相关，《山海经》中描述的上天得乐的禹子夏后启也正是"珥青蛇、跨两龙"的形象[17]。此外，骨龠上下横刻线纹皆为九条，"九"为极数，其字形有解为"两龙相交"，亦为夏代所尚。骨龠的发掘地贾湖村地处淮河上游，而夏文化与淮河流域的关联则是不言而喻的。那么，贾湖遗址出土的这种虫、蛇图腾象征纹饰的骨龠，是否真的与数千年后崇尚龙蛇的夏代"籥舞"（《大夏》——"夏籥九成"）文化有着渊源上的必然联系呢？这当然是一个极具价值且有待于日后深入考究的命题。

这支二孔骨龠固然精美，但极为遗憾的是，其残损也很厉害。骨龠出土时已从中部断裂，管的两端皆有残缺，特别是骨管的下端管口残缺厉害，以至于很难测定其真正的确切管长。笔者第一次在中科大见到该骨管时，测量其管长约为27.5厘米；尔后，发掘者张居中先生声称在出土的骨管残片中又发现了一段属于该管下部的一截残段，经拼接后，该骨管的管长增至29.5厘米左右。鉴于该骨管开孔的奇特，对于其是否真正为乐器，一时尚难确定。在实物测音之前，按发掘者的提议，笔者对该管骨龠进行了仿制试验吹奏。我选取了一根差不多大小的细竹管严格按照出土原件的尺寸进行了仿制，并对其作为乐器的可能性进行了探索吹奏。据本人的摸索，该管的正常持势应为两手持奏：右手持上把，以食指按上一孔；左手持下把，同样也以食指按下一孔。全按为筒音，依次开一、二孔，正可相次发出间隔五度的三声音律。若以筒音为"徵"（sol），则开第一孔为"商"（re），开第二孔为"羽"（la）。如此五度取律的相次发声，与贾湖出土的其他多音孔骨龠的级进性发声完全不同，颇为奇特。那么，像这样五度取律的三声音阶设置，能够演奏什么样的乐曲呢？我很快就想到了以"re、sol、la"三音为特征的湖南民歌风格的《洞庭小调》（《洞庭鱼米乡》）。然而，《洞庭小调》曲具五声，只用三声音律来演奏显然是不够的。于是，我又想到了尝试结合手控开闭管的技法来进行演奏，即以一只手持管，用食指和无名指按上下两孔，另一只手腾出来于管底进行开闭管的控制。这样，果然就可以完整地演奏五声性的《洞庭小调》了。在当年7月间中科大举办的"科技考古专业庆'七一'暨首次田野考古实习汇报展览"的开幕式上，我用竹管仿制的二孔骨龠进行了现场的展示。这一探索性的演奏，取得了意想不到的良好效果[18]。

由于有了先期的仿制试验吹奏，测音采样现场的实物吹奏就有了较大的把握。我先是在出土的二孔骨龠上顺利地吹奏出了五度取律的三声音阶（加上筒音的八度及五度泛音共七个音高），如下所示（①为开一音孔发音，②为开二音孔发音）：

	①		②			①②
C5+60	G5+20	C6+38	D6+20	♯G6-10	♯G7-4	D7+26

"Cool Edit Pro"测音参考数据

接着，我又结合手控开闭管的技法，完整地演奏了《洞庭小调》。该曲的前半部分及结束句的"散板"，均为左手持管、右手手控开闭管演奏（结句的连续颤音为右手在管底做快速的摇动），后半部分的二拍子"快板"为双手持管演奏。兹将该曲演奏的具体指法谱示如下：

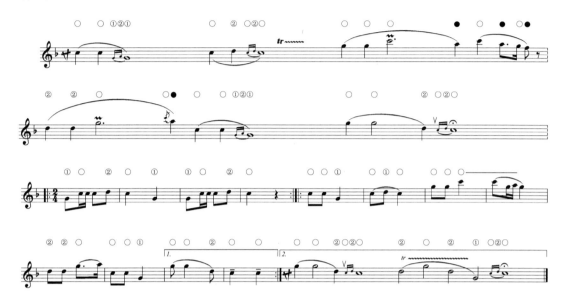

　　由于这支二孔骨龠的吹口及尾端残缺较重，加之出土时曾断裂，虽经修补粘黏，发音效果终是不理想，甚为可惜。此外，就本人的吹奏直感而言，该管所开的两个音孔似乎太小，五度音程明显偏窄而八度音则过宽，对其是否真正为乐器或为正律之器仍可存疑。但就其精美雕刻的制式和罕见管长的分量来看，这支骨龠似乎具有一种神秘力量和权力的象征，它极可能与原始的宗教文化相涉。

三、七孔骨龠：多宫翻转七调生

　　本次测音采样的重中之重乃是一支七孔骨龠的吹奏。

　　七孔形制的骨龠是贾湖骨龠中最具典型的代表，也是贾湖遗址的发掘中出土最多的一种。在此15年前，首批出土的七孔骨龠就有14支，其中保存完好或基本完好的共有7支。当年，用于测音采样吹奏的同样也是一管七孔骨龠（M282：20），尽管当时的骨龠刚刚出土，吹奏者并没有真正地了解和掌握这种没有吹孔的骨管乐器的正确吹奏之法，而用了近乎洞箫演奏那样的竖吹之式，十分牵强地只在一个八度左右的音区内吹出了一组音阶和一首简单的《小白菜》民歌曲调，但仅此已足以令世人为之瞠目结舌了。如今的测音，笔者作为一个对贾湖骨龠研究开发多年、并能娴熟地掌握斜吹之法的演奏者，对七孔骨龠音响面貌的揭示，当然不能还只是略窥藩篱，而是要再上层楼。

　　本次出土的七孔骨龠较为完整的共有两支，管长及开孔制式基本差不多。其中一支编号为M494：2的，由于管体中部略有残缺，加之吹口一端略有变形，吹之难以成声，故未用于测音采样。另一支M511：4七孔骨龠则相对比较完好，管身通体棕亮光滑，两端略有骨关节的残存，七个音孔均匀地开在骨管略弯的一面，大体居中，通长约25.15厘米（图五）。

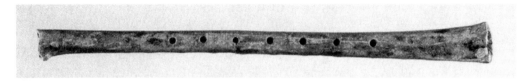

图五　贾湖M511：4七孔骨龠

这管骨龠虽经八千余年的地下掩埋，出土时也曾整体断为两截，但经发掘者精心黏接修复后，显得十分完整坚实，吹来其声清越嘹亮、胜于丝竹。采录的现场，我对这支出土的骨龠先后进行了音阶结构的吹奏、多宫乐曲的演奏，以及七调翻转的试奏。

先是七孔音阶的吹奏。众所周知，有关贾湖七孔骨龠的音阶结构问题，早在十多年前首批骨龠的测音研究中就已被确认为"至少是六声音阶，也有可能是七声齐备的、古老的下徵调音阶"[19]。其实，这还只不过是一种"略窥藩篱"的较为浅显的结论，因为当时的吹奏者并没有掌握正确的"斜吹"之法，也不精于管乐演奏之道，其所吹出的音高不尽能准确地揭示乐管的音阶奥秘，由此获得的测音数据也是未必可据的[20]。当然，骨龠本身的七孔设置所蕴涵的基本音阶结构大体上还是能够被反映出来的。事实上，对管乐器音阶结构的认知，并不是非要什么测音的数据来计算和分析的，只要有了正确的演奏，耳测即可获得，且直观快捷。本次的采录，笔者熟练地运用了"斜吹"的技法，先在一个低八度的音区内用长音由低到高、再由高到低吹奏出了一组音阶，这组音阶是以手指全按筒音为"mi"、开第一孔为"sol"、开第四孔为"do"的C调七声音阶，其具体音高见下谱所示[21]：

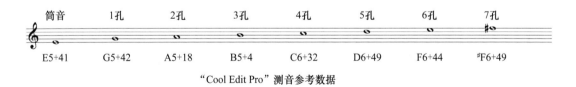

"Cool Edit Pro"测音参考数据

这一音阶的结构与笔者此前试验吹奏过的其他七孔骨龠的仿制品（包括首批出土的M282：20、M282：21等）的音阶结构基本是一样的。可见，贾湖遗址出土的这种七孔骨龠应是一种相当规范化的制式。从这一音阶结构中含有"#4"来看，它似乎正符合七声齐备的、中国古老的含有"变徵"之音的雅乐音阶——"古音阶"（其第三孔的"7"音虽略低，也正符合古代音阶"变宫"偏低的特点）。但事实可能并非如此简单。就笔者的实际吹奏感觉而言，发出"#4"（变徵）音的第七孔（最上一孔）的吹奏是并不自然而略带控制的平吹。若依吹奏的自然用气走势，该孔应稍带急吹发出"5"（徵）音，它与第六孔形成的一个小三度音程，也正是筒音到第一孔音阶的高八度，依此可流利地演奏五声音阶的琶音。再以管乐演奏之道探之，运用民间管乐一直存在的叉口指法来吹（即在开启第七孔的同时，按闭第五、六两孔），该孔还可获得一个稳定的还原"4"（清角）。如此，贾湖七孔骨龠的最上一孔（7孔）其实是一个"活孔"，它不仅可以平吹为"#4"（变徵），还可以急吹为"5"（徵），乃至运用叉口指法吹之为"4"（清角）。这在民间管乐中叫做"一孔具三音"，乃是世代相传的一种演奏技法。明人朱载堉的《律吕精义》亦曰："籥、篪、笛、管，皆一孔兼三音，其吹之极难，分晓全在口唇之俯仰，吹气之缓急。"[22]采录现场，笔者在这管七孔骨龠上对第七孔的"一孔具三音"进行了专门的测试吹奏。为清晰起见，我特地以固定的六孔到七孔的连贯指法来演奏，分别吹出了"3-4"（叉口）、"3-#4"（平吹）、"3-5"（急吹）三组不同结构的音程。吹奏的结果显示，这三组在相同音孔上发出的不同结构的音程都非常的清晰、稳定，演奏指法也十分的连贯、自然，与民间流行的六匀孔竹笛的演奏效果是完全一样的。由此可见，对贾湖七孔骨龠的音阶认知是不能仅以"#4"而论之的。在接下来的对这管七孔骨龠的高八度音阶的吹奏，则更是印证了这一点：

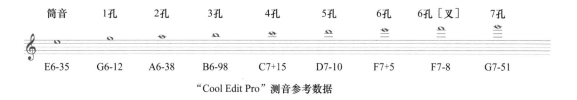

筒音	1孔	2孔	3孔	4孔	5孔	6孔	6孔〔叉〕	7孔
E6-35	G6-12	A6-38	B6-98	C7+15	D7-10	F7+5	F7-8	G7-51

"Cool Edit Pro"测音参考数据

这组高八度的音阶，也是七声齐备，但却没有了"#4̇"而只有还原的"4̇"。这个高音的"4̇"同样也是运用叉口指法获得的，即在开启第六孔发出"3̇"音后，按闭二、三两孔来吹，若再由此顺势打开第七孔，即可发出嘹亮的"5̇"音。这一连串的演奏指法，无论是上行还是下行，都显得格外的流利顺畅。当然，这种演奏是需要相当的口风功力和气息技巧的，没有积年的潜心习练和管乐吹奏功底是不可能达到的（故十余年前首批骨龠的测音吹奏只局限在一个低八度的音区里）。从这组高八度的七声音阶来看，它的结构似乎又基本符合我国古代稍晚出现的清乐音阶——"新音阶"；而再从其第三孔发出的"变宫"音分差较大、近于"b7"来看，它似乎又正符合我国古代更晚出现的含有"闰"（b7）的燕乐音阶（或曰"清商音阶"）。如此，贾湖七孔骨龠的音阶结构究竟何属，似乎很难推定。而实际上，作为一种八九千年前的管乐器，贾湖骨龠的七孔设置本身并不可能有什么特定的音阶设计，也不会像有的学者所悬揣的那样，存在着什么"根据每根不同的天然骨管进行研究和计算"[23]。它其实就是一种等比概念下的经验式开孔，这一点，骨龠管身均匀分布的七孔也已明白无误地告诉了我们。黄翔鹏先生曾力主"以今之所见，求取古代之真实"，像这种等比概念下的匀孔之制，至今仍存在于世界许多民族的民间乐管制作之中，如阿拉伯的"奈伊"、日本的"尺八"乃至中国民间一直流行的传统匀孔笛等。这些匀孔之制的管乐器，其音孔的距离基本上都是均等的，但却可以吹出大、小二度乃至小三度等几种不同结构的音程。这其中的奥妙，除去音孔与吹口距离的远近不一之外，全在于演奏者的口唇之俯仰、气口之缓急乃至指法之开闭。这些，也都是出于"人"对音调的高低有阶感的天性。故此，对贾湖七孔骨龠的音阶结构的认知，我们未必一定要用古代的某种音阶去套，但它的"七声齐备"，则是毫无疑义的。就笔者的演奏体会，七孔骨龠的最低筒音到一孔和最高六孔到七孔的音程关系均为小三度，而其第三孔的偏低音高"7"正可忽略不用（用于多宫翻奏），如此来演奏五声音阶的琶音则显得十分畅达自然。据此看来，在实际的演奏中，贾湖骨龠的音阶结构可能就是五声性的，这也正是华夏传统音乐的重要特征之一。

通过以上对该骨龠两个八度的音阶吹奏验证，贾湖七孔骨龠确是一种"七声齐备"的、但却可能是以五声为主的完形吹奏乐器。而其演奏音域的宽广，也远远超出了今人的想象，可达两个八度加一个纯四度。若将其比之于现在流行的同调高的六孔梆笛，它的音域还要宽出一个小三度，即多了最下方的一个筒音"角"声（梆笛的筒音为"徵"）。这个筒音的"角"声是以下把的小指来按闭第一孔发出的，若依演奏的直感，将小指不按闭，以发出"徵"声的第一孔开启当作梆笛的"筒音"，则其上方六孔的持握正与六孔梆笛（匀孔）完全相合，发音及演奏指法基本也是一模一样的。如此，贾湖七孔骨龠应该也和民间六孔梆笛一样，可以翻转自如地做多种宫调的演奏。在接下来的采录中，笔者选取了几首较为流传的民间曲调，在这支七孔骨龠上进行了如下几种宫调的翻奏。

（1）以第一孔作筒音为"徵"（本体筒音为"角"）、第四孔为"宫"，合民间笛色"小工调"。演奏乐曲：山东民歌《沂蒙山小调》、小提琴协奏曲《梁祝》主题。

这一宫调的吹奏，感觉指法最为顺畅自然，与民间六孔梆笛的"小工调"一样，应该就是七孔骨龠的基本调。十几年前测音采样吹奏的《小白菜》一曲，同样也是这一宫调指法。不过，《小白菜》音域只在一个八度间，未能完全地显示这一基本调的特点（最低的筒音未及）。笔者此次选取的《沂蒙山小调》音域达十度，从最低音"3"（筒音）到最高音"5"（第七孔），正好涵盖了骨龠七个音孔的所有发音，且在最佳音区。由于笔者对贾湖骨龠的吹奏有着积蓄多年的功力，加上这管骨龠历经了八千多年的掩埋，已近于石化（真正的石化要上万年），其所发之音格外的清越嘹亮，更使得《沂蒙山小调》一曲的演奏显得无比的畅达自如、婉转如歌，具强烈的感染力，令在场的所有听者为之兴奋而动容。

接下来，应徐飞先生的提议，我又用这一基本调来演奏了一段小提琴协奏曲《梁祝》的主题曲。该主题曲调音域宽达十三度，最低音亦为"3"，用这一宫调指法来演奏也显得十分的贴切自然。鉴于该四句体结构的主题与《沂蒙山小调》一样，是一个只有"7"没有"4"的六声性音阶，我特地在尾奏中加了一个含有"4"的补充乐句：

这一句含有二变"fa"、"si"的七声性旋律，演奏起来十分的顺畅自然，指法也毫无雕饰，大体可以验证贾湖骨龠确具完整的七声性。

（2）以第一孔作筒音为"商"（本体筒音为"变宫"）、第七孔为"宫"，合民间笛色"正宫调"。演奏乐曲：陕北民歌《赶牲灵》、《脚夫调》。

这一宫调的演奏也比较顺畅，其发出"宫"音的第七孔以叉口指法吹出，与民间竹笛几无二致。《赶牲灵》与《脚夫调》均为徵调色彩，结音在第四孔（即民间笛色的第三孔），乃骨龠最佳音位。该宫调的演奏颇能体现乐曲的"信天游"风格特点。

（3）以第一孔作筒音为"羽"（本体筒音为"变徵"）、第三孔为"宫"，合民间笛色"尺子调"。演奏乐曲：陕西民歌《绣荷包》。

该宫调的演奏主要是展示高音区的特点，其发出"宫"音的第三孔本身偏低，正合调高，无须像竹笛那样半掩音孔，指法甚方便。以高八度来演奏的《绣荷包》一曲，正在七孔骨龠的极限音区之内，其最高音的"$\dot{5}$-$\dot{6}$"的滑音演奏指法与六孔梆笛完全一样，恰好体现了乐曲高亢的西北风格。

（4）以第一孔作筒音为"宫"（本体筒音为"羽"），合民间笛色"乙字调"。演奏乐曲：民间器乐曲《春江花月夜》片段。

选取《春江花月夜》片段来演奏，主要尝试七孔骨龠上的颤音效果。感觉该宫调的演奏音准及指法均不及前三种宫调，特别是作为正音的三孔之"3"偏低，翻转欠自如，但管体的筒音到一孔的小三度关系倒是很好。总体来看，此宫调指法可能为远古先民所不多用。

以上四种常见的不同宫调的演奏，基本已揭示了七孔骨龠可作多宫翻奏的音响奥秘。为使本次测音采样真正地"步入廊府、更上城楼"，我大胆地决定要用这管骨龠来尝试更为复杂的"翻七调"演奏。

所谓"翻七调"，就是将一首曲牌的曲调熟练地在某一管乐器上进行七个调门的翻奏。它通常是由某个常用的宫调开始，或采用"变宫为角"（即民间的"五逐工音"）的方法，以徵为宫向属调方向依次递进翻奏；或采用"以羽为角"（即民间的"乙逐工音"）的方法，以清角为宫向下属调方向依次递进翻奏。通过七次旋宫，即可返回某一起始调。这一独特的演奏技艺在民间被称之为"七调还原"，非管乐高手而不能为（一般乐手最多只能演奏五调）。如今，"翻七调"的演奏技艺已为学院派的管乐演奏家们所不谙，但它仍在中国的民间生生不息地传承着。如东北鼓吹的《东来尾》、福建笼吹的《七清》和广东音乐中的【翻七调】（唢呐）、苏州昆曲曲牌的【翻七调】（曲笛）等。笔者早年在参加戏曲音乐的集成工作中，曾有幸接触过苏州昆曲的笛子曲牌【翻七调】（也称【柳青娘】），此后也在竹笛上习练过此曲。该曲牌必须用传统的六匀孔竹笛来吹，若用现代通行的六孔竹笛（非匀孔之制）则是不便翻奏的。本文前述已经表明，贾湖七孔骨龠除去小指所按的最低一孔之外，其上的六孔正与民间传统的六匀孔竹笛相合，若以最低一孔（即第一孔）的开启作为"筒音"推之，它当然和六匀孔竹笛一样，应该是七调可翻。

于是，在测音现场，我即用这管七孔骨龠尝试性地演奏了昆曲曲牌【翻七调】，其各调的翻转参见下谱所示：

从整个七调的翻转来看，贾湖七孔骨龠的演奏指法及效果与民间六匀孔竹笛是完全一样的。由于骨龠管端的"斜吹"不像竹笛那样受固定"吹孔"的约束，其口唇的俯仰、吹气的缓急对音高的控制度更大。故此，贾湖七孔骨龠在吹奏【翻七调】曲牌中具中立性质的"变宫"（实即介于"7"与"ᵇ7"之间的"↓7"）等音程时，有着更加自如的空间。而这也正是民间"翻七调"不需旋宫十二次、只要七次翻转即可返回起始调的关键所在，这其中的旋宫奥秘及乐学意义有待于我们进一步去探赜。

本次测音采样的最后，鉴于1987年首批出土骨龠（骨笛）的测音采样吹奏用的是洞箫似的"竖吹"之法，尔后也时见有不谙"斜吹"的学者或演奏家将"竖吹"当成是骨龠的正确吹奏法[24]。采录的主持者提议我在这管七孔骨龠上进行一下"斜"、"竖"两种不同吹法的比较演奏。我遂选取了《小白菜》一曲，先用"斜吹"、后用"竖吹"进行了对比采样的吹奏。结果显示，两种吹法的实际音响效果差别是非常明显的："竖吹"的发音挤压太大，是硬逼出来的声音，且音量尖细、微弱，音域窄。由于骨龠管端没有洞箫那样的"豁口"，"竖吹"的气息在管端受阻，旋律的演奏也欠通畅。而"斜吹"所发之音则圆润饱满、质朴自然，其音域宽广，旋律的演奏也十分婉转嘹亮，具有很强的感染力。实际的听觉感受，使在场的所有采录人员都一致认定，只有"斜吹"才是贾湖骨龠正确的常规吹法。而在嗣后对两种吹法采样进行的"声谱图"分析结果，则使他们更加确信了这一点[25]。

历时两晚的采录工作结束了，这三支用于测音采样吹奏的骨龠实物连同另外几支骨龠残件，在此后不久便被送往发掘地所在的河南省文物考古研究所的仓库进行封存保管。随着时间的推移和骨管风干程度的日增，这几支出土骨龠的实物再度拿出来吹奏将不太可能，本次采录的近百分钟的原始实物吹奏的音响，无疑是弥足珍贵的。作为与这批出土骨龠实物"最亲密接触"的吹奏者，我为此而感到十分的庆幸，同时也受到了极大的震撼。贾湖骨龠那精美的制作、嘹亮的音响、宽广的音域、完备的七声和已相当规范的七匀孔之制，真是令人叹为观止。虽然骨管吹器的出土在世界各地并不鲜见，有的年代则更加久远（如1997年在德国境内出土的尼安德特"骨笛"距今至少已有4万多年[26]）。但像贾湖骨龠这样成批地大量出土，且有着相当规范的孔制，至今仍能吹之成声、可作多种宫调翻奏的完形骨管乐器，在全世界的考古发掘中还是绝无仅有的。作为一种八九千年前的七声齐备的吹管乐器，贾湖骨龠当之无愧地足以代表着人类史前这一时期音乐文化发展的最高成就。

　　最后，我想说的是，笔者对贾湖骨龠的音响解读，还仅仅是一己之力的孤陋所及，决非贾湖骨龠音响的全部可能。可以遥想，创造了如此精美乐器的贾湖先民们，他们世世代代相传，操弄于唇吻之间，一定会有更精彩绝妙的演奏。然而遗憾的是，没有所谓真正的"时空隧道"能把我们带到那荒远的八千年前，去聆听贾湖先民们的实际音响演奏。但是，如果你能亲耳听一听今天河南民间道僧在"竹筹"（古南龠）上奇妙的超低音吹奏、天山塔吉克族人的悦耳流利的"乃依"（三孔龠）演奏和喀纳斯湖畔的图瓦老人在"潮儿"（古苇篪）上绝妙的"喉啭引声"吹奏——这些世代相传的质朴乐管的高超演奏技艺，都是作为"演奏家"的笔者习练至今所无法达到的。那么，你肯定会相信，笔者对贾湖骨龠的音响解读最多只不过是一知半解，贾湖骨龠一定还有更多的音响奥秘等待着我们去揭示。

<h2 style="text-align:center">注　释</h2>

[1]　有关贾湖"骨龠"的正名问题，详参拙文《笛乎 筹乎 龠乎——为贾湖遗址出土的骨质斜吹乐管考名》，《音乐研究》1996年第3期。

[2]　童忠良：《舞阳贾湖骨笛的音孔设计与宫调特点》，《中国音乐学》1992年第3期。

[3]　中国科技大学科技史与科技考古系、河南文物考古研究所、舞阳县博物馆：《河南舞阳贾湖遗址2001年春发掘简报》，《华夏考古》2002年第2期。

[4]　河南省文物考古所：《舞阳贾湖》，科学出版社，1999年，第452页。

[5]　如沈知白先生认为，一管只吹一音，多管才能吹多音，最简单原始的乐器是多管乐器："乐器的发展是从多管到独管，而不可能从独管到多管。"（参见高厚永：《最宝贵的音乐财富——沈知白先生的民族音乐观》，《沈知白音乐论文集》，上海音乐出版社，1994年，第385页）

[6]　（宋）郭茂倩《乐府诗集》第一册，中华书局，1979年，第5页。

[7]　刘正国：《道是无缘却有缘——忆对黄翔鹏先生的唯一一次拜谒》，《交响》2005年第4期。

[8]　伍国栋：《中国少数民族传统乐器独奏曲选》（中），人民音乐出版社，1994年，第150页。

[9]　塔吉克族"乃依"（那艺）三孔，可以演奏完整的七声音阶。《中国民族民间乐曲集成·新疆卷》中所记曲谱将其筒音标记为"2"，实误。"乃依"管体筒音应为"3"，而实际演奏中出现的比筒音低一个大二度的"2"音，是通过下把位无名指的闭管调节获得的。

［10］ 参见瑞典Cajsa Lund编著 *MUSICASVECIAE*，第21页。

［11］ 缪天瑞：《律学》，人民音乐出版社，1996年，第9页。

［12］ 萧兴华：《中国音乐文化文明九千年》，《音乐研究》2000年第1期，第10页。

［13］ 〔日〕黑泽隆朝：《高山族弓琴与五声音阶发生的启示》、《音阶形成的要素》，载日本《东洋音乐研究》第十、十一期合刊号，第十六、十七期合刊号。

［14］ 刘正国：《笛乎 筹乎 龠乎——为贾湖遗址出土的骨质斜吹乐管考名》，《音乐研究》1996年第3期；《古龠与十二律吕之本源》，第三届中国律学学术讨论会论文，载唐朴林：《古龠论》（天津内部资料）。

［15］ 参见《人民政协报》2001年6月20日讯《河南贾湖遗址考古又有惊人发现》；《合肥晚报》2001年6月22日讯《河南贾湖遗址发现国宝级文物二孔骨笛》。

［16］ 中国科技大学科技史与科技考古系、河南文物考古研究所、舞阳县博物馆：《河南舞阳贾湖遗址2001年春发掘简报》，《华夏考古》2002年第2期。

［17］ 袁珂校译：《山海经・大荒西经》，上海古籍出版社，1985年，第273页。

［18］ 素平：《庆"七・一"展示考古新成果 刘正国现场演示"二孔笛"》，《合肥晚报》2001年6月29日。

［19］ 黄翔鹏：《舞阳贾湖骨笛的测音研究》，《音乐学文集》，山东友谊出版社，1994年。

［20］ 关于这一点，笔者绝不敢苟同黄翔鹏先生的观点。据黄先生《舞阳贾湖骨笛的测音研究》一文所述：当时的测音"为求发音最自然，避免出自主观倾向的口风控制，未请专业演奏人员参与"。这在认识上是有误区的。因为，气鸣的管乐器与体鸣的钟、磬是不一样的，它本体并不发音，不存在什么没有"主观倾向的口风控制"的所谓"最自然的"客观音响。乐管必须和"人"结合，要人气来吹，以振动管内的空气柱发音（管体并不发音），而只有会吹的人才能掌握正确的口风控制、吹奏出准确的音高。一个不争的事实是：现代制笛师都争相约请一流的演奏家来吹奏鉴定笛子的音准，从未闻有谁会要一个初学者抑或不会吹笛的人来进行音准鉴定的吹奏。

［21］ 本例孔序依管乐演奏实践中的开孔先后为序（即以管尾"筒音"为基点依次向上推算），管乐器实际制作中的开孔顺序也是如此，而民间管乐器通行的孔数标序（如笛、箫的"第3孔"作某调）亦然。但当代众多的学者，包括黄翔鹏、童忠良、萧兴华等人，在其相关的文论中均以"骨笛"的管端吹口为基点，将最上孔（7孔）标记为1孔，依次向下推算，这与乐管制作及演奏中的实际开孔顺序是完全相悖的。

［22］ 朱载堉：《律吕精义・内篇卷之八》，人民音乐出版社，1998年，第651页。

［23］ 萧兴华：《中国音乐文化文明九千年》，《音乐研究》2000年第1期。

［24］ 荣政：《舞阳骨笛吹奏方法初探》，《黄钟》2000年增刊。

［25］ 徐飞、夏季、王昌燧：《贾湖骨笛音乐声学特性的新探索》，《音乐研究》2004年第1期。

［26］ 孙海：《德国出土的"万年骨笛"》，《人民音乐》2003年第10期。

（原载《音乐研究》2006年第3期）

舞阳贾湖骨笛的音孔设计与宫调特点

童忠良

距今7000多年至8000年以前的舞阳贾湖骨笛，像一股狂飙般的冲击波，正在并即将更大地震撼着中外音乐界。1987年底，笔者随同骨笛考察组参与了有关的试奏测音工作，后又根据黄翔鹏、张居中等人公布的资料与数据分析，向武汉音乐学院蒋朗蟾、荣政、李幼平等人一齐，先后仿制了五支七孔骨笛。本文关于骨笛若干问题的论证，就是根据上述已公布的资料与模拟试验的初步成果所做的推测，难免有臆断之处，望能得到指正。

舞阳贾湖裴李岗文化遗址内所出土的骨笛，既非一、两支，也非十余支，先后多次出土的一批骨笛实多于上述数目，但目前暂只公布了3支骨笛的一部分资料。这些骨笛多为鹤类尺骨七孔笛，也有一些骨笛是多于七孔和少于七孔的。不少骨笛的音孔旁尚存钻孔时设计音孔位置的横线刻记。可以看出，开孔前的刻线显然是根据某种特定的比例关系计算好了的。今天我们如果能根据有关的资料推断出各孔距的长度关系，不仅可使其余某些破残的骨笛有可能得以复原，而且还可通过模拟考古的方法，进一步找出这批远古骨笛所具的宫调特点，从而为我们重新研究中国古代音乐史的某些重大结论提供参考与依据。

一

已公布的三支七孔笛为标本M282：20、标本M282：21和标本M78：1。试奏测音所选取的是保存最完整的七孔笛M282：20。此骨笛孔距的精确数据可从已公布的资料推测出来：已知骨笛全长为22.2厘米，又知照片图上的骨笛为实物的$\frac{1}{2}$[1]，因此，只需将图中骨笛各孔距乘以2即为实际长度。然而，值得注意的是，此骨笛的开孔尺寸作过较大的调整。从它的第7孔旁所另开的一个微调小孔来看，可能是因尾端与第7孔的距离失之过短，而头端与第1孔的距离又有可能失之过长，因此，似难以完全根据此特例来推测这批骨笛孔距设计的一般规律。

可喜的是最近又公布了另外两支骨笛的资料。我们可用同样的方法求出这两支骨笛的孔距实长。标本M282：21与上述的标本M282：20同出于M282，出土时安放在墓主人左股两侧。从已公布的资料得知，标本M282：21全长为23.6厘米，而照片图中该骨笛的长度仅8.4厘米[2]，即图中骨笛需放大2.81倍才能与实物等同；所公布的另一支骨笛标本M78：1，实长20.3厘米，图中骨笛长度仅8.6厘米[3]，需乘以2.36才可放大到原实物的长度。据此，求得这三支骨笛孔距长度如表一。

表一 骨笛数据表

长度 标本 \ 孔距	全长	尾端至各孔的距离（单位：厘米）						
		7孔	6孔	5孔	4孔	3孔	2孔	1孔
M282：20	22.2	4.6（大） 5.16（大小）	6.6	8.18	10.04	11.68	13.58	15.42
M282：21	23.6	5.45	7.64	9.50	11.41	13.52	15.37	17.17
M78：1	20.3	5.13	6.73	8.85	10.36	12.04	13.85	15.46

当然，上例的推算难免会出现误差。据笔者所掌握的资料，少数孔距的最大误差不超过0.35厘米，应该说这是在允许范围之内的误差。何况此误差主要仍出自实物测量。同一支骨笛如作两次测量，所测的数据往往也会略有出入。比如标本M282：20与标本M282：21都曾作过两次测量，所测的数据前者相差0.2厘米，后者相差0.35厘米，但它们的相对长度关系不变。这样细微的误差也不致影响对音孔设计的推测。

如何通过以上的数据来探讨七孔笛的音孔设计？似有两种探讨方法：其一是从推测古人钻孔先后顺序的制作方法入手来研究音孔设计；另一种是避开钻孔顺序而直接从各孔距的长度找出其设计规律。应该说这两种方法都无可非议，但在目前资料不足的情况下，笔者更倾向于后者，因为各孔距的长度是客观存在的，只要有关的数据误差不大，所得的结论可能较少带有主观臆测性。

为了更好地利用以上数据，我们不妨先看看现今民间存在的某些吹管乐器的孔距设计。以苗族的民间竖吹笛箫乐器为例，各孔距的尺寸是按一定规范化的比例开孔的[4]。如苗族气鸣乐器直通箫（音译展道杆），为两头完全相通的直通六孔管。其音孔设计的要点在于把握好头端、尾端、第一孔（民间称第6孔）与第6孔（民间称第1孔）这四个点的间距。头端（或分气洞）至第1孔称之为上身，第1孔至第6孔称之为下身。其规范化的比例是上身与下身等长或基本相等，各邻孔的间距大体相等，筒音与第1孔所发之音呈八度关系；又如另一件苗族乐器塞箫（音译展尖），也与上述直通箫的音孔设计相似，除上述尺寸比例完全一样之外，另有尾部的长度略短于孔距乘以2等等。这里所说的"设计点"、"等长"、"上身"、"下身"、"八度关系"、"略短"等概念，对我们研究舞阳贾湖骨笛的音孔设计可能会有一定的参考价值。

仔细观察一下这三支骨笛的孔距，不难发现它们的头端、第1孔、第4孔、第7孔与尾端这五个点的间距存在着大体近似的等长关系。表二为各点间距的实测长度，括号内为实长与该骨笛的1/4或1/2长比较后的误差。

表二　骨笛各间距实测数据　　　　　　　　（单位：厘米）

点距	尾端	7孔	4孔	1孔	头端
M282：20 $\frac{1}{4}$=5.55 $\frac{1}{2}$=11.1 全长=22.2	大　4.6 　（−0.95） 大 5.16（−0.39） 小	4.88 （0.67）	5.38 （−0.17）	6.76 （+1.23）	
	10.04 （−1.06）		12.16 （+1.06）		
M282：21 $\frac{1}{4}$=5.9 $\frac{1}{2}$=11.8 全长=23.6	6.43 （+0.53）	5.76 （−0.14）	5.96 （+0.06）	5.45 （−0.45）	
	11.41 （−0.37）		12.09 （+0.39）		
M78：1 $\frac{1}{4}$=5.08 $\frac{1}{2}$=10.15 全长=20.3	4.45 （+0.31）	4.91 （−0.17）	5.1 （+0.02）	4.84 （−0.6）	
	10.36 （+0.21）		9.94 （−0.21）		

从表二可以看出，如以头端至第4孔为上身、以第4孔至尾端为下身，那么，上身与下身大体等长。由此可见第4孔在骨笛中的重要性，后面研究宫调特点时我们还会再次提及此音孔，并可以从中看出音孔设计与宫调特点的某种联系。此外，又可将上身以第1孔为中点分为A、B两段，并将下身以第7孔为中点分为C、D两段，那么，除M282：20的A、D段外，其余各笛的A、B；C、D均大体相当于骨笛全长的$\frac{1}{4}$。

按照图一的关系检查一下上例三支骨笛各段的实际长度，除M282：20存在着1厘米以上的误差外，其余各段的误差均仅在0.02至0.67厘米之间，说明此孔距比例与实际基本相等。此外，正是由于M28：220的误差过大，使得早期新石器时代的先民不得不在此骨笛的第7孔旁另开小孔加以校正。这或许可从反面来证明本文所归纳的孔距比例确实是符合客观实际的。

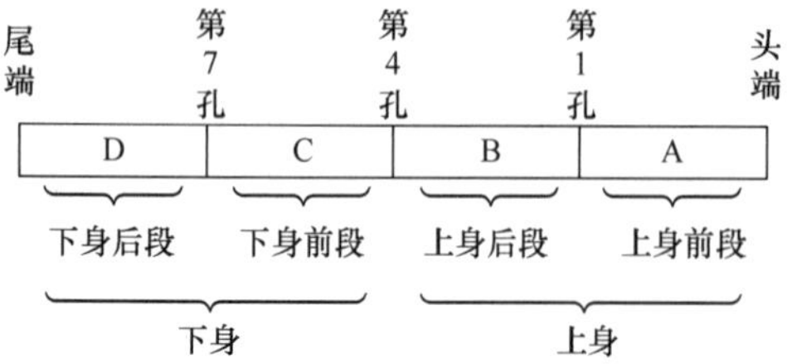

图一　骨笛分段示意图

从等长的角度来讲，中点既可能正好落在全长的$\frac{1}{2}$处，也可能稍有偏颇，或上身稍长，或下身稍长，如上例三支骨笛的上身与下身都并非绝对精确的等长。即使如此，如将A、B、C、D四段作不同的组合，仍有可能出现较精确的等长关系。

（1）A+B≈C+D，即上身与下身基本等长。

（2）A＋C≈B＋D，即两前段与两后段基本等长。

（3）A＋D≈B＋C，即两外段与两内段基本等长。

上例的三支骨笛同样可按这三种等长模式重新加以测算：如将标本M76：1按模式（1）测算，其误差仅为±0.21厘米；将标本M282：20按模式（2）测算，其误差仅为±0.06厘米，将标本282：21按模式（3）测算，其误差仅为0.39厘米。这就进一步缩小了误差。这三种等长模式对研究其余的骨笛应该是有意义的，因为上、下身的某段稍长或稍短，可能是较常见的现象，但它们之间仍然存在着某种等长关系却是值得注意的。

如果上述推测无误，那么我们也可以此来推测少于七孔及多于七孔的骨笛音孔设计规律。以五孔笛为例。根据以上关于中点将笛身一分为二的孔距比例，可知五孔笛的第3孔一般应在笛长$\frac{1}{2}$处。其头端，第1、3、5孔及尾端这几个点的间距也应基本等长。如图二所示。当然，这只是基本比例关系，还可按前面所述的

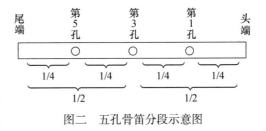

图二　五孔骨笛分段示意图

三种等长模式而小有变化。至于其余各孔距，多按相邻孔距大体等长的比例关系开孔，这种细部近似等长关系已有文论及，此处不赘。

此外，六孔笛与八孔笛同样可根据七孔笛的孔距比例来推测。六孔笛有可能以第4孔第3孔为中点，将骨笛分为基本等长的上身与下身；八孔笛则有可能以第5孔或第4孔为中点，将骨笛分为大体相等的两段。这些都有待其余的骨笛的资料公布后加以检验与证实。

至于八度关系，单纯从孔距比例的角度着眼较难作深入的探讨。如果说，孔距问题可能在一定程度上与宫调有着某种联系，那么，八度关系与宫调的联系则可能更为密切。

仍以苗族的塞箫为例，其八度关系由筒音与第1孔的发音所产生。如以分气洞至尾端为全长，第1孔则约在离尾端的十分之六处。这一比例关系与标本M282：20较相似，它的筒音与第2孔产生八度关系，第2孔也大体在全长十分之六处（仅0.32厘米之差）。但另两支骨笛的情况稍有不同，两者的第2孔均约在笛长的三分之二处（标本M282：21仅0.36厘米之差，标本M78：1仅0.32厘米之差）。

这三支骨笛还有另一个八度关系，由第1孔与第7孔的发音所产生。其开孔比例也基本上与前一个八度关系相同。从第7孔算起，第1孔也大体在第7孔至吹口的十分之六或三分之二处。这里要特别提及标本M282：20的八度。该笛第7孔旁另开的一个奇特的小孔，不禁使笔者联想到在德、奥等国至今尚流传于民间的木质竖笛（Blokflöte），此笛同样在尾端的大孔旁开有一小孔，该小孔系高半音指法。而标本M282：20的小孔所发之音也约高半音（70～105音分）。两者如此相似，实在令人惊叹。测音组用此笛所试奏的乐曲《小白菜》，开始音A6与结尾音A5所呈的八度关系是用第1孔与第7孔奏出的，其中，A5是大小七孔同时开放所发之声。所呈之八度约1220～1230音分，大体相当于高一个古代音差的

八度，所以听起来仍较自然。这些，也许有助于我们理解古代祖先为什么要特别另开小孔来强调此八度关系的实践意义。

二

标本M282：20试奏测音所获取的数据有14种之多。其中有一种数据与其他13种数据的差距甚大，这可能是因口风控制不一致所造成的，故本文将第14种数据作为特例在后面另论。此处先取前13种不同测音的108个数据为样本。表三各孔的数据，均按13次测音的顺序编号，其中，第7孔方括号内的数据，为同一次测音时开大、小两孔或仅开大孔的不同取样。

表三　M282：20测音数据

1孔A6	（一）8158	（二）8158	（三）8153	（四）8137	（五）8136
	（六）8114	（七）8064	（八）8053	（九）8080	（十）8080
	（十一）8190	（十二）8130	（十三）8115		
2孔#F6	（一）7860	（二）7850	（三）7864	（四）7837	（五）7855
	（六）7826	（七）7803	（八）7836	（九）7800	（十）7800
	（十一）7870	（十二）7820	（十三）7830		
3孔E6	（一）7616	（二）7621	（三）7622	（四）7600	（五）7596
	（六）7585	（七）7556	（八）7580	（九）7580	（十）7580
	（十一）7620	（十二）7600	（十三）7590		
4孔D6	（一）7416	（二）7414	（三）7399	（四）7399	（五）7401
	（六）7392	（七）7349	（八）7380	（九）7400	（十）7380
	（十一）7400	（十二）7390	（十三）7395		
5孔C6	（一）7224	（二）7222	（三）7215	（四）7200	（五）7188
	（六）7205	（七）7163	（八）7200	（九）7170	（十）7190
	（十一）7240	（十二）7215	（十三）7205		
6孔B5	（一）7075	（二）7061	（三）7049	（四）7043	（五）7051
	（六）7060	（七）7040	（八）7053	（九）7030	（十）7100
	（十一）7100	（十二）7030	（十三）7065		
7孔L5	（一）6908	（二）6913	（三）6880	（四）6890	（五）6909
	（六）6900	（七）〔6889；6616（仅大孔）〕		（八）〔6888；6818（仅大孔）〕	
	（九）〔6890；6810（仅大孔）〕		（十）〔6885；6780（仅大孔）〕		
	（十一）6880	（十二）6880	（十三）6900		
筒音 #F5	（一）6644	（二）6652	（三）6570	（四）6629	（五）6728
	（六）6632	（七）6616	（八）6618	（九）6620	（十）6620
	（十一）6620	（十一）6620	（十二）6623（不清）		（十三）6625

为了便于深入研究，现先从以上数据求出其平均值、全距、标准差及离散系数等指标，并从对它们的综合分析中做出可靠性程度的判断。

平均值系按 $\overline{X}=\dfrac{\sum X}{n}$ 的公式计算的算术平均数。它是对上述13次音分测定的概括和抽象，它所代表的各次测音的一般水平，有助于我们从众多的数据中掌握现象的本质；全距则是各孔在13次测音中最大百分值与最小百分值之差，从中可直观地显示平均值可能受极端值影响的程度。

标准差系按 $X\sigma_n=\sqrt{\dfrac{\sum(X-\overline{X})^2}{n}}$ 的公式所求出的方差。它是测定标志变动度的重要的方法；离散系数则是根据 $\overline{V}\sigma=\dfrac{\sigma}{X}\times100\%$ 的公式求出，为标准差与平均值之比，此处用百分数表示。它使我们能在分析比较平均值代表性的时候，排除标志值水平是否相同这一因素作出比较符合实际的结论。

笔者相信，在现有条件下，从上述几个方面来综合分析，可能比单纯从极少数的样本推算出的算术平均数更为可靠。具体如表四所示。

表四　骨笛测音的统计数据

孔别	平均值	全距	标准差	离散系数	可靠性结论
1孔	8123.08	170	42.45	0.52%	较差
2孔	7837.77	70	21.17	0.27%	较好
3孔	7595.85	66	19.28	0.25%	较好
4孔	7393.46	67	16.38	0.22%	较好
5孔	7202.85	77	20.70	0.29%	较好
6孔	7058.23	70	21.75	0.31%	较好
7孔	6893.23	33	11.12	0.16%	极好
筒音	6630.54	158	33.51	0.51%	较差

从以上指标至少可得出以下几点看法。

（1）虽然管乐器测音可能因气量控制与气流力度不一致而影响各孔的音高，然而，从上例测定的离散系数来看，除个别音孔外，大都在0.31%以下，根据离散系数大小与平均值代表性大小成反比例的特点，可知除个别音孔外，总体来讲，各孔平均值的代表性均较理想。

（2）经过另钻小孔调音校正后的七孔，大小二孔同时开放时所发音高的平均值，其离散系数仅0.16%，且标准差与全距都极小，根据变异指标大小与平均指标大小成反比例的特点，可以确认，此音孔经制笛者校正后，其平均值具有极好的代表性。

（3）2、3、4、5、6各孔的全距，标准差以及离散系数均为小值。根据变异指标值小，平均指标代表性大的特点，可以认定这些音孔均具有较好的代表性。其代表性的大小根据离散系数依序为4、3、2、5、6孔。

（4）1孔与筒音由于全距较大，且标准差与离散系数也都大于其余各孔，相对而言，1孔与筒音的平均值代表性是较差的。因此，在下文对某些问题做出论断时，可能需将1孔与筒音的平均值作适当处理，而不应完全根据上述数据来立论。

尽管如此，总的来讲，以上各孔的平均值仍是相当可靠的。这不仅可以消除我们对测音数据的某些不必要的疑虑，而且更重要的是可为有关的乐律研究提供具有说服力的依据。

至于，1孔与筒音的平均值代表性不够理想的问题，应尽可能避免主观的取舍，而仍根据实际测音数据作合理的调整。为此，我们不妨专门分析一下作为特例的第14次测音，虽然各孔的发音均略高于前13次试奏，但各孔之间相对音程关系仍应是准确的，其具体数据如图三所示。

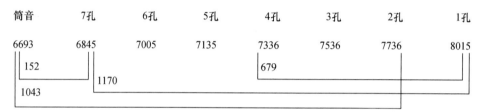

图三　第14次测音数据

从上例可以看出，筒音与第2孔并非呈八度关系，两者仅1043音分，即略高于小七度，略低于大七度；同样，7孔与1孔也并非高一个古代音差的八度关系，两者仅1170音分，即约为少一个古代音差的八度。加之筒音与7孔之间的小三度已缩小半音有余，4孔至1孔的纯五度也缩小20余音分，这些都说明，在实际演奏中，确实有可能出现筒音稍高或1孔略低的情况。

到底筒音可能稍高多少？1孔又可能略低多少？为了慎重起见，拟分别确认筒音与1孔各有两个不同的音高，即一次取具有代表性的前13次测音的平均值；另一次则以此平均值与第14次测音数据之差的算术平均数作为微调。前已论及此笛的第7孔与第4孔的平均值代表性最理想，因而可以从这两个笛孔出发，确认第7孔至筒音为262音分或152音分，两者之差的算术平均数为55音分；第4孔至第1孔为730音分或679音分，两者之差的算术平均数为26音分。现根据前13次测音的平均值并补充以对个别音的微调，求得各孔的数据如图四所示。

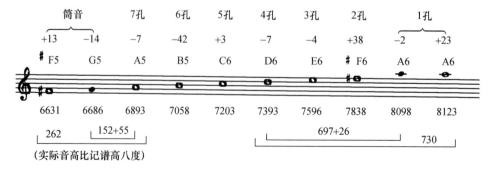

图四　计算所得前13次测音的平均值

从以上数据至少可得出下列结论。

其一，4孔D6至7孔A5为较标准的纯四度，即7393—6893＝500音分，为平均律纯四度，与自然律纯四度仅相差一个斯基斯马；

其二，3孔E6至7孔A5为较标准的纯五度，即7596—6893＝703音分，与自然律纯五度仅1音分之差；

其三，1孔A6有两个音高。若取第一音高8123，那么，1孔A6至7孔A5则为8123—6893＝1230音分，几乎相当于纯八度加一个古代音差；若取第二音高8098，则为8098—6893＝1205音分，与纯八度更接近。

因此，可以初步推断，这支骨笛应是能较好地演奏出以A为调式中心音的六声音阶或七声音阶的，这是因为A音不仅有自然律的纯五度与纯四度的支持，而且还有八度音的重复，在音列中，以上这几点对调式中心的确认都是至关重要的。

记得测音组用此笛测试时，开始也曾选择过几首乐曲试奏，结果很自然地就确定只测《小白菜》，因为当时感到演奏此曲最方便，听起来也最自然。现在稍加分析就可知：此曲是徵调式的，如欲将其调式主音用八度加以强调，正可用1＝D的调高演奏。乐曲开始于徵音A6（用第1孔奏出），结束于徵音A5（用第7孔奏出），所呈的八度听起来是自然的，此外，该曲第一乐节与第二乐节的落音是E6与D6，正好与调式中心A音呈纯五度与纯四度关系，听起来相当纯正。这些都说明了上述初步推断与实际演奏效果是较符合的。

我们对仿制骨笛多次模拟试奏的结果是：除A调指法涉及口风控制等其他因素外，其余的D调指法、G调指法以及C调指法都是顺口的。曾以4孔为宫的D调指法试奏《小白菜》与《西宫调》，以筒音为宫的G调指法试奏《梅花三弄》与《妆台秋思》，以5孔为宫的C调指法试奏《阳关三叠》与《一枝梅》等曲。在试奏过程中，筒音与2孔吹奏\#F音或G音也都较自然。当然，由于所仿制的骨笛目前尚不甚理想，因此，上述情况只能作为进一步分析研究的参考。

模拟试奏给人的启示是，不排除此骨笛多宫演奏的可能性。现根据实际测音的平均值，分别以模拟试奏的不同宫音为"±0"，将这几种可能性的音律数据整理如表五所示。

表五　骨笛的几种可能性的音律

音阶	筒音 \#F5（或G5）	7孔 A5	6孔 B5	5孔 C6	4孔 D6	3孔 E6	2孔 \#F6（或G6）		1孔 A6
清商音阶	＋38－7 角（和）	±0 徵	－35 羽	＋10 闰	±0 宫	＋3 商	＋45 角		＋30 徵
新音阶	±0 宫	＋7 商	－28 角	＋17 和	＋17 徵	＋10 羽	＋52 变	－48 （宫）	＋37 商
古音阶	＋28－17 中（徵）	－10 羽	－45 变	±0 宫	－10 商	－7 角	＋35 中	－65 （徵）	＋20 羽

推测之一——构成清商音阶可能性的分析：这是一种以4孔为宫的六声清商音阶或七声清

商音阶。4孔的孔距约在骨笛全长的正中，是以为宫。如以1孔与7孔为调式主音，即构成徵调式六声清商音阶，此时筒音为 #F（角）；但筒音亦有可能奏出G音（和），此时则为徵调式七声清商音阶。两者均以5孔为闰，该音又偏高，正符合清商音阶中闰音偏高的特点；后者以筒音为和，此音恰略低，亦符合七声音阶中和音偏低的特点，因之，此推测的可靠性是极大的。

推测之二——构成新音阶可能性的分析：这是一种以筒音为宫的六声新音阶或七声新音阶。它的5孔和音略高，正符合新音阶中和音偏高的特点。但在新音阶中，变宫一般是偏低的，此处的2孔变宫却偏高52音分，毕竟有所不符。不过，2孔所奏之音亦可看作是宫音偏低48音分，这样就实为六声新音阶。如将八度作为调式中心加以强调，则以商调式六声新音阶的可能性为较大。

推测之三——构成古音阶可能性的分析：这是一种以5孔为宫的七声古音阶或六声古音阶。它的6孔变宫偏低，符合古音阶变宫偏低的特点。然而，古音阶的中音一般应是偏低的，此处2孔的中音却偏高。但考虑到宫音的下方小三度，上方大三度与大二度均与纯律小三度、大三度、大二度较接近（依序各仅6、7、8音分之差），如将八度作为调式音加以强调，则仍有可能形成羽调式六声或七声古音阶。

综上所述，此笛多宫演奏的可能性是存在的，即六声清商音阶的可能性可以首先肯定；七声清商音阶的可能性也相当大；六声新音阶的可能性亦有之；此外，也不能完全排除六声或七声古音阶的可能性。

总之，这批实物与测音资料说明，距今8000年左右，我们的祖先不仅有了极其精微、规范的五孔笛、六孔笛、七孔笛、八孔笛，而且还在音乐实践中运用了多宫的六声音阶或七声音阶。这一事实距原有的结论是那么远，它将中国古代乐器及其宫调构成的历史提早了几千年。当我们从当今世界上一些比较有权威的音乐辞典中读到有关中国古代音乐的资料时，不难发现至今仍存在着不少有待修正的论断，诸如中国最早的乐器是距今4000年前的埙；笛子可能是从中亚传入中国的；中国远古的音乐是五声音阶，到周代才形成七声等等，这就不禁使我们感到自己责任之重大。如果说，10余年前所发现的河姆渡骨哨已开始对上述论断的某些问题作了否定的回答，那么，当人们为舞阳贾湖骨笛的文明所惊叹不已的时候，我们完全可以理直气壮地向世界宣告：现在是由我们自己进一步改写中国音乐史中某些重大结论的时候了！

注　释

［1］　河南省文物研究所：《河南舞阳贾湖新石器时代遗址第二至第六次发掘简报》，《文物》1989年第1期。

［2］　张居中：《舞阳贾湖遗址出土的龟甲和骨笛》，《华夏考古》1991年第2期。

［3］　张居中：《舞阳贾湖遗址出土的龟甲和骨笛》，《华夏考古》1991年第2期。

［4］　杨秀昭、卢克刚、何洪叶：《广西少数民族乐器考》，漓江出版社，1989年。

（原载《中国音乐学》1992年第3期）

贾湖骨笛的乐音估算

陈　通　戴念祖

一、基本数据

我们对5支贾湖骨笛作了声学估算。这5支骨笛分别是M341：1、M341：2、M282：20、M282：21、M253：4。每支骨笛的基本数据包括：全长，相两音孔中心之距离，每个音孔的外径、内径，骨笛两端的内径与壁厚。这些数据全部源于河南省文物考古研究所编著《舞阳贾湖》一书[1]。为了读者了解各支骨笛的形状和基本数据，我们将《贾湖骨笛》一书中所绘图与基本数据照搬照抄如下。

骨笛M341：1

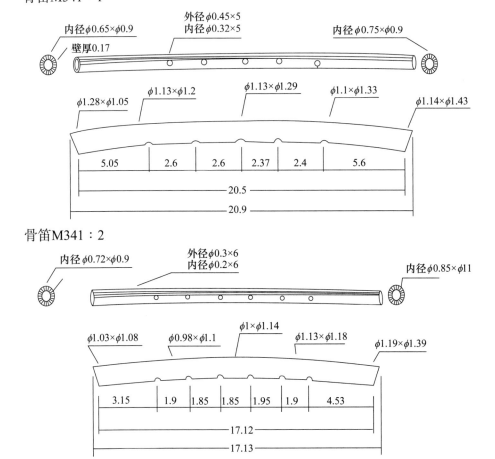

骨笛M282：20

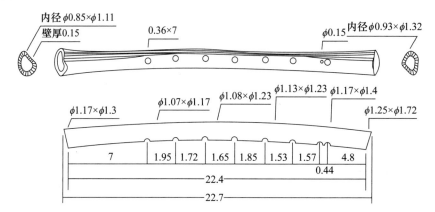

骨笛M282：21

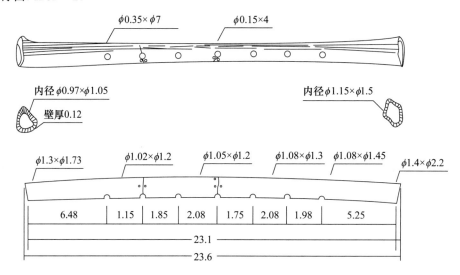

骨笛M253：4

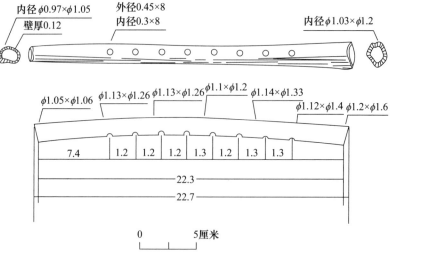

这5支骨笛的绘画尺寸与其实际之比例见M253：4之绘图下的比例示意。由上五图可见，这些骨笛形状是无规的，管壁厚度也无规可循。虽然它们基本上属于两端各为喇叭形口（锥形管），但各支管开口形状，喇叭长度亦不相同。在基本数据中，有的管也不完备，如M341：2的管端壁厚缺少测量数据。对这样的管乐器各孔发声音高作声学计算是一个非常复杂的问题，更何况每管的各个音孔都缺少音孔长度（即音孔所在的管壁厚度）这一重要数据。对这样的管乐器作乐音声高计算尚无现成的公式可依。有鉴于此，本文只能题名为"估算"。

绘图左端为吹口，音孔顺序从左到右排列。

二、估 算 方 法

先计算骨笛在声学上的等效长度L，然后根据两端开口管的共振计算频率f：

$$f = \frac{c}{2L}$$

c是声速，取340m/s。

将骨笛近似看作是从吹端起的筒形管和在开口端的锥形管组成的复合管。计算方法参考《唢呐的声频谱和音管的计算》[2]一文，并根据骨笛的情况简化。

对于筒形管　　　　　　　　　　　$L = L_0 + L_1 + L_2$　　　　　　　　　　　（1）

L_0是吹端到所开启音孔的长度；L_1是吹端的长度修正，与吹笛的情况有关。本文取

$$L_1 = 0.71 \quad \sqrt{A_1} \sim \sqrt{A_1}$$　　　　　　　　　　　（2）

A_1是筒形管的截面积。L_2是音孔的笛管等效长度（相当于管端的长度修正），它的数值为：

$$L_2 = \frac{L}{\pi} \tan^{-1} \left(\pi \frac{A_1}{A_2} \frac{t_e}{L} \right)$$　　　　　　　　　　　（3）

这里，A_2是音孔内侧的截面积。t_e是音孔的等效长度。对于圆筒形音孔，其

$$t_e = t + 1.4r$$　　　　　　　　　　　（4）

t是音孔长度，即音孔处的笛管壁厚（本文基本数据中缺此测量数据），r是音孔截面半径；对于外侧大内侧小的音孔，如果音孔又是单一的一段圆锥管（实际上可能是部分为圆锥管），可按圆锥管计算音孔的等效长度、再加上音孔内侧的修正值$0.8r$。圆锥管音孔的等效长度X_0为

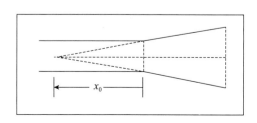

$$X_0 = \frac{t}{\left(\dfrac{R}{r}\right) - 1} \tag{5}$$

（5）式中 R、r 分别是音孔外侧和内侧的截面半径。

由于（3）式中，L_2 的计算式含有 L，L 又含 L_2，因此 L_2 由数值解法求解。L_2 由第1音孔（最高音）的计算而定，并将此计算值用于所有音孔计算中。

三、估 算 结 果

M341：1骨笛

按筒形管估算，$A_1 = 0.74\text{cm}^2$，计算得 $L_1 = 0.86\text{cm}$，$L_2 = 2.246\text{cm}$。

音孔	1	频率	2083.3Hz	（C7−9）
	2		1579.9Hz	（G6+11）
	3		1272.5Hz	（D6+28）
	4		1080.7Hz	（C6+34）
	5		937.7Hz	（A5+5）
	筒音		780.2Hz	（G6−4）

M341：2骨笛

按筒形管估算，假定其音孔长度（即骨笛壁厚）$t = 0.18\text{cm}$，$A_1 = 0.65\text{cm}^2$，计算得 $L_1 = 0.81\text{cm}$。$L_2 = 2.455\text{cm}$。

音孔	1	频率	2649.9Hz	（E7+12）
	2		2044.5Hz	（C7−48）
	3		1672.4Hz	（G6+11.2）
	4		1414.8Hz	（F6+17）
	5		1217.3Hz	（D6−27）
	6		1071.5Hz	（C6+25）
	筒音		932.5Hz	（A5）

M282：20骨笛，堵其小7孔

在第6音孔前为筒形管部分，其后为锥形管，$X_0 = 24\text{cm}$，$A_1 = 0.48\text{cm}^2$，计算得 $L_1 = 0.49\text{cm}$，$L_2 = 1.7\text{cm}$。

音孔	1	频率	1850.6Hz	（A6−14）
	2		1526.6Hz	（G6−42）
	3		1322.3Hz	（E6+4）
	4		1171.9Hz	（D6−3）

5	1039.4Hz	（C6－7）
6	956.2Hz	（A5＋24）
7	873.8Hz	（A5＋6.2）
筒音	772Hz	（G5－12）

M282：21骨笛

筒形管部分的长度为14.59cm，其余为锥形管，$X_0=40$cm，$A_1=0.8$cm^2，计算得$L_1=0.64$cm，$L_2=2.42$cm。

音孔 1	频率 1782Hz	（A6＋22）
2	1590.3Hz	（G6＋30）
3	1355.7Hz	（E6＋37）
4	1162.8Hz	（D6－12）
5	1038.5Hz	（C6＋8）
6	934Hz	（A5＋2）
7	852.6Hz	（G5＋22）
筒音	752.4Hz	（F5＋13）

M253：4骨笛

等8音孔前为筒形管，其后为锥形管。$X_0=30$cm，$A_1=0.8$cm^2，计算得$L_1=0.9$cm，$L_2=2.49$cm。

音孔 1	频率 1575.5Hz	（G6＋8）
2	1417.8Hz	（F6＋21）
3	1288.8Hz	（E6－30）
4	1181.3Hz	（D6＋7）
5	1083.5Hz	（C6－25）
6	1006.5Hz	（B5＋19）
7	943.6Hz	（A5＋11）
8	872.2Hz	（A5－8）
筒音	736.6Hz	（F5－6）

四、讨 论

在以上所计算的各孔发声频率后，将其换算成音级，取$C=16$Hz，$C_4=261.3$Hz或$A_4=440$Hz，音级后的加减数字为频率数。

有的音孔外侧大，这实际上相当于减小音孔等效长度。如M253：4的音孔，如外侧不扩大，$t_e=0.33$cm，实际上外侧扩大而使$t_e=0.264$cm。又如M341：1，音孔不扩大，则$t_e=$

0.4cm，实际为t_e＝0.33cm。t_e减小，L_2亦随之减小。

以上各笛计算结果基本上与《舞阳贾湖》一书中所测的数据相近。其中，M341：2中前三个音孔与测音值稍有不同，可能是因为该管的实际几何形状与计算所假定的筒形管有差别；M282：20的第6、7两音与实测音之差，当是小七孔之影响；M282：21第2孔有破损，影响测音；M253：4的第3、6音的计算值与测音值之小差，又是管子的实际几何难于把握所致。

这些计算数值仅为骨笛测音吹奏做参考。如若偏离计算值太大，可判演奏非常态。

注　释

［1］　河南省文物考古研究所：《舞阳贾湖》，科学出版社，1999年，第992～1002页。

［2］　陈通、蔡秀兰：《唢呐的声频谱和音管的计算》，《声学学报》1996年第21卷第6期，第893～897页。

（原载《中国音乐学》2002年第4期）

贾湖骨笛的精确复原研究

方晓阳　邵　锜　夏　季　王昌燧　潘伟斌　韩庆元

引　言

　　贾湖骨笛是迄今为止我国历史上最早、形态完整、现今仍可演奏的吹管乐器，是距今9000～7500年前中国古代音乐文明最重要的实物载体之一。1999年，经中国科技大学科技考古研究室和外方专家通力合作，英国科学杂志《自然》以《贾湖新石器遗址发现最古老的可演奏乐器》[1]为题，介绍了贾湖骨笛的基本信息，世界各大媒体纷纷报道，引起全球广泛关注，尤其是英国科学杂志《自然》网站上用骨笛演奏的中国民歌《小白菜》，更令人耳目一新。

　　由于贾湖骨笛是用大型鸟类翅膀的尺骨制作而成，故骨管的长短、粗细、厚薄与内腔形状都会因鸟类个体的不同而不同。在没有金属工具与音乐物理知识的距今9000～7500年前，贾湖先民是如何将这种内腔异形的骨管制作成音阶分明的乐器？这种音阶与后世的音律有何关系？这些值得深入研究的问题曾引起许多考家学者的极大兴趣。1987年11月3日，黄翔鹏、童忠良、萧兴华、徐桃英、顾伯宝诸先生用Stroboconn闪光频谱测音仪对当时出土最完整的M282：20骨笛进行了音序测试[2]，并对M341：2与M341：1骨笛进行了比较研究[3]；1992年童忠良、蒋朗蟾、荣政、李幼平等率先以M282：20、M282：21、M78：1三支骨笛为复制对象经精密测量后仿制出5支七孔骨笛[4]。随后中国艺术研究院音乐研究所王子初先生以骨笛M78：1为复制对象，手绘图纸后用骨粉加胶混合模制而成若干根骨笛[5]。1999年阎福兴委托扬中市常敦明用鹤骨制作了2支骨笛[6]，但与贾湖骨笛的开孔与吹奏模式都存在很大不同。2003年5月中国科技大学考古系夏季、徐飞、王昌燧在《新石器时期中国先民音乐调音技术水平的乐律数理分析——贾湖骨笛特殊小孔的调音功能与测音结果研究》一文中介绍了使用塑料管仿制的骨笛进行模拟测音的情况[7]；2005年泉州师范艺术学院李寄萍采用当地火鸡腿骨对M282：20、M511：4两支骨笛进行仿制，并利用斜吹法和指法的实验展开对贾湖先民音律及音乐活动的分析与推测[8]；2006年中国艺术研究院研究生孙毅采用鹤尺骨，按照《舞阳贾湖》考古报告中所公布的尺寸，用手工和钻孔设备制作出M282：20、M253：4两支骨笛的复制品并进行了测音[9]。此外，北京联合大学陈其翔先生、中国科学院声学所陈通与中国科学院科学史所戴念祖先生、温州大学音乐学院陈其射先生、天津音乐学院徐荣坤与郭树群先生等也从多个角度对贾湖骨笛进行了研究[10]。然而，鉴于贾湖骨笛珍贵的文物价值，为免再次受到自然和人为损坏，现存骨笛均被封藏，不用说再次吹奏测音，就连见上一面都很困难，这无疑为贾湖骨笛的"律"、"调"研究带来了很大的困难。如何在不损伤贾湖骨笛实物的原则下继续进行贾湖骨笛的测音与"律"、"调"研究，也就成了音乐史界必须解决的关键性问题。笔者非常赞同郑祖襄先生提出的"首先制定一个科学的骨笛修复方案，修复的方法也不一定对原件进行修复；为了保存原件，是否可以考虑运用先进的科技手段进行复制，然后用复制品来测音"[11]的建议，利用医学影像学、计算机辅助逆向工程设计、Mimics三维重建、激光成型多种技术，制作出一种几何形状与物理尺寸均与贾湖骨笛实物几乎完全相同的复原品并进行测音实验，草成此文，希冀学界不吝赐教。

一、复　原　实　验

1. 复原对象选择

骨笛标本M511：4，是2001年春对贾湖遗址进行了第7次发掘时发现的。"最长25.15厘米，保存基本完整，通体棕色光滑，两端均有骨关节残存，似为照顾一定长度所留，出土时分为两节，并列放置于乙的乱骨中，经缀合为一支，断茬在第三孔中间处，在二、三孔之间可见缠裹痕，在骨笛正面钻7个音孔，孔较圆，外径略大于内径，外径0.4～0.5厘米，内径0.3～0.4厘米之间，每个音孔旁均有刻记，在孔最大径处，未见二次刻记，可见为一次刻记即施钻孔，在背面距吹口端6.89厘米处有一横刻痕，位于第一孔之上位置，可能也是设计刻记，孔列基本为一直线，但第一孔稍向右偏1/3孔位。"[12]（图一）

图一　M511：4骨笛实物

选择此骨笛的原因：其一是该骨笛出土时虽断为两截，但经清洗缀合，外观形态完整，骨笛内壁也无明显残留物，是现今河南省考古文物研究所保存骨笛中形体最为完整者之一；其二是该骨笛曾由对斜吹法有精深研究的刘正国先生进行试吹[13]，王昌燧、徐飞、夏季进行了录音与测音，数据公开发表在《音乐研究》2004年第1期上[14]，其相关数据可与本精确复制骨笛的测音结果进行有效比对。

2. CT断层扫描

骨笛精确复原，数据采集是关键的第一步，只有获得精确的测量数据，才能进行三维重建。一般的接触式测量虽然精度较高，可以在测量时根据需要选择有效测量部位，做到有的放矢，避免采集大量冗余数据。但测量速度较慢且只能获得骨笛的外部尺寸，不能立体、全方位地反映骨笛内部髓腔的解剖信息，也不易进行三维重建。激光扫描虽然具有精度较高、测量速度较快的特点，扫描数据易于进行三维重建，但是由于骨笛内部髓腔为其扫描盲区，所以即使进行三维重建，也仍然不能获得反映骨笛内部髓腔的解剖信息。目前随着CT扫描精度的不断提高以及功能强大的计算机软件的开发，完全能满足三维重建所需的高精度、立体化、全方位的数据采集，使骨笛的精确复制成为可能。

本实验选用的是菲利浦公司出产的64照排的医学CT。扫描条件：选择骨组织窗扫描，层厚为0.625mm，扫描探头工作电压电流为120kV/246mA，骨笛长轴与CT扫描线垂直，由骨笛吹口端至尾部进行横断面扫描。总共获取断层影像823张，在CT工作站中转为医学影像学标准格式DICOM格式存储。每张图片大小为125×125mm^2，分辨率为540×540，每个像素占体积0.23mm×0.23mm×0.625mm。

3. 数据处理及三维重建

首先是将经过CT扫描的DICOM图像文件输入到DELL图形工作站里，对图像像素按灰度进行定限分离，排除游离误差，去除噪声干扰点，然后利用Materialise公司出产的软件Mimics 10.01进行三维重建。用此方法重建的骨笛立体图（图二）理论误差为0.1毫米。

图二 在Mimics10.01下重构的M511∶4骨笛立体图

4. 固化成型

紫外激光快速成型是出现较早、技术最成熟和应用最广泛的快速原型技术。笔者选择该技术的原因主要是：其一该技术系统工作稳定，全过程自动运行；其二尺寸精度较高，可确保复制品的尺寸精度在0.1毫米以内；其三是表面质量较好，可保证工件表面光滑；其四是系统分辨率较高，能构建复杂结构的工件。本研究中笔者将三维重建后的骨笛用STL文件副本格式保存，输入到激光快速成型机上。在计算机的控制下，按照截面轮廓的要求，用紫外激光束照射树脂液槽中的液态光敏树脂，使被扫描区域的树脂固化，得到该截面轮廓的固化树脂薄片。然后，进行第二层激光扫描固化，并使新固化的一层牢固地黏结在前一层上，如此重复直到整个产品成型完毕。取出工件后进行清洗和内外表面光洁处理，就制作出了与原贾湖骨笛物理尺寸几乎没有误差的精确复原品。该复原品的材质虽然为紫外固化树脂，但因误差控制在毫米级，故复原的骨笛（图三：下）内外壁几何形状与物理尺寸与M511∶4骨笛实物（图三：上）非常接近，是一根形态完整的M511∶4骨笛的高精度复原品。

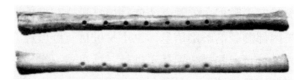

图三　上为M511∶4贾湖骨笛实物，下为M511∶4贾湖骨笛实物的精确复原品

二、测音实验

1. 骨笛实物测音

2001年王昌燧、徐飞、刘正国、夏季等对M511∶4骨笛实物进行了测音实验研究，低八度区测音数据如表一所示。

表一　M511∶4号骨笛低八度区测音数据

孔号		筒音	1	2	3	4	5	6	7
筒音到7孔	音高	E5+32	G5+41	A5+18	B5+10	C6+31	D6-43	E6+46	F6+43
		E5+35	G5+41	A5+19	B5+4	C6+32	D6+55	E6+55	F6+43
		E5+34	G5+34	A5	B5-5	C6+30	D6-43	E6+46	F6+43
		E5+42	G5+43	A5-1	B5+1	C6+31	D6-41	E6+43	F6+43
7孔到筒音	音高	E5+54	G5+54	A5+30	B5+12	C6+30	D6-40	E6+38	F6+44
		E5+34	G5+34	A5-1	B5+1	C6+32	D6-65	E6+30	F6+42
		E5+30	G5+33	A5+13	B5+13	C6+37	D6-40	E6+45	F6+40
		E5+38	G5+37	A5+13	B5+19	C6+33	D6-41	E6+47	F6+39
平均值		E5+37	G5+40	A5+13	B5+9	C6+33	D6-45	E6+44	F6+43 1517.4
音程差			300	173	196	124	222	189	199
C调音名		3̣	5̣	6̣	7̣	1	2	3	4
标准音程差			300	200	200	100	200	200	200
音分误差			3	−27	−4	24	225	−11	−1

2. 骨笛精确复原品测音

2009年4月23日21时15分，由方晓阳对M511∶4骨笛精确复原品进行了测音。室温：20℃。录音工具：东芝2010笔记本电脑，高灵敏度立体声电容式话筒。录音软件：Cool Edit Pro2.0。录音采样率为44.1kHz，声道为立体声，采样精度16位。吹奏方法：斜吹法（与刘正国2001年测音时的吹奏方法相同），上下行各吹奏十遍。测音分析软件：Cool Edit Pro2.0，取物理音高标记法A4＝440Hz（即通用第一国际音高a¹＝440Hz），共获得16组160个数据（表二、表三），然后计算均值得到精确复原品低八度区音律特征表（表四）。

表二　M511：4骨笛精确复原品低八度区下行测音数据　　　　（单位：Hz）

全开	1586.4	1599.8	1508.6	1589.7	1585.8	1580.8	1576.5	1548.3	1592.7	1578
开6孔	1362.7	1342.9	1353.2	1369.4	1350.9	1349.5	1358.3	1326.4	1357.5	1361.1
开5孔	1204	1187.4	1196.8	1210	1191.6	1194.8	1183.6	1178.6	1200	1197.4
开4孔	1074.5	1056.3	1073	1075.8	1058.6	1057.3	1502.9	1045.5	1067.9	1066.4
开3孔	1018	996.89	1019.3	1010.4	1006.1	1005	997.04	998.15	1008.5	1012.6
开2孔	896.53	886.82	902.07	896.97	892.35	883.67	892.95	871.32	893.2	888.82
开1孔	805.37	797.45	805.32	801.49	797.5	802.95	790.69	790.42	801.65	795.99
全闭	667.94	657.16	666.6	664.53	662.45	662.43	658.74	653.52	662.47	670.06

表三　精确复原品低八度区上行测音数据　　　　（单位：Hz）

全开	1586.2	1576.7	1586.1	1579.4	1581.8	1575.5	1551.1	1576.5	1598.1	1579.7
开6孔	1350.7	1379.8	1346.1	1336.1	1350.5	1335.7	1314	1343.8	1332.1	1349.2
开5孔	1198.8	1202.2	1198.8	1197.5	1193	1187.3	1169.1	1197.1	1186.4	1198.9
开4孔	1064.1	1066.1	1068.6	1062.5	1043.4	1049.1	1039.6	1069.6	1050.1	1067.9
开3孔	999.62	999.3	997.73	995.41	998.41	998.11	985.63	997.39	1003.3	1000.5
开2孔	887.54	890.17	891.55	886.17	877.06	890.61	880.82	888.97	889.57	894.24
开1孔	797.17	795.77	797.76	785.1	787.9	792.13	785.12	785.31	789.72	790.42
全闭	671.37	668.75	667.73	660.81	663.9	664.34	662.14	660.27	666.94	664.54

表四　精确复原品低八度区音律特征表

发音孔位		筒音	1	2	3	4	5	6	7
上行发音均值	频率（Hz）	665.08	790.64	887.67	996.54	1058.1	1192.81	1343.8	1578.21
	音高	E5+15	G5+14	A5+15	B5+15	C6+19	D6+26	E6+32	G6+11
下行发音均值音高	频率（Hz）	662.59	798.85	890.47	1007.2	1062.82	1194.42	1353.19	1581.86
	音高	E5+8	G5+32	A5+20	B5+33	C6+26	D6+28	E6+44	G6+15
上下行均值音高	频率（Hz）	663.84	794.75	889.07	1001.87	1060.46	1193.62	1348.50	1580.04
	音高	E5+12	G5+23	A5+18	B5+24	C6+23	D6+27	E6+38	G6+13
音程差（阴分）			311.60	194.16	206.79	98.36	204.78	211.21	274.33
C调音名		3̣	5̣	6̣	7̣	1	2	3	5
标准音程差（阴分）			300	200	200	100	200	200	200
音分误差			11.6	−5.84	6.79	−1.61	4.78	11.21	−25.67

三、结果与讨论

（1）前人对贾湖骨笛音律的研究主要集中在对骨笛实物直接吹奏测音[15]，以及根据已发表的贾湖骨笛测量数值与测音数据进行讨论与推理[16]。由于现存贾湖骨笛实物已经很难再容人们对其进行直接吹奏测音，因此要想深入研究贾湖先民选择音律的规律，当务之急是设法对骨笛进行修复，必须要对更多的骨笛进行测音研究。利用CT扫描、计算机辅助逆向工程设计、Mimics三维重建、紫外激光快速成型技术对贾湖骨笛进行精确复原，所得到的复原品与原骨笛的误差可控制在毫米级，从而使复原品与原骨笛无论在外观还是内腔的几何形态与物理尺寸上高度相似。利用这种精度复原方法制作贾湖骨笛的高精度复制品，对贾湖骨笛的深入研究，可能会产生一些重要的影响与推动作用。

（2）通过对贾湖骨笛实物与精确复原品在低八度区发音均值比较（详见表五），贾湖骨笛实物与精确复原品在发音孔位筒音、1、2、3、4、6孔的均值的音分误差绝对值分别为25、17、5、15、10、6个音分。发音孔位5的发音均值，徐飞等人测定为D-45，而笔者通过对刘正国当年测音录像上截取的相应音频进行测量，其结果却为D6+41，其音分误差绝对值应为14。对骨笛实物与精确复原品在7孔全开时发音均值误差很大的原因，笔者通过骨笛实物与精确复原品的测量比较，以及根据Mimics与紫外激光快速成型的理论误差均为0.1毫米进行推断，由于精确复原品与贾湖骨笛实物在内外管壁形态、音孔内外孔径、音孔间距等方面的物理尺寸几乎完全相同，因此精确复原品与贾湖骨笛实物在7孔全开的音高均值理应高度近似。出现较大误差的原因主要是来自于吹奏者在吹奏此音时对气流控制的不同。因为笔者在对该精确复原品吹奏时发现，如果对气流进行控制，完全可以使该音孔发出F6+43与G6+13两种音。

表五　M511：4号骨笛实物与精确复原品低八度区发音均值比较

发音孔位		筒音	1	2	3	4	5	6	7
发音均值	骨笛实物	E5+37	G5+40	A5+13	B5+9	C6+33	D6-45	E6+44	F6+43
	精确复原品	E5+12	G5+23	A5+18	B5+24	C6+23	D6+27	E6+38	G6+13
音分误差绝对值		25	17	5	15	10	14	6	130

（3）本实验制作的复原品材质为紫外固化树脂，其声学特性尤其是音色上与原骨笛相比具有较大的差异。不过由于边棱类吹奏乐器的音高在口风相同时主要决定于该乐器内腔的物理形态，而与材质关系不大，故所获测音数据也应该接近于原骨笛，可以考虑用来代替贾湖骨笛实物，供研究者们进行测音，以及其他音律学方面的研究，但不适合于用于音色比较研究。

（4）本实验制作的复原品的测音数据仅为一人吹奏的结果，与其他人吹奏的结果是否存在较大差别还有待进一步检测。为此，笔者殷切期望有更多的音乐研究者，对复制骨笛的吹奏方法与"调"、"律"等进行更加深入的研究。

附言：本文为国家自然科学基金资助项目（批准号10520403）。感谢Materialise中国上海代表处为本研究提供软件以及相关的技术支持。

注　释

［1］ Zhang J Z, Harbottle G, Wang C S, et al. Oldest Playable Musical Instruments Found at Jiahu Early Neolithic Site in China. Nature, 1999, 401: 366-368.

［2］ 黄翔鹏：《舞阳贾湖骨笛的测音研究》，《文物》1989年第1期。

［3］ 萧兴华：《中华音乐文化文明九千年——试论河南舞阳贾湖骨笛的发掘及其意义》，《音乐研究》2000年第1期。

［4］ 童忠良：《舞阳贾湖骨笛的音孔设计与宫调特点》，《中国音乐学》1992年第3期。

［5］ 孙毅：《舞阳贾湖骨笛音响复原研究》，中国艺术研究院硕士学位论文，2006年。

［6］ 阎福兴：《让鹤骨笛声复活》，《葫芦岛晚报》2007年6月29日。

［7］ 夏季、徐飞、王昌燧：《新石器时期中国先民音乐调音技术水平的乐律数理分析——贾湖骨笛特殊小孔的调音功能与测音结果研究》，《音乐研究》2003年第1期。

［8］ 李寄萍：《骨笛仿古实验及分析推测》，《天籁》2005年第2期。

［9］ 孙毅：《舞阳贾湖骨笛音响复原研究》，《中国音乐学》2006年第4期。

［10］ 陈其翔：《舞阳贾湖骨笛研究》，《音乐艺术》1999年第4期；陈通、戴念祖：《贾湖骨笛的乐音估算》，《中国音乐学》2002年第4期；陈其射：《河南舞阳贾湖骨笛音律分析》，《天籁》2005年第2期；陈其射：《上古"指宽度律"之假说——贾湖骨笛音律分析》，《音乐艺术》2006年第2期；徐荣坤：《析舞阳骨笛的调高和音阶》，《天籁》2006年第1期；郭树群：《上古出土陶埙、骨笛已知测音资料研究述论》，《天籁》2006年第3期。

［11］ 郑祖襄：《关于贾湖骨笛滑音数据及相关论证问题的讨论》，《中国音乐学》2003年第3期，第54页。

［12］ 中国科学技术大学科技史与科技考古系、河南省文物考古研究所、舞阳县博物馆：《河南舞阳贾湖遗址2001年春发掘简报》，《华夏考古》2002年第2期，第28页。

［13］ 刘正国：《贾湖遗址二批出土的骨龠测音采样吹奏报告》，《音乐研究》2006年第3期。

［14］ 徐飞、夏季、王昌燧：《贾湖骨笛音乐声学特性的新探索——最新出土的贾湖骨笛测音研究》，《音乐研究》2004年第1期。

［15］ 黄翔鹏：《舞阳贾湖骨笛的测音研究》，《文物》1989年第1期；萧兴华：《中华音乐文化文明九千年——试论河南舞阳贾湖骨笛的发掘及其意义》，《音乐研究》2000年第1期；萧兴华、张居中、王昌燧：《七千年前的骨管定音器——河南省汝州市中山寨十孔骨笛测音研究》，《音乐

研究》2001第2期；夏季、徐飞、王昌燧：《新石器时期中国先民音乐调音技术水平的乐律数理分析——贾湖骨笛特殊小孔的调音功能与测音结果研究》，《音乐研究》2003年第1期；徐飞、夏季、王昌燧：《贾湖骨笛音乐声乐特性的新探索——最新出土的贾湖骨笛测音研究》，《音乐研究》2004年第1期；刘正国：《贾湖遗址二批出土的骨龠测音采样吹奏报告》，《音乐研究》2006年第3期。

[16] 童忠良：《舞阳贾湖骨笛的音孔设计与宫调特点》，《中国音乐学》1992年第3期；陈其翔：《舞阳贾湖骨笛研究》，《音乐艺术》1999年第4期；陈通、戴念祖：《贾湖骨笛的乐音估算》，《中国音乐学》2002年第4期；郑祖襄：《贾湖骨笛调高音阶再析》，《音乐研究》2004年第4期；陈其射：《河南舞阳贾湖骨笛音律分析》，《天籁》2005年第2期；陈其射：《上古"指宽度律"之假说——贾湖骨笛音律分析》，《音乐艺术》2006年第2期；徐荣坤：《析舞阳骨笛的调高和音阶》，《天籁》2006年第1期；郭树群：《上古出土陶埙、骨笛已知测音资料研究述论》，《天籁》2006年第3期。

（原载《中国音乐学》2012年第2期）

说有容易说无难——对舞阳出土骨笛的再认识

王子初

"说有容易说无难"是学术界的通识。尤其在考古界，更被视为金科玉律。地下发掘已见而曰"有"，自无难处；地下发掘未见而曰"无"，则绝不可下此断语——谁知道它什么时候忽然从地下冒出来了呢！

河南舞阳贾湖遗址出土的一批新石器时代的骨笛，可以说是中国贡献给世界文明史的一大考古发现。它证明人类中的一部分、当时居住在亚洲东部淮河流域的贾湖人，大约在新石器时代初期已经大量地制作、使用了七音孔骨笛，显示出他们已经具备了七声音阶的观念。自1986年以来在这里陆续出土的三十余支骨笛及其大量完整的发掘资料，已可清楚地证明了这一点，这算是进入了"说有容易"的境地了[1]。

一、贾湖人用过竹笛吗?

贾湖人在使用骨笛的同时是否使用竹笛呢? 或可进一步设问：他们在使用骨笛的同时或更早，是否更广泛地使用着竹笛呢?

历史悠久的中国笛类乐器，其主要的制作材料是竹子，所以一般即称"竹笛"。《礼记·明堂位》载："土鼓、蒉桴、苇籥，伊耆氏之乐也。"孔颖达疏："苇籥者，谓截苇为籥。"苇籥之本意，即芦苇管也。这里的苇籥，是指古代一种用芦苇做成的笛类吹管乐器。苇与竹，习性相近，也是古来用以制作笛类乐器的重要材料。下文凡论"竹"者，也应包含有苇。

在贾湖的发掘者张居中先生的报告中，我们找不到有关竹笛或苇笛的内容，也许今后在这里的发掘也永远不会有这样的内容。常识告诉我们，舞阳贾湖骨笛出土的所在地淮河流域，在其近万年来的地理及气候条件下，竹子或芦苇之类的材料，绝不可能在地下保存八千余年而不腐! 前面的设问，的确是把我们拽入"说无难"的泥淖之中了。而且这个"无"，恐怕"无"得很彻底：如果以上问题的答案是肯定的，那么即便在今后的考古发掘中，也不可能出现"贾湖竹笛"的实物资料。

难道这是一个难以触碰的学术"雷区"吗? 也许可以这样说。不过在人类的科学史上，可以有"雷区"，但不存在"禁区"——一切问题都是科学研究的对象，都是可以探索的。要探索以上问题，很难应用考古学常规的"直接实证"的方法获得答案。是否可能借助逻辑推理或其他"间接实证"的方法来进行合理推导，以获得可信的相应结论呢？笔者愿意本着科学的精神做一些尝试，也许其答案是肯定的。

多年以前，笔者曾发表过一篇关于中国笛子历史的文章[2]。文中较为全面地梳理了古代文献记载中的种种误解，最后根据1973年长沙马王堆3号墓出土的竹笛[3]和1978年湖北曾侯乙墓出土的"篪"[4]，认定中国横吹按孔单管形制的竹笛，其历史至少可以上溯到曾侯乙墓的时代，即公元前433年。而在此之前，人们历来根据晋代崔豹的说法："横吹，胡乐也。张博望入西域，传其法于西京，唯得《摩诃兜勒》二曲，李延年因胡曲，更造新声二十八解。"[5]把笛子看作"胡乐"，大约在公元前126年（张骞第一次出使西域归汉的时间）以后才由西方传入中国。曾侯乙墓的两支横笛类竹制乐器"篪"被发现后，迄今还未见更新的资料出土。但是，如果把"横吹的笛子竖吹的箫"作为一类乐器——单管按孔吹奏乐器来看待的话，拙文的结论显然还有进一步讨论的余地。

我们很难想象，在今后的考古发掘中还能不断见到比曾侯乙墓的时代更早的竹笛实物。人类社会历史遗物的保存，遵循着极其严格的自然规律。不是所有的物质都能保证千年不蠹，万年不腐，竹子和芦苇一类物质显然就不能。长沙马王堆3号墓出土的竹笛及曾侯乙墓出土的两支横笛类竹制乐器之所以能在地下保存到今天，已经是因为古代当地的地理气候及流行的墓葬制度使然。

古代的墓葬、遗址和文物能经历漫长的历史岁月而留存到今天，而又恰好为考古工作者所发现，本身有着极大的偶然性；然而从另一方面来说，这种偶然性之中又体现着某种必然性，即古代文物的保存，不能脱离自然条件。这对用竹与苇制作成的笛类乐器来说，更是至关重要。没有特殊的保存条件，比如说在地下深处密封和饱水的稳定环境下，或在极度干燥的条件下，竹木质的器物恐怕连几十年都很难保存。对于竹木器的保存，民间有谚语"干千年，湿千年，干干湿湿两三年"。南方地下水位高，今天考古发现的马王堆3号墓地处今湖南湘江流域，位于地下水位较高的中国南方；曾侯乙墓地处今湖北江汉平原，同样位于中国南方。墓中所出土竹笛（或说"篪"）之所以能保存两千多年，主要得力于在地下深埋、处于饱水状态和南方土坑墓夯土和膏泥的密封性。由于气候、地理等自然条件的关系，中国北方大部分地区旱季地下水位过低，夏季又雨水充沛，埋藏于地下的竹笛类乐器频繁干湿交替，既不存在特别良好的密封、饱水的稳定环境，也没有像新疆的阿斯塔那墓地、古楼兰国等西部沙漠的干燥环境，所以到今天为止，考古工作者始终没有在中国北方找到先秦竹笛的实物。不是没有，很可能是保存不下来。事实上，大量的考古发掘实践证明，考古发现的保存较好的古代竹木器，几乎全在中国南方地区。

自汉初以往，先秦延续的"土坑墓"制度的消失，代之而起的是汉代的石室墓和魏晋以往的砖室墓。这类墓葬失去了土坑墓所特有的密封、饱水的稳定环境，墓葬中的漆木器因易腐蚀而难以保存至今，竹笛乐器自然概莫能外。自马王堆的西汉竹笛以后，从东汉经魏晋南北朝、隋唐五代直至宋元明清，再难见到包括竹笛在内的较为完整的漆木竹器类实物出土。这不是说它们在中国历史上消失了，实际上竹笛类乐器一直在社会上广泛应用和流传。

以上讨论的前提，还只是在马王堆3号墓、曾侯乙墓等距今二千四百余年的范围内。试想，如果我们把眼光放远至贾湖遗址的时代，那时的竹笛还存在保存到今天的哪怕是一点点的可能性吗？但是，我们不能因为没法找到史前的竹笛，就下结论说那时候这些东西不可能存在。

不随便说"无"固然不错，但是要说"有"可以吗？考古学主要以实物为研究对象，根据资料获得结论；没有资料，显然这更不是可以随便下的结论。

但是，科学研究绝不排斥研究者在实物资料的基础上进行合理推论的探索。许多相关资料表明，在距今八九千年的舞阳骨笛流行的同时甚至更早，人们在使用着竹笛类乐器的可能性是完全存在的。于此，至少有如下几个问题值得关注。

1. 竹质笛类乐器的优良音响性能

用竹制成的箫笛，在音乐、音响性能上远优于骨笛。从竹质笛类乐器的音响性能分析，其材料硬度适中，纹理通直，管壁质地均匀，产生共振的性能好；尤其是竹管的声音传导通畅，声速高；与舞阳骨笛所用的大型鸟类动物的翅骨相比，竹质笛子声音清脆明亮，音响性能要优越得多。这一点，已为数千年的历史实践清楚地证明了。历史上人们曾经做过瓷质、木质的笛箫，也尝试过铜箫、铁笛，现代的一些演奏家也不乏尝试使用塑料、玻璃和陶瓷等材料制作箫笛的例证。事实是，作为至少两千余年来在中国十分普及的民族乐器，人们还是更青睐于竹质的笛箫。竹质也的确是这种乐器在中国历史上的用材主流。试想，已有"七声音阶"音乐抽象理念的贾湖人，会看不出竹笛优良的音响性能吗？

当然，贾湖的考古发掘的确只见到了骨笛。这里可有两个问题应该讨论。其一，既然更多的贾湖人可能在日常的音乐场合中使用的是竹笛，那么在遗址中为什么只见骨笛而没有见到竹质箫笛？这个问题上文已经给出了答案——应该是竹材的耐久性使然，竹质的箫笛保存不到今天。其二，为什么我们在遗址中见到的是骨笛？因为骨笛材料的耐久性较好，所以能在地下保存到今天。问题似乎更多侧重于：贾湖人为什么要用鸟骨制笛？对此较为合理的解释是，选择使用骨笛，很可能只是贾湖人中部分特殊人群的需要，仅是个案。张居中先生的发掘报告资料表明，贾湖遗址中使用骨笛的确实只是部分特殊人群。据研究[6]，在贾湖遗址分属三期的300座墓葬中，仅有少数规模较大、规格较高的墓葬出土骨笛和龟甲摇响器，而且骨笛和龟甲摇响器同出一墓。可见这些墓葬的主人不是一般人物，他们在贾湖人中有着较高的社会地位。研究表明，这些人很可能是社会中巫师之类的神职人员，同出的骨笛和龟甲摇响器应该为古代巫师的法器。在遥远的古代，单纯作为欣赏的具有独立意义的音乐艺术是不存在的。所谓的音乐，其与天文历法、巫医计量、军事操演以及娱乐庆典浑然一体，音乐只是其中的一个元素而已。骨笛和龟甲摇响器的法器功能，当超越于乐器之上。

20世纪80年代，一位澳大利亚的民族音乐学者来北京，中国艺术研究院音乐研究所讲学，介绍澳洲土著居民的音乐。他出示了一个由龟壳内装一些玉米粒做成的摇响器，龟的头和颈被拉直并插入木棍，用树皮缠紧成把，执把摇晃，哗啷作响。据说这是澳洲土著居民中的巫师乐舞作法时所用的法器。而贾湖遗址中正有不少与骨笛同时出土、内装小石子的龟甲，考古工作者不明所用。当时这些消息尚未公布，这位澳洲学者已经为贾湖龟甲提供了一个绝妙的、恰如其分的注解。这类摇响器普遍存在于世界各古文化中，西方学者称之为"哗啷器"。在很大的程度上，今日对处在不同社会发展阶段的民族所做的调查获得的民族民俗学资料，对于作为实证性学科的考古学来说，其更大的意义在于自身作为一种"活化石"式的标本，在认识古代社会音乐生活方面，可为逆向推论的参考。

今天中国也有个别地区或民族仍在使用骨笛的，如生活在帕米尔高原上的塔吉克人所用的鹰骨笛。帕米尔高原不产竹子，塔吉克人主要的居住地塔什库尔干因交通不便，历史上长期与外界隔绝。塔吉克鹰骨笛的产生，很大程度上取决于自然环境，就地取材，但更可能与其民族崇尚雄鹰品格的习俗和信仰有关。贾湖人对骨笛的选择，显然不会是"就地取材"的原因，更应该是今天人们未知的某种习俗和信仰使然，仅为少数特殊人群使用吧！而在更大的范围内，人们是否使用的是竹笛呢？

2. 竹材的易得性

从今天的气候条件来看，整个华北平原较为干旱少雨，冬天十分寒冷。这样的气候显然不适合竹子一类植物生长。然而，在遥远的古代，特别是新石器时代的早期，中国北方的气候并非如此。在中国的黄淮平原上，多次发掘出土古代鳄鱼的骨骼和骨板（骨质鳞甲）。如山东兖州王因新石器时代遗址中就发现过扬子鳄遗骸[7]。鳄是一种水生动物，在今天的山东兖州一带已经不可能自然生存。而兖州比起地处淮河流域的舞阳贾湖遗址，地望相近，在纬度上还要更高出2度。其时的天气温暖多雨，土壤湿润，完全适合各类竹子的繁衍生长。中国农业考古获得的大量资料可以表明，当时的华北平原，遍地生长着各种竹子。由于竹子为多年生的禾本科植物，生长较快，是人们生活中普遍使用的材料。人们在长期与竹子的接触中，不难发现竹材的优良性能。可以设想，贾湖人的日常生活中，人们与竹子接触的机会远高于大型鸟类的骨头。既然如此，贾湖的人们为什么会不先用它来制作箫笛，却反而要从天上去抓大鸟来取它的骨头呢？显然，这一定有其特殊的原因。也许正如上文的推测，如帕米尔高原的塔吉克人用鹰骨制笛，赋予了一定的信仰蕴含。其实人类的某些信仰，从根本上来说，还是受制约于自然环境。终年云霾密布、雄鹰难得一见的南方人，会有塔吉克人的崇鹰心态么？贾湖人所用的骨笛材料，更可能来源于鹤类近水鸟类，其与同出的龟甲摇响器相得益彰，同为古代巫师的法器。

可以设想，当竹子与骨管同时摆在聪明的贾湖骨笛的制作者面前，若无以上特殊的原因，他一定会选取竹子来做他的心仪的乐器。

3. 竹笛的加工制作，更适合当时生产力的发展水平

人类进入新石器时代的基本标志有三：一是学会了种植和饲养家畜，生活资料有了比较可靠的来源，开始了定居生活；二是发明了制陶和纺织，生活资料愈加丰富；三是石器的制作由打制过渡到了磨制，生产及生活资料质量与效能大大提高。后者当与笛类乐器的生产制作有相当的关系。当时的人类还远远没有发明金属工具，制作笛箫所采用的工具，只有石器。在各种动物的骨骼中，鸟类的骨质是比较硬的。相比遍地可见的竹子和芦苇，较难获得的鹤骨也要珍贵一些。不难设想，在当时的生产力条件下，比较骨笛和竹笛的加工制作，如用粗陋的石刀裁切笛管，用与后世锋利的金属工具难以比拟的石钻钻孔，显然竹笛的加工要容易得多，成功率也要高得多。试想，既然竹笛的音乐性能远比骨笛好，材料遍地都是并与人们日常生活的关系更为密切，竹笛的制作加工又比较方便；那么，贾湖人为什么不更大量地使用竹笛呢？前文的推论应该呼之欲出了。不过，还有一条更为"专业"、同样极为重要的理由值得一提。

4. 竹笛音乐性能与音准的易把握性

以近世对单管按孔乐器的理念，一般把横吹的称为"笛"，竖吹的称为"箫"；而这些乐器又可统称为"笛类乐器"或"笛箫类乐器"。而竖吹的"箫"这一概念的出现，相对于横吹的"笛"的概念要晚得多。先秦两汉时期所谓的"箫"，均指编管乐器"排箫"，而非今日所指的"洞箫"。目前的专家根据贾湖骨笛形制的研究，已可确定其是一种竖吹（确切地说是"斜吹"，可归入"竖吹"类）的乐器，类似于河南至今还流行于民间的斜吹乐器"筹"。对于贾湖出土骨笛的命名，来自于音乐学家黄翔鹏先生[8]。他将舞阳贾湖出土的骨质竖吹单管按孔乐器命名为"骨笛"是合理的，既符合今日音乐专业上的习惯概念，也不违背历史的事实；而且易理解，好上口，雅俗共赏。故"骨笛"的命名随之获得了学术界大多数学者的认同。

1987年11月初，黄翔鹏等一行五人在河南省文物研究所，对贾湖遗址出土的一批骨笛作了测音。检测时从当时出土16支骨笛中选择最完整的一支，器物的田野号为M282：20，七孔。此外，曾另取较完整的两支，但有微裂，试吹时稍闻着坼裂声，即不敢再试。因此，入测音报告的只此一例。吹奏方法，据骨笛的形制，用鹰骨笛斜出45°角的方法竖吹。为求发音最自然，避免出自主观倾向的口风控制，未请专业演奏家参与，而由两人两次各分别作上行、下行吹奏，并列不同数据测音结果，以免偏颇。当年的试奏，由中国艺术研究院音乐研究所研究人员萧兴华、工程师徐桃英担任演奏，工程师顾伯宝用Stroboconn闪光频谱测音仪测音。黄翔鹏的研究结果表明，这支骨笛的音阶结构至少是六声音阶，也有可能是七声齐备的、古老的下徵调音阶。当然，这只是当年因条件所局限，

仅对其中一支笛的测试结论。今天贾湖遗址陆续出土的骨笛已达三十余支，其中的大半均是七音孔笛。贾湖骨笛七声齐备的音阶结构已无疑义。

"贾湖骨笛"既是乐器，就难以回避音乐技术方面的专业问题。要在笛上获得比较准确的音阶，最重要的是在笛上找到准确的开孔位置。值得庆幸的是，贾湖人居然给我们今天留下了当年为笛子开孔时的直接信息——留在笛子外管壁上的、位于按音孔周围的横向刻痕。这绝对是古人制作乐器留下的最珍贵的资料。

以贾湖出土的骨笛中的一支（图一）为例。由这支笛子音孔周围的横向刻道的分布情况看，骨笛的制作者先后至少经过了三次开刻音孔的筹划。骨笛按孔面那些从中间分割音孔的刻道，应该就是最后确定开孔位置的标记，也就是第三次的刻画，这是可以确定无疑的。因为笛上最终开刻的音孔确实坐落在这些刻道之上。如自上而下（笛横置，以右为上）的第一、三、四、五、六孔上，都可以看到清晰的横向刻道，齐齐整整从中间把音孔一破为二。第二孔也隐约可见刻道的残痕。推测开孔前也已划有刻道，但刻道太短，开孔时把它钻没了。第七孔未见刻道或残痕，可能也如第二孔一样，因刻道太短，在加工中失去了。在按孔的第一孔上方及七孔的每两孔之间，均有为开孔而设的横向刻道。标记了刻道而未开孔，说明在第三次的刻道上实施开孔之前，曾有过第一或第二次开孔规划。之所以如此说，是因为在第二、三孔之间出现了明显的两道刻痕，并在其他音孔之间也隐约有一些细而短浅的刻画痕迹。由此可见，要在管形不规则的鸟骨上开刻出符合准确七声音阶音律关系的音孔，确定音孔位置的步骤至关重要，而且确实是十分复杂的工作。一旦开孔不准，必会导致音律不准，笛子也就报废了。上文已述，大型鸟骨不像竹子随处可见；所以这些刻痕表明，制作这支骨笛的人确实经过了几番踌躇，反复度量，仔细计算，最后才完成了开孔制作。

图一　音孔周围有刻痕的贾湖七音孔骨笛（T23M78：1）

当然，不能因此断定贾湖人已经学会进行有关骨笛的音律"计算"。从这支骨笛上横向刻道的凌乱分布情形，以及经过了至少三次的度量才选定了最后开孔位置的实际情况，推测上文所说的"计算"，仅是基于长期实践获得的经验性的筹划，而非已经上升为以数学为基础的音律"计算"。如果是后者，这位贾湖人就无须反复度量，仅根据计算数据直接度量并开孔就是。情况可能更要复杂得多。

首先，中国古代乐律学史上的"管律"问题，至少已经困扰了我们数千年。即便是在科学发达的今天，仍是一个难以彻底解决的问题。近百年来各国学者提出的有关管律计算的公式，没有一个能得到公认，或在乐器制作实践中得到推广和应用。所谓"管律"，实际所指为"以管定律"问题。一是涉及历史上以"黄钟"律为标准的绝对音高问题；二是在确定了以"黄钟"律为标准的绝对音高以后，进一步在乐器制作中确立音阶各音准确音高的问题，亦即乐器上各音的相对音高。

中国古代以"黄钟"律为标准的绝对音高。寻求黄钟的问题，数千年来始终被一个远古神话所左右，其源于《吕氏春秋·古乐》，说黄帝派他的乐官伶伦，从大夏之西一直走到昆仑山的北边去创造乐律，成为乐律的创始人。中国的一部二十四史，说到音律的创始，竟无不以此故事为金科玉律。历史上文人多由此认为，要确定黄钟音律标准，非得借助于竹管；甚至变本加厉，由黄钟进一步计算十二律各律音数，皆用管长度数进行三分损益运算而得。尽管也有少数有理论、有实践的明白人，如西汉的京房、明代朱载堉等，指出用管律运算的伪科学性，然始终没有成为中国古代乐律学的主流。如果说，"以管定律"——用管固定黄钟的绝对音高标准的做法，在古代尚有其现实意义的话；"以管定音"——用管长来算定十二律各律音数，进一步确定各调、各音阶之各音，则无异于痴人说梦了。管乐器靠管内空气柱振动发声，靠管内空气柱的长度确定音高。然而由于管口与管外空气相通，而使管内参与发声振动的空气柱突出于管口之外，导致管内空气柱与管本身的长度不等，由之产生了管律"管口校正"的千年难题。

其次，当时的贾湖人所面临的是一个更为复杂的难题。上面所说的"管口校正"，还只是说古代的律管之类只有一个（闭管）或两个（开管）管口的情况。放到贾湖七音孔骨笛上来讨论，其情况的复杂性更是无以复加：其七个音孔及其骨管的上、下端，实际上形成了9个"管口"，个个存在"管口校正"的问题。试想八九千年前的贾湖人，有可能已经解决了这样的千年难题，通过数理方法计算出骨笛各音孔距离吗？我们更加不能忘记，贾湖人是在一根不规则的管体上进行"计算"。中国科学院研究生院的一位研究生为了实现骨笛的精确复制，采用现代医用CT机对出土骨笛原件进行断层扫描提取图像，用计算机CT切片重构技术模拟重建骨笛，再在数控机床上采用激光光敏成型技术复制骨笛[9]。一支二十厘米左右的骨笛，他获得了八百个左右的切片数据，而其中没有一对数据是相等的。也就是说，在这样一根完全不规则的、有着9个开放性管口的管体上，即便是已经有了诸如"云计算"的强大电子运算能力的当代，恐怕也是难以解决的课题。总之，贾湖人在骨笛上所做的开孔刻画，应该仅是一种经验性的度量，而非精确的数理计算。

现在，我们从这一角度再来看骨笛与竹笛的问题：同作为一个管状体，相比取之于鸟翅的骨管来，竹管均匀圆正、通直规则，竹管的七个音孔的正确位置，是否也要规范一些，从而在竹管上寻找七个音孔的正确位置也要容易一些呢？既然竹笛的音乐音响性能好，材料又容易采集；不单加工方便，也容易因得到恰当的开孔位置而获得准确的音律关系。试问，竹笛有着如此多的有利条件摆在贾湖人的面前，他们怎会不用竹笛而用骨笛？又为什么会不比骨笛更多地使用竹笛呢？

二、贾湖人使用七音孔笛的年代推论

近日张居中先生惠告其最新研究成果：贾湖人使用七音孔骨笛较为准确的年代应是距今8300年。这应该是考古学得出的科学结论，笔者没有疑义。这里要讨论的是另一个角度的问题：制作七音孔骨笛的贾湖人，其何时产生了"七音孔"——可以引申为"七声音阶"——的观念？对此问题而言，"距今8300年"应该是一个怎样的概念？

在崇尚实证的学科之中，现代考古学是一门公认的严谨学科。中国传统历史科学推崇"孤证不立"，考古学更讲究"有一分材料说一分话"。考古学是一门以历史上遗留下来的实物资料为研究对象的学科，考古学家一般只有见到了实物以后才能发表意见。也正因为如此，考古学常常是一门"遗憾的科学"，一门相对"保守"的学科：它的研究领域，往往多侧重于实物出现或事实发生之后；而于实物出现或事实发生之前的情形，则较少发表意见。前述贾湖人在使用骨笛的同时或更早是否同时在使用甚至更广泛地使用竹笛之类问题，不仅有些超乎考古学常规的研究领域，而且是一个在明显无证的条件下要去求证的命题——一个"无中生有"的命题。这里的"距今8300年"与贾湖人的七声音阶的观念，究竟应该怎样来认识？有着现代科学知识的现代人，肯定不会再相信黄帝命伶伦造律的神话；贾湖人的七声音阶观念，也肯定不会是突然降临的。这种音阶观念的产生，标志着人类长期抽象思维发展和演化的一个重大成果，应该有着一个漫长的历史过程，甚至可能漫长到要用千年万年来计数。与之相比，今天发现的贾湖遗址体现出来的零星、局部的信息，与历史的真实面貌可能还有很大的距离。如果今后又有新的资料出现，这个"距今8300年"的时间完全可能被大大提前，"贾湖遗址"及"贾湖人"的族群范围也有可能被打破。根据目前学界的习惯，对于这种时间表述的常见用法，至少应该冠以两个限制条件：根据目前所得的资料表明，至晚在距今8300年之前，中国的贾湖人已经制作出成批的七音孔骨笛。

那么，贾湖人"七声"观念的产生，究竟应该有着一个怎样的漫长过程？

艺术的起源，不仅是历史学家关心的课题，历来还是哲学家们关注的命题。德国著名艺术史家、社会学家E. 格罗塞（Ernst Grosse，1862～1927）的《艺术的起源》[10]认为，文化低级阶段的音乐是与舞蹈、诗歌紧密相连的，是一个自然形成的整体，只有人为的方法将它们拆开来分析。虽然音乐在形式上与诗歌、舞蹈相联系，但是从本质上却是纯粹独立的。音乐并不抄袭自然界的任何现象。格罗塞指出，狩猎民族的歌曲中，节奏比调和（harmony）重要，他们严格遵守节奏，曲调却不那么严格，因此最低文化阶段的乐器大半只是用来标记拍子的。格罗塞提到了关于"人类为什么会有音乐"的问题，他不同意达尔文有关音乐和节奏是我们的动物祖先用于引诱异性的手段的观点，可是他找不到更合理的答案来代替达尔文。在探讨音乐与社会之间的关系时，格罗塞坦承，尚未弄清二者之间的关系，他也存在许多疑问。

　　人类从其诞生起，始终生活在一个有声世界里，周围各种不同的声音对于人类的生存至关重要。人类最初感知周围的声音，也许是杂乱无章的。但是对于那些虎啸狼嚎之类代表着对其生命可能产生威胁的声响，母亲的呼唤和进食时同伴的嬉戏带来愉悦喧闹声，恐怕在人类尚处于动物的时代时，就已经能够与其他声响清楚地区分开来了。对他们来说，周围一切声响无外乎"因危险而产生恐惧的"与"因安全而产生愉悦的"两大类。人类的进化，也包括了听觉的发展。随着人类生存能力的提高，如人类学会了用火驱赶野兽，发明了穴居或建筑树巢的时候，躲避危险因素的能力不断加强。或当人类在维持生存中有了较多的余暇时，逐渐能透过周围无序的、看似杂乱无章的声响，从中辨别出少数特定的、能给其带来愉悦的音响来；进而通过对其长期的关注，逐步对一些特定音响之间的频率（音高）和音程关系发生了兴趣，并掌握了其中相对的关系。此时也许正是人类开始创造音乐艺术的尝试。

1. "七声音阶"的诞生

　　然而从成批出土的舞阳骨笛上，我们已经看到刻了七个音孔的骨笛的齐整规范，看到了人们为确定开孔的准确位置而做出定位刻度，看到了贾湖遗址中大量的由^{14}C元素告诉我们可靠的年代数据。我们还能从贾湖骨笛上看到什么？"看"到了贾湖人对其所制乐器音律中"七"的观念的长期探索！可以这样设想：无数个漆黑的寒夜，已入宿人们聆听着呼啸的北风吹过住所周围的竹篱笆时，一些开口的竹管会不时发出类似于笛子的哨声。开口的竹管因其下部有竹节封闭，所以自然形成有"底"之管。呼啸的北风或紧或缓地吹过这些管口，会产生类似于笛子平吹与超吹的效果，其最容易产生的音程，就是一个纯五度的关系，这应该是人类最早认识的音程。也许还有八度音程，但由于"八度相似性"的存在，人们对八度音程的听觉最初可能会有所忽略，而更容易抓住差异较大的五度音程。

　　由风吹竹管产生的寒夜天籁之声，是把人类引入瑰丽音乐殿堂的第一缕灯火。由此人们不断地扩大成果，逐渐掌握了八度，大、小三度和大、小二度。人们一般是这样来认识音律发展的规律——从简单到复杂。当已经具备了强大抽象思维能力的现代人类，意识到这些乐音可以用以最原始的五度音程为基础建立起来的"五度相生法"维系在一起（或说加以统摄）的时候，"音阶"降临了。随着"五度链"的不断延伸，音阶从"三声"、"四声"、"五声"，乃至发展至更为复杂的"七声"。当"五度链"向前延伸（也可能是向两端同时延伸，最终的结果是近似的）至第11个五度时，人们惊奇地发现，"五度链"继续向前延伸已经失去了实际意义——至第12个五度时，起始的那个音又回来了，"五度链"完成了一个循环。人们将所得的全部12个乐音归纳为"十二律"。人类终于通过长期艰巨的思维，完成了对音乐"十二音体系"的探求，使作为艺术的音乐完成了一个质的飞跃。尽管世界各民族的音乐绚丽多姿，形式上千差万别，他们在音乐艺术上的进化几乎是殊途同归，最终都抵达了音体系的"十二律"及音阶上的"七声"的高级形式。这是音乐艺术背后的自然法则使然。其中物理学声学中所谓"泛音列"规则，当然起着最重要的制约作用（"泛音列"规则在弦振动的方式中体现得最为规范，这里不再展开讨论）。

2. 贾湖人"七声音阶"观念始于何时？

根据贾湖遗址的考古发掘资料，如果我们说贾湖人在距今8300年的时候有了"七声音阶"观念。这个结论对吗？

这应该是一个不够正确，也不够严谨的结论。因为，贾湖人在距今8300年的时候已经有了"七声音阶"观念不错，但是，贾湖人"有了七声音阶观念"，或更准确地说是"逐步建立起七声音阶观念"的时间，未必可能是在距今的8300年。或如中国古代的神话所说，乐律是黄帝在某一天忽发奇想，命令乐官伶伦远赴昆仑之阴寻找十二律时发明的。当我们在嘲笑古人的幼稚同时，仍在犯着同样的错误：贾湖人的七声音阶观念，是在距今8300年的某一天突然降临的吗？当然，我们不是要以此来论证，贾湖人的七声音阶观念还可以再向前上溯五千年、一万年。但是我们的确认为，这种观念绝对不是如贾湖遗址[14]C测定报告所显示的时间点那样，在距今8300年突然出现在贾湖人的脑海之中；更不会是贾湖当年制作七孔骨笛的聪明人，信手斫钻而碰巧成功的。贾湖人在骨笛上留给我们的那些刻画遗痕，说明这些骨笛的制作是贾湖人在当时已经流行的音律观念的驱使下精心设计、精心制作、有着明确音律规范的乐器，它清楚地体现出人类在新石器时代初期高度发达的音乐文明，也反映了当时的贾湖人在音乐艺术的创造、发展和应用方面，已远远走在世界的前面。贾湖骨笛只是告诉了我们一个最后的结果；至于当时的人们经过多少个岁月，才得到了这样的收获，以及如何获得这样的收获的历程，暂时只有靠我们自己去领悟了。这中间，究竟人类经过了多少年——这个过程只能用千年乃至万年计——根据目前所获得的材料，这还有些超越于我们的想象。

不过，还不是毫无头绪可寻。人类对于自然和人类自身的认识是无止境的，学术研究也在不断地向前推进。2003年4月1日的《北京晚报》和同年5月23日《北京晨报》相继报道，"奉节发现14万年前石哨"、"三峡发现最早乐器"。报道说，"三峡奉节石哨的发现，可能会把人类原始音乐活动的历史向前推至14万年以前"。奉节石哨是当时人们利用一截带有鹅管的石钟乳稍作加工后制成的发声器械，是目前所发现的人类最早的原始吹奏乐器。用奉节兴隆洞出土的石哨对口吹奏，吹出的气流会从孔中回旋后从吹口的一侧出去，因而可以轻而易举地获得一个清晰而稳定的音频。我们可以猜测这也许只是一种发声的玩具，也可能是一种狩猎用的诱捕工具；不过不可忽略这样一个事实：在人类如此早的幼年时期，已经懂得如何利用有孔的钟乳石去创制能够发声的器具，而且是一种能够发出人们所预想的声响的器具。

奉节石哨只能发出一个单音，不存在什么"旋律"性能。其与已经使用了七声音阶的舞阳骨笛还不能同日而语。我们还不能要求考古学能给我们提供约14万年前的奉节人与8300年前的贾湖人之间有无关系的物证；不能说出从奉节石哨到贾湖骨笛之间，是否存在着漫长的发展历程；更不能解释从奉节石哨音列的无序，到贾湖骨笛"七声音阶"有序观念建立，是怎样一种艰难曲折的思维过程。但是从宏观的角度看，人类从最初随意的叫喊声中，从不规则、不固定的无数自然音响中，把几个具有相对固定高度的乐音抽象出来，并赋予一定的内在联系，构成一个人们称为"音阶"的乐音系统，其间的经历何止千年万年。奉节石哨的出现，毕竟给这千年万年前遥远的另一头，确立了一个逐步走向舞阳骨笛的起点。

三、结　语

艺术，作为人类社会的上层建筑之一，是人类长期思维的产物。其一大物质基础，是人类自身体质进化的结果。如人类脑容量的扩大，大脑皮层折皱的发达，等等。在此物质的基础上，人类得到了有着重大社会学意义的非物质的收获：人类大大提高了对周围的自然现象和社会环境的认知能力，对各种事物的理解、分析、综合和记忆的逻辑能力，从而也大大提高了对其周围事物及其相互之间的关系的驾驭能力。这不仅极大满足了人类躲避危险、获得食物以求得生存的原始需要，更使人类有了更高的精神追求及其可能性。上文所述，艺术（包括音乐艺术）也是人类长期思维获得的精神成果，所谓人类社会上层建筑的一种形式。它是人类对某些特定音响分析、归纳的结果。人们将这些具有特定音高的乐音连结为一个能够有序运动的系统，当这个系统中的乐音先后或同时出现时，"音乐"便产生了。人类发明音乐艺术的过程，就是寻找和归纳这些特定音响的过程。确确实实，贾湖人伟大的七声音阶观念，是人类发展进化获得的重大艺术成果，是人类经历了千年万年的抽象思维结果。以此理解，我们是否可以如是说：

8300年前生活在淮河流域的贾湖人，制作的成批七音孔骨笛，为人类在新石器时代初期最进步的乐器。它表明古代中国人在距今万年前后经历了长期的实践和抽象思维，已逐步建立起七声音阶的观念，这是古代中国对人类音乐艺术最伟大的发明与贡献。贾湖骨笛的发现，为世界音乐考古的重大事件，它改写了音乐史。

作者附言： 本文为2013年11月1日在河南漯河召开的"纪念贾湖遗址发掘30周年暨贾湖文化国际研讨会"上的发言稿，发表时做了适当调整。

注　释

［1］　河南省文物考古研究所：《舞阳贾湖》，科学出版社，1999年。
［2］　王子初：《笛源发微》，《中国音乐》1988年第1期。
［3］　湖南省博物馆、湖南省文物研究所：《长沙马王堆二、三号汉墓》第1卷《田野考古发掘报告》，文物出版社，2004年。
［4］　湖北省博物馆：《曾侯乙墓》，文物出版社，1989年。

〔5〕 （晋）崔豹：《古今注·卷中·四》，《中华古今注》，练江汪述古山庄校勘本。

〔6〕 吴钊：《贾湖龟铃骨笛与中国音乐文明之源》，《文物》1991年第3期。

〔7〕 周本雄：《山东兖州王因新石器时代遗址中的扬子鳄遗骸》，《考古学报》1982年第2期。

〔8〕 黄翔鹏：《舞阳贾湖骨笛的测音研究》，《文物》1989年第1期。

〔9〕 邵鸂：《贾湖骨笛修复复原技术初步研究》，中国科学院研究生院硕士学位论文，2011年。

〔10〕 〔德〕格罗塞著，蔡慕晖译：《艺术的起源》，商务印书馆，1984年。

（原载《音乐研究》2014年第2期）

中国最早的骨笛发现始末——贾湖遗址考古回忆录

张居中

光阴荏苒，岁月催人，我离开河南省文物考古研究院已有20个春秋。自1982年8月到2000年6月，整整18年的青春，仍有许多往事历历在目，记忆犹新。最难忘的，便是舞阳贾湖遗址发掘与研究。

一、发　　现

贾湖遗址的发现，细分来可以说有三次。每次发现都伴随着考古学科发展的步伐，有一个质的飞跃，也可以说，贾湖遗址的发现与认识的历程，是当代中国考古学科不断进步的一个缩影。

贾湖遗址的第一次发现纯属偶然。20世纪60年代初，在反右斗争中受到打击的舞阳县文化馆文物干部朱帜，被遣返回原籍舞阳柳庄监督劳动改造。他随母亲及儿子来到贾湖后，时常能在村东的沟坎、井壁上发现红烧土、红陶片等，故推测这里可能存在古文化遗迹。

1978年，国家拨专款重修贾湖村东的护庄堤，贾湖村小学师生则在这里上劳动课平整土地，带队的贾建国老师发现了一些石器和陶器，便将其交予县文化馆，让已恢复文物干部工作的朱帜收藏研究。当时裴李岗遗址（编者注：中国史前考古遗址，年代距今8500～7000年）刚刚发现，朱帜一看到这些标本，立即联想到与裴李岗遗址同类标本的共同性。1979年，河南省博物馆文物工作队（河南省文物考古研究院前身）专门组织了新石器时代早期文化调查队。朱帜将贾湖遗址的发现向省文物局做了汇报。省调查队得知这一消息，便于1980年春，委派调查队成员周到前往舞阳。经其鉴定，贾湖遗址是一处与裴李岗遗址时代相同、性质相似的新石器时代遗址，它的文化性质第一次得到确认。这可以说是贾湖遗址的第二次发现。当年，舞阳县就把贾湖遗址公布为县级重点文物保护单位。朱帜还将其调查结果撰文，在《中原文物》杂志1983年第1期发表，这是关于贾湖遗址公开发表的第一篇文献。

贾湖遗址位于贾湖村，其西南面紧邻一片小湖泊，即是贾湖（图一）。至于贾湖遗址的第三次发现，即对贾湖遗址独特价值的认识，则是正式发掘之后的事情了。

图一　贾湖晨曦

二、发　　掘

作为一名考古工作者，能遇到一处好的遗址进行发掘和研究，当然是幸运的。自1983至2013年，贾湖遗址先后经历了八次发掘，本人有幸主持了其中的七次，每一次都有令人振奋的发现，经历鲜活得如同昨日。

1. 试掘

1982年，贾湖村民因生活所需，计划在遗址所在区域规划宅基地。此消息一出，朱帜立即向省文物局做了汇报，要求配合展开遗址发掘。当时，著名考古学家、时任河南省文物研究所（河南省文物考古研究院前身）所长安金槐刚刚申请到国家文物局"河南省新石器时代早期文化调查与试掘"项目，得知舞阳的消息后，安金槐立即组建了由郭天锁为领队，陈嘉祥、冯忠义、王胜利为队员的贾湖遗址考古队，于1983年4月赴贾湖村，配合乡村规划，进行一次试掘（图二）。

这次试掘共清理墓葬17座，灰坑11座，陶、石、骨、龟等各种质料的遗物数十件，同时通过钻探搞清了贾湖遗址的分布范围，收获颇丰，但在当时尚以完善文化谱系为主要目的，因此这次发掘成果没有受到足够重视。值得提及的是，陈嘉祥将试掘成果发表于《华夏考古》1988年第2期，著名人类学家吴新智对试掘发现的十多具人骨标本进行了鉴定。试掘结果给几位参与者留下的总体印象是，贾湖遗址的文化面貌与他们发掘的石固遗址相同，既然后者已经进行了大面积发掘，就没有必要在这里重复劳动了。

图二　发掘前贾湖遗址东部景观

2. 第二次发掘

1984年春，贾湖村民再次提出建房要求。第一次发掘只挖了50平方米，朱帜心有不甘，安金槐也觉得国家文物局的项目未能结题，于是决定继续在贾湖遗址进行发掘，同时申请了发掘执照，由负责石器时代考古的第一研究室主任裴明相任领队。原贾湖考古队的4名队员均承担了其他任务，且裴先生年事已高，不可能亲赴考古工地坐镇，作为其助手、时任第一研究室副主任的我，便主动请缨，承担了此次发掘任务。

在郑州大学读书期间，我对裴李岗时期的文化已经产生了浓厚的兴趣。主动搜集整理了当时已发表的裴李岗及同时期文化的全部资料，并形成一些初步思考。能有机会深入发掘一线，我自然欣喜不已。1984年9月，一结束上蔡砖瓦厂大路李楚墓群的发掘，经过简单的准备，我便与师弟王良启一道前往舞阳县。与朱帜接洽后，我们被安排住在舞阳姜店青年场办的舞阳宾馆。次日，我们仍在县城盘桓，购置发掘用品。到第三日，我们才在朱帜的带领下，第一次来到了贾湖村，从此便与贾湖结下了不解之缘。为了加强工地的技术力量，我还从上蔡县请来了雷树威、王广才两位技术工人及一名炊事员。

在对遗址区域进行一番全面调查后，我们把位于遗址中部、护庄堤与向北舞渡的大道交叉处的县级重点文物保护单位标志牌作为永久性坐标基点，以护庄堤和向东大道为界，将遗址分为几个发掘区：堤西路南为第一发掘区，又称西区；堤东路南的大片取土坑，因其上文化层已被破坏，具有特殊性，作为第二发掘区，又称中区；堤东路南第二发掘区以东的大片遗址范围，文化层保存完整，作为第三发掘区，又称东区；整个东西向大路以北，包括堤东和堤西，全部作为第四发掘区，又称北区。由于此次发掘仍属配合宅基地规划性质，我们确定在贾湖村东、护庄堤西侧第一发掘区中部、村民计划建宅基地的一处打谷场作为发掘地点。

为了在有限的发掘面积中获取更多信息，我决定顶角布4个边长5米的探方。这一做法能以较少的揭露面积，了解到400平方米的遗址范围内的布局情况，但给以后的发掘工作带来了不少麻烦，算是交的学费。100平方米的范围内，我们清理出19座灰坑（其中一座后来清理到底后改定为房址）、15座墓葬，特别是发现了无头葬、缺肢葬、二次乱葬、一次葬与二次葬的合葬等罕见的重要遗迹。然而，正如安志敏先生判断的那样，遗址的地下水位很高，发掘作业不到1.6米深就出水了。不仅所有灰坑和下层墓葬都未能发掘到底，下文化层带水作业也没法继续清理，加之当时严冬已到，只得暂时回填封存，待来年春天水位下降后接着清理。

3. 第三次发掘

原本计划1985年开春就到贾湖遗址发掘，但那年春天河南全省境内新修公路，配合发掘的任务很重，直至9月，贾湖遗址的第三次发掘才得以开始（图三）。

图三　开方发掘工作照

摄于1985年秋

我们在去年的4个探方附近，新布了12个边长5米的探方，连同上一个发掘季度，共400平方米。发现并清理墓葬15座，其中的缺肢一次葬、俯身一次葬、乱堆式单人和多人二次葬相当复杂，很有特色，当即引起我的高度重视；发现并清理灰坑30多座，其中有6座房址（F1～F3、F41～F43）和一处陶窑（Y1），因保存状况也较差，且水位较高未能清理到底，加之我们缺乏经验，一时未能辨认出来，统作灰坑编号清理了，直至发掘后期才得以确认。此次发掘仍处于秋季，水位较高，所有探方均未能清理到底，只得回填。

4. 第四次发掘

1986年是贾湖遗址发掘时间最充裕的一年。过完春节，我们就准备好发掘物品出发了。这一次发掘有两个变化，一是随我在贾湖一同发掘两次的王良启调到所办公室工作，所领导委派我的另一位师弟杨振威协助发掘。二是所领导批准我们工地买了辆自行车，有了这辆车我们去北舞渡购物，去舞阳县城办事就方便多了。

　　春季也是贾湖村水位最低的时候。我们先把前两个发掘季度因水位过高、未发掘到底的16个探方回填土挑开，继续发掘，然后在发掘区之南、遗址的西南部跳开布了4条宽2米、长10米的探沟，以了解这一带的文化面貌。新开面积不大，但因总揭露面积达500平方米，且没有地下水干扰，收获颇丰，发现房址、灰坑近70座，墓葬近100座。印象最深的当属41号墓的清理、房基的确认和骨笛的发现（图四）。

图四　贾湖遗址考古发掘工作照
摄于1986年春

　　41号墓位于T5西南角，T11、T21、T22的连接处（为避免与试掘的T1～T3混淆，第二次发掘的T1～T3后改为T21～T23），经鉴定为一位12到15岁的女孩墓，俯身直肢一次葬。虽然只是一名未成年的女孩，但随葬品却非常丰富，除随葬石斧、砺石、骨针、牙削各一件、骨鱼镖5件外，胸前和腰间挂满了用鸟肢骨管横截而成的成串的小骨环。因极其细小，又有不少压在骨骸下，在现场难以清理其数量，只得套箱整起运回郑州。从墓坑往车上抬时，几个小伙子费了好大的劲，肩膀都压出血了。我们计划后期到室内进行整理，却怎么也找不到压在考古所库房哪里了，很是遗憾。

　　第四次发掘清理出不少灰坑，但其中有无房址一直拿不准。所幸在发掘接近尾声时，应该是5月中旬，省所的几位专家来工地检查指导工作（图五）。主持发掘与贾湖同时代的密县莪沟遗址的杨肇清，确认了H28、H37、H82均为早期残房基，H28和H48为同一房基的两层居住面。这对我正确判断此后的遗迹现象产生了一定的指导作用。

　　如果说前两例仅为发掘技术层面的收获，贾湖骨笛的发现对后来的影响则更具轰动

图五　杨肇清、曹桂岑等到工地检查指导

摄于1986年春

性。那天正是五一劳动节，在工地主持发掘的杨振威和技工贾分良告诉我，78号墓出土了两支"笛儿"。我随即前往M78处，发现确有两支穿孔骨管放置在墓主人左股骨两侧，可见一支末端稍残，另一支保存完整，均在骨管的一侧钻有7个孔，但未见吹孔，更无笛膜孔。这显然不同于现代的横笛，若说是箫，又不见吹奏用的山口。当时我对他们说，先不急于命名，将来发掘结束，请专家鉴定后再定，发掘日记上暂可记录为"穿孔骨管"或"笛形器"。后来在121号墓又发现一支，更加引起我的重视。实际上，早在发掘73号墓时已经发现了一支，只是太残，仅存尾端，当时未被注意到。

发掘结束后，我把M78和M121出土的三件标本带回郑州，找到裴李岗文化的发现者赵世纲鉴定。赵先生对淅川下寺楚墓出土青铜编钟颇有研究，故与音乐界学者有所往来。同年8月，吕骥、黄翔鹏、李纯一等中国音乐史界大腕，于郑州召开纪念朱载堉诞辰400周年的纪念会议，赵先生与冶金考古专家李京华应邀参加。借此机会，我们三人来到音乐家们下榻的郑州国际饭店，请其为标本鉴定。第一位专家看后，表示其孔小而音尖，故不成音列，可能仅在打猎时用于模仿动物的声音，而非乐器。听到这样的意见，有如当头一棒，我们再不敢找其他专家献丑了，悻悻而归。不过，在贾湖骨笛测音结果公布之后，这位专家也改变了当初的看法，给予了充分肯定。如果那天我首先找到其他专家鉴定的话，则贾湖骨笛可能在1986年便闻名于世了，当然这是后话。

这次发掘还有一项更为重要的工作——人骨鉴定。贾湖遗址已经发掘了一百多座墓葬，虽然其中骨架保存较好，但一经起取必然散落，故只得原地封存，待积累到一定数量时再请专家到现场鉴定。5月上旬，河南医学院几位专家在杜伯廉院长的率领下，来到贾湖发掘工地，对贾湖遗址发掘出土的几十具人骨进行现场鉴定，鉴定的主要项目有性别、年龄、身高、疾病等。这次鉴定除了骨质增生等退行性疾病等常见疾病外，还有三个有意思的发现。

一是杜伯廉发现，贾湖人的寰椎和枢椎关节面与现代人相比有明显区别，显示其头部活动范围较现代人小，这从人体进化的角度反映出贾湖人的原始性。

二是范章宪发现，贾湖人有几例龋齿病例。龋齿病是食用淀粉人群的常见病，虽然病例不多，但为研究贾湖人的食物结构提供了重要证据。

三是关于性别鉴定。按说对上述人体解剖专家而言，判断人骨的性别应该不是问题，但贾湖的这批人骨却很难轻易辨别，不少人骨架既存在支持男性的特征，又有支持女性的特征。在不可能运用诸如DNA等手段检测的情况下，直接下结论确有难度。几位专家常常就某一人骨架展开现场讨论，印象最深的是M132这座合葬墓的一次葬墓主人，大家讨论时间最长，最后根据部分主要特征才判断为女性。

5. 第五次发掘

当年春天的发掘结束之后，到秋天是否继续又成为讨论的议题。因上级部门要求缩减主动发掘项目的数量，加之所内有领导认为贾湖遗址的发掘资料已经足够撰写发掘报告，主张不再继续发掘。但我坚持认为，贾湖遗址的重要价值远远没有揭露出来，很多问题的线索仅初露端倪，且彼时专项经费仍很充裕。通过在考古所内部由我作专题汇报，就继续发掘贾湖遗址进行了认真讨论，最终决定继续发掘两个季度，从而将特殊埋葬习俗、聚落布局、文化面貌及与裴李岗文化的关系等问题总结出具有倾向性的答案。

1986年秋天的发掘始于9月。第五次发掘的诸项事务均由我一人负责，是我最累的一次，但由于有了更清晰的发掘思路，并积累了较丰富的发掘经验，此次收获确实不小。3个月的发掘，共计清理房基12座，灰坑73座，陶窑1座，墓葬102座，以及狗坑、灶坑等200多个遗迹单位。其间又发现了几座出土随葬骨笛的墓，大多为一墓两支。特别是M253出土的两支骨笛，其中一支为八孔笛，上刻有符号，是贾湖遗址出土的唯一一支八孔骨笛。

6. 第六次发掘

贾湖遗址的第六次发掘是规模最大的一次，郑州大学考古专业师生近20人也加入进来，工地终于有同行可以随时讨论了（图六）。发掘队伍的壮大，使我能集中精力开展对中区和东区有限的揭露，以了解遗址的全貌。东区则主要由郑州大学师生承担，经过钻探，我将布方点选在两家的农田里，南北向开了15个边长5米的探方（T61～T75），被学生戏称为"一字长蛇阵"（图七）。

1987年，可谓贾湖遗址考古发掘的丰收之年。首先体现在此次发掘基本摸清了各类遗迹的埋藏规律。

房基：在上两个季度基本搞清了单间房和双间房的基础上，我们又发现了几座依次扩建的三间一套的房基和四间一套的房基，特别是四间一套的F17，刚发现开口时分别编为

图六　贾湖遗址部分发掘现场

摄于1987年春

图七　探方T61～T75发掘工作照

摄于1987年春

三个灰坑（H181、H187、H219），清理过程中才逐步探明为遗迹相连通的整体，甚至还发现了分布在周围的柱洞和柱础，有几个十分讲究。

陶窑：保存较好的陶窑首先于东区的T62发现，由贾洲杰老师指导并确认。这座陶窑（Y8）保存有较为完整的火塘、火门、窑室、烟道和出烟口，以及近0.2米高的红烧土窑壁，烟道内残有十分细腻的厚烟灰。

中区Y5、Y6间发现的陶窑作坊区，特别是H288淘洗池的发现同样令人兴奋。在Y5、Y6和H288间三十多平方米范围内，分布着许多较小且规律性不明显的柱子洞，我推测其应为用于晾陶坯的简陋设施遗迹，且H288内尚存有半坑非常纯净、有明显人工淘洗痕迹的细泥。这里还分布着几座陶窑，并存在固定的作坊遗迹，表明当时贾湖聚落内已经出现较为集中的制陶作坊区。

瓮棺葬：在前几个发掘季度，西区和西北区曾偶然发现有陶器竖置于地层中的现象，但未引起重视。而此次东区发掘中，出现了成片的陶器竖置现象。把陶器整起后，淘洗陶器内填土，除发现有大量碎骨粉外，还发现了一枚婴儿的似未萌出的门齿。据此可以判定，这类竖置陶器，应为婴儿瓮棺葬。而在骨架现场鉴定时发现，几岁的小儿都是和成人一样埋在墓地中，故判断瓮棺之中的，应是刚出生不久便夭折的新生儿。

而狗坑的发现也颇为有趣。它基本出现在墓地的边沿地带，或房基旁，我认为这一规律性可能具有一定的文化意蕴：狗是人类最早的动物朋友，活着时帮人打猎，为主人看家护院，死后仍可让其履行这一使命。这也是我国发现的时代最早的葬狗现象（图八）。

此外，墓葬区的发掘出现了不少新的发现。包括随葬成组龟壳的墓，龟壳通常一组八个（图九），既有一次葬，也有二次葬，有的还伴出骨笛和叉形骨器。例如M344，为仰身直肢一次葬墓，唯不见头骨，而在该部位放置了一组八个龟甲，龟甲堆上有叉形骨器和砺石各一件，以及右肩上方有两件陶壶，左肩外侧有两件七孔骨笛和一件骨饰，两小腿和脚部则放置六件骨鱼镖、六件骨箭头、两件牙削和四件牙饰，随葬品相当丰富。其中一件龟甲上刻有眼睛形符号，引起学界高度重视。

图八　狗坑

图九　贾湖遗址出土龟甲

提及贾湖符号的发现，不得不说的便是T33中M330墓葬出土的一件似剑柄石器。这是一座堆放式二次葬的墓葬，四肢骨、盆骨、锁骨和部分肋骨、指骨等，整齐地堆成纵向放在墓葬正中，头骨面向上置于长骨近端，显得恭敬而虔诚。柄形石器就放置在长骨堆上，其顶端弧面上清楚地刻有一行符号。我当时并不知道这些符号的音义，但可以肯定是人为刻划的。

在发现柄形石器的第二天上午，我正在M344做清理。起取随葬龟甲时，忽然发现龟腹甲上似乎有刻划痕迹，便随手拿起清理人骨架用的毛刷除去泥土，又拿着它跑到西侧T101内已出水的H172灰坑，把上面黏附的泥土清洗干净后，一个"目"形符号清晰地呈现于眼前。此后H335出土的龟腹甲片上又发现了一个"曰"形符号（图一〇）。不仅如此，其他墓中出土的龟甲片、骨笛、骨叉形器，以及一些石器和陶器上也陆续发现符号，共十几件。

符号的发现，随即引起了考古所的重视，领队裴明相也来到工地视察。那天我们正在清理M282（图一一），一支七孔骨笛（M282：20）于墓主左大腿内侧被发现，保存非常

图一〇　贾湖遗址刻符龟甲　　　　　图一一　贾湖遗址出土骨笛墓葬M282

完整，油光发亮。裴先生见了很是兴奋，不顾泥土尚未掏出，当即拿起来以吹箫的方式，把骨笛一端对着嘴，比画着吹了起来。当然，因为骨笛里的泥土未掏，吹不出音来。

直至6月初，本次发掘终于结束，进入全面整理阶段。

7. 第七次发掘

在对舞阳贾湖遗址及其发掘资料进行发掘与研究过程中，我深切地感受到现代科学技术在考古学研究中运用的必要性、重要性和迫切性。适逢中国科大的科技史与科技考古系刚成立不久，需要传统考古学方面的师资，以培养懂得传统考古的科技考古人才。我于2000年6月调至中国科学技术大学科技史与科技考古系任教，第七次发掘即在此之后展开。

这是我第一次带领科技考古专业的研究生进行田野考古实习，内心十分希望能取得成功。而成功意味着不能挖空，故发掘对象必须具有较高的学术价值。要找一个我最为熟悉的遗址作为田野考古教学生涯的开篇之作，贾湖遗址最为理想。2001年3月，一切准备就绪，我带领陈鹏、夏季、杨益民、姚政权4名研究生前往舞阳，组成此次发掘的主力。

本次发掘的第一批探方，分散于两处，即T106和T107的北半部、T110和T115的西半部，均为边长5米探方。前者主要目的是将T101、T102墓葬区的南部边缘找出，后者是为了扩大其东侧的早期墓地，以寻找规律。从发掘结果看，前一个目的达到了，但第二个尚未完全实现，在T110A、T110C、T115A、T115C四个探方中，墓葬仍呈零星分布状态。这几个探方已紧靠护庄堤，无法再向东开掘，为此第一批探方发掘结束后，我们避开护庄堤，在其东侧布了两个边长5米的东西向探方（T43、T44）。结果在紧靠护庄堤的T43内未见到墓葬，这表明T110、T115内的墓葬区已经在护庄堤处到边了。从分期结果看，该墓地最晚到第二期早段，故零星分布的墓葬即为早期墓葬的特点，第二个目的也算达成了（图一二）。

图一二　2001年贾湖遗址墓葬发掘

令人感到意外的收获是T44及其东扩和南扩发现了一片新的墓地。从分期上看，第一至第三期均存在，共计有二十六座墓葬，墓地中心区则在东扩范围内。东扩位于原护庄堤东的取土沟内，上文化层已被破坏，下文化层尚在。被破坏的墓葬密密麻麻，其中有一座墓葬为一次葬人和至少25人的二次葬的合葬墓，准确的埋葬人数已无法得知，但即便如此也是目前发现的该时代合葬人数最多的墓葬了。还有两座墓葬十分特别，墓主身上佩戴有多串用鸟肢骨横锯成的厚度仅约1毫米的小骨圈，与第三次发掘时发现的M41的小骨圈类似，但数量更多，且在双耳附近还有绿松石耳坠。其中一墓主眼眶处置有绿松石瞑目，应是目前发现的同类葬俗的最早实例了（图一三）。

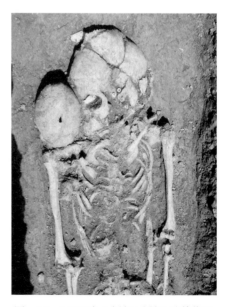

图一三　M478出土绿松石瞑目及其位置

此外，在西南区原T33、T34、T35东侧布的探方（T40～T42），出现多处墓随葬石铲或石铲与石镰组合的现象（图一四）。结合同类现象，发现该墓地出土农业生产工具

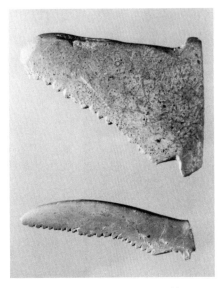

图一四　贾湖遗址出土石镰

的墓葬明显多于其他墓地。距此墓地几十米的西区墓地、百米外的西北区和中区墓地则很少见农具随葬，皆以渔猎工具为主。该现象引起我的极大兴趣：难道同聚落的不同人类群体之间，其生业形式也会有很大的区别？

我们还邀请植物考古学家赵志军，共同拟定对本次发掘清理出的文化层和遗迹单位中的填土的全浮选工作实施方案和技术路线。通过现场浮选，获得了传统方法无法收集的大量动植物遗骸，为更深入的研究奠定了科学基础（图一五）。3个月的发掘共发现房基、灰坑、陶窑、兽坑等遗迹百余座，墓葬近百座，各种遗物数百件，以及大量动植物标本。更重要的是，我们围绕多年来贾湖遗址研究的问题，以多学科综合研究的思路指导发掘工作，对

科技考古专业研究生展开田野考古训练，从而产生的教学成果，其影响是极为深远的。

发掘结束后，出土的百余件完整器物被带到中国科学技术大学举办的考古实习汇报展览上（图一六）。在展览开幕式上校长朱清时院士致辞，著名管乐演奏家刘建国现场吹奏与贾湖骨笛吹奏方式相同的筹（或称龠）（图一七）。这是科大校园内首次举办文物考古成果展，也为第七次发掘画上了一个圆满的句号。

图一五　笔者在贾湖遗址发掘工地浮选
摄于2001年春

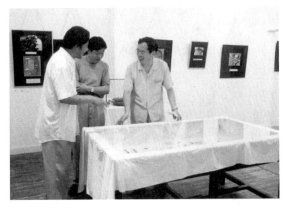

图一六　时任中国科学技术大学校长朱清时院士参观贾湖遗址发掘汇报展

图一七　贾湖遗址发掘汇报展开幕式上吹筹表演

8. 第八次发掘

2012年，将迎来贾湖遗址首次发掘30周年。同时，国家文物局大遗址考古公园计划已经启动，为配合遗址博物馆和考古遗址公园建设，也需要进行一次考古发掘。经国家文物局批准，2013年9月至12月，河南省文物考古研究院与中国科学技术大学再次合作，在漯河市和舞阳县文物部门的配合下，对舞阳贾湖遗址进行了第八次考古发掘（图一八）。

图一八　贾湖遗址全景及第八次发掘现场

摄于2013年

此次发掘区域位于贾湖遗址中部，布边长10米探方6个，各开一半，实际发掘面积300平方米。又发现了一批丰富的贾湖文化遗存，共清理墓葬97座，房址9座，灰坑25座，兽坑2座，出土陶、石、骨、角、牙等器物600余件及大量陶片和动植物遗存。此外还采集了浮选土样、环境学分析样品、墓葬腹土等多种分析样品，拟开展多学科合作的科技分析工作。除了前七次发掘中出现过的骨笛、骨叉形器、龟甲等，还发现了很多新的重要文化现象，例如制作精美的象牙雕板（图一九），其形制在新石器时代遗址中极为罕见；随葬有大量精美绿松石串饰的墓葬；一墓三笛以及有可能作为房屋奠基或祭祀的墓葬现象等。这些发现不仅进一步深化了对贾湖文化的认识，丰富贾湖遗址的文化内涵，还为淮河流域新石器时代人类文化和

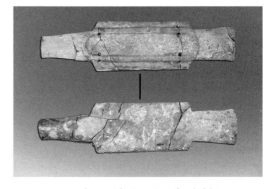

图一九　贾湖遗址出土象牙雕板

社会结构的探讨提供了新的证据。

三、研　　究

对于贾湖遗址的研究工作可根据思路的调整分为三个阶段。第六次发掘结束到1990年为第一阶段，1991到2000年为第二阶段，2001年至今为第三阶段。

在第一阶段，沿袭了传统考古学的研究方法。除了整理出一篇发掘简报，并撰写《试论贾湖类型的特征及与周围文化的关系》一文于《文物》杂志发表外，研究工作主要是集中在骨笛和刻划符号上。加上第六次发掘新出土的骨笛，贾湖遗址出土骨笛总数达20余支。它们是否为一种远古乐器，仍需请音乐史学者再作鉴定以解心中疑惑。故我们携保存最为完好的M282：20七孔骨笛（图二〇）和三片契刻符号较成形的龟甲片，以及柄形石饰，前往北京求教。

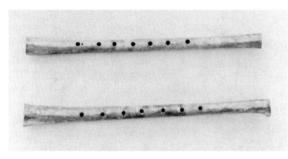

图二〇　贾湖遗址M282出土七孔骨笛

在北京，中国艺术研究院萧兴华为我们联系到了中国民族乐团刘文金团长。刘团长接到电话后十分重视，用其排练休息的间隙，带领几位管乐演奏者仔细观察了我们带去的骨笛，并认为骨笛的吹奏方式可能接近于一种河南民间乐器"筹"，且为端口45度斜吹。故由几位演奏笛子的乐手试吹，最后宁保生首先吹出了骨笛的音列，且音准无误。推测的证实使我们颇为兴奋，这意味着贾湖骨笛可能是我国发现的最早的乐器。萧兴华还为贾湖骨笛争取了一次测音的机会。同年11月，由中国艺术研究院音乐研究所所长黄翔鹏带领的测音小组使用当时最先进的测音仪器为M282出土的两支骨笛进行了为期一周的反复测音。期间萧兴华、徐桃英还用M282：20骨笛吹奏了河北民歌《小白菜》。初步研究结论为贾湖骨笛"具备音阶结构，可以吹奏旋律，是当时的一种乐器。这一发现可以改写中国乃至世界音乐史"。所有人都为之振奋，武汉音乐学院院长童忠良后撰文称，贾湖骨笛的发现"像一阵狂飙，震撼了音乐史界"。

此外我们还请专家鉴定了契刻符号。首先找到张政烺先生，张先生仔细观察了这几片刻符龟甲，提出应为古人有意刻划无疑，并与郝本性就符号的含义进行了讨论。之后我们请教了胡厚宣先生，其认识更加积极，试图对每个符号进行隶定。得到两位老先生的肯定，我心中当然也十分高兴。接着又先后拜访了苏秉琦、李学勤、邹衡、高明、裘锡圭、李仰松、李伯谦、俞伟超、张忠培、严文明等，都对此次发现给予了充分肯定。时任故宫博物院院长张忠培还邀请我们到故宫作了一次专题汇报。在确定人为有意刻划的基础上，就符号的性质问题，专家意见大致分为三种：一种以胡厚宣为代表，认为它是当时的文字；一种以李学勤为代表，认为应是具有一定原始文字性质的刻划符号；一种以裘锡圭为代表，认为这是当时人们的一种记号。对于如何进一步研究，专家们提出了许多宝贵的指导意见，我们此行可谓满载而归。

研究的第二个阶段始于1990年冬天的全国第一届环境考古学术研讨会。得知这一机会后，我撰写了《环境与裴李岗文化》一文，主动要求参加。在会上，结识了周昆叔、孔昭宸等一批热心考古学研究的自然科学家，受陈铁梅、原思训等科技考古领域专家启发，获得许多非常有价值的信息，也拓宽了自己的研究思路与视野。

由湖南省考古所裴安平主持发掘的彭头山遗址发现了古稻。受之启发，我在贾湖遗址收集的红烧土中也发现了稻壳印痕。并先后邀请涵盖众多学科的三十余位专家参与了鉴定与研究工作，包括人骨和动物骨骼、孢粉和古环境、陶片、石料以及^{14}C年代等。1992至1993年参加渑池班村遗址发掘期间，逐渐形成了后来完整的研究框架与整体思路。于1999年初，由科学出版社出版了近180万字的《舞阳贾湖》一书，奠定了贾湖遗址在我国新石器时代考古研究中的重要地位。同年《自然》杂志（Nature）发表贾湖骨笛的发现之后，贾湖遗址在国际学术界也有了较大影响（图二一）。2001年，贾湖遗址被国家文物局公布为全国重点文物保护单位，贾湖遗址的发现被中国社科院考古研究所评为中国20世纪100项考古大发现之一。这一系列社会效益的产生，即是对我研究工作的认可，也为贾湖遗址研究的第二阶段画上了圆满的句号。

图二一　《自然》杂志发表贾湖骨笛的发现之封面

2001年第七次发掘后，对贾湖遗址的研究进入了第三阶段。利用中国科大的资源优势，除了继续延伸原有的动物考古、植物考古、农业考古、环境考古等领域的研究外，还包括同位素分析、残留物分析、寄生虫分析等一系列开创性的研究。即使在传统研究领域，方法也有所改进，取得了新的重要成果，这里就不一一赘述。

回顾在河南省文物考古研究院18年与中国科学技术大学20年的风风雨雨，我觉得自己无愧于这近40年的青春，可以说我把人生中最宝贵的一段献给了河南的考古事业，值得怀念。

注： 本文原稿曾在《河南省文物考古研究院成立六十周年纪念文集》上发表，本刊发表时有所增删和调整。

（原载《美成在久》2020年第2期）

贾湖骨笛的"七声"研究与东亚两河的音乐文明

王子初

　　贾湖遗址位于河南省舞阳县北舞渡镇西南1千米的贾湖村。为一处规模较大、保存完整、文化积淀极其丰富的新石器时代早期遗存。其年代范围为距今9000年至7800年，是中华民族悠久历史中一个由科学考古发掘而得的、具有确切时代的文化遗存；也是人类音乐文明发展史上一个里程碑式的重大考古发现。自1983年起，贾湖遗址经过了7次发掘，出土文物及标本5000多件。其中发现的骨笛、契刻符号以及炭化稻粒、陶容器中酒的残留物等，对认识全新世时期的气候与环境演变、认识贾湖人的社会生活面貌和当时的聚落形态、研究中国乃至整个人类的音乐史、文字史、农牧业史及手工业史，都具有十分重要的意义。特别是其中的七音孔骨笛，是作为人类社会上层建筑的音乐艺术起源的重大发现，在人类文明史上有着深远的意义。

一、贾湖骨笛的七孔制式不能等同于七声音阶观念

　　迄今为止，贾湖遗址出土的骨笛总数已达约45支，其中的大多数为七音孔笛。以往有关骨笛的测音研究，主要由中国艺术研究院音乐研究所的研究人员萧兴华和著名音乐考古学家黄翔鹏等人实施，并取得了初步的成果。但是，有关骨笛研究中诸如"骨笛的七音孔是否就是代表了七声音阶？""当时贾湖人究竟是否具备了七声音阶的观念？"这样一些难以回避的重大问题，尚未得到明确结论。相关的研究工作亟待深入！

1. 黄翔鹏等人的测音研究

　　1987年11月3日，萧兴华约请了黄翔鹏先生一行五人，携带Stroboconn闪光频谱测音仪，在河南省文物研究所内，对舞阳县贾湖新石器时代遗址出土的一件七音孔骨笛M282：20（图一），首次作了测音工作。吹奏者是萧兴华、工程师徐桃英。工程师顾伯宝负责仪表操作。黄翔鹏与武汉音乐学院童忠良院长担任监测。黄翔鹏等人的研究报告发表在《文物》杂志，是迄今关于贾湖骨笛研究最具权威性的报告。报告称："……我们的最后结论认为，这支骨笛的音阶结构至少是六声音阶，也有可能是七声齐备的、古老的下

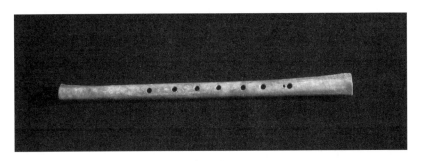

图一 贾湖骨笛M282：20

徵调音阶。"[1]他们的结论是严谨的：结论只说了这支骨笛存在可以吹奏"七声音阶"；而没有说"当时贾湖人已经具备了七声音阶的观念"。显然，一件器物可以存在某种功能，但这不一定意味着它的制造者是有意识地赋予了它这种功能。骨笛存在可以演奏七声音阶的可能性，与贾湖人已经基备七声音阶的观念，是两个不能等同的概念。今天人们对贾湖七音孔骨笛和七声音阶的认识，主要是来自于黄翔鹏等人的这个研究报告。但是长久以来，不少人没有注意到黄先生报告的措辞，想当然地把两者直接等同起来了。另外，当时黄翔鹏他们只做了骨笛中的一支的测音研究，的确还不能贸然下这样的结论。

"贾湖人已经具备了七声音阶的观念"，这不仅是音乐史上的重大问题，也是有关人类文明起源的重大课题。它是一个必须要经过严密论证的命题！

"贾湖人是否具备了七声音阶的观念"这一点，的确还有诸多具体的问题需要讨论。比如，骨笛筒音的发音，就是一个难以自圆其说的问题：贾湖骨笛的七孔孔制，加上笛管的筒音，按常理说应该是"八声"。为什么现在我们认定是"七声"而不是"八声"？贾湖人对笛管的筒音究竟是怎样设计的？对于这个问题的解决，有必要对贾湖迄今出土的七音孔骨笛作全面的研究。从黄先生的测音报告中看，M282：20骨笛的筒音为#F，它正好与第2孔的发音音高相同（严格地说，为一个纯八度关系）（表一）。可以发现，这支骨笛的筒音在其音阶中，只是一个低八度的重复音，一定程度上可以由第2孔的发音代替或弃之不用。或者说，M282：20骨笛的筒音，在全笛的音阶设计中，没有给予完全的独立音级意义。单从这一结果来看，已可确定M282：20骨笛的"七孔"的设计，并不对应于"七声音阶"！

表一 黄翔鹏等关于贾湖M282：20号骨笛的测音研究结论[2]

筒音 #F5或G5	7孔 A5	6孔 B5	5孔 C6	4孔 D6	3孔 E6	2孔 #F6	1孔 A6	结论
工角	/	六徵	五羽	下乙闰	上宫	尺商	工角	六徵	清商音阶六声
	合宫	四商	乙角	上和	尺徵	工羽凡	变宫	五商	下徵调音阶七声

---

① 黄翔鹏：《舞阳贾湖骨笛的测音研究》，《文物》1989年第1期。

② 引自黄翔鹏：《舞阳贾湖鼓笛的测音研究》，载《文物》1989年第1期。

　　不过，M282：20只是贾湖出土骨笛中的一支。"贾湖人制作的M282：20号七音孔骨笛，其七音孔的设计蕴含了七声音阶的意义"这一命题，需要得到贾湖全部七音孔骨笛的验证！检验其筒音在全笛的音阶设计中有没有给予完全独立的音阶音级意义，这一工作势在必行。它有可能带来我们迫切期待着的验证结果，告诉我们一个重大的历史事实：距今9000年乃至万年前后，生活在亚洲东部淮河流域的贾湖人，确实已经具有了音乐上的七声音阶观念；并在这一观念的驱使下，制造出了一批可以成功演奏七声音阶曲调的骨笛！毋庸置疑，这应该是当前所知人类最古老、最进步的音乐文明！

　　当然对全部七音孔骨笛筒音的验证，也有可能给我们展示的是另一个完全相反的结论。

2. 对筒音设计的进一步分析

　　在黄翔鹏等人的研究之后，1992年6月，萧兴华先生与顾伯宝等第二次赴郑州，对M341：1、M341：2、M282：20、M282：21、M253：4这5支骨笛进行了测音研究[①]。1994年5月在中国历史博物馆，又由中国艺术研究院音乐研究所崔宪研究员监测，韩宝强研究员、刘一青工程师操机并记录，著名笛子演奏家王铁锤吹奏，对贾湖M78：1骨笛进行了测音研究。相关的测音数据均可参见河南文物考古研究所编著的《舞阳贾湖》（下卷）的表一五三骨笛测音对照表（表二）[②]。这些数据正好可以用来进一步考察贾湖人制作骨笛时对筒音的设计和应用模式。

　　表一五三中所载6支贾湖骨笛的测音数据，是到目前为止正式公布的唯一资料。本文仅以此资料作以下分析。

　　从表一五三中所载骨笛M341：1（图二）的数据来看：骨笛M341：1的筒音音高为G5，正好对应其第二孔音高G6，为一个纯八度关系的音。与黄翔鹏等人所测的骨笛M282：20相吻合。

　　同样的情况还有：骨笛M282：21（图三）的筒音为#F5，对应其第二孔#F6，纯八度关系；与骨笛M282：20的绝对音高也基本一致。

图二　贾湖骨笛M341：1

图三　贾湖骨笛M282：21

---

①　萧兴华：《骨笛研究》，《舞阳贾湖》（下卷），科学出版社，1999年，第999～1002页。

②　河南省文物考古研究所：《舞阳贾湖》，科学出版社，1999年，第1011页。

表二　《舞阳贾湖》下卷表一五三（局部）

出土地点	编号	孔别	#F5	G5	#G5	A5	#A5	B5	C6	#C6	D6	#D6	E6	F6	#F6	G6	#G6	A6	#A6	B6	C7	#C7	D7
	M341：1（五孔）	孔号		筒音			5孔		4孔			3孔				2孔					1孔		
		音分差		−27			+20		+35			+15				+5					−7		
	M341：2（六孔）	孔号					筒音		6孔		5孔			4孔		3孔			2孔				1孔
		音分差					+5		+8		+5			+9		+10			+5				+10
舞阳贾湖骨笛	M282：20（七孔）	孔号	筒音			7孔		6孔	5孔		4孔		3孔		2孔			1孔					
		音分差	−10			−60		−82	−30		−30		−30		−30			−30					
	M282：21（七孔）	孔号			筒音	7孔	6孔		5孔		4孔		3孔		2孔	1孔							
		音分差			+43	−31	+35		+12		−32		+15		+50	+10							
	M78：1（七孔）	孔号					筒音	7孔		6孔		5孔		4孔		3孔			2孔		1孔		
		音分差					+35	−9		−40		−48		−36		−21			−30		+13		
	M253：4（八孔）	孔号	筒音			8孔			7孔	6孔	5孔	4孔		3孔		2孔						1孔	
		音分差	+5			−20			−50	−32	−8	+38		+15		+15						+13	

骨笛M341：2（图四）的筒音为ᵇA5，对应其第二孔ᵇA6，也是纯八度关系。

图四　贾湖骨笛M341：2

唯骨笛M253：4（图五）与骨笛M78：1二笛的筒音与其第二孔及其他各音孔所发之音均无重合：骨笛M253：4，其筒音音高为ᵇF5，对应其第二孔音高为F6，比筒音下一律，为大七度关系；故筒音ᵇF5具有了独立的音级意义。

图五　贾湖骨笛M253：4

骨笛M78：1（图六），其筒音音高为ᵇG5，对应其第二孔音高ᵇA6，成大九度关系。也可看作其筒音具有了相对独立的音级意义。

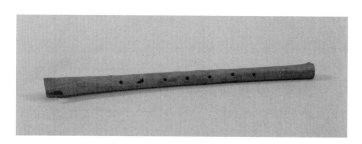

图六　贾湖骨笛M78：1

这6支骨笛中，筒音的音高对应于骨笛第二孔发音的这种音孔布局，占到了三分之二。可以初步确定，这是贾湖骨笛音孔设计的主要模式。

3. 骨笛音孔的设计与音列关系的考察

以上6支骨笛有一个共同的现象值得注意，即骨笛的各音孔、包括筒音在内，所发出的音列均超越于八度之外。这种现象完全有悖于自古流传至今的中国竹笛的传统。关于笛子的音孔与发音的关系，人们会很自然地联想，贾湖七孔骨笛的音孔与音阶的关系，一定与中国传统的竹笛一样，一一对应于八度以内。因为，超越于八度之外的音，完全可以依靠超吹的方法获得，没有必要再借助开设音孔去得到它。以今日考古发掘出土的竹笛类乐器看，年代最早的当属1978年湖北曾侯乙墓出土的两件标本（被人们称为"篪"，实应为

"笛"①），距今约2400年。虽在时代上难与贾湖骨笛直接攀比；但一个在较长历史时期内存在的客观事实，是至晚自曾侯乙的时代以后直至今日，我们所见所有七声音阶的笛类乐器，习用以六孔得六声再加筒音一声，来构成七声音阶。即其音列设计均为一孔一音，"平吹"（即缓风吹奏）六孔加筒音，吹出一个八度以内的连续的音阶七声；音阶七声之上方八度音，则用"超吹"（即激风吹奏）方法分别获得。中国传统竹笛七孔对应七声，音孔设计较为合理，其明显与多数的贾湖骨笛用七孔七声中，衍筒音一声或重复或不用的理念不同。这是人们不能无视的事实。

表一五三中所列6支贾湖骨笛，无论是五孔、六孔还是七孔、八孔制式，各孔所对应的各声，均构成了超越于一个八度之外的音列；此外，其各笛音列的设计还有所不同。具体情况如下。

骨笛M341∶1为五音孔笛。其第一孔为C7，到第四孔C6已达一个八度。其经过第五孔#A5到达筒音G5，在八度之外继续向下拓展了一个纯四度音程。骨笛M341∶1的五个音孔对应的自然音列，可用简谱表示②为：1=#D 3 5 6 1̇ 3̇ 6̇。整理成音阶为：

$$1 3 5 6（1=#D四声音阶）$$

骨笛M341∶2为六音孔笛。其第一孔为D7，到第五孔D6已达一个八度。其经过第六孔C6到达筒音#A5，在八度之外继续向下拓展了一个大三度音程。骨笛M341∶2的六个音孔对应的自然音列为1=#A 1 2 3 5 6 1̇ 3̇。整理成音阶为：

$$1 2 3 5 6（1=#A五声音阶）$$

骨笛M282∶20为七音孔笛。其第一孔为A6，到第五孔A5已达一个八度。其到达筒音#F5，在八度之外继续向下拓展了一个小三度音程。骨笛骨笛M282∶20的七个音孔对应的自然音列为1=D 3 5 6 ♭7 1̇ 2̇ 3̇ 5̇。整理成音阶为：

$$1 2 3 5 6 ♭7 （1=D六声音阶）$$

骨笛M282∶21为七音孔笛。其第一孔为#A6，到第六孔#A5已达一个八度。其经过第七孔A5到达筒音#F5，在八度之外继续向下拓展了一个大三度音程。骨笛M282∶21的七个音孔对应的自然音列为1=D 3 5 ♭6 ♭7 1̇ 2̇ 3̇ ♭6̇。整理成音阶可为：

$$1 2 3 5 ♭6 ♭7 （1=D六声音阶）$$

骨笛M78∶1为七音孔笛。其第一孔为C7，到第六孔#C6已达一个大七度。其经过第七孔B5到达筒音#G5，继续向下拓展了一个纯四度音程。骨笛M78∶1的七个音孔对应的自然音列为1=C #4（#5）6 7 1̇ 2̇ 3̇ #4̇↑ 6̇。整理成音阶为：

---

① 笔者以为，"篴"应为"笛"之古字，就读为"笛"。根据中国文字的造字规则，"竹"为意符，表明"笛"为竹制；而去竹字头的"逐"，则为di之声符，"篴"应读为di。如邮递员的"递"："辶"为意符，意谓投递走路；去"辶"的"递"即为声符，正读若di，可证古确有此声。今"篴"读为chi（音池）而di声不传，窃意或为古字书失传所致。

② 以下5支笛的音列、音阶均为简谱的表示方式。

$$1\ 2\ 3\ ^\#4\ (^\#5)\ 6\ 7\ （1=G\ 七声音阶）$$

骨笛M253：4为八音孔笛。其第一孔为G6，到第八孔A5已达一个小七度。继续向下达筒音$^\#$F5，拓展了一个小三度音程。骨笛M253：4的八个音孔对应的自然音列为1=$^\#$D $^\#$2 $^\#$4 5 6 $^\#$6 7 1 2 3。整理成音阶为：

$$1\ 2\ ^\#2\ 3\ ^\#4\ 5\ 6\ 7\ （1=^\#D\ 八声音阶）^{①}$$

以上6支骨笛的情况，大大超出了人们的习惯性思维：贾湖骨笛中的每一支笛子，其各音孔（包括筒音在内）所发出的音列均超越于八度之外。贾湖人对其骨笛的音孔，为什么要做出如此毫无理由的设计？值得思考。至少，以下的几点认识是可信的。

（1）贾湖先民所用的骨笛，其音孔的开设与骨笛所发的音阶，并不直接对应。笛子的七孔(包括筒音)对应于七声音阶，这一人们对流传至今天的中国传统竹笛的观念，不适用于贾湖骨笛。明确的结论是，贾湖七孔骨笛的七孔，不能等同于其可能发出的七声音阶；仅凭骨笛的七音孔制式，也不能得出"贾湖人已经有了七声音阶的观念"的结论！

（2）从贾湖骨笛音孔的开设与骨笛音阶并不直接对应的情况，可以推导出当时的贾湖先民所用骨笛的音阶，主要限于用平吹所得的音列，不用或少用超吹的方法；否则其一笛各音孔所发出的音列就无须超越于八度之外。若用超吹，贾湖人可以很容易发现，那些超越于八度之外的重复音所对应的音孔，没有开设的必要。

（3）从贾湖出土的全部骨笛看，骨笛的发展可能经历了一个由五（六）音孔到七（八）音孔的演变过程。其中，五音孔与六音孔笛均发现一支，故六音孔笛可以看作为五音孔笛向七音孔笛发展的过渡形态；而八音孔笛也仅发现一支，故也可以看作为七音孔笛的一个变体。占绝大多数的七音孔笛的出现，应该是贾湖人在骨笛形制的探索中所获得的一个重要的阶段性成果！应该具有深层的学术含义。

二、贾湖人"七声音阶观念"的进一步研究

习近平总书记在中共中央政治局第39次集体学习时强调：中华文明源远流长、博大精深，是中华民族独特的精神标识，是当代中国文化的根基，是维系全世界华人的精神纽带，也是中国文化创新的宝藏[②]。音乐，是人类创造的社会上层建筑的重要成果；它源于且高于人类社会的物质文明。以贾湖遗址出土的大批七音孔骨笛及其音乐考古学研究为代表的重大成果，对中华音乐文明的起源问题无疑具有重大的意义！从认知心理学的角度

---

① 以上除了骨笛M78：1的音列音阶资料源自黄翔鹏等人的测音研究之外，其余五笛的音列音阶资料均源自萧兴华：《骨笛研究》。

② 摘自新华社北京（2022年）5月28日电："习近平在中共中央政治局第三十九次集体学习时强调把中国文明历史研究引向深入推动增强历史自觉坚定文化自信"。

看，大批七音孔骨笛可能蕴含着的音乐音阶观念，无疑是人类所获得的、与体质进化同步的划时代考古学成果，是人类长期抽象思维所获得的伟大成就。

贾湖人究竟是否确立了七声音阶的观念？这是必须要着重讨论的问题。

1. 贾湖人已确立了七声音阶观念的可能性

以上所述6支骨笛的测音资料表明，贾湖骨笛的音孔设计并不对应于其所发的音阶；但是，这还不足以完全否定"贾湖人已确立了七声音阶观念"的可能性；至少从以下的几点分析来看，这种观念存在的可能性还是很大的。

（1）数千年来，中国竹笛的实践证明，对笛子这种单管按孔乐器来说，音孔开设的唯一目的，就是为获得一组不同音高的乐音；而这"一组不同音高的乐音"，可以直接理解为"音阶"。贾湖骨笛的"七音孔"虽然并不对应于"七声音阶"；但在贾湖出土的大量骨笛中，七音孔骨笛占压倒多数这一事实已经表明：音乐音阶中"七"的观念，在制作骨笛的贾湖人心目中，已经确立起核心地位。单从这一点上来说，贾湖人制作大量骨笛的"七孔"的设计，很可能已经蕴含了"七声"的意义。

（2）在距今八九千年的贾湖时代，人们在一支内外不规则形的骨管上确定开孔音位，是复杂而困难的事。贾湖人在骨笛上还没有掌握音孔与音阶的一一对应，应为可能。

（3）尤其值得注意的是，发掘资料及研究表明，出土骨笛的墓葬主人，并不是单纯的"音乐家"，而是"巫师"；骨笛在他们的手中，并非是单纯的"乐器"，而是带有一定音乐性能的"法器"；显然，在"乐器"与"法器"之间，"法器"是第一位的。因此而论，贾湖出土的这些七音孔骨笛，并非是当时流行的一般意义上的乐器。其音乐性能的不完备，当无伤"法器"之大雅。

（4）从黄翔鹏等人对骨笛M282：20的测音研究结果看，毕竟从这支骨笛上吹奏出了七声音阶，这是一个不能回避的事实。如果我们有条件对全部出土的贾湖七音孔骨笛进行全面测音研究的话，很可能，这一事实将在其他的七孔骨笛上得到复证！至少可以预期，我们将从中获得更为丰富的历史信息，大大提升人们对贾湖骨笛目前的认知，给予更为令人信服的历史定位！

2. 贾湖人的七声音阶观念

贾湖人是否建立起七声音阶的观念的可能性问题，事关华夏民族乃至整个人类音乐文明起源，意义重大，亟待论证。从目前所掌握的资料和证据来看，还远没有到彻底解决这个问题的时候；并且在目前的研究中，还有如下一些因素值得思考。

（1）骨笛测音研究操作的科学性与研究结果的可信度问题。上述有关骨笛测音研究的操作方法以及所获得的数据，仍需研究。这些测音分析的对象，是今人吹奏出来的笛声；今人的吹奏是不能等同于贾湖人的。当然我们不可能请八九千年前的贾湖人来参与今天的测音工作；但有些方面的操作还存在着改进的余地。比如在测音工作中，应设定较为严密的操作规程，以尽可能避免今人的音律观念对测音结果的客观性的影响。

包括骨笛在内的所有笛类吹奏乐器，其每一个固定的音孔所发音高，存在着较大的游移性。即是说，吹奏人运用不同角度和不同力度的口风，可以在同一音孔上（即同一种指法）吹奏出高低不同的音来，它们之间相差个几十上百音分都是并不困难的事。所以，若不设定严密的测音操作规程，尽可能将这种笛子发音的游移性置于某种可控范围，这种测音研究的可靠性将大打折扣。以上所引用的6支骨笛的测音结果中，黄先生等人的研究有较为详细的操作描述，所以其研究结果也较为可信，并广泛为学界引用。不过，就是这次测音，也存在明显的瑕疵：如测音时吹奏骨笛的是音乐研究所研究人员，均毕业于中央音乐学院附中，接受的是中国音乐院校中流行的西方式视唱练耳训练，受到欧洲大小调调式及十二平均律体系的音阶和音高观念的熏陶，几乎是不容置疑的。而当时的测音方法是，根据骨笛音孔的顺序吹奏音阶的上行和下行。笛子的发音既有那么大的游移性，吹奏骨笛M282：20的音阶，很难幸免固有音律和音阶观念的影响。如果我们采取这样的措施，即在测音过程中，把骨笛音阶中的音拆开、打乱，尽可能保持同一种姿态和口风的巨细、力度、角度吹奏，测定每一个处于无序的状态单独的音；再将这些音所得测音结果按音阶组合起来进行分析研究，是否可以相对减轻现代人的音律观念对测音结果的影响呢？这对骨笛测音研究的客观性应该是有所裨益的。

（2）以上所及，对贾湖七音孔骨笛的基本认识，仅来自于6支骨笛的测音数据。这对于出土的约45支贾湖骨笛之中占绝大多数的七音孔笛来说，仅是很少的一部分。作为一项严肃的学术研究，不能对那么多已经发现的重要资料视而不见！仅凭少量资料即轻下结论，有违科学的态度。故在对目前所掌握的所有七音孔骨笛进行全面测音研究之前，得出的任何结论都是不完整、不严谨的。从以上引述的七音孔笛的测音结果，虽已发现其音列结构上某些特点的端倪；但更需要的，是更多的实测数据来加以验证。

3. 骨笛研究前瞻

1987年在对贾湖骨笛进行首次测音时，黄翔鹏先生等人并非只想做一支骨笛的研究；而是因为他们在对第二支骨笛进行测音时，骨笛发出了开裂的声音，研究工作不得不戛然而止：文物不可再生，骨笛的安全，永远是最重要的。值得庆幸的是，黄先生的时代难以顾全的文物保护与科学研究之间的矛盾，在科技发展的今天，已经可以较好地解决了。

2012年，《中国音乐学》发表了方晓阳、邵锜、夏季、王昌燧、潘伟斌、韩庆元等人的论文《贾湖骨笛的精确复原研究》[①]。文章指出，在贾湖骨笛发现20多年以来,学术界对它的研究却并没有达到应有的深度。最主要的原因在于,骨笛经历数千年的埋葬，出土时完好者数量很少。为了防止骨笛意外受损，文物管理部门及博物馆已禁止直接对骨笛进行吹奏测音研究。此举对贾湖骨笛的保护固然非常必要，但同时也使研究者失去了深入考查、

---

① 方晓阳、邵锜、夏季等：《贾湖骨笛的精确复原研究》，《中国音乐学》2012年第2期。

全面研究骨笛的机会。方晓阳教授等人的文章介绍了中国科学院研究生院（今中国科学院大学）与人文学院科技史与科技考古系、河南省文物考古研究所、武警河南总队医院放射科合作科研项目所取得的重要成果①。他们首先利用CT技术对贾湖骨笛进行扫描,然后将CT扫描得到的二维图像进行三维重建,最后采用紫外激光固化快速成形技术,首次制作出了迄今精度最高的贾湖骨笛复制品。经过三维测量与测音实验,用本方法复制出的贾湖骨笛模型与实物在物理尺寸与音准上"几乎没有误差"。

CT是一种功能齐全的病情探测仪器,它是电子计算机X射线断层扫描技术的简称。CT的发明被誉为自伦琴发现X射线以后,放射诊断学上最重要的成就。其发明者美国物理学家科马克和英国电子工程师亨斯费尔德共同获取了1979年诺贝尔生理学和医学奖。而今,CT已广泛运用于医疗诊断上。常规的X射线成像技术利用的是光影原理,从人体一侧照射"光线",人体另一侧的胶片可记录骨骼的轮廓。阴影只能反映物体轮廓的一部分。如果能从多个个方向观察人体的影子,就可以获得完整的影像。这就是计算机化轴向断层扫描的基本概念。同样,我们正好可以利用CT技术,对无比珍贵的贾湖骨笛标本进行X射线扫描。在CT扫描仪中,X射线围绕着骨笛运动,从数百个角度进行扫描。计算机负责收集所有信息,并将这些信息合成为骨笛的三维图像。

鉴于贾湖骨笛的重大的学术价值,以往已有多人进行了贾湖骨笛的复制。这些所谓"复制"是非常粗率的,充其量仅是一种"仿制"。因为贾湖骨笛的管体所用为大型鸟类的尺骨。无论其管体的外形还是其内腔,本是一种极不规则造型。故这些所谓的"复制",只能停留在对骨笛外观的粗略模仿上,完全不可能深入到对骨笛笛管的不规则形内腔;至于骨笛发音效果的逼真再现,他们就更难虑及了。借助今天X射线CT扫描和3D打印技术,我们可以在完全无损出土骨笛原件的情况之下,对全部出土骨笛进行扫描,将取得的数据在电脑上建立与骨笛原件高度接近的三维立体模型;再借助3D打印技术,使用与骨笛材质尽可能接近的材料,将骨笛原形从外到内惟妙惟肖地再现出来。有了这些骨笛的高度逼真的复制件,我们就可以放心大胆地展开各种研究工作了:即便损坏了,再打印一套就是。

那么,这些高度仿真的骨笛复制件研究结果,与出土原件之间有没有误差呢? 从理论上讲,这种误差肯定是存在的。不过这种误差对于笛类这种单管吹奏乐器来说,完全可以忽略不计。因为这类吹奏乐器在实际的操作中,吹口的口风（如气流的巨细、吹口角度等）稍做变化,造成其发音产生数十音分的偏移,甚至更大的音律波动是轻而易举的事。相比出土原件与复制件之间因细微的形制与材质差异带来发音上的偏差,已是微乎其微,不存在加以计算的实际意义。

现代的科技,顺便也可以帮我们解决另一个文物修复的大问题。贾湖骨笛毕竟在地

---

① 国家自然科学基金资助项目（批准号10520403）。其后邵锜先生以此完成了他的硕士学位论文,笔者有幸作为论文答辩委员会主席,主持了他的论文答辩,并给予很高的评价。

下保存了八九千年的漫长岁月，多数标本的残损，是再正常不过的事情。今天利用CT扫描、电脑建模技术，可以比以往任何时代都要方便地将它们修复起来。当我们将CT扫描所得到的数据直接在电脑上建立骨笛的三维立体模型的同时，就可以对出土原件的残缺部分加以修补复原；继而就可以借助3D打印机，打印出最大限度接近原件在完好如初时的复制件来。针对那些因残损而无法进行试奏和测音的出土原件，有关这些标本较为准确的数据，都可以从精确修复原件的复制件上轻易获得。这一举措，无疑将大大拓展我们的研究对象；当我们对所有出土的约45支贾湖骨笛进行全面研究成为可能时，比起黄翔鹏等人对一支（或六支）骨笛的研究来说，我们将取得更丰富、更全面、更完整的关于贾湖骨笛的历史信息；从而使我们对贾湖骨笛音律方面的认知，对贾湖人在乐律进步方面的建树乃至对人类对音乐艺术起源的认识等等，都可能获得更为充分的深化。这一点，完全可以预期！

　　自1984年贾湖七音孔骨笛被发现以来，国际学界的反应似乎并不如人们所预想的那样强烈。时至今日，仍是冷眼以观、少加评述的居多。是因为小小的骨笛貌不惊人，或是学术上的分量不够吗？恐怕未必。世界上关注中国并精通汉学的专家大有人在，国际学人也不至于如此浅薄。究其原因，还是我们的研究迄今止步不前，拿不出全面而雄辩的实证，拿不出科学而深层的分析！至于上面提到的那些重大问题：贾湖七孔骨笛上的第八音筒音，在贾湖人的骨笛音阶中，究竟是弃而不用，还是仅为奏出七孔所出七声中的某一声之低八度所用？这个问题直接关系到贾湖骨笛的七音孔制度，是否就是代表了贾湖人的七声音阶观念的存在？贾湖七音孔骨笛又是否就是贾湖人具有了七声音阶观念的产物？从而也是否可以成为至晚在距今八九千年前，人类已经有了七声音阶观念这一具有伟大文明进步意义的物证？这一系列难以回避的实质性问题，只有在上述对贾湖七孔骨笛展开全面研究之后，这一局面才有可能改观。

4. 骨笛与中华音乐文明之源

　　中国当代考古事业飞速发展，令人震撼的考古发掘成果层出不穷；大量的考古新发现，特别是贾湖骨笛的出土证明，"黄河，中华民族的摇篮"这一传统说法，中华文明的"上下5000年"、"五千年的古国文化"等认识，本就当之无愧！不过随着贾湖骨笛的面世和研究的深入，必将增添更加丰富的学术内涵和无可辩驳的实证！即早在距今万年前后[①]，亚洲东部的黄河、长江流域及其周边广大区域，已经独立孕育了一个迄今所知人类最早的音乐文明源头。这一早期文明的核心地区，就是东亚两河之间之淮河流域的贾湖遗址。在这片富饶的土地上生活的先民，制作出人类最早的、可以吹奏七声音阶的乐器骨笛！这一伟大音乐文明的产物，并非是忽一日自天而降，而是有着东亚这一片丰饶土地的滋养：贾湖人已发明了水稻的栽培，驯养出家猪和狗，学会了养鱼；世界上最早的酿酒、

---

① 贾湖七音孔骨笛的考古学年代测定为距今8600年。

制陶与纺织业在这里产生；世界上最早的文字雏形——契刻符号已被发明和应用；世界上最早的社会贫富分化现象及原始宗教、巫觋卜筮已经出现。人们的居所建筑、沟渠和排水系统也获得了发明应用。贾湖七音孔骨笛——大批可以吹奏七声音阶的乐器于此沃土上应运而生，顺理成章！

放眼人类的进步与发展，放眼世界上发现的各大古老文明，放眼中国当前的学校教学、新闻传播、学术交流和出版以及中华文化的对外宣传和弘扬的迫切需要，"中华音乐文明之源"的命题，均有必要加以重新审视和严肃思考。设立一个与此有关的国家重大科研项目，已是迫在眉睫，而且事关重大。习近平总书记在中共中央政治局第三十九次集体学习时指出："要加强统筹规划和科学布局，坚持多学科、多角度、多层次、全方位，密切考古学和历史学、人文科学和自然科学的联合攻关，拓宽研究时空范围和覆盖领域，进一步回答好中华文明起源、形成、发展的基本图景、内在机制以及各区域文明演进路径等重大问题。"[1]

认真总结大量相关音乐考古的发现和扎实而雄辩的研究成果，从根本上构建有关"中华音乐文明之源"这一命题的可信的、科学的理论体系，不单是为了给国际同仁的一个交代；它将努力证明：以重建中华音乐文明之源的基础理论为宗旨，密切结合考古学和历史学、人文科学和自然科学，组成一个高水准、高规格的专家团队，是回答好中华文明探源工程诸多问题的重要方面军，更是为世界音乐文明的起源研究做出原创性贡献，为人类文明新形态实践提供有力的理论支撑。

早在人类新石器时代初期，以河南舞阳贾湖遗址发现大量七音孔骨笛为标志的中华音乐文明之源，已经独立孕育于亚洲东部的黄河、长江流域。这是一个迄今所知人类最早的音乐文明源头——"东亚两河流域的中华早期音乐文明"[2]。

王子初

2014.12.12于北京天通西苑

2022.6.1于郑州大学柳园

（原载《中国音乐学》2022年第3期）

---

① 摘自新华社北京（2022年）5月28日电："习近平在中共中央政治局第三十九次集体学习时强调把中国文明历史研究引向深入推动增强历史自觉坚定文化自信"。

② 以上"东亚两河流域"的提法，以区别于目前人们已熟知的西亚"两河流域"——"美索不达米亚"；本文中"文明之源"或"早期文明"的提法，以区别于目前人们对"文明"概念的一般理解。

申论中国史前的龟甲响器

陈星灿　李润权

一、目前的研究状况

墓葬中出土龟甲器的考古发现，始见于大汶口[1]。其后，比较成规模的发现相继在刘林[2]、大墩子[3]、下王岗[4]、贾湖[5]等遗址面世；比较不成规模的发现，则分别在野店[6]、圩墩[7]、尚庄[8]、大溪[9]、王因[10]、龙岗寺[11]、何家湾等遗址被揭露（参见表一至表九）。此外，凌家滩出土过身上有穿孔的玉龟[12]，丁公、城子崖出土过腹腔中空、内置小石子的陶龟[13]，马家窑出土过腹内装有一个不明质料的小球、底部和两侧边有穿孔的彩陶龟（K3232：70）[14]。

墓葬中出土的龟甲，除个别报道没有经过人类加工外（如大溪）[15]，大都有人类加工的痕迹，显然不是一般的随葬品，而应有特别的功能和意义。最初发现马家窑彩陶龟的安特生，把陶龟放入玩具一类。他认为该物"形状像龟，也许就是龟的代表"。在平底四角和拱背底边两两相对的四个穿孔，是为了安装四条木腿；但穿孔的形状又使他相信，穿孔更像是为了穿绳作悬挂之用。具体而言，他认为这是一种响器（rattle），因为陶龟内部有一枚不明质料的小球。[16]不过安特生的意见几乎没人注意过。

目前关于龟甲器的用意，有如下几种解释。

（1）甲囊说[17]。

（2）甲囊和护臂说[18]。

（3）装饰品、工艺品或殉葬品说[19]。

（4）玄龟说[20]。

（5）"从事医巫占卜者身份的标志"说[21]。

（6）龟灵说[22]。

（7）响器和占卜说[23]。

（8）巫医行医的工具说[24]。

（9）响器说[25]。

（10）数卜道具说[26]。

（11）卜卦器具说[27]。

（12）"与狩猎活动相关"说[28]。

本文认为"响器说"的证据最可信。这不仅因为考古学的资料可以和民族学的资料建立广泛的联系。也因为考古学资料本身允许建立这样的假说。当然，"响器"本身作为音乐的载体，可以使用在各种场合，其中也包括仪式场合。本文结合美洲龟甲响器的资料，为"响器说"略作补充，并初步讨论几个相关的问题。

二、中国考古材料的分析

（一）关于龟甲器的加工

龟甲大都经过整治，何家湾、下王岗、尚庄、圩墩等4个遗址的情况不明，大溪、龙岗寺遗址据说没有人工加工痕迹[29]。但这6处遗址所出随葬龟甲的墓葬仅16座，占全部81座同类墓葬的19.75%。随葬龟甲共18个，占全部龟甲152个的11.84%（参见表一〇）。尽管如此，从大溪遗址出土龟甲的墓葬也有石子随葬的情况（M199）看，随葬的龟甲显非鱼那样的自然食品，也应当作响器之用。该墓地另有墓虽无龟甲，但有小石子随葬（M84、M156），都同贾湖遗址的发现相同，这至少说明相当一部分龟甲虽然没有穿孔、整治等人工痕迹存在，但功能上不妨与有人工痕迹者相同。

加工痕迹的记录大都十分简略。贾湖的情况"龟甲穿孔现象比较常见，往往背甲和腹甲穿孔位置相对应，最多者为背甲的颈盾和腹甲前叶前端各一孔，腹背甲两侧各穿一至二孔者次之，中间穿孔者较为少见。另外，腹甲前后叶中间对应穿孔也较常见。这应与闭壳龟前后叶分离有关。从穿孔的位置分析，穿孔目的主要是为了缀合，但亦有不少未见穿孔，可能采用易腐烂不能保存的物体缠裹代替缀合，否则无法使龟的腹、背甲扣合在一起。穿孔均采用单向钻法，由外向内钻，钻孔很圆，多呈漏斗状，只有较薄的位置才呈直壁状，钻孔技术相当娴熟，孔径一般孔口5～8毫米，孔底3～6毫米"[30]。

但是见诸详细描述的龟甲，也有另外的钻孔形态。比如，M363：13，"背甲长15.5、宽7～11、高7.1厘米。头端和两侧各钻一孔，从用途和位置分析，尾端也应有一孔，但因残缺一块背甲片而不见。腹甲长15.1厘米、宽7～9.2厘米。两端各有一孔，其一侧有两孔，一侧一孔，中间两孔。孔皆单面钻，中间两孔较大，孔径0.3～0.6厘米，余均0.2～0.3厘米。"[31]

除了穿孔，贾湖的龟甲还多有修治。"背甲的修治，多表现在将首尾两端的缘板边缘的边棱磨平，磨的轻重程度不同，有的轻磨，有的较甚。个别还在缘板边缘刻一缺口。腹甲的修治较简单，一般仅在前后叶连接处的两侧磨平，可能为便于缀合而为。另外，墓葬出土的龟，大多背甲的边缘均因长期使用把握而变得圆钝光滑，仅有少数保留较锐的边棱。"[32]

刘林的情况，第二次发掘出土的6副龟甲"都是腹背甲共出，均已破碎，有些背甲上穿有若干小圆孔。M182发现的两副龟甲内均盛有小石子"[33]。第一次发掘的9件，"每副甲都有穿孔；在背甲尾部的边沿上，有圆形穿孔十二个或两个；在背甲的下半部，还有穿孔四个，布置成方形；在腹甲中部左右两边沿上，各有一对穿孔，但也有未穿孔的。有的腹甲头部锯去一片。灰土层中也有发现许多碎龟甲片，有穿孔的，有不穿孔的"[34]。

大墩子的情况，腹背甲共出，M21的一例，背甲有穿孔。M44的两副，"背甲上下各有4个穿孔，分布成方形，腹甲一端被磨去一段，上下部有'X'形绳索痕迹"。另一副背甲偏"下部有4个穿孔，分布亦成方形，下端边缘有8个穿孔，列成一排，当中的两孔未穿透，腹甲下端有三角形绳索痕迹，此外腹表还有5个环形磨痕，分布呈梅花状。这些龟甲的穿孔可能是为了便于穿扎绳索或缀流苏之用。当时龟甲可能用绳索捆扎，故遗有绳索磨痕。至于环形，可能为一种饰品的磨痕"[35]（图一）。

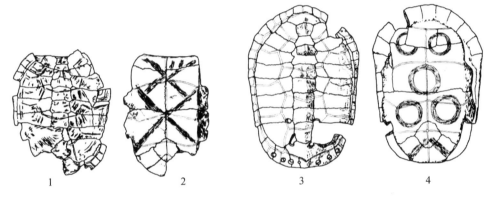

图一　大墩子出土龟甲穿孔及磨痕示意

1、2. 大M44：26　3、4. 大M44：13

（采自《考古学报》1964年第2期，第29页）

王因的6例，均有穿孔。M2301：25、M2301：26，"在背甲的左右第二脊板上即第二椎盾与左右第一、二肋盾三线交界处，各有一个圆孔，直径9毫米。圆孔周边有的留有黑灰色火烧痕，有的是烧灼后再钻成圆孔的。在腹甲的前部，也有一圆孔，只后半部的三分之一呈圆形，前半部的周边已破损成椭圆形"（图二）。M2151：8，残，"在背甲左侧第一、二肋板之间和第一脊板与颈板接缝处，各有一圆孔。在左侧第一、二缘板之间亦有一圆孔，圆孔直径5毫米。在右侧第一、二缘板之间尚残留半个圆孔，由于右侧第一、二肋板缺失，可能如左侧一样，相应的应有三个圆孔。在舌腹甲上也有一圆孔。所有这些圆孔的周边甚圆，不见灼烧

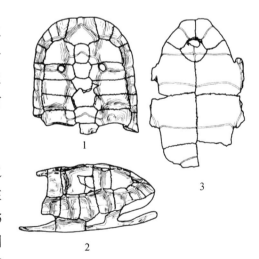

图二　王因出土龟甲示意

1、2. M2301：25　3. M2301：26

（采自《兖州王因》，第287页）

痕迹"。"M2514的一个已成碎片，无法黏合，从破碎的背、腹甲片上还可以看出有圆孔痕迹。"[36]

　　野店的情况，M88：1为一副龟甲，分背甲和腹甲，出土时合在一起。背甲一端穿有四个两两相对的小孔，腹甲尾端被截平，头端穿一圆孔[37]。

　　大汶口的情况，M19：25，背腹甲一对，背甲中脊两侧各有一对称圆孔，腹甲前端两侧各有一小圆孔。M47：27，背甲一件，无穿孔，但涂有朱彩[38]。

　　从这些简略的介绍可以看出，加工和穿孔没有定制。但穿孔基本都有这样一个特点，即讲究上下或左右的对称（图三）。贾湖的穿孔随意性较大，大汶口文化诸遗址则比较一致。即背甲头部或尾部围绕甲脊两侧两两相对的穿孔，腹甲或在头部钻孔，或截去头端或尾端。这些钻孔一般很小，明显是为了穿绳，而头尾部的加工（截去一段），或者是为了扩大开口插入木柄，或者为了取用内部的骨锥，这该是没有疑问的。正因为穿绳的需要，所以穿孔一般都是偶数，无例外，恐怕没有深意可寻。至于没有穿孔的龟甲，也常有同样的作用。因为绳捆、钢套、皮套和树胶都可使乌龟的背腹甲连在一起（见下），这在技术上并非难题。

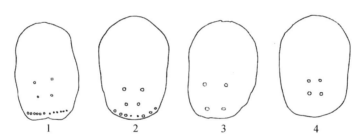

图三　大汶口文化和龙山文化出土的龟甲器穿孔示意

1. 刘林（M7）　2. 大墩子（M44：26）　3. 野店（M88：1）　4. 西吴寺（J4002）

（采自栾丰实《海岱考古研究》，第190页）

（二）关于龟甲内的石子和骨锥、骨针

　　贾湖的龟甲内部多放石子，数量多少不等，"形状颜色均看不出什么规律"。"数量的多少，可精确到个体的只有M233、M327、M363三座。其余各墓因发掘时将其混在一起，已无法从个体的数量来分析其规律性。从数量来看，最多的是M94，8个龟共出173枚石子，其次是M327，8个龟共出169枚；最少的是M55，2个龟只有8个石子。一般来说，龟个体大者，内装的石子也较大，反之亦然。M253随葬的2个龟个体很小，内装的石子就是大砂粒，直径只有5毫米左右。个体较大的龟一般石子都在1厘来左右。但也有例外，M327：18龟个体虽较小，但内装石子不仅多达30个，石子的直径均达1厘米左右。"

　　石子虽多偶数，但也有奇数，似乎也没有深意可寻。比如"从龟甲保存较好的3座墓来看，M327一组八龟中均装有石子。多者30枚，少者8枚。M233有一龟无石子，余5龟多者18枚，少者仅3枚。M363有两龟无石子，余六龟装石子多者30枚、少者6枚。"[39]

贾湖随葬龟甲的25座墓中，发现石子的墓有15座，占60%；没有石子和情况不明的占40%。这同大汶口文化的情况略有不同。

刘林第二次发掘的M182墓两副龟甲内皆盛有小石子。其余没有报道。大墩子M21出土的一副，内装许多小石子。M44出土的两副，腹甲一端被截去一段的，内装骨锥6枚；另一副也盛有骨锥6枚。大墩子第二次发据的情况，"有的龟甲内装小石子四颗或六颗，有的内装骨针六枚"[40]。虽然没有明确的统计，但是看起来所盛有两种物件，即小石子和骨锥、骨针。有意思的是似乎所装都是偶数。王因的情况，M2301：25、M2301：26，龟甲内装有11根骨锥：M2151：8，龟甲内装有7根骨锥；M2514龟甲内装有骨锥17根。三副龟甲都盛骨锥，不见石子，且都是奇数。野店的两例，既没有提到小石子，也不见骨锥、骨针之类。大汶口只提到M47：18和M47：28"甲壳内各有砂粒数十颗，小的如豆，大的如樱桃"[41]。如果这是实际情况，那么装盛石子的龟甲仅占全部随葬龟甲的10%。与刘林、大墩子、王因的情况皆有不同，与贾湖的情况，倒有相似之处，但装石子的比例远低于贾湖。

大溪的情况，仅M199提及随葬石子若干，具体出土位置不详。

总之，整体看来，如果假设大墩子第二次发掘的13副龟甲分别有6副随葬石子，7副随葬骨锥、骨针，那么已知盛放石子的龟甲约占全部随葬龟甲的56.58%，随葬骨锥和骨针的比例占全部随葬龟甲的7.89%（参见表一〇）。排除保存方面的原因，这意味若还有35.53%的龟甲没有配套的石子和骨料随葬。这说明除了石子、骨锥、骨针外，龟甲内还该有有机物比如植物籽粒充当发声的工具，这在美洲是很常见的（见下）。

（三）关于龟甲的出土位置

龟甲一般出土于死者腿部、腰部，个别在手、臂、头和脚部。贾湖的死者，似乎偏爱腿部，11座墓共有27副龟甲随葬在腿或脚部，墓葬约占全部随葬龟甲墓的44%；龟甲约占全部随葬龟甲的29.35%。随葬在肩部的只有2例，随葬龟甲10副，分别占全部墓葬的8%和全部龟甲数的6.58%。头部附近的3例，随葬龟甲22副，分别占全部墓葬的12%和全部龟甲数的9.21%。其余9例置于二次葬的乱骨堆上，或位置不明，这部分分别占全部墓葬和随葬龟甲数的36%和21.71%（图四；参见表一、表一〇）。

大汶口文化的龟甲似乎偏爱腰腹部（参见表二）。刘林第二次发掘，报道说"龟甲的放置似无固定的位置"[42]。综合两次发掘的结果，放在胸腹部的只有3例；放在头部1例，臂部1例，腿部2例，其余没有报道。但给第一次发掘者的印象，是偏于"人架腰部和腿部"[43]。（图五；参见表三）大墩子遗址龟甲的出土位置大多没有报道，已知的5例，3个在腰腹部，2个在臂膀附近，其中尤其应该注意的是M21的一副，"发现时正套在人架的右肱骨上，其中还有许多小石子，背甲上有穿孔"[44]。发掘者说第二次发掘的13

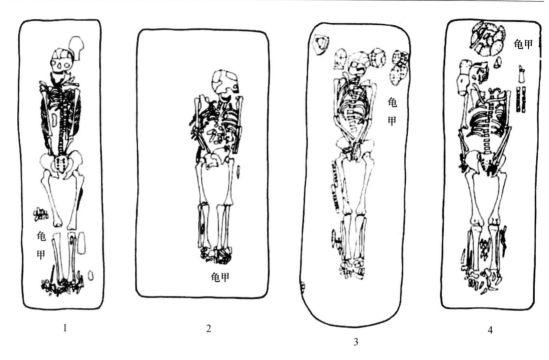

1　　　　　　　2　　　　　　　　　　　　　　　　4

3

图四　贾湖龟甲出土位置示意

1. M121　2. M341　3. M233　4. M344

（采自《舞阳贾湖》，第163、169、164、174页）

座，大都属于男性青壮年，"放置在死者尺骨或髂骨旁"。大墩子人似乎比较偏爱臂膀（图六；参见表四）。

王因的3例，1例在肩部，2例在腹部（参见表五）。野店的2例，1例出在腰部，1例出在头前近墓边的一堆随葬品中（参见表六）。大汶口墓地的龟甲，绝对偏爱腰部。11座随葬龟甲的墓中，随葬在腰部的占10座，占全部随葬龟甲墓葬的90.91%；另有2个龟甲随葬在死者的膝部和脚下。其中一墓死者腰部和腿部各随葬龟甲1副。有意思的是，11座墓葬中有10座墓葬的龟甲在死者右腰部（参见表二）。尚庄的一例，出在死者的骨盆上。似乎整个山东地区的龟甲随葬都有一定的规矩（图七）。

圩墩的1例，发现在右臂附近。

下王岗随葬在腰部的1例，手臂上的1例，右臂内侧的1例。不过发掘者的印象，是"殉龟则多放在手臂上"（参见表八）。龙岗寺的3例，M102在左足外侧，M145在两小腿之间，另一例不明（参见表九）[45]。大溪只有一例位置明确，即在屈肢葬儿童的手部。其余没有报道（图八；参见表九）。

从出土的位置看，龟甲多随葬在腿（脚）部、腰部和臂（手）部三个位置。贾湖、龙岗寺人偏爱腿部；大汶口、王因、野店、尚庄人比较偏爱腰腹部；刘林人没有特别的偏爱，似乎腰、腿、臂部都有随葬。大墩子、圩墩似乎比较偏爱臂膀。下王岗、大溪人则比较偏爱手臂。偏爱腿部的贾湖人，随葬的龟甲一般多为多个个体（随葬2个或2个以上龟甲

表一　贾湖墓地随葬龟甲统计

墓号	期别	墓主	葬式	龟甲出土位置	数量	随葬品数量（除龟及石子）	龟甲穿孔及其他痕迹	石子数量	备注
15	II 5	不明	仰身直肢一次葬	整置于胫骨远端两侧	4	2（罐、斧）		至少17	
16	II 6	男?50岁左右	同上	整置于足上	4	6（罐、壶、绿色石珠2、骨叉形器、兽牙）		121	
17	II 6	男，45岁左右	同上	整置于胫骨上	6	13（壶2、罐、斧2、骨叉形器5、锛、打削石器、兽牙）		98	表71说整置于足上
55	II 6	女，成年	同上	整置于二胫骨间	2	6（斧、锛、牙削、苗、骨笛半成品）		8	
94	II 6	男，45~50岁	缺肢一次葬	成组整置于左胫外侧	8	13（折肩壶、罐、骨镞、骨形器、骨针、骨匕、兽牙杯7）		173	
121	II 5	男，25~30岁	双臂交叉一次葬	整置于右股骨外侧	2	14（折肩壶、骨镖3、骨削、斧2、骨笛、骨镞4）		30	
125	I 2	男，40~45岁	摆放式二次葬	整置于二次葬头骨下	8	4（双耳罐、骨镞、磨盘、骨叉形器）	有2龟甲记录有人工穿孔。125：4、8两侧龟石子混在一起。125：7腹甲前后叶，两侧两侧各一孔，由内向外钻	84	据表74很难看出该墓全部龟甲是否都有穿孔
233	II 6	男，成年	双臂交叉一次葬	整置于头骨左外侧	6	10（折肩壶2、骨镖、骨锥、骨镞、牙削、浅腹钵、骨笛2）		48	
253	III 7	男，45~50岁；男45~50岁	仰身直肢一次葬；二次葬	整置于甲男右股骨上	2	8（圆腹壶、骨镞3、骨笛2、牙削）		47	
263	III 7	甲男成年；乙男成年	同上	2碎背甲片置于钵内	1	21（扁腹壶2、器柄、骨镞5、牙削2、骨笛、骨镖、蚌壳3、角料）、扁腹壶、浅腹钵		未见	
268	III 7	性别不明，10岁以下	双臂交叉一次葬	1腹甲片置于足上	1	1（扁腹壶）		不明	

续表

墓号	期别	墓主	葬式	龟甲出土位置	数量	随葬品数量（除龟甲及石子）	龟甲穿孔及其他痕迹	石子数量	备注
277	II 6	甲女成年；乙丙丁男成年	甲仰身直肢一次葬，余二次葬	1碎片乙男下压	1	64（折肩壶2、敛口钵、壶、骨镖5、骨镞22、骨板2、牙削、器柄、骨针21、牙镞、骨料片、云母片）		3	
282	II 5	甲男35岁左右，乙男45岁以上	甲男仰身直肢一次葬；乙男二次葬	残片，2个个体，置于右肩外侧	2	58（折肩壶、敛口罐、罐形鼎、斧2、凿2、砺石3、骨板4、骨凿4、骨刀2、骨笛2、骨镖9、骨镞8、骨锥、牙削2、牙椎3、牙刀3、骨针2、骨器柄2、角料）		17	
290	II 6	女，成年	缺头一次葬	1片置于足下	1	2（动物下颌骨、脊椎骨）		未见	
325	II 5	甲女，45~50岁，乙男，50岁，丙男35~40岁，丁女成年	甲女仰身直肢一次葬；余皆二次葬	1片置于乙男胫骨旁	1	13（圆腹壶2、折肩壶、敛口钵、折肩罐2、牙削、磨盘、骨锥、骨镖）		未见	穿孔龟甲
326	II 6	甲男中年，乙男40岁左右，丙男40岁左右，丁女35~40岁	皆二次葬	零乱压在乱骨下	3另鳖1	3（折肩壶2、罐底）		未见	
327	II 6	甲男老年，乙男壮年，丙女壮年，丁男壮年	乱堆式多人二次葬	整齐置于乱骨上，另有穿孔腹甲2片	8	9（深腹壶、折肩壶、骨叉形器2、骨凿、骨料、铲、颜料、骨镖）		169	
334	II 5	甲男中年，乙男老年	乱堆式二次葬	1片置于乱骨之中	1	9（折肩壶8、骨锥）	残断的腹甲后叶中和两侧各一孔。孔向内钻	未见	
335	II 5	甲男25岁左右，乙男成年	甲男仰身直肢一次葬，乙二次葬	4片3个个体置于左股骨左侧	3	19（折肩壶、骨镖3、牙削、骨镞2、骨针4、穿孔石饰、方形绿松石饰、骨匕2、鹿角2）	335：8腹甲前后叶3组6孔，腹甲右下又穿1孔。孔由外向内钻	未见	

续表

墓号	期别	墓主	葬式	龟甲出土位置	数量	随葬品数量（除龟甲及石子）	龟甲穿孔及其他痕迹	石子数量	备注
341	I 1	男，壮年	仰身直肢一次葬	整置于两足间	1	6（骨笛2、骨针、骨镞、牙削、狗骨）		未见	
344	II 5	男，壮年	缺头仰身直肢一次葬	整置于头骨上方	8	25（折肩壶2、骨叉形器、骨笛2、骨饰、骨镖6、骨镞6、牙削2、牙饰、砺石、牙刀3）	244：18腹甲前叶首端一圆孔，颈板一钻孔，皆外向内钻。344：28背甲颈部中间一钻孔，边缘把握光滑。344：30背甲边缘把握光滑，腹甲后叶尾端一圆孔。M344：31腹甲右边缘板8、9同，8同和8、9同，第4椎板和右第4肋板间各钻一圆孔	47	
363	II 6	甲男55岁以上、乙男55岁以上、丙女45～50岁	甲男仰身直肢一次葬，余二次葬	整置于乙男乱骨上	8	8（折肩壶3、侈口罐、骨叉形器、牙饰、锤击石核、骨料、石钻）		97	表71说碎片置于陶钵内（另蚌壳3、鱼1）
382	II 4	1性别年龄不明	迁出墓	碎片置于墓底	整1	2（折肩壶、牙锥）		未见	
387	II 5	男，成年	乱堆式二次葬	整置于扰乱骨上	8	7（折肩壶、三足钵、敛口钵、鼎足、骨笛、骨叉形器、骨匕）	有4个龟甲有人工穿孔记录。387：6背甲石4、5肋板近椎板处各钻一圆孔，边缘有磨痕。387：7背甲右肋板近椎板处穿一圆孔，边缘把握光滑。387：10背甲颈部钻一圆孔。387：14，背甲边缘一圆孔，腹甲后叶尾端中间穿一圆孔。	存3个	附表五统计为9个龟甲
394	II 5	甲男成年、乙男中年、丙男成年、丁女成年、戊女成年年、己10～12岁	乱堆式二次葬	不详	1?整甲片数量不详	5（折肩壶3、牙削、羊角）		未见	原统计原没有，据附表6增加

注释：1. 本表据《舞阳贾湖》表七一、七三、七四、附表六等制作，随葬品一栏不同式的器物归并为一类计算。

2. 为节省空间，随葬品的数量根据附表六计算。除陶器外，没有特别注明质料的，皆为石质。原来一器分两器计算的，现在合并为一器。

3. 石子数在原表73中没有说明的为"不明"。

表二 大汶口墓葬出土龟甲统计

墓号	期别	墓主	葬式	龟甲出土位置	数量	随葬品及数量（除龟及猪石子）	龟甲穿孔及其他痕迹	备注
1	晚	男左，女右，成年	仰身	分置两人右腰部	2	56（鼎、豆、壶、杯7；斧、锛7、刀4、矛、砺石2、笄2、玉管、锥4、镖、镞2、箭尾、钩、长方骨板、牙刀3、牙料5；獐牙8）		女性在扩出的小方内，随葬品除龟甲外仅一小玉管。无葬具
4	晚	成年	仰身	右腰及右膝旁各置一龟甲	2	65（鼎、豆、壶、盂、杯2、罐2、盉；尊2、镞5、凿2、刀1、砺石2；锥5、凿、镖4、钩形器、雕筒、牙刀14；獐牙2、猪头、蚌片）		无葬具
12	早	成年	仰身	置右腰部	1	21（鼎2、豆1、壶、罐、蠹、器盖；铲、笄；镞5、板3；猪头3）		有二层台，无葬具
19	早	成年	仰身	置右腰及心窝处各二	4	40（鼎3、豆2、壶、罐；斧、锛6、凿、砺石、球；梭形器3、针筒、指环、镖4、牙料9、蚌镰；獐牙4、猪头牙2、猪头2）	19：25腹背甲一对，残，各有穿孔。背甲近敛杯中部两侧各钻一圆孔。腹甲前端也对称钻两小孔。	无葬具
26	早	成年	仰身	置右腰部	1	78（鼎、豆、壶、罐、杯、盉2、尊3；铲、锛、砺石、笄3；珠3；牙镰4、梭形器、针2、针管、锥2、角锥、凿、镞2、匕、雕筒、牙料5、骨柄5、牙琮3、牙料14；獐牙2、猪头、鱼骨、蚌片）		残陶器计算其中，鱼骨一包当一件计算。无葬具
40	不明	成年	仰身	置左腰部	1	9（锛4、砺石；镞3、镖、笄2；牙料2；猪头）		无葬具
47	晚	成年	仰身	置于右腰部	2	75[鼎4、豆5、壶7、罐6、杯27、鬶3、盉5；纺轮；笄2；臂环4串（共41枚）、头饰4串、颈饰1串（6枚）、束发器4；獐牙3、猪头]	47：27背甲1无穿孔，涂有朱彩。标本47：18、47：28甲壳内各有砂粒数十颗，大的如豆，小的如樱桃。	头饰、颈饰的串珠一串按一个算，束发器2对按4个算。有葬具
64	晚	成年	仰身	置右腰部	1	17（壶2、杯8；针、束发器2；獐牙4）		无葬具
69	中	双人成年	仰身	置右腰边架甲脚下	1	7（罐；斧、镞、角匕、鱼钩3、角坠）		无葬具
106	早	成年	仰身	置脚下	3	43（鼎、豆、壶、罐、钵、碗2、盖；锛6、磨棒、指环、砺石2；镞、锤2、角匕、牙料14、牙环；獐牙2、猪头3）	龟甲皆涂朱	无葬具
110	早	成年	右侧身	置左腰部	2	17（鼎4、豆、壶；斧、镖6、镞、指环、砺石2；锛4、镖2、牙料、獐牙2、猪头2）		无葬具

说明：1. 本表主要依《大汶口——新石器时代墓葬发掘报告》表一三墓葬登记表，另参考了文字部分的描述。

2. 为节省篇幅起见，随葬品的种类名称省略，一般以陶器、玉石器、骨角牙器、其他为序，中间以分号分隔开。

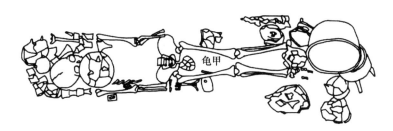

图五 刘林M182龟甲出土位置示意

（采自《考古学报》1965年第2期，第16页）

表三 刘林墓地随葬龟甲统计

墓号	期别	墓主	葬式	龟甲出土位置	数量	随葬品数量（除龟甲及石子）	龟甲穿孔及其他痕迹	备注
2		女，30岁左右	仰身屈肢	右腰部？	1	14（牙勾2、柶3、梳；陶鼎2、豆2、碗2、盆、盘）	有穿孔	陶器还多，被挖毁
7			仰身直肢	头骨右侧1，右胫骨右侧2	3	12（石斧、砺石；骨针5、笄2、骨牙饰；鼎、豆）	2龟甲皆有穿孔	
18		不详	同上	右胸前	1	4（石斧、锛、勾2）	有穿孔	随葬狗1
25		男，40～50岁	同上	骶骨上	1	9（斧；骨枪头、勾2、柶、匕；鼎、罐、杯）	同上	随葬狗1
57		合葬，不详	同上		1	5（牙勾3、柶；鼎）	同上	以上为第一次发掘
88	不详	女，15岁左右	同上		2	6（石锛、砺石2；骨锥、獐牙2）		以下为第二次发掘
100	晚	男，30～35岁	同上		1	9（鼎2、杯2、碗、三联杯；骨锥、骨柶、雕刻牙饰）		
158	不详	男，12岁左右	同上		1	0		
182	晚	男，15岁左右	同上	1在腿裆部，1在右臂内侧，内均有10余粒小石子	2	30（鼎14、杯9、罐、缸、斧；獐牙勾形器、角锥、骨钏、长方形骨器）		

的墓葬占64%），这与北美洲印第安人绑在小腿部跳舞的龟甲形态，如出一辙（见下）。大汶口人的龟甲，多为单体随葬，只有2墓随葬2个、1墓随葬4个龟甲，其余大汶口文化诸墓多随葬单个龟甲，似乎与贾湖的龟甲在使用上已有明显区别。有意思的是大墩子M21的一例，明确记录出土时套在肱骨上，且内部有石子，背上有孔。这无疑说明至少有相当一部分龟甲是绑在臂膀上使用的。这个资料，甚至可以弥补美洲考古材料的缺陷（见后）。随葬在腰部和手部的龟甲，也许用手操持，也许是绑在腰部的物件。可惜考古材料本身并不能告诉我们确实的情景。

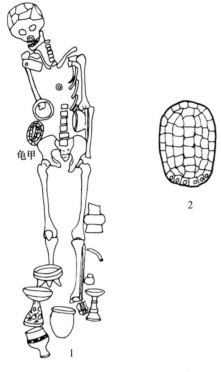

图六　大墩子龟甲出土位置示意
1. M55（出土位置）　2. 龟甲形态
（采自《考古学集刊（第一集）》，第37页）

（四）关于墓主的性别、年龄和身份问题

这是讨论龟甲响器的一个前提。不少研究者都注意到这个问题。我们的研究显示，随葬龟甲的墓葬，总体上以男性青壮年为主，但情况又有不同。贾湖遗址，随葬龟甲的成年男性墓17座，占全部龟甲墓的68%；年龄除鉴定为"成年"外，从25岁到55岁以上均有，但似乎以40～50岁的壮年为主，明确记载25～30岁的仅2例，55岁以上的仅1例；40～50岁的却有6例，如果加上2例壮年，男性壮年则占全部成年男性的47.06%，远大于其他年龄段的比例。成年女性仅2例，占全部龟甲墓的8%。其余5例也属成年人，但性别归属不明。仅1例属于10岁以下的儿童，性别不得而知。可见贾湖人的龟甲多随葬在成年男性墓中，女性很少，儿童更少。

刘林仍然以男性为主，但是少年的比例明显增多，9座墓葬中，男性墓4座，其中15岁左右以下男性2例，30～50岁的男性2例；女性墓2例，其中一例年在15岁左右，另一例30岁上下；其余性别年龄不明的3例。男性墓占44.4%，女性墓占22.2%。少年男性的比例占22.2%，少年女性的墓则占11.1%，可见与贾湖以壮年男性为主的特点有很大不同。

大墩子的情况，以成年男性为主，15座随葬龟甲墓中，成年男性有8座，占53.33%，与贾湖略接近。成年女性2例，占13.33%，略高于贾湖和刘林的比例。另有2例，虽属男性，但年龄不明。其余3例年龄性别皆不明。报告中没有提到儿童，又说大都属于"男性青壮年"，看来随葬龟甲的墓主主要是青壮年男性。

王因的3例均属成年男性，年龄从20到35岁左右。野店的合葬墓，龟甲虽放置在成年男女的中间，但更接近女性。另1例属于中年男性。大汶口的1例，男女各随葬一副龟甲；其余10座墓葬，皆为成年，但性别不明。尚庄的1例，男，25岁左右。排除大汶口的情况，山东地区大汶口文化的龟甲墓似乎也比较偏爱成年男性，但显然也有女性随葬龟甲；随葬龟甲的儿童墓则不见。

圩墩的1例，属于壮年女性；下王岗的6例，皆属男性青壮年。龙岗寺的3例，2例为青壮年男性，1例为成年，报告疑为女性。大溪随葬龟甲的墓葬，多属小孩，似乎与所有其他遗址的情况皆有不同。下王岗、龙岗寺比较接近贾湖，圩墩的情况不好判断，但似乎更

表四　大墩子墓地随葬龟甲统计

墓号	期别	墓主	葬式	龟甲出土位置	数量	随葬品数量（除龟甲及石子）	龟甲穿孔及其他痕迹	备注
21	刘林类型	男，40余岁	仰卧伸肢	套在右肱骨上	1	0	背甲有穿孔。内有许多小石子	
44	同上	男，约30岁	同上	左腹上1，骶骨右上侧	2	51（瓿、盆、鼎6、杯5、罐；斧、铲、环；骨锥13、镖、骨帽、骨管、骨柶、骨刮削器3、针8、獐牙二对、獐牙勾形器）	前者内装獐骨6枚，背甲上下各有4穿孔，腹甲一端被磨去一段，上下部有"X"形绳索磨痕。后者内装骨针6枚，背甲偏下部有4个穿孔，分布亦成方形，下端亦穿透，腹甲边缘有8个穿孔，列成一排，当中的两孔未穿透，此外腹表还有5个环形磨痕，分布形绳索磨痕，呈梅花形	有狗殉葬。以上为第一次发掘。獐牙勾形器二对依二角计算
53	同上	男，中年	仰身直肢	右腰	1	33（石铲、锛8、凿3、砺石、球；陶鼎6、獐牙勾形器；骨镖2、锥、针、獐牙、猪下颌骨4、栅、钩发、猪獠牙）		以下为第二次发掘
55	花厅类型	男，50岁	同上	桡骨外侧	1	13（石铲、环2、镯；罐2、盆、鼎、尊、杯、豆）		
58	同上	？	同上		1	3（钵、罐、鼎）		只存一段股骨，有一狗
63	同上	男，约30岁	同上		1	21（石锛、砺石2、凿2、鼎3、罐2、杯、骨锥8、针3、牙饰）		龟甲内有小石子6个

续表

墓号	期别	墓主	葬式	龟甲出土位置	数量	随葬品数量（除龟甲及石子）	龟甲穿孔及其他痕迹	备注
65	同上	?	同上		1	7（鼎4、盆、罐、骨锥）		
67	刘林类型	女，壮年	同上		1	10（石纺轮、陶豆、鼎2、碗、罐2、杯、盖、獐牙勾形器）		与M86合葬
86	同上	男，中年	同上		1	10（鼎3、杯、骨柄、鱼镖4、獐牙勾形器）		与M67合葬
102	同上	男，约30岁	同上		1	27（石斧、铲、鼎10、牙约发、骨针6、颜料石5、猪下颌骨2块）		
109	花厅类型	女，壮年	同上		1	6（陶罐、獐牙勾形器2、匕首2、鹿角）		
110	同上	?	同上		1	1（石铲）		有二狗
171	刘林类型	男，?	同上		1	7（石斧、铲、陶鼎3、罐2）		
207	花厅类型	男，?	同上		1	8（石斧、陶鼎、豆、环、獐牙勾形器、锥、猪獠牙饰2）		
249	同上	男，壮年	同上		1	8（石斧、陶罐、鼎、杯、骨针3、獐牙勾形器）		

表五　王因遗址大汶口墓葬随葬龟甲统计

墓号	期别	墓主	葬式	龟甲出土位置	数量	随葬品数量（除龟甲及石子）	龟甲穿孔及其他痕迹	备注
2151	大汶口文化早期	男，30岁上下	仰身直肢	右腹部	1	14（杯、鼎、陶坠5、骨锥7）	有钻孔，龟壳中间放7根骨锥	
2301	同上	北男、26～30；南男35岁左右	同上	左腹部	1	16（南男随葬龟甲者：束发器4、骨锥12）	有钻孔，先灼后钻，龟壳中间放11枚骨锥	
2514	同上	合葬5人，皆男性。随葬龟甲的男性20～22岁	同上?	左肩部	1	33（鼎、石斧4、骨匕2、束发器2、骨锥25）	有钻孔，龟壳中间放17枚骨锥	

表六　野店遗址大汶口墓葬随葬龟甲统计

墓号	期别	墓主	葬式	龟甲出土位置	数量	随葬品数量（除龟甲及石子）	龟甲穿孔及其他痕迹	备注
88		双人，左男，壮年；右女，青年	仰身直肢	腰部附近，在两人之间，但更接近女性	1	13（鼎2、陶镯9、骨针、石环）	背甲一端穿有四个两两相对的小孔，腹甲尾端被截平，头端穿一圆孔	
84		男，中年	同上	头前贴墓边，与陶器共出	1	12（鼎、豆、鬶2、壶、杯2、獐牙2、猪下颚骨2）	仅存龟类背甲的中脊	豆盘中除猪下颚骨外，还有鱼骨

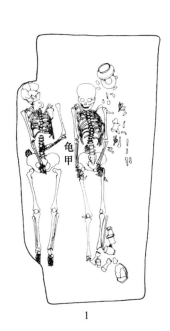
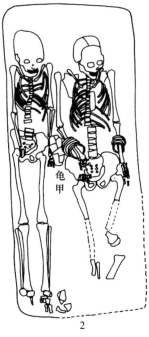
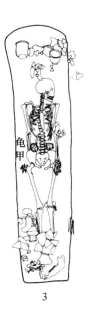

图七　山东地区大汶口文化墓葬出土龟甲位置示意

1. 大汶口（M1）　2. 大汶口（M4）　3. 野店（M88）　4. 王因（M2151）

（分别采自《大汶口》，第31、27页；《邹县野店》，第104页；《山东王因》，第185页）

表七　大溪墓地随葬龟甲统计

墓号	期别	墓主	葬式	龟甲出土位置	数量	随葬品数量（除龟甲及石子）	龟甲穿孔及其他痕迹	备注
81	早	小孩	侧身屈肢	右手处	1	蚌珠若干	无	随葬蚌珠若干
199	早	小孩	仰身微屈	不详	1	4（耳饰、石珠、玉饰2）	无	石子若干
204	早	不详	不详	不详	1	6（石斧、玉玦3、蚌镯、耳饰）	无	

表八　下王岗仰韶文化一期墓葬随葬龟甲统计

墓号	期别	墓主	葬式	龟甲出土位置	数量	随葬品数量（除龟甲及石子）	龟甲穿孔及其他痕迹	备注
112	1	男，中年	仰身直肢	左腰部	1	3（罐、鼎、狗）	不详	（狗以一件随葬品算）
281	1	男，中年	同上	右桡骨和尺骨	2	2（罐、石铲）	同上	
381	1	男，老年	同上		1	2（鼎、骨镞）	同上	
441	1	女，中年	同上		2	1（罐）	同上	
454	1	男，老年	同上		1	8（石球、水晶石3、黄铁矿、锰铁矿、兽牙、兽骨）	同上	
478	1	男，青年	同上		2	1（细颈瓶）	同上	

表九　龙岗寺仰韶文化半坡类型墓葬随葬龟甲统计

墓号	期别	墓主	葬式	龟甲出土位置	数量	随葬品数量（除龟甲及石子）	龟甲穿孔及其他痕迹	备注
102	半坡类型	男，20多岁	仰身直肢	左脚踝外侧	1	18（陶钵5、碗2、尖底瓶、罐2、石铲、磨石2、绿松石饰2、牙饰3）	无	
118	同上	女?成年	仰身直肢	（报告不详）	1	20（钵3、碗2、尖底瓶、罐、盂、玉斧、骨锥6、骨刀、石球2、磨石、牙饰）	无	据报告正文，三墓龟甲都位于人骨架的下腹外侧。见该书161页
145	同上	男，35岁上下	二次仰身葬	两小腿之间	1	18（钵2、尖底瓶、四耳罐、直腹罐、器盖、石铲、骨锥9、磨石2）	无	合葬墓

接近刘林的状况。

　　龟甲墓占全部出土墓葬的比例，在各地略有不同，最高者属大汶口，达8.27%，最低者属王因，仅0.33%，但大都在5%以下。如果把大汶口第二、三次发掘的46座墓葬计算在内[46]，那么龟甲墓的比例则降低至6.15%。比例最高者当属贾湖的7.16%（参见表一〇）。也就是说，龟甲墓在各墓地所占的比例都不高。排除王因、野店、尚庄、圩墩、龙岗寺、

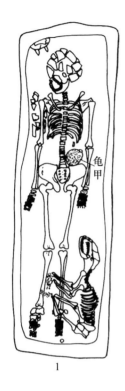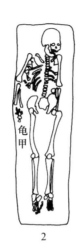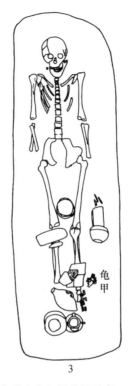

图八　仰韶文化、大溪文化墓葬出土龟甲位置示意

1.下王岗（M112）　2.下王岗（M454）　3.龙岗寺（M102）　4.大溪（M81）

（分别采自《淅川下王岗》，第25、24页；《龙岗寺》，第72页；《考古学报》1981年第4期，第463页）

表一〇　中国史前诸文化出土龟甲墓葬情况一览

遗址	文化	大致年代	墓葬总数	龟甲墓总数	百分比（%）	备注	文献出处
贾湖	裴李岗文化	7000～5800 BC	349	25	7.16	龟甲92副	[5]
刘林	大汶口文化	4300～3700 BC	197	9	4.56	龟甲13副	[2]
大墩子	大汶口文化	3800～3300 BC	342	15	3.57	龟甲16副	[3]
王因	大汶口文化	4500～3500 BC	899	3	0.33	龟甲3副	[10]
野店	大汶口文化	4200～2700 BC	89	2	2.24	龟甲2副	[6]
大汶口	大汶口文化	3500～2600 BC	133	11	8.27	龟甲20副	[1]
尚庄	大汶口文化	3000 BC 上下	15	1	6.67	龟甲1副	[8]
圩墩	马家浜文化	4000 BC 上下	86	1	1.16	龟甲1副	[7]
下王岗	仰韶文化	4500 BC 上下	123	6	4.87	龟甲9副	[4]
龙岗寺	仰韶文化	4500～4000 BC	423	3	0.71	龟甲3副	[11]
何家湾	仰韶文化	4500～4000 BC	不详	1		龟甲1副	[11]
大溪	大溪文化	4000～3000 BC	208	4	1.92	龟甲3副	[9]

　　说明：1.因报告不详，并非所有龟甲都包括腹背甲，为方便计，这里皆依整甲计算。详细出土情况参照表一至表九。

　　　　　2.文献一栏的数字，指文后注释号码。

　　　　　3.年代一栏，根据各地的碳测年代外，还参考、引用了注释［13］、［22］。

　　　　　4.何家湾的情况不明，没有计算龟甲墓的百分比。

　　　　　5.西吴寺的一副龟甲出土在龙山文化水井里，不予统计。

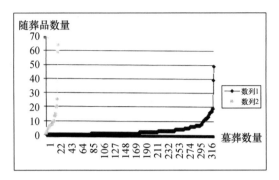

图九　贾湖墓葬随葬品比较

［龟甲墓（数列2）与非龟甲墓（数列1）］

何家湾、大溪等零星出土龟甲的墓葬不算，其余几个成规模的龟甲随葬墓地，龟甲墓所占的平均比例只有5.69%。如果以随葬品的数量，作为衡量墓主身份高低的一个指标，那么，贾湖随葬龟甲者的身份似乎最高；其次是刘林，再次是大墩子，然后是下王岗，最后是大汶口（参见图九至图一七）。就大墩子来说，龟甲墓的随葬品数量，年代早的刘林类型高于年代稍晚的花厅类型（参见图一一至图一三）；

就大汶口墓地说来，龟甲墓的随葬品数量，大汶口早期墓高于中晚期墓（见图一四至图一六）。排除掉统计方面的误差，这是一个非常有意思的现象。也就是说，尽管各地龟甲墓主人的性别年龄比有所不同，但是一个比较明显的趋势，是随着时代的发展，随葬龟甲的墓主人在社会中的地位日趋下降。虽然其身份地位整体上看来还是略高于一般社会成员，但是这个下降的趋势如果从贾湖一路看下去，是无法回避的事实。这一点也同以往根据大汶口文化特殊随葬品分析的结果相吻合[47]。大汶口文化与仰韶文化在葬俗上存在很大

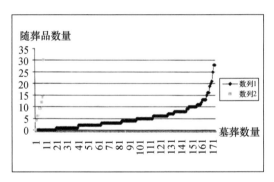

图一〇　刘林墓地随葬品比较

［龟甲墓（数列2）与非龟甲墓（数列1）］

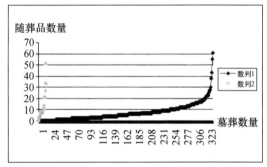

图一一　大墩子墓地随葬品比较

［龟甲墓（数列2）与非龟甲墓（数列1）］

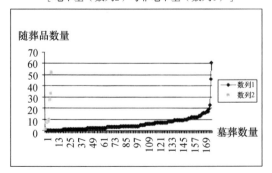

图一二　大墩子墓地刘林墓葬随葬品比较

［龟甲墓（数列2）与非龟甲墓（数列1）］

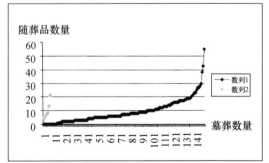

图一三　大墩子墓地花厅类型墓葬随葬品比较

［龟甲墓（数列2）与非龟甲墓（数列1）］

的差别，下王岗遗址仰韶文化一期的墓葬，随葬品最多的墓只不过10件，龟甲墓随葬品最多者仅8件（参见图一七），社会地位看不出什么差别，这是同大汶口文化有明显区别的，这个差别、不完全是时代先后的关系，应该同两个文化系统的价值观不同有密切关系[48]。从这个差别看，贾湖同大汶口文化系统的关系，远大于其同仰韶文化的关系，这是值得注意的一个方面[49]。但下王岗龟甲墓与非龟甲墓随葬品的比例，不影响我们对大趋势的分析。

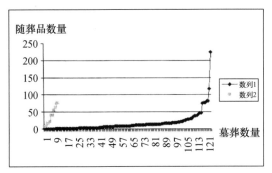

图一四　大汶口墓葬随葬品比较

［龟甲墓（数列2）与非龟甲墓（数列1）］

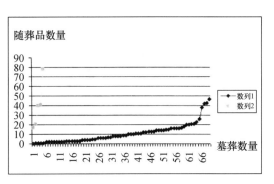

图一五　大汶口墓地早期墓随葬品比较

［龟甲墓（数列2）与非龟甲墓（数列1）］

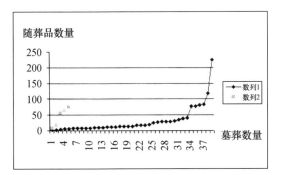

图一六　大汶口中晚期墓葬随葬品比较

［龟甲墓（数列2）与非龟甲墓（数列1）］

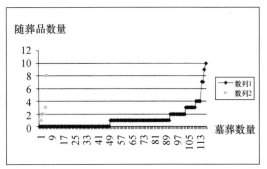

图一七　下王岗墓地随葬品比较

［龟甲墓（数列2）与非龟甲墓（数列1）］

（五）贾湖墓葬骨笛和龟甲的关系问题

贾湖出土骨笛的墓共15座，有一座为30岁左右的成年女性墓，一座因骨骼太朽且少，无法鉴定其年龄性别，余13座墓均为男性墓，其中25岁左右者1座、30～40岁的壮年有5座，50～55岁的有2座，只可定为成年而无法鉴定到确切年龄者有6座。也就是说成年女性墓占6.67%；成年男性墓占86.7%，其中30～40岁的壮年墓占33.3%。与随葬龟甲墓的性别年龄构成差可比拟，也就是说，随葬骨笛的主要是成年男性，且以壮年为主。

把龟甲墓和骨笛墓的关系作一番比较，发现两者共存的墓共9例（见表一一），占全部龟甲墓的36%，占全部骨笛墓的60%。这说明两者有密切的关系，但又不相重合。骨笛墓占全部贾湖墓葬的4.0%，低于龟甲墓占有的分量：龟甲、骨笛共出墓占全部贾湖墓葬的

表一一　　贾湖墓葬中龟甲与骨笛的关系

墓号	龟甲	骨笛	随葬品数量 (除骨笛)	龟/笛
341	1	2	5	×
411		1	16	
78		1	2	
121	2	1	15	×
270		1	4	
282	2	2	59	×
344	8	2	31	×
90		1	4	
387	8	1	15	×
55	2	1	6	×
233	6	2	14	×
99		1	0	
73		1	11	
253	2	2	9	×
263	1	1	20	×

注释：半成品、残品视同正品。

2.58%，这一方面可能说明贾湖的乐器控制在一小部分人的手里，另一方面也说明龟甲与骨笛掌握在不同人的手里。换言之，60%的笛手，同时也演奏龟甲响器：但是只有36%的龟甲响器演奏者，可能同时也是笛手（见表一一）。当然，这一切统计，都有一个前提，那就是随葬品是实际生活的真实反映，否则所有这些统计都没有意义。

三、北美洲考古、民族学资料的分析

现在让我们看美洲的情况。北美洲东部地区的许多印第安人都使用龟甲响器，目前所知南美洲只有中部一个叫Chamacocos的地方有此习俗，而且响器是插入木柄手摇的那种[50]。关于响器在北美洲印第安人中的地位，有研究者作过以下的描述。

响器（rattle）在大多数印第安人看来，其与舞蹈之关系正同鼓和舞蹈的关系一样不可分离。响器在印第安人中的普遍程度也同鼓一样，其受尊重的地位也同鼓差不多相等。并非所有的舞蹈都需要响器，但是某些仪式没有响器却不能举行；事实上，某些仪式根本不用鼓，唯一的响声即来自舞蹈者手中摇动的响器。

有时候响器由鼓手使用，有些鼓手击鼓，有些鼓手则摇动响器。但是更常见的，是跳舞的人操持响器，每个舞者在跳舞的同时手持一个响器，一边跳，一边摇动响器。这个时候，响器是舞蹈者灵感的源泉：响器发出的响声，是对舞蹈者不断的刺激和鼓励。更重要的，响声就是节奏，它能轻而易举使所有的动作协调一致。更不必说，在旁观者看来，响器的节奏使舞蹈更具魅力。所有这些益增响器所被认为具有的驱除病魔的力量和完成舞蹈的超凡力量。

正如我们马上要看到的那样，印第安人的响器类型多样，并且由各种质料制作而成。空壳类的响器，内装小颗粒、摇动响器小颗粒撞击器壁发出响声。这些小颗粒可能是小石手、铅弹（buckshot），也一定有某些类型的植物种子——完全根据声音的需要而定——西南部的葫芦响器内装葫芦籽；Chippewa人的响器不论什么类型总是内装玉米粒或野稻粒；Cherokee人和其他南方部落的人们把印第安麦粒装入葫芦；通常情况下响器里除了小石子还有干豌豆粒。如果响器要有魔力，籽粒被认为是必需的[51]。

正因为响器在美洲这么流行，所以考古上出土的龟甲器，多被解释为响器。这里只举几个例子。

（一）美国西南部的例子[52]

此穿孔龟甲出土在加利福尼亚长滩市的Los Altos-2一史前遗址。墓主是一个青年男性，大约21～25岁。龟甲响器由上下两副叠在一起的龟壳组成，通过穿过两副龟甲的把柄连接在一起。第一个龟甲是一个成年的太平洋池龟（Pacific Pond Turtle，学名为*Clemmys marmorata*，也叫泥龟），长158毫米，宽115毫米。背甲边缘上穿有15个圆孔，腹甲上穿有21个圆孔。腹甲的尾部有人工沟槽。穿孔平均约6毫米，一般由外向内钻，但也有两孔由内向外钻（图一八）。研究者因此认为这些穿孔正是绳子把龟甲的腹背牢牢连接在一起的证据。龟甲内部装有17粒小石英颗粒，另外还有29枚去掉尾部的Conus贝壳。

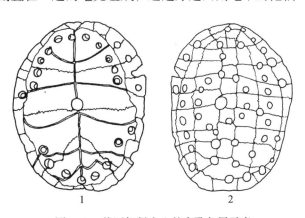

图一八　美国加州出土的穿孔龟甲示意
1. Los Atlos-2（腹甲）　2. 背甲
（采自The Masterkey, 7-9/1980: 102-104。根据照片摹绘）

背甲中部靠中脊一侧，有一个9毫米的大圆孔，这被认为是插入把手的地方，尽管把手没有存留下来。在大圆孔周围，有11个小圆孔，孔径约4毫米。另外上下两端还各有圆孔2个。大圆孔左侧还有略成弧线的一排6个圆孔，左侧则有相对应的5个圆孔。研究者认为这些圆孔可能不是为了穿绳，而是为了发声的需要。有意思的是，龟背上残留有红色的颜料，说明有涂红现象或者龟甲曾用红色彩绘。

第二套龟甲由两个背甲（carapace）合成，其间的连接使用了沥青（asphaltum）。壳较小，长约147毫米，宽约105毫米。因为薄而脆，许多甲片尤其是边缘部分已经失去。但是有足够的证据显示当时大多数圆孔用沥青填充。龟背中部的大孔与上述叠在上面的龟甲相同，直径也是9毫米。上面的背甲大孔周围有4毫米的小孔，呈U字形排列在周围。甲壳内发现去掉尾部的Conus贝壳13枚。

类似的考古发现，还在圣克利门蒂岛发现过[53]。龟的背腹甲用沥青紧紧连接起来，龟甲内有小石英颗粒数枚。腹背甲都有许多穿孔，上覆圆盘状的Olivella珠子。腹背甲中部的大孔可使一个细长的鸟骨透过以作把手，并由沥青予以加固。这个出土物的报道不详，但研究者推测是随葬品[54]。

在圣米格尔岛的一个墓葬，还发现一副由两个背甲组成的龟甲响器，一个完整，另一个部分残缺[55]。但是上面都有许多穿孔。研究者认为两甲的结合也靠沥青的帮助。另外，圣巴巴拉县接近戈利塔的梅斯卡利坦岛一座墓里发现过只有一个端部穿孔的龟背甲，研究者认为穿孔的目的是用于悬挂。圣米格尔岛出土的另外一副龟甲也有许多穿孔。另外，圣罗莎、圣克鲁斯、圣卡塔利娜岛等地也发现过龟甲响器的残片[56]。后者是一个腹甲，前两者均为背甲。圣克鲁斯的一例，还发现与沥青黏结在一起的贝珠。另外在上述洛思阿图斯（LAN）遗址的一座火葬墓，还发现115片龟甲的碎片，上面也发现一两个穿孔[57]。布埃纳维斯塔湖遗址的晚期居住层，也发现过钻孔的龟甲片[58]。

研究认为所有上述考古发现的龟甲响器都属于史前时代末期，年代大约在公元1000年至18世纪末和19世纪初期。此前不见，因此被认为是一种新的文化现象，但它是加利福尼亚地区土著文化的独立发明，还是从其他地区舶来，则不得而知[59]。

（二）美国东部的例子[60]

美国田纳西州东部的密西西比晚期文化，被称为Dallas文化。该文化是晚期发达的密西西比社会的代表，有所谓的"南万死亡崇拜"（Southern Death Cult）宗教。Dallas印第安人用贝壳、铜、燧石、陶、骨等质料创造出许多装饰和祭祀物品。该文化从公元1450年一直延续到历史时期。

用盒龟（Box Turtle）做成的响器是Dallas文化特征性的装饰品，往往在死者的臂部出土（图一九）[61]。妇女们在和男子们跳宗教舞的时候，便穿戴着这些龟甲响器[62]。当妇女们单独跳舞的时候，只有领头的人才穿戴龟甲响器，龟甲就绑附在她的脚踝上面[63]。但是在田纳西州梅格斯县希瓦西岛（40MG31）发现随葬龟甲响器的Dallas墓葬，既没有发现在腿部，另外还有一例是与一具成年男性共出[64]。

希瓦西岛发现的一例，如图所示（图二〇），背甲贴近中脊的地方有一对对称的穿孔，腹甲中部靠近前后叶交界的中间部位，有一个圆形的穿孔。这件龟甲响器内盛有小石子或者其他类似的颗粒，摇动即发出响声。另外的一例，背甲的边缘被截去，贴近边缘的地方，近四角有4个圆形穿孔，尽管腹甲不见，但是研究者根据背甲穿孔的形态特征，仍然认为它可能是一个龟甲响器[65]。

图一九 Dallas随葬龟甲的妇女安葬示意

（采自Tribes That Matter-Indians of the Tennessee Region. The University of Tennessee Press, 1958: 97）

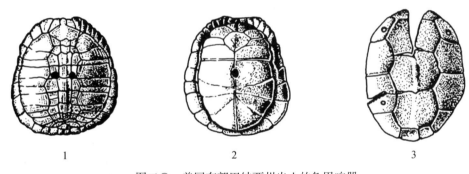

图二〇 美国东部田纳西州出土的龟甲响器

1. 背甲 2. 腹甲 3. 另外一个类似的背甲

（采自Central States Archaeological Journal, 28:4, 1981: 183）

　　令研究者感到疑惑的是在田纳西州安德森县克林奇河附近发现的Dallas墓。在一个年轻女性墓中发现的一对龟甲，随葬在死者的两臂部，腹甲皆不见，背甲的边缘皆截去，靠近边缘的四边正中，各有一个小圆孔（图二一）。因为没有内部遗留物的发现，研究者颇为谨镇地提出两种可能的解释：①或者是遗失腹甲的龟甲响器；②或者是一种特殊的臂饰。研究者的慎重，还在于他认为截取边缘的盒龟，内部空间很少，很难再装石子作响器之用，因此很可能是用作臂饰的。而四个穿孔，则是为了便于穿戴。他认为这也可从另一个角度解释缺失腹甲的原因[66]。

　　即便排除这种可能不是响器的特殊穿孔龟甲，上述考古发现的龟甲响器，仍可以复原成两种形状，即美国西南部穿过腹背甲，摇柄和龟腹背甲成垂直状用手摇动的一种（图二二），和美国东部腹背甲连在一起，穿戴在身上随着身体的跳动而发出响声的一种。

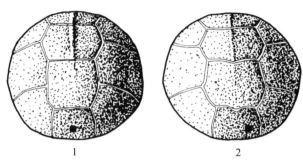

图二一　田纳西州安德森县出土龟甲

1. 穿孔背甲一　2. 穿孔背甲二

（采自Central States Archaeological Journal, 28:4, 1981: 184。根据照片摩绘）

民族学上另外一种最常见的龟甲响器，是美国东北部易洛魁印第安人经常使用的在腹背甲中间从龟头部穿过，摇柄上装着龟头，看起来完全类同活龟的那种。这种龟甲巨大，身长超过一尺（图二三）。这是面具舞会（solid-face or mask dances）上不可或缺的道具，常使用在驱病逐魔的仪式上[67]。汪宁生先生对此有详细的描述，此不赘述[68]。

图二二　美国西部所见柄与龟甲成
垂直状的龟甲响器

（采自The Masterkey, 7-9/1980: 106。
根据照片摩绘）

图二三　北美洲东北部易洛魁印第安人常用的
龟甲响器

（采自The Native Americans-The Indigenous People
of North America, 1999: 235。根据照片摩绘）

但是大多数的这类手摇响器，是用小龟做成的。根据民族学的观察，具体步骤如下[69]。

龟被杀掉以后，把龟壳洗干净，然后放在阳光下晒数日，以使干燥、清洁。如果晾晒还不能祛除臭味，再悬在木材的慢火浓烟中烘烤数小时。用作摇柄的木棍，应该是大约9英寸长的软木。把柄端削成圆头，大约二分之一或者四分之三英寸厚；把龟尾部位的木柄削成桨状，以使其刚好插入龟尾部的开口。这部分的工作应十分仔细，因为木柄过大过小都会影响按柄的质量。

把一把小石子和一些豌豆、玉米粒、麦子放入龟壳后，即可把腹背甲缝合起来。在插入木柄的龟甲头部钻或者烧出两个小孔，腹背甲的穿孔两相对应，然后插入木柄，用打湿的生牛皮做成的绳子穿孔使木柄固定，绳结放在龟甲的腹侧。然后再在龟甲的另一端钻或灼孔，最后用湿的生牛皮绳把龟甲的腹背甲勒紧固定，一般二三个穿孔即可把腹背甲固定起来。

一般木柄长5英寸，通常是不加装饰的，但也有把端部刻成龟头状的。

穿戴在身上的龟甲响器，制法略有不同。

这里介绍的是美国西南部Pueblos印第安人的两种类型。发出响声的物体，不是放在龟甲内部，而是用绳子穿在龟壳外部。以前这些物件往往是动物的爪（dew-claws）蹄（hoof bells）之类，近年来则多使用金属做成的小铃。一例是在龟甲腹背的一侧，穿两个对称的小圆孔，用串有发声物件的皮绳穿过龟甲，晃动龟甲，附在龟甲外面的物件即可撞击龟甲发出响声。一例是在龟甲的一侧边缘穿10个小孔，把发声的物件，像流苏那样直接系在每一个小孔上，然后用穿过腹背甲的皮绳把龟甲响器系在腿上，跳动即可发出响声。

平原印第安人和美国西南部印第安人一般是把龟甲响器绑在腿的背后，膝盖下面。固定龟甲响器的绳子往往都是皮绳。

关于龟甲响器的使用，民族志记载颇多。今在汪宁生先生的发现之外，结合考古的实际再摘录几条以供分析之用。

加利福尼亚州从南到北的整个历史时期，生活在这里的印第安人都知道龟甲响器的用途。在南加州传教的Geronimo Boscana神父最早记录这里的龟甲响器，他说："歌手有男人也有女人，他（她）们行领唱的职责，还拿着小龟甲壳，这些龟甲壳几个缠结在一起——龟壳内还有小石子——称为Paail。这是他（她）们至今仍在舞蹈中使用的工具。因为这种工具由小乌龟的甲壳装小石子做成，他们称其为Paail——这种乌龟的名字就叫Paail。"[70]原书有插图，据说这种龟甲响器是抓在手里的[71]。

把数个龟壳组合在一起组成龟甲响器的传统，在美国东南部的印第安人中最流行。Cherokee人中常见的响器，是一组5副龟甲，下层4副，上层1副，下面的4个两两相对紧紧地摆放在一起，上面一个则放在下层4个龟甲相交的地方，俯看形状类似5个相交的圆形。每副龟甲的背部中脊两侧各穿一孔，腹甲也相应穿孔，这些连在一起的龟甲，下面的4副，又缝在一张方形的兽皮上，兽皮两侧的皮带，可以把响器捆在人的腿上（图二四）。这种用盒龟做成的响器，据说是绑在妇女的脚踝上的[72]。

图二四　美国东南部Cherokee人使用的龟甲响器
（采自The Native Americans-The Indigenous People of North America, 1999: 35. 根据照片摹绘）

　　但是这种多个龟甲壳连在一起的多龟甲响器，穿孔的位置和数量，正和手摇单龟甲响器一样，没有固定不变的钻孔位置和数目[73]。至少从美洲的例子看来，从龟甲穿孔、龟甲内石子等颗粒的奇偶数变化寻找所谓意义，是不切实际的。

　　美国东南部印第安人每年的所谓青玉米节（Green Corn Festival），也叫Busk，是Creeks人的主要仪式。它在Seminoles、Cherokees、Choctaws及其他东南部印第安人部落，都有大同小异的形式。在Tukabahchee，这个节日延续八天。第一天，举行仪式的广场要打扫干净，参加者和访问者聚集一起。第二天，是宴会日。晚上有舞蹈，其中包括妇女跳舞。此夜只有男人在广场过夜。第三天大概是青玉米节的高潮。男人禁食一天，打出新火，男人们吃两种药，其中一种即是驱使呕吐的黑饮料（black drink）。随后在广场上的呕吐，即被认为是一种洗礼。年轻男人和少年男性的肢体用针刺破，也是洗礼的一部分。男人们跳起羽毛舞，手拿绑着羽毛的棍子，据说是表示和平。各种以动物命名的舞蹈和所谓社交舞（social dance）延续整个夜晚。第四天，作为宴会的一部分，第一次品尝新玉米。神圣的古代铜盘（copper plates），被恭敬地搬出来陈列。模仿战斗的舞蹈所谓枪舞（gun dance）随后跳起来，并有妇女伴唱。第五天是所谓的猎鹿仪式。第六天，是另外一次宴会。这是一年中第一次食用盐。妇女再次跳起舞来，小腿部绑上典型的南方盒龟响器。最后，男人们跳起老舞蹈（old dance），这标志着所有参加宴会的人即将结束所有的仪式禁忌。但是第七天，又是禁食。第八天，首领最后发言，人们离开散去[74]。

　　青玉米节不仅在东南部，在东北部Iroquois人中也同样流行。"在八月，为玉米的成熟而庆祝；然后，在九月，举行节日的第二部分，即熟青玉米宴会（Ripe Green Corn Feast）。在18世纪，这个宴会至少要由男人进行四天，但是妇女也加入跳社会舞。男人领舞，唱歌并且用鼓和葫芦响器伴奏，而妇女则同其他地方的人一样，带着小腿绑附的龟甲响器跳舞。"[75]

　　要之，龟甲响器的制作和使用虽然千变万化，但是其内涵则有相当的一致性。美国的一个研究者这样总结："不管在哪里，龟甲响器都被认为是特别神圣的物品，只在最神圣的仪式上才被取出使用。"[76]

四、对几个相关的问题的认识

　　通过上述对中国考古材料的综合分析和对北美洲考古、民族志材料的简单归纳，似乎可以得出如下的认识。

　　（1）尽管中国考古中发现的龟甲器有种种变异，但变异的范围似乎不出北美洲考古和民族志中已知的范围，举凡穿孔、穿孔方式、穿孔位置、内置石子、龟背涂红、单龟、双龟和多龟组合的情况，都如出一辙。头尾的加工，也有可比之处[77]。因此，说中国出土的龟甲器是龟甲响器，我们可以从北美洲的材料得到确切的证实。

（2）尽管如此，因为两个地区的文化千差万别，深层的文化价值更不一样，要证实每一个遗址出土龟甲响器的使用场合和用意，几乎是不可能的。即在美洲考古遗址出土的龟甲器也是如此。

（3）但是根据北美洲的材料，似乎也可对中国各遗址出土龟甲响器的情况，略作分类。以贾湖为代表的早期龟甲响器，多个组合出土，又多出在死者腿部，其使用方式也许部分同美国东南部的Creeks人和Cherokee人类似，是多龟甲组合响器，也许还是绑在腿上跳动发出声响的。大墩子人至少有一部分肯定是把龟甲器戴在臂膀上的，这同美国东部Dallas文化中的发现恰可比拟。因为这个龟甲中出土石子，可以旁证刘林等遗址某些臂膀附近出土的龟甲，也可能是系在臂膀上的响器。山东大汶口文化诸遗址多随葬单个龟甲器，且多放在腰腹部，也许是如北美洲东北部印第安人的手摇响器；刘林、大墩子等遗址所见截去腹甲端部的做法和大汶口文化龟甲的钻孔位置，都意味着可能有相当一部分龟甲响器是把木、骨类把柄插入腹背甲中间，做成用手摇动的响器。但是，大汶口文化也有一些龟甲器，出土在死者的腿部，不排除也有绑在腿部跳舞的可能。北美洲西部常见的把柄和龟甲腹背垂直，即钻孔插入龟腹背甲的T形响器，没有在中国发现。简言之，美洲发现的响器的三种使用方法，即绑在臂膀、腿部和手摇的三种类型，可能在史前中国都存在；龟甲响器的二种制法：即装柄和不装柄，似乎也都在中国史前出现过。

（4）美洲的材料可以解释中国的考古发现，比如没有钻孔的龟甲并不等于不能做响器，沥青、树胶等等黏合剂的使用，皆可代替钻孔；而植物颗粒的使用，可以很大程度地代替石子和骨锥、骨针。如果我们知道史前人类对音乐的敏感程度[78]，也许这种对不同资料发声物的选择，不是漫不经心，而是精心策划的。正如美洲印第安人一样。

（5）美洲印第安人的响器使用者，有男有女，这也部分解释了中国史前的情况。但是，中国出土的龟甲响器，似乎因时代和文化不同而有不同的性质和地位。贾湖人的龟甲响器与随葬品远高于平均水平，也许这些"音乐人"或"舞蹈人"在社会生活中的地位最高；降至以刘林、大墩子早期为代表的大汶口文化早期，这些人的地位也略有下降；到大汶口文化中晚期，其社会地位明显低于最高的显贵阶层。这种情况在美洲的材料里也可寻得支持，因为在大多数情况下，无论男女，操持响器的多是领唱或领舞的人，他（她）们更多的是音乐方面的技能，而与社会地位没有直接的对应关系[79]。如果真是如此，那么，少年男女随葬龟甲响器的考古发现，也可得到合理的解释。他（她）们的随葬品高于平均水平，自在情理之中。同样，如果他（她）们的随葬品很少，甚至只有一件响器，也不令人奇怪。如果部分响器，确是巫医作法的工具，像Iroquois人中所见的那样，那也说明，至少在大汶口文化中，这部分人虽然也属社会精英，但是却与社会顶层逐渐分离，沦落为靠手艺吃饭的"专业人才"。

（6）大汶口文化与美国晚期密西西比文化有很大的可比性，社会分化的程度也约略相似，龟甲响器所具有的地位和作用，也当有可比之处[80]。至于贾湖，虽然墓葬品差别也很明显，但比较大汶口文化和密西西比文化，仍然相当原始。研究贾湖、大汶口诸遗址出土的龟甲器，只能尽可能地把它们放置在当时的文化背景中，而不能作脱离文化背景的过高估计。从目前的情况看，根据龟甲钻孔的奇、偶数或者根据内置石子颜色或者奇偶数对所谓卦相、数卜的推测，即使不能完全否定，至少不能得到任何的证明。实际上，使用龟甲响器的美洲印第安人，同时也还拥有占卜的方法，两者是分开的[81]。

（7）因为美洲的龟甲响器主要用在仪式场合，这样的场合往往有放血之类的洗礼（比如青玉米节），而这些仪式又是相关联的，那么我们能否对大墩子、刘林等地龟甲内置骨锥、骨针的现象做出这样的解释：这些使用龟甲响器的人，既可能是"音乐人"或"舞蹈人"，也可能间具"洗礼"（purification）的使命，或者正是前者的职责，使他具有洗礼者的身份。说到这里，我们再次看到龟甲响器在不同遗址的作用和意义是不同的，大墩子、王因以男性青壮年随葬龟甲响器并多内置骨锥、骨针的做法，显然比大溪的小孩随葬龟甲、贾湖和大汶口以石子内置龟甲的做法有根本的不同，排除音响方面的考虑，也许在大墩子、王因等地，龟甲响器的持有者，比以贾湖为代表的响器持有者，拥有更多的职责和使命，也许龟甲响器的使用场合不同，但究竟如何，我们恐怕永不能知道了。有意思的是，因文化不同，同样的龟甲响器，功能和意义上都有不同的变异，在与贾湖和大汶口文化关系较远的大溪文化中，响器可能沦落为小孩子的玩具；而与贾湖关系密切的大汶口文化，可能发展出更多与治病驱魔有关的宗教功能；仰韶文化系统的下王岗、龙岗寺，继承了男性随葬龟甲的传统，但可能没有向更神秘的宗教方面发展。

（8）就中国的考古材料来看，龟甲响器的持有者大多是青壮年男性，随葬品显示他们还是采集狩猎以至农业生产的主要参与者，并不脱离生产劳动，龟甲响器与男性生产者共存，并不一定表示龟甲或者龟甲响器本身与生产活动有多少直接的关系，否则无法解释它们有限的数量。贾湖骨笛与龟甲响器的关系，大概略同于美洲印第安人中龟甲响器与鼓的关系，或者歌唱与龟甲响器的关系，有时候是重合的，即由同一个人完成，有时候则由不同的人完成。这可解释为什么有的墓同时出土龟甲响器和骨笛，有的墓则只有其中的一种。

（9）中国目前出土的龟甲响器或者连仿龟的陶响器也算进去，主要出土在长江黄河之间的狭长地带，以淮河流域为中心，下可到黄河下游，上到南阳盆地、汉江上游，波及长江三峡和黄河上游的马家窑地区，年代除贾湖较早外，基本上在公元前4500年至公元前2000年以前的龙山文化；文化上包括裴李岗文化、仰韶文化、大汶口文化、大溪文化、马家浜文化、凌家滩文化、马家窑文化和龙山文化。但是如果只计龟甲响器，则局限于前四种文化中，不见于马家浜、凌家滩、马家窑文化和龙山文化。龟甲的分布东西绵延数千里，年代跨越数千年。较北美洲的发现有过之而无不及。从贾湖到大汶口文化，发现年代上似乎有所中断；从大汶口文化到商代龟卜的流行，年代上似乎也有差不多相同的中断。张光直先生推断商代的龟卜传统是大汶口原有占卜传统的扩大[82]，但是其间的演变关系其实并不十分清楚。值得注意的是王因的龟甲上的确有先烧后凿的痕迹，这似乎为追溯商代的龟甲占卜传统找到一点可靠的证据。如果商代的龟甲占卜真同史前的龟甲响器有传承的关系，那么中国史前文化各文化区之间的互动远超过我们的想象，各文化之间、各文化区之间的关系也非固定不变，而是随时在变化着的。这也同北美洲各文化区之间的关系一样值得我们仔细观察[83]。

（10）如果说龟甲响器主要是成人的或者与巫术、宗教有关的器具，那么以马家窑、丁公和城子崖为代表的陶龟响器，就可能是仿龟甚至仿龟甲响器的儿童玩具。当然这一点还需要以后的发掘证实。以凌家滩为代表的玉龟，应该是龟甲响器的艺术性再造，虽然我们无法确定它的实际含义，但是它身上的穿孔特征以及凌家滩所在文化区的位置，都说明这个罕见的玉龟，是由龟甲响器而来，穿孔不当有任何深意可寻，而夹在中间的玉板，也可能是与龟甲响器相关之物的艺术再现，但是其意如何，当需要今后的发现证明。不过我们希望通过此文对中美两地所见龟甲响器的简略比较，引起考古同行的注意，在今后的考古发掘中给予足够的关注并做出详细的报道。

注　释

［1］　杨子范：《山东宁阳县堡头遗址清理简报》，《文物》1959年第10期，第61～64页；山东省文物管理处、济南市博物馆：《大汶口——新石器时代墓葬发掘报告》，文物出版社，1974年。杨子范先生在第一次发掘的简报中首次提出，龟甲和兽牙等"应是一种迷信的东西"。

［2］　江苏省文物工作队：《江苏邳县刘林新石器时代遗址第一次发掘》《考古学报》1962年第1期，第81～102页；南京博物院：《江苏邳县刘林新石器时代遗址第二次发掘》，《考古学报》1965年第2期，第9～48页。

［3］　南京博物院：《江苏邳县四户镇大墩子遗址试掘报告》，《考古学报》1964年第2期，第9～56页；南京博物院：《江苏邳县大墩子遗址第二次发掘》，《考古学集刊（第一集）》，中国社会科学出版社，1981年，第27～81页。

［4］　河南省文物研究所、长江流域规划办公室考古队河南分队：《淅川下王岗》，文物出版社，1989年。

［5］　河南省文物考古研究所：《舞阳贾湖》，科学出版社，1999年。

［6］　山东省博物院、山东省文物考古研究所：《邹县野店》，文物出版社，1985年。

［7］　常州市博物馆：《江苏常州圩墩村新石器时代遗址的调查和试掘》，《考古》1974年第2期，第109～115页。

［8］　山东省博物馆、聊城地区文化局、茌平县文化馆：《山东茌平县尚庄遗址第一次发掘简报》，《文物》1978年第4期，第35～45页。

［9］　四川长江流域文物保护委员会文物考古队：《四川巫山大溪新石器时代遗址发掘记略》，《文物》1961年第11期，第15～21页；四川省博物馆：《巫山大溪遗址第三大发掘》，《考古学报》1981年第4期，第461～490页；但第一次发掘的74座墓葬，没有提及随葬龟甲；第二次发掘的龟甲墓依报告似乎只有3座，这里依高广仁、邵望平先生的说法，按4座计算。参见高广仁、邵望平：《中国史前时代的龟灵与犬牲》，《中国考古学研究——夏鼐先生考古五十年纪念论文集》，文物出版社，1986年，第57～70页。

［10］　中国社会科学院考古研究所：《山东王因——新石器时代遗址发掘报告》，科学出版社，2000年。

［11］　陕西省考古研究所：《龙岗寺——新石器时代遗址发掘报告》，文物出版社，1990年。

［12］　安徽省文物考古研究所：《安徽含山凌家滩新石器时代墓地发掘简报》，《文物》1989年第4

期，第1～9、30页；安徽省文物考古研究所：《凌家滩玉器》，文物出版社，2000年。

[13] 栾丰实：《大汶口文化的骨牙雕筒、龟甲器和獐牙勾形器》，《海岱地区考古研究》，山东大学出版社，1997年，第181～200页。从此文得知山东兖州西吴寺一龙山水井中也发现一穿孔龟甲；国家文物局考古领队培训班：《兖州西吴寺》，文物出版社，1990年，图版八〇，因发现于水井，此龟甲没有计入上述发现。

[14] Andersson J G. Researches into the Prehistory of the Chinese. The Museum of Far Eastern Antiquities, 1943, 15: 239, PL. 181, 2a-c; Sommarstrom B. The Site of Ma-Kia-Yao. The Museum of Far Eastern Antiquitie, 1956, 28: 55-138, PL. 9, 1-2. 2001年9月本文前一作者在瑞典斯德哥尔摩东方博物馆亲见。还有一件（K3232:69）灰陶残器，只剩头部，也被认为是陶龟。另外一件陶响器（K3232:68），内装小球，整个身体似葫芦状，但头部类龟，安特生怀疑是猴子的象形。同见上引文献。

[15] 四川长江流域文物保护委员会文物考古队：《四川巫山大溪新石器时代遗址发掘记略》，《文物》1961年第11期，第15～21页；四川省博物馆：《巫山大溪遗址第三次发掘》，《考古学报》1981年第4期，第461～490页；但第一次发掘的74座墓葬，没有提及随葬龟甲；第二次发掘的龟甲墓依报告似乎只有3座，这里依高广仁、邵望平先生的说法，按4座计算。参见高广仁、邵望平：《中国史前时代的龟灵与犬牲》，《中国考古学研究——夏鼐先生考古五十年纪念论文集》，文物出版社，1986年，第57～70页。

[16] Andersson J G. Researches into the Prehistory of the Chinese. The Museum of Far Eastern Antiquities, 1943, 15: 239, PL. 181, 2a-c; Sommarstrom B. The Site of Ma-Kia-Yao. The Museum of Far Eastern Antiquitie, 1956, 28: 55-138, PL. 9, 1-2. 龟下面安腿是瑞典传统玩具的做法，此点承瑞典东方博物馆马思中博士告知。安特生之所以有这样的想法，显然来自于他自己的经验。

[17] 南京博物院：《江苏邳县大墩子遗址第二次发掘》，《考古学集刊（第一集）》，中国社会科学出版社，1981年，第27～81页。报告说"龟甲的放置似无固定的位置。其用途可能系在皮带或织物上作为甲囊使用"（第31页）；中国社会科学院考古研究所：《山东王因——新石器时代遗址发掘报告》，科学出版社，2000年。该报告认为"似原为甲囊"（第287页）。

[18] 南京博物馆：《江苏邳县四户镇大墩子遗址试掘报告》，《考古学报》1964年第2期，第9～56页。报告说龟甲"有的内盛6枚骨针或骨锥，有的套在人的右肱骨上，使我们对龟甲的用途有了进一步的认识，即既可作甲囊使用，又可以起护臂的作用。"（第50页）

[19] 叶祥奎：《我国首次发现的地平龟甲壳》，《大汶口——新石器时代墓葬发掘报告》，文物出版社，1974年。杨子范先生在第一次发掘的简报中首次提出，龟甲和兽牙等"应是一种迷信的东西"，附录二，第159～164页；叶祥奎：《山东兖州王因遗址中的龟类甲壳分析报告》，《山东王因——新石器时代遗址发掘报告》，科学出版社，2000年，附录四，第424～427页。

[20] 严文明：《大汶口文化居民的拔牙风俗和族属问题》，《大汶口文化讨论文集》，齐鲁书社，1981年，第245～264页。该文引用《山海经》关于"玄龟"或"旋龟"的说法，认为刘林和大墩子等地发现的龟甲可能即为玄龟，根据"佩之不聋，可以为底"的记载，指出它的"意思是佩带玄龟可以治耳病，是一种原始的巫术行为"。

[21] 逢振镐：《论东夷埋葬龟甲习俗》，《史前研究》1990～1991年辑刊，第91～95页。

［22］ 但第一次发掘的74座墓葬，没有提及随葬龟甲；第二次发掘的龟甲墓依报告似乎只有3座，这里依高广仁、邵望平先生的说法，按4座计算。参见高广仁、邵望平：《中国史前时代的龟灵与犬牲》，《中国考古学研究——夏鼐先生考古五十年纪念论文集》，文物出版社，1986年，第57～70页。该文认为龟甲"似非日常用品，当与医巫有关，或具有原始宗教上的其他功能，是死者生前佩带的灵物"（第63页）。

［23］ Liu Li. Development of Chiefdom Societies in the Middle and Lower Yellow River Valley in Nolithic China—A Study of the Longshan Culture from the Perspective of Settlement Patterns, Ph. D Dissertation. Harvard University, 1994. 该文认为，从各方面的情况看来，龟甲器可能用作"仪式用响器（rattle）"，也可能在某些地方作为占卜的工具（第107～112页）。

［24］ 栾丰实：《大汶口文化的骨牙雕筒、龟甲器和獐牙勾形器》，《海岱地区考古研究》，山东大学出版社，1997年，第181～200页。从此文得知山东兖州西吴寺一龙山水井中也发现一穿孔龟甲；该文认为"大汶口文化的龟甲器，是一种巫医行医的工具，即巫医施展法术驱除病魔的作法之器。同时，平常也利用其盛放医用器具。龟甲之内的骨锥、骨针，均制作得比较规整，应是简单的医疗器具"（第192页）。

［25］ 汪宁生：《古俗新研》，敦煌文艺出版社，2001年，第352～360页；张居中：《舞阳贾湖遗址出土的龟甲和骨笛》，《华夏考古》1991年第2期，第106～107页。该文认为是一种发声的器具，称为"龟铃"。

［26］ 河南省文物考古研究所：《舞阳贾湖》，科学出版社，1999年，第977～983页。该书认为，贾湖遗址龟甲壳中的石子，应是一种数卜的道具，把石子置于龟腹之中，是因为龟有"知天之道"、"寿蔽天地"（《史记·龟策列传》）的大象，这种龟灵崇拜可使人对数卜结果深信不疑。因此，龟腹石子应是一种寓于龟象的数卜（见第979页）。

［27］ 俞伟超：《含山凌家滩玉器和考古学中研究精神领域的问题》，《文物研究（第五辑）》，黄山书社，1989年，第57～63页；张忠培：《窥探凌家滩墓地》，《凌家滩玉器》，文物出版社，2000年，第141～153页。

［28］ 河南省文物研究所，长江流域规划办公室考古队河南分队：《淅川下王岗》，文物出版社，1989年。该书认为"凡是殉葬狗和石镞者皆为男性"，随葬龟的除一位女性外，其余也都是男性，而且均是青壮年。这种情况充分说明了男性是狩猎生产活动的主要承担者（第23页）；张震：《浅谈新石器时代随葬的龟甲》，中国社会科学院研究生院考古系，2002年（待刊稿）。该文认为因为随葬龟甲的墓大都属于男性，且与渔猎工具共出，鉴于龟的识途特性，认为与远途作业有关。

［29］ 但第一次发掘的74座墓葬，没有提及随葬龟甲；第二次发掘的龟甲墓依报告似乎只有3座，这里依高广仁、邵望平先生的说法，按4座计算。参见高广仁、邵望平：《中国史前时代的龟灵与犬牲》，《中国考古学研究——夏鼐先生考古五十年纪念论文集》，文物出版社，1986年，第57～70页；陕西省考古研究所：《龙岗寺——新石器时代遗址发掘报告》，文物出版社，1990年，第71页。仅M102提及没有加工痕迹，其除2副，没有提及。

［30］ 河南省文物考古研究所：《舞阳贾湖》，科学出版社，1999年，第458、459页。

［31］ 张居中：《舞阳贾湖遗址出土的龟甲和骨笛》，《华夏考古》1991年第2期，第106～107页。该

文认为是一种发声的器具，称为"龟铃"。

［32］河南省文物考古研究所：《舞阳贾湖》，科学出版社，1999年，第458、459页。

［33］南京博物院：《江苏邳县刘林新石器时代遗址第二次发掘》，《考古学报》1965年第2期，第29、30页。

［34］江苏省文物工作队：《江苏邳县刘林新石器时代遗址第一次发掘》，《考古学报》1962年第1期，第90页。

［35］南京博物馆：《江苏邳县四户镇大墩子遗址试掘报告》，《考古学报》1964年第2期，第29、30页。

［36］中国社会科学院考古研究所：《山东王因——新石器时代遗址发掘报告》，科学出版社，2000年，第287、288页。

［37］山东省博物院、山东省文物考古研究所：《邹县野店》，文物出版社，1985年，第97页。

［38］山东省文物管理处、济南市博物馆：《大汶口——新石器时代墓葬发掘报告》，文物出版社，1974年，第103页。

［39］河南省文物考古研究所：《舞阳贾湖》，科学出版社，1999年，第459页。

［40］南京博物院：《江苏邳县大墩子遗址第二次发掘》，《考古学集刊（第一集）》，中国社会科学出版社，1981年，第42页。

［41］山东省文物管理处、济南市博物馆：《大汶口——新石器时代墓葬发掘报告》，文物出版社，1974年，第103页。

［42］南京博物院：《江苏邳县刘林新石器时代遗址第二次发掘》，《考古学报》1965年第2期，第31页。

［43］江苏省文物工作队：《江苏邳县刘林新石器时代遗址第一次发掘》，《考古学报》1962年第1期，第98页。

［44］南京博物馆：《江苏邳县四户镇大墩子遗址试掘报告》，《考古学报》1964年第2期，第29页。

［45］但该报告关于龟甲的报道又说3例"都位于人骨架的下腹外侧"。对比发表的图例，这个说法显然是错误的。陕西省考古研究所：《龙岗寺——新石器时代遗址发掘报告》，文物出版社，1990年，第161页。

［46］山东省文物考古研究所：《大汶口续集》，科学出版社，1997年。

［47］栾丰实：《大汶口文化的骨牙雕筒、龟甲器和獐牙勾形器》，《海岱地区考古研究》，山东大学出版社，1997年，第181~200页。从此文得知山东兖州西吴寺一龙山水井中也发现一穿孔龟甲。

［48］吉德炜著，陈星灿译：《考古学与思想状态——中国的创建》，《华夏考古》1993年第1期，第97~108页。

［49］关于贾湖和大汶口文化的关系，参见河南省文物考古研究所：《舞阳贾湖》，科学出版社，1999年，第538~544页；南京博物院考古研究所：《龙虬庄》，科学出版社，1999年。

［50］Erland Nordenskiold. Comparative Ethnographical Studies, 1931, 9: 90, map 27.

［51］Bernard S Mason. How to Make Drums, Tomtoms and Rattles—Primitive Percussion Instruments for Modern Use. New York: Dover Publications, Inc, 1974: 170-171.

［52］William J Wallace. A Turtle Shell Rattle from Long Beach. The Masterkey, 1980, 54(3): 103-107.

［53］George G Heye. Certain Artifacts from San Miguel Island, California. New York: Museum of the

American Indian, Heye Foundation, 1921: 114-115.

［54］ William J Wallace. A Turtle Shell Rattle from Long Beach. The Masterkey, 1980, 54(3): 104.

［55］ George G Heye. Certain Artifacts from San Miguel Island, California. New York: Museum of the American Indian, Heye Foundation, 1921: 114-115.

［56］ Edward W Gifford. California Bone Artifacts: Berkeley: University of California Press, 1940: 176.

［57］ Eleanor H Bates. Los Altos (LAN270) A Late Hori-zon Site in Long Beach, California. Pacifie Coast Archaeological Society Quarterly, 1972, 8(2): 37.

［58］ Waldo R Wedel. Archaeological Investigations at Buena Vista Lake, Kern County, California. Bureau of American Ethnology Bulletin, 1941, 130: 45.

［59］ William J Wallace. A Turtle Shell Rattle from Long Beach. The Masterkey, 1980, 54(3): 103-107.

［60］ Blake Gahagan. A Dallas Turtle Shell Rattle Variant or Arm Ornaments?. Central States Archaeological Journal, 1981, 28(4): 182-184.

［61］ Thomas M N, Lewis and Madeline Kneberg. Hiwassee Island, an Archaeological Account of Four Tennessee Indian Peoples: Knoxville: The University of Tennessee Press, 1946: 126.

［62］ James Adair. Adair's History of the American Indians. Johnson City: Watauga Press, 1930: 101, 116, 178.

［63］ William Martin. Letter to L. C. Draper, Dec.1, 1842. McClung Hislorical Collection, Lawson McGhee Library, Knoxville, Tennessee (Draper Papers 14 DD 113; King's Mountain Papers).

［64］ Thomas M N, Lewis and Madeline Kneberg. Hiwassee Island, an Archaeological Account of Four Tennessee Indian Peoples: Knoxville: The University of Tennessee Press, 1946: 127.

［65］ Thomas M N, Lewis and Madeline Kneberg. Hiwassee Island, an Archaeological Account of Four Tennessee Indian Peoples: Knoxville: The University of Tennessee Press, 1946: 127.

［66］ Blake Gahagan. A Dallas Turtle Shell Rattle Variant or Arm Ornaments?. Central States Archaeological Journal, 1981, 28(4): 184.

［67］ Colin F. Taylor. The Native Americans—The Indigenous People of North America. San Diego: Thunder Bay Press, 1999: 234-235; Andrew Hunter Whiteford. North Amecian Indian Arts. New York: Golden Books, 1990: 132-133; Stirling M W. National Geographic on Indians of the Americas: A Color-illustrated Record. Washington: The National Geographic Society, 1961: 41-55.

［68］ 汪宁生：《古俗新研》，敦煌文艺出版社，2001年，第352～360页。

［69］ Bernard S Mason. How to Make Drums, Tomtoms and Rattles— Primitive Percussion Instruments for Modern Use. New York: Dover Publications, Inc., 1974: 189-191.

［70］ John P Harrington. A New Original Version of Boscana's Historical Account of the San Juan Capistrano Indians of South California. Washington: The Smithsonian Institution, 1934.

［71］ William J Wallace. A Turtle Shell Rattle from Long Beach. The Masterkey, 1980, 54(3): 105.

［72］ Colin F. Taylor. The Native Americans—The Indigenous People of North America. San Diego: Thunder Bay Press, 1999: 34-35.

［73］ 前一作者实际观察的多龟甲响器有的龟甲上穿孔多达6个，全系穿绳捆绑的需要（2002年7月1日

参观华盛顿美国自然历史博物馆陈列记录）。另外，2002年7月16日，本文前一作者在加拿大魁北克市参观三个土著工艺品商店所得：第一个龟甲响器Chichique (Rattle)：Ojibwa, Ontaria, made in 1999，大，长约35～40厘米，695加元，背有两孔，腹甲一孔，用以固定中间的木棍，内装玉米粒，摇来哗啦作响。手摇。拍摄背甲、腹甲各一。第二个龟甲响器：Cherokee，150加元。小，手摇，无孔，腹背甲中间夹兽皮，内无籽粒，但外附铜铃，仍然可以哗啦作响。说明文字如下："龟甲上的土被认为是一种很坏的药，在敌人通过的地方摇此龟甲，将使敌人倒霉，而自己受益。"长约15～20厘米。第三个龟甲响器：Navajo, Arizona, made in 2001。小龟，手摇，木柄从头尾处出来，内装石子，周身无穿孔。长约15厘米。第四个龟甲响器：Navajo, Arizona, 2001。小龟，手摇。内装石子。木柄从头尾处出来，周身无穿孔。长约15厘米。第五个龟甲，系多伦多地区印第安人所制钱包。只有背甲，无腹甲，背甲边上有一系列等距小孔，可穿线将背后的兽皮缝上，龟头部开口，底部缝合，以备装钱之用。龟尾部兽皮切割成55条细线，使成流苏。不知道是新的发明，还是古老方法的延续。再，2002年7月18日作者参观多伦多皇家安大略博物馆多伦多土著民族生活展所见考古出土Iroquois人龟甲标本，属于公元1450～1600年，说明是Ceremony items，龟甲长约10厘米，宽约10厘米，只能看到背甲，身上有近20个穿孔。

［74］ Colin F. Taylor. The Native Americans—The Indigenous People of North America. San Diego: Thunder Bay Press, 1999: 31-32.

［75］ J.C.H. King, First People First Contacts—Native People of North America. Cambridge: Harvard University, 1999: 80.

［76］ William J Wallace. A Turtle Shell Rattle from Long Beach. The Masterkey, 1980, 54(3): 106.

［77］ 汪宁生：《古俗新研》，敦煌文艺出版社，2001年，第352～360页。

［78］ 河南省文物考古研究所：《舞阳贾湖》，科学出版社，1999年，第992～1020页。

［79］ William J Wallace. A Turtle Shell Rattle from Long Beach. The Masterkey, 1980, 54(3): 106. 该文指出（美洲印第安人）"通常都是由一个领歌的人操作响器，用以配合追悼死者的年度仪式上严肃的歌唱。因此在墓葬中发现这样的响器，暗示当领歌的人死去时，他的工具即和他的其他用品一同随葬。因此假如说Long Beach那个出土龟甲响器的墓葬，墓主虽然年轻，在他的社会占有重要的领歌的地位、似乎并不唐突。"

［80］ Thomas M N Lewis, Madeline Kneberg. Tribes That Slumber—Indians of the Tennessee Region. Knoxville: The University of Tennessee Press, 1958.

［81］ Colin F. Taylor. The Native Americans—The Indigenous People of North America. San Diego: Thunder Bay Press, 1999: 33.

［82］ 张光直：《中国青铜时代》，三联书店，1999年，第114～115页。

［83］ Colin F. Taylor. The Native Americans—The Indigenous People of North America. San Diego: Thunder Bay Press, 1999: 234-235.

（原载《桃李成蹊集——庆祝安志敏先生八十寿辰》，香港中文大学出版社，2004年）

公元前第七千纪的龟甲刻划符号

李学勤　张居中

中国文字（汉字）的起源，长期是学术界热心探讨的重要问题。国际上一般认为，中国文字的出现只能以依据殷墟甲骨文的年代上限，上溯到约公元前1300年。一些晚近的著作，如《书写的起源》（*The Origins of Writing*）（University of Nebraska Press, 1989: 23）甚至认为是公元前1200年。

从20世纪60年代起，若干中国学者提出，在新石器时代晚期陶器看到的大批刻划符号，可能是文字的原始形态。这类符号，还有少数在陶器上绘写的符号、在玉器上刻划的符号，分属于好多种考古文化，年代大多不早于公元前4000年。中外学者对这类符号的性质多有争论主要原因之一是多数符号只是简单线，不像殷墟甲骨文那样象形。

1984年至1987年发掘的河南舞阳贾湖遗址，属于裴李岗文化的一种类型，发掘报告称之为"贾湖文化"。发掘中在出土龟甲、骨器、石器、陶器上发现有"契刻符号"，报告认为有16例，刻于14件器物上[1]。仔细考察，石器、陶器上的5例虽系人工刻划，有的可能有装饰一类作用，有的模糊难于解释，确定是刻划符号的只有龟甲上的9例、骨器上的2例，而前者更值得注意。

有刻划符号的龟甲均出于墓葬。在贾湖遗址，墓葬随葬龟甲的现象盛行于遗址分期（共三期九段）第二期。这一期的[14]C年代（经树轮校正）为公元前6600年至前6200年[2]。刻划符号都集中在二期五、六两段。

最值得注意的是墓葬M344。墓的分期为二期五段。该墓有明确的[14]C年代（经树轮校正）：公元前6630年至前6440年，最可取值为公元前6520年[3]。墓主系无头的壮年男子，在相当其头顶处置有8副龟甲和1件骨质的叉形器。

龟甲中的一版腹甲（M344：18）特别值得注意[4]。腹甲基本完整，由尾甲部分有一可用来悬挂的穿孔看，应以尾甲为上、首甲为下，与殷墟腹甲相反。这样放置，腹甲的左前甲便在右侧，其中部下靠盾纹处，刻有一个眼形符号，和殷墟甲骨文的"目"字非常接近。

同一墓的另一腹甲（M344：28），据报告也有刻划符号，作两竖笔||，有些像殷墟甲骨文的"廿"（二十）。

与龟甲共出的叉形器上，也有一个刻划符号，划痕轻浅，符号的结构不易分析[5]。

分期同属二期五段的M387，墓主为成年男子，随葬品中也有8副龟甲及叉形器等。其间一版残腹甲（M387∶4），从符号形态看，也以尾甲为上、首甲为下。在腹甲左后甲的外下角，即尾甲朝上时腹甲右侧的中央，刻有符号"八"，与殷墟甲骨文的"八"字相似。在同一腹甲左侧中央，又刻有符号"—"，像甲骨文的"十"字。

同墓还出一龟背甲残片（M387∶4），据鉴定为首端向上放置右侧第九缘板。片上刻有一个符号，从形状看应系朝外缘刻，作Σ形。

同属二期五段的M335，墓主为成年男子二人（其一为二次葬），所出的一腹甲残片（M335∶15），曰如仍依尾甲为上的方向看，上面刻的日形符号恰好和M344∶18腹甲符号的位置一样，只是处于左侧。这个符号类似殷墟甲骨文的"户"字，后者系门扇象形。

属于二期六段的M233，墓主为成年男性，随葬有六副龟甲等。所出一块腹甲（M233∶11），上有一条横线形符号，另一腹甲（M233∶15）上有两条横线形符号，分别近似于甲骨文"一"、"二"两字。

属于二期六段的M94，墓主为近五十岁男性，头部左侧有八副龟甲及叉形器等物品。一腹甲（M94∶4）上有一条斜线形符号，略近甲骨文"十"字。

上述贾湖龟甲刻划符号有以下几个值得重视的特点。

第一，符号多刻在龟甲的明显位置，如腹甲中部一侧，背甲的缘板上，应该是为了便于看到。

第二，符号似乎批示了龟甲的放置方向，如腹甲是以尾甲为上、首甲为下。

第三，在同一墓龟甲中，有时有一个以上刻有符号，符号并不相同，说明符号不是墓主个人的标记。

第四，在同一龟甲上，有时出现两个刻划符号。

第五，符号比较有象形性，如眼形、门户形，很像后世的文字。

关于最后一点，这里要多说几句。过去发现的新石器时代晚期刻划符号[6]，例如仰韶文化半坡类型的符号，极少有象形的；大汶口文化陶器和良渚文化陶器、玉器的符号，则象形因素较多，从而不少学者认为是原始文字[7]。就这一点而言，贾湖这些符号确与文字接近。

学者们注意贾湖龟甲符号，还有一个重要理由，就是在龟甲上刻出符号，有似于殷墟时期在龟甲上刻写文字。近年考古研究已经指出，对龟的神秘性的信仰在中国源远流长[8]。贾湖墓葬的龟甲中，多与石子同出，证明是一种原始的占卜工具[9]，在占卜的方式上虽与商代的灼卜不同，其基于对龟灵的信仰则是一致的。龟甲占卜可能有传袭的关系，刻划符号是否与后来的文字有关，不是不应该考虑的。

贾湖的刻划符号，是世界上可能与文字关联的符号中出现最早的，年代早到公元前第七千纪。但如果我们放眼世界，如被一些学者认为与苏美尔文字的发明有关的黏土tokens，其简素的一种已上溯到公元前第八千纪[10]。实际上，贾湖符号与文字的相似性要大得多。

这样说，不意味我们以为贾湖龟甲符号肯定是文字的前身，只是提出备大家思考的问题。即使它们确与文字起源有关，所说的文字也不一定是商周的作为汉字早期形式的文字。一切都有待新的探索和发现，不过贾湖的发现确实使我们增大了希望。

注　释

［1］　河南省文物考古研究所：《舞阳贾湖》，科学出版社，1999年，第984页。

［2］　河南省文物考古研究所：《舞阳贾湖》，科学出版社，1999年，第518页。

［3］　河南省文物考古研究所：《舞阳贾湖》，科学出版社，1999年，第516页。

［4］　河南省文物考古研究所：《舞阳贾湖》，科学出版社，1999年，彩版四七，1、2、3，图三一七：4。

［5］　河南省文物考古研究所：《舞阳贾湖》，科学出版社，1999年，第985页。

［6］　参看张先裕：《从新出土材料重新探索中国文字的起源及其相关的问题》，《香港中文大学中国文化研究所学报》1981年第12卷。

［7］　李学勤：《当代学者自选文库·李学勤卷》，安徽教育出版社，1999年，第28～31页，

［8］　高广仁、邵望平：《中国史前时代的龟灵与犬牲》，《中国考古学研究——夏鼐先生考古五十年纪念论文集》，文物出版社，1986年，第57～70页。

［9］　河南省文物考古研究所：《舞阳贾湖》，科学出版社，1999年，第979～981页。

［10］　河南省文物考古研究所：《舞阳贾湖》，科学出版社，1999年，第23、27页。

贾湖遗址新石器时代甲骨契刻符号的
重大考古理论意义

唐 建

一、文字起源的十二个基本理论问题
和商甲骨文的起源

文字的起源问题是语言起源问题的一个部分。但在20世纪的西方语言学界，却是一个被大为忽略的问题。其主要原因，一方面是由于现代语言学的发展一反古代语文学重于研究历史语源和文学发展的传统，而以有声语言为主要研究对象；另一方面也由于现代社会科学的研究方法反对在经验材料基础上进行思辨的传统研究方法。但是文字的起源毕竟是一个极为重要的学术问题，它涉及历史考古学和文化人类学的发展，也关系到如何解释几种主要古代文明的起源及其在人类发展史上的地位问题。所以考古人类学家对此进行了较为深入的研究。他们在20世纪所取得的成就，可以归结为十二个基本理论问题。其依次为以下几点。①文字最初是在世界某一地方起源的，还是在许多不同的地方独自起源的？②岩画和刻划符号是不是文字或文字前书写形式？③文字的起源对人类的发展有什么影响？④早期文字的图画性和非图画性。⑤文字起源过程中拼音文字的功能和作用。⑥文字起源过程中非拼音文字的功能和作用。⑦文字的创造者是群体还是个人？⑧早期美索不达米亚和埃及文字的一些疑点。⑨希腊罗马历史学家对文字起源的研究和阐释。⑩西方对商甲骨文起源的思辨性研究。⑪基督教对文字起源的研究和阐释。⑫古代文字的考古发现和对古文字的破译、释读[1]。在这些课题上发表论文的主要是考古人类学家、历史学家、古董专家和区域研究专家。

作为十二个基本理论问题之一的商甲骨文的起源问题，虽然近年来国际和国内一些学者都曾作过不同程度的研究，但至今未见实质性进展。其中最主要的原因则与方法论有关。如果语言的起源问题至少包括语言是什么时候，在什么情况下起源的；语言是由什么非语言的东西演变过来的，并怎样由非语言的东西发展演变而形成的这样两个问题[2]。那么，作为记录语言的文字系统的商甲骨文的起源问题也应至少包括商甲骨文起源的绝对年代和商甲骨文究竟由什么文字前形式演变而形成这样两个问题。从一方面看，商甲骨文起源的这两个基本问题和世界文字起源基本问题中的前两个有关；从另一方面看，这两个问题中的前一个与考古发现直接有关，后一个则与人类整个上古文明的一般形态有关。因此，如果要在商甲骨文起源问题上有所发现，我们就需要在研究过程中将考古学和古文字学的方法论结合起来，并要从世界文字起源研究的广阔背景上来思考。

本文对河南舞阳贾湖新石器时代遗址甲骨契刻符号及其考古绝对年代和商甲骨文的历史来源问题在考古学理论上作一些必要的阐释，同时，对上述提到的与汉字起源有关的两个重要问题提出一些初步的理论分析。

二、贾湖遗址甲骨契刻符号考古绝对年代的极端重要

商甲骨文起源绝对年代的重要在于它直接关系到一个在国内似无争论，但在国际上至今激烈争论的问题：商甲骨文究竟是独立起源的，还是从西方传入的，或是从域外其他文字系统衍生出来的？对这个问题的回答又关系到对文字起源十二个基本理论问题中的第一个问题的回答：文字究竟是在世界某一地方首先起源，然后扩散发展到其他地方，还是在不同的地方各自起源的？更重要的是，对这一问题的回答还牵涉到如何解释中国文明的起源问题。

西方对汉字起源的一贯看法认为汉字不是在中国起源，而是由西方传入中国的。西方第一个记录有关中国文字情形的是13世纪英国批判经院哲学家培根（Roger Bacon约1214～1293）。培根说，东方的中国人用画画的工具那样的东西来写字，写出一组字，每组字代表一个句子。字是由很多字母组成的，字还具有句子的意思[3]。培根的观点一直影响了世界学术界一百余年。至少在14世纪，美国历史学界仍然认为汉字是与拉丁文字相似的一种文字系统[4]，因而不是在中国独立起源发展的，而是从拉丁文字衍生出来的。

16世纪在中国的西方基督教传教士曾不断地向欧洲报告他们对汉字的研究。其中有一项材料几乎被认为是不可违背的证据，即1625年发现的聂斯托里教（Westorian，即景教）石碑，其上刻有叙利亚字和汉字的混合体。这被认为是中国文字由中东传入的证据。景教徒的这一发现后来被认为是对于商甲骨文在一个中国以外的地方起源，后来扩散到中国的有力解释。

17世纪荷兰莱顿大学历史教授忽恩（Georg Horn，1620～1670）进一步提出中国人是《圣经》里所说亚当的长子该隐（Cain）的后代，在洪水到来之前已从其出生地被分离出去[5]。这种说法在忽恩以后的两个世纪中居然一直被许多西方学者证实是正确的。根据忽恩的观点，韦伯（John Webb）提出整个中国文化是从西方文化中衍生出来的理论[6]。因此，直到19世纪，汉字仍被认为是西方文字的一个衍生分支，而不是由远古中国人独立创造，在中国起源的。

19世纪后半叶至20世纪的西方学术界进一步强调了他们坚持了近七百年的一贯看法，并不断提供所谓证据证明中国文字是由西方起源后传入中国的。中国宗教与接踵而至的外

国宗教教派的残杀也并未能动摇这种观点，即便是1899年甲骨文的发现也未能改变这种局面。汉字起源问题的研究在这整个时代里是由西方文化沙文主义来统治的。到20世纪60年代，西方权威文字学家葛尔伯（I.J.Gelb）在其所著文字学书中提供了一张文字谱系表，其中商甲骨文是苏美尼亚、埃及、赫梯文字的后裔[7]。

在这种国际情况下，我国古代伏羲造字、仓颉造字的传说及其阐明显示出巨大的积极意义，因为这种传统说法至少从根本上坚持了汉字是中国人的远祖创造，并在中国发展起来这样一个事实。遗憾的是，近现代中国学者对于伏羲造字、仓颉造字说的无意识的否定与西方学者对汉字不是起源于中国的有意识的肯定几乎同样有力，因而在逻辑上支持了西方学者所提出的汉字不是中国人创造的，而是由外国传入中国这样一种论调。

如果说20世纪60年代以前的国际学术界基本上认为世界上所有文字起源于一个共同的祖先，如拼音文字起源于古迦南，非拼音文字起源于两河流域的苏美尼亚，那么20世纪60年代以来，在对苏美尼亚文字、汉字、玛雅文字进行研究后，一些西方学者虽然发现了这些文字之间的一些共同特征，比如早期刻划性、图画性、表意性，偏旁结构书写的社会等级区别，形体的不定性等，却并未找到根据来证明这些文字在远古确实是同出一源的。这使得这些西方学者必须考虑如下问题：这三种文字系统是否独立起源的？

目前，旗帜鲜明地主张商甲骨文与苏美尼亚文字、埃及文字、赫梯文字或任何其他文字系统在起源上没有任何谱系联系的西方学者是吉德炜（David Keightley）。他尖锐地指出商周甲骨金文都是在中国起源，在中国发展形成的[8]。然而，由于至迟至1989年，汉字起源的绝对年代在国际学术界被认为至少晚于五种已发现的古文字，即南美索不达米亚复杂刻划（3350BC）、苏美尼亚楔形文字（3200BC）、埃及象形文字（3050BC）、古迦南拼音文字（1500BC），汉字的绝对年代被列为起源于1200BC[9]，所以汉字的起源问题，仍然是一个国际争端。时至1990年，还有美国人在重要国际学术会议上报告说中国文字是从非洲的某一个地方起源后传入中国的。在这种情况下，对汉字起源的绝对年代的探索变得极端重要。

我国考古学的进展已经对汉字起源的绝对年代提供了有力的证据。河南省文物研究所从1983年至1987年在河南省中部舞阳县城北22千米处的贾湖新石器时代遗址进行了六次考古发掘工作，发掘面积累计二千三百多平方米，发现了一批房屋基址、陶窑址、窖穴、墓葬等重要遗迹，出土了一批距今约八千年的甲骨契刻符号和骨质管乐器——骨笛。墓葬中"龟甲往往成组出现，龟甲内往往装有数量不等、大小不均、颜色不一、形状各异的小石子。有的龟甲、骨器或石器上有契刻符号。"[10] "新发现的甲骨契刻符号，刻在随葬于墓葬中的龟甲、骨器和石器上，比以往发现的西安半坡仰韶文化陶器上的刻划符号和山东大汶口文化陶器上的文字的年代要早一两千年，其中个别契刻符号的形体与河南安阳殷墟甲骨文的某些字形近似[11]。贾湖新石器时代遗址的^{14}C年代测定数据，目前已测出五个。属一期的两个：H1木炭距今7920±150年，H82泥炭为距今7561±125年（树轮校正为距今8053±125年）。二期两个：H39泥炭为距今7137±128年（树轮校正为距今7762±128

年），H29泥炭为距今7105±122年（树轮校正为距今7737±122年）。三期一个：H55泥炭为距今7017±131年（树轮校正为距今7669±131年）。从总体看都在距今8000～7000年范围内（若按树轮校正数据则在8500～7500年之间）[12]。其考古绝对年代，大约在8500至7600年前（约6510～5610BC）[13]从考古地理区域上看，中原地区的豫中、晋西地区一向被认为是中国古代文明的主要发源地之一，在我国上古率先进入有文字的历史时期的区域；从文字发展的阶段看，殷墟甲骨卜辞已是相当成熟的文字，在它之前，我国文字起源必然还有一个相当长的发展过程，所以贾湖遗址甲骨契刻符号的发现为探索我国文字起源的绝对年代问题提供了极为重要的线索。由于贾湖遗址甲骨契刻符号的绝对年代大大早于南美索不达米亚复杂刻划的绝对年代，这为汉字起源于中国提供了最重要的考古根据。尽管自1987年以来的五年中并未见任何著述以这种考古证据对西方的一贯观点进行挑战，河南舞阳贾湖新石器时代遗址甲骨契刻符号的发现及其考古绝对年代的确定真正证明了西方学术界自13世纪以来坚持了七百年之久的所谓中国文字不是在中国起源，而是自外域传入，商甲骨文是苏美尼亚文字、埃及文字或赫梯文字的后裔的论调纯属信口雌黄。

三、贾湖遗址甲骨的四步考古推理和理论论证

中国文字起源的研究既不应以考古材料的缺乏而流于无根据的臆测，也不应以考古证据的发现而走向终点。对于考古证据的理论解释极为重要。为了论证中国文字的起源，我们还需要对贾湖遗址甲骨契刻符号的考古发现进行四步考古推理，并在理论上做出论证。

首先，贾湖遗址甲骨契刻符号是不是一种文字？从目前公开发表的三片贾湖遗址龟甲（图一）来看，标本M344：18为一组龟甲中的一个腹甲，上刻一"⌀"形符号。腹甲长16厘米，宽8.5～10厘米。标本M335：15为一腹甲碎片，上刻"口"形符号。甲片长4～5厘米，宽4～4.5厘米。标本M387：4为一背甲碎片，上刻一"乂"形符号、甲片长2～2.3厘米，宽1.5～2厘米[14]。从目前公开发表的一件柄形石饰顶部的契刻符号（局部）来看，这种标本（M330：2）似劈裂的残剑柄，首部俯视呈半圆形，柄部有竹节状突起，残长7.6厘米。在首部顶面上刻有符号一行[15]，其上契刻符号因照片模糊而无法辨认，且未见公开发表的契刻符号摹本。假定这些契刻符号是一些刻划，考古学家就面临判定刻划符号是不是汉字，它们与文字有没有直接关系这样的问题。从国际学术界看，那些主张世界文字各自单独起源的学者依据文字前刻划符号的考古发现指出：由于最早的刻划符号在旧石器时代后期（约35000～15000BC）分布于法国、印度中部、津巴布韦南部的广大区域里，因此文

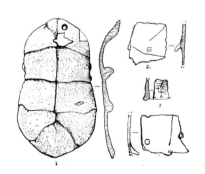

图一　河南省舞阳县贾湖新石器时代遗址（6510～5610BC）出土之刻有契刻符号的龟甲

字不可能是从一个地方起源，而是在许多不同的地方起源的。这些刻划符号表明了各地史前先民书面交际的要求，因此至少是文字前形式。狄林格（D. Diringer，1962）指出岩画是孤立的、含糊的和不系统的、萌芽状态的文字，因此必须与自觉的、意识到的刻划符号相区别[16]。拜隆（N.S. Baron，1981）认为虽然岩画和刻划总的来说在传统的文字定义之外，这些岩画和刻划中所出现的词汇和表达的能产性却不能完全排除在外[17]。根据印度中部的资料，拜隆认为岩画和刻画不是代表无意义的乱划，而是显示了有层次的书写表达目的。从某种意义上讲，它们还表现了能产性和合成性的不同等级[18]。玛沙克（A. Marshak，1972）发现了比拜隆更早的考古材料。他认为旧石器时代晚期欧洲克罗马农人刻在兽骨（La Marche Bone）上的刻划符号表示了月亮的周期、季节更替和其他对于月亮的观测，因此这些符号不是无意义的乱划，而是文字前书写系统[19]。我们认为，从理论上看，要判定一种刻划是不是文字或文字前书写形式，不能光凭直感而应当遵循五条主要理论标准：①在形成的动机上是自觉的、有意识的书写；②在表达的方式上是有层次的、具有系统的；③形体结构具有不同等级的规整性和合成性；④笔画是有顺序的，可重复出现的、能产的；⑤整个形体代表着某种意义，是对于某种事物的记录。从对于贾湖遗址甲骨契刻符号的描写和摹本来看，在形成的动机、表达方式、形体合成、笔画等四个方面已接近或达到上述主要标准，那么，这些契刻符号应被断定为文字，至少应被断定为文字前书写系统，并与后来的文字系统的发展直接有关。

　　问题是，由于种种原因，我们目前并不知道贾湖遗址甲骨契刻符号究竟记录了什么。在这种情况下，我们需要进行第二步考古推理，对这些契刻符号的考古环境作进一步的研究。考古环境指的是影响古代社会和古代文化进化的条件。它至少可分为物理环境、生物环境和文化环境三个方面。对考古环境的研究是对古代人类社会为求生存和发展而与其外界环境进行长期交互作用所进行的研究。它至少将帮助我们断定这些契刻符号并不是随意乱划，而是一种记录——尽管我们尚不清楚它们究竟记录的是什么。

　　从物理环境来看，贾湖遗址主要分布于淮河中上游支流沙河、洪河流域，最北达汝河和颍河流域，最东达大别山北麓之皖中一带。在新石器时代早期，这一带属于亚热带雨林气候[20]。从生物环境来看，在贾湖遗址三十多座房基的300多个圆形、袋形、桶状灰坑里发现有大量草木灰、木炭屑，以及内含植物杆茎印痕的烧成灰白色的泥灶或墙壁的烧土残块[21]。这说明当时对野生植物的大量利用，以及栽培植物的大量发展。在房基、灰坑填土中，还发现大量猪、鹿、狗、貉、鱼的骨骼和鱼鳞、蚌壳、螺蛳壳等，并发现少量的牛、鸡、鳄鱼、野猫、野兔、龟、鳖的骨骼、牙床及其食肉类动物的粪便等[22]。这说明当时对野生与家养动物的大量利用。从文化环境来看，舞阳贾湖遗址是一个中当于裴李岗文化时期的新石器时代遗址。河南省文物研究所根据地层分布和出土陶器形制为标志将其文化遗存分为三期。一期典型陶器为筒形角把罐、双耳罐形壶、横錾深腹钵、四角形浅腹钵、兽头形支足等。二期典型陶器为盆形钵、束领鼓腹圆底罐、筒形篦纹钵、折肩壶、圆腹壶、折腹壶、直口钵、敛口钵等。三期典型陶器为罐形鼎、釜形鼎、折沿深腹罐、卷沿深腹罐、扁腹横耳壶、敞口钵、三足钵、圭形陶锉等，并出土大量磨制精致的石器和骨器[23]（图二）。制陶技术的高度发展标志着当时农业的发展，及其与农业发展相关的社会组织和古代文化的发展。更重要的是，贾湖遗址甲骨契刻符号是和十支骨制管乐器骨笛（图二）同时被发现的。这些骨笛均用猛禽的骨管制作而成，长约20厘米，直径约1.17厘米，大多为七孔，个别骨笛的第七个音阶圆孔上方还刻有一个小音阶圆孔，有些骨笛上还留有钻圆孔时留下的二等分平均线，这说明在钻音阶圆孔时孔的位置曾经经过精确测量计算。全部骨笛形制固定，制作规范，具备七音阶结构[24]。

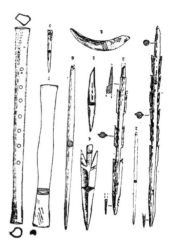

图二　河南省舞阳贾湖新石器时代遗址（6510～5610BC）出土之骨器和骨笛

上述考古环境可以用作多种考古推理和解释，至少说明了如下的事实：在约8500～7600年前的今河南中部的舞阳县贾湖地区气候温和温润，植被和土壤丰厚，史前先民以渔猎采集方式维持生计，并已驯养野生动物，具有相当规模的定居聚落形态。早期农业已经形成，并成为主要谋生手段。食物种子储藏方式为陶罐和地穴。原始宗教、墓葬仪式和方法，庆典仪式均已相当发展。七音阶音乐及乐器已发展成熟，测量数学和平面几何已相当发展，陶器和石器钻孔技术出现。古代社会组织和古代文明在这一地区已相当成熟。这可以证明刻在龟甲、兽骨和石器上的契刻符号不是随意乱划，而是对某些事物的记录，因而或已发展成文字，或至少已是文字前书写系统，并与后代文字的发展直接有关。

还有一个问题是：到底有什么根据说贾湖遗址甲骨契刻符号与后来的商甲骨文有一脉相承的直接联系？应当指出，从贾湖甲骨契刻符号（6510～5610BC）到商甲骨文（1750～1100BC）之间有漫长的四千年时间。中国龙山文化早期（3014～2514BC）的原始社会部落聚居遗址的发掘已经提供了它的最初考古证据。1985年5月镐京考古队在陕西省西安市南20多千米的长安县斗门镇花园村不远处一个称为郿鄂岭的高岗地带土层发现了一个面积达四百平方米的房址两座，灰坑十七个，墓葬一座，并"在一座圆形地穴式房基的门道和一袋状灰坑里发现了十五块刻有甲骨文字的兽骨、兽牙和骨笄。"在一枚"表面光滑、呈淡黄色的残长厘米，圆径0.4厘米的坚硬骨笄顶端刻有一小粒粒大的文字，字体笔画繁多，刀法古拙刚劲。"（图三）在一枚"残长4.27厘米，直径1.27厘米的兽牙上，刻有笔画简单的文字。"（图四）"其余兽骨刀刻痕迹明显可辨，字体笔画清晰。""上面有许多刀刻的笔画，这些笔画组成若干单个文字"，"现已清理出的十多个单体甲骨文，

图三　陕西省西安市斗门镇花园村郿鄂岭出土刻有繁多笔画甲骨文的骨笄（3014～2514BC）

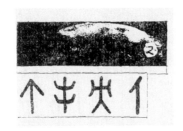

图四　陕西省西安市斗门镇花园村鄠邬岭出土刻有甲骨文的兽牙（3014~2514BC），甲骨文旁有烧灼后留下的点窝，一端有较大面积烧灼痕迹

字体极其细小，笔画细若蚊足，笔锋刚劲有力，字迹清晰，字体结构严谨，十分精美。这些特点都与中国过去出土的殷墟时代甲骨文基本接近"，"其中一些兽骨、骨笄上繁多的笔画，绝不是一种刻划符号，而是有点、横、竖、撇、捺构成的可供辨认的文字"，"这些甲骨文肯定是古人一些活动的记录，表达了他们的某种思维活动。"[25] 陕西省西安市斗门镇花园村发现的这些极为重要的甲骨文（3014~2514BC）虽然在考古绝对年代上晚于南美索不达米亚复杂刻划

（3350BC）、苏美尼亚楔形文字（3200BC），以及埃及象形文字（3050BC），但它却为填补在贾湖甲骨契刻符号和商甲骨文之间发展上的缺环提供了重要的考古证据，同时也证实了贾湖遗址甲骨契刻符号不是孤立的考古事实。由此，任何考古学家如果提出贾湖遗址甲骨契刻符号与商甲骨文没有直接谱系联系，都必须对斗门镇花园村甲骨文的考古发现提出合理的解释。如果考古学家无法证明斗门镇花园村甲骨文和贾湖遗址甲骨契刻符号、商甲骨文没有一脉相承的联系，那么就必须承认贾湖遗址甲骨契刻符号是甲骨文一系中国文字的来源。从联系与发展的观点来看，斗门镇花园村甲骨文在考古推理和考古理论解释上的意义正在于此。

综上所述，中国文字起源的考古绝对年代，按目前的考古发现来看，是在6510~5610BC之间。由于这至少早于南美索不达米亚复杂刻划和苏美尼亚楔形文字二千余年，因此中国文字是在中国独立起源的，并非南美索不达米亚或苏美尼亚文字的后裔，已成为考古材料支持的历史事实。

那么，贾湖遗址甲骨契刻符号是不是南美索不达米亚复杂刻划或苏美尼亚楔形文字的祖先？两河流域文字系统是不是从中国输入的？回答是否定的。在不同的文化系统中，年代较晚的文字系统当然不可能是年代较早的文字系统的源头，但年代较早的文字系统也并不可以简单地被认为是一切文字系统的源头。现代考古人类学在大量考古事实的基础上倾向于认为文明的起源和发展可以是从一区域开始而向其周围地区不断扩展的，也可以是从不同的地方，在不同的时间自为产生的。远古文化的扩散与传播是以人类群体的迁徙和各种形式的交往为先决条件的。考古学关于石器时代人类石器制作技术及其形态风格方面的大量研究指出：早期人类的迁徙和交往可以较清晰地在石器制作的方法、技术、形制、风格上分析出来[26]。由于美索不达米亚、苏美尼亚石器时代的石器制作技术与风格和中国石器时代的石器制作技术与风格在形态学上并未发现有考古意义的共同特征，制作技术也显示出明显的不同[27]，因此不论是中国文字在起源的年代是否早于美索不达米亚、苏美尼亚文字，在考古人类学上都不提供一种文字受另外一种文字的影响而起源的证据。事实上，西亚和埃及的考古发掘早已走到了尽头，而中国的考古工作正方兴未艾。目前国际考

古学界的倾向性意见是：美索不达米亚、苏美尼亚文化属于两河流域文化类型[28]。中国文化是清清楚楚地属于中国类型[29]。在人类文明发展的黎明阶段，这两种文化并未发生过有考古意义的直接接触，或有历史意义的相互影响。

由此看来，贾湖遗址甲骨契刻符号及其考古绝对年代的确定和上述四步考古推理，对解决有关中国文字起源的国际争端具有深远的意义。

四、商甲骨文历史来源的三个考古理论标准

贾湖甲骨契刻符号的发现为探讨商甲骨文的历史来源问题提供了必须考虑的考古材料。有关商甲骨文的历史源头问题，郭沫若说："（西安半坡）彩陶上的那些刻划记号，可以肯定说就是中国文字的起源，或者说中国原始文字的孑遗。"[30]唐兰说："在大汶口文化发现的，出现在五千五百年前的陶器文字，是属于远古的意符文字，这才是目前发现的最早的中国文字。中国文明史，始于这些文字出现之时。"[31]国际上，吉德炜提出中国文字的起源并非是西安半坡彩陶上的线性刻划记号，而是山东大汶口文化莒县陵阳河陶器和浙江余姚良渚玉器、陶器上的组合性图画符号[32]。这三种代表性看法的共同点是都认为商甲骨文的源头是陶文。分歧在于到底哪一种类型的陶文是商甲骨文的源头？

中国考古学的进展提供了大量有关陶文存在于商甲骨文之前的考古事实。这些陶文大约在我国三十二个考古遗址发现，总共约六百八十四个形体[33]。考古绝对年代在6000BC至3800BC的陶文共约一百六十四个，其又可分为大地湾（6000BC）、仰韶（4800～4500BC）、大汶口（4380～1900BC）、龙山下层（2500～2000BC）和良渚（3800～2400BC）五种类型。

基于仰韶文化的陶文符号，特别是半坡遗址陶文，郭沫若断言汉字的源头是陶文[34]。他说："要之，半坡遗址的年代，距今有六千年左右。我认为，这也就是汉字发展的历史。"[35]年代比西安半坡陶文（图五）稍后的有大汶口文化（4300～1900BC）陶文，其中包括莒县陵阳河（年代不明）出土五个陶文符号[36]，诸城前寨（4262BC±159BC至1891±113BC）出土一个陶文符号[37]，宁阳堡头村（年代不明）出土一个陶文符号[38]，滕县岗上村（年代不明）出土四个陶文符号[39]。根据这大约十一个陶文符号（图六），唐兰断言商甲骨文的前身就是大汶口陶文[40]。仰韶文化陶文和大汶口文化陶

图五　陕西省西安市半坡遗址
（4773±141～4194±204BC）出土的仰韶
彩陶上的陶文刻划符号

图六　山东泰安大汶口遗址
（4300～1900BC）出土的黑陶上的
陶文刻划符号

文年代稍后的有龙山文化陶文（2500～2400BC），其中包括永城王油坊（2555～2455BC）陶文[41]，城子崖下文化层（2463±134～2012±161BC）出土的三个陶文[42]和青岛市赵村（年代不明）出土的一个陶文符号[43]。目前尚未见有人据此四五个陶文做出关于文字起源的断论。主要根据年代再稍后的良渚文化（3800～2400BC），包括青浦崧泽村（3915±226～2551±137BC）四个陶文[44]，杭州市良渚（3838±253～2247±161BC）九个陶文[45]，上海马桥第五层（年代不明）五个陶文[46]（图七），吉德炜断言这些良渚文化陶文是商甲骨文的前身[47]。这三种观点各持己见，纷争不下。然而，它们都面临着如何解释贾湖遗址甲骨契刻符号和斗门镇花园村甲骨文的考古事实问题。这里我们提出三条考古理论标准，在证明为什么半坡、大汶口、良渚文化陶文不是商甲骨文的历史源头的同时，证明贾湖遗址甲骨契刻符号是商甲骨文的直接历史来源。

其一，假设半坡、大汶口、良渚陶文类型的某一种是商甲骨文的源头，那么在考古理论解释上我们必须考虑第一条理论标准，即在一种古代文化传统内部的文字发展过程在时间上的持续性问题。这种持续性标准使考古学家在对这一文化传统中的现代文字、古代文字、史前文字和文字前形式作统一的、相互不矛盾的解释成为可能。用考古材料为证据重建出来的文字发展时间持续性越强，那么对古代社会中古代文字的发展所作出的考古推理就越可靠。反之，则不可靠。对于最大限度文字发展时间持续性的探求又可引导出直接历史方法。这种方法以考古环境的比较和考古材料的比较为基础而排列出年代次序，从而既可以重建古代社会的文字发展情况，也可以对不合理的重建进行再重建。如果距今六千年左右的仰韶文化陶文被认为是商甲骨文的源头，那么在发展的时间持续性上到底如何对距今七千年以上的大地湾陶器彩绘符号做出合理的解释？如果认为比仰韶文化陶文更晚的大汶口陶文或良渚文化陶文是商甲骨文的源头，那么在考古学上如

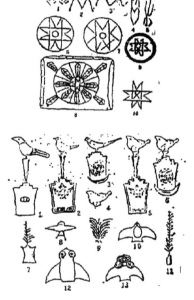

图七　上海青浦县崧泽村遗址
（3915±226～2551±17BC）（上图）出土
陶器、玉器上的刻划和浙江良渚文化几个遗
址（3838±253～2247±151BC）出土玉器上
的刻划符号（下图）

何解释年代早得多的仰韶文化和大地湾文化陶文的存在？从逻辑上看，可能的解释大约有两个。一是在肯定年代较晚的陶文符号类型为商甲骨文源头的同时，否定年代较早的陶文

符号类型是发展时间持续性联系中的一个环节，即这些年代较早的陶文类型或是应另当别论的，或是属于古代少数民族的，或是自外域传入中国的，因而与商甲骨文的起源无关。然而，由于发现陶文的上述任何一个遗址中出土的文物都是清清楚楚地属于中国文化类型，所以将这些遗址中发现的陶文解释成是应另当别论的、少数民族的，或自外域传入的显然违反考古学常识。

从逻辑上可能解决的另一个办法是在肯定年代较晚的陶文符号类型为商甲骨文的源头的同时，否定年代较早的陶文符号是文字或文字前形式。然而，据于省吾说，西安半坡所发现的仰韶文化陶文，"考古工作者以为是符号，我以为是文字起源阶段所产生的一些简单文字。"[48]据李学勤所说："总之，十几年来多数学者认为大汶口陶器符号是文字，只是对所处发展阶段的估计不同。"[49]据张明华、王惠菊所说："良渚文化中也有一些刻划字形发现……这些刻划基本上已脱离了具象的图画阶段，进入抽象阶段的文字阶段。"[50]看来这三种类型陶文均是文字。即便是目前发现的最早的大地湾陶文，据曲直、郭汾祥所说"有关专家认为，这是属于指事系统的符号"[51]。因此，否认任何一种陶文为文字或文字前形式显然也说不通。

应当指出：古文字发展的时间持续性是以考古绝对年代为基础的。如果说当大地湾陶文符号在1986年出土时郭沫若早已故去，因此他坚持当时所见仰韶陶文为汉字的源头无可厚非，那么当唐兰坚持年代较晚的大汶口陶文为汉字的源头时，他是看到仰韶陶文的。考古绝对年代具有其不可逆转性。绝对年代晚的遗址不可能对绝对年代早的遗址产生影响。所以当唐兰在香港断言绝对年代早的姜寨仰韶陶文（4682±141BC）是受了年代晚的大汶口陶文（4300～1700BC）的影响时，显然违反了考古绝对年代的不可逆转律。由上可见，无论是坚持仰韶陶文作为商甲骨文发展的源头，还是坚持大汶口陶文或良渚陶文是商甲骨文发展的源头，在理论上都无法对汉字发展的时间过程中的持续性做出合理的解释。

其二，如果认为仰韶陶文，或大汶口陶文或良渚陶文为商甲骨文的源头，那么在考古理论解释上我们还需要考虑第二条标准：考古环境的类似性问题。

考古环境的类似性指的是一种古代文化内部的不同文化类型所赖以建立的古代社会的考古环境是否类似的。如果两种或两种以上考古环境是类似的，那么对在这些考古环境中文字发展历史的关键的推理就比较可靠。反之，则需要考古材料来证明其可靠程度。

根据目前的考古发现材料，我们知道位于中国西北部的仰韶文化和位于东部中国的大汶口文化和良渚文化属于不同的文化类型。以西北部渑池仰韶为代表，包括西安半坡、长安五楼、临潼姜寨、邻阳莘野、铜川李家沟、宝鸡北首岭、甘肃秦安大地湾、青海乐都柳湾、河南淅川下王岗等遗址的古代中国文化是一种彩陶文化。以东部章丘龙山为代表，包括大汶口、青莲岗、河姆渡、马家浜、良渚、红山等遗址的古代中国文化是一种黑陶文化。从考古绝对年代上看，彩陶文化早于黑陶文化至少五个世纪；从陶器形态上看，彩陶和黑陶在陶形体制、图案装饰、胎体绳纹等方面都表现出明显的区别。从陶文符号上看，彩陶文化的陶文符号较为抽象。而黑陶文化的陶文符号多为具象，其区别性也很明显。不论是从绝对年代上看，还是从陶器的形态上看，还是从陶文符号的特征上看，这两种陶文可能是各自独立起源的，因为其考古环境很不相同。作为年代再晚两千年的商文化，是一种青铜文化，自然又属于不同的考古环境。

　　如果我们假设商甲骨文是从上述两种陶器文化中的某一种陶文类型发展演变而来的，我们就需要在考古学上证明仰韶文化，或大汶口文化，或良渚文化中的文字传统究竟怎样被商文化所采纳，是通过什么渠道被采纳的，有什么考古根据可以证明这种采纳是可能的。我们不能单从年代顺序的先后来臆测，因为即使在同一文化系统中，年代早的文化类型被年代晚的文化类型采纳也只具有可能性，并不具有必然性。如果我们最终没有考古证据来证明商甲骨文是起源于陶文，或是采纳了陶文诸类型的某一种而不是其他种而形成，那么，我们就没有理由认为仰韶文化或大汶口文化或良渚文化陶文是商甲骨文的源头。

　　其三，从考古理论上看，对商甲骨文历史源头的研究还应当考虑第三条考古理论标准：古代文化形式的一致性问题。这种文化形式的一致性是古代社会的人的行为和意识在文化形式上的反映。有源流关系的文字传统必须要在文化形式上表现出一致性，否则，这些文字系统便可能不具有源流关系，而可能是独自起源、相互并存的关系。

　　如果说仰韶、大汶口、良渚陶文中之一种是商甲骨文的来源，我们就必须回答几个非常关键的有关文化形式一致性的问题：作为"物勒工名"，或"花押"，或"族徽"，或"记号"的陶文为什么后来发展成了占卜的甲骨文，其间有什么有历史根据的联系？作为绘刻于陶器上的陶文为什么到商时转而专门刻于龟甲、牛骨上，其间的变化有什么必然的联系？作为并无礼仪程式的陶文刻划过程后来为什么发展出"龟人"、"董事"、"卜师"、"大卜"、"占人"等一整套既有礼仪程式又有职官和所师职事的卜问过程，其间的发展有什么逻辑上的联系？作为在文体上极简单的，或大多数只是单符契刻而并不成文的陶文符号究竟怎样发展成具有"叙辞"、"命辞"、"占辞"、"验辞"四个部分的千篇一律的甲骨卜辞，其间的发展又有什么一脉相承的联系？如果陶文是商甲骨文的历史源头，那么为什么在文化形式上从陶文到甲骨文具有如此不一致的发展？到底有什么考古材料或理论上的假设能对这些文化形式上的不一致和人类行为上的不一致做出合理的解释，从而使人们信服陶文确是商甲骨文的直接祖先？如果我们无法对陶文和商甲骨文的文化形式的不一致做出解释，那么我们就没有理由臆测商甲骨文是由陶文中的某一种发展而成的。

　　在这方面，我国古文学家曾提出两点理由似与文化形式的一致性有关来证明陶文是商甲骨文，乃至西周金文的直接祖先。这两点理由是：某些陶文符号和商甲骨文在形体上相似；陶文符号在器物上的位置和金文在器物上的位置类似。对于前一点理由，郭沫若说："殷代的铜器上有一些表示族徽的刻划文字，和这些（半坡陶文——唐建注）符号极相类似"[52]。裘锡圭则认为："大汶口文化的象形符号跟古汉字相似的程度是非常高的，它们之间似乎存在着一脉相承的关系。"[53]李孝定认为仰韶文化陶文符号"太像后世的文字了。"[54]张明华、王惠菊认为崧泽文化和良渚文化陶器上的二十一个陶文符号与甲骨文字形体相似，因此"早在这两个原始文化存在的时期，我国太湖地区已经产生了原始文字，而商周文化的一些文字应当是专源于太湖地区原始文化的。"[55]

应当指出，文字形体的相似性对于破译、释读古代文字符都具有非常重要的意义，但对于回答古代文字的源与流的关系问题却不具有显著的意义。从对于世界上其他地区的古代文字形体的比较研究上看，苏美尼亚、埃及、赫梯文字中的象形字和商甲骨文中的象形字或在形体上相似，或在结构上相似，或在造字构思上相似[56]（图八）。我们是否能据此而断言作为年代最晚的商甲骨文的历史源头是苏美尼亚、埃及或赫梯文字呢？显然不能。我国学术界所认为的仰韶陶文、大汶口陶文或良渚陶文与商甲骨文在形体上的相似主要也是指一些象形符号，我们同样不能根据这些象形字体上的相似性而断言这些陶文符号就是商甲骨文的历史源头。因为如果象形字所摹本的客观物体是相似的或相对不变的，人之为人所具有的对外界的观察、感知以及在行为上的描摹能力是共同的，那么不论是在历史发展上毫不相干的文化

图八　苏美尼亚、埃及、赫梯、商甲骨文象形字体相似性比较

系统中所产生的象形字，还是在同一文化系统中不同文化类型内所产生的象形字都可能是相似的，有时甚至是相同的。象形字体的相似性因而不能作为判定文字源流关系的根据。

对于后一点理由，即陶文符号在陶器上的位置与金文在铜器上的位置相似问题，李学勤说：大汶口陶器上的刻划符号"在器外壁的一定位置上，与金文在器物上的位置类似"[57]。这段文字似以陶文刻划符号在陶器上的位置与金文在铜器上的位置的相似来证明大汶口陶文和后代金文的一脉相承的关系。问题是，从同一文化系统来看，西安半坡、大汶口、良渚文化文化陶文在陶器上的位置也是相似的（图九）。我们能不能据此说三者之间具有源流关系？显然不能。因为大量其他考古材料证明这三种文化类型是独自起源的，其间并无源流关系。从不同文化系统来看，西安半坡、大汶口或良渚文化陶文在陶器上出现的位置与希腊陶文（1650～700BC）在陶器上的位置也是相类似的[58]（图一〇）。我们能否据此说，古代中国的陶文和古希腊陶文也有一脉相承的关系？当然也不能。陶文在陶器上刻划的位

图九　山东省泰安县大汶口遗址（4300～1900BC）出土的陶文符号在陶器上的位置（上图）、浙江省良渚文化陶器、玉器上陶文符号在器皿上的位置（下图）

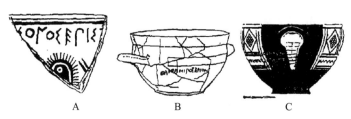

图一〇　古希腊陶文（1650～700BC）在陶器上的位置

置是以可见性为原则的。任何文化系统的陶文大约都刻划在陶器的这些易为人所见的部位，因而陶文在陶器上的位置总是相类似的。位置的类似因而也不能作为文字系统源流关系的根据。

五、贾湖遗址甲骨契刻符号可确证商甲骨文的历史源头

河南舞阳贾湖遗址甲骨契刻符号的发现及其考古绝对年代的确定为商甲骨文的历史源头的探讨提供了可靠的证据。考古绝对年代距今8500～7600年的贾湖甲骨契刻符号不但是到目前为止所发现的我国最早的甲骨契刻符号，也是至今我国年代最早的文字或文字前形式。

从文字系统在时间过程中发展的持续性标准来看，贾湖甲骨契刻符号是距今5000～4500年左右的陕西长安县斗门镇花园村鄗邬岭所发现的已确实成为文字的甲骨文的历史来源；也是距今3700～3100年左右的河南安阳小屯遗址所发现的已发展得非常完备的甲骨文的历史来源。

从时间上看，从河南舞阳贾湖甲骨契刻符号到河南安阳小屯完备的甲骨文的一脉相承的发展共经历了四千年至五千年左右时间。其间更具体的中间发展阶段，还有待于新的考古发掘。豫中、晋西地区标志中间发展阶段的商以前甲骨文的大量出土应当是有根据的考古预见。

从考古环境的类似性标准来看，贾湖、斗门镇在花园村两个考古遗址相对于东部中国大汶口文化和长江中下游良渚文化来说，属于考古类型相关的同一种中国西北部文化，其所处区域范围成为同一个考古区域是有其他大量考古材料支持的。因此从距今8500～7600年的贾湖遗址甲骨契刻符号到距今5000～4500年左右的斗门镇花园村甲骨文，再到距今3700～3100年的小屯殷墟发展完备的甲骨文字主要是甲骨文在相似考古环境的不同考古区域中的发展和传递。

从区域考古和考古环境相似性等理论看，贾湖遗址甲骨契刻符号是商甲骨文的历史来源应无疑问。大汶口、良渚文化陶文并不在这一考古区域内，并属不同考古环境，当不在这一甲骨文的发展和传递过程中。仰韶文化陶文是在这一考古区域内的。然而，由于其考

古绝对年代晚于贾湖遗址甲骨契刻符号至少一千五百年，其作为商甲骨文的源头在时间的持续性标准的讨论中已被排除在外。而事实上，在贾湖类型晚期地层上，往往叠压着仰韶时代文化层[63]。

从文化形式的一致性上看，贾湖遗址甲骨契刻符号、斗门镇花园村甲骨文、商甲骨文均刻于龟甲兽骨上，其文化形式是完全一致的。从已发表的一片刻有契刻符号的贾湖遗址完整龟甲来看，其上方距中线右侧钻有一个小圆孔（见图一）。这种文化形式也是安阳小屯出土的刻有文字的商龟甲的文化形式[59]。从已发表的一枚斗门镇花园村出土的刻有甲骨文字的兽牙来看，在所刻甲骨文字的近旁，"有古人烧灼后留下的点窝等痕迹，点窝大小相同，类似米粟，成双作对，排列有序，兽牙一端有较大面积的烧灼痕迹"[60]。这些烧灼特点在后来于安阳小屯殷墟出土的刻有甲骨文的兽骨上同样普遍存在。这说明斗门镇花园村甲骨文已是一种占卜以预测吉凶祸福的文字。商甲骨文与这种占卜文字文化形成也是完全一致的。由此看来，从文化形式的一致性来看，商甲骨文与斗门花园村甲骨文、贾湖遗址甲骨契刻符号有一脉相承的联系。仰韶、大汶口、良渚陶文以及目前所发现的任何一种陶文都或是记号，或是族徽，或是花押，或是工名，其所刻器物均非甲骨，既无占卜的意味，更无与古代礼制有关的内容。其文化形式与甲骨文完全不同。

从以上的分析看，根据目前的考古资料，商甲骨文的较近历史来源是距今5000～4500年左右的斗门花园村甲骨文，而其较远历史来源则是距今8500～7600年左右的贾湖遗址甲骨契刻符号。陶文符号属于其他文化类型的其他发展线路。或由于距今8500～7600年左右的贾湖遗址甲骨契刻符号的先期起源和发展，或由于距今5000～4500年时斗门镇花园村甲骨文的日臻发展，或由于其后商甲骨文在距今3700～3100年时的完善，或由于其他尚待探讨的原因，陶文最终没有能发展成完整的文字系统，而走向消亡。甲骨文在从目前所知的贾湖遗址甲骨契刻符号到商后殷墟完备的甲骨文文字系统的约七千年发展过程中是有能和仰韶、大汶口、良渚等文化的陶文接触的，但陶文并不是商甲骨文的源头。这种接触及其接触的程度也只是理论上的假设，在历史上这种接触到底是通过战争、贸易、宗教，还是生产、开发、迁徙方式而发生发展，也还需要区域考古事实对这些文化间的相互关系加以证实。

六、中国文字由契刻发展而来

与商甲骨文历史来源有关的另一个方面是商甲骨文究竟是从什么文字形式发展而成的。如果以上关于商甲骨文历史来源的三个考古理论标准是合理的，那么我们就等于承认中国文字不是由图画发展而来，而是由契刻发展而来的。因为根据所见资料，贾湖遗址甲骨契刻符号并非图画，亦非图画性的。斗门镇花园村甲骨文并非象形图画，也不是象形字。

应当指出，文字最初是由象形图画还是简单刻划发展而成，自古以来在国内外都是一个争论的题目。从国内学术界来看，两种意见相持二千余年，其焦点在于古汉字究竟是由象形图画发展而来的，还是由指事发展而来的。分歧产生于汉代古文经学派。从经学文献上看，"象形"一说始于"六书"，"六书"一称最早见于《周礼·地官·保氏》，而后直到刘歆《七略》始见细目，其顺序为"象形、象事、象意、转注、假借。"[61]班固师承于刘歆，在六书次序上却有歧说。《汉书·艺文志》列六书为"象形、象事、象意、象声、转注、假借。"郑象亦师承刘歆，其六书次序见于所著《周礼解诂》为"象形、会意、转注、处事、假借、谐声"。以上三家以象形为先。刘歆之学中经贾徽、贾逵而师传至东汉许慎，其在《说文解字·序》中始以"指事、象形、形声、会义、转注、假借"为序，不以象形而以指事为先。汉代以后，象形为先还是指事为先，向有争论。南朝梁顾野王《玉篇》（象形、指事、形声、转注、会意、假借），宋陈彭年《广韵》（象形、会意、谐声、指事、假借、转注），宋郑樵《通志·六书略》（象形、指事、会意、谐声、转注、假借），宋张有《复古篇》（象形、指事、会意、谐声、假借、转注），宋吴元满《六书正义》（象形、指事、会意、谐声、假借、转注）均以象形为先。宋戴侗《六书故》（指事、象形、会意、转注、谐声、假借），却以指事为先。

现代学者以持刘歆说为多。唐兰认为："学者们常以为指事在象形前……我在上面已说过，文字是由图画逐渐变成的……指事这个名目，只是前人因一部分文字无法解释而立的……在文字史上，根本没有发生过指事文字……文字起源是图画"[62]。这或许是唐兰坚持年代较后的大汶口陶文象形符号为汉字之源头，而否认年代早得多的西安半坡陶文刻划符号为汉字源头的主要原因。但郭沫若则持许慎说。他认为"根据种种地下资料，现有民俗和文献记载等参证起来看，中国文字的起源应当归纳为指事与象形两个系统，指事系统应当发生于象形系统之前。……以指事先于象形，许慎的看法是比较正确的"[63]。郭沫若、唐兰六书次第之争实际上是古文经学派内部分歧在现代的继续。其实，所谓"六书"实际上是汉朝前后古文经学家对汉字构成的看法，并非汉字造字之本，亦不能反映汉以前古文字的结构。其次第顺序与汉字的起源亦似无关。贾湖遗址甲骨契刻符号的发现及其考古绝对年代的确定为解决这一争端提供了现实的考古事实。汉字似应理解为起源于刻划。刘歆、许慎所说之"指事"是不是就是刻划，不甚清楚，然而汉字并非起源于图画却因有贾湖遗址的考古发现而变得较为清楚。

刻划作为一种文字前书写形式是一种普遍现象。在我国先秦两汉以来的文献里有大量关于史前先民以刻划为书写记事手段的记载。这些记载可以作为汉字起源于刻划的支持材料。《书·叙》孔颖达疏引郑玄《易注》："书之于木，刻真侧为契，各持其一，后以相考合。"《周礼·质人》："掌稽市之书契。"郑玄注："书契，取予市物之券，其券之象，书两礼而刻其侧。"《周礼·小宰》："听取予以书契"。《墨子·备城门》："守城之法，必数城中之木，十人之所举为十挈（契），五人之所举为五挈。"孙诒让闲诂："十挈、五挈、谓该挈之齿以记数也。"这里所谓"契"即是刻划。《释名》："契，刻也。"又上古"券"、"契"二字可互训。《说文解字·刀部》："券，券也，……以刀判，契其字。"可见，"契"之所指，亦为契刻。上古契刻就是刻划。契刻或刻划作为文字前形式在我国古代少数民族中也普遍存在。《后汉书·乌桓传》："大人有所召呼，则刻木以为信。虽无文字，众不敢违。"《魏书·帝纪序》："不为文字，刻木记契而已。"《隋书·突厥传》："突厥无文字，刻木为契"。《唐会要》卷九七吐蕃条说吐蕃"无文字，刻木结绳为约"。李心传《建炎以来朝野杂记》乙集卷二十靺鞨风俗云靺鞨"或刻木为契，上刻数划，各执其半，遇发军，以木器合同为验"。《书史会要》云，辽太祖"制契丹字数千，以代刻木之约"。严如煜《苗疆风俗考》说："苗民不知文字……以契券，刻木以为信。"顾炎武《天下郡国利病书》卷九六福建六云："瑶人者……其商贾贸易，刻木以长短大小为验。"张庆长《黎歧纪闻》云："盖黎内无文字，但用竹批为三，计丘段价值，划文其上，两家及中人各执之以为信。"《广阳杂记》卷一云："滇南倮倮，俗无文字，官征其赋，先与刻木为符，以一划为一数，百十两钱分各以长短为记，划讫，即中分之，官执其中，届期，执而征之，符合，不少迟欠也"。这类民俗记录大量存在，恕不赘引[64]。

　　在国际学术界，文字起源于图画已被认为是一种陈旧的观点。因为这种观点是和认为苏美尼亚、美索不达米亚、埃及文字为世界文字之源头一起出现的。由于大量考古发现证明旧石器时代后期（35000～15000BC）在全世界各地普遍发现的刻在兽骨、鹰骨、石器、岩石上的文字前形式并不是图画，而是刻划[65]。越来越多的学者相信这些不同类型的刻划比原始绘画更像是世界各种文字系统各自的直接来源。

　　贾湖甲骨契刻符号及其考古绝对年代的确定具有极其重要的理论意义，这不但是因为这一考古发现对于探索商甲骨文究竟是何时起源的，是由什么文字前形式演变而成的，文字是在世界某一地方首先起源还是在世界不同地方的不同文化中独立起源的等等一系列重大国际课题提供了极为重要的考古事实，而且，这一考古发现使西方学术界自13世纪至今的七百余年中始终占主导地位的所谓中国文字不是在中国起源，而是从西方传入的，中国文字是美索不达米亚、苏美尼亚、埃及、赫梯文字的后裔这样一种论调彻底破产，从而为最终解决这一国际争端做出了积极的贡献。

　　诚然，从年代上讲，任何考古发现都只代表这种发现的相对年代。距今8500～7600年前的贾湖遗址甲骨契刻符号还不是中国文字考古发现的尽头。商甲骨文的历史源头也还可以顺着这条线路再探索下去。考古发现只是考古学研究的第一步。考古材料本身既不会说话，也不会争辩。因此，对于考古发现的系统而抽象的理论思考，也不会争辩。因此，对于考古发现的系统而抽象的理论思考，逻辑而连贯的理论推理，合理而持之有故的理论论证，完整而行之有效的理论模型是中国考古学的当务之急。这也是新一代考古理论工作者和古文字、古文化工作者共同的神圣职责。

1991年8月31日美国哥伦布市郊维多利亚村爱妮皇后故居

注　释

[1] Wayne S M. The Origins of Writing. University of Nebraska Press, 1989: 1-26.

[2] 唐建：《语言的起源问题》，上海教育出版社，1979年，第1、2页。

[3] Burke R B. The OPus Majus: of Roger Bacon. New York: Russell and Russell Press, 1962: 389.

[4] Yul H. Cathay and the Way Thither, Being A Collection of Medieval Notices of China .Cambridge University Press, 2010.

[5] Borster Arnor Der Turmtan von Babel. Stuttgart: Hiersemann. 1957-1963.

[6] John W. An Historical Eassy Endeavoning A Probaility That the Language of The Empire of China Is the Primitive Language, 1669.

[7] Gelb T I A. Study of Writing. Chicago: University of Chicago Press, 1963: 98, Fig54.

[8] Keighley N D. The Origin of Writing in China: Scripts and Cultural Contexts//Sener M W. The Origin of Writing. University of Nebraska Press, 1989: 187, 198.

[9] Wayne S M. The Origins of Writing. University of Nebraska Press, 1989: 1-26.

[10] 河南省文物研究所：《河南舞阳贾湖新石器时代遗址第二至第六次发掘简报》，《文物》1989年第1期。

[11] 王怀让、冯国彬：《我国新石器时代考古获重大发现，豫出土甲骨契刻符号和骨笛，距今八千年，具重要价值》，《人民日报》（海外版）1987年12月13日第一版；张居中：《八千年前的甲骨契刻符号和骨笛在河南出土》，《中国文物报》1987年12月11日。

[12] 河南省文物研究所：《河南舞阳贾湖新石器时代遗址第二至第六次发掘简报》，《文物》1989年第1期。

[13] Ma J Z. China's National Musical Instruments: Bone Flutes Rewrite China's Music History. China Today, North American Edition, 1991, 40(6).

[14] 河南省文物研究所：《河南舞阳贾湖新石器时代遗址第二至第六次发掘简报》，《文物》1989年第1期。

[15] 河南省文物研究所：《河南舞阳贾湖新石器时代遗址第二至第六次发掘简报》，《文物》1989年第1期。

[16] Dliriner D. Writing, Ancient People and Places. London: Thames and Hudson Press, 1962: 16.

[17] Baron N S. Speech, Writing and Sign: A Functional View of Linguistics Representation. Bloomington: Indiana University Press, 1981: 151, 152.

[18] Baron N S. Speech, Writing and Sign: A Functional View of Linguistics Representation. Bloomington: Indiana University Press, 1981: 151, 152.

[19] Marshak A. The Roots of Civilization. New York: McGraw Hill Press, 1972: 14-168; See also Marshak A. Upper Paleolithic Notation and Symbol. Science, 1972, 178: 817-827.

[20] 张居中：《试论贾湖类型的特征及与周围文化的关系》，《文物》1989年第1期，第18～20页。

［21］河南省文物研究所：《河南舞阳贾湖新石器时代遗址第二至第六次发掘简报》，《文物》1989年第1期。

［22］河南省文物研究所：《河南舞阳贾湖新石器时代遗址第二至第六次发掘简报》，《文物》1989年第1期。

［23］河南省文物研究所：《河南舞阳贾湖新石器时代遗址第二至第六次发掘简报》，《文物》1989年第1期。

［24］黄翔鹏：《舞阳贾湖骨笛的测音研究》，《文物》1989年第1期，第15～17页。

［25］苏民生：《中国迄今最早的甲骨文》，《瞭望》（海外版）1986年第37期，第14页；苏民生、白建钢：《西安出土一批原始时期甲骨文》，《光明日报》1986年5月1日。

［26］Sackett J. Approaches to Style in Lithic Archaeology. Journal of Anthropological Archeology, 1982(1).

［27］Coles J M, Aiggs E S. The Archaeology of Early Man. Pengnin Books Ltd, 1975: 194-198, 395-405.

［28］Finegan J. Archaeological History of the Ancient Middle East. New York: Dorset Press, 1979: 1-25.

［29］Hester J. Introduction to Archaeology. Holt, Rinehert and Winston, 1976: 268-269.

［30］郭沫若：《古代文字之辩证的发展》，《考古学报》1972年第1期，第1、5页。

［31］唐兰：《访唐兰教授谈中国历史分期》，《广角镜》1978年第68期。

［32］Keighley N D. The Origin of Writing in China: Scripts and Cultural Contexts//Sener M W. The Origin of Writing. University of Nebraska Press, 1989: 187, 198.

［33］Cheung K Y. Recent Archaeological Evidence Relating to the Origin of Chinese Chacters//Keightleg D N. The Origins of Chinese Civilization. Berkeley: University of California Press, 1983: 323-392.

［34］《临潼姜寨新石器时代遗址的新发现》，《文博简讯》1975年第8期，第82～86页。

［35］郭沫若：《古代文字之辩证的发展》，《考古学报》1972年第1期，第1、5页。

［36］山东省文物管理处、济南市博物馆：《大汶口——新石器时代墓葬发掘报告》，文物出版社，1974年，第94页。

［37］任日新：《山东诸城县前寨遗址调查》、《文物》1974年第1期，第75页。

［38］唐兰：《中国有六千多年文明史》，《大公报在港俯瞰卅周年纪念论文集》（第一部分），1978年，第23～58页。

［39］山东省博物馆：《山东藤县岗上村新石器时代墓葬试掘报告》，《考古》1963年第7期，第351～361页。

［40］唐兰：《中国有六千多年文明史》，《大公报在港俯瞰卅周年纪念论文集》（第一部分），1978年，第23～58页。

［41］商丘地区文物管理委员会、中国科学院考古研究所洛阳工作队：《1977年河南永城王油坊遗址发掘概况》，《考古》1978年第1期，第35～40、64页。

［42］Liang S Y, Tung T P. Ch'eng-tzu-yai: The Black Pottery Culture Site at Lung-shan-chen in Li-ch'eng-hsien, Shantung Province. New Heaven: Yale University Publications in Anthropology, 1956(52).

［43］孙德善：《青岛市郊发现新石器时代和殷周遗址》，《考古》1965年第9期，第480、481页。

［44］上海市文物保管委员会：《上海市青浦县松泽遗址的试掘》，《考古学报》1962年第2期，第

1～30页。

［45］浙江省文物管理委员会：《良渚黑陶又一次重要发现》，《文物》1965年第2期，第25～28页。

［46］上海市文物保管委员会：《上海马桥遗址第一、二次发掘》，《考古学报》1978年第1期，第109～136页。

［47］Wu H. Bird Motifs in Eastern Yi Art. Orientations, 1985, 16(10): 34-36, Figs9-13, 15, 17.

［48］于省吾：《关于古文字研究的若干问题》，《文物》1973年第3期，第32页。

［49］李学勤：《论新出土大汶口文化陶文符号》，《文物》1987年第12期，第76页。

［50］张明华、王惠菊：《太湖地区新石器时代的陶文》，《考古》1990年第10期，第903～907页。

［51］《临潼姜寨新石器时代遗址的新发现》，《文博简讯》1975年第8期，第82～86页。

［52］郭沫若：《古代文字之辩证的发展》，《考古学报》1972年第1期，第1、5页。

［53］裘锡圭：《汉字形成问题的初步探索》，《中国语文》1978年第3期，第166页。

［54］李孝定：《符号与文字——三论史前陶文和汉字起源问题》，台北第二届国际会议论文，1979年。

［55］李孝定：《符号与文字——三论史前陶文和汉字起源问题》，台北第二届国际会议论文，1979年。

［56］Schoville K. Sign, Symbol, Script: An Exhibition on the Origins of Writing and the Alphabet. Madison: University of Wisconsin, 1984: 3.

［57］裘锡圭：《汉字形成问题的初步探索》，《中国语文》1978年第3期，第166页。

［58］Powell B. Barry, Homer and the Origin of the Greek Alphabet. Cambridge University Presss, 1991.

［59］许进雄：《甲骨上穿凿形态的研究》，台湾艺文印书馆，1979年。

［60］河南省文物研究所：《河南舞阳贾湖新石器时代遗址第二至第六次发掘简报》，《文物》1989年第1期。

［61］刘歆：《七略》，清洪颐煊辑本。

［62］唐兰：《古文字学导论（增订本）》，齐鲁书社，1981年，第86、87页。

［63］郭沫若：《古代文字之辩证的发展》，《考古学报》1972年第1期，第1、5页。

［64］汪宁生：《从原始记事到文字发明》，《考古学报》1981年第1期，第1～44页。

［65］Wayne S M. The Origins of Writing. University of Nebraska Press, 1989: 1-26; Dliriner D. Writing, Ancient People and Places. London: Thames and Hudson Press, 1962: 16; Baron N S. Speech, Writing and Sign: A Functional View of Linguistics Representation. Bloomington: Indiana University Press, 1981: 151, 152; Marshak A. The Roots of Civilization. New York: McGraw Hill Press, 1972: 14-168; See also Marshak A. Upper Paleolithic Notation and Symbol. Science, 1972, 178: 817-827.

［原载《复旦学报》（社会科学版）1992年第3期］

中华文明的绚丽曙光——论舞阳贾湖发现的卦象文字

蔡运章　张居中

1984～1987年，河南舞阳贾湖裴李岗文化遗址出土的龟甲、陶器、骨器和石器上，发现一排与商周甲骨金文构形相似的"刻划符号"[1]，它是目前所知全世界年代最早的原始文字[2]，对研究中国文字乃至中华文明和人类文明的起源，都具有划时代的意义。本文谨就这些原始文字的释读及其相关问题，略作论述。

一、舞阳贾湖原始文字的释读

在舞阳贾湖裴李岗文化遗址出土的17件龟甲、陶器、骨器和石器上，共刻有原始文字21个。其中，除M387：4龟甲和M330：2石柄形器上分别刻有12个和14个字外，其余15件器物上均是每器只刻一个单字或图形。它们不但与八卦之象多用单字来表述的特征相符合，而且在商周时期有的单字（或图形文字）还与记卦象类筮数易卦相并署，因此，它们应是反映八卦之象的卦象文字。一般地讲，每件器物本身及其上面的单字、图形文字和刻划符号，大都是同一易卦的卦象，它是中华先民"制器尚象"习俗的产物，也是一种特殊的纪事文字[3]。

这些原始的卦象文字与商周甲骨金文相比较，大都可以得到释读。

（1）在M94：4和M233：11龟腹甲上均刻有"一"字，它们与商周甲骨金文"一"字的构形相同，故当是一字。《周易·说卦传》："离为龟。"这说明离卦可以作为龟甲的象征。《大戴礼记·易本命》："一主日。"《淮南子·地形》："一主日。"《周易·说卦传》："离为日。"因此，这里的"一"字当是离卦之象。

（2）在M233：15、M344：28龟腹甲上均刻有"二"字，它们与商周甲骨金文"二"字的构形相同，故当是"二"字，"二"同贰。《礼记·坊记》："唯卜之日称二君。"郑玄注："二，当为贰。"《广雅·释诂四》："贰，二也。"可以为证。因离卦可以作为龟甲的象征，《左传·襄公二十四年》："则诸侯贰。"杜预注："贰，离也。"《后汉书·光武帝纪上》李贤注："贰，离异也。"故这里的"二"字当是离卦之象。

（3）在H45：2牛肋骨饰上刻划的五条横划线，与商周甲骨金文"五"字的构形相同，故当是五字（图一，1）。这是用牛肋骨制作的一件残骨饰，《周易·说卦传》："坤为牛。"故坤卦可以作为这件骨饰的象征。"五"同伍，《国语·齐语》："参其国而伍其鄙。"韦昭注："伍，五也。"《周礼·小司徒》："五人为伍。"郑玄注："伍、两、卒、旅、师、军，皆众之名。"贾公彦疏："伍者，聚地。"《周易·说卦传》："坤为众。"《周易·萃》："乃乱乃萃。"虞翻注："坤为聚。"故这里的"五"字当是坤卦之象。

（4）在M387：4龟腹甲上刻有"乙"、"八"两个单字，因为它们之间保持有较大的间隔距离，似不应连在一起释读（图一，2）。这种复合卦象文字在商周时期的器物上经常见到，例如：洛阳五女冢HM362西周初年墓出土一件陶罐的肩部刻有五个"屮"字，底部刻有一个"木"字，它们都是震卦之象[4]。这件龟甲上的"八"字与商周甲骨金文"八"字的构形相同，故当是八字。因为离卦可以作为龟甲的象征，《说文·八部》："八，别也，象分别相背之形。"《庄子·马蹄》："情不分离。"《经典释文》："离，别也。"《吕氏春秋·诬徒》："合则弗能离。"高诱注："离，别也。"是八、离的含义相通。故这里的"八"字当是离卦之象。

1. 骨板刻划（H45：2）

3. 陶坠刻符（T108 ③B：2）

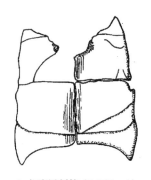

2. 龟腹甲刻符（M387：4）

4. 石器刻符（H141：1）

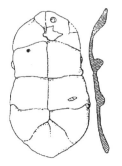

5. 龟腹甲刻符（M344：18）

图一　舞阳贾湖卦象文字

（5）在T108③B：12陶坠之端面刻有"十"字（图一，3）。此字与商周甲骨金文"甲"字的构形相同，故当是甲字。陶坠是捕鱼的网具，坠、离的含义相通。《汉书·邹阳传》集注引苏林曰："坠，犹失也。"《广雅·释诂二》："坠，失也。"《国语·周语下》："听淫曰离其名。"韦昭注："离，失也。"是坠、离皆有失义。坠，本作队。《广雅·释诂二》："队，陈也。"《左传·昭公元年》杜预注："离，陈也。"是坠、离均有陈义。这说明离卦可以作为陶坠的象征。《周易·蛊》："先甲三日，后甲三日。"马融注："甲为十日之首。"《楚辞·哀郢》："甲之量吾以行。"王逸注："甲，日也。"《周易·说卦传》："离为日。"《周易·解》："有攸往，夙吉。"虞翻注："离为日，为甲。"故这里的"甲"字当是离卦之象。

（6）在H141：1长条形石器被磨平的一端刻有"勹"字（图一，4）。在M387：4龟腹甲的上端刻有"乀"字（图一，2）。它们与商周甲骨金文"乙"字的构形相同，故当是乙字。《舞阳贾湖》报告说：这件石器"可能用作陶工的戳印"[5]，当是。《释名·释书契》："印，信也，所以封物为验信也。"蔡邕《独断》卷上说："印，信也。"信，通作伸。《仪礼·士相见礼》："君子欠伸。"郑玄注："古文伸作信。"《汉书·五行志上》集注："信读曰伸。"是其佐证。《淮南子·氾论》："小节伸而大略屈。"高诱注："伸，用。"《周易·蒙》："利用刑人。"虞翻注："坤为用。"《周易·观》："利用宾于王。"虞翻注："坤为用。"伸，通作申。《广雅·释训》："申申，容也。"《周易·象传上》："容保民无疆。"虞翻注："坤为容。"这说明坤卦可以作为石印戳的象征。《周易·泰》："帝乙归妹。"虞翻注："坤为乙。"《周易·系辞传上》："在天成象。"虞翻注："坤为乙。"故这件石印戳上的"乙"字当是坤卦之象。

因离卦可以作为龟甲的象征。《释名·释天》："乙，轧也，自抽轧而出也。"《文选·文赋》："思乙乙其若抽"，李善注："乙，抽也。"《仪礼·丧服传》："抽其半。"郑玄注："抽，犹去也。"《淮南子·俶真训》："皆欲离其童蒙之心。"高诱注："离，去也。"是乙、离皆有去义。《广雅·释言》："乙，轧也。"《史记·匈奴列传·索隐》引邓展曰："轧，历也。"《国语·晋语一》："非天不离数。"韦昭注："离，历也。"是乙、离皆有历义。这说明乙、离的含义相通，故这件龟甲上的"乙"字当是离卦之象。

（7）在H123：5牛肋骨上刻有"厶"字，此字与甲骨金文"作"字的构形相似，疑即作字。这是一件用牛肋骨制作的骨饰。《周易·说卦传》："坤为牛。"它说明坤卦可以作为这件骨饰的象征。《周易·象传上》："明两作离。"《经典释文》引荀爽注："作，用也。"《左传·成公八年》："退不作人。"杜预注："作，用也。"《周易·观》："利用宾于王。"虞翻注："坤为用。"《周易·益》："利用为大作。"虞翻注："坤为用。"故这里的"作"字当是坤卦之象。

（8）在M344：18龟腹甲上刻有"⊕"字（图一，5）。它与商周甲骨金文"目"字的构形相同，故当是目的象形字。因离卦可以作为龟甲的象征，《周易·说卦传》："离为目。"故这里的"目"字当是离卦之象。

（9）在M335：15龟甲残片上刻有"日"字（图二，1）。它与甲骨文《铁》一三·三、一八五·一"日"字的构形相似。罗振玉说："日体正圆，卜辞中诸形或为多角，或为正方者，非日象如此，由刀笔能为方、不能为圆也。"《舞阳贾湖》报告指出：此字"中间横笔"当是远古先民观察到"太阳出没时薄云贯日"现象的记录[6]，当是，故它当是日字。因离卦可以作为龟甲的象征，《周易·说卦传》："离为日。"故这里的"日"字当是离卦之象。

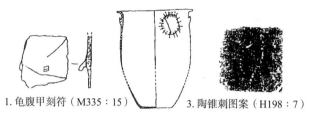

1. 龟腹甲刻符（M335：15）
2. 陶刻划太阳图案（H190：2）
3. 陶锥刺图案（H198：7）

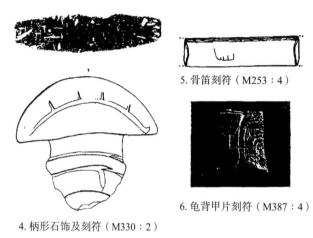

5. 骨笛刻符（M253：4）
6. 龟背甲片刻符（M387：4）
4. 柄形石饰及刻符（M330：2）

图二　舞阳贾湖卦象文字

（10）在H190：2卷沿陶缸的口沿下刻有"光芒四射的太阳状"字（图二，2）。它当是"日"的象形字。陶缸属瓶、瓮类容器。《说文·缶部》："缸，瓨也。"又说："瓨，似罂，长颈。"《史记·货殖列传·集解》引徐广曰："瓨，长颈罂也。"《广雅·释器》："瓮、罂、瓨，瓶也。"可见，缸、瓮、瓶都属于同类容器。《周易·井》："羸其瓶。"虞翻注："离为瓶。"同篇又曰："瓮敝漏。"虞翻注："离为瓮。"这说明离卦可以作为陶缸的象征。故这里的"日"字也当是离卦之象。

（11）在M253：4骨笛上刻划的"凵"字，乃口齿之象形（图二，5）。《说文·齿部》："齿，口断骨也，象口齿之形，止声。凵，古文齿字。"甲骨金文齿字作下列诸形：

凵《乙》二二〇三

凵《乙》五八八三

凵中山王璺壶铭

甲骨文和《说文》古文齿字，均为"口齿之象形"，只是繁简不同而已。战国金文齿字，乃"口齿之象形"字上增置声符"止"所致，后来通行的齿字，就是战国时形声化后的产物。因此字与甲骨文及《说文》古文齿字的构形相类，故当是"齿"字初文。

骨笛是贾湖先民进行巫术活动的法器。笛，通作篴。《说文·竹部》："笛，七孔筒也。从竹，由声。"段玉裁注："篴、笛古今字。"《一切经音义》卷十六说："笛，古文篴，同。"是其佐证。《周礼·笙师》载："笙师掌教……箫、篪、篴、管，春牍应雅，以教祴乐。"郑玄注："杜子春读篴为荡涤之涤，今时所吹五孔竹篴。……祴乐，祴夏之乐。""祴夏"乃古乐章名，"祴"读如陔，有"戒"义；"夏"读若雅，有正义。郑玄《周礼·钟师》注："客醉而出奏陔夏"，使之"不失礼也"。刘熙《释名·释乐器》谓"篴，涤也，其声涤涤然也。"《风俗通义·声音》："笛者，涤也，所以荡涤邪秽，纳之于雅正也。"这说明骨笛是一种"荡涤邪秽"，使之"雅正"的管类乐器。笛、离的含义相通。因笛有"涤"义，《周礼·序官》郑玄注："涤，除也。"《文选·东

京赋》："滌饕餮之贪欲。"薛琮注："滌,荡去也。"《广雅·释诂三》："除,去
也。"是"笛"有除去之义。《淮南子·俶真训》高诱注："离,去也。"《广雅·释诂
二》："离,去也。"是"离"亦有去义。这说明离卦可以作为骨笛的象征。

这件骨笛上所刻的"齿"字,与离字的含义相通。《左传·隐公十一年》："不敢
与诸侯任齿",杜预注："齿,列也。"《吕氏春秋·直谏》高诱注："齿,列也。"因
牙齿排列整齐,故有列义。《吕氏春秋·诬徒》："合则弗能离。"高诱注："离,列
也。"《楚群·招魂》王逸注："离,列也。"是"离"亦有列义。故这里的"齿"字当
是离卦之象。

（12）在H198:7陶盆外口沿处有"陶坯尚未完全干透时所刺"成的"𠃎"字（图
二,3）。它与《说文》勹字篆文及金文禼比盨、句它盘"句"字所含的"勹"符构形
相似[7],故当是勹字。陶盆本名为盎,属缶类器皿。《说文·皿部》："盎,盆也。"
《尔雅·释器》："盎谓之缶。"《汉书·五行志中》颜师古注："缶、盎,即今之
盆。"《周易·坎》："贰用缶。"虞翻注："坤器为缶。"这说明《坤》卦可以作为陶
盆的象征。"勹"本是古文包字。《说文·勹部》："勹,裹也,象人曲形有所包裹。"
段玉裁注："今字包行而勹废矣。"《周易·蒙》："包蒙。"虞翻注："坤为包。"故
这里的"勹"字当是坤卦之象。

由上所述,舞阳贾湖裴李岗文化遗址所见的"刻划符号",除因M330:2柄形石
器上刻划的4个字漫漶不清（图二,4）、M387:4背甲上的"𠤎"字（图二,6）和
M344:3号叉形骨器上的"𠤏"字还不认识外,其余14件器物上的15个"符号"均被释
出。它们应是一、二、五、八、甲、乙、作、目、日、齿、勹等11个单字,分别属于
离、坤两卦的卦象。

二、伏羲氏"画八卦"的有力佐证

舞阳贾湖裴李岗文化的卦象文字,是我国目前所知年代最早的原始文字,也是伏羲氏
"画八卦"的有力佐证。

1. 伏羲氏是中华民族的人文始祖

伏羲氏是中华民族的人文始祖。《春秋运斗枢》载："伏羲、女娲、神农是三皇
也。"蔡邕《独断》卷上说："上古天子,庖牺氏、神农氏称皇。"王符《潜夫论·五德
志》也说："世传三皇五帝,多以伏羲、神农为二皇。其一者或曰燧人,或曰祝融,或曰
女娲。"伏羲氏是中国三皇五帝古史系统中被列为"百王"之先的上古帝王。相传,他与
女娲结为夫妻,繁衍子孙,成为后来的中华民族。东汉王延寿《鲁灵光殿赋》云："伏羲
鳞身,女娲蛇躯。"与考古发现的伏羲、女娲图像相合。

2. 伏羲氏时代的物质文化生活

伏羲氏处于野蛮时代的中级阶段。《战国策·赵策二》载："宓戏、神农，数而不诛；黄帝、尧、舜，诛而不怒。"《周易·系辞传下》也说："古者包牺氏之王天下也……包牺氏没，神农氏作。……神农氏没，黄帝、尧、舜氏作。"伏羲、庖牺、宓戏、包牺，皆因古音相近，可以通假的缘故。皇甫谧《帝王世纪》说："取牺牲以供包厨，故号曰包牺氏。"司马贞《三皇本纪》也说："养牺牲以庖厨，故曰庖牺。"所谓"养牺牲以庖厨"，就是驯养动物来供人们食用之义。恩格斯指出："野蛮时代的中级阶段是从训养供给乳和肉的动物开始的。"[8] 严文明先生指出："我国原始社会的考古发现说明，中国养畜业的起源和早期发展，是同农业的起源和早期发展紧密地联系在一起的，几乎所有出土家畜家禽骨骼的遗址，同时也出土农具或农作物遗存。"[9] 因此，伏羲氏时代既然已产生"养牺牲以供庖厨"的畜牧业，当然也就产生了农业经济。他生活的时代应处于野蛮时代的中级阶段。

裴李岗文化应是伏羲氏时代的文化遗存。因伏羲氏是位于神农、黄帝之先的上古帝王，一般认为距今7000～5000年的仰韶文化属于黄帝时代，距今9000～7000年的裴李岗文化，则是属于伏羲氏时代的文化遗存。太昊即伏羲氏，这说明伏羲氏生活在距今八千年前后的新石器时代中期，当时的裴李岗、磁山和老官台文化，已进入母系氏族部落社会，具有较发达的锄耕农业。那时的人们已掌握烧制陶器、纺织和编织技术，开始养殖猪、羊等家畜，渔猎已成为经济的补充手段。在社会经济发展的基础上，还产生了原始巫术，发明了音乐。特别是在河南舞阳贾湖、长葛石固、汝州中山寨的裴李岗文化墓葬里，已发现骨笛26支。这些骨笛均是用鹤类尺骨截去两端关节制成的。每基多出2支，多在尺骨的一侧刻音孔5～7个，一般长20厘米，直径1.5～2厘米。贾湖遗址在8座墓里出土的16支骨笛，经测试同墓出土的两支骨笛的音调多具有大二度音差，刻有7个音孔的能奏出准确的八音。《楚辞·大招》王逸注："伏羲氏作瑟，造《驾辩》之曲。"《世本·作篇》说："女娲作笙簧。"《后汉书·律历志一》载：古时"截管为律，吹以考声，列以物气，道之本也。……故八音，听乐均，度晷景，候钟律，权土炭，效阴阳……效则和，否则古。"贾湖裴李岗文化墓葬出土的骨笛，符合我国古代八律、八吕主八音的律制。这些考古发现和文献记载都说明距今8000年前后的伏羲氏时代，中华先民的物质文化生活已达到相当高的水平。

3. 伏羲氏时代的龟占八卦

伏羲氏"画八卦"是原始巫术活动的产物。《周易·系辞传下》载：

伏羲氏之王天下也，仰则观象于天，俯则观法于地，观鸟兽之文与地之宜，近取诸身，远取诸物，于是始画八卦，以通神明之德，以类万物之情。

这说明伏羲氏仰观天象、俯察地理而画八卦，就是要通过巫术占卜的手段，来达到"以通神明之德，以类万物之情"之目的。

中国古代盛行灵龟崇拜的习俗。《周易·颐》："舍尔灵龟。"《史记·龟策列传》说："古者筮必称龟。"《淮南子·说林》也说："必问吉凶于龟者，以其历岁久矣。"古人以龟长寿，可预知吉凶，故常将龟甲作为占卜的工具。

商周时期的龟卜是靠龟甲烧灼后的裂纹来卜问吉凶的。而舞阳贾湖裴李岗文化墓葬中出土背、腹甲相合的龟壳内，都装有数量不等、颜色不一的小石子。《汉书·律历志》载："自伏羲画八卦，由数起，至黄帝、尧、舜而大备。"《周易·系辞传下》说："阳卦奇，阴卦耦。"贾湖遗址陪葬龟甲的23座墓里，有13座都是以二、四、六、八的偶数龟甲陪葬的，它说明距今八九千年的贾湖先民"已认识了正整数的奇偶规律。"这些带有小石子的龟甲正是他们利用奇偶规律来进行"数卜"的工具。据《舞阳贾湖》报告的研究，贾湖龟卜的占断方法，主要是"奇偶排卦法"[10]。这是将装有石子的龟甲握在手中反复摇动，石子从龟甲上口不断振出，然后查验振出（或留于龟甲内）的石子数量，据其奇偶来占断吉凶的。这种方法的基本原则是"数只分奇偶，筮必须三次"。故这些奇偶数字的排列结果，应有八种形式：

（1）奇奇奇　　　　阳阳阳　　　　乾
（2）偶偶偶　　　　阴阴阴　　　　坤
（3）奇偶偶　　　　阳阴阴　　　　震
（4）偶奇奇　　　　阴阳阳　　　　巽
（5）奇偶奇　　　　阳阴阳　　　　离
（6）偶奇偶　　　　阴阳阴　　　　坎
（7）偶偶奇　　　　阴阴阳　　　　艮
（8）奇奇偶　　　　阳阳阴　　　　兑

因筮占时从龟腹中振出或奇或偶的石子，只要连续进行三次，便可得出其中的一卦，这样就可据以占断吉凶。这种"奇偶占断法"，可以1949年前四川凉山彝族地区流行的一种叫作"雷夫孜"的占断法得到佐证。那是"取细竹（或草秆、木片）一束握于左手，右手随意分出一部分，看左手所余之数是奇是偶，如此进行三次，即可得出三个或奇或偶的数字。最后根据三个数字的奇偶及其先后排列，即可判断吉凶"[11]。这说明伏羲氏时代的原始先民，也可用龟腹石子进行类似的筮占。这种龟占的习俗在距今5000年左右的山东大汶口文化中仍然流行。贾湖裴李岗文化所反映的龟占八卦，为我们确定伏羲氏时代的八卦形态，提供了可信的珍贵资料。

三、伏羲氏"造书契"与中华文明

相传，八卦和汉字都是伏羲氏发明的。魏晋时期成书的伪孔安国《尚书序》说："古者伏羲氏之王天下也，始画八卦、造书契，以代结绳之政，由是文籍生焉。"这里的"书契"是指书写或刻划的文字之义。潘岳《为贾谧作赠陆机诗》云："肇自初创，二仪烟煴。奥有生民，伏羲始君。结绳阐化，八象成文。"[12]"八象"即八卦之象。这是说伏羲氏在"结绳记事"的基础上，因记录八卦之象而创造出文字来。唐司马贞《史记·补三皇本纪》也说：太昊庖牺氏"始画八卦，以通神明之德，以类万物之情。造书契，以代结绳之政。"成玄英《正手·缮性》注："伏羲面八卦以制文字。"舞阳贾湖裴李岗文化发现的卦象文字，不但说明我国早在伏羲氏时代已创造文字，而且这些文字还是伏羲氏"画八卦"的产物。因此，古史所传"伏羲画八卦以制文字"的记载，是信而有证的。

中国最早的文字是巫师们进行筮占活动的产物，具有浓厚的巫术色彩。筮占属于巫术活动，巫术是一种原始宗教，巫师是巫术的施行者，后世的史官就是从巫师发展来的。传说中的伏羲氏既是远古部落的大酋长，又是发明八卦的巫师，他"造书契"的伟业正是巫师创造文字的最好说明。《淮南子·修力》载"史皇"仓颉"产而能书"。《孝经·授神契》说："仓颉视龟而作书。"古时巫、史不分，龟甲是占卜的工具。这说明传说中的"仓颉造字"，实为远古占卜习俗的产物。我国少数民族文字中的东巴文、彝文、耳苏文等，都是巫师们创造的。舞阳贾湖M344的主人是位男性，墓内随葬的大量器物中，有骨笛2件、叉形骨器1件、龟甲8件，这些都是巫师进行宗教活动的法器。而其中的叉形骨器和18号、28号龟甲上都刻有卦象文字。《舞阳贾湖》报告指出：这位"墓主人身份特殊，应为酋长兼巫师。……在原始氏族社会，只有这种智者才能创造、传播并改进文字"[13]。因此，贾湖遗址发现的卦象文字，应是当时的巫师们为记录八卦之象而创造出来的，它是中华先民巫术活动的产物。

伏羲氏"画八卦、造书契"的业绩，拉开了中华文明的序幕。一般认为，文字、城市、金属器和大型礼仪建筑的出现，是人类文明产生的基本要素。而"文字的使用是人类文明伊始的一个最准确的标志"[14]。舞阳贾湖遗址发现的卦象文字，经测定距今8600～7800年，它比殷墟甲骨文早5000多年，甚至比苏美尔和古埃及的文字还要早3000多年。它比世界范围内城市、金属器和大型礼仪建筑产生的年代，也要早约2000年，而贾湖遗址发现的卦象文字，因原始宗教的巨大魔力，经老官台、河姆渡、仰韶、大溪、大汶口、良渚、龙山、马家窑、二里头和商代前期文化，直至殷商、两周、秦汉魏晋时期，一脉相承，连绵不绝，前后流行六七千年之久。这些卦象文字，刻铸在龟甲、陶器、石器、骨器、青铜器及钱币等计3万余件器物上，共有单字（含图形文字）1000余种，说明中国使用至今的汉字，早在八千多年前就已产生。因此，舞阳贾湖裴李岗文化遗址发现的卦象文字，堪称中华文明乃至人类文明的绚丽曙光！

注　释

[1]　河南省文物考古研究所：《舞阳贾湖》，科学出版社，1999年，第403、第985、986、第979页。

[2]　蔡运章：《中国古代卦象文字》，中国文字起源学术研讨会论文，2000年，蔡运章：《中国古代卦象文字略论》，《中国书法》2001年第4期；蔡运章：《远古刻画符号与中国文字起源》，《中原文物》2001年第4期。

[3]　蔡运章：《中国古代卦象文字》，中国文字起源学术研讨会论文，2000年，蔡运章：《中国古代卦象文字略论》，《中国书法》2001年第4期；蔡运章：《远古刻画符号与中国文字起源》，《中原文物》2001年第4期。

[4]　蔡运章：《中国古代卦象文字》，中国文字起源学术研讨会论文，2000年，蔡运章：《中国古代卦象文字略论》，《中国书法》2001年第4期；蔡运章：《远古刻画符号与中国文字起源》，《中原文物》2001年第4期。

[5]　河南省文物考古研究所：《舞阳贾湖》，科学出版社，1999年，第403、第985、986、第979页。

[6]　河南省文物考古研究所：《舞阳贾湖》，科学出版社，1999年，第403、第985、986、第979页。

[7]　容庚：《金文编》，中华书局，1985年，第132页。

[8]　《马克思恩格斯选集》（第四卷），人民出版社，1975年，第21页。

[9]　严文明：《中国农业和养畜业的起源》，《辽海文物学刊》1989年第2期。

[10]　河南省文物考古研究所：《舞阳贾湖》，科学出版社，1999年，第403、第985、986、第979页。

[11]　汪宁生：《八卦的起源》，《考古》1976年第4期。

[12]　《文选》卷二四，中华书局，1977年。

[13]　河南省文物考古研究所：《舞阳贾湖》，科学出版社，1999年，第403、第985、986、第979页。

[14]　〔美〕路易斯·亨利·摩尔根：《古代社会》，商务印书馆，1995年，第30页。

（原载《中原文物》2003年第3期）

论贾湖出土龟甲契刻符号为原始文字

郝本性　张居中

河南舞阳贾湖新石器时代墓葬中发现的龟甲和石柄形器上发现的契刻符号，在发表了简报[1]以后，曾引起国内外学术界的重视，除广泛报道之外，还发表了一些论文，均有助于这一课题的深入探讨[2]。作为发掘整理这批资料的工作者，我们有义务多提供一些资料与粗浅看法，以求教于诸位学者。

一、贾湖出土契刻遗存类型与内容分析

目前所掌握的材料有四项，可分为两种类型。

A型　契刻于龟甲之上，三个契刻遗存分别发现于三个龟甲上。

（1）⊘出在344号墓的龟腹甲上（M344：18，图一，1）。

（2）日出在355号墓的龟腹甲上（M355：15，图一，2）。

（3）乂出在387号墓的龟背甲上（M387：4，图一，3）。

B型　为一组符号，仅发现在330号墓的柄形石器顶端（图二）。

A型第一个符号为人眼的象形，其瞳孔偏下。这个符号意义是确定的。在商代陶文上很常见。如郑州二里岗商代陶浅腹盆口沿上有一陶文作此形，仅后部陶片残，不完整。河北藁城台西和江西清江吴城商代遗址出土陶文，也做此形，甲骨文不乏贞问疾目之辞，亚目癸爵的目字也作此形。据李学勤先生所见良渚文化二玉璧上也有此形。

A型第二个符号，有人释为日字。日字在甲骨文中确有作日（乙3400骨桥朱书）、日（乙6405），但甲骨文日字轮廓有圆有方，中间一横书与两边不连，此符号非日字乃为户字，甲骨文户字作门扇形。一侧树以门轴可以旋转，但也有侧笔上下不出头者，刻作日（乙1128反面），该条卜辞仅有"于户"二字残辞。甲骨文门字为二户相对，《说文》云："户，护也，半门曰户，象形。"《诗·豳风·七月》谈到冬天要"塞向墐户"，以防冷风进屋。《庄子·知北游》："神农隐几，阖（合）户昼瞑。妸荷甘夌（奓）户而入。"奓户便是开门，甲骨文启字便是以手开门。

A型第三个符号，不易释出，中间为龟背甲的自然纹路，刻该符号者是否有意借用自然纹路，不得而知，因此该字不识。

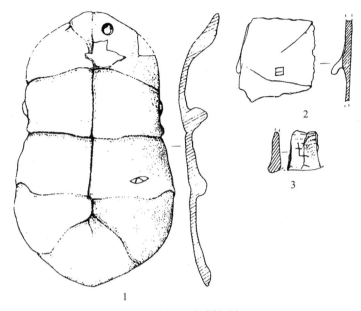

图一　契刻龟甲

1.契刻龟腹甲（M344∶18）　2.契刻龟腹甲（M335∶15）　3.契刻龟背甲（M387∶4）

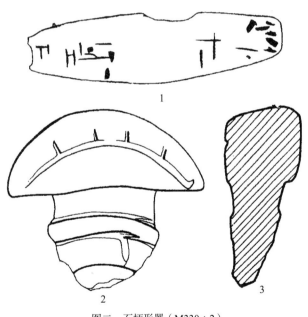

图二　石柄形器（M330∶2）

1.顶面展开图　2.平面图　3.纵剖图

　　B型契刻于石柄形器顶部。此石柄形器为紫褐色变质岩琢磨而成，柄端基本完整，下部已劈裂，残存的器体顶部扁平，平视呈半圆形，柄部呈竹节形，该器被打磨光滑或有意涂上光滑剂，从其顶端展开图观察，呈两端狭窄、中间宽的椭圆形，两端较平齐，契刻符号由点与线组成，集中分布在顶面两端，大体可分为两组，其含义不详。另外，上面还有两道砍痕与一些目前尚未能确认的痕迹，均未摹入。

通过对以上标本的分析观察，我们认为A型应为原始文字，至于B型的性质本文下面将进一步讨论。

作为文字发生早期阶段的原始文字，不能按照后代文字体系形成后严格意义的文字来规范。一切事物的发生发展，都依条件、地点和时间为转移，中国古代社会的发展是不平衡的，便不能说文字的发明、使用是平衡的，总是有些局部地区先使用，后来或者延续下来，或者扩展开去，或者自生自灭。世界上许多创造发明仅仅是昙花一现，闪过一道智慧的光芒，其例甚多。因此不能根据贾湖遗址属于裴李岗文化，距今8000～7000年范围内（若按树轮校正数据则在8500～7500年[3]），便断定这么早不该有文字。

至于从文字的形、音、义三者来衡量，形是明确的。义虽有争议不能确认，在当时也是有一定意义的，总是能代表一个事物的。在前人造字时，最早应该"近取诸身，远取诸物"，还是有明确所指的。正因为是某一事物，其名称便有语音，古今语音变化极大，同时，地域的隔离，方言的歧义，我们不能肯定A型1号读"目"音，A型2号读"户"音，但可以推论它所表现的事物是有读音的。

二、契刻原始文字者为巫师

原始文字的创造与掌握与原始氏族的巫师有关，巫师中有的还兼任氏族酋长，我们赞同宋兆麟先生的观点，他在《巫与巫术》一书中说："无论在渔猎、农耕或共同消费中，氏族公社对文字的要求并不迫切，但巫师在祭祀、占卜和巫术行动中，经常与记事发生关系，他们为了记录氏族谱系、民族的历史、天文历法等，就迫切需要有一种记事符号或文字，因此，巫教与文字结下了天然的联系，巫师在文字的发明、传播和改进等活动中，有过不可忽视的作用。"[4]从四川省甘洛县耳苏人的耳苏文、云南丽江纳西族的东巴文、贵州省三都县水族的水书、四川彝族的彝文等均为巫师所创制可推测，山东大汶口文化陶尊上的文字涂有红色，可能也是巫师从事祭祀活动时使用的。

且看贾湖出土原始文字的墓主人，出"目"字龟甲的344号墓墓主人是一男性壮年，仰身直肢一次葬，奇异的是葬式规整、骨架上缺一头骨，仅存头骨碎片少许，随葬陶、石头、骨、牙器二十余件，其中有叉形骨器1件，此外有完整龟甲8个。

出"户"字的335号为一次葬与二次葬的二人合葬墓。一次葬者为仰身直肢的壮年男性，随葬各类器物二十余件。出A型3号契刻龟甲的387号墓也有8个龟甲随葬，出石柄形器的330号基为一老年妇女二次葬，葬有陶壶及獐牙器各1件。

据专家鉴定这种龟为闭壳龟，与安阳殷墟出土龟甲不同，龟腹甲与背甲合在一起，周边是可以封闭的，出土时内盛小石子，数量不等，有黑色、白色与黄色，其数量、形状、色泽目前尚未找出规律。但这种龟甲放置于人骨架周围，龟甲上有穿孔，可佩带，一人配有8个龟甲。这种龟灵崇拜习俗，流行于一定的区城，即山东、江苏、河南、四川、陕西等海岱地区与江淮中游及汉水流域。时间从距今七八千年一直沿用到距今6000年[5]。既有两千多年的时间内延续，更不必说商周及其后的龟卜与四灵崇拜。这一地域内出产龟类动物，人们食用龟，同时也迷信龟。用龟随葬可能与原始巫术意识有关。我们可以推论，这些随葬龟的墓主人为巫师，叉形骨器可能为巫师所用的法器（图三）。

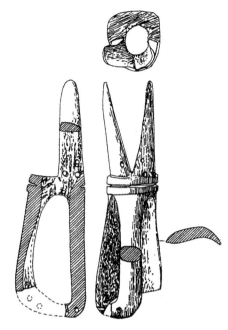

图三　叉形骨器（M395：2）

现在讨论一下344号墓墓主无头的问题，这是与该墓主人的身份有关。

首先原始氏族间曾流行过猎头习俗，猎取其他氏族成员的头祭祀农神，以祈求丰收。但此墓仍保留一些头骨碎片，该头并未被敌对的外族抢走，可见并不是猎头所致。最大可能为自己的氏族内部有意实行的断头葬。陈星灿先生曾对史前时代的猎头和断头葬进行过专题研究[6]。所谓断头葬，即自己的亲属死后割下头颅单独埋葬。而我们根据世界民族志的材料认为贾湖墓葬这种无头的墓葬并不普遍，所以不是通常所见的断头葬。仅仅是该墓主人身份特殊，其头颅为该氏族成员所崇拜，在该人死后不久，被去下头骨作为崇拜对象。据伊里安岛厄剌伯和墨累岛土著民族砍下已死长辈头颅，以蜡制成面部，先人之头被认为有灵魂，能预卜吉凶，保卫家庭。苏门答腊的巴塔人，也把祖先头骨制成模型，精心地供奉起来[7]。位于新几内亚东北部的多累港地区居民信仰所谓"可尔瓦尔"，即祖辈的木雕躯体，上置死者颅骨。美拉尼西亚地区不少地方，为敬祀列祖列宗，特地制作人形像，间有嵌以先辈颅骨者。颅骨被供奉于特定的圣所，即男性会舍。这种对颅骨的崇拜，是祖先崇拜的萌芽[8]。

344号墓不仅随葬品丰富（有三十多件），而且8个龟甲内盛石子，其中一个龟甲上有契刻的原始文字，随葬2支七孔骨笛，精致异常。随葬的叉形骨架与龟壳堆在一处，决非生产生活用具，而作为巫术法器的可能性极大。可见该墓主人身份特殊，应为酋长兼巫师。他有多种才能，能上向神明表达民意，下传神旨，既掌握数学知识、历史知识，又会治病、占卜，擅长音乐舞蹈，在原始氏族社会，只有这种智者才能创造文字，传播与改进文字。

下面讨论一下随葬石柄形器的330号墓墓主人身份问题。据云南社会科学院楚雄彝族文化研究所朱琚元先生相告，彝族的毕摩（祭司）在做法事时手中持有一柄可以引导死者灵魂回归祖先发祥地的手杖，杖首部分用木雕刻而成，顶部亦呈椭圆形，上面因经常使用，很光滑，并刻有毕摩的咒符。这种手杖确与贾湖M330出土的石柄形器有相似之处。

另外，这件石柄形器与澳大利亚中部阿兰达人笃信的屈林加（churinga，也译为楚林噶）非常相似[9]。该屈林加为椭圆形石器，有尖端或圆端，或两端有呈扁圆形之木条，其上往往刻有象征性记号和几何形图形，这些记号或图形尽管与图腾无任何相似之处，却被视为图腾之标记。它可能代表某一祖先的身体，一代一代地庄严地授予被认为是这位祖先托身的活人。它平时被奉为该群体的圣物，置于秘处，未履行成年仪式者不得一睹。它被定期取出检查或擦弄，加以磨光、上油或涂色，并向着它们祈祷念咒。这种屈林加当遗失或毁坏时，可以复制。贾湖这种石柄形器显然已毁成残器，但该墓为五十多岁女性的二次迁葬墓，她在当时已是高寿，而且连二次葬时也要随葬石柄形器，可见她曾作为祖先的代言人、托身，其巫师的身份是可以肯定的。因此，这件石柄形器可能也是毕摩手杖或屈林加一类的法器或圣物。而上面的刻符或许也是巫师咒符或图腾标记之类，而非原始文字。

三、贾湖先民智力水平的考察

任何事物的发生、发展和消亡，都应有它相适应的历史背景，都是一定历史条件下的产物。贾湖原始文字的产生，也有其特定的历史背景，它应是当时社会经济和人们的智力水平发展到一定历史阶段的产物。不少学者怀疑在原始氏族社会的历史背景下产生原始文字的可能性，也是有一定道理的。不过具体的环境，还需具体地分析、考察。

根据贾湖遗址出土木炭等材料测定的^{14}C年代数据，为距今8000～7000年，若进行树轮校正可至8500～7500年，即经历了上千年的发展历程。根据器物分期可分属三期，其中第二期，正是发现上述原始文字的时期，其文化面貌也是最发达的时期。贾湖先民生活的时代，正处在全新世高温期的前期，气候温和，雨量充沛，给人类的生息繁衍提供了非常有利的自然条件。聚落周围广阔的疏林草原，为发展原始农业提供了良好的环境。从目前材料分析，当时的水稻等主要栽培作物，已发展到了锄耕农业阶段，同时也为大力发展狩猎业和家畜饲养业提供了前提条件。发掘出土大量的动物骨骼即是明证。聚落周围的水面积宽阔，促进了捕捞业的发展。这些都满足了人们对动物植物食品的需要，从而促进了贾湖人的智力发展，也为文化艺术的创造发展服提供了前提与保证。在原始社会，原始巫术活动相当频繁，而生活资料的充裕，使少数的巫师从事较多的巫术活动成为可能。当然，从随葬的骨镞、鱼镖表明他们仍不脱离狩猎等生产活动。从整个贾湖墓地来看，随葬龟甲的墓所占比例是很小的，但随葬品均较丰富。正是这些巫师，才使人类在长期实践中积累起来的原始科学技术文化知识得到总结与升华。

在原始科学领域里，首先应该提到的是数学，数学是关于现实世界空间形式和数量关系的科学。它的产生与人类的实践活动和认识活动不能分离。数学起源于计算的活动。

数学的童年不可能出现抽象的逻辑的推证，只可能从遗留下来的贾湖骨笛来考察贾湖人对于数的运算。这些骨笛大多七孔，形制固定，制作规范，根据测试，每孔可发一音，加上七孔全闭所发的筒音，可发出八音。《左传·隐公五年》众仲曰："夫舞，所以节八音而行八风"，八音过去均注释为八种不同材料所制乐器之音。金属的出现较晚，因此上述解释是不正确的，八音应指八种不同的音高。墓葬中随葬的龟甲往往八个或六个一组，这与后来的"八卦"是否有直接的联系，目前尚不得而知，然而却表明当时人们已熟练地运用了"八"这一数量概念。

同时，随葬龟骨内往往放有大小不同、形状各异、颜色不一的小石子，少则几枚，多者达数十枚。目前关于这些石子的用途，有白石崇拜说、医用灸石说、响器发声说、下筮说与算筹说。我们认为第一种说法没有根据，其他诸说均有可能，至少不能排除其可能性。古代巫医不分，巫师便是治病的权威人士。其他地方出土的龟甲内不仅放有小石子，还放骨针、骨锥，是否能用它来针灸？如果如此，此龟骨便成为一盛物的荷包。将它系在腰间，跳起舞来充作响器，与萨满女巫腰间系铜铃相似，有学者著文称其为"龟铃"。至于用小石子来计数，就比借助身体部位计数前进了一步。小石子进行简单的加法、减法运算，还是有民族学例证的。景颇族用小块木炭代表十位数，用小石子代表个位数，可以演算出加法、减法和简单的乘法。这些石子可以用来记录数字，保存起来，可以长期帮助记忆。新中国成立前，黎族社会中的个别大"奥雅"，就使用几箩筐石块数目代表自己拥有的牛只头数。抽象的数字往往体现在具体的事物之中[10]，至于用它来冷占卜，即不用烧灼，仅据所掷石子多少、奇偶等判断吉凶，也是很有可能的。新中国成立前，还有卜卦先生手摇乌龟壳，内装石子以震动发声，走乡串户，以此招来迷信者。以上诸种用途兼用者，只有酋长兼巫师可以承担。

最能反映贾湖骨笛制作工艺的，首推78号墓的一号骨笛。在七个音孔旁保留有数次刻记的明显的痕迹，应是这支骨笛的设计与制作程序的遗存。从刻记观察，制作骨笛先要确定骨管原料与长度，依此长度设计，先钻基准音孔，然后试吹，再据试吹效果对初次设计进行修改，重新进行刻记，再按新设计钻三个音孔，再经试吹，重新调整下余三孔的设计，再次刻记好后，再按最后刻记钻下其余三音孔，骨笛才最终制成[11]。我们估计当时已有律学标准或测音的律管，这当另外讨论。仅从上述修改设计的程序看，当时一定进行过复杂的设计过程，只有这样，才能制成"形制固定，制作规范"的十余支骨笛。而且分属三期、历时千年的十多支骨笛的基准音竟大体一致。到第二期时已形成了完备的六声音阶和不完备的七声音阶，这无疑反映出贾湖先民高超的音乐技能和智力水平。

此外，从当时的聚落规划、建房、挖墓、修窖穴的情况以及制陶、制骨、制石等工艺可以看出当时已有了初步的度量的概念，具备了初步的测量学和几何学知识。

古代社会科学技能与文化、艺术与宗教等在一定的社会经济之上基本上是同步产生和发展的。吴汝祚先生认为"贾湖遗址不可能是一般性的聚落遗址，在当时具有重要的地位"[12]。他的论断很有见地，是正确的。

总之，具有如此智力水平的先民是能够创造出原始文字的。尽管目前发现的原始文字数量甚少，然而一叶知秋，不可轻视。何况现已发掘面积仅占贾湖遗址的二十三分之一，今后若再发掘，将会有更多的原始文字被发现。

注　释

［1］　河南省文物考古研究所：《河南舞阳贾湖新石器时代遗址第二至六次发掘简报》，《文物》1989年第1期，第1～14页。

［2］　唐建：《贾湖遗址新石器时代甲骨契刻符号的重大考古理论意义》，《复旦大学学报》（社会科学版）1991年第2期，第94～107页。

［3］　河南省文物考古研究所：《河南舞阳贾湖新石器时代遗址第二至六次发掘简报》，《文物》1989年第1期，第1～14页。

［4］　宋兆麟：《巫与巫术》，四川民族出版社，1989年，第309页。

［5］　高广仁、邵望平：《中国史前时代的龟灵与犬牲》，《中国考古学研究——夏鼐先生考古五十年纪念论文集》，文物出版社，1986年，第57～70页；陕西省考古研究所：《龙岗寺——新石器时代遗址发掘报告》，文物出版社，1986，第176页。统计到1989年止，在我国新石器时代墓葬中共发现46座墓随葬龟63件，其中大汶口文化有36座墓随葬龟53件，马家浜文化只发现1座墓随葬龟，大溪文化有4座墓随葬龟，仰韶文化半坡类型有8座墓随葬龟8件（后者都发现于汉江上游），该统计未加上裴李岗文化、舞阳贾湖的材料。

［6］　陈星灿：《史前的猎头和断头葬》，《中国社会科学院研究生院学报》1989年第6期，第77页。

［7］　〔英〕A.C.海顿著，吕一舟译：《南洋猎头民族考察记》，商务印书馆，1900年，第95页。

［8］　〔法〕列维·斯特劳斯著，李幼蒸译：《野性的思维》，商务印书馆，1987年，第272页；〔苏〕谢·亚·托卡列夫著，魏庆徵译：《世界各民族史上的宗教》，中国社会科学出版社，1985年，第49页。

［9］　〔苏〕谢·亚·托卡列夫著，魏庆徵译：《世界各民族史上的宗教》，中国社会科学出版社，1985年，第73、79页。

［10］　汪宁生：《从原始记事到文字发明》，《考古学报》1981年第1期，第3页；潘雄：《从认知人类学角度看黎族的数字和时间的观念》，《人类学论文选集》，中山大学出版社，1986年，第33页。

［11］　张居中：《试论裴李岗文化的原始数学》，《中原文物》1992年第1期，第6页。

［12］　吴汝祚：《舞阳贾湖遗址发掘的意义》，《中原文物》1991年第2期，第1页。

（原载《第二届国际中国古文字学研讨会论文集续编——香港中文大学三十周年校庆》，香港中文大学中文系，1993年）

龟象与数卜——从贾湖遗址的"龟腹石子"论象数思维的源流

宋会群　张居中

一、龟腹石子是我国最早的寓于龟象的数卜

　　贾湖遗址位于河南省舞阳县贾湖村，属于中原地区最早的新石器时代文化——贾湖文化。在贾湖遗址中，发现了不少与古代巫师的占卜、祭祀活动仪式有关的"巫术"资料。如随葬、祭祀用龟的资料；随葬狗、骨笛、柄形器的资料；与巫师和巫术有关的器物和刻划符号资料等。从这些少见的、珍贵的并且是较为系统的巫术资料中，我们可对9000～7800年以前的贾湖人的思想及行为有一些初步的了解，尽管我们对一些物品的解释还是假设性的，但从整体来看，贾湖人对数的掌握以及原始思维已达到了相当高的水平；已产生了对龟灵、神灵、图腾的崇拜，甚至已产生了以种种巫术为主的原始宗教。

　　在清理的349座墓葬中，有23座墓随葬龟甲，占总墓数的6.6%。墓中随葬的龟甲可分为三种情况：一种是随葬单个由腹、背甲扣合完整的龟甲，此类墓占1座；一种是随葬成组的腹、背甲扣合完整的龟甲，每组个数几乎全为偶数，或二、或四、或六、或八，此类占13座；第三种是随葬龟甲碎片，此类墓有9座，其中6座可看出是单龟。

　　令人感兴趣的是大部分完整龟甲中和部分龟甲碎片中均伴随有数量不等的小石子或水晶子，多者八龟壳中共有173颗，最少者也在三颗以上。有的石子还可分为深色和白色，如M55的两个龟甲中有8颗，深色2颗，白色6颗；M94的八个龟甲中有173颗，深色18、水晶17、白色138颗。石子出土时放于龟甲中，可区分色泽和数目，如M327为一迁葬墓，随葬8个龟甲，M327：8龟甲中浅色18，深色5；M326：18浅色12，深色18；M327：19浅色7，深色10……另外M363、M233的龟腹石子均可区分深浅颜色。龟甲在墓中的放置位置与状态是这样的，如果是成组随葬，多采取堆放形式。置于胫骨间、胫骨旁、胫骨上的有4座；置于左右肩部外侧的各1座；置于股骨上或一侧3座；置于头骨上方或压于头骨下的各1座；置于足间或足下的4座；置于乱骨上的（迁葬墓）5座；另外的多呈碎片状或压于身下，或置于墓底，或放在钵内。

　　对用龟随葬和"龟腹石子"的用途、含义，学术界有不同认识，主要有下列三种：

龟铃说。此说根据北美印第安人在宗教式舞蹈中所用的一种"龟甲响器",认为在大汶口等地发现的随葬龟甲也是宗教仪式上的一种乐器或法器。故名之曰"龟甲响器"或"龟铃"[1]。

灵物说。认为:"从内装石子和背甲涂朱来看,似非日常用品,当与医、巫有关或具有原始宗教上的其他功能,是死者生前佩戴的灵物。因此可以说大汶口文化早期已出现了龟灵观念。"并认为殷商文化中的龟灵、龟卜观念渊源于此[2]。

甲囊说。认为:"其用途可能系在皮带或丝织物上作为甲囊使用。"[3]

上述说法均有一定道理,特别是前两说,肯定了龟腹石子具有原始宗教上的功能,具有真知灼见。我们认为,中国历来把"灵龟"作为沟通神灵与人之间的媒介,通过灵龟来告知神灵的意旨,进而判断吉凶,决定行止。因此,"龟,卜也"是中国的传统,如果说自贾湖、大汶口直到殷商发现的"灵龟"具有原始宗教意义的话,那么这种宗教含义最有可能的是龟卜。论证如下。

1. 贾湖人的数字思维及对奇偶规律的认识

探讨贾湖人的数字思维程度,是为了探讨其进行数卜的可能性。

数是一种客观存在,但对这种客观存在必须通过一定的抽象才能得到。人类对数的认识至少源于中石器时代,如马来半岛的塞芒人和澳大利亚人,只识得二、三、五等三个数字;中部的阿兰达部落只识得一和二,三以上就得用组合数字表示,十以上则用很多表示。我国属于松泽文化的江苏淮安青墩遗址的骨匕上刻有"三五三三六四四六二三五三一"13个数字符号(有人认为它是两组数字卦),不容置疑地证明了复杂数字概念的存在。而数的存在,是数卜和筮占的基础。

从贾湖遗址的出土资料,可知贾湖人的数字概念已相当发达,龟甲上刻有一、二的数字符号,当是数字的文字表达;成组的刻痕,当是某种数的记录。二十余个骨笛上大都钻有七个规整的圆孔,M78:1号标本的音孔旁还有初次设计和两次修改设计的刻记,"从刻记看,似系先计算,在笛上刻记号,然后在第七孔的位置上钻基准孔,之后经试吹,以此孔音高为标准,修改设计,重新刻记。第四、五、六孔为第一次修改后所钻,之后又一次调整余下之孔的设计,再次刻记。一、二、三孔为第二次修改设计后所钻。这种制作方法与现代某些民族管乐器的制作方法基本一致。这不仅表明贾湖先民的原始音乐水平已达到了相当的程度,而且原始数学和计算水平也是相当惊人的"[4]。发掘者的这些观点并非夸张,没有相当精确的计算水平,在骨笛上类似于现代计算的多次设计刻记是无论如何也刻不出来的。因此我们有理由认为,在龟甲中所装的多达173个石子,是经过数过的,他们已有了个、十、百以上的正整数概念,甚至已掌握了一些正整数的运算法则。由数字发展到数卜,并非一蹴而就,它是随着对数字性质认识的深化,在对数的奇偶性质进行概括抽象中产生的。换句话说,利用数来占卜,必须懂得数之奇偶才可能实现。《周易·系辞》说:"阳卦奇,阴卦偶",就是对数的奇偶性质和卦的阴阳性质的高度概括。对数的奇偶性质的认识是从数字到数卜的关键。

贾湖人是否已懂得了数字的奇偶律？回答这个问题，我们可以分析下列资料。

首先，在贾湖23座随葬龟甲的墓中，除开7座随葬一个龟甲的墓以外，余下的16座墓有13座都是以二、四、六、八的偶数龟甲进行随葬。因此，这种呈偶数随葬的行为决非无目的的偶然所致，应是一种专门对具有巫师身份的人的随葬习俗。关于这类人的巫师身份此处不便展开叙述，只简单提供几条证据。

（1）随葬龟甲不是所有贾湖人的葬俗，此类墓仅占总墓数的6.6%，从时期上讲，Ⅰ期的2座，Ⅱ期的18座，Ⅲ期的3座，这就告诉我们，那些生前常和龟甲打交道的人，才用龟甲随葬，在一个特定时期内（比如20～40），这种人或一、或二、或三，他们应是在贾湖历史发展中各个时期的一些具有特殊身份的人。

（2）随葬龟甲的墓随葬品大多比较丰富，10件以上者有17座，最多者可达60件，10以下的六座，有三座被打破，随葬品并不完整。

（3）随葬龟甲的墓相当一部分都同时随葬在宗教巫术仪式中用的骨笛或一种表示威望（或权力）的叉形神器。

因此，这些受到当时氏族特殊优礼的、经常和龟灵打交道的、手中握有叉形器的、在氏族宗教仪式上起重要作用的人很可能是当时的巫师阶层。

弄清了这些人的特殊巫师身份，我们对其随葬龟甲的偶数现象，就可以解释成专对这些人的一种随葬习俗。试问：如果不知道偶数规律，怎能在近千年中保持这种用偶数龟的随葬传统？显然，贾湖人已认识了正整数的奇偶规律。

2. 龟腹石子是一种寓于龟象的数卜

掌握了数的奇偶律，就可以利用任何一种道具进行数卜。这在民俗学中例子很多。如基诺族在农作、建房、医病时都要占卜，方法是："由头人或祭司抓一把米在手，逐粒数，成双的吉，成单的不吉。"[5]傈僳族的竹卜："看经过火烧的竹丝翘起的单、双数定吉凶。""彝族的木卜是拿一根木条，卜者一边口念占卜的事件，一边在木条上刻缺口，语毕以双手分别握住木刻中央，然后数左、中、或缺口数目，以双数为吉，否则为凶"[6]。

综上所述，我们认为贾湖遗址龟甲中的石子，应是一种数卜道具，把石子置于龟腹之中，是因为龟有"知天之道"、"寿蔽天地"（《史记·龟策列传》语）的大象，这种龟灵崇拜可使人对数卜结果深信不疑。因此，龟腹石子应是一种寓于龟象的数卜。尽管我们现在还不能确定这种数卜的具体内容和方法，但是，可根据龟腹石子的出土情况和以后的数字卦、周易筮法及民族民俗学材料，作下列三种推测。

A. 奇偶占断法

根据本文上面所列资料，龟腹石子出土时的状况有二种，一是龟甲中都是同色石子；二是龟甲中的石子有黑白之分。这说明当时的数卜方法可能不止一种，或具有简繁之分。

所谓奇偶占断法，即把装有若干石子的龟甲握于手中，反复摇动，利用晃动之力，振出若干石子，然后查验振出石子（或留于龟壳内的石子）数目，据其奇偶数目以断吉凶。这是一种最简单的数卜法，与前述基诺族、傈僳族、彝族的数卜法在本质上是一样的，只是所用的道具不同罢了。这种方法判断吉凶时，仅仅据石子数目的奇偶，而与石子的颜色无关，因此它适用于石子出土状况的第一种情况。

利用"灵龟"的沟通天、神与人的神秘功能，在龟壳中放置若干物品晃动后进行吉凶占卜的奇偶法，并非作者的臆测。其实例在民族学中也可以找到，如台湾流行的一种"文王龟卜法"，用铜钱三枚放于龟壳之中，摇振一番后振出，按其振出的先后次序，由下而上排于桌上，铜钱正面表阳，背面表阴，排列六次后，可得一个六爻卦，以断吉凶[7]。据传说这种方法始自伏羲，或许有其久远的传统，为贾湖人利用龟壳中的石子来占卜提供了佐证。

B. 奇偶排卦法

贾湖23座随葬龟甲之墓，以随葬多龟甲的为主，占了13座。假定多个"龟腹石子"为一次占卜结果，那么，他的占卜方法就不应是单纯的奇偶占断法，而应是多层次的奇偶排卦法。即把多次得到的奇偶进行某种排列后以成卦，然后根据每卦的断词（或者是卦象、卦辞）来定吉凶。四川凉山彝族地区流行的一种"雷夫孜"占法就属于这一类。

这种雷夫孜占法"取细竹（或草秆、木片）一束握于左手，右手随意分去一部分，看左手所余之数是奇是偶，如此进行三次，即可得出三个或奇或偶的数字，最后根据三个数字的奇偶及其先后排列，即可判断吉凶"[8]。此法的原则是，数只分奇偶，签必须三次。故只有八种排列方式，即偶偶偶、奇奇奇、偶奇奇、奇偶偶、偶奇偶、偶偶奇、奇奇偶、奇偶奇。每种下都有断词。汪宁生先生认为，此法是八卦的起源。

贾湖的龟腹石子，也可以进行相类的占筮。在从龟腹中振出一些石子后，就可得到一个或奇或偶的数字，再用其他龟甲进行相同操作，就可得到一组奇偶数字，然后对某种奇偶组合次序规定某种断词，即可进行吉凶测断。

这种利用一组奇偶关系成卦显然比单纯的奇偶判断吉凶进了一步，主要是判断的因素由一种变为了多种。雷夫孜是由三个奇偶判断的，而贾湖可能是以二、四、六、八等多种奇偶因素判断的。当然，如果供判断的因素过多，其排列组合后的方式数目就会很大，如果八龟各摇一次，以成一卦，那么可能的排列方式就有256种，显然，这对8000年以前的贾湖人来讲，可能是过于复杂了。我们认为，可能正是由于太复杂的缘故，到了贾湖Ⅲ期时，一墓四、六、八龟的现象完全消失，代之以一龟和二龟，一龟者每摇三次，即可得八种组合；二龟者各摇三次，即可得64种组合，与后世的八卦和六十四卦相合。到了继之而起的下王岗、青莲岗、大汶口文化时期，龟腹石子的葬法基本上是一墓一龟，有少部分一墓两龟，两龟以上的极少见，这说明，贾湖晚期以后，用龟腹石子的数卜似乎已有成法，已发现了奇偶的八种或六十四种组合方式规律；而贾湖早、中期的奇偶排卦法尚处于摸索阶段，较少的吉凶断词数目和较多的得卦数目具有明显的矛盾，人们还无法把握4~8个奇偶全排列后所带来的数百种卦的结果，因此在贾湖晚期，就放弃了两个以上的龟腹石子筮占，而只用一龟或两龟的筮占，这也许就是"易以简知"的精髓吧。

C.阴阳筮卦法

贾湖龟腹中的石子可以分为深色和白色两种，是很值得深思的一种现象。如果从墓主人身份是巫师、龟腹石子是数卜（或筮占）、以后流行起来的数字卦、易的阴阳爻筮卦法来全面分析，深色和白色石子共放于一龟之内应具有区分"阴阳"的含义。贾湖人未必懂得抽象的阴阳概念，但对各种具体事物的两个对立方面，是有所认识的，如数的奇偶概念就是一例。

我们知道，数只分奇偶，是数卜的基本原则，而把奇偶再抽象为阴阳，即让"阴卦偶，阳卦奇"，则是《周易》画阴阳爻卦的基本原则，无阴阳爻画，无从谈易卦。从奇偶断卦到用6、7、8、9四个筮数对译出来的阴阳爻画和爻象、卦象断卦，是古代筮法的一个质的进步。

过去认为，阴阳概念大约形成于西周时期，而易卦、易象的形成则到了春秋时期。现在，贾湖龟腹中的深色和白色石子的共存，则使我们大为惊奇，因为，当用振出法把龟腹中的石子摇出后，石子在数目上不仅可以区分奇偶，而且在色泽性质上还可以区分"阴阳"，这对筮卦法来讲，不仅可以用奇偶或多个奇偶的排列来断卦，而且可以用赋予黑白石子的某种"象"（用颜色深浅来代表某种或某一类事物）来作复杂的断卦。换句话说，贾湖人用来占卜的石子，除奇偶的数卜外，还能赋予黑白石子某种阴阳之"象"，而进行"象"的占断。比如以白石子表示光明、太阳、天等，以深色石子表示黑暗、月亮、地等。在占卜中引进"象"的类推比拟，是中国以象数为主的各种术数文化的精髓，也是自古以来的传统思维方式，如果说这种思维方式发源于中原的贾湖文化，我们是不会感到不合理的，这不仅因为贾湖龟腹中的用作占筮的黑白石子具有明显的阴阳之"象"的思维倾向，而且以后的龟象、易象的充分发展，也说明阴阳之"象"的起源和发展有一个长期的过程，贾湖黑白石子在龟腹中的存在，为讨论我国象数起源提供了非常宝贵的资料。

至于贾湖人到底赋予了黑白石子什么"象"，我们不得而知。但对其筮卦法，可作如下推测：把若干黑白石子混合放于龟腹之中，然后利用灵龟沟通天人的功能，说出祈祷祝词，摇动龟甲（多数龟甲上所见的长期把握后的光滑痕迹或许是多次摇动后的结果），振出若干石子，按次序排列位置，先数奇偶，再看黑白（阴阳），据奇偶和黑白之"象"来定吉凶。这里，我们只能推测其大致的表面占筮程序，对于是一次占筮后就断卦、还是多次？奇偶与阴阳是否相统一？能否得到整齐划一的筮数，都无从得知，当然可以做出各种设计来进一步解释，望有兴于此的同志赐教。

二、龟壳的钻磨与后世的龟卜

贾湖出土的龟背甲、腹甲有相当一部分有钻孔、圆坑、琢磨、成组的刻划和刻划符号等人为痕迹。这么多的痕迹的存在，说明了它不是当时人一时的好恶所致，应是一种有目的的行为。我们认为，这些人为的钻、磨、刻痕很可能与用龟占卜有关，而那些符号，很可能是占卜过程中的记录。

我国的用龟占卜，大量的是在钻、凿后施灼，观看甲面上的兆纹以卜。贾湖的龟甲虽有钻、磨之痕，但决无灼痕和兆纹，这可能使人们对其与龟卜有关的推测产生疑问。其实，灼龟求兆以卜并非龟卜的唯一方式，在我国古代，至少还有两种不灼但能求象的龟卜方式。

（1）以龟所显示的颜色、情状等"象"来占吉凶。陈师道《箕龟论·龟卜》说："可以其色以占于未萌，凡卜，当以心指其龟，若卜其生事，龟之甲文乃变为桃花之色，其红可爱；若卜其死事，甲文乃变为黯黑之色；……"

（2）以龟的行动意向占吉凶。徐珂《清稗类钞》说："衡山岳庙有小白龟，大仅如钱，多历年所，土人以为神之使也，敬而祀之，藏之帏中，藉以占卜。（吴）三桂妄希神器，择吉祀神，展舆图于神座前，默祝，视龟之所向。龟蹒跚而走，不出长沙、常、岳间，至云南而止。三桂再三拜祷，龟复如之。三桂之徒党相顾失色。故不敢轻出湖南，神告之、神阻之也。"

在我国传统文化中，之所以用龟而卜，不在于灼龟求兆或是视龟的颜色、情状、意向，关键在于古人认为龟有灵、有象。《史记·龟策列传》说："龟者，是天下之宝也。……生于深渊，长于黄土。知天之道，明于上古。游三千岁，不出其域。安平静正，动不用力。寿蔽于天，莫知其极。与物变化，四时变色。居而自匿，伏而不食。春仓夏黄，秋白冬黑。明于阴阳，审于刑德。先知利害，察于祸福。"龟之"灵"，在于知天之道、先知利害，龟之"象"，在于寿蔽天地、与物变化、四时变色。正是由于龟有灵、有象，它可以其灵知天之意，以其象告人之祸福。人就可以"假之灵龟"以求吉凶。至于用何方式，因时、因地、因民俗的不同而有异。所以，不能因为贾湖的龟甲上没有灼龟求兆的痕迹，就断然否定其作为龟卜的可能性。

事实上，贾湖龟甲上的人工加工痕迹，与自商代以来的灼龟求兆的一些加工方法有传统上的承继关系。如贾湖龟甲上大多有钻孔，孔数从1～6个不等。而郑州二里岗晚期的灼卜龟甲上、殷墟的背甲上（腹甲上也有孔，但很少见）、周原出土的卜甲上均有钻孔。这些钻孔和钻、凿的灼卜痕共存，显然非灼卜所用。因此有人认为是将数甲穿为一串，便于归档之用。但截至目前，还未发现一起穿成一串的例子，而且钻孔非一，此说未必可深信。我们认为，从龟腹石子的占卜及与灼卜共存的情况来看，这些人工钻孔应与龟卜的传统有关，虽然我们还不了解这种占卜的形式和内容，但其钻于卜用的龟甲上，显然应与龟卜的某种具体操作程式有关，这是一种合乎逻辑的推测。

值得一提的是，王育成先生曾对江苏邳县刘林、大墩子、山东野店、大汶口墓地等大汶口文化遗址和兖州西吴寺龙山文化遗址出土的龟甲囊（有的腹中有石子）钻孔及安徽含山凌家滩的玉龟、龟中玉片钻孔进行了研究，认为是一种使用、制作龟甲的习俗[9]，并指出这种习俗直到殷商制作龟文图案时，仍被沿用。把龟甲囊上的钻孔作为一种文化习俗，很有见地。我们进一步补充说，龟甲钻孔不仅是使用、制作龟甲的习俗，而且是自贾湖至商周的龟卜习俗。

三、象数思维的源流

象数思维是中国传统思维方式中的一种主要思维方式。过去认为，它发端于《周易》的卦象和筮占，而在贾湖、大汶口等遗址发现的"龟腹石子"，则把龟灵之象的崇拜与数占集于一体，既反映了龟的"知天之道"的灵性和"寿蔽天地、与物变化、四时变色"之象，又反映了以数占卜的早期占卜。"象"与"数"在龟甲囊中的结合，并非一种偶然的现象，它是自贾湖文化以来直到《周易》的一种文化传统，一种在中原和海岱地区盛行的一种占卜习俗。无怪乎《左传》僖公十五年韩简说："龟，象也；筮，数也。物生而后有象，象而后有滋，滋而后有数"。这段话告诉我们，象，起于龟之生；数，起于事物之滋漫。象与数都是在原始的龟卜数占中产生的。因此，贾湖、大汶口等遗址出土的一大批反映先民龟灵崇拜和数卜的"龟腹石子"，说明了中国早在八千年前就已有了龟卜数占的习俗，已有了象数思维的萌芽。

利用象与数的占卜，在发展中是互相影响的。从贾湖的龟腹石子来看，似应是以数卜为主，这种数卜的特征是以奇偶和石子深浅来占断结果。而把占卜用的石子放置在人工整治后的龟甲囊中，只是为了某种施巫术时的象征性需要，如利用灵龟"知天之道"的灵与象来使人相信巫师的数卜结果。龟的灵与象在这时只起到被崇拜的作用，虽与占卜有关，似乎并未用来直接象占。

到了新石器时代晚期，灵龟之"象"和关于象的思维大大发展，以至于可以利用灵龟所显示的种种"象"来直接占卜。最有说服力的是安徽含山凌家滩出土的玉龟囊和囊中的玉片。从形制上看，它的钻孔位置、数目等加工方法在贾湖和大汶口均可找到同类品，证明它和早期的龟甲囊占卜习俗是一脉相承的，只是用玉料代替了真龟，显示了龟灵崇拜的发展及反复长期使用的需要。特别是龟腹中原来用作数卜的石子不见了，而代之以一个刻有神秘图案的玉片。图案中心是一个八角星纹被一个圆圈紧紧套住，再外是一个大圆圈，内有八个圭形纹分别在四隅、四仲的位置上，再外是四个圭形纹在四隅的位置上；而长方形的玉片四周分别钻孔，上九个、下四个、左右分别五个。这个图案解释者众多，但它与后世的占卜用式图"酷为相似"（李零先生语），李零先生认为，可把占卜用的式盘思维起源的"有关线索上推到四千年以前"[10]。我们认为此图案显示了以后式盘中的基本空间概念，即四方、八位的概念。在后期的式盘中，利用这种空间概念和四季、八卦、九宫、十二辰结合，即可用来占卜。那么，放置在玉龟中的这片玉片，是否是替代石子进行占卜的原始的式占工具呢？

我们认为，答案是肯定的。证据如下。

（1）玉片替代原来作为占卜用的石子至于相同位置，放在龟甲囊中，其作用也应与石子相同，是占卜的又一形式。

（2）古代的龟与式卜本就有紧密联系。《史记·龟策列传》说："（卫）平运式，定日月，分衡度，视吉凶，占龟与物色同，平谏王留神龟以为国宝，美矣。古者筮必称龟者，以其令名，所从来久矣。"古代同音相假，故通用。汉人认为，式占时必打着"灵龟"的旗号，是一种由来已久的习俗，含山玉片作为一种原始的式占工具纳于灵龟腹内，恐怕就是这种"筮必称龟"习俗的源头。

准此，玉片上的四方、八位可以代表诸多的"象"，根据后代的式盘上的相应概念，四方有四季、四时、四象、四神、四正、四仲等大象；八位则有八方、八节、八卦、四仲四维等大象。如按照陈久金先生把玉片四周钻孔解释成太一行九宫之数，即"太一下行八卦之宫，每四乃还中央"，故"孔数以四、五、九、五相配"的说法，此玉片所表示的"象"就更多[11]。所以，我们有理由认为新石器时代晚期，除用数占卜外，又产生了以"象"为主的占卜方法，这是自贾湖的龟"象"思维起，象思维发展的必然结果。这种推论的另一有力证据是龙山文化时代已盛行了灼骨求象的占卜法，这种卜法以牛胛骨为主，只灼无钻凿，灼后观兆象以定吉凶。显然，它是一种以象为主的占卜方法。

到了夏商周三代，灼骨、灼甲求兆象占卜的方法大盛，象数思维大大发展，根据《周礼·春官·大卜》的说法："掌三兆之法，一曰玉兆，二曰瓦兆，三曰原兆。其经兆之体，皆百有二十；其颂皆千有二百。"即龟卜有360种兆象，3600种兆辞。可见象思维发达之一般。这为以后《周易》对象数的集大成打下了基础，也为象数思维成为中国文化的核心思维方式打下了基础。

周代灼龟求象的占卜虽然流行，但《周易》的筮占则异军突起。易的筮占以筮数为基础，本质上是一种数占。易占之所以能够盛行，并最终在汉以后取代以表象为主的龟卜，在于周易对古老的象思维和数卜法的继承、革新与发展，这表现在以下两点。

（1）古老的数卜法以简单的数之奇偶来占断吉凶，而数的奇偶不能表示物的千变万化之象，在实际操作中受到很大限制。而《周易》则把数的奇偶性质上升为爻画的阴阳性质，使根据筮数而来的阴阳爻画具有了几乎无限制的、完全开放性的表象功能，把上古流传下来的象与数完美地结合起来，形成了比较完整的象数思维系统。这是一个绝妙的革新，也是其存在、发展并取代单纯求象的龟卜的根本原因，对中国传统文化核心思维方式聚成做出了巨大贡献。

（2）大衍筮法的发明是对上古数卜方法的巨大发展。一方面求卦时抛弃了简单的奇偶关系，而代之以复杂的四则运算；另一方面，把自然数也赋予了天地万物之象，使得象思维也渗透到数之中，如天地数、大衍数、生成数等都具有强烈的表象功能。因此，如果说贾湖的龟腹石子具有原始的象数思维萌芽的话，到了商代"象"思维就有了一个质的飞跃，到了《周易》爻画、卦辞作成时，就集上古象数思维之大成，完成了象数思维总体框架的建构。

以上论述可以得出这样一个结论：中国的思想文化在很大程度上起源于原始的宗教；中国的象数思维方式则起源于自贾湖文化开始的龟灵崇拜和数卜，并在灼龟求象和筮占中得以发展，最终在周易占筮中形成了象数思维方式。

注　释

［1］　汪宁生：《释大汶口等地出土的龟甲器》，《故宫文物月刊》1994年第132期。

［2］　高广仁、邵望平：《中国史前时代的龟灵与犬性》，《中国考古学研究》，文物出版社，1986年。

［3］　南京博物院：《江苏邳县刘林新石器时代遗址第二次发掘》，《考古学报》1965年第2期。

［4］　张居中：《舞阳贾湖遗址出土的龟甲和骨笛》，《华夏考古》1991年第2期。

［5］　《少数民族民俗资料》，内刊。

［6］　宋兆麟、黎家芳、杜耀西：《中国原始社会史》，文物出版社，1983年，第494、495页。

［7］　凌纯声：《中国与海洋洲的龟祭文化》，"中研院"民族学研究所专刊之二十。

［8］　汪宁生：《八卦起源》，《考古》1976年第4期。

［9］　王育成：《含山玉龟及玉片八角形来源考》，《文物》1994年第4期。

［10］　李零：《"式"与中国古代的宇宙模式》，《中国文化》1991年第4期。

［11］　陈久金、张敬国：《含山出土玉片图形试考》，《文物》1989年第4期。

（原载《大易集述——第三届海峡两岸周易学术研讨会论文集》，巴蜀书社，1998年）

河南舞阳贾湖契刻符号研究

郝本性　张居中

贾湖出土龟甲、骨器、石器和陶器上的刻划符号公布之后，曾引起国内外学术界的重视，并有一些研究论文发表，均有助于这一问题的深入研究。现将契刻者的身份地位进行一些推测，并对贾湖契刻在汉字起源研究中的地位进行初步探讨。

一、契刻者身份推测

原始文字的创造和使用与原始氏族的巫师有关，巫师中有的还兼为氏族酋长。宋兆麟先生在《巫与巫术》一书中说："无论在渔猎、农耕或共同消费中，氏族公社对文字的要求并不迫切，但巫师在祭祀、占卜和巫术活动中，经常与记事发生关系，他们为了记录氏族谱系、民族的历史、天文历法等，就迫切需要有一种记事符号或文字，因此，巫教与文字结下了天然的联系，巫师在文字的发明、传播和改进等活动中，有过不可忽视的作用。"[1]从四川省甘洛县的耳苏人的耳苏文、云南丽江纳西族的东巴文、贵州省三部县水族的水书、四川彝族的彝文等均为巫师所创制可推测，山东大汶口文化陶尊上的文字涂有红色，可能也是巫师从事祭祀活动时使用的。

且看贾湖出土原始文字的墓主人，出目字龟甲的M344墓主人是一男性壮年，仰身直肢一次葬，奇异的是葬式规整，骨架上缺一头骨，仅存头骨碎片少许，随葬陶、石、骨、牙器二十余件，其中有叉形骨器1件，此外，有完整龟甲8个。

出"曰"字龟甲的M335墓为一次葬与二次葬的二人合葬墓，一次葬者为仰身直肢的壮年男性，随葬各类器物二十余件。出A型3号契刻龟甲的M387也有8个龟甲随葬。出石柄形器的M330为一老年妇女二次葬，另有陶壶及獐牙器各1件。

贾湖出土这种龟大多为闭壳龟，与安阳殷墟出土龟甲不同，龟腹甲与背甲合在一起，周边是可以封闭的。出土时这种龟甲放置于人骨架周围，内盛小石子，数量不等，颜色各异，其数量、形状和色泽目前尚未找出规律。这种龟灵崇拜习俗，流行于一定的地域，即山东、江苏、河南、四川、陕西等海岱地区、淮河及汉水流域。时间从距今八九千年一直沿用到距今6000年[2]，即有2000多年的时间内延续着，更不必说商周及其后的龟卜与四灵崇拜。这一地域内出产龟类动物，人们食用龟，同时也迷信龟，用龟随葬可能与原始巫术意义有关。我们可以推论，这些随葬龟的墓主人为巫师，叉形骨器可能为巫师所用的法器。

现在讨论一下M344墓主无头问题，这乃是与该墓主人身份有关的问题。首先原始氏族曾流行过猎头习俗，猎取其他氏族成员的头祭祀农神，以祈求丰收，但此墓仍保留一些头骨碎片，该头并未被敌对的外族抢走，可见并不是猎头所致，最大可能为自己的氏族内部有意实行的断头葬，陈星灿先生曾对史前时代的猎头和断头葬进行过专题研究[3]。所谓断头葬，即自己的亲属死后割下头颅单独埋葬。而我们根据世界民族志的材料认为贾湖墓葬这种无头的墓葬并不普遍，所以不是通常所见的断头葬，很可能是该墓主人身份特殊，为该氏族成员所崇拜，在该人死后不久，被取下头骨作成崇拜对象。伊里安岛厄剌伯和墨累岛土著民族砍下已死长辈头颅，以蜡制成面部，先人之头被认为有灵魂，能预卜吉凶，保卫家庭。苏门答腊的巴塔人，也把祖先头骨制成模型，精心地供奉起来。位于新几内亚东北部的多雷港地区居民信仰所谓"科尔瓦尔"，即祖辈的木雕躯体，上置死者头骨。美拉尼西亚地区不少地方，为敬祀列祖列宗，特地制作人形象，间有嵌以先辈颅骨者。颅骨被供奉于特定的圣所，即男性会舍。这种对颅骨的崇拜，是祖先崇拜的萌芽[4]。

M344不仅随葬品丰富有三十多件，而且8个龟甲内盛石子，其中一个龟甲上有契刻的原始文字，随葬2只七孔骨笛，随葬的叉形骨器与龟壳堆在一处，决非生产生活用具，而作为巫术法器的可能性极大，可见该墓主人身份特殊，应为酋长兼巫师。他有多种才能，能上向神明表达民意，下传神旨，既掌握数学知识，历史知识，又会治病，占卜，擅长音乐舞蹈，在原始氏族社会，只有这种智者才能创造、传播并改进文字。

下面讨论一下随葬石柄形器的M330墓主人的身份问题。据云南社会科学院楚雄彝族文化研究所朱琚元先生相告，彝族的毕摩（祭司）在做法事对手中持一柄可以引导死者灵魂回归祖先发祥地的手杖，杖首部分用木雕刻而成，顶部亦呈椭圆形，上面因经常使用，很光滑，并刻有毕摩的咒符。这种手杖确与贾湖M330出土的石柄形器有相似之处。另外，这件石柄形器与澳大利亚中部阿兰达人笃信的屈林加（churinga，也译为楚林噶）非常相似[5]。该屈林加为椭圆形石器，有尖端或圆端，或两端有呈扁圆形之木条，其上往往刻有象征性记号和几何形图形，这些记号或图形尽管与图腾无任何相似之处，却被视为图腾之标记。它可能代表某一祖先的身体，一代一代地庄严地授予被认为这位祖先托身的活人。它平时被奉为该群体的圣物，置于秘处，未履行成年仪式者不得一睹。它被定期取出检查和擦弄，加以磨光、上油和涂色，并向着它们祈祷念咒。这种屈林加如遗失或毁坏时，可以补制。贾湖这件石柄形器显然已毁成残器，但该墓为五十多岁女性的二次迁葬墓，她在当时已是高寿，而且连二次葬时也要随葬石柄形器，可见她曾作为祖先的代言人、托身，其巫师的身份是可以肯定的。因此，这件石柄形器可能也是毕摩手杖或屈林加一类的法器或圣物。而上面的刻符或许也是巫师咒符或图腾标记之类。

二、贾湖契刻在汉字起源研究中的地位

任何事物的发生、发展和消亡，都应有它相适应的历史背景，都是一定历史条件下的产物，贾湖原始文字的产生，也有其特定的历史背景，它应是当时社会经济和人们的智力水平发展到一定历史阶段的产物。不少学者怀疑在原始氏族社会的历史背景下产生原始文字的可能性，也是有一定道理的。不过具体的环境，还需具体地分析、考察。

上古时代，人类的绘画与石刻遍布世界各地，在法国有洞穴壁画，在北非有石刻，以及澳大利亚的岩画等；在中国有江苏省连云港的将军岩石刻，有阴山岩画、贺兰山岩画、祁连山岩画、左江岩画等。这些远古时代的绘画或石刻，有的是用自然颜色对客观事物进行素描，有的是写意，有的是把一种理念变作符号刻画在岩石、甲骨、器具或其他物体上。无论是哪种表现形式，都可表达原始先民心中的一种意愿，是他们有意识的行为，纯粹毫无目的信手乱画，仅仅为了悦己娱人的艺术一般是不存在的。其实在那远古的洪荒时代，人类为了求得一顿温饱，常常要付出极大的代价，甚至自己的生命，可能没有那种闲情逸致从事生存以外的消遣活动。尽管岩画或石刻蕴含着人们的一种意愿，但不是所有绘画或石刻都能演变为文字，只有那些能从整体中分离出来，表达一个个基本概念的刻画，才有可能演变为文字。

贾湖契刻的出土给语言界提出一个问题，首先要确定它是不是文字，是什么性质的文字，是不是汉字的源头。西方语言学界长期以来，认为人类最早的文字是起源于尼罗河流域的古埃及图画文字。由于这个缘故，从16世纪以来，西方的语言学家历史学家以及传教士们，纷纷著书立说论证中国的汉字，是从他们赖以骄傲的图画文字传来的。这些学者限于当时资料的匮乏及民族心态，而把音素文字说成是起源最早最先进的文字，为此有些人牵强附会地说，中国的文字是从西方传来的，就是在20世纪初殷墟甲骨文出土以后，这种论调也未完全销声匿迹。大汶口文化和仰韶文化的陶符的相继出土已证实了，汉字不是来自西方而是起源于中国本土，贾湖契刻的出土事实更加证明了这个问题。

世界上许许多多不同的文字，如汉字的人、日、工等，拉丁文字的a、b、c、d等，阿拉伯文的ﻟ、ﻮ、ﻰ等，俄文的д、ж、ф等，可以分为音素文字和意理文字两大类，汉字属意理文字，余者属音素文字，这两类文字的发生与发展不尽相同。西方语言学者所说的文字起源于图画，正是音素文字发展的实际情况，古埃及文字就是来自图画。表示水，表示用脚行走的意思，是扇子，还有～～～等。他们要表达一复杂的概念，需要许许多多的个体画组成，如：一条鱼，一只鸟，人的眼睛，半个太阳，几棵树，加上一个席地而坐的人，去表达一个复杂概念。他们的语言是多音节形态语，一只飞鸟，两棵树，一个人，加起来有表达第一人称的作用。由此看来，印欧语系的文字来自图画是完全可信的，但不能把图画作为所有文字的起源。对于图画是文字的唯一起源，有不少人提出了异议。

　　关于汉字的起源众说纷纭，有结绳说，有八卦说，有仓颉造字说，最有影响的还是象形说。结绳在上古时代曾帮助过人们的记事，因它变化非常有限，不能分出单个记忆体，所以它不会演化为文字。八卦的抽象性很强富有哲理，不过在汉字的发展史中尚难见到它的作用。仓颉造字的传说活灵活现，但就算有其人，汉字也不是由他开创，他充其量只可能是一个集大成者。很多人都认为中国的汉字就是起源于象形，造成这个现象是有原因的。20世纪60年代以前，所能看到的最古老的汉字，主要的是殷墟甲骨文，后来大汶口陶符的出土（ဝ、ဓ），更加佐证汉字是象形字。自从西安半坡村陶符出土，才真正引起对象形字的反思，而动摇汉字起源于象形字这一基础的，是贾湖契刻的出土。贾湖契刻的存在就是一个无法反驳的物证，表明汉字很可能主要来源于契刻而非图画。

　　8000年前的贾湖契刻与3600多年前的殷墟甲骨文有着惊人的相似，无论是从笔势还是笔画组合等方面鉴定，都能确定它们之间有着承上启下的关系。殷墟甲骨文是公元前1700年左右的业已成熟的文字，它早已脱离了原始形态，因此它必然有一个源头问题。那么，甲骨文的源头在哪里？贾湖契刻的发现为我们解释这一问题提供了重要的启示。因为：第一，两者书写的工具相同，都是用锐利的刻写工具，把符号刻画在经过修治的龟甲或骨器上；第二，殷墟甲骨文是用来记载占卜内容的，贾湖契刻也与占卜有关；第三，很明显，贾湖契刻是一种事理符号，而甲骨文中的事理字很多，如凶、爻、米、丮、中等。

　　通过以上分析，我们可以认为，8000年前的贾湖人创造的契刻符号，具有原始文字的性质，与商代甲骨文可能具有某种联系，而且很可能是汉字的滥觞。从贾湖人智力水平的考察来看，他们是有能力创造出适合当时社会发展的原始文字的。这一发现对汉字起源的研究具有重要意义。

注　　释

［1］　宋兆麟：《巫与巫术》，四川民族出版社，1989年。

［2］　高广仁、邵望平：《中国史前时代的龟灵犬牲》，《中国考古学研究——夏鼐先生考古五十年纪念论文集》，文物出版社，1986年。

［3］　陈星灿：《史前的猎头和断头葬》，《中国社会科学院研究生院学报》1989年第6期。

［4］　〔法〕列维·斯特劳斯著，李幼蒸译：《野性的思维》，商务印书馆，1987年。

［5］　〔苏〕谢·亚·托卡列夫著，魏庆徵译：《世界各族历史上的宗教》，中国社会科学出版社，1985年。

　　　　　　〔原载《舞阳贾湖》（下册），科学出版社，1999年；收录本书有所删改〕

后 记

本书能够结集出版，首先要感谢各篇论文的作者——第一时间得到他们的首肯，在此致以衷心的感谢！特别是有些文章的作者已经作古，如石兴邦、俞伟超、李学勤、吴汝祚、魏京武、黄翔鹏、箫兴华、朱帜等先生，谨向他们的英灵致以深切的怀念和由衷的敬意！

贾湖遗址的发掘与研究曾得到河南考古界前辈和师友安金槐、裴明相、贾峨、李京华、郝本性、贾洲杰、杨肇清、曹桂岑、朱帜等先生的指导和帮助，还先后得到苏秉琦、吴汝祚、安志敏、石兴邦、俞伟超、李学勤、严文明、郭大顺、信立祥、王巍、刘莉、陈星灿、曹兵武等考古界前辈和师友的指导与帮助。

环境考古、农业考古、科技考古、音乐考古相关论文曾先后得到周昆叔、孔昭宸、王象坤、朱清时、丁仲礼、王昌燧、吕厚远、袁靖、赵志军、黄翔鹏、箫兴华、刘正国等先生的指导和帮助。

本文集所收的论文是在多家基金的资助下完成的，先后得到资助的基金有：国家社会科学基金、国家自然科学基金、国家文物科研基金、中国科学院战略性先导科技专项（碳专项）、国家重大科学研究计划（973）等。

贾湖遗址的发掘、研究曾先后得到各级领导机关和相关科研单位的支持与帮助，主要有：国家文物局、中国社会科学院考古研究所、中国考古学会新石器专委会、中国考古学会环境考古专委会、中国科学技术大学、中国第四纪研究会人类演化与环境考古专委会、中国地理学会人类演化与环境考古专委会、科学出版社、河南省文物局、河南省文物考古学会、河南省文物考古研究院、郑州大学、河南博物院、郑州中华之源与嵩山文明研究会、中共漯河市委、漯河市人民政府、漯河市文化广电和旅游局、中共舞阳县委、舞阳县人民政府等。

特别需要感谢的是河南省文物考古研究院、中国科学技术大学和舞阳县的历任领导，没有他们的科学布局、坚强领导和有力支持，就不可能取得这些研究成果！同时，我的母校郑州大学也曾给予很大的助力。

在贾湖遗址的发掘研究中曾经提供过支持与帮助的单位和个人还有许多，恕不一一列出，谨在此一并致以崇高的敬意和衷心的感谢！

张居中